U0828115

京津冀一体化物流发展报告
(2015)

主　编　王旭东
副主编　王可山　郝玉柱

中国财富出版社

图书在版编目（CIP）数据

京津冀一体化物流发展报告.2015 / 王旭东主编.—北京：中国财富出版社，2016.10
ISBN 978-7-5047-6300-6

Ⅰ.①京… Ⅱ.①王… Ⅲ.①物流—经济发展—研究报告—华北地区—2015
Ⅳ.①F259.22

中国版本图书馆 CIP 数据核字（2016）第 249084 号

策划编辑 颜学静 **责任编辑** 颜学静
责任印制 何崇杭 **责任校对** 梁 凡 张营营 **责任发行** 敬 东

出版发行	中国财富出版社		
社　　址	北京市丰台区南四环西路 188 号 5 区 20 楼	**邮政编码**	100070
电　　话	010-52227568（发行部）		010-52227588 转 307（总编室）
	010-68589540（读者服务部）		010-52227588 转 305（质检部）
网　　址	http://www.cfpress.com.cn		
经　　销	新华书店		
印　　刷	北京京都六环印刷厂		
书　　号	ISBN 978-7-5047-6300-6/F·2668		
开　　本	787mm×1092mm 1/16	**版　　次**	2016 年 10 月第 1 版
印　　张	34.25	**印　　次**	2016 年 10 月第 1 次印刷
字　　数	791 千字	**定　　价**	160.00 元

编 委 会

前　言

北京物资学院经过三十多年的发展，目前已经形成了在国内具有较强影响力的物流理论研究中心、物流政策咨询中心，以及物流高端人才培养基地，取得了一些标志性的成果。中国（北京）流通现代化论坛已经连续举办9届，是物流和流通领域影响力较强的学术交流平台，中美物流教育论坛构建了中外合作的教育典范，主办方《中国流通经济》杂志是物流领域有较高影响力的学术期刊。2015年4月30日，中央政治局审议通过的《京津冀协同发展规划纲要》为我校快速发展提供了新的契机。随着通州区城市副中心的建设，北京物资学院作为通州区唯一一所高等院校，具有得天独厚的区位优势，国家推动的京津冀协同发展战略为我校发挥“物流”和“流通”研究资源优势提供了前所未有的机遇。在此背景下，北京物资学院决定从2015年起组织专家撰写《京津冀一体化物流发展报告》，并将其作为我校服务京津冀协同发展的重要内容之一，进行长期跟踪研究，每年出版一部，我认为，这是一件非常有意义的事情，也是我们应该做的，同时我相信，我们一定有能力完成好这项工作。

2016年出版的《京津冀一体化物流发展报告（2015）》，是根据国务院印发的《物流业发展中长期规划（2014—2020年）》所确定的重点工程以及京津冀一体化物流发展中亟待解决的问题，并经专家多次研讨论证形成撰写提纲后，以课题的形式在全校范围公开招标确定各课题组人员。经过一年多的努力，各项课题经过专家评审后结项，在此基础上，根据专家提出的意见和建议，经作者进一步修改完善后，每项课题独立成章，形成了2015年的《京津冀一体化物流发展报告》。从内容来看，该报告共有十一章和两个专题。由于这是第一部关于京津冀一体化物流发展方面的报告，具有奠基性的意义，报告的基础性、资料性、条理性就显得尤为重要，因此，这部报告强调的是理清京津冀物流发展历史脉络，反映京津冀一体化物流发展现状，根据京津冀协同发展的要求提出一体化过程中出现的问题及解决建议。从本书的内容看，这个目的基本上达到了。万事开头难，有了这个良好的开端，为撰写 2016 年的发展报告及持续做好这项工作奠定了基础。

京津冀协同发展刚刚破题，京津冀一体化物流发展作为协同发展的重要组成部分还有很多工作要做。希望以撰写出版《京津冀一体化物流发展报告》为纽带，进一步推动我校与地方经济发展的深度融合，推动我校优势学科和重点研究领域在京津冀协同发展中抓住机遇。为使《京津冀一体化物流发展报告》能够推陈出新，我们将不断持续地做下去，为形成品牌而做出我们的贡献。

编者

2016 年 7 月

目　录

第一章 京津冀物流通道建设

梁 晨

物流通道是连接各物流节点的货运网络系统（包括铁路、公路、水运、航空、管道网络及各类货运站场等节点）。物流通道建设的主要工作是构建快速畅通的货运道路体系，保证物流园区、物流中心等物流节点的有效联系和各项物流功能的顺利实施，达到货畅其流的目标。物流通道建设先行，加速构建一体化的物流通道网络是实现京津冀协同发展的基本要求和重要支撑。在京津冀交通一体化的过程中，形成以快速铁路、高速公路为主体的快速运输通道格局，培育干支结合的现代机场体系，建成分工合理、优势互补的现代港口群，打造京津冀地区全新、融合、顺畅、互联的网络系统对京津冀物流通道的建设将产生重大影响。

本章针对京津冀物流通道的总体情况展开，从各主要货运方式的地位和作用入手，并重点围绕京津冀地区公路、铁路、海运、航空四种运输方式展开分析，对京津冀地区物流通道建设情况及货运情况进行分析，说明京津冀物流通道建设的发展趋势和建设重点，明确京津冀通道建设过程中存在的问题，并提出促进京津冀物流通道建设的相关建议。

一、京津冀物流通道的总体情况

物流通道建设作为京津冀协同发展的重点领域，在京津冀一体化协同发展过程中具有重要意义。根据2015年《河北经济年鉴》的京津冀固定资产投资情况表，2014年京津冀交通运输投资合计2876.5亿元，与2013年相比，增长了0.86%，占2014年京津冀全社会固定资产投资总额的6.27%。加快京津冀一体化发展，通道建设先行，交通基础设施建设的重要性得到进一步体现。

（一）京津冀物流通道的发展规划情况

京津冀是我国经济发展最具潜力的区域之一，高效成熟的物流通道不仅是区域经济发展的“助推器”，更是引导区域协调发展的先行条件。京津冀物流顺利发展，将成为京津冀协同发展的基础，物流的发展离不开交通、物流通道建设。

京津冀一体化发展进程中，物流通道的建设伴随着各类交通设施的发展，在物流一体化中起着重要的支撑作用。京津冀地区的交通条件和基本格局反映了物流通道的整体情况。长期以来，为保证京津冀地区交通发展，国家和地方政府着力共同推进京津冀交通运输体系和物流通道建设一体化运作，构建京津冀综合交通运输体系，京津冀交通一体化始终是政府规划关注的重点。如表 1－1 所示，列举了近年来国家、京津冀三地政府规划中涉及交通、物流通道建设的代表性的规划，其中 2015 年 11 月 26 日正式获批的《京津冀协同发展交通一体化规划》是京津冀物流一体化建设进程中第一个专项规划，在京津冀一体化进程中有着极为重要的意义。

表 1－1　京津冀物流通道发展的代表性规划

规划名称	发布时间	发布部门	主要建设目标	主要内容和重大项目
京津冀协同发展交通一体化规划	2015 年 12 月	国家发展改革委和交通运输部联合发布	京津冀地区“四纵四横一环”综合运输大通道	建设高效密集轨道交通网；完善便捷通畅公路交通；构建现代化的津冀港口；打造国际一流的航空枢纽；实现区域一体化运输服务；统一京津冀地区机动车注册登记、通行政策、排放标准、老旧车辆提前报废及黄标车限行等政策
中华人民共和国国民经济和社会发展第十三个五年规划纲要	2016 年 3 月	国家发改委	推动京津冀协同发展，构建一体化现代交通网络	建设高效密集轨道交通网，强化干线铁路建设，加快建设城际铁路、市域（郊）铁路；完善高速公路网络，提升国省干线技术等级；完善港口集疏运体系，建立海事统筹监管新模式；打造国际一流航空枢纽，构建航空运输协作机制
国家新型城镇化规划（2014—2020 年）	2014 年 4 月	国家发改委	完善综合运输通道网络，强化城市群之间的交通联系，加快城市群交通一体化规划建设	强化综合交通运输网络支撑，完善城市群之间综合交通运输网络；构建城市群内部综合交通运输网络；建设城市综合交通枢纽；改善中小城市和小城镇交通条件
中华人民共和国国民经济和社会发展第十二个五年规划纲要	2011 年 9 月	国家发改委	基本建成国家快速铁路网和高速公路网，初步形成网络设施配套衔接、技术装备先进适用、运输服务安全高效的综合交通运输体系	完善区际交通网络，发展高速铁路，完善国家公路网规划、建设。完善以国际枢纽机场和干线机场为骨干、支线机场为补充的航空网络，推进内河高等级航道建设，加速港口规模化发展。加强铁路、公路、港口、机场、城市公共交通的有机衔接，加快综合交通枢纽建设

续　表

规划名称	发布时间	发布部门	主要建设目标	主要内容和重大项目
河北省现代物流业“十二五”发展规划	2011年12月	河北省发改委	着眼于完善现代化综合运输网络，加快建设物流功能完善、集疏运通畅的港群服务体系和以铁路、公路主干线为支撑的陆运服务体系	推进京津冀交通运输体系和物流管理一体化运作，加快7个环首都现代物流园区建设。进一步拓宽冀东和冀中南两大物流通道，强化港口的桥头堡作用，加强物流通道节点和物流设施建设
天津市城市总体规划（2005—2020年）	2007年10月	天津市规划委员会	围绕海、空两港，加强铁路、公路建设，构筑区域一体化的现代交通网络	将高速铁路和城际铁路作为区域快速交通，完善市域铁路枢纽，强化枢纽环线功能，建设高效、快捷的公路网络，重点强化与北京的高速公路联系；港口重点加大海港、空港和内河航运三个方面的建设；扩建天津滨海国际机场，建设成为“中国北方航空货运中心及东北亚航空货运集散地”。规划天津港、天津石化基地至北京、石家庄、保定、沧州、黄骅的油气管廊
北京城市总体规划（2004—2020年）	2005年4月	北京市规划委员会	实现区域交通与城市交通一体化，引导城市空间与区域空间结构协调发展	进一步强化京、津之间的交通联系，建设快速交通走廊。加强北京主要出海通道的建设。加强北京市域范围内的货运通道建设。加强枢纽建设，实现航空、铁路、公路等对外交通与城市交通之间的顺畅衔接

（二）主要物流通道的建设历史

京津冀物流通道的建设对加快京津冀一体化建设具有重要作用，对加快首都非核心功能疏解和实现北京市、天津市、河北省三地的经济快速发展起到至关重要的作用，部分建设历史如表1-2所示。

表 1－2 京津冀物流通道建设历史情况

物流通道	新建					改扩建				
	名称	起点	终点	完成量	完成时间	名称	起点	终点	完成量	完成时间
公路	京秦二高速（河北段）	燕郊	三河西	32.8 千米	2012 年 12 月	京包高速（六环路—德胜口段）	昌平区楼自庄	德胜口隧道北口	17.66 千米	2009 年 11 月
	京秦二高速（天津段）	河北省三河界	河北省玉田界	30.1 千米	2015 年年底	西六环路（良乡—寨口段）	房山区良乡	海淀区寨口	38.3 千米	2009 年 9 月
	塘承高速公路（一期）	塘沽区境内京港快速路处	宝坻区京哈高速公路	66.7 千米	2012 年 12 月	京承高速公路（三期）	密云县沙峪沟	司马台	62.7 千米	2009 年 9 月
	塘承高速公路（二期）	塘承高速公路（一期）	京秦高速公路	24.8 千米	2015 年	京港澳高速公路河北段	石家庄市藁城彭家庄	邯郸市临漳县芝村	435 千米	2014 年 12 月
	—	—	—	—	—	京台高速	北京南五环	京沪高速	天津段 6 千米，河北段 53 千米	2014 年年底
铁路	京九线“京津冀货物快运”列车	天津市南仓火车站	—	2560 千米	2014 年 7 月	—	—	—	—	—
	京津城际铁路延伸线	天津站	于家堡站	45 千米	2015 年 8 月	—	—	—	—	—

续 表

物流通道	新建					改扩建				
	名称	起点	终点	完成量	完成时间	名称	起点	终点	完成量	完成时间
航空	—	—	—	—	—	天津滨海国际机场二期扩建工程	—	—	满足货邮吞吐量170万吨的需求	2014年8月
航空	—	—	—	—	—	石家庄正定国际机场改扩建工程	—	—	满足货邮吞吐量25万吨的需求	2013年1月
管道	津华原油管道	天津港汇鑫油库首站	河北省任丘市任丘合建站	187千米	2015年9月（年输量700万吨）	天津—石家庄管道	—	—	313千米（年运输800万吨原油）	2014年11月
水运	曹妃甸港集团股份有限公司西港码头二期工程	—	—	满足年吞吐600万吨需求	2015年年底	—	—	—	—	—

资料来源：京津冀各政府网站、中国管道商务网。

京津冀公路通道的建设着重在于加强京津冀的联系，方便京津冀三地的货物流通。京秦高速公路、塘承高速公路是连接滨海新区与宝坻、蓟县、河北承德以及河北东北部的重要高速通道，对于提高天津市高速公路路网的载体功能，缓解疏港交通压力具有重要意义。京秦二高速河北部分路段建成通车成为京哈高速的重要补充，是北京通往秦皇岛的又一条快速通道，加强天津北部、唐山、秦皇岛地区与北京直接的交通联系，有利于构建京津冀东部地区的高速公路网络，对促进京津冀区域经济、交通一体化具有重要意义。

京津冀铁路通道建设不断强化对铁路货运的运输便捷性，2014 年 8 月 16 日起，北京铁路局每日新增 2 列南北环双向循环货运列车，新开 1 列京九线南仓至清河城间往返运行列车，自此，京津冀货物快运列车每天开行达 5 列。此次增开京九线货物快运列车，新增货物快运作业站 9 个，包括永清站、霸州站、任丘站、肃宁站、饶阳站、深州站、枣强站、大营镇站、清河城站，京津冀货物快运覆盖廊坊、衡水等地区。实施天津机场二期扩建工程，对于增强城市载体功能、加快滨海新区的开发开放，实现天津经济社会又好又快发展，具有十分重要的意义，不仅增强货运保障能力，而且促进构建大型门户枢纽机场和我国北方国际航空物流中心。此外，天津机场二期扩建工程的实施，将加快推进天津北方货运中心的建设速度。

京津冀管道建设主要是原油管道建设，用于京津冀三地的工业和制造业。天津至石家庄管道全长 313 千米，沿线共设 5 座输油站场：天津站、沧州站、河间站、安平站及石家庄站。此外，津华原油管道的竣工对华北石化年 1000 万吨油品升级改建项目发挥主要作用，为京津冀地区经济发展做出贡献。

（三）各主要货运方式的地位和作用

1. 京津冀货运量及各运输方式分担情况

京津冀总货运量及三地比重情况如表 1 - 3 所示。京津冀总货运量包括北京市、天津市、河北省三地的货运量，括号中的百分数分别代表省（市）占京津冀总货运量比重，比重越高，对京津冀货运量的贡献越大。其中，河北省占京津冀货运量的比重远超北京市、天津市。2008—2013 年河北省的货运量占比持续增加，对京津冀货运量的影响也越来越明显。同期北京市和天津市占京津冀货运量的比重则逐渐减小。2014 年北京市、天津市在京津冀货运量中所占比重较 2013 年均有所增加，不排除 2014 年公路、水运货运量统计口径变化的影响。

表 1 - 3　2005—2014 年京津冀总货运量及三地比重情况　单位：万吨

年份	北京市	天津市	河北省	京津冀
2005	32509 （20%）	40263 （25%）	91330 （56%）	164102
2006	33547 （19%）	42862 （25%）	96784 （56%）	173193

续　表

年份	北京市	天津市	河北省	京津冀
2007	20770 （12%）	51338 （29%）	104188 （59%）	176296
2008	21884 （12%）	55065 （29%）	111383 （59%）	188332
2009	22017 （11%）	43554 （22%）	136805 （68%）	202376
2010	23813 （10%）	41610 （17%）	177311 （73%）	242734
2011	26849 （9%）	44652 （16%）	212330 （75%）	283831
2012	28650 （9%）	47697 （15%）	242886 （76%）	319233
2013	28294 （8%）	51602 （14%）	277840 （78%）	357736
2014	29518 （9%）	50947 （16%）	238749 （75%）	319214

注：1. 2009 年货运量依据新的统计方法和口径进行了调整，2014 年公路、水运货运量是按照新方法进行统计的，按此新方法测算的同口径 2013 年河北省公路、水运货运量分别是 172494 万吨和 2946.7 万吨。

2. 北京市、天津市、河北省数据按照相应年份统计年鉴中公路、铁路、航空、水运、管道运输货运量对总货运量进行了修正。

3. 括号里的百分数为比重。

数据来源：根据《2015 年北京市统计年鉴》《2015 年天津市统计年鉴》《2015 年河北省经济年鉴》整理计算。

从各种运输方式的具体货运量情况看，京津冀地区货物运输的主要方式是公路运输和铁路运输，其中公路运输对京津冀货物运输具有重大影响，承担了京津冀地区超过 68%的货运量。航空运输的货运量占京津冀总货运量的比重则不足千分之一。2005—2014 年京津冀地区各类运输方式货运量情况如表 1-4 所示。

表 1-4　2005—2014 年京津冀总货运量及各运输方式分担情况　单位：万吨

年份	总量	运输方式				
		公路	铁路	水运	航空	管道
2005	164102	118552 （72%）	28268 （17%）	14914 （9%）	80 （0.05%）	2288 （1.39%）

续 表

年份	总量	运输方式				
		公路	铁路	水运	航空	管道
2006	173193	124506 (72%)	30011 (17%)	16091 (9%)	92 (0.05%)	2493 (1.44%)
2007	176296	121194 (69%)	34133 (19%)	17833 (10%)	102 (0.06%)	3034 (1.72%)
2008	188332	130175 (69%)	37702 (20%)	16858 (9%)	97 (0.05%)	3500 (1.86%)
2009	202376	145083 (72%)	41227 (20%)	12664 (6%)	103 (0.05%)	3299 (1.63%)
2010	242734	176977 (73%)	47233 (19%)	14060 (6%)	136 (0.06%)	4328 (1.78%)
2011	283831	213382 (75%)	50337 (18%)	15383 (5%)	139 (0.05%)	4590 (1.62%)
2012	319233	248683 (78%)	52570 (16%)	12922 (4%)	142 (0.04%)	4916 (1.54%)
2013	357736	280955 (79%)	59212 (17%)	12401 (3%)	146 (0.04%)	5022 (1.40%)
2014	319214	241832 (76%)	58067 (18%)	13790 (4%)	159 (0.05%)	5366 (1.68%)

注：同表 1-3。

数据来源：根据《2015 年北京市统计年鉴》《2015 年天津市统计年鉴》《2015 年河北省经济年鉴》整理计算。

从北京市、天津市、河北省三地的具体情况看，公路运输是北京市的最主要货运方式，所占比重在 90%左右，天津市的货运方式以公路、铁路和水运为主，河北省则以公路和铁路货运两大运输方式为主。京津冀三地的具体情况如下：

北京市总货运量自 2007 年开始小幅上升，2011—2014 年变化比较稳定，2014 年是 2011 年的 1.1 倍。在北京市的货物运输方式中，公路运输比重占据绝对优势地位，铁路运输、航空运输、管道运输占比均不超过 10%。2005—2014 年公路运输货运量占比保持在 80%以上，2011—2013 年比重基本不变，2014 年比重略有下降。从 2010 年起，管道运输的地位则有较明显提升，货运量占比超过铁路。具体货运情况如表 1-5 所示。

表 1-5　　2005—2014 年北京市总货运量及各运输方式分担情况　　单位：万吨

年份	总量	运输方式			
		公路	铁路	航空	管道
2005	32509	30050 (92%)	1976 (6%)	77 (0.24%)	406 (1.25%)
2006	33547	30953 (92%)	1956 (6%)	89 (0.27%)	549 (1.64%)
2007	20770	17872 (86%)	1925 (9%)	98 (0.47%)	875 (4.21%)
2008	21884	18689 (85%)	1733 (8%)	93 (0.42%)	1369 (6.26%)
2009	22017	18753 (85%)	1635 (7%)	98 (0.45%)	1531 (6.95%)
2010	23813	20184 (85%)	1672 (7%)	130 (0.55%)	1827 (7.67%)
2011	26849	23276 (87%)	1380 (5%)	132 (0.49%)	2061 (7.68%)
2012	28650	24925 (87%)	1232 (4%)	134 (0.47%)	2359 (8.23%)
2013	28294	24651 (87%)	1078 (4%)	136 (0.48%)	2429 (8.58%)
2014	29518	25416 (86%)	1132 (4%)	149 (0.50%)	2821 (9.56%)

注：同表 1-3。

数据来源：根据《2015 年北京市统计年鉴》《2015 年天津市统计年鉴》《2015 年河北省经济年鉴》整理计算。

天津市货物运输方式中公路运输、铁路运输、水运占重要地位，三种主要货运方式的比重超过 96%，其次是管道运输，货运量比重最小的是航空运输。2010—2013 年公路运输分担能力整体上升，从 2005 年占比 49%到 2013 年占比 62%，公路运输对天津市货运量分担能力很强，2014 年比重开始下降，但不排除统计口径变化的影响。水运的分担能力从 2011 年开始下降，2014 年铁路的分担能力略有上升，具体如表 1-6 所示。

表 1-6　　2005—2014 年天津市总货运量及各运输方式分担情况　　单位：万吨

年份	总量	运输方式				
		公路	铁路	水运	航空	管道
2005	40263	19850 (49%)	7241 (18%)	12375 (31%)	2 (0.00%)	795 (1.97%)
2006	42862	20290 (47%)	8409 (20%)	13313 (31%)	2 (0.01%)	848 (1.98%)
2007	51338	23500 (46%)	11288 (22%)	15671 (31%)	3 (0.01%)	876 (1.71%)
2008	55065	27000 (49%)	12161 (22%)	15096 (27%)	3 (0.01%)	805 (1.46%)
2009	43554	19800 (45%)	11284 (26%)	11656 (27%)	4 (0.01%)	810 (1.86%)
2010	41610	20855 (50%)	7597 (18%)	11911 (29%)	4 (0.01%)	1243 (2.99%)
2011	44652	23426 (53%)	7286 (16%)	12711 (29%)	5 (0.01%)	1224 (2.74%)
2012	47697	28228 (59%)	7909 (17%)	10332 (22%)	6 (0.01%)	1222 (2.56%)
2013	51602	31985 (62%)	8446 (16%)	9884 (19%)	7 (0.01%)	1280 (2.48%)
2014	50947	31130 (61%)	8872 (17%)	9749 (19%)	7 (0.01%)	1189 (2.33%)

注：同表 1-3。

数据来源：根据《2015 年北京市统计年鉴》《2015 年天津市统计年鉴》《2015 年河北省经济年鉴》整理计算。

河北省与北京市和天津市相比，在京津冀地区的公路和铁路枢纽作用较为明显。表 1-7 反映了河北省总货运量及各运输方式比重情况，公路运输和铁路运输是河北省货运的主要方式，其中，公路货运量占总货运量的比重在 80%左右，铁路货运量占总货运量的比重稳定在 20%左右。

表 1-7　　2005—2014 年河北省总货运量及各运输方式分担情况　　单位：万吨

年份	总量	运输方式				
		公路	铁路	水运	航空	管道
2005	91330	68652 (75%)	19051 (21%)	2539 (3%)	1 (0.002%)	1087 (1.19%)

续 表

年份	总量	运输方式				
		公路	铁路	水运	航空	管道
2006	96784	73263 (76%)	19646 (20%)	2778 (3%)	1 (0.001%)	1096 (1.13%)
2007	104188	79822 (77%)	20920 (21%)	2162 (2%)	1 (0.001%)	1283 (1.23%)
2008	111383	84486 (76%)	23808 (21%)	1762 (2%)	1 (0.001%)	1326 (1.19%)
2009	136805	106530 (78%)	28308 (21%)	1008 (1%)	1 (0.001%)	958 (0.70%)
2010	177311	135938 (77%)	37964 (21%)	2149 (1%)	2 (0.001%)	1258 (0.71%)
2011	212330	166680 (79%)	41671 (20%)	2672 (1%)	2 (0.001%)	1305 (0.61%)
2012	242886	195530 (81%)	43429 (18%)	2590 (1%)	2 (0.001%)	1335 (0.55%)
2013	277840	224319 (81%)	49688 (18%)	2517 (1%)	3 (0.001%)	1313 (0.47%)
2014	238749	185286 (78%)	48063 (20%)	4041 (2%)	3 (0.001%)	1356 (0.57%)

注：同表 1－3。

数据来源：根据《2015 年北京市统计年鉴》《2015 年天津市统计年鉴》《2015 年河北省经济年鉴》整理计算。

2. 京津冀货运周转量及各运输方式比重情况

货运周转量是指运输货物的数量与运输距离的乘积，受运输对象的数量、运输距离、装卸搬运次数等因素的综合影响，是反映地区货运情况的另一项重要指标。以下对京津冀各运输方式货运周转量情况进行分析。

从表 1－8 中可以看出，京津冀地区水运货物周转量占总货物周转量比重逐年减少，相对应的公路运输、铁路运输周转量逐年增加。但由于受统计口径变化影响，2009 年后与之前公路和水运货运周转量数据不具可比性。

表 1－8　　2005—2014 年京津冀各运输方式货运周转量及比重　　单位：亿吨·公里

年份	总量	运输方式				
		公路	铁路	水运	航空	管道
2005	17669.77	850.94 (4.82%)	2784.79 (15.76%)	13939.07 (78.89%)	28.47 (0.16%)	66.50 (0.38%)

续 表

年份	总量	运输方式				
		公路	铁路	水运	航空	管道
2006	17764.67	913.46 (5.14%)	2946.68 (16.59%)	13802.41 (77.70%)	33.92 (0.19%)	68.20 (0.38%)
2007	21177.86	1010.52 (4.77%)	3205.35 (15.14%)	16831.28 (79.48%)	38.01 (0.18%)	92.70 (0.44%)
2008	20142.62	1078.05 (5.35%)	3334.57 (16.55%)	15583.62 (77.37%)	36.07 (0.18%)	110.31 (0.55%)
2009	16525.16	3292.3843 (19.92%)	3269.4861 (19.78%)	9811.816 (59.38%)	36.03 (0.22%)	115.44 (0.70%)
2010	18045.25	4343.82 (24.07%)	3764.16 (20.86%)	9756.11 (54.06%)	48.85 (0.27%)	132.31 (0.73%)
2011	20579.34	5618.61 (27.30%)	4712.01 (22.90%)	10048.04 (48.83%)	48.09 (0.23%)	152.59 (0.74%)
2012	19117.63	6602.24 (34.53%)	4775.49 (24.98%)	7521.6 (39.34%)	49.88 (0.26%)	168.42 (0.88%)
2013	18074.27	7497.13 (41.48%)	5085.91 (28.14%)	5261.81 (29.11%)	50.09 (0.28%)	179.33 (0.99%)
2014	16995.62	7533.75 (44.33%)	4994.14 (29.38%)	4215.77 (24.81%)	56.37 (0.33%)	195.59 (1.15%)

注：1. 2014 年公路、水运货运量是按新方法进行统计的，按此新方法测算同口径河北省 2013 年公路、水运货运周转量分别是 6577.9 亿吨・公里和 817.6 亿吨・公里；

2. 括号里的百分数为比重。

数据来源：根据《2015 年北京市统计年鉴》《2015 年天津市统计年鉴》《2015 年河北省经济年鉴》整理计算。

北京市、天津市、河北省三地货运周转量的具体情况分别如表 1－9、表 1－10、表 1－11 所示。其中，北京市铁路货运周转量占北京市总货运周转量比重最大，2005 年高达 67.9%，后基本呈逐年减少的趋势，但相比于其他运输方式仍然占据主导；天津市水运货物周转量远超过其他运输方式，占据绝对优势地位，虽然 2013 年以来公路、铁路货物周转量有所上升，但相对于水运货物周转量仍存在差距；河北省各货物货运周转量变化起伏较大，2009 年、2014 年公路和水运货运量统计口径发生变化，降低了统计数据的可比性。

表 1－9　　2005—2014 年北京市各运输方式货运周转量及比重　　单位：亿吨·公里

年份	总货运周转量	运输方式			
		公路	铁路	航空	管道
2005	457.73	85.49 (18.68%)	310.81 (67.90%)	28.17 (6.15%)	33.26 (7.27%)
2006	423.12	88.60 (20.94%)	262.57 (62.06%)	33.57 (7.93%)	38.38 (9.07%)
2007	449.05	79.29 (17.66%)	268.49 (59.79%)	37.61 (8.38%)	63.66 (14.18%)
2008	454.21	84.09 (18.51%)	253.52 (55.82%)	35.67 (7.85%)	80.93 (17.82%)
2009	441.24	87.89 (19.92%)	229.39 (51.99%)	35.53 (8.05%)	88.43 (20.04%)
2010	513.66	101.59 (19.78%)	257.46 (50.12%)	48.25 (9.39%)	106.36 (20.71%)
2011	616.94	132.33 (21.45%)	311.32 (50.46%)	47.49 (7.70%)	125.80 (20.39%)
2012	638.29	139.77 (21.90%)	307.61 (48.19%)	48.98 (7.67%)	141.93 (22.24%)
2013	680.90	156.19 (22.94%)	323.18 (47.46%)	49.19 (7.22%)	152.34 (22.37%)
2014	672.82	165.19 (24.55%)	284.36 (42.26%)	55.37 (8.23%)	167.90 (24.95%)

注：同表 1－8。

数据来源：根据《2015 年北京市统计年鉴》《2015 年天津市统计年鉴》《2015 年河北省经济年鉴》整理计算。

从表 1－10 中我们看到，2005—2014 年天津市各运输方式的货运周转量占比常年超过 80%的是水运，占主导地位。

表 1－10　　2005—2014 年天津市各运输方式货运周转量及比重　　单位：亿吨·公里

年份	总货运周转量	运输方式				
		公路	铁路	水运	航空	管道
2005	12461.4	74.00 (0.59%)	353.00 (2.83%)	12031.00 (96.55%)	0.30 (0.00%)	3.10 (0.02%)

续 表

年份	总货运周转量	运输方式				
		公路	铁路	水运	航空	管道
2006	12184.15	76.00 (0.62%)	353.00 (2.90%)	11751.00 (96.44%)	0.35 (0.00%)	3.80 (0.03%)
2007	15221.8	88.00 (0.58%)	355.00 (2.33%)	14774.00 (97.06%)	0.40 (0.00%)	4.40 (0.03%)
2008	14479.4	103.00 (0.71%)	343.00 (2.37%)	14029.00 (96.89%)	0.40 (0.00%)	4.00 (0.03%)
2009	10102.3	206.00 (2.04%)	297.00 (2.94%)	9595.00 (94.98%)	0.50 (0.00%)	3.80 (0.04%)
2010	9858.5	231.00 (2.34%)	298.00 (3.02%)	9324.00 (94.58%)	0.60 (0.01%)	4.90 (0.05%)
2011	10121.9	267.00 (2.64%)	296.00 (2.92%)	9553.00 (94.38%)	0.60 (0.01%)	5.30 (0.05%)
2012	7634.5	329.00 (4.31%)	287.00 (3.76%)	7012.00 (91.85%)	0.90 (0.01%)	5.60 (0.07%)
2013	5389.6	368.00 (6.83%)	273.00 (5.07%)	4742.00 (87.98%)	0.90 (0.02%)	5.70 (0.11%)
2014	3354	349.00 (10.41%)	265.00 (7.90%)	2734.00 (81.51%)	1.00 (0.03%)	5.00 (0.15%)

注：同表 1-8。

数据来源：根据《2015 年北京市统计年鉴》《2015 年天津市统计年鉴》《2015 年河北省经济年鉴》整理计算。

从河北省的货运周转量方面来看，2005—2014 年铁路占比一直保持在 30%以上，公路占比从 2009 年开始占比明显增大，管道占比不超过 1%，如表 1-11 所示。

表 1-11　2005—2014 年河北省各运输方式货运周转量及比重　单位：亿吨·公里

年份	总货运周转量	运输方式			
		公路	铁路	水运	管道
2005	4750.64	691.45 (14.55%)	2120.98 (44.65%)	1908.07 (40.16%)	30.14 (0.63%)
2006	5157.4	748.86 (14.52%)	2331.11 (45.20%)	2051.41 (39.78%)	26.02 (0.50%)

续 表

年份	总货运周转量	运输方式			
		公路	铁路	水运	管道
2007	5507.01	843.23 (15.31%)	2581.86 (46.88%)	2057.28 (37.36%)	24.64 (0.45%)
2008	5209.01	890.96 (17.10%)	2738.05 (52.56%)	1554.62 (29.84%)	25.38 (0.49%)
2009	5981.62	2998.49 (50.13%)	2743.10 (45.86%)	216.82 (3.62%)	23.21 (0.39%)
2010	7673.09	4011.23 (52.28%)	3208.70 (41.82%)	432.11 (5.63%)	21.05 (0.27%)
2011	9840.5	5219.28 (53.04%)	4104.69 (41.71%)	495.04 (5.03%)	21.49 (0.22%)
2012	10844.84	6133.47 (56.56%)	4180.88 (38.55%)	509.60 (4.70%)	20.89 (0.19%)
2013	12003.77	6972.94 (58.09%)	4489.73 (37.40%)	519.81 (4.33%)	21.29 (0.18%)
2014	12968.8	7019.56 (54.13%)	4444.78 (34.27%)	1481.77 (11.43%)	22.69 (0.17%)

注：同表 1-8。

数据来源：根据《2015 年北京市统计年鉴》《2015 年天津市统计年鉴》《2015 年河北省经济年鉴》整理计算。

（四）京津冀内外部物流通道建设情况

按照区域位置划分，物流通道可分为京津冀内部物流通道与外部物流通道。内部物流通道主要指京津冀区域内部相互联结通道，如京津冀之间的相互通道联系。外部物流通道主要指京津冀地区与外部地区的通道联系。

公路方面，京津冀物流通道中内部公路通道，主要有联系北京市与天津市（京津高速、京津塘高速、京台高速等）、北京市与河北省（京石高速、京张高速等）、天津市与河北省（保津高速、唐津高速等）以及省市内部的公路；外部物流通道，不仅联系京津冀区域内部分省市县，还穿过京津冀地区与东北地区（京沈高速、大广高速、京哈高速）、内蒙古自治区（京新高速、大广高速）、华南地区（大广高速、京港澳高速）、华东地区（大广高速、京沪高速）、西南地区（京昆高速）、西北地区（京藏高速）相连，将京津冀地区与其他地区相联系。

二、京津冀公路建设及货运情况

国家发展改革委和交通运输部发布的《京津冀协同发展交通一体化规划（2014—

2020年）》中指出，到2020年京津冀地区多节点、网格状的区域交通网络基本形成，城际铁路主骨架基本建成，公路网络完善通畅，港口群机场群整体服务、交通智能化、运营管理力争达到国际先进水平，基本建成安全可靠、便捷高效、经济适用、绿色环保的综合交通运输体系。公路作为可支撑“门到门”的客货运交通、承载中小运力的载运装备，较轨道交通而言，更具灵活性与便利性，在实现中小运量、中短距离的运输方面扮演着不可或缺的角色，是京津冀地区物流通道的最主要实现方式。随着京津冀一体化进程的加快，京津冀地区公路建设一体化进程也逐步推进。

（一）京津冀公路里程变化情况

1. 公路总里程情况

在过去的十年间，京津冀地区的公路建设取得了长足发展。2014年京津冀公路总里程是2005年的2.1倍。截至2014年年底，总里程达到21.7万千米，其中北京市约为2.2万千米，天津市约为1.6万千米，河北省约为17.9万千米。京津冀公路总里程及三地公路里程情况如表1-12所示。

表1-12　2005—2015年京津冀公路里程　单位：千米

年份	北京市	天津市	河北省	京津冀
2005	14696	10836	75894	101426
2006	20503	11316	143778	175597
2007	20754	11531	147265	179550
2008	20340	12059	149504	181903
2009	20755	14315	152135	187205
2010	21114	14832	154344	190290
2011	21347	15163	156965	193475
2012	21492	15391	163045	199928
2013	21673	15718	174492	211883
2014	21849	16110	179200	217159
2015	—	16550	—	—

注：从2006年开始，公路里程包括村道数据。

数据来源：2006—2015年《北京统计年鉴》《天津统计年鉴》《河北经济年鉴》；天津市交通委员会。

受区域面积影响，在京津冀公路总里程中，河北省公路里程的贡献度最高，其中，2013年河北公路里程占京津冀公路总里程的82.4%，2014年河北公路里程占京津冀公路总里程的82.5%。京津冀公路总里程的结构情况如图1-1所示。

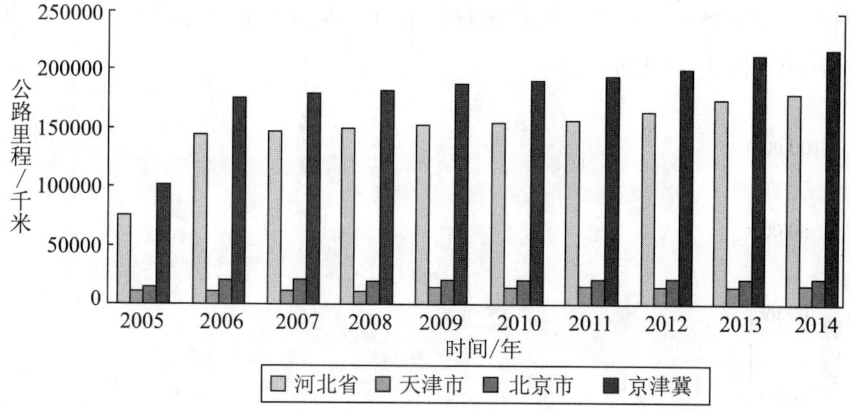

图 1-1　京津冀公路里程结构

数据来源：根据 2006—2015 年《北京统计年鉴》《天津统计年鉴》《河北经济年鉴》数据整理得出。

从趋势上看，京津冀公路总里程逐年上升，但值得注意的是，由于 2006 年统计口径改变，2006 年的京津冀公路总里程比 2005 年增加了 73%。2006—2012 年，公路总里程以每年约 2%的速率增长，2013 年总里程突破 20 万千米，2013 年的年增长率为 5.98%，为 2007—2014 年的最高值。京津冀公路总里程年增长率如图 1-2 所示。

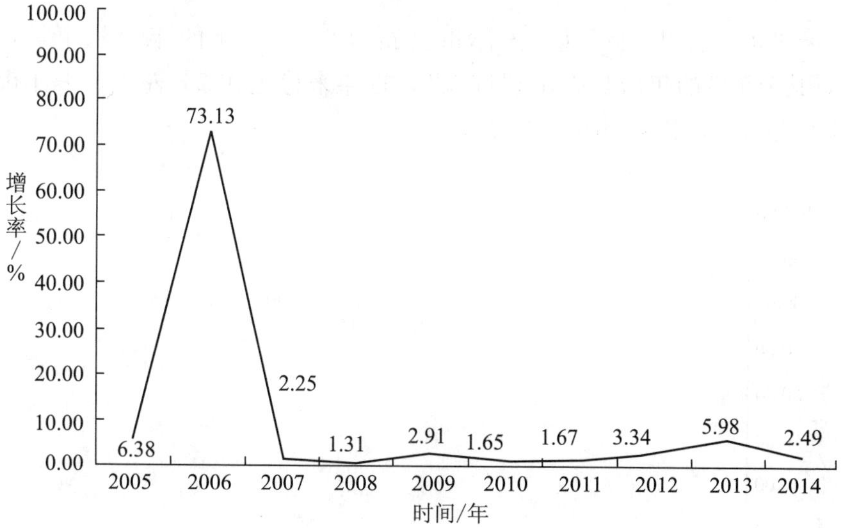

图 1-2　京津冀公路总里程年增长率折线

数据来源：根据 2006—2015 年《北京统计年鉴》《天津统计年鉴》《河北经济年鉴》数据整理得出。

2005—2014 年，北京市、天津市、河北省三地的公路里程均有不同程度增幅，具体情况如下：

（1）北京市公路里程增速。由于从 2006 年开始，公路里程的统计数据中包含了村道公路里程，北京市公路里程 2006 年的增长率高达 39.51%，其余年份均相对稳定，年增长率在－1.99%～2.04%，近年来稳定在1%左右。北京市2005—2014年的公路里程年增长率如图1-3所示。

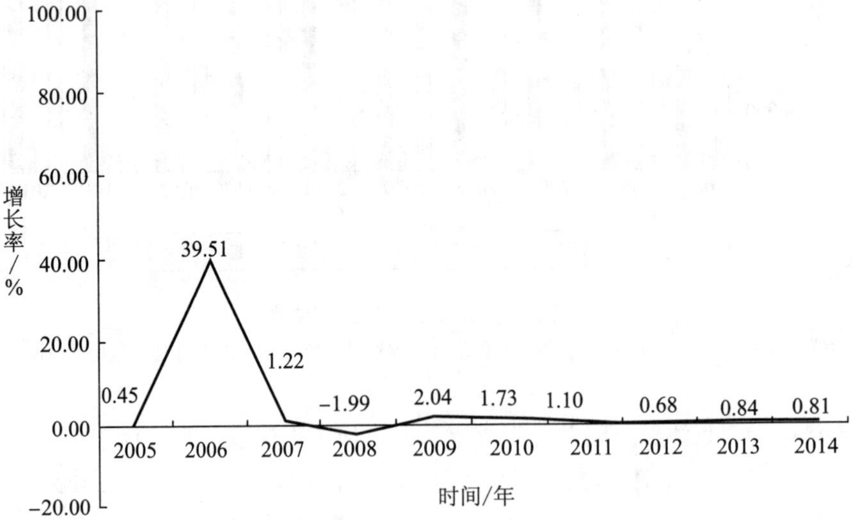

图1-3　北京市公路里程年增长率折线

数据来源：根据2006—2015年《北京统计年鉴》数据整理得出。

（2）天津市公路里程增速。天津市公路里程2009年的年增长率最高，达到18.71%，其余年份的年增长率不超过5%，近年来稳定在2%左右。天津市2005—2014年公路里程年增长率如图1-4所示。

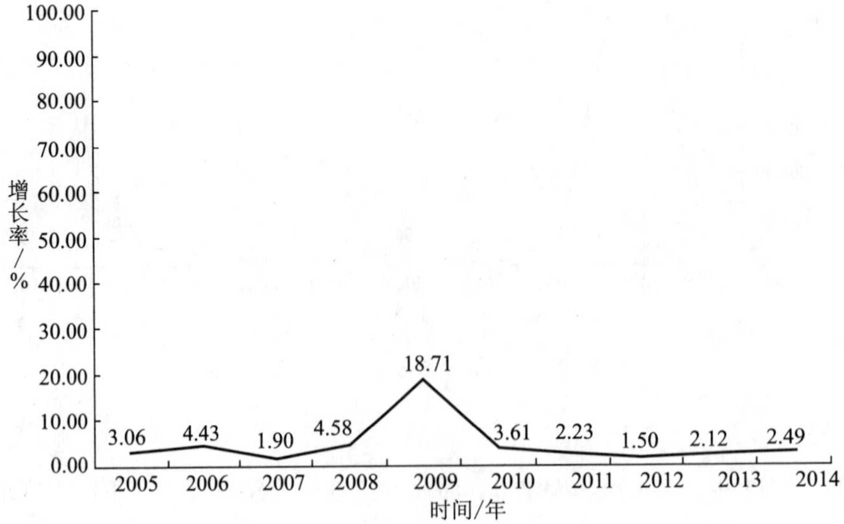

图1-4　天津市公路里程年增长率折线

数据来源：根据2006—2015年《天津统计年鉴》数据整理得出。

（3）河北省公路里程增速。河北省 2006 年公路里程年增长率高达 89.45%，其主要原因仍为统计口径发生变化，公路里程的统计数据中包含了村道公路里程。河北省 2007—2014 年公路里程平均增速约为 2.8%，超过京津冀三地的平均水平，其中，2013 年较 2012 年增幅最大，达到 7.02%。河北省 2005—2014 年公路里程年增长率如图 1-5 所示。

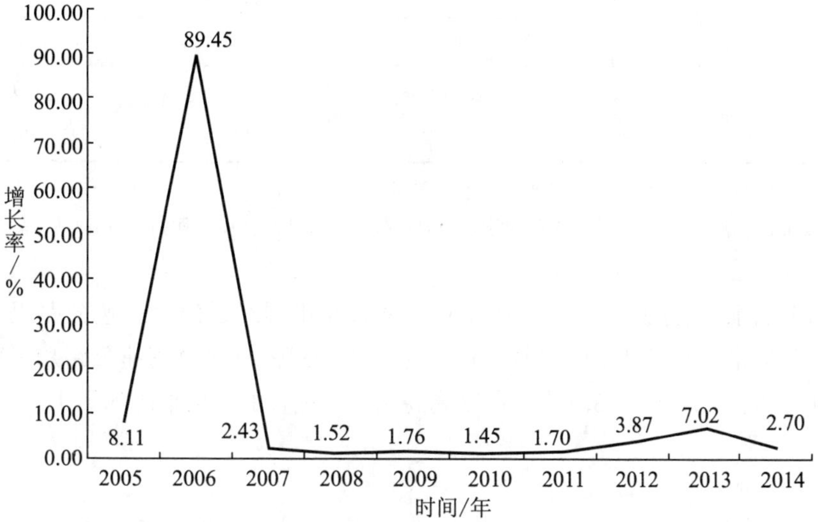

图 1-5 河北省公路里程年增长率折线

数据来源：根据 2006—2015 年《河北经济年鉴》数据整理得出。

2. 高速公路里程变化情况

高速公路在京津冀一体化进程中占有非常重要的地位，高速公路的建设加深了京津冀的联系，形成了京津冀三地货物交换的主要快速通道，有效地缩短了三地间的时间距离。

京津冀地区高速公路总里程持续增长，截至 2015 年年底达到 8665 千米，是 2007 年高速公路总里程的 2.08 倍。其中，北京市为 982 千米，天津市为 1350 千米，河北省为 6333 千米。京津冀高速公路里程的具体情况如表 1-13 所示。

表 1-13 京津冀高速公路里程 单位：千米

年份	北京市	天津市	河北省	京津冀
2004	500	517	1706	2723
2005	500	593	2135	3228
2006	600	682	2329	3611
2007	628	682	2853	4163
2008	777	835	3234	4846

续 表

年份	北京市	天津市	河北省	京津冀
2009	884	884	3303	5071
2010	903	982	4307	6192
2011	912	1103	4756	6771
2012	923	1103	5069	7095
2013	923	1103	5618	7644
2014	982	1103	5888	7973
2015	982	1350	6333	8665

数据来源：2005—2015 年《河北经济年鉴》《天津统计年鉴》《北京统计年鉴》；2015 年高速公路里程采用了中国高速网发布的数据；2004—2006 年北京市高速公路里程来自中华人民共和国国家统计局网站。

在京津冀高速公路总里程中，河北省高速公路里程对京津冀高速公路里程的贡献最大。2015 年北京市、天津市和河北省三地高速公路占京津冀高速公路总里程的比重分别为 11.3%、15.6%、73.1%。京津冀高速公路里程的结构情况如图 1－6 所示。

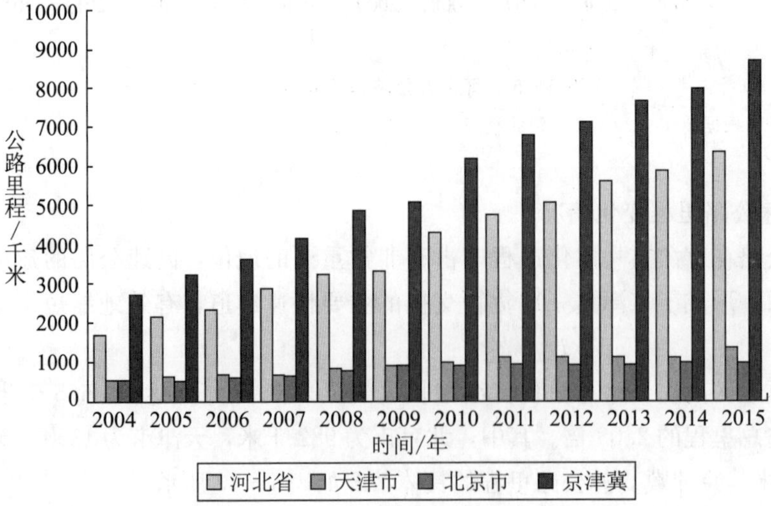

图 1－6　京津冀高速公路里程结构

数据来源：由表 1－13 整理得到。

从增速看，自 2008 年以来，京津冀地区高速公路里程年平均增速为 9.75%，大约是同期三地公路总里程增速的 4 倍，高速公路的建设取得了明显进展。京津冀高速公路里程年增长率情况如表 1－14 所示。

表 1-14　京津冀高速公路里程年增长率　单位：%

年份	北京市	天津市	河北省	京津冀
2005	0	15	25	19
2006	20	15	9	12
2007	5	0	22	15
2008	24	22	13	16
2009	14	6	2	5
2010	2	11	30	22
2011	1	12	10	9
2012	1	0	7	5
2013	0	0	11	8
2014	6	0	5	4
2015	0	22	8	9

数据来源：由表 1-13 整理得到。

京津冀高速公路总里程年增长率变化明显，其中，2005—2008 年和 2010 年的增速均较大，属于高速公路的集中建设时期，其余年份高速公路总里程的增速均在 10%以下，且从 2011 年开始年增长率变化相对平稳，在 4%～9%。2008—2015 年京津冀高速公路里程年增长率情况如图 1-7 所示。

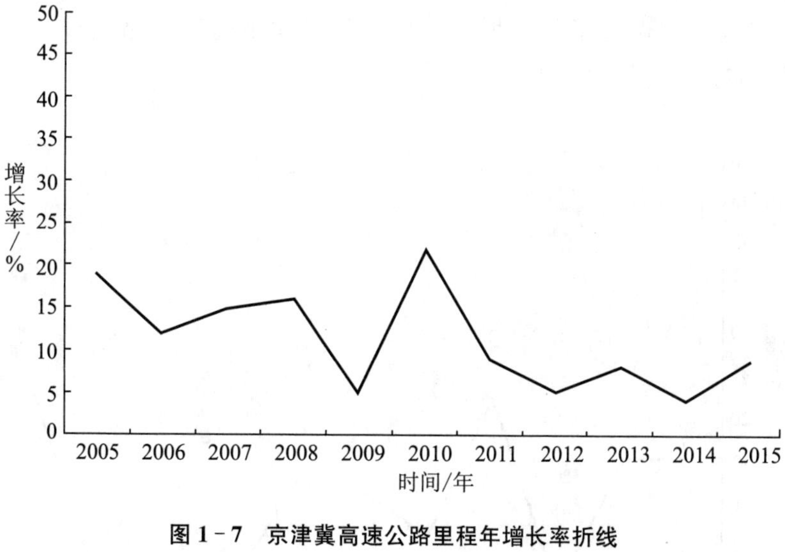

图 1-7　京津冀高速公路里程年增长率折线

数据来源：由表 1-14 整理得到。

从北京市、天津市、河北省三地高速公路建设的具体情况看，与河北省相比，近年来北京市和天津市的高速公路建设有放缓的趋势。

（1）北京市高速公路建设情况。根据图 1－8 反映的北京市高速公路里程年增长率情况，受举办奥运会影响，2008 年北京市高速公路里程较 2007 年的增幅高达 24%，2010—2015 年，北京市高速公路的增长率分别为 2%、1%、1%、0%、6%、0%，高速公路建设明显放缓，仅 2014 年的增幅超过了 5%。

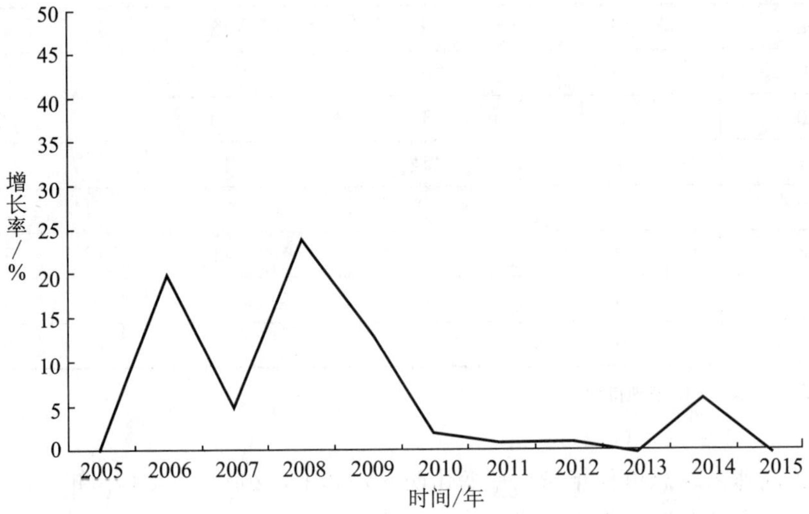

图 1－8　北京市高速公路里程年增长率折线

数据来源：由表 1－14 整理得到。

（2）天津市高速公路建设情况。天津市高速公路里程年增长率变化波动明显，2005—2011 年总体上保持了较高增速，2015 年天津市高速公路里程年增长率高达 22%。天津市高速公路里程变化情况如图 1－9 所示。

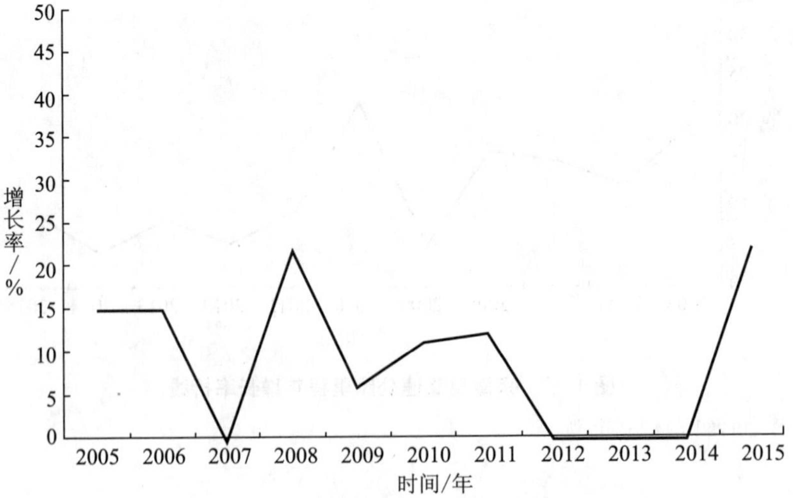

图 1－9　天津市高速公路里程年增长率折线

数据来源：由表 1－14 整理得到。

（3）河北省高速公路建设情况。河北省高速公路里程年增长率同样呈现较明显的波动，特别是2005—2010年6年间变化较剧烈，其中，2010年的年增长率最高，达到30%。从2011年开始，河北省高速公路的建设增速趋于平缓。河北省高速公路里程变化情况如图1-10所示。

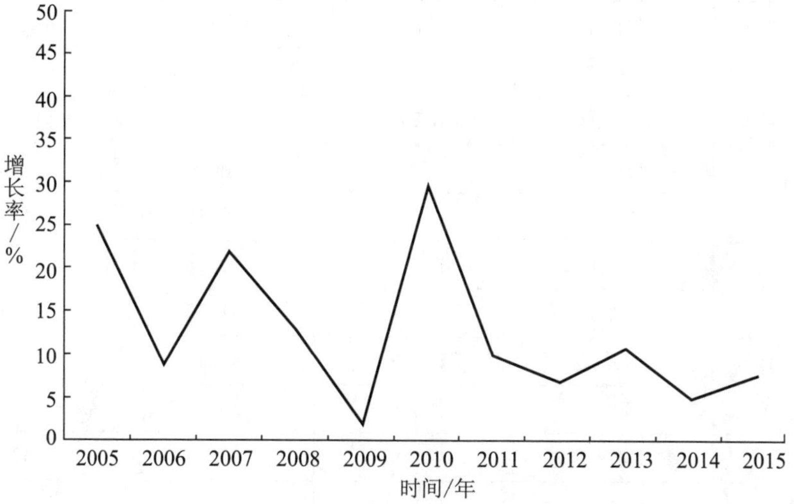

图1-10　河北省高速公路里程年增长率折线

数据来源：由表1-14整理得到。

2015年，作为“十二五”规划的收官之年，京津冀三地的高速公路建设均取得了较显著成果。

根据北京市统计局网站公布的数据，北京市2015年交通领域完成投资827亿元，增长9.3%，占北京市固定资产投资的38%。截至2015年年底，北京高速公路总里程达到982千米，面积1.68万平方千米，密度5.85千米/百平方千米，达到46.43米/千人。

根据中国高速网公布的数据，天津市2015年新增高速公路237千米，截至2015年年底，天津市高速公路总里程达1350千米，高速公路面积1.13万平方千米，密度11.95千米/百平方千米，达到91.7米/千人。

根据河北省交通运输厅公布的数据，河北省2015年全年新增高速公路通车里程6条段：邯郸东南环（37.9千米）、衡德故城支线（27.3千米）、京昆石太北线（51.7千米）、荣乌高速大王店互通至狼牙山互通段（22千米）、张承张家口崇礼至张承界段（102千米）、张承承德段（204千米），总计444.9千米。基本实现了县县通高速，全省98%以上的县城30分钟内可以上高速。截至2015年年底，河北省高速公路总里程达到6333千米，面积18.77万平方千米，密度3.37千米/百万平方千米，达到86.37米/千人。

3. 公路路网密度情况

京津冀的公路路网密度取三地路网密度的均值。如表1-15、图1-11所示，

2005—2014 年，京津冀的公路路网密度整体逐年增大，2014 年京津冀路网密度为 120.97 千米/百平方千米，是 2005 年的 1.646 倍。其中，北京市和天津市的公路路网密度总体相当，且明显大于河北省路网密度。

表 1－15　　京津冀路网密度　　单位：千米/百平方千米

年份	北京市	天津市	河北省	京津冀
2005	89.55	90.70	40.20	73.48
2006	124.94	94.72	76.15	98.60
2007	126.47	96.52	78.00	100.33
2008	123.95	100.94	79.19	101.36
2009	126.47	119.82	80.58	108.96
2010	128.66	124.15	81.75	111.52
2011	130.08	126.92	83.14	113.38
2012	130.97	128.83	86.36	115.38
2013	132.07	131.57	92.42	118.69
2014	133.14	134.85	94.92	120.97

数据来源：根据 2006—2015 年《北京统计年鉴》《天津统计年鉴》《河北经济年鉴》数据计算得出。

受 2006 年开始村道公路里程统计进入公路里程的统计口径变化影响，2006 年的路网密度与 2005 年的路网密度相比明显增大，从 2006 年开始，京津冀地区公路路网密度增幅相对平稳。与 2005 年相比，2014 年北京市、天津市、河北省三地公路路网密度分别是 2005 年的 1.49 倍、1.49 倍和 2.36 倍，河北省公路路网密度的平均增速最快。天津市的路网密度从 2009 年开始有明显提升，到 2014 年已超过北京市。

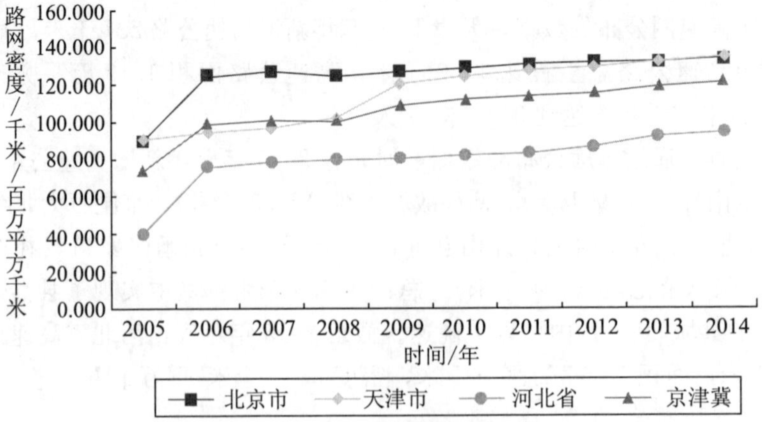

图 1－11　京津冀路网密度折线

数据来源：由表 1－15 整理得到。

（二）京津冀公路路网分布情况

京津冀地区中北京市是我国东北地区与中南、西南部地区物资交流的重要枢纽之一。高速公路是构成京津冀地区公路路网的基本骨架，在区域货运中发挥着关键作用。根据交通部编制的《国家高速公路网路线命名和编号规则》规定，高速公路编号由字母“G”和阿拉伯数字组成。其中，首都放射线采用 1 位数，为“G1～G7”，如京沪高速（北京—上海高速）编号为“G2”；纵线和横线采用 2 位数，为“G10～G90”，纵线采用奇数，如大广高速（大庆—广州高速）为“G45”；横线采用偶数，如沪陕高速（上海—西安高速）为“G40”。

京津冀地区高速公路路网的基本现状如图 1－12 所示。

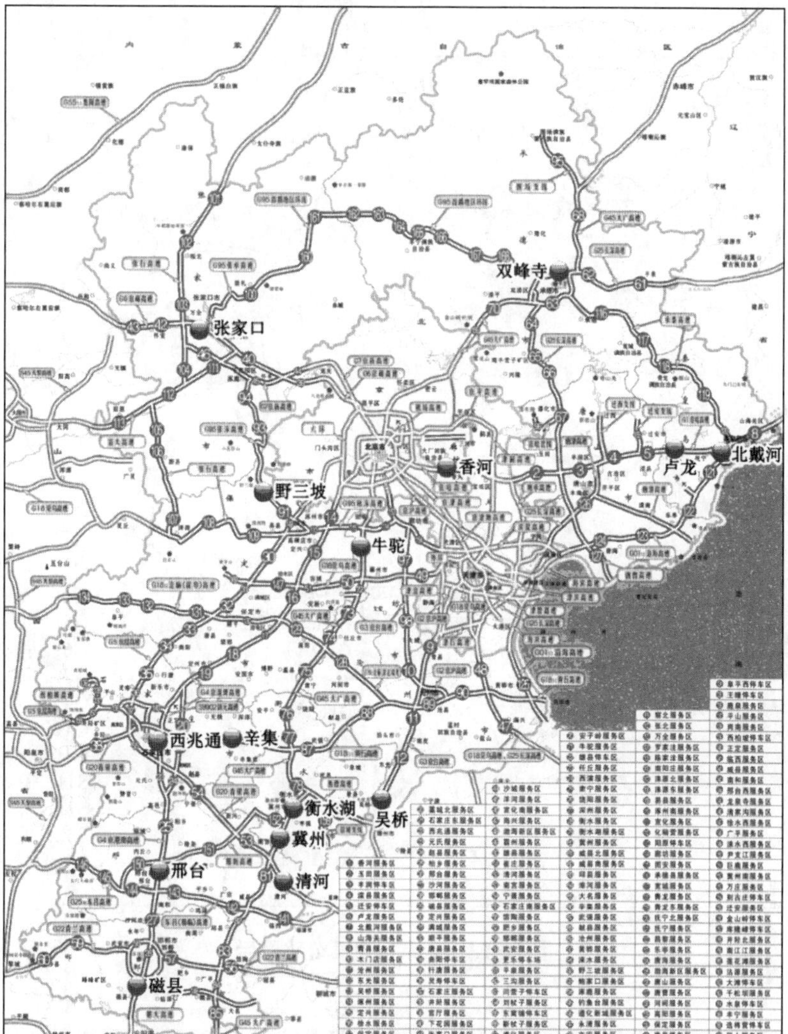

图 1－12　京津冀高速公路及服务区分布情况

（1）北京市公路网络格局。截至 2016 年年初，北京市的路网呈现“五环十三射”。“五环”是指北京二环、三环、四环、五环、六环，“十三射”是指北京市的 11 条高速公路、108 国道和 109 国道。其中 G6（京藏高速）和 G7（京新高速）成为北京市西北方向的物流通道，连接河北省的怀来县；G45 北京段即 S11（京承高速）和 S32（京平高速）主要承担北京市东北方向及北方的货物流通，连通河北省承德市；G1（京哈高速）和 G102（京哈线）北京段即通燕高速成为北京市东部方向的物流通道；G2（京沪高速）和 S15（京津高速）位于北京市的东南方向，是东南方向主要的物流通道；G45（大广高速）北京段即 G106（京开高速）位于北京市的正南方向，主要承担北京市南方的货物流通；G4（京港澳高速）和 G5（京昆高速）位于北京市的西南方向，成为北京市西南方的物流通道；G108 国道和 G109 国道成为北京市西部的物流通道，具体如图1－13所示。

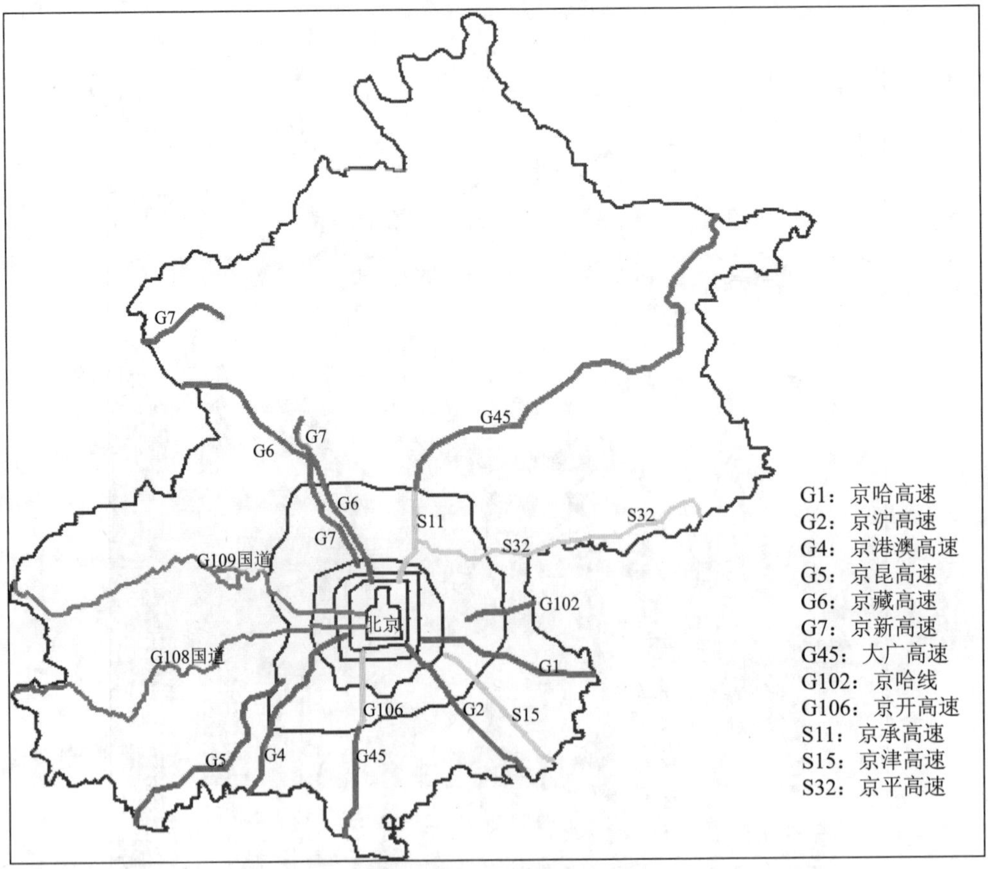

图 1－13　北京市主要公路图示

（2）天津市公路网络格局。天津市高速公路分为内环线、中环线、外环线、快速路共计“四环”，快速路的设计时速为 60～80 千米。环城高速预计在 2016 年年底完工，成为天津市的五环，由滨保高速公路、京沪高速公路、津晋高速公路天津西段、蓟汕高速公路和京津高速公路组成，全长 142 千米，双向六到八车道，全部建成后全市 11 个新城、30 个中心镇、重要工业园区及景点将实现 15 分钟上高速。同时，天津市绕城高速也在进一步建设过程中，建成后将形成“六环”，旨在缓解外环线交通压力，具体如图 1 - 14 所示。

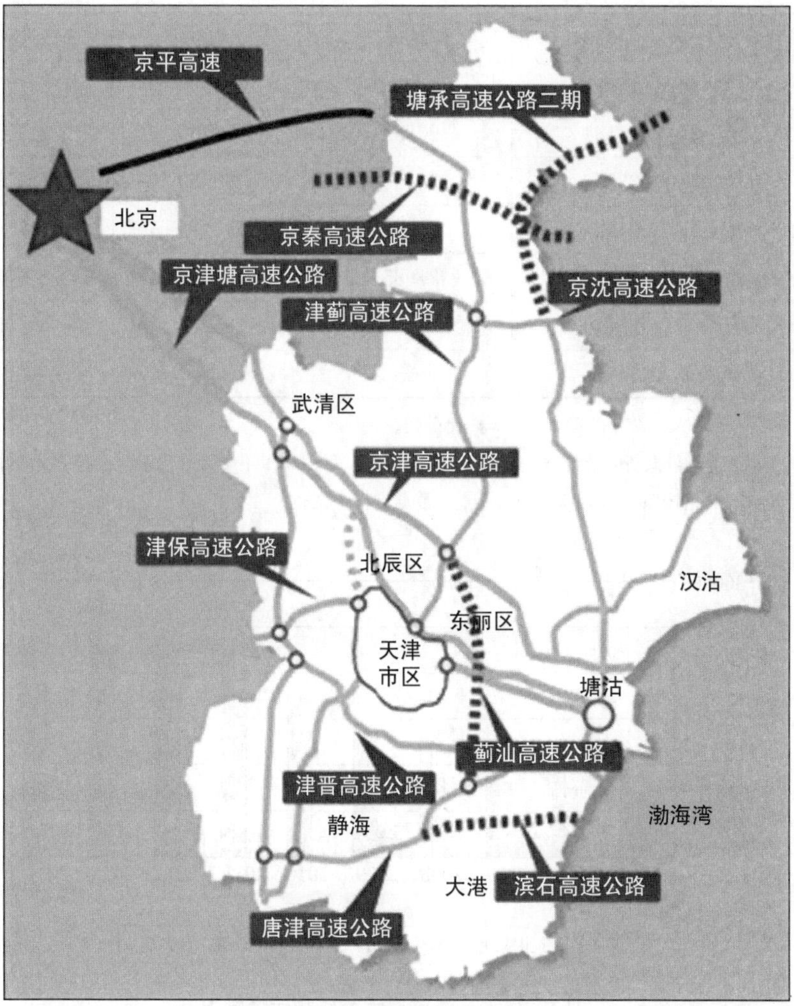

图 1 - 14　天津市主要公路图示

(三) 公路货运总体情况

1. 京津冀公路货运量

2005—2014 年，京津冀地区公路货运量总体呈现逐渐上升的趋势，从 2005 年的 118552 万吨持续增长到 2014 年的 241832 万吨，同时，需要说明的是，由于从 2014 年第一季度起实行了新的统计方法，2014 年数据与 2013 年数据不具可比性。京津冀地区的公路货运量情况如表 1 - 16 和图 1 - 15 所示。

表 1-16　　京津冀公路货运量　　单位：万吨

年份	北京市	天津市	河北省	京津冀
2005	30050	19850	68652	118552
2006	30953	20290	73263	124506
2007	17872	23500	79822	121194
2008	18689	27000	84486	130175
2009	18753	19800	106530	145083
2010	20184	20855	135938	176977
2011	23276	23426	166680	213382
2012	24925	28228	195530	248683
2013	24651	31985	224319	280955
2014	25416	31130	185286	241832
2015	24573	—	—	—

数据来源：由表 1-5、表 1-6、表 1-7 整理得到。

注：2009 年货运量依据新的统计方法和口径进行了调整。从 2014 年第 1 季度起，公路货运量按照交通运输部新方案进行统计，北京按照 2013 年口径对 2014 年数据进行了调整。

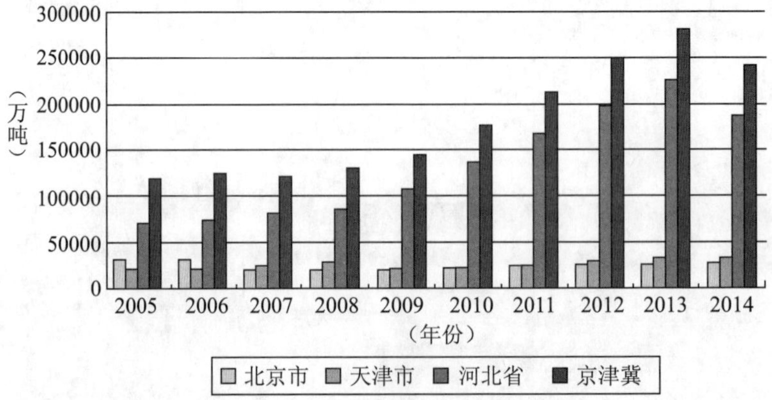

图 1-15　京津冀三地公路货运量情况

数据来源：由表 1-16 整理得到。

2005—2008 年京津冀公路货运量趋于平稳，2007 年比 2006 年略有下降；2009—2013 年公路货运量持续增高，在 2013 年达到最高，高达 28.10 亿吨。2013 年公路货运量约为 2009 年的两倍。2014 年货运量按照新的统计方法进行统计，因此与 2013 年不可比较。河北省公路货运量占京津冀公路货运量比重大，其变化情况对京津冀地区总公路货运量的变化情况影响显著。

从北京市、天津市、河北省三地公路货运量占京津冀地区公路货运量的比重看，北京市公路货运量占京津冀公路货运总量的比重 2005—2013 年逐渐减小，2014 年开始上升，较2013年上升了1.7%。天津市公路货运量所占比重在2008—2011年共减少3.7%，2011年后回升，至2014年比重达到12.9%。河北省公路货运量所占比重总体上呈持续上升的态势，其中2005—2008年平均比重为61.9%，2009—2014年平均比重为77.2%。同时，2014年比重较上年下降了3.2%，不排除统计口径变化产生的影响。京津冀三地公路货运量分别占总货运量的比重变化情况如图1-16所示。

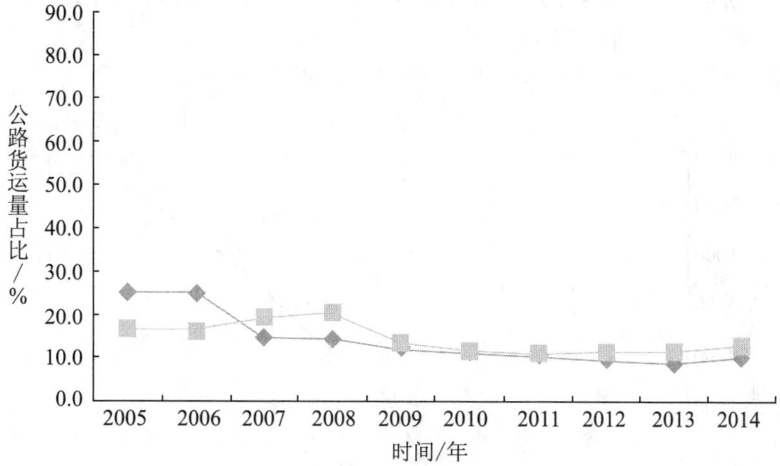

图1-16　京津冀三地公路货运量占比情况

数据来源：根据2015年《河北经济年鉴》整理。

2. 京津冀公路货运周转量

2005—2014年，京津冀地区公路货运周转量显著增大，且从2009年开始上升速度非常快，直到2014年趋于平稳。2014年，京津冀地区总的公路货运周转量为7534亿吨·公里，是2005年851亿吨·公里的8.85倍，其中北京市、天津市、河北省分别为1.92倍、4.72倍和10.16倍。京津冀公路货运周转量情况如表1-17所示。

表1-17　　**京津冀公路货运周转量**　　单位：亿吨·公里

年份	北京市	天津市	河北省	京津冀
2005	86	74	691	851
2006	89	76	749	914
2007	79	88	843	1010
2008	84	103	890	1077
2009	88	206	2998	3292
2010	102	231	4011	4344
2011	132	267	5219	5618
2012	140	329	6133	6602

续 表

年份	北京市	天津市	河北省	京津冀
2013	156	368	6973	7497
2014	165	349	7020	7534
2015	162.2	—	—	—

注：2014 年公路货运量是按新方法进行统计的，按此新方法测算同口径 2013 年河北省公路货运周转量是 6577.9 亿吨·公里（《河北经济年鉴 2015 年》）。

数据来源：由表 1-9、表 1-10、表 1-11 整理得到，北京市统计局。

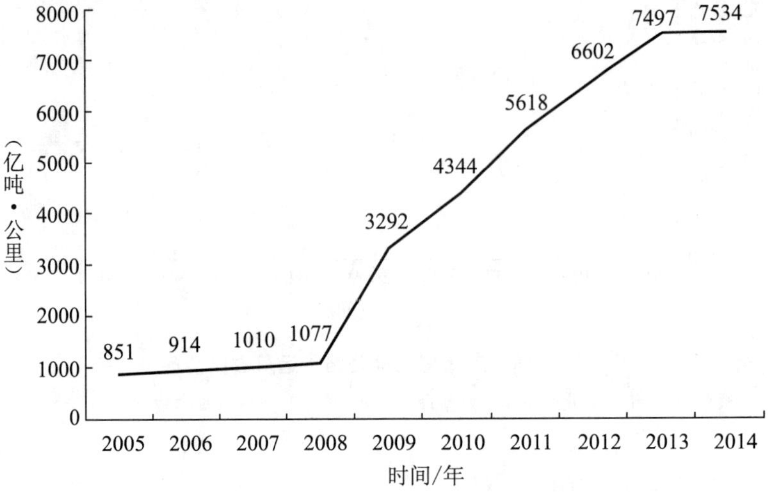

图 1-17　京津冀公路货运周转量折线

数据来源：由表 1-8 整理得到。

京津冀公路货运周转量的变化情况如图 1-17 所示，2005—2008 年公路货运周转量逐年缓慢上升；2009—2013 年统计口径一致，货运周转量快速增长，2010—2013 年公路货运周转量年增长率分别为 32%、29%、18%、13.6%。2014 年京津冀公路货运量总体上有所下降，不排除统计口径变化的影响。

3. 京津冀单位重量公路货物运输里程

京津冀地区的货物集散和主要城市的枢纽地位明显。除去 2008 年的数据，2005—2014 年京津冀地区单位重量货物公路运输里程逐年显著增加，2014 年较 2013 年明显增加，增加约 45 千米。

从京津冀三地的具体情况看，北京市 2005—2011 年缓慢增加，2012 年较 2011 年减少了 0.54 千米，2012—2014 年持续缓慢增加，2014 年单位重量货物运输里程是 2012 年的 1.16 倍；天津市 2005—2012 年逐年增加，2012 年开始减少，到 2014 年共减少了 4.44 千米；河北省 2005—2008 年基本没有变化，最小值为 100.65 千米/吨，最大值为 105.61 千米/吨，2008—2009 年快速增加，2009 年单位重量货物运输里程是 2008

年的 1.24 倍，2009—2012 年增加缓慢，平均每年增加 10.75 千米/吨，2013 年比 2012 年略有减少，2014 年是 2013 年的 1.22 倍。京津冀三地单位公路货物运输里程只有天津市在 2013 年、2014 年略有减少，北京市、河北省均有所增加。京津冀公路运输每吨货物的平均里程情况如表 1 - 18 所示。

表 1 - 18　京津冀单位重量公路货物运输里程　单位：千米

年份	北京市	天津市	河北省	京津冀
2005	28.62	37.28	100.65	71.78
2006	28.75	37.46	102.23	73.41
2007	44.20	37.45	105.61	83.34
2008	44.95	38.15	105.34	82.73
2009	46.93	104.04	281.42	226.90
2010	50.54	110.76	295.06	245.46
2011	56.71	113.98	313.11	263.28
2012	56.17	116.55	313.66	265.48
2013	63.28	115.05	310.85	266.84
2014	64.92	112.11	378.87	311.54

数据来源：根据 2015 年《河北经济年鉴》整理。

（四）京津冀主要公路货运枢纽基本情况

公路货运枢纽是在公路运输网络的节点上形成的货物流、信息流的汇集中心，是公路运输网络的重要节点和运输生产的重要环节，是实现公路运输集约化、专业化、信息化的基本平台，是促进多式联运、集装箱运输、现代物流化快速发展的重要基础保证。

“十二五”期间，交通运输部制定了支持货运枢纽建设的专项政策，面向中小企业开放公共设施。货物集散和组织作用突出的货运物流园区作为重点支持对象，给予一定的资金扶持。在“十二五”期间总共扶持近 150 个货运物流园的建设。通过政策的引导和支持，推进货运枢纽型物流园区的发展。在全国范围内，构建覆盖重点区域和主要物流节点城市的货运物流枢纽网络，改善物流基础设施条件，实现物流的集约、节约及高效发展。

公路货运枢纽具有较强的公共基础性，有利于解决区域货物交换和城市配送的“最后一公里”问题。但由于缺少从京津冀一体化角度的公路货运枢纽统筹规划，北京市、天津市和河北省三地针对公路货运枢纽的规划和建设仍相对独立。以下分别说明三地公路货运枢纽的基本情况。

1. 北京主要公路货运枢纽情况

截至 2012 年年底，货运场站完成的年换算吞吐量共计 2249.2 万吨，总占地面积 1463.08 亩。其中，汉龙公路货物运输服务中心作为北京市内最大的物流集散地，年换算货物吞吐量 1500 万吨，总占地面积 480 亩。在区域分布上，公路货运场站主要分布于丰台、朝阳、大兴、通州、平谷、房山等地区，临近五环路和六环路，其中位于六环路以内的货运场站占总数的 55.6%①。如图 1－18 和表 1－19 所示，表明北京市各区县规划的公路货运枢纽的分布情况和基本信息。

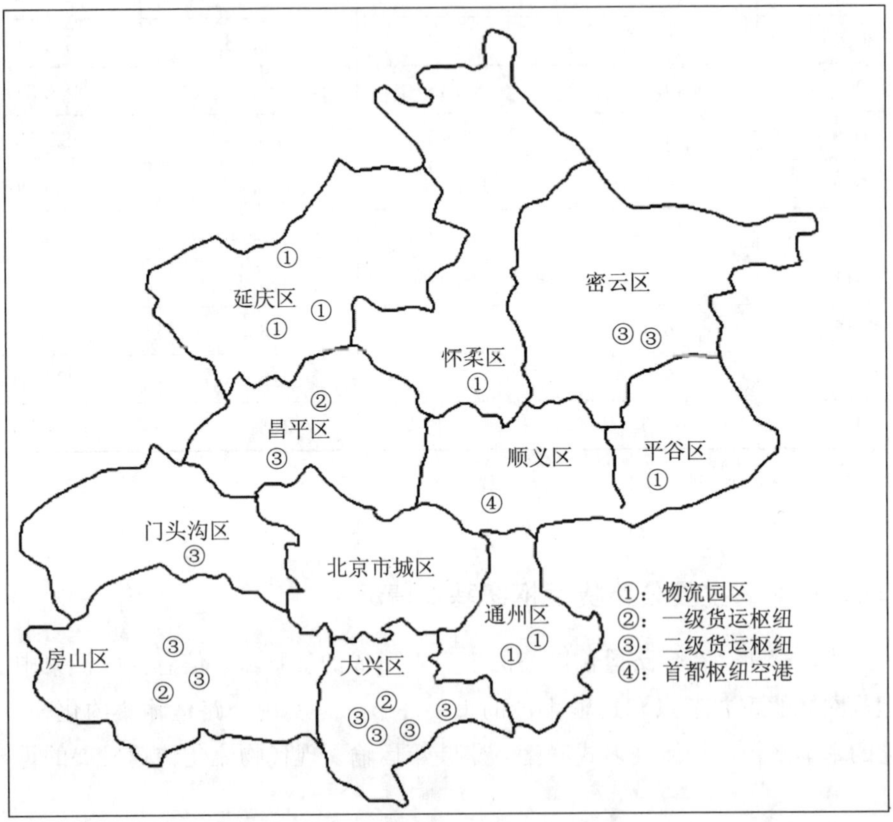

图 1－18　北京市公路货运枢纽

资料来源：2005—2020 年北京市各区规划。

表 1－19　　北京市各区公路货运枢纽情况

城区	主要工程	发展定位
大兴区	利用（京南物流商港）园区货运设施，在六环路以南、京九铁路西、京开高速公路东设置一级货运枢纽；在庞各庄、榆垡、安定、采育均有一座城乡货运集散站场	

① 杨越．北京市公路货运场站问题分析与对策研究［J］．中国市场，2014（40）：38－43.

续 表

城区	主要工程	发展定位
房山区	良乡组团长虹路以南建设北京市西南部货运主枢纽 1 处（阎村一级货运枢纽）	铁路—公路—口岸货运枢纽型物流区
门头沟区	门头沟新城内建设二级货运枢纽	—
昌平区	八达岭高速公路与京包高速公路之间，水南路南侧建设一处公路货运主枢纽，占地约 30 公顷，年吞吐能力达 221 万吨	为西北及北部货物集散，并结合物流提供专业化物流和配送服务
怀柔区	京承高速公路以南原国家粮食储备库位置，建设具有货物集散、储存、配送、流通加工、商品检验、物流信息服务等功能的北京市专业物流区	城市专业化物流配送
平谷区	加快马坊综合物流区建设，与顺义空港物流基地、马驹桥物流基地在服务对象及服务区域上形成错位	具有口岸功能的保税物流区
延庆区	京张高速公路东、延琉公路以南，用地规模 15 公顷建设城市物流基地；南部工业区内延康公路以东安排 10 公顷工业物流用地；在延琉公路以南玉泉营建设西北物流中心，占地约 15 公顷	蔬菜、农产品集散基地及产品运输流通服务
顺义区	空港物流基地东区 62.6 公顷土地开发及市政基础设施建设、一期 A、B 地块 17.5 公顷土地开发、二期市政建设以及建筑面积为 5 万平方米的现代物流总部中心	面向国际的首都枢纽空港
密云区	物流货运站 2 处，分别是开发区物流货运站，占地面积 10 公顷；穆家峪物流货运站，占地面积 2 公顷	—
通州区	北京烟草集团物流中心、北京出版发行物流中心；在马驹桥物流基地建设新的大型内陆口岸；建设北京市东南部货物集散及集装箱转运基地	—

注：根据 2005—2020 年北京市各区规划整理。

2. 天津主要公路货运枢纽情况

天津市主要货运枢纽包括：南仓、西营门货运站、大型物件运输站、开发区、邓善沽、大港货运站、北塘、汉沽、津围货运站、北辰钢材物流园区、天津市物流货运中心等。其中，天津市物流货运中心是国家交通部和天津市人民政府批准建设的第一个公路主枢纽重点交通基础设施项目，其包括 5 个国际化物流标准的现代化基地：中心总部物流园、金钟物流园、西青物流园、北辰物流园、中北物流园。

3. 河北主要公路货运枢纽情况

根据2015年《河北经济年鉴》统计，河北省2014年（扩）建公路客、货运站4个，新（扩）建公路客、货运站39368平方米。

2011年5月，石家庄市交通运输局委托交通运输部规划研究院编制完成了《石家庄国家公路运输枢纽总体规划》，石家庄国家公路货运枢纽由石家庄内陆港国际保税物流园区、石家庄空港国际物流园区、石家庄窦妪综合物流园区、石家庄物流配送中心、石家庄大营物流中心、石家庄高营物流中心、石家庄装饰材料物流中心构成。

秦皇岛的货运枢纽主要包括：龙家营物流园区、秦东物流中心、山海关临港物流中心及北戴河新区货运站。

张家口自古就是北京与京西北地区重要的商贸通道，承接北京商贸物流产业转移具有得天独厚的优势。2014年以来以张家口机场和东山产业集聚区为依托，建设空港物流园区。以110国道、张石高速、京藏高速、京包铁路、张集铁路和市产业集聚区为依托，建设商贸物流园区，发展以工业品和城市居民生活用品为重点的物流业。以大秦铁路、张涿高速和京蔚高速为依托，建设京西物流园区，发展以特色农副产品为重点的物流业。

（五）京津冀地区主要城市公路管理政策

随着京津冀主要城市交通拥堵问题日益突出，为改善交通状况，北京市、天津市、河北省设立相关公路管理政策，包括特定时间内限制相关车辆出行，限制外地车辆进京等具体措施。

1. 北京市交通限行政策

根据北京市人民政府2016年3月26日发布的《北京市人民政府关于实施工作日高峰时段区域限行交通管理措施的通告》，北京市实施工作日高峰时段区域限行，限行时间为7时至20时，范围为五环路以内道路（不含五环路），根据限行的机动车车牌尾号（含临时号牌）分为五组，每13周轮换一次限行日，具体如表1-20所示。

表1-20　北京市机动车限行情况

工作日	周一	周二	周三	周四	周五	备注
停驶尾号	2和7	3和8	4和9	5和0	1和6	自2016年4月11日至2016年7月10日
	1和6	2和7	3和8	4和9	5和0	自2016年7月11日至2016年10月9日
	5和0	1和6	2和7	3和8	4和9	自2016年10月10日至2017年1月8日
	4和9	5和0	1和6	2和7	3和8	自2017年1月9日至2017年4月9日

注：临时号牌尾号数字限行，机动车车牌尾号为英文字母的按0号管理。

根据北京市人民政府2015年6月26日发布的《北京市人民政府关于应对空气重污

染采取临时交通管理措施的通告》（京政发〔2015〕34 号），当北京市空气重污染应急指挥部办公室组织发布空气重污染橙色预警（预警二级）、北京市突发事件应急委员会办公室组织发布空气重污染红色预警（预警一级）时，按照《北京市空气重污染应急预案》的有关规定，对在北京市行政区域内道路行驶的机动车（含临时号牌车辆）采取临时交通管理措施，按车牌尾号实行单号单日、双号双日行驶的同时，暂停实施工作日高峰时段区域限行尾号轮换措施，如表 1－21 所示。

表 1－21　　　　北京市机动车临时交通管理详情

<table>
<tr><th></th><th>空气污染程度</th><th>禁限通行时间</th><th>禁限通行车辆</th><th>禁限通行区域</th></tr>
<tr><td rowspan="4">禁行</td><td>橙色预警（预警二级）</td><td>全天</td><td>建筑垃圾和渣土运输车、混凝土罐车、砂石运输车等重型车辆</td><td>禁止在本市行政区域内道路行驶</td></tr>
<tr><td rowspan="4">红色预警（预警一级）</td><td>全天</td><td>建筑垃圾和渣土运输车、混凝土罐车、砂石运输车等重型车辆</td><td>禁止在本市行政区域内道路行驶</td></tr>
<tr><td>工作日 7 时至 9 时、17 时至 20 时</td><td>外省区市机动车</td><td>禁止在本市五环路以内道路（含五环路）行驶</td></tr>
<tr><td>每天 6 时至 24 时</td><td>无进京通行证件的“绿色通道”车辆、邮政专用车、生产生活物资车辆</td><td>禁止在本市六环路以内道路（不含六环路）行驶（邮政专用客车除外）</td></tr>
<tr><td>限行</td><td>每天 3 时至 24 时</td><td>按车牌尾号实行单号单日、双号双日行驶</td><td>北京市行政区域内道路行驶</td></tr>
</table>

注：外省区市进京持道路运输证件的省际客运车辆及经批准临时入境的车辆不受上述交通管理措施限制，车牌尾号是 0 和英文字母、“二〇〇二”式号牌的机动车按双号管理。2016 年 4 月 16 日发布《关于对长安街（建国门至复兴门）等部分道路采取交通管理措施的通告》，规定十条街道禁止非机动车通行。十条街道依次为：长安街（建国门至复兴门），广场东、西侧路，府右街，正义路，复外大街（复兴门桥至木樨地桥），建外大街（国贸桥至建国门桥），复兴路（木樨地桥至新兴桥），蒲黄榆路（玉蜓桥至刘家窑桥），石景山区石景山路（玉泉路路口至鲁谷东街北口）。

2. 北京市外地车牌进京限制政策

北京市公安局公安交通管理局发布了外地车牌进京相关政策。外地车牌车辆工作日早晚高峰：7 时到 9 时，17 时到 20 时，不能在五环路及其以内道路行驶；工作日 9 时到 17 时，需要遵守本市的尾号限行规定，限行尾号与北京号牌车辆相同，限行范围是五环路及其以内道路。

2015 年 11 月 27 日起，长安街及延长线从西三环的新兴桥（不含）到东三环的国贸桥（不含）之间路段、广场东、西侧路，北池子、南池子大街，北河沿、南河沿大街，府右街、北长街、南长街、人大会堂西路、正义路、台基厂大街，早上 6 时到晚上 10 时，禁止外省、区、市核发号牌（含临时号牌）的载客汽车通行。二环路主路的全线，每天早上 6 时到晚上 10 时，禁止外省、区、市核发号牌（含临时号牌）的载客汽车通行。

外地号牌的载货汽车和专项作业车，每天 6 时到 24 时，不能进入六环路（不含）以内道路行驶。若办理进京通行证，每天 0 时到 6 时可以进入六环路以内道路行驶。

3. 天津市交通限行政策

根据天津市人民政府通告，自 2016 年 4 月 10 日至 2017 年 4 月 8 日，继续实施机动车限行交通管理措施：一是自 2016 年 4 月 10 日起，工作日（法定节假日除外）每日 7 时至 9 时和 16 时至 19 时，禁止外埠牌照机动车在外环线（不含）以内道路通行。二是自 2016 年 4 月 10 日起，每日 7 时至 19 时，禁止货运机动车在外环线上通行。三是自 2016 年 4 月 10 日至 2017 年 4 月 8 日，工作日（法定节假日除外）每日 7 时至 19 时，本市及外埠牌照机动车在外环线（不含）以内道路，继续实施按车牌尾号区域限行交通管理措施。车牌尾号限行具体情况如表 1 - 22 所示。

表 1 - 22　　天津市机动车尾号限行情况

工作日	周一	周二	周三	周四	周五	备注
停驶尾号	2 和 7	3 和 8	4 和 9	5 和 0	1 和 6	自 2016 年 4 月 10 日至 2016 年 7 月 9 日
	1 和 6	2 和 7	3 和 8	4 和 9	5 和 0	自 2016 年 7 月 10 日至 2016 年 10 月 8 日
	5 和 0	1 和 6	2 和 7	3 和 8	4 和 9	自 2016 年 10 月 9 日至 2017 年 1 月 7 日
	4 和 9	5 和 0	1 和 6	2 和 7	3 和 8	自 2017 年 1 月 8 日至 2017 年 4 月 8 日

注：临时号牌尾号数字限行，机动车车牌尾号为英文字母的按 0 号管理。

自 2016 年 4 月 10 日至 2017 年 4 月 8 日，天津市货运机动车限行政策主要总结如表 1 - 23 所示。

表 1 - 23　　天津货运机动车限行政策

时段	禁行路段	限制车型
每日 7 时至 19 时	外环线上	货运机动车
每日 7 时至 22 时	外环线（不含外环线）以内道路	货运机动车（运输生活必需品车辆须持通行证通行）
每日 4 时至 22 时	中心城区快速路	中型、重型货运机动车（运输生活必需品车辆须持通行证通行）
全天	津滨高速公路、蓟汕高速公路空港经济区段（又称“津滨高速联络线”）	货运机动车

《天津市重污染天气应急预案》自 2013 年 10 月发布实施以来，为天津市有效应对重污染天气发挥了积极作用。2013 年年底，环保部对重污染天气应急等级划分做出新规定，在原来三级预警（即Ⅰ级红色、Ⅱ级橙色、Ⅲ级黄色）基础上增加Ⅳ级蓝色预警。自此，重污染天气预警等级上分为四级，分别为Ⅳ级（蓝色）、Ⅲ级（黄色）、Ⅱ级（橙色）、Ⅰ级（红色）预警，Ⅰ级（红色）为最高级别。

机动车车牌尾号单双号限行措施：在发布重污染天气Ⅰ级（红色）预警信息，并启动Ⅰ级应急响应后，自次日零时起，每日零时至 24 时，本市及外埠牌照机动车（含临时号牌）按照车牌尾号单号单日、双号双日（车牌尾号为英文字母的按照双号实施）在本市行政区域内道路行驶，直至重污染天气预警解除。采取重污染天气机动车尾号单双号限行措施期间，暂停实施工作日机动车车牌尾号区域限行措施。

其中，不受限行措施限制的车辆包括：警车、消防车、救护车、工程救险车 4 类特种车辆；武警、驻津部队车辆；公共汽车、出租汽车和由公安交管部门核发相应通行证的班车、长途汽车、大中型客车；各国驻华使领馆和国际组织驻华机构机动车；车身喷涂统一标志并执行任务的综合执法、工商、交通执法车辆，环保监察车辆，邮政、救援、抢险、清障等专用车辆；环卫、园林、道路养护等专项作业车辆；殡仪馆所属殡葬车辆。

4. 河北省限行政策

河北省各个市区机动车通行措施情况不同，主要列举保定市、唐山市、石家庄市、邢台市、顺平市机动车通行措施以及各市污染天气临时限行措施。例如，根据河北省保定市政府《我市启动机动车禁限行措施》，自 2015 年 12 月 8 日 0 时起在市区范围内启动机动车禁限行措施如表 1－24 所示。

表 1－24　　保定市机动车禁限行措施

	时间段	区域	详情	
限行	每日 7：00 至 20：00	市区东二环、三丰路、西二环、北二环（含以上道路）以内区域	单日单号车通行，双日双号车通行，牌照尾号为字母的，以最后一位数字为准	1. 不含法定节假日及双休日 2. 不包含邮政专用车、持有专用车辆证件的保障城市正常生产生活的车辆、经批准临时入境的车辆
禁行	全天 24 小时	东二环以西、北二环以南、三丰路以北（包含以上道路）及西二环（不含）以东的市区道路	砂石料、建筑渣土、混凝土和其他散体物料运输车辆、专项作业车以及其他货运车辆（核定载质量 0.6 吨以上）禁行	

续 表

	时间段	区域	详情
禁行	全天24小时	复兴路（长城大街—复兴路地道桥西口段）、东风路（长城大街—红阳大段）、天威中路（建华南大街—恒祥南大街段）、乐凯南大街（建国路—南堤路段）	单向禁行
		游泳馆西侧公园街（天威路—裕华路段）	双向禁行

唐山市2016年世界园艺博览会期间（4月29日至10月16日）中心区道路交通安全畅通，采取每天8：00—18：00，对非营运小（轻、微）型汽车实施车牌尾号轮换限行措施。具体如表1-25所示。

表1-25　　唐山市世界园艺博览会期间限行政策

限行	单双号限行	单日	双日	时间：4月29日，5月2日，6月1日、9日、10日，9月15日、16日，10月3日至7日，以及每个周六日
		单号通行	双号通行	
	两番轮号限行	周一	禁行1、6	除单双号限行日期以外的其他日期
		周二	禁行2、7	
		周三	禁行3、8	
		周四	禁行4、9	
		周五	禁行5、0	
禁行	日期	时间	禁止车型	路段
	2016.4.29—10.16	全天	货车	国防道（不含）—增盛路（不含）—人民道（不含）—车站路（不含）—大学路（不含）—南湖大道（含学院南路至建设路之间路段）—西电路（不含）—和泰道（不含）—梁家屯路（不含）—正兴道（不含）—明湖路（不含）—艺文道（不含）—大里南路（不含）—国防道（不含）合围区域
	2016.4.29—10.16	6：00—22：00	重型载货汽车、重型专项作业车、半挂车	唐安路

石家庄市自 2014 年 5 月 1 日起，工作日（法定节假日除外）7：30—8：30、17：30—19：00 时段，二环路（不含）以内道路只允许冀 A 牌照的小型客车（九座以下）、班线客运车、出租车、公交车、通勤班车、救护车、消防车、抢险车、执行任务的军、警用车通行。自 5 月 1 日起，工作日（法定节假日）除外，7：30—8：30、17：30—19：00 时段内，二环路（不含）以内道路禁止环卫清扫、园林施工、道路设施维护车辆及所有货运车辆上路行驶。具体情况如表 1 - 26 所示。

表 1 - 26　　石家庄限行政策情况

时段	路段	详情	
工作日（法定节假日除外）7：30—8：30、17：30—19：00 时段	二环路（不含）以内道路	允许通行	冀 A 牌照的小型客车（九座以下）、班线客运车、出租车、公交车、通勤班车、救护车、消防车、抢险车、执行任务的军、警用车
		禁止通行	环卫清扫、园林施工、道路设施维护车辆及所有货运车

2015 年 1 月 6 日石家庄市修订《重污染天气应急预案（暂行）》并发布实施。根据新修订的预案，石家庄的重污染天气预警依旧分蓝、黄、橙、红四级，从蓝到红，依次对应的应急响应为Ⅳ级、Ⅲ级、Ⅱ级、Ⅰ级。其中，Ⅲ级、Ⅱ级、Ⅰ级每天限行 18 个小时。具体如表 1 - 27 所示。

表 1 - 27　　石家庄市临时机动车限行政策

指数	时段	地区	详情
Ⅲ级应急响应限行	每日 6：00—24：00	县城限行和主城区同步	禁止重型、中型货车和三轮汽车、低速载货汽车、拖拉机通行，城市运行保障车辆和执行任务特种车辆不限行
Ⅱ级应急响应限行	周一到周五	主城区、县（市）城区内	非营运客车限行 2 个尾号，周一至周五采取 2 个车牌尾号一组轮换限行（车牌尾号分别为 1 和 6、2 和 7、3 和 8、4 和 9、5 和 0，尾号是字母的以最后一个数字为准），法定节假日和公休日不限行
Ⅰ级应急响应限行	每日 6：00—24：00	主城区、县（市）城区内	非营运客车单双号限行（单号单日通行，双号双日通行，尾号是字母的以最后一个数字为准）

邢台市于 2014 年 1 月新修订《邢台市重污染天气应急预案》经政府同意，正式发布实施。表 1－28 主要列举邢台市临时机动车限行政策。

表 1－28　邢台市临时机动车限行政策

指数	时段	区域	详情
三级及以上应急响应	6：00—24：00	滨江路、百泉大道、邢州大道、襄都路的围合区域	黄标车、无标车、大型货车区域限行
二级响应	周一至周五（法定节假日和公休日不限行）	市区内	每日 2 个车牌尾号一组轮换限行（车牌尾号分为 1 和 6、2 和 7、3 和 8、4 和 9、5 和 0 五组，尾号是字母的，以最后一个数字为准）
一级响应	全天	市区内	单双号限行（单号单日通行，双号双日通行）

保定市经政府研究，《保定市 12 月空气质量保障超常冲刺实施方案》自 2015 年 12 月 8 日 0 时起在市区范围内启动机动车禁限行措施。该限行政策为空气质量超标而采取的临时限行政策。具体如表 1－29 所示。

表 1－29　保定市临时机动车主要限行政策

	时段	区域	详情
限行	每日 7：00—20：00（限行日期不含法定节假日及双休日）	市区东二环、三丰路、西二环、北二环（含以上道路）以内区域	单日单号车通行，双日双号车通行，牌照尾号为字母的，以最后一位数字为准
禁行	全天	东二环以西、北二环以南、三丰路以北（包含以上道路）及西二环（不含）以东的市区道路	砂石料、建筑渣土、混凝土和其他散体物料运输车辆、专项作业车以及其他货运车辆（核定载质量 0.6 吨以上）
	全天	复兴路（长城大街—复兴路地道桥西口段）、东风路（长城大街—红阳大街段）、天威中路（建华南大街—恒祥南大街段）、乐凯南大街（建国路—南堤路段）	单向禁行

续 表

	时段	区域	详情
禁行	全天	游泳馆西侧公园街（天威路—裕华路段）	双向禁行

注：限行不包含以下车辆：

1. 公交车、省际客运车辆及大型客车、出租汽车（不含租赁车辆）、邮政专用车、旅游客车，经市公安交通管理部门核定的单位通勤班车；

2. 军车、警车、消防车、救护车、工程救险车及车身喷涂统一标志并执行公务的政府公务用车；

3. 经市政府批准，持有市公安交通管理部门核发的专用车辆证件的保障城市正常生产生活的车辆；

4. 悬挂“使”字头号牌车辆及经批准临时入境的车辆；

5. 殡仪馆的殡葬车辆；

6. 纯电动小客车（以可充电电池作为唯一动力来源、由电动机驱动的小客车）。

顺平市根据县委、政府《顺平县12月空气质量保障超常冲刺实施方案》要求，2015年12月8日起至12月底启动机动车禁限行措施，该政策是针对空气质量超标而采取的临时限行政策。具体如表1-30所示。

表1-30　　顺平市临时机动车限行政策

时段	区域	详情
每日7：00至20：00（限行日期不含法定节假日及双休日）	在仙洲路（桃源大街—永禄大街路段）	单日单号车通行，双日双号车通行，牌照尾号为字母的，以最后一位数字为准

注：不包含车辆，同表1-29。

三、京津冀铁路建设及货运情况

（一）京津冀铁路建设情况

1. 京津冀铁路建设规模情况

截至2015年，京津冀铁路总里程达到8600千米，其中北京市1300千米，天津市1000千米，河北省6300千米。主要站点14个，主要包括北京站、北京西站、北京南站、天津站、天津西站、丰台西站、双桥站、南仓站、塘沽站、唐山站、唐山南站、石家庄站、石家庄南站、邯郸站。目前京津冀地区总体已有、在建以及规划中铁路示意如图1-19所示。

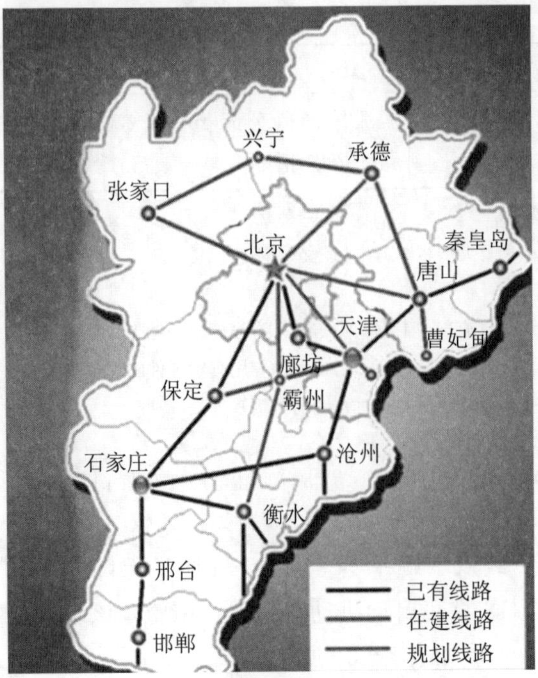

图 1 - 19　京津冀城际铁路示意

2. 京津冀铁路里程变化情况

2005—2015 年，京津冀铁路总里程呈稳步上升的趋势，从 2005 年的 6548 千米逐年上升至 2015 年的 8600 千米。京津冀铁路构成中河北占主要部分，且逐年上升，北京、天津铁路里程数增速缓慢。2005—2015 年京津冀地区及北京市、天津市、河北省三地铁路里程情况如表 1 - 31 所示。

表 1 - 31　**2005—2015 年京津冀铁路里程**　单位：千米

年份	北京市	天津市	河北省	京津冀
2005	966	700	4882	6548
2006	962	747	5084	6793
2007	962	786	5197	6945
2008	956	845	5275	7076
2009	956	856	5822	7634
2010	956	876	5828	7660
2011	1067	938	5879	7884
2012	1115	965	5886	7966
2013	1116	965	5904	7985

续 表

年份	北京市	天津市	河北省	京津冀
2014	1124	995	5924	8043
2015	1300	1000	6300	8600

注：总里程包括地方铁路。

数据来源：《北京统计年鉴》《天津统计年鉴》《河北经济年鉴》。

（二）京津冀铁路货运总体情况

根据北京铁路局的统计数据，截至2015年，京津冀地区共有铁路货运营业办理站297个（含合资公司18个），专用线805户，专用铁道50户，地方、合资铁路13户，货运营业里程4702千米。管内货物线312条，总长118031米；货物站台257座，368322平方米；货物仓库183座，123181平方米；货物雨棚44座，105561平方米；露天货区面积821867平方米；货场总面积1417333平方米。全局货装从业人员11260人，其中货运6791人，装卸4469人。

1. 铁路货运情况

2005—2014年京津冀地区铁路货运总量及北京市、天津市和河北省三地铁路货运量的统计数据如表1-32所示。

表1-32　2005—2014年京津冀铁路货运量情况　单位：万吨

年份	北京市	天津市	河北省	京津冀
2005	1976	7241	19051	28268
2006	1956	8409	19646	30011
2007	1925	11288	20920	34160
2008	1733	12161	23808	37702
2009	1635	11284	28308	41227
2010	1572	7597	37964	47133
2011	1380	7286	41671	50337
2012	1232	7909	43429	52570
2013	1078	8446	49688	59212
2014	1132	8872	48063	58067

数据来源：《北京统计年鉴》《天津统计年鉴》《河北经济年鉴》。

从表1-32中，可以看出北京地区铁路货运量较低，与其他两地有很大差距，且有略微下降趋势，说明北京地区铁路货运不占据主导地位。河北铁路货运量要远远超出北京和天津，并逐年上升，2014年略微下降。天津处于中间且变化不大。

北京铁路局数据显示，京津冀地区各节点铁路出行线路联系总体比较密切，如图

1－20所示。由图中可看出，北京、天津、石家庄为核心区，廊坊市、保定市、唐山市、秦皇岛市、沧州市、张家口市、衡水市、邯郸市、邢台市、承德市为边缘区节点，其中承德市在铁路出行网络中等级最低。

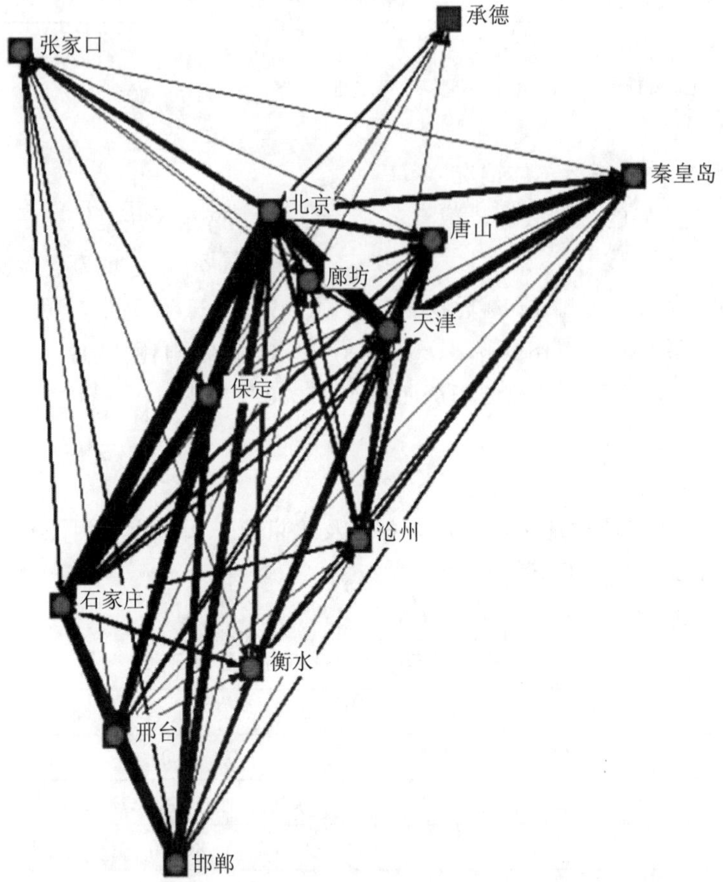

图 1－20　京津冀区域铁路出行网络

注：线条粗细表示节点间铁路出行联系强弱程度。

2. 京津冀铁路在建项目情况

京津冀区域内建成京广、京沪、津秦 3 条高铁及京津城际铁路，快速铁路共 1219 千米，密度为 0.6 千米/百平方千米，是全国平均水平的 5 倍，沟通东北、华东、华南地区铁路网。以北京为枢纽中心，石家庄市、天津市为重要节点的区域货运铁路运输网络基本形成，张唐铁路加快推进，邯黄铁路建成通车，2015 年 12 月 30 日，张家口至唐山方向的张唐铁路正式开通运营，大秦、朔黄、京秦铁路等提速扩能，港口后方铁路集疏运能力逐步提高，煤炭、铁矿石等重要原材料实现了铁水联运。

3. 京津冀铁路货运的优势与劣势

铁路运输在整个运输领域中占有重要的地位，并发挥重要作用。随着高速铁路专线陆续投入使用，京津冀地区铁路货运能力得到充分释放，运输供给能力明显提高。

充分释放干线能力，实行单线扩能改造，枢纽路网补强，打破运输瓶颈，优化运输组织，跨局深度合作，将大幅提高西煤入港、北煤南运的路港和陆路通道运输能力，打造和完善京津冀地区货物外运通道。

相比于公路航空水运等运输，铁路运输具有安全性高，单位运能占地少，受自然条件影响小，噪声污染低、能源消耗少、有利于保护环境的特点，铁路运输过程受恶劣气候条件限制较小，连续性强，能够保证全年运行。京津冀地区铁路货运的优势主要体现在以下几个方面：

一是京津冀路网优势。京津冀地区铁路网密集，车站延伸到大中小城市，近 500 个车站中，2014 年办理装卸作业的有 297 个车站，货场基本位于靠近城市核心区域。

二是运能优势。自 2008 年 8 月 1 日以来，京津冀地区相继开通运营的京津城际高速铁路、石太客运专线（石家庄—太原），以及京沪（北京—上海）、京广（北京—广州）、津秦（天津—秦皇岛）等高速铁路，使京沪、京广、京九（北京—九江）等既有主要干线的运能得到了一定程度的释放。邯长线（邯郸—长治北）、邯济线（邯郸南—济南）电气化双线改造 2014 年年底开通运营后，运能大幅提升，打造煤炭运输新通道。邯黄线（邯郸南—黄骅港）2014 年年底投入运营，可以大力提高邯郸地区煤炭、钢铁，黄骅港矿粉的铁路运输。阳涉线（白羊墅—涉县）、和邢铁路（和顺—邢台）电气化改造后，以晋中地区煤炭资源为依托，充分利用南接邯长线、北连石太线通道能力，提高铁路运量。

三是路企合作优势，京津冀地区的大型企业大多拥有自己的铁路专用线，货物可以直接运到企业内部，通过路企战略合作实现紧密协作、互为支撑、互保运量。如河北钢铁集团、中国石油天然气股份有限公司、冀中能源股份有限公司及北京铁路局管辖内主要电厂等大型企业拥有铁路专用线，原料到达、产品外运主要采用铁路运输方式，与铁路保持着长期、良好的协作关系。

四是铁路运输在长运距、大运量货运市场具有较强优势。长运距的大宗品类货物运输，如北京铁路局发往济南、成都、昆明、南宁等铁路局去向的煤炭、钢铁、化肥、粮食等，客户和代理商首选铁路运输方式。

京津冀铁路运输的劣势主要体现在运到时限不确定且周期相对较长、中短距离铁路综合运价较高、铁路货运计费不够灵活等方面。铁路运输装卸次数多，货损货差较大，再加上运输时间较长，造成货主在铁路运输与汽车运输成本相差不大的情况下选择汽车运输。特别是公路运价灵活，尤其是返空运输，使部分中长距离、大宗货物铁路传统优势货源受到冲击。

四、京津冀港口及水运情况

（一）京津冀港口建设情况

京津冀港口地区指天津以及河北海岸线建有的港口，其中天津市的天津港是中国北方最大的综合性港口和重要的对外贸易口岸。河北省则拥有 487 千米海岸线，建有秦皇岛、唐山、黄骅三大港口基地，其中唐山拥有京唐和曹妃甸两大港区。京津冀地区现有天津港、秦皇岛港、唐山港、黄骅港四个港口分布在渤海西部 300 千米的海岸线上①。具体港区位置如图 1－21 所示。

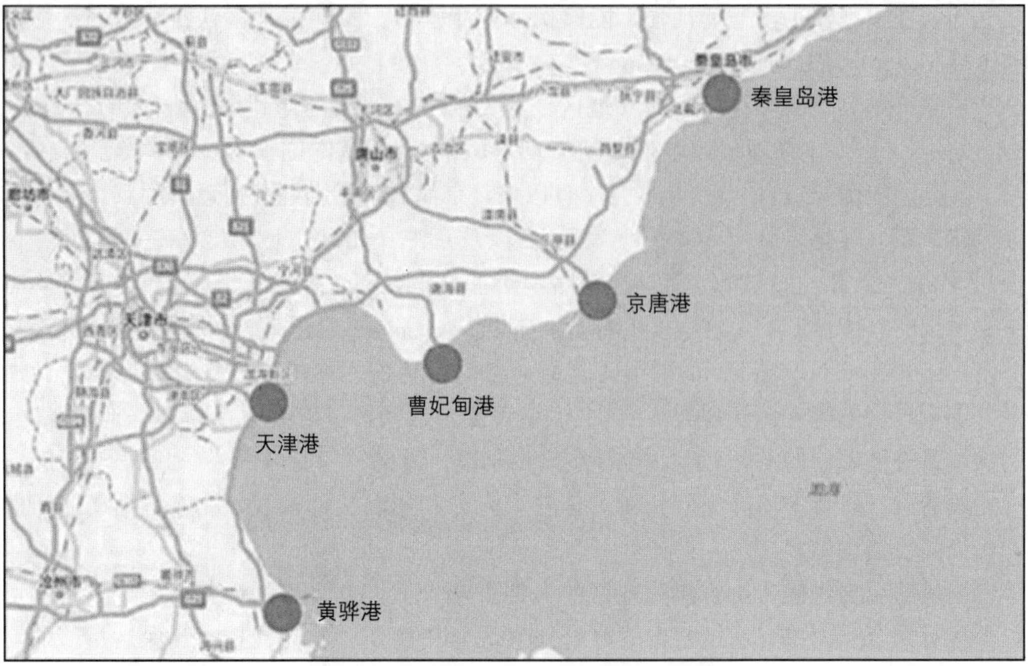

图 1－21　京津冀港区位置

1. 天津港基本建设情况

天津港有各类泊位 140 余个，其中万吨级以上深水泊位 53 个，最大泊位等级为 20 万吨级泊位，天津港 15 万吨级船舶可自由进出港，20 万吨级船舶可乘潮进出港。天津港与世界上 100 多个国家和地区的 400 多个港口有贸易往来，每月有 350 多个航班，其中，拥有集装箱班轮航线 85 条，保证远洋航线 16 条，近洋航线 48 条，内支线 4 条，内贸线 15 条。拥有集装箱班列 6 条，可以通过铁路运输直达成都、包头、西安、乌鲁木齐、呼和浩特、阿拉山口等内陆主要地区。如表 1－33 所示为天津港 2012—2014 年港口设施建设情况。

① 刘光华．促进京津冀港口一体化发展对策研究［J］．经济论坛，2015（10）：10－12.

表 1-33　　2012—2014 年天津港港口指标

指标＼年份	2012	2013	2014
码头长度/米	32630	35756	35954
港口泊位/个	159	160	162
货主码头/个	65	65	65
万吨级泊位/个	102	103	106
铁路专用线长度/米	116439	115249	115371
仓库总面积/平方米	349828	367626	389167
堆场总面积/万平方米	1001	1081	1152
集装箱堆场堆存能力/标准箱	488588	506080	505208
装卸机械台数/台	2820	2872	2967

数据来源：根据《2013—2015 年天津统计年鉴》整理得出。

2. 河北省港口基本建设情况

河北省拥有 487 千米海岸线，建有秦皇岛、唐山、黄骅三大港口基地，其中唐山港包括京唐港以及曹妃甸港两大港区。河北港口在区域发展中有着举足轻重的地位和作用。河北港口具有布局点多、功能完善、集疏运体系健全和物流流通成本低等显著特点，是京津冀地区发展外向型经济的支撑。2014 年河北省对港口投入 170 亿元人民币，新建 17 个生产性泊位，通过能力达到 1 亿吨/140 万标准箱（TEU），吞吐量达到 9 亿吨，集装箱吞吐量完成 180 万标准箱。河北省 2014 年港口相关指标如表 1-34 所示。

表 1-34　　2014 年河北省沿海港口主要指标

港口名称	合计			其中：生产用			设计吞吐能力/万吨
	码头长度/米	泊位个数/个	万吨级/个	码头长度/米	泊位个数/个	万吨级/个	
秦皇岛港	18564	92	44	15928	72	44	24149
黄骅港	9775	47	30	8761	36	30	23520
唐山港	24337	91	86	23715	89	86	45319
京唐港	9099	37	32	8477	35	32	11775
曹妃甸港	15238	54	54	15238	54	54	33544
总计	52676	230	160	48404	197	160	92988

数据来源：根据 2015 年《河北经济年鉴》整理得出。

（1）秦皇岛港建设情况。

秦皇岛港拥有 12.2 千米长的码头岸线，陆域面积 11.3 平方千米，水域面积 226.9

平方千米，分为东/西两大港区。2015 年，秦港股份集装箱吞吐量达 100.27 万标准箱，较 2014 年增幅 37.73%。秦皇岛港为货物提供仓储服务，岛上拥有堆积能力为 1027 万吨的专业化煤炭堆场，堆存能力为 219 万吨的杂货堆场，15 个总仓储能力为 28.6 万立方米的油罐，以及集装箱堆存能力为 2.3 万标准箱的堆场。

（2）唐山港建设情况。

唐山港京唐港区位于唐山市东南 80 千米处，是唐山市最早开发建设的国家一类对外开放口岸，主要包括曹妃甸港区、京唐港区。其中京唐港区主要以煤炭、矿石、一般散杂货和集装箱内贸、内支线、近洋运输为主。截至 2013 年年底，京唐港区有生产性码头泊位 34 个，其中万吨级以下泊位 31 个，泊位核定能力 10994 万吨/20 万标准箱。曹妃甸港区主要以煤炭、矿石等大型干散货接卸运输为主，截至 2013 年年底，曹妃甸港区建有 25 万吨级矿石泊位 6 个，30 万吨级原油泊位 1 个，4 万～5 万吨级通用散杂货泊位 17 个，5 万～10 万吨级煤炭泊位 10 个，共计各类生产性泊位 49 个，核定能力 23319.5 万吨①。2014 年，曹妃甸港区货物吞吐量达到 2.9 亿吨，同比增长 18.3%。曹妃甸港区货物吞吐量超越秦皇岛港，居河北第一大港。主要运输货种统计中，矿石 1.4 亿吨、钢材 3204 万吨，同比分别增长 23.9%、36.91%，集装箱吞吐量 22.45 万 TEU，同比增长 48.97%。随着京津冀一体化的不断深入，曹妃甸港区综合贸易大港建设逐步推进，港口吞吐能力提升，东北亚区域合作窗口示范作用日益凸显。

在唐山港吞吐量构成中，以煤炭、金属矿石、钢铁等货类为主，近年来吞吐量增长最快的货种是集装箱。煤炭、金属矿石、钢铁、集装箱 2013 年吞吐量分别为 18647 万吨、17231 万吨、4007 万吨和 1253 万吨，分别占全港总吞吐量的 41.7%、38.6%、9%和 2.8%。2008—2013 年唐山港主要货物吞吐量如表 1－35 所示。

表 1－35　　2008—2013 年唐山港港口主要货物吞吐量

年份	货物吞吐总量/万吨	煤炭/万吨	金属矿石/万吨	钢铁/万吨	集装箱	
					箱量/万 TEU	重量/万吨
2008	10853	3967	5056	1096	24	401
2010	24609	11136	9587	2145	28	447
2012	36458	14494	15159	3376	45	728
2013	44620	18647	17231	4007	73	1253

数据来源：根据 2009—2015 年《河北经济年鉴》整理得出。

（3）黄骅港建设情况。

黄骅港是山西地区运距最短的出海口，已建成 20 万吨级航道和万吨级以上泊位 25

① 焦丽丽．京津冀港口如何从竞争走向竞合［J］．河北省社会科学，2015（1）：78－81.

个，吞吐量连续3年突破亿吨。黄骅港务局拥有生产性码头泊位4个，其中，通用杂货泊位3个，分别为3千吨级2个和1千吨级1个，设计年吞吐能力为55万吨；煤炭泊位1千吨级1个，设计年吞吐能力70万吨。黄骅港吞吐量以及增长率统计情况①如图1-22所示。

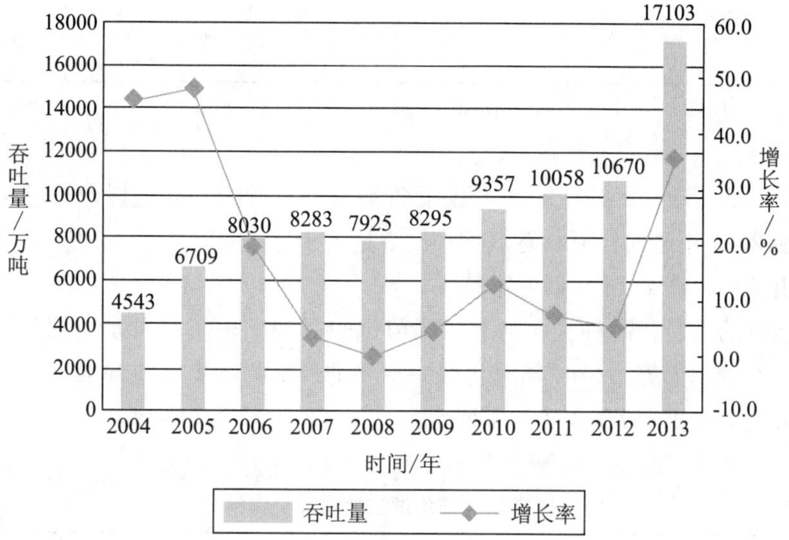

图1-22 黄骅港吞吐量统计及增长率

（二）京津冀港口货运情况

河北省作为国内重要的港口集中地，主要包含了秦皇岛港、唐山港、黄骅港以及其他沿岸港口，根据河北省经济年鉴的统计数据，2005—2014年河北省沿海港口总体情况如表1-36所示。

表1-36 2005—2014年河北省沿海港口总体情况

年份	港口货物吞吐量/万吨	出港/万吨	比重/%	进港/万吨	比重/%	集装箱吞吐量/万吨
2005	24069	14700	61.1	9369	38.9	480
2006	25760	15285	59.3	10475	40.7	595
2007	30946	19073	61.6	11873	38.4	710
2008	35593	20462	57.5	15131	42.5	850
2009	38111	16591	43.5	21520	56.5	870
2010	41325	20048	48.5	21277	51.5	1008

① 康军．黄骅港口物流发展现状调查与对策研究［D］．成都：西南交通大学．2014（6）．

续 表

年份	港口货物吞吐量/万吨	出港/万吨	比重/%	进港/万吨	比重/%	集装箱吞吐量/万吨
2011	45338	22665	50.0	22673	50.0	1159
2012	47697	22381	46.9	25316	53.1	1230
2013	50063	23060	46.1	27003	53.9	1301
2014	54002	26546	49.2	27456	50.8	1406

数据来源：根据2005—2015年《河北经济年鉴》整理得出。

如表1-36所示，2005—2014年河北省沿海港口货物吞吐量以及集装箱吞吐量稳定增长，在2009年之前，河北港口货物出港量大于进港量，2009—2014年货物进港量整体超出出港量，在2014年后基本持平。

对于运输的主要货品种类，河北省沿海港口主要运输货品种类有煤炭、石油、原油、金属矿石、钢铁等。2014年河北沿海主要港口货物种类和京津冀地区主要港口的货运情况分别如表1-37、表1-38所示。

表1-37　　2014年河北省沿海主要港口货物种类　　单位：万吨

货物种类	合计	出港量	进港量
总计	95029.49	63984	31045
煤炭及制品	55826	52966	2860
石油天然气及制品	2487	544	1943
原油	2140	497	1643
金属矿石	24470	56	24416
钢铁	5598	5577	21
矿建材料	2158	2065	93
水泥	583	581	2
非金属矿石	386	5	381
粮食	287	57	230

数据来源：根据2015年《河北统计年鉴》整理得。

表1-38　　2014年京津冀地区主要港口货运情况

港口	到离货量总计/万吨	到港					离港				
		货量总计/万吨	内贸		外贸		货量总计/万吨	内贸		外贸	
			货量/万吨	艘次/艘	货量/万吨	艘次/艘		货量/万吨	艘次/艘	货量/万吨	艘次/艘
唐山	51218.8	26252	1345	15218	24907	3182	24967	23599	15454	1368	3152

续 表

港口	到离货量总计/万吨	到港					离港				
		货量总计/万吨	内贸		外贸		货量总计/万吨	内贸		外贸	
			货量/万吨	艘次/艘	货量/万吨	艘次/艘		货量/万吨	艘次/艘	货量/万吨	艘次/艘
天津	45514.8	22054	4453	19837	17602	8985	23460.3	15423	19974	8037	9089
秦皇岛	27449	1487	470	10393	1017	1200	25962	25673	10353	289	1149

数据来源：根据中华人民海事局官网数据整理得出。

从港口集装箱运输能力来看，天津港承担了京津冀沿海近九成的内外贸集装箱运输任务，河北沿海港口则主要承担了内贸和内支线运输任务，已经形成以天津港为干线港，河北沿海港口为支线港和喂给港的格局。

铁矿石运输方面，主要运力集中在天津港和唐山港，黄骅港和秦皇岛港仅起到辅助运输的作用。但天津港外贸进口铁矿石总量占京津冀沿海港口进口铁矿石吞吐总量的比重下降，而同期唐山港吞吐量占比却大幅上升，说明在铁矿石的运输服务能力上，唐山港相比天津港的地位在逐渐上升。

煤炭运输方面，天津港占京津冀煤炭下水总量比重下降，而河北沿海各港口下水量占比却上升，表明河北沿海港口相比天津港而言，在煤炭运输方面的地位和作用进一步得到增强。

原油运输方面，京津冀沿海外贸进口原油主要由天津港和唐山港完成，天津港进口原油吞吐量占比下降，而唐山港进口原油占比则增加，唐山港的地位大幅提高。

天津港是我国北方国际航运中心和国际物流中心；秦皇岛港是国内最大的煤炭下水港；唐山港具备天然深水航道；黄骅港是规划中的综合性大港，四个港口有各自明显的优势与劣势。长期以来存在着港口规划各自为政，腹地资源恶性竞争，码头泊位重复建设，基础设施不能互通，信息平台难以共享的突出问题，在京津冀一体化背景下，港口合作正逢其时，应以统筹规划、错位发展为指导思想，以明确分工定位、建立政府间协调机制、加快基础设施互联互通和构建信息网络基础平台为关键，争取借助国家正在制定的有关京津冀地区区域经济一体化规划方案，对港口合作问题进一步深化，推进京津冀乃至环渤海地区经济发展。

五、京津冀航空通道建设及货运情况

（一）京津冀航空基本建设情况

1. 京津冀机场分布情况

京津冀区域正在运营的规模较大的民航机场有 6 个，如图 1－23 所示。分别是位于北京顺义的北京首都国际机场、位于天津东丽区的天津滨海国际机场、位于北京南部的北京南苑机场，这三个机场相对于其他机场来说处于京津冀机场系统的中心位置，而石家庄正定机场则位于京津冀地区的西南方向，秦皇岛山海关机场位于东部，邯郸机场位于南部。

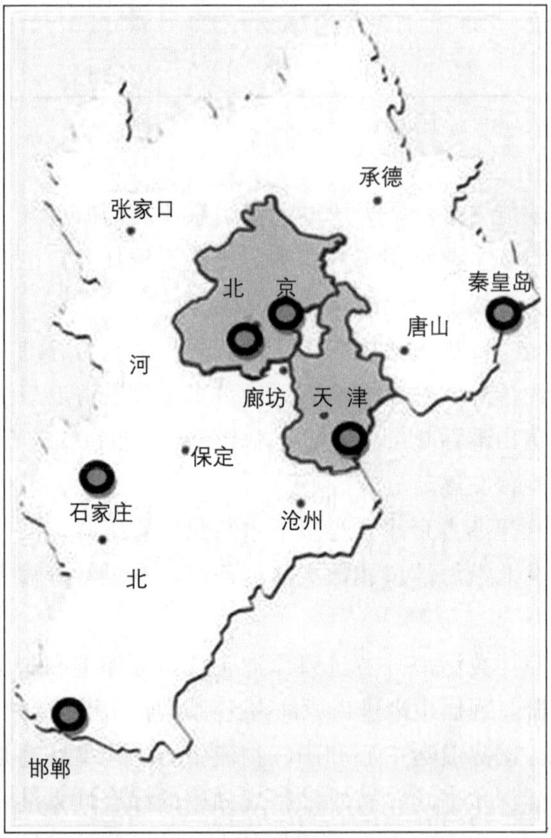

图 1－23　京津冀机场分布

2. 京津冀区域机场现状

根据各机场官方网站的数据，京津冀六大机场主要建设如表 1－39 所示。从表 1－39 的对比可以看出，北京首都机场的航站面积、客运航线、跑道条数等都远超其他五个机场。

表 1－39　京津冀机场建设情况

机场名称	机场等级	起降机型	航站楼面积/平方米	客运航线	跑道条数
北京首都机场	4F	A380/B747	140 万	200 余条	3 条
天津滨海机场	4F	B747/A340/B767	14.2 万	60 余条	2 条
石家庄正定机场	4E	B747/A340	20.9 万	50 余条	1 条

续 表

机场名称	机场等级	起降机型	航站楼面积/平方米	客运航线	跑道条数
北京南苑机场	4C	B737	1万	20余条	1条
邯郸机场	4C	B737/A320/MD82	0.39万	20余条	1条
秦皇岛山海关机场	4C	A319/B737/MD82	0.62万	20余条	1条

资料来源：根据各机场官网数据整理。

根据各机场官网，当前京津冀区域机场的功能定位如表1-40所示。

表1-40　　京津冀机场定位

机场名称	现有机场定位
北京首都机场	国际、国内枢纽机场
天津滨海机场	北方国际航空物流中心、大型门户枢纽机场、国内干线机场
石家庄正定机场	门户口岸机场
北京南苑机场	国内点对点特色航线机场
邯郸机场	军民合用机场
秦皇岛山海关机场	支线机场

北京首都机场作为大型国际枢纽机场，无论在国内还是国际上都拥有重要的地位，是京津冀机场系统的空中门户，更是我国与国际接轨的标志机场。首都机场的辐射范围极为广泛，不仅包括整个京津冀地区，还包括国内、国际的各大都市，其功能十分广泛，是一座综合性的大型枢纽机场。石家庄正定机场定位于河北省的空中门户机场，是河北省最大的枢纽机场，同时也是国内的主要干线机场。石家庄正定机场可以作为京津机场的备用机场，除此之外，石家庄正定机场最大的服务对象实际还是来自河北省内的航空旅客，并主要为石家庄、保定、邢台等地提供必要的货运服务，因此石家庄机场最主要的作用还体现在对省内航空运输的服务上。邯郸机场位于河北省的南部地区，其主要服务于当地的航空市场，通过自身的区位优势，推动冀南地区经济和旅游业的发展。北京南苑机场和秦皇岛机场都定位于军民合用机场，其中北京南苑机场通过和中国联合航空的合作，希望通过特色航线来打开市场。秦皇岛机场作为支线机场则致力于带动当地的经济及旅游业的发展①。

（二）京津冀航空货运情况

分析近十年的京津冀六大民用机场的货物吞吐量数据可以看出，总体而言，各大机场货运量呈增长状态。2008—2012年北京机场的货运量迅速增长，但近几年呈现平

① 刘旭龙．京津冀区域机场系统协调发展研究［D］．保定：河北大学，2014（5）．

稳状态。秦皇岛山海关机场在2013年达到一个增长高峰，但2014年又回到原先状态。邯郸机场货运量处于高速增长状态，2015年5月，邯郸机场的货运功能启动，邯郸机场货运量稳步增长。邯郸机场运输货物可实现上海、广州、杭州和成都当天到达。2005—2014年京津冀机场货物吞吐量情况如表1-41所示。

表1-41　2005—2014年京津冀机场货物吞吐量　单位：吨

年份	北京首都机场	天津滨海机场	石家庄正定机场	北京南苑机场	邯郸机场	秦皇岛山海关机场
2005	782066	80192	16566	106	0	0.2
2006	1201815	96756	12129	2143	0	13.1
2007	1416211	125059	11846	7998	1.4	107.9
2008	1367710	166558	15344	13243	112.3	153.2
2009	1475657	168103	18672	12528	33.2	192.8
2010	1551472	202484	25710	17476	31.1	256.9
2011	1640232	182857	33229	23557	10.6	349.2
2012	1799864	194241	39661	30054	69.8	605.6
2013	1843681	214420	42976	30092	66	920
2014	1848251	233359	45555	37250	201.2	694.9

数据来源：中国民用航空局。

六、京津冀物流通道发展趋势

（一）京津冀“四纵四横一环”通道格局

1. 京津冀公路在建项目情况

2015年，京津冀协同发展新开工公路建设项目主要有兴延高速、新机场高速、京密高速、京秦高速、京开高速主路拓宽工程、京新高速（110国道二期）、德胜口—延庆县城和108国道改建工程等①。

2015年开工建设的京秦二高速北京段，也称为京秦高速，将在2016年建成通车。北京段京秦高速全长约6.6千米，设计时速120千米，双向六车道。西起通州北京六环，经三河、蓟县、遵化、秦皇岛等地，最后与河北段京秦高速公路相接。京秦高速公路的建设将成为京哈高速的重要补充，将增加北京市东部的快速出口，形成北京市至东北方向、北京市至承德方向的多通道辐射。

① 伊然．2015年安排重点工程200项京津冀协调发展成亮点［J］．工程机械，2015，46（5）：63.

太行山高速北京段建成后，可以缓解西北通道进京的交通压力，分散西北京藏（G6）、京新（G7）出口及兴延路对六环、五环的集中压力，促进出入北京市的车流在西北通道、西通道及高速公路环线上分布趋于均衡，有利于缓解北京市周边高速的交通压力。109 国道是京西重要的客货运输道路。随着太行山高速规划发布，北京市与之对接的 109 国道有望提级为高速路，这将打开北京正西的大门。这条高速将与太行山高速同步开通。随着新高速开通，北京市到河北省涿鹿县的车程至少减少 1 小时。

根据北京市交通委员会公告，108 国道二期（鲁家滩村—南村）改建工程的初步设计及概算已获得了北京市规划委、市发改委的联合批复，2016 年年初正式开工建设，计划 2017 年年底完工通车。108 国道二期改建工程的起点位于门头沟区潭柘寺镇鲁家滩村西侧，终点为潭柘寺镇南村，道路全长 3.619 千米，技术等级为一级公路，设计速度为 60 千米，与 2013 年竣工通车的 108 国道一期工程相接，将有效缩短潭柘寺镇直通市中心的通行时间，进一步提高通行效率和出行安全水平。

同时，京津冀三地交通部门已选出京津冀 10 条国省道进行对接，其中既有国道，也包括部分县道。未来，这些路将逐步打通，为京津冀协同发展在交通上率先突破。

2015 年 12 月，随着北京大外环重要组成部分——张承高速公路建成通车，河北省高速公路通车总里程达到 6333 千米，仅次于广东省，位居全国第二位。河北省各设区市已全部实现与北京、天津高速贯通，高速公路密度达到 3.4 千米/百平方千米，基本实现县县通高速。根据河北省高速公路建设管理工作会公布，2016 年河北省将完成投资 333 亿元，新开工建设石津高速公路等 10 条段共 653 千米，建成通车京沪高速公路等 4 条段共 167 千米，预计 2016 年年底全省高速公路通车总里程达到 6500 千米。

2. 京津冀铁路项目建设情况

京津冀地区在建铁路包括天津至保定铁路、张家口至唐山铁路等 10 个项目。规划建设的有北京至张家口铁路、张家口至大同铁路、北京至秦皇岛城际铁路、北京至石家庄城际铁路等项目。这些项目建成以后，其效益主要体现在：一是使路网结构更加合理，路网运输能力紧张现状得到显著改善；二是使交通网基本形成、客运网覆盖率显著提高、服务水平显著提升；三是使集疏运网络进一步改善、集疏运能力大幅度提高。

3. 规划建成“四纵四横一环”通道格局

2015 年 12 月，国家发改委和交通运输部发布《京津冀协同发展交通一体化规划》，将扎实推进京津冀地区交通的网络化布局、智能化管理和一体化服务，到 2020 年基本形成多节点、网格状的区域交通网络。京津冀地区将以现有通道格局为基础，着眼于打造区域城镇发展主轴，促进城市间互联互通，推进“单中心放射状”通道格局向“四纵四横一环”网络化格局转变。“四纵”即沿海通道、京沪通道、京九通道、京承—京广通道，“四横”即秦承张通道、京秦—京张通道、津保通道和石沧通道，“一环”即首都地区环线通道。京津冀综合大通道布局如图 1 - 24 所示。

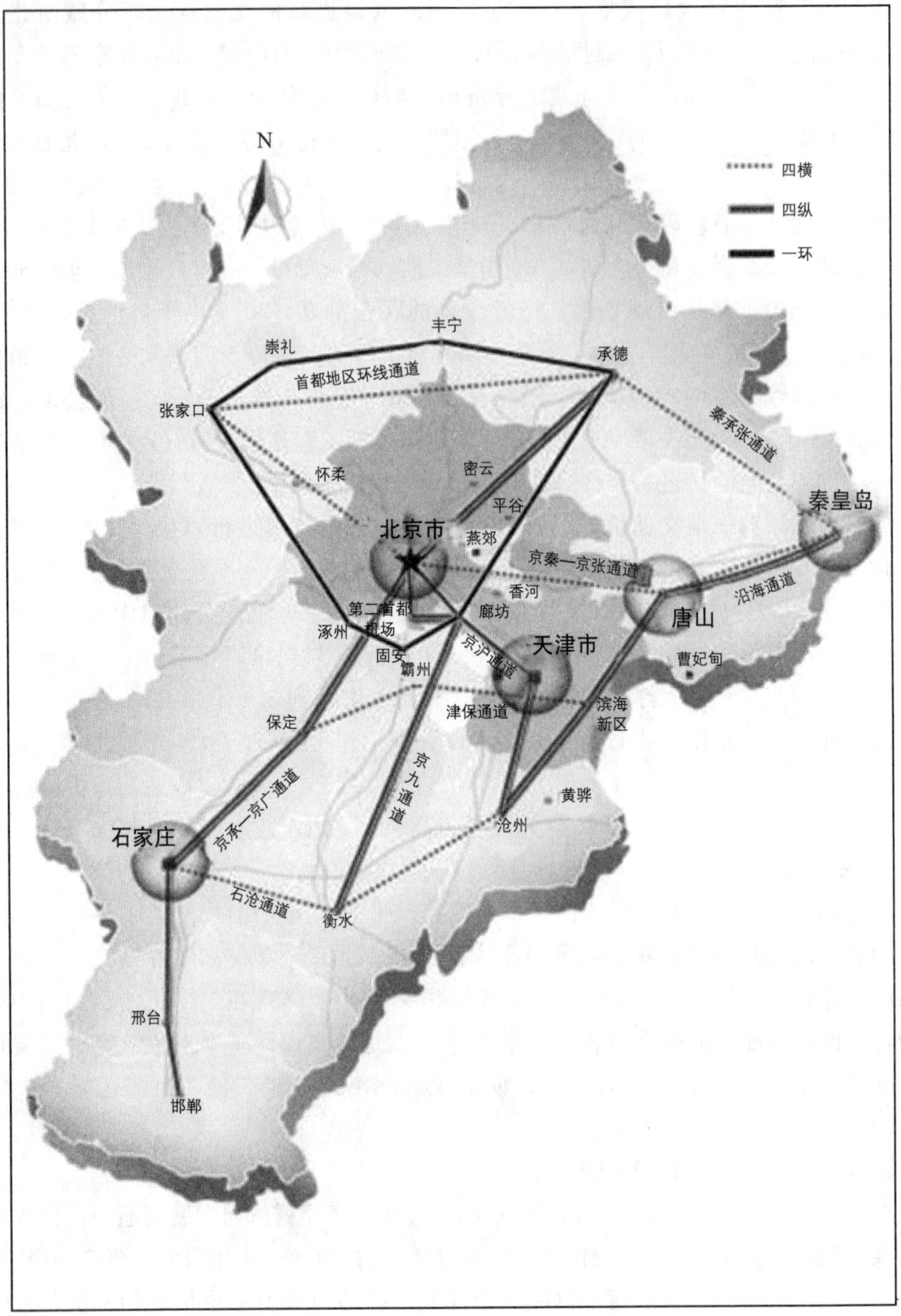

图 1-24　京津冀“四纵四横一环”大通道格局

资料来源：河北省交通运输厅。

未来京津冀“四纵四横一环”通道格局的具体情况如表 1-42 所示。

表 1-42　京津冀地区“四纵四横一环”综合运输大通道布局

布局形态	名称	主要节点	主要线路	
			高速公路	铁路
四纵	沿海	秦皇岛、唐山、天津（滨海新区）、沧州（黄骅）	沿海（G0111）、长深（G25）、唐港、迁曹（规划）	津秦客专、津山铁路、黄万复线、黄大（在建）、唐曹（规划）、水曹（规划）
	京沪通道	北京、廊坊、天津、沧州	京沪（G2）、京台（G3）、京津塘、京津、天津绕城南段（G2501）	京沪、京津城际、京津城际延伸线（在建）、京津城际二通道（规划）
	京九通道	北京、北京新机场、廊坊、衡水	大广（G45，北京以南）、北京城区经新机场至霸州（规划）、新机场北线高速（规划）	京九铁路、京九客专（规划）
	京承—京广通道	承德、北京、保定、石家庄、邢台、邯郸	京港澳（G4）、京昆（G5）、大广（G45，北京以北）	京广、京广客专、京承、京通、京沈客专（在建）、京石城际（规划）
四横	秦承张通道	秦皇岛、承德、张家口	首都地区环线北段（在建）、秦承	张唐（在建）
	京秦—京张通道	秦皇岛、唐山、北京、张家口	京藏（G6）、京新（G7）、宣大、京哈（G1）、京秦（G1N）（规划）	京秦、京包、京原、京张（在建）、呼张（在建）、京唐城际（规划）
	津保通道	保定、廊坊、天津（滨海新区）	荣乌（G18）、津石（G0221）（规划）、天津绕城北段（G2501）	津霸、津保（在建）
	石沧通道	石家庄、衡水、沧州（黄骅）	石黄（G1811）	朔黄、邯黄、石济客专（在建）
一环	首都地区环线	承德、廊坊、固安、涿州、张家口	首都地区环线 G95 高速（在建）、涞水—涞源高速（G9511）	廊坊停经北京新机场至涿州城际（规划）、首都地区北部环线铁路（规划研究）

资料来源：《京津冀协同发展交通一体化规划》。

（二）京津冀港口建设趋势

1. 明确各港口定位以及未来发展重点与分工

从发展情况来看，津冀港口错位发展、合作共赢具备可行性。在未来发展中，天津港可借鉴上海港发展模式，主要发展集装箱运输。杂货、煤炭、矿石、原油等集中于曹妃甸和黄骅港。津冀各港口的规划定位以及未来发展重点①如表 1-43 所示。

① 李虹．京津冀一体化背景下港口物流发展对策研究［J］．物流科技，2014（2）：134-136.

表 1-43　　未来各港口定位及发展重点与分工

港口	天津港	唐山港	秦皇岛港	黄骅港
战略定位	中国北方国际航运、物流中心	东北亚地区经济合作的前沿枢纽，建成以唐山港为龙头，服务首都，布局合理、功能完备、辐射力强的现代化综合性港口群	低碳、绿色、智能化的国内煤炭主枢纽港和国际知名旅游胜地邮轮母港	集装箱、矿石、液体化工专业大港和北方国际散货石化大港
发展重点	适应国际航运业船舶大型化和专业化的趋势，建设国际深水大港； 加快资本由传统的港口装卸业转向现代物流、金融、制造等现代服务业和新兴产业； 加快 30 平方千米东疆港口开发建设，积极利用境内外两个市场、两种资源推进资本运作驱动发展	曹妃甸港建成北方深水大港，围绕冶金、石化、装备制造、能源等产业加快建设大型专业化矿石、集装箱、原油、煤炭、LNG 码头。有序启动曹妃甸五、六港池工程。京唐港，调整优化现有布局，重点发展装箱、液体化工和散杂货运输，加快建设矿石、化工油品、通用散杂货专业码头，有序推动京唐港四港池建设	仍以煤炭运输为主。实施“西港搬迁改造”工程，推进山海关港区建设，关停西港煤炭码头。东港集装箱、杂货为主的综合港。将东港煤一、煤二码头改造为通用杂货码头，接纳西港，部分杂货运力转移；拓展集装箱、通用散货和旅游客运服务，建设临港产业园，发展临港产业	成为冀中南以及晋中南、豫北鲁北等地主要出海口，重点实施综合大港二期工程。加快 20 万吨级航道，20 万吨级矿石码头建设，有序推进原油、液体化工、煤炭等专业化泊位和通用泊位建设
错位分工	天津应进一步加强自身集装箱吞吐优势，实现由传统散货港到现代化集装箱港的转型。将天津港的大宗散货运输逐步调整至黄骅、秦皇岛和唐山港	将曹妃甸港作为天津港的深水外港，挂靠天津港国际航线，带动唐山港的杂货和集装箱发展。将曹妃甸港建成以石油、铁矿石及集装箱为主的综合港。突出特色，依托首钢迁建，建立钢材和铁矿石物流交易中心	黄骅港和秦皇岛港同为主要煤炭输出港，随着中国煤炭需求量的下降以及煤炭清洁利用的加力，供给能力过剩在所难免。两港可承接天津煤炭和散货运输业务，在发挥原有煤炭输出特色的同时谋求综合发展和适时转型，利用天津北方国际航运中心集装箱干线的功能，形成黄骅港、唐山港、秦皇岛港为支线的布局	

资料来源：根据河北省交通厅《2013—2020 年河北沿海地区综合交通发展规划》及相关资料整理。

京津冀港口未来发展应充分发挥天津港集团在航线、技术、品牌、管理、政策方面的优势和河北港口集团在大宗散货运输服务等方面的优势，建立起利益共享、风险共担的合作机制，做大做强港口产业规模，增强各方核心竞争力。

2. 加快资源整合，推进港口发展区域化、集约化

推进港口资源整合是适应京津冀协同发展战略的需要，也是加强港口合作、实现健康运行的迫切要求。津冀港口群中，天津港与河北港口分为不同的港口区，这些港口分属不同的经营主体，经营中既有来自区域内港口的竞争压力，也有来自区域外周边港口的竞争压力。推进津冀地区港口协同发展，首要的是解决好港口之间内耗、制约发展的问题，促进港口岸线的统筹开发和利用。

2014 年 8 月，河北港口集团与天津港集团已合资成立渤海津冀港口投资发展有限公司，2015 年 4 月，河北港口集团旗下的秦皇岛港股份有限公司联合与唐山港集团、曹妃甸港集团、丰南建设投资有限公司等多家企业，成立了唐山港口投资开发有限公司。这标志着津冀港口开发建设进入了统筹规划、集约开发、加快公共码头建设的新阶段。借鉴国内外协同发展的有益经验，按照政府引导、市场化运作的原则，推动沿海港口区域化、集约化，实现优势互补、协同发展，以逐步形成布局合理、保障充分、功能完备、集约高效、竞争有序的现代港群体系。

3. 建立政府间协调机制

在天津市与河北省签署的《天津市与河北省签署深化经济与社会发展合作框架协议》中，双方确认“协调港口运营发展问题，支持天津港集团与河北港口企业在航线开辟、经营管理等方面开展合作”。在企业层面合作的基础上，还可以将合作扩展到政府层面，着重在规划制定环节展开政府间协调与磋商，在科学合理地制定港口发展规划的基础上，增强制定港口发展规划与策略的前瞻性与预见性。改变长期以来在港口建设和规划制定中各自为战的局面，避免重复建设。

4. 构建信息网络基础平台

港口信息化和网络化建设是现代港口发展的必然要求，是创建世界级港口群的有效途径。在津冀港口群创建以天津港为中心，在各港口间积极推进港口信息技术的研发与应用，利用信息技术和虚拟技术组建津冀港口群协调信息中心和虚拟运营的网络基础平台，通过搭建跨区域的信息平台，建立港口信息中心，完善港口信息服务网络，实现港口信息的共享，完成港口间信息对接，实现智能化服务，最大限度拓展港口发展空间。除此以外，有利于实现沿海港口和内陆腹地间信息系统的对接融合。通过搭建港口信息网络平台，降低运输成本，提高港口作业效率，提升港口服务水平。对外可利用平台共同应对港口群间的竞争，对京津冀港口群内部可加强各港口间的协作，提高码头的专业化水平，形成整合度较高的营销平台，统一宣传揽货以提高津冀港口群整体知名度以吸引更多客户，避免因信息失真而造成恶性竞争。

在“转方式、调结构”的背景下，以京津冀区域经济一体化为契机，津冀港口群的发展应从粗放式外延式增长转变为内生式联合式发展，变泊位重复建设为岸线统一开发、变腹地资源竞争为物流基础设施与物流信息合作，变贪大求全为扬长避短，变各自为战为协调规划，共同推进京津冀地区经济发展。

（三）京津冀航空建设趋势

1. 京津冀一体化各机场的定位调整

2014 年 12 月 14 日民航局发布的《民航局关于推进京津冀民航协同发展的意见》指出，着力增加和优化调整首都机场中远程国际航线航班、中国港澳台和国内重点干线航班，支持航空公司更换大型飞机增加现有航线运力，鼓励航空公司转移部分航班至天津、石家庄机场。支持天津机场拓展国内中转航线、周边国际旅游航线、货运物流等特定市场，支持石家庄机场发展货运包机、航空快件、低成本航空等特定市场。

天津滨海国际机场定位主要是京津冀地区的主要货运机场，从功能定位的角度来看，天津滨海机场对自身的定位符合京津冀机场系统协调发展的原则①。天津机场对自身机场设施的完善和航线网络的扩展，很大程度上可以帮助首都机场分担巨大客流带来的压力。同时随着 2015 年邯郸机场的货运功能的正式启动，邯郸机场的货运功能进一步发挥。

未来将完善北京首都机场服务首都核心功能的保障能力，提升国际竞争力；强化天津滨海机场枢纽功能，大力发展航空物流；培育石家庄机场为枢纽机场，积极发展航空快件集散及低成本航空；充分发挥南苑机场近期发展潜力；通过加快承德、邢台等支线机场建设，以及适时改扩建张家口、唐山等支线机场，完善支线机场和通用机场网络。

2. 京津冀区域新机场建设与通航

在 2012 年 12 月 22 日，国务院、中央军委印发的《关于同意建设北京新机场的批复》文件中提出北京首都第二机场建设。北京新机场投资 700 多亿元，预计 2019 年正式投入使用。其中，24 个机位的货机坪，7.5 万平方米的货运站、3.5 万平方米的货运综合配套用房，届时将打造成为大型国际航空枢纽、京津冀区域综合交通枢纽。

北京新机场位于永定河北岸，北京市大兴区榆堡、礼贤和河北省廊坊广阳区之间，距首都机场约 68 千米。西距天津市中心约 74 千米，距廊坊市 24 千米、保定市 86 千米、石家庄市 225 千米、张家口市 199 千米、沧州市 131 千米、唐山市 151 千米、承德市 218 千米、秦皇岛市 276 千米。北京首都第二机场的规划区位如图 1-25 所示。

根据《全国民用机场布局规划》规划，河北省将在 2020 年前建设一批新机场，包括唐山机场、承德机场、张家口机场、良乡机场、故城机场以及渤海湾海上机场等。其中 2016 年年底将建成承德机场。

2015 年 8 月，天津市政府重新修订《天津市民航运输业发展专项资金管理使用暂行办法》，进一步增强政策引导性，加快推进天津民航业持续健康发展。2014 年 12 月 16 日，京津冀民航协同发展——天津机场启动会上，民航局发布了《关于推进京津冀民航协同发展的意见》，并于 2015 年 1 月 9 日下发了《京津冀机场航线航班网络优化实施办法》，标志着京津冀民航协同发展工作正式启动。天津民航局将支持增开和加密天

① 董维忠．关于京津冀机场民航运输协同发展的建议［J］．经济与管理，2014（11）：19-23.

津机场航班航线，包括国内旅游城市、中国港澳台和周边国家的航线，还包括全球货运航线。

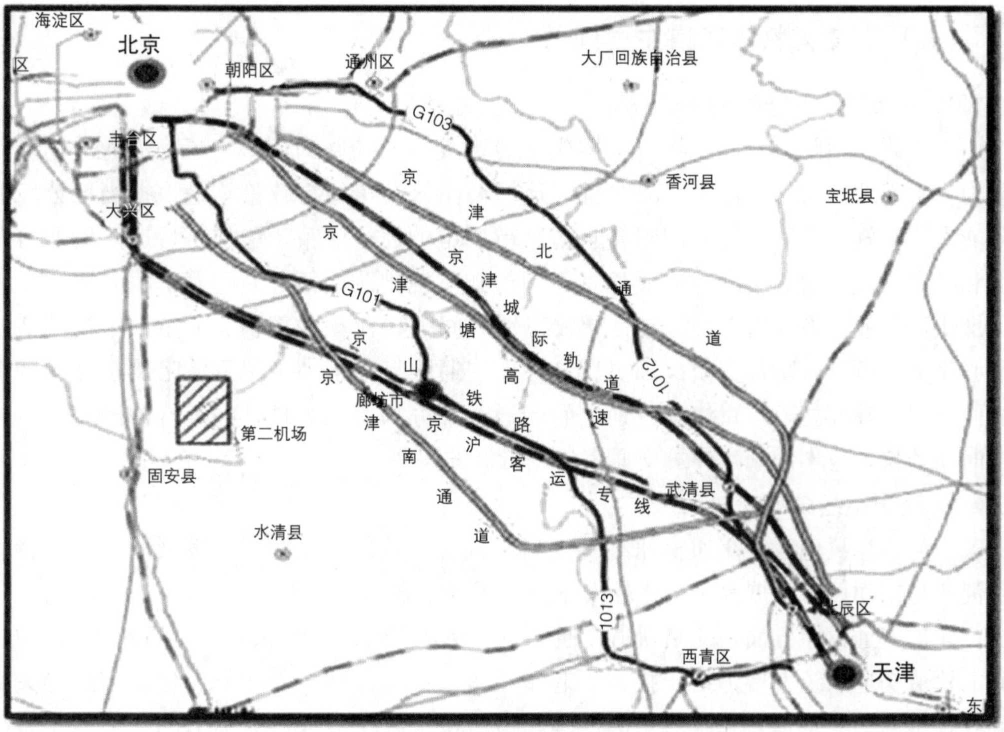

图 1-25　北京首都第二机场区位

3. 推动京津冀机场统一运行管理

民航局将继续推动京津冀三地机场统一运行管理，加强机场间安全、运行、服务、市场营销等方面合作。支持河北机场管理集团公司纳入首都机场集团公司，实现京津冀三地主要机场统一管理，一体化运营。支持京津冀三地机场共同建设和使用异地城市航站楼，互为航班备降场。

场航线航班网络将进一步优化，着力增加和优化调整首都机场中远程国际航线航班、中国港澳台和国内重点干线航班，支持航空公司更换大型飞机增加现有航线运力，鼓励航空公司转移部分航班至天津、石家庄机场。支持天津机场拓展国内中转航线、周边国际旅游航线、货运物流等特定市场，支持石家庄机场发展货运包机、航空快件、低成本航空等特定市场。

4. 加强机场综合交通体系建设

加强机场综合交通体系建设，积极协调推进以北京新机场为中心的综合交通主干路网建设，加快推动京津城际铁路天津机场延伸线等项目建设，构建以主要机场为枢纽节点的综合交通体系，搭建多式联运体系，推动空铁联运、空路联运。

七、京津冀通道建设的问题及建议

（一）京津冀物流通道主要问题

1. 公路交通限行政策缺乏统筹

京津冀三地限行政策对物流一体化发展造成一定的制约，影响了物流通道的通行能力。由于北京市、天津市、河北省三地的公路机动车通行政策均是根据当地公路通行能力、空气污染程度等原因对各自省、市制定的通行政策，增加了货运车辆通行路线和时间有效规划的难度，造成长时间等待和车辆排队的情况。随着京津冀协同一体化加快，产业、教育医疗资源转移导致三地之间人口流动频率快、流量高，物流活动也必将更加频繁，货运交换范围更广。各地交通限行政策缺少统筹将阻碍京津冀物流协同发展。除此之外，京津冀三地之间的通行证办理手续烦琐，在等待检测时排队耗费时间较长，也不利于京津冀交通一体化目标的实现。

2. 交通枢纽统筹规划不到位

当前京津冀地区各交通枢纽统筹规划未到位，造成各地区之间发展不均衡，特别是河北与京津两市发展水平差距较大，公共服务水平落差明显。

轨道交通枢纽方面，北京轨道交通比较发达，但河北省、天津市环首都各市（县）间的轨道交通系统发展仍处于摸索和起步阶段，尚未破解合作机制、建设制式等关键问题，难以向北京远郊和廊坊、保定等周边城市疏解功能提供大运力的交通运输系统保障。

机场方面，长期以来，京津冀三地机场各自为战，造成区域航空运输发展失衡。2015 年北京首都机场货邮吞吐量与 2014 年相比上升 2.2%，现有机场设施无法满足未来航空运输的增长需求。2015 年天津机场货邮吞吐量比 2014 年降低 1.6 万吨。石家庄机场在首都机场的巨大虹吸效应影响下，发展较缓慢，2015 年完成货邮吞吐量 44693 吨，国内排名仅为第 36 位。

3. 京津冀三地信息协调不足

一体化建设方面，京津冀各物流企业集团，如京津冀各航空公司、港口公司原本各自为政，沟通协作频繁度不足，建设进程中缺乏合作阻碍京津冀一体化建设进程。例如，港口方面，信息化总体规划及建设相对滞后于长三角及珠三角地区，港口企业信息化程度低、标准体系化建设不完善、信息开放程度不高等问题在很大程度上制约了京津冀港口群的发展及合作。同样，在机场方面，京津冀三地机场面临着地域性的行政壁垒，尚未建立有效的利益协调机制，需要政府进一步发挥主导作用，推动企业间建立更加科学高效的合作机制。

4. 综合交通体系有待完善

京津冀是我国交通网络最为密集的地区之一，但交通运输的结构、能力和效率还不能适应区域协同发展和打造世界级城市群的要求。路网形态单中心，城际快速交通网发展相对滞后，铁路、航空客流中转和联程运输功能过于集中，交通枢纽定位和分工有待优化，各种运输方式之间换乘不便，信息服务一体化程度不高，便利化水平不高，区域综合交通运输网络需由以北京为核心的“单中心、放射状”向“多中心、网络状”转变。

（二）京津冀物流通道建议

1. 加强京津冀地区机制统一化

加快统一京津冀运政信息管理。做好总体统筹及省、市数据中心建设，加快实现北京市、天津市、河北省运政数据交换共享，尽快实现京津冀三地互联互通。从运政信息化短板入手，推进京津冀一体化建设。

统一相应机制，构建北京市、天津市、河北省统一的环境监管网络，把预警发布的标准、预案的发布统一起来，若达到重度污染，应该实行统一的单双号限行政策。统一京津冀机动车通行等政策，统一京津冀地区机动车注册登记、通行政策、排放标准、油品标准及监管、老旧车辆提前报废及黄标车限行等政策，推行主要城市“一卡通”服务，提升高速公路货运车辆通过速度，促使京津冀高速公路货运通道建设。

2. 加强货运交通枢纽统筹规划和建设

公路货运枢纽不仅是公路运输系统的重要组成部分，也是公路与水运、铁路、机场等多种运输方式之间、公路交通与城市公共交通之间有机衔接的重要节点。我国现代物流业的快速发展，对公路货运服务的效率和质量都提出了更高的要求。公路货运枢纽的规划建设要求实现物流过程的“无缝衔接”，促进综合运输发展，从而有效实现京津冀地区多种运输方式的高效衔接，构建差异定位、功能互补的货运交通枢纽系统。

3. 建立京津冀三地协同机制

以全面推进《京津冀协同发展交通一体化规划》落地实施为主线，做好相关专项规划的编制和优化完善工作，统筹推进重大政策事项，建立协同化机制。打破行政区划壁垒，创新管理体制和机制，构建民航局、地方政府与企业共同参与的协同发展协调机制。按照“政府引导、市场配置”原则，推动京津冀地区物流体系建设，实现资源共享，提升整体竞争力，为京津冀协同发展提供重要基础和保障①。

4. 加快推进信息化和标准化建设

要加快完善物流信息平台建设，促进各平台主体顺畅沟通，提供公开、透明的信息化服务。加强标准化建设，降低不同主体信息沟通的不畅程度，推动京津冀信息健康、有序、协同发展。

提升交通智能化管理水平，积极推进京津冀重点城市“一卡通”互联互通、汽车电子标识、货物多式联运和公路甩挂运输等试点工作，实现信息化、智能化建设。

5. 建立综合交通体系和多式联运系统

京津冀物流一体化建设方面，建议设立区域性的物流企业集团，如京津冀航空集

---

① 刘涌．京津冀机场协同发展的路径与对策［J］．综合运输，2015（9）：9－13.

团、京津冀港务集团、京津冀地铁集团等，推进京津冀内外贸一体化的港口物流体系、航空物流体系建设，建设多种运输方式相互协作的多式联运系统，建设布局合理的物流通道和陆运口岸、货运场站等物流节点系统，推进京津冀物流一体化综合交通系统建设①。

打破体制机制障碍，按照区域交通一体化的发展目标，研究国铁干线、城际铁路、市郊铁路、城市地铁等铁路基础设施资源共享、运营组织一体化。推进运输装备标准化，统一制式和服务规范，挖掘既有基础设施利用效率，提高区域运输组织水平。

加强多式联运建设，重点推进铁路枢纽与公路主枢纽的深度融合，将铁路、公路两种运输不同的特点，通过多式联运，最大限度发挥不同运输方式的优势。

6. 充分发挥铁路运输通道作用

应充分发挥铁路的国民经济主动脉功能、国土开发效能及其对空间布局、产业发展的先导性作用，推进基础设施互联互通，加快铁路建设。既要充分发掘既有铁路潜能，利用既有快速铁路和有条件的普速铁路开行城际列车，又要适度新建城际铁路，与既有铁路网相互补充，完善城际运输功能。加快京唐、京张、京承、石衡沧之间，以及北京新机场和临空经济区城际铁路的建设，支撑北京城市功能向周边疏解。依据各交通方式的技术经济比较优势，合理配置、集约利用运输通道资源，衔接、优化各种运输设施的空间布局。推动既有铁路专用线社会化服务进程，发挥既有专用线铁路货物到发能力，满足京津冀区域内各港口、产业聚集区、物流集散和大型企业的铁路运输需求。

---

① 刘崇献．京津冀区域物流通道一体化建设探讨［Z］．北京物资学院产业研究院，2015－12－15.

第二章　京津冀口岸一体化建设

郝玉柱　马海洋　许玉云　葛文亮　李刘燕　宋鹏伟

口岸是指供人员、货物、物品和交通工具直接出入国（关、边）境的港口、机场、车站、跨境通道等。口岸按交通运输方式划分，可分为水运口岸、空运口岸和陆运口岸。陆运口岸包括公路运输口岸和铁路运输口岸。截至 2014 年年底，北京市共有对外开放口岸 5 个，其中，空运口岸 1 个，即北京首都国际机场空运口岸，陆运口岸有 4 个，分别为北京陆运（铁路）口岸、北京朝阳口岸、平谷国际陆港、丰台货运口岸；天津市有 3 个，其中，空运口岸 1 个，即天津滨海国际机场口岸，水运口岸有 2 个，分别是天津水运口岸（海港）口岸和渤中水运（海上石油交货点）口岸；河北省有 4 个，其中，空运口岸 1 个，即石家庄机场口岸，水运口岸有 3 个，分别是秦皇岛水运（海港）口岸、唐山水运（海港）口岸、黄骅水运（海港）口岸。

本章将阐述三地口岸发展历史，目前各口岸的发展规模、业务、服务设施建设状况，对比分析三地口岸发展总量及结构，一体化通关发展情况。针对京津冀口岸一体化建设中存在的体制、机制及基础设施等方面的障碍，发现需要解决的主要问题，提出促进京津冀口岸一体化建设的对策建议。

一、京津冀空运口岸建设状况

京津冀地区目前共有 3 个空运口岸，即北京首都国际机场、天津滨海国际机场、石家庄正定国际机场。三个机场中首都国际机场规模最大，设施最齐全；天津滨海国际机场规模次之，历史最为悠久；石家庄正定国际机场建设起步最晚，近几年也有一定的发展。

（一）京津冀空运口岸发展历史

1. 北京空运口岸

（1）概况。

北京空运口岸，即北京首都国际机场（以下简称“首都机场”），于 1958 年 3 月经国务院批准成为对外开放口岸，属于一类口岸。

北京市人民政府口岸办公室航空港处主管首都机场航空口岸工作，组织协调首都机场地区精神文明建设和社会治安综合管理，负责航空口岸的综合协调管理及“大通关”工作，参与航空口岸的规划建设及重大活动的协调工作，协调航空口岸与所在区县政府、有关部门以及口岸有关单位之间的关系。

首都机场是中国地理位置最重要、规模最大、设备最齐全、运输生产最繁忙的大型国际航空港，是亚洲第一、全球第二大机场（全球第一的是美国亚特兰大国际机场）；首都机场不仅是中国首都北京的空中门户和对外交往的窗口，还是中国民航最重要的航空枢纽，也是中国民用航空网络的辐射中心。

首都机场地处东经116°35′31.12″、北纬40°04′31.36″，位于北京市区东北方向顺义区境内，但归朝阳区管辖。首都机场距离天安门广场25.35千米，是北京市主要的国际机场，也是中国国际航空公司的基地机场。北京首都国际机场股份有限公司于1999年10月15日在中华人民共和国首都北京注册成立，拥有并经营管理北京首都国际机场。2015年，北京首都国际机场进出境旅客吞吐量2323.0万人次①。

（2）历史沿革。

首都机场项目于1955年6月10日正式开工建设。经过两年多的建设，于1957年12月竣工并通过国家验收，并于1958年10月1日正式启用，这是新中国成立以来兴建的第一个大型民用机场，也是国内第一个投入使用的民用机场。1980年1月1日，面积6万平方米的1号航站楼以及停机坪、楼前停车场等配套工程建成并正式投入使用。1988年3月，“首都机场”正式更名为“北京首都国际机场”。

首都机场2号航站楼于1995年10月开工建设，建筑面积达到33.6万平方米②。当时的1、2号航站楼设计运营总量为3550万人次③。

首都机场3号航站楼建设项目于2004年3月破土动工，2008年建成并投入使用。建成的3号航站楼和第三条跑道（之前有2条跑道）位于机场东边，为迎接北京奥运会修建，能承载空中客车A380等新型超大型客机起降。3号航站楼作为首都新的标志性建筑，大大提升了首都机场口岸的吞吐能力和基础设施的现代化水平，为建设国际枢纽机场奠定了基础。

随着京津冀协同发展以及中国与世界的联系进一步增强，首都机场需要拥有更大的辐射能力和运营能力。2014年12月26日，首都新机场工程项目正式开工。首都新机场是建设在横跨北京大兴区与河北廊坊市广阳区的超大型国际航空综合交通枢纽，其主体工程占地多在北京境内。新机场将建设四条跑道及一条军民两用跑道（即空军南苑新机场），70万平方米的航站楼，客机机位92个，计划于2019年年底建成。

（3）基础设施。

①航站楼。

首都机场共有3座航站楼：1号航站楼于1980年1月1日启用，有10个登机口；2号航站楼于1999年11月1日投入使用，可以同时处理20架飞机的停靠；2008年3

① 北京市人民政府口岸办公室. 2015年12月北京口岸人员（货物）进出境情况统计数据［EB/OL］.（2016-01-08）［2016-01-10］. http：//bjkab. gov. cn/docc/news. asp? sortid=63&listid=78&newsid=1210.

② 北京市人民政府口岸办公室. 首都国际机场空港口岸［EB/OL］.（2016-01-08）［2016-01-10］. http：//bjkab. gov. cn/docc/news. asp? sortid=60&listid=84&newsid=264.

③ 北京市人民政府口岸办公室. 首都国际机场空港口岸［EB/OL］.（2016-01-08）［2016-01-10］. http：//bjkab. gov. cn/docc/news. asp? sortid=60&listid=84&newsid=264.

号航站楼投入使用后，北京首都国际机场成为中国第一个拥有3座航站楼，双塔台、3条跑道同时运营的机场。此外，还有位于3号航站楼西侧的首都国际机场专机候机楼，以及位于专机候机楼西南侧的首都国际机场公务机候机楼。

②跑道、机位及航线。

首都机场拥有两条4E级跑道、一条4F级跑道，以及旅客、货物处理设施。是中国国内仅有的两座拥有3条跑道的国际机场之一（另一座为上海浦东国际机场），机场原有东、西两条4E级双向跑道，长宽分别为3800米×60米、3200米×50米，并且装备有Ⅱ类仪表着陆系统；其间为1号航站楼、2号航站楼。2008年建成的3号航站楼和第三条跑道（3800米×60米，满足F类飞机的使用要求）位于机场东边。①

首都国际机场拥有覆盖最广的国内航线网络和日益强大的国际和地区航线网络。截至2014年年底，总计96家航空公司入驻首都机场运行，其中，内航26家、外航70家，联通世界54个国家和地区，包括国内通航点133个、国际通航点111个。②

（4）周围配套及服务设施。

①空港物流基地。

2002年，经北京市政府批准，在北京东北方向的顺义新城区内设立了北京空港物流基地，与首都机场“无缝对接”，占地面积为4532亩，建筑面积达57.2万平方米③，距市中心20千米，距天津港160千米，地理位置优越，交通条件发达，为北京空港物流基地内企业的高速发展奠定了坚实的基础。

北京空港物流基地由航空货运站区、国际快件监管中心、进出口海关监管区、北京空港保税物流中心（B型）及综合办公设施等部分组成，是北京市唯一的航空——公路国际货运枢纽型物流基地，是物流企业聚集的最高区域，是企业设立现代化物流中心、建设企业总部的最佳平台，引进了多家世界500强企业以及几十家国内外知名物流企业。

②天竺综合保税区。

经国务院批准，于2008年7月23日设立了北京天竺综合保税区。该区是全国首家空港型综合保税区，也是我国唯一包含机场口岸操作区的综合保税区，规划面积5.94平方千米④。北京天竺综合保税区优化整合了国内不同海关特殊监管区域的政策优势，是目前北京市唯一的海关特殊监管区域，也是目前国内开放程度最高、功能最齐全、政策最优惠、通关最便捷的海关特殊监管区域。北京天竺综合保税区集口岸通关、保税物流、出口加工等功能于一体，享有“保税、免税、免证”等优惠政策，以现代化的物流基础设施，实现了空港口岸功能的进一步扩展。2010年12月，北京天竺综合保

① 北京市人民政府口岸办公室．首都国际机场空港口岸［EB/OL］．（2016-01-08）［2016-01-10］．http://bjkab.gov.cn/docc/news.asp?sortid=60&listid=84&newsid=264.

② 中国口岸协会．中国口岸年鉴［M］．北京：中国海关出版社，2015：58.

③ 北京市人民政府口岸办公室．首都国际机场空港口岸［EB/OL］．（2016-01-08）［2016-01-10］．http://bjkab.gov.cn/docc/news.asp?sortid=60&listid=84&newsid=264.

④ 中国口岸协会．中国口岸年鉴［M］．北京：中国海关出版社，2015：59.

税区一体化功能启动，首都机场货物流转效率全面提高。

北京天竺综合保税区内一级货站总占地面积 28 万平方米，相比旧货站面积扩展近 60%，年设计吞吐量由原来的 34 万吨扩展到超过 100 万吨；进口二级监管库从原有的 1.2 万平方米扩展到 1.5 万平方米，出口拼装区面积从 1 万平方米扩展到 1.5 万平方米，收货场地宽度从 60 米扩展到 150 米，极大地提高了出口拼装区同时接收货物的能力。2012 年 12 月 27 日，北京天竺综合保税区国际快件监管中心启动运营。[①]

经国务院批准，2012 年年底，北京天竺综合保税区设立为整车进口口岸，成为国内首家依托空港设立的整车进口口岸。2013 年 10 月 28 日，北京天竺综合保税区一站式服务大厅投入运营。

③道路交通。

首都机场目前已有多条高速公路可以到达：机场高速公路 20 世纪 90 年代初期建成并投入使用，从北京三环的三元桥可直达机场；20 世纪 50 年代建成的普通公路，基本与机场高速公路平行，现在一般被称为机场辅路；机场高速公路连接北京二环东直门地区的城市快速路已经开通；机场高速设机场南线出口，可直达 3 号航站楼；机场第二高速公路从东五环平房桥可直达首都机场 3 号航站楼；从京承高速公路到鲁疃桥首都机场货运北路的机场北线快速路；连接机场高速、机场第二高速、京承高速、北京六环路（东）的机场南路快速路。

2. 天津空运口岸

（1）概况。

天津空运口岸，即天津滨海国际机场（以下简称“天津机场”），位于天津市东丽区，占地 24 平方千米，距天津市中心 13 千米，距天津港 30 千米，距北京 134 千米。天津机场是我国主要的航空货运中心之一，也是华北地区仅次于首都机场的第二大国际机场，是国内干线机场、国际定期航班机场，是滨海新区开发开放的重要组成部分。

天津机场属于一类航空口岸。天津市人民政府口岸服务办公室空港处负责天津空港口岸通关协调服务工作；负责本市空港海关特殊监管区域的查验配套设施规划和建设的协调，牵头组织对空港新建或扩建海关特殊监管区域验收的准备工作；参与协调口岸安全工作；协调推进监管区域的共建文明口岸活动。

（2）历史沿革。

天津机场前身为天津张贵庄机场，始建于 1939 年 11 月。天津是中国最早兴办民航运输的城市之一，1950 年 8 月 1 日中华人民共和国第一条民用航线从这里起飞，机场同时担负起新中国专业飞行和技术人才培养的任务，被誉为“新中国民航的摇篮”。

1974 年，天津机场被确定为首都机场的备降机场。1979 年 4 月，天津机场开辟 7 条始发航线，结束了长期作为航线经停站的状况。1990 年完成第四次扩建和 2002 年的飞行区改造后，天津机场成为华北地区仅次于首都机场的第二大国际机场，飞行区达到 4E 级。

---

① 中国口岸协会．中国口岸年鉴［M］．北京：中国海关出版社，2015：59.

1994年12月27日国务院国函〔1994〕142号批复同意天津航空口岸对外籍飞机开放，天津机场为国际机场。①

1995年10月，经国家口岸办批准，天津机场升格为国际机场，同年12月更名为天津滨海国际机场。

2001年1月，国家民航局正式批准首都机场与天津机场联合，实现了京、津航空口岸一体化。京津航空一体化进一步促进了天津机场的快速发展，将成为我国北方重要的航空物流中心。

2002年12月，天津机场加入首都机场集团公司。

2007年，天津机场完成一期扩建工程。

2008年4月28日0时，天津机场新航站楼开始使用，以接替老航站楼用于客流运输。新航站楼采用指廊式布局设计，主体建筑面积11.6万平方米，建筑物最大高度43米，单层面积5万平方米，总面积达到25万平方米，旅客年吞吐量1700万人次，货邮吞吐量50万～60万吨；设有60个值机柜台，6台自助值机设备，17条安检通道，19个登机桥。

2010年后继续进行二期扩建工程。2010年2号跑道开放客运运行，滨海机场成为国内少数几个双跑道运行的大型机场之一。

2014年6月底，天津机场2号航站楼竣工。8月28日，2号航站楼及地下交通中心正式投入运营，占地面积达到24.8万平方米的2号航站楼与1号航站楼同时运行。

2014年8月28日，2号航站楼与天津地铁2号线机场延长线同时启用。1号航站楼主要保障国际航班，2号航站楼主要保障国内航班。

天津机场的建设目标是北方国际航空物流中心和大型门户枢纽机场。2014年，累计新增出入境定期航线20条，其中，客运航线17条、货运航线3条；首次开通至欧洲的远程国际客运航线和至美洲的国际货运航线。天津空港拥有出入境定期客运航线41条，出入境通航城市30个。

（3）基础设施。

①航站楼。

天津机场1号航站楼规模11.6万平方米，设计旅客吞吐能力1000万人次，货邮吞吐能力60万吨。2号航站楼投用后，天津机场实现“双区、双楼、双跑道”运营模式，两座航站楼总面积达36.4万平方米，站坪面积达111万平方米，同时可停放各类飞机125架，具备年旅客吞吐量3000万～5000万人次、货运100万吨的保障能力。②

②跑道、机位及航线。

天津机场现有2条跑道和先进的跑滑及盲降系统，飞行区7平方千米，4E等级，停机位125个，能保障A380在内的各型民航飞机全载起降。截至2014年年底，有45

① 天津市人民政府口岸服务办公室．天津口岸简介［EB/OL］．（2013-06-17）［2016-01-25］．http：//www.tjport.gov.cn/html/kouan/KG13021/2013-06-17/Detail_631798.htm.

② 天津网．全景扫描天津机场T2航站楼 将用于国内旅客乘机［EB/OL］．（2014-08-20）［2016-04-27］．http：//www.tianjinwe.com/tianjin/ms/qjtj/201408/t20140820_686022_1.html.

家中外航空公司在天津机场运行，开通客运航线 139 条，货运航线 14 条，通航国内外 117 个城市，已形成国内干支结合、国际面向东北亚、东南亚及欧美的客货运航线网络。

（4）周围配套设施。

①空港国际物流区。

天津空港国际物流区于 2000 年 10 月 25 日经天津市人民政府和民航华北管理局批准设立，位于天津机场西北端，面积近 1 平方千米，规划开发用地 0.55 平方千米，分为物流分拨区、仓储服务区、加工增值区、展览展销区、管理办公区及配套服务区六个功能区。国际物流是空港国际物流区最基本的功能。空港国际物流区由天津港保税区管委会和天津滨海国际机场共同规划、开发、建设和管理。

②道路交通。

天津机场旅客巴士与市区及天津火车站相连，5 条公共交通线路通达市区和滨海新区，另有大巴车可以直达北京市区。机场周边有发达的公路网络，可以通过京津塘高速、京津高速、津汉公路、外环线非常便利地往来市区、滨海新区、北京市及天津周边地区。

3. 石家庄空运口岸

（1）概况。

石家庄空运口岸即石家庄正定国际机场（以下简称“石家庄机场”），位于河北省石家庄市东北 33 千米，是首都机场的备降机场和分流机场。石家庄机场为国内 4E 级干线机场。

1995 年 12 月，经国务院批准，石家庄机场成为对外开放口岸，并属于一类口岸。1996 年 3 月正式对外开放。

河北省人民政府口岸办公室主管石家庄航空口岸工作，派出驻石家庄航空口岸办事处负责对石家庄航空口岸有关工作进行具体监督和管理，协调有关部门和驻口岸各单位开展工作，保证石家庄机场空运口岸正常运作。

（2）历史沿革。

石家庄机场于 1995 年 2 月建成，当时按照飞行区等级 4D 级标准设计建造。

1996 年 3 月，石家庄航空口岸正式对外开放。

1996 年 3 月对外开放后，又先后开通了石家庄至中国香港地区客运定期航线，至韩国、俄罗斯等独联体国家货运机航线及泰国曼谷、普吉岛的航线。

2008 年，石家庄机场飞行区等级由 4D 级跃为 4E 等级，6 月 27 日开通了石家庄至韩国首尔航线，结束了河北省航空口岸没有真正意义的国际客运航线的历史。2008 年 7 月，中国民航局批复同意将“石家庄正定机场”更名为“石家庄正定国际机场”。

2010 年 6 月，中国民用航空局与河北省签署《关于加快推进河北民航发展的会谈纪要》，确定石家庄机场为国内唯一一个航空大众化试点机场，是首都机场的备降机场和分流机场。

2014 年，石家庄机场共保障国际和地区客运航班 1783 架次，同比增长 8.90%；

完成国际和地区旅客吞吐量 19.34 万人次，同比增长 21.10%；完成国际（地区）货邮吞吐量 5683.3 吨，同比下降 23.20%。①

（3）基础设施。

①航站楼及机位。

石家庄机场 1 号航站楼面积 5.5 万平方米，停机坪总面积 21 万平方米，停机位 31 个。1 号航站楼高峰小时旅客吞吐能力达 1500 人次，可满足年旅客吞吐量 500 万人次需要。

2010 年 2 月建设的 2 号航站楼面积 15.4 万平方米，停机坪面积 40 多万平方米，停机位 38 个，货运区面积 2.5 万平方米②，综合保障能力大幅提升。2 号航站楼投入使用后石家庄机场年旅客吞吐能力达到 2000 万人次，货邮吞吐能力达到 25 万吨。

②跑道及航线。

石家庄机场飞行区等级为 4E 等级，跑道全长 3400 米，总宽 60 米，可保障 A380、B747、AN225 各类大型飞机起降。

石家庄机场不断加大国际和地区航线的开发力度，先后引进了韩国济州航空、釜山航空、真航空、德威航空及捷特亚洲航空公司，开通了石家庄—首尔、石家庄—济州、石家庄—釜山、石家庄—襄阳、石家庄—普吉岛、石家庄—曼谷等 10 条国际和地区客运旅游包机航线。

（4）道路交通。

按照“零距离换乘”“无缝隙衔接”的综合交通枢纽要求，石家庄机场不断拓宽航空服务范围，构建便捷、畅通、高效的地面交通网络体系，在保定、衡水、邢台、沧州等冀中南 8 个城市（县区）建立了异地城市候机楼，营业部覆盖全省 9 个城市及北京市，开通直达冀中南 7 个地区（市）的旅客直通班车，免费接送北京、山西等地团体旅客。

（二）京津冀空运口岸业务发展状况

1. 北京空运口岸业务发展现状

（1）空运口岸业务发展总体情况。

首都机场于 1958 年对外开放，是我国最早开放的航空口岸。进入 21 世纪，首都机场空运口岸业务进入迅速发展的轨道，但 2003 年由于“非典”的原因，各项业务量下降比较严重，从 2004 年开始反弹并有所增长。

2005—2015 年首都机场各项业务整体来讲发展较快，这一期间，首都机场进出境旅客吞吐量、海关监管货物量、进出境飞机起降架次等业务指标整体上处于增长状态。这其中，2008 年由于世界金融危机的影响，进出口货运量及进出境飞机架次等出现负增长。2005—2015 年首都机场空运口岸业务量如表 2 - 1 所示。

① 中国口岸协会. 中国口岸年鉴（2015）[M]. 北京：中国海关出版社，2015：93.

② 中国口岸协会. 中国口岸年鉴（2015）[M]. 北京：中国海关出版社，2015：93.

表 2-1 2005—2015 年北京空运口岸业务

年份	进出境人员		进出口货运量		进出境飞机起降	
	万人	增长率/%	万吨	增长率/%	万架次	增长率/%
2005	1065.90	15.80	28.80	25.1	7.66	13.10
2006	1260.92	18.30	34.17	18.85	8.80	14.80
2007	1456.70	15.53	39.08	14.37	10.04	14.17
2008	1377.84	−5.41	38.80	−0.72	9.47	−5.72
2009	1386.12	0.06	37.11	−4.36	9.59	1.27
2010	1700.49	22.68	47.45	27.86	10.69	11.52
2011	1861.01	9.44	50.73	6.91	11.43	6.90
2012	2034.70	9.33	51.25	1.03	12.15	6.36
2013	2102.52	3.33	50.59	−1.29	12.36	1.70
2014	2204.85	4.87	49.05	−3.0	12.58	1.78
2015	2323.03	5.36	43.22	−11.9	13.26	5.45

注：2008 年进出口货运量及增长率由 2009 年进出口货运量及增长率、2007 年进出口货运量计算所得。

数据来源：中国口岸协会．中国口岸年鉴（2006—2015 年）[M]．北京：中国海关出版社；2009 年进出境人员及增长率、进出境飞机起降架次及增长率数据来源于北京市人民政府口岸办公室；2013 年进出境飞机起降架次、同比增长率：北京市人民政府口岸办公室．2013 年 12 月北京口岸人员（货物）进出境情况统计数据 [EB/OL]．(2014-01-08) [2016-01-10]．http://Bjkab.gov.cn/docc/news.asp?sortid=63&listid=78&newsid=919；2015 年数据：北京市人民政府口岸办公室．2015 年 12 月北京口岸人员（货物）进出境情况统计数据 [EB/OL]．(2014-01-08) [2016-01-10]．http://bjkab.gov.cn/docc/news.asp?sortid=63&listid=78&newsid=1210；北京市人民政府口岸办公室提供《2015 年全国航空口岸运行统计表》。

2005—2015 年首都机场空运口岸业务发展情况大体上可分为三个阶段：2005—2007 年为高速发展阶段，2008—2013 年为较快发展阶段，2013 年以后为平稳增长阶段。

①第一阶段：2005—2007 年客、货运高速增长。

这一阶段首都机场空运口岸业务随着经济的高速发展迅速增长，进出境旅客吞吐量、进出口货运量、进出境飞机起降架次等基本保持了高速增长。

2005 年 1 月 12 日，首都机场海关至青岛流亭机场海关出口汽车航班正式开通；1 月 29 日，首都机场口岸实现了 50 年来与中国宝岛台湾的首次直航；7 月 1 日，首都机场海关旅客申报制度实施。这一期间，机场运行情况良好，多项指标均有大幅度增长。

2007 年，首都机场外籍旅客 830.01 万人次，同比增长 18.24%①，国际航班也突破 10 万架次。

②第二阶段：2008—2013 年客、货运平稳发展。

① 中国口岸协会．中国口岸年鉴（2008）[M]．北京：中国海关出版社，2008：23.

2008年由于世界金融危机的影响，首都机场空运口岸业务量出现下降。此后开始反弹并较快增长，这种情况一直持续到2012年，但这一阶段增速整体上低于前一阶段。

2008年，3号航站楼的建成和投入使用极大地提升了首都机场空运口岸的吞吐能力，“集中监管、集中查验”“一机两屏”的监管模式和一批科技成果投入口岸查验实践，简化了通关手续，优化了通关流程。为了切实提高口岸的通关效率，相关单位对货物申报、监管查验，以及航空器的传统申报模式进行了积极探索、创新。机场大力推进报检工作的信息化进程，积极开展与海关的通关单联网核查工作，经过一年的不断实践和调试，通关单联网核查工作顺利实施，法检货物的逃漏检行为得以有效控制。

2011年，首都机场2号航站楼旅检通道实施“一机两屏”建设，与北京海关通力合作，在旅检通道上联合执法，共享X光机图像信息，减少了通关手续，缩短了旅客通关时间。天竺综合保税区监管实际进出境货物3.6万吨①。

2012年，首都机场的国际枢纽建设和运行效率大幅提高，行业领导地位也不断增强。这一年，首都机场稳步推进建设大型国际枢纽机场的战略目标，强化枢纽平台的建设、运行资源的补充、综合交通体系的建设，形成了“4－4－3”监控体系，运行保障能力显著提高，枢纽建设取得了重大突破。客运量迈上新台阶，2012年出入境旅客突破2000万人次，达到所有旅客吞吐量的1/4，创造了多项历史新高。②

2013年1月1日，北京空运口岸正式实施外国人72小时过境免签证政策。2014年，72小时过境免签旅客达到20017人次，同比增长45.20％。③ 2015年，首都机场进出境旅客吞吐量达到2323万人次。

③第三阶段：2014—2015年客运平稳增长、货运高速增长。

由于机场运营能力接近饱和以及经济发展呈现新常态等原因，2014—2015年首都机场进出境旅客吞吐量增长率在6％以下，增长较为平稳，而进出境货运吞吐量则成倍增长。

（2）进出口贸易。

首都机场近几年进出口贸易额总体来说不断增长，但各年发展并不平衡。

受2008年世界金融危机的持续影响，2009年首都机场进出口贸易出现负增长，但从2010年开始复苏，到2012年增长率达到22.68％。

2013年，进出口贸易值增长率下降至3.05％，且2013年以后增长相对放缓，这也与中国经济进入新常态、世界经济环境变化有关。首都机场2009—2014年进出口贸易值及增长率如表2－2所示。

---

① 中国口岸协会．中国口岸年鉴（2012）［M］．北京：中国海关出版社，2012：63.
② 中国口岸协会．中国口岸年鉴（2013）［M］．北京：中国海关出版社，2013：53.
③ 中国口岸协会．中国口岸年鉴（2015）［M］．北京：中国海关出版社，2015：53.

表 2-2　首都机场 2009—2014 年进出口贸易值及增长率

年份	进口		出口		进出口	
	贸易额/亿美元	增长率/%	贸易额/亿美元	增长率/%	总额/亿美元	增长率/%
2009	298.61	−6.80	205.84	−12.70	504.45	—
2010	371.11	24.28	248.17	20.56	619.28	22.76
2011	408.79	10.15	261.36	5.31	670.15	8.21
2012	455.54	11.47	366.62	40.27	822.16	22.68
2013	461.31	1.27	385.91	5.18	847.23	3.05
2014	545.93	17.58	364.21	−5.62	910.14	6.91

注：进出口总额由进口额及出口额加总所得，进出口增长率、2010—2014 年进口增长率及出口增长率通过计算得到。

数据来源：中国口岸协会．中国口岸年鉴（2010—2015 年）[M]．北京：中国海关出版社．

（3）海关税收。

随着进出口贸易的发展，首都机场近年的海关税收整体呈增长态势，2006 年增长率达到 40.81%，2007 年增长也较快，增长率达到 25.50%，但从 2008 年之后增长率开始明显下降，甚至有些年份出现负增长，2012 年以后比较平稳，没有出现大幅度的增减。海关税收基本与进出口贸易的发展呈正相关。2005—2015 年首都机场海关税收及代征税情况如表 2-3 所示。

表 2-3　2005—2015 年首都机场海关税收及代征税情况

年份	海关税收额/亿元	增长率/%
2005	141.80	5.60
2006	199.67	40.81
2007	250.58	25.50
2008	265.77	6.06
2009	227.23	−14.50
2010	297.80	28.10
2011	310.80	4.30
2012	334.30	7.60
2013	306.62	−8.28
2014	334.70	9.20
2015	325.90	−2.60

数据来源：北京市人民政府口岸办公室。

2. 天津空运口岸业务发展现状

(1) 口岸业务总体发展情况。

1995 年 10 月，经国家口岸办批准，天津机场升格为国际机场，同年 12 月更名为天津滨海国际机场。

2005 年，天津机场空运口岸进出境人员 47.2 万人次，进出口货运量 5.5 万吨，进出境飞机起降达到 6269 架次，除 2008 年进出境人员只有 49.6 万人次，比上年下降 12.98%外，其余年份天津机场空运口岸业务整体呈增长态势。2013 年之前，由于地理区位的相对劣势及面临首都机场的激烈竞争等问题，天津机场口岸各项业务发展缓慢。但随着天津机场不断提升自身能力，2013 年以后进出境旅客吞吐量不断提升，2014 年进出境人员增长率达到 54.60%，2015 年达到 39%，进出境人员数量首次突破 200 万人次大关。但天津机场进出口货运量一直发展缓慢，与“北方航空货运中心”的定位还有一定距离。2005—2015 年天津滨海机场口岸业务统计如表 2-4 所示。

表 2-4　2005—2015 年天津空运口岸业务统计

年份	进出境人员		进出口货运量		进出境飞机起降	
	万人次	增长率/%	万吨	增长率/%	架次	增长率/%
2005	47.2	—	5.5	—	6269	—
2006	48.6	2.97	6.3	14.5	7183	14.58
2007	57.0	17.29	8.0	26.98	8620	20.00
2008	49.6	−12.98	10.8	35.0	9142	6.06
2009	53.82	8.51	11.0	1.85	9795	1.05
2010	72.84	15.3	12.64	15.10	10774	10.00
2011	74.99	3.00	11.03	−18.19	11219	4.10
2012	82.35	9.80	11.54	4.70	11087	−1.60
2013	100.90	12.25	12.53	8.61	12213	10.16
2014	156.00	54.60	13.80	10.10	17917	46.70
2015	204.78	39.00	12.57	−9.20	18012	0.53

注：2013 年数据由 2014 年业务量及增长率计算所得。

数据来源：中国口岸协会．中国口岸年鉴（2010—2015 年）[M]．北京：中国海关出版社．2015 年数据来源于天津市政府口岸办公室．天津口岸 2015 年主要吞吐量指标运行情况 [EB/OL]．(2014-01-08) [2016-01-10]．http://www.tjport.gov.cn/html/kouan/TJSJ11059/2016−01−26/Detail _ 632896.htm；北京市人民政府口岸办公室．2015 年全国航空口岸运行统计表 [Z]。

(2) 进出口贸易。

由于受 2008 年世界金融危机的持续影响，2009 年天津机场进出口贸易值均出现下滑，但从 2010 年开始，天津机场进出口贸易开始复苏并快速发展，年增长率基本上保持在20%以上，并一直持续到2013年，从2014年开始增速减缓，与中国整体上进出口贸易开始下滑有关。2009—2014年天津滨海机场进出口贸易情况如表2-5所示。

表2-5 2009—2014年天津空运口岸进出口贸易值

年份	进口		出口		进出口	
	贸易额/亿美元	增长率/%	贸易额/亿美元	增长率/%	贸易总额/亿美元	增长率/%
2009	84.31	−5.70	78.00	−9.90	162.30	—
2010	110.04	30.50	96.50	23.70	206.54	27.26
2011	134.56	22.26	95.05	−1.50	229.61	11.17
2012	169.18	25.70	110.78	16.60	279.97	21.93
2013	232.81	37.50	118.10	6.60	350.91	25.34
2014	241.70	3.80	115.63	−2.10	357.33	1.83

注：进出口贸易总值及进出口总值同比增长率由计算所得。

数据来源：中国口岸协会．中国口岸年鉴（2010—2015年）[M]．北京：中国海关出版社．

3. 石家庄空运口岸业务发展现状

（1）口岸业务总体发展情况。

1995年12月，经国务院批准，石家庄机场成为对外开放口岸，1996年3月正式对外开放。

2005年，石家庄机场空运口岸进出境人员2.6万人次，进出口货运量1.1万吨，进出境飞机起降达到646架次，除2008年进出境人员只有1.6万人次，比上年下降14.51%外，其余年份天津机场空运口岸业务整体呈增长态势。2009年以来，石家庄机场进出境人员数量和进出境飞机架次平稳增长。2010年，中国民用航天局与河北省签署《关于加快推进河北民航发展的会谈纪要》，确定石家庄机场为国内唯一一个航空大众化试点机场，作为首都机场的备降机场和分流机场。这一会谈纪要的签署在很大程度上推动了石家庄正定机场客运业务的发展。

2012年，出入境旅客首次突破10万人次。近年来进出口货运量起伏不定，2009年达到历史最低值时只有0.13万吨，由于受首都机场和天津机场的竞争，进出口货运业务发展缓慢。经过努力，2015年石家庄机场进出境飞机起降及进出境人员有大幅增长。2005—2015年石家庄空运口岸业务量发展如表2-6所示。

表2-6 2005—2015年石家庄空运口岸业务量统计

年份	进出境人员		进出口货运量		进出境飞机起降	
	万人次	增长率/%	万吨	增长率/%	架次	增长率/%
2005	2.6	−6.52	1.10	−31.85	646	−16.10

续　表

年份	进出境人员		进出口货运量		进出境飞机起降	
	万人次	增长率/%	万吨	增长率/%	架次	增长率/%
2006	2.2	−16.58	0.43	−60.90	382	−40.87
2007	1.9	−9.95	0.26	−36.80	306	−19.90
2008	1.6	−14.51	0.28	5.48	415	35.62
2009	1.5	−10.77	0.13	−50.22	235	−43.37
2010	1.8	20.00	0.22	69.23	256	8.93
2011	6.8	286.74	0.41	79.7	662	158.59
2012	10.7	56.56	0.53	28.25	1055	59.37
2013	14.6	36.48	0.59	13.07	1401	32.80
2014	19.9	36.99	0.42	−29.56	1687	20.41
2015	38.9	95.00	0.63	50.40	2633	56.10

（2）进出口贸易。

2005 年，石家庄机场口岸进口贸易值 0.1 亿美元，比上年下降 51.98%；出口贸易值 8.2 亿美元，比上年增长 141.14%，贸易额达到 8.3 亿美元，比上年增长 109.52%。受 2008 年世界金融危机的影响，2009 年石家庄空运口岸进出口贸易量均出现下滑，2010—2012 年发展较快，但从 2013 年增速减缓并且进口贸易值出现负增长，这与中国对外贸易发展整体减缓有关。2005—2014 年石家庄空运口岸进出口贸易发展情况如表 2－7 所示。

表 2－7　　2005—2014 年石家庄机场进出口贸易值

年份	进口		出口		进出口	
	贸易额/亿美元	增长率/%	贸易额/亿美元	增长率/%	贸易额/亿美元	增长率/%
2005	0.1	−51.98	8.2	141.14	8.3	109.52
2006	0.13	36.23	1.6	−80.82	1.73	−79.16
2007	0.14	4.82	0.78	−50.64	0.92	−46.82
2008	0.15	10.97	1.02	32.16	1.17	36.14
2009	0.27	−23.70	2.48	267.50	2.76	—
2010	0.72	159.10	4.88	96.60	5.59	102.73
2011	1.00	44.69	9.88	75.25	10.87	94.66
2012	1.19	20.49	12.18	23.26	13.37	23.00
2013	1.17	−2.12	14.25	16.95	15.41	15.25
2014	0.91	−21.53	15.59	9.39	16.50	7.05

数据来源：中国口岸协会．中国口岸年鉴（2010—2015 年）[M]．北京：中国海关出版社．

（三）京津冀空运口岸发展状况分析

1. 基础设施建设情况分析

京津冀地区目前共有 3 个空运口岸——首都机场、天津机场、石家庄机场，机场航站楼总面积将近 200 万平方米，总设计运营能力过亿人次，总货物吞吐能力近 200 万吨，能够停靠各种飞机，总的来说，可以满足目前京津冀地区经济社会发展的需要。三大机场的基础设施建设情况如表 2-8 所示。

表 2-8　京津冀三大机场基础设施建设情况

机场名称	飞行区等级	主跑道数量	航站楼数量	航站楼面积/万平方米	设计运营能力/万人次	货邮吞吐能力/万吨
首都机场	4F	2	3	140	8200	100
天津机场	4E	2	2	36.4	5000	100
石家庄机场	4E	2	2	20.9	2000	25

数据来源：中国口岸协会．中国口岸年鉴（2015 年）［M］．北京：中国海关出版社，2015：58-59、75-76、92-93；天津网．全景扫描天津机场 T2 航站楼 将用于国内旅客乘机［EB/OL］．（2014-08-20）［2016-04-27］．http：//www.tianjinwe.com/tianjin/ms/qjtj/201408/t20140820_686022_1.html。

北京首都国际机场的总体规模、等级与首都的地位相称，但运能已经处于饱和状态，需要向周边机场进行客户分流；天津滨海国际机场的规模等级远低于首都机场，但可满足天津经济发展和物流需求，存在运能过剩；石家庄正定国际机场除可以满足本地经济发展外，还需积极争取京津及周边的分流客户，运能过剩严重。

但目前京津冀地区机场布局存在缺陷，区域航空运输发展极不平衡，用通俗的话说就是“北京盛不下，天津吃不饱，石家庄吃不着”。由于距离北京较近，首都机场的规模优势、虹吸效应明显，造成天津、石家庄机场业务量较小，区域间资源协同配置难以实现，这种现象也与天津、石家庄两机场近几年的大规模扩建及对首都机场溢出客源的吸收不足有关。

2. 业务结构分析

从 2015 年三大机场空运口岸业务数据来看，首都机场各项指标均占绝对优势，远超其他两大机场总和，三大机场未体现出业务侧重点，而是体现出严重的“马太效应”，石家庄机场各项数据处于劣势。2015 年京津冀三大空运口岸业务指标如表 2-9 所示。

表 2-9　2015 年京津冀三大空运口岸主要业务指标

机场名称	进出境旅客吞吐量/万人次	进出口货运量/万吨	进出境飞机起降/万架次
首都机场	2323.03	176.71	13.26

续 表

机场名称	进出境旅客吞吐量/万人次	进出口货运量/万吨	进出境飞机起降/万架次
天津机场	204.78	12.57	1.80
石家庄机场	38.90	0.63	0.26

数据来源：由表 2-1、表 2-4、表 2-6 整理得到.

天津机场、石家庄机场无法与首都机场竞争，首都机场的各项业务量远超其他两个机场的总和，这不仅给北京的交通、环境带来了巨大的压力，同时也不利于京津冀地区协同发展。

北京新机场建成之后，首都机场的“虹吸效应”将会更加明显，新机场一旦投入使用，可能会进一步导致天津、石家庄机场旅客分流，京津冀空运口岸之间的不平衡发展将会更加明显。

3. 功能定位分析

京津冀地区内，京津机场已实现差异化定位，机场间已形成共同协调发展的条件，但京津机场的协作仅限于货邮运输层面，天津机场并未形成首都机场的主要分流机场，石家庄机场与天津机场及省内其他机场间缺乏有效的合作，整个京津冀地区机场也未达成长期合作的共识，提升三地机场运营效率最有效的路径是机场业务整合，加强三地机场的职能分工和服务协作。

首都机场国际枢纽机场功能不突出，今后应充分发挥区位优势、硬件条件和服务体系，充分开发精品海外航线，提高服务附加值，提升资源的产出效率。

天津机场应优先发展货运。天津市及整个京津冀地区经济贸易的快速增长特别是自贸区、物流园区的建设和壮大可以为天津机场航空货运提供源源不断的货源。天津机场应充分发挥毗邻首都的区位优势和较为完善的软件服务能力，承接首都机场分流客源，提高机场利用率。

河北机场应充分发挥全国唯一的航空大众化试点机场的政策优势，重点抢占中低端客源，分流现有和溢出的国内、国际低成本航空。石家庄市场腹地巨大，大众化航空需求旺盛，石家庄机场低成本航线已占 1/3 左右，成为国内低成本航空发展最活跃的市场。京津冀空运口岸功能定位及运营特点如表 2-10 所示。

表 2-10　京津冀空运口岸功能定位及运营特点

机场名称	功能定位	运营特点
首都机场	国际复合枢纽	主要运营国际客运及其中转业务
天津机场	中国北方国际航空物流中心和大型门户枢纽机场	主要运营货运、亚洲地区航班，国内航线及客运包机业务
石家庄机场	中国航空大众化枢纽机场、华北地区航空货运及快件集散中心、北京首都机场的主要分流和备降机场	主要运营国内客运低成本航空及中转业务

4. 发展阶段分析

京津冀空运口岸已经进入优化结构、协同发展的阶段。京津冀空运口岸协同发展已具备有利条件，随着天津机场、石家庄机场硬件能力的改善，保障能力得到大幅度提升，疏解和承接首都机场客流已具备有利条件。

二、京津冀水运口岸建设状况

京津冀有水运口岸的是河北省和天津市，即天津的天津海港口岸和河北省的秦皇岛港水运口岸、唐山港水运口岸、黄骅港水运口岸及渤中水运（海上石油交货点）口岸。津冀水运口岸所在的港口从北向南依次是河北的秦皇岛港、河北的唐山港、天津的天津港、河北的黄骅港。天津港建设最早，秦皇岛港从1898年建港至今也有一百多年的历史，唐山港由“王滩港”更名而来，从20世纪80年代开始建设，目前有京唐港区和曹妃甸港区，黄骅港始建于1984年，经过几十年也取得了较好的发展。

（一）京津冀水运口岸发展历史

1. 天津海港口岸

（1）概况。

天津海港口岸地处渤海湾西端，位于海河下游及其入海口处（地理坐标为：东经117°42′05″、北纬38°59′08″），是环渤海中与华北、西北等内陆地区距离最短的港口，是首都北京的海上门户，也是亚欧大陆桥最短的东端起点。

天津海港口岸对外开放水域面积1590平方千米，国家批准对外开放岸线长148千米。天津海港口岸分为一港八区及中心渔港。目前，东疆港区、南疆港区、北疆港区、大沽口港区、海河港区5个港区口岸正式对外开放。天津港现有生产性泊位149个，规划设计货物通过能力4.3亿吨、集装箱吞吐能力1125万标准箱，2014年实际运营规模超过5亿吨、1300万标准箱。

天津市人民政府口岸服务办公室海港处负责天津海港口岸通关协调服务工作；负责海港海关特殊监管区域的查验配套设施规划和建设的协调，牵头组织对海港新建或扩建海关特殊监管区域验收的准备工作；协调口岸船舶联检，参与协调口岸安全工作；协调推进管辖区域的共建文明口岸活动。

（2）历史沿革。

天津港的发端可追溯到汉代。公元206年（东汉建安十一年），曹操为北伐乌桓（今辽西一带），需要借助港航，以便运输。所以先后组织开凿了平虏渠、泉州渠和新河渠，逐渐形成了天津区域内的港航雏形。

第二次鸦片战争时期，清政府被迫于1860年10月24日，与英国签订《中英北京条约》，在这一条约中将天津辟为商埠，天津港也被辟为通商口岸，成为环渤海“港—城”同时放开的发端。1861年，天津港正式设立海关，英、法在租界地建设码头，主权港沦为殖民港。1937年，“七七事变”后，天津港成为日寇军需转运的基地。此后因国民党统治时期年久失修，到 1949 年 1 月天津解放时，天津港呈“休眠”状态。

1949 年 1 月 15 日天津解放。4 月 1 日成立华北航务局，统一领导各有关单位。1950 年 9 月 15 日，成立天津区港务局，是天津港口有史以来第一个实行统一管理的政企合一机构。1951 年 9 月，天津港复建，于 1952 年 10 月 17 日重新开港通航。天津港是中国大陆最早开展国际集装箱运输业务的港口。1973 年 9 月，天津港成功开辟了我国第一条国际集装箱航线。1980 年，天津港建成中国第一个集装箱码头。1984 年 7 月 19 日，经天津市政府批准，“交通部天津港务管理局”更名为“天津港务局”。2003 年 11 月 15 日根据国务院办公厅《转发交通部等部门关于深化中央直属和双重领导港口管理体制改革意见的通知》，经天津市委批准，天津港务局实行政企分开，行政职能转交天津市交通委员会，天津港务局转制为天津港（集团）有限公司。2004 年 6 月 3 日，天津港（集团）有限公司正式挂牌成立。

（3）基础设施。

①主航道建设。

天津港的改建工程是从主航道开始，1952 年天津港的主航道开通，当时航道是单向航道底宽 60 米，水深－6.5 米。1965 年天津港开始了新港的第二期，当时航道水深加至－7 米。1977—1984 年，天津港航道浚深、拓宽至双向航道，航道底拓宽达到 150 米，水深－10 米。1997—1998 年，天津港对第五代集装箱船靠泊码头拓宽至 180 米，并浚深至－12.0 米，形成 5 万吨级航道①。2000 年 8 月，天津港开始建设 10 万吨级航道。2001 年 9 月 13 日，10 万吨级一期工程竣工，航道浚深至－14 米。同日天津港 10 吨级航道二期工程开工建设，航道底宽将拓宽至 210 米，水深将浚深至－14.8 米，航道全长 28.8 千米，2002 年 10 月，天津港 10 万吨级航道二期工程顺利完成，同时开工 15 万吨级航道一期工程，完成后的 10 万吨级航道二期工程，水深达到－15 米，10 万吨级船舶可全天候进出港，第五、第六代集装箱船满载进出港，15 万吨级船舶可乘潮进出天津港。2013 年 12 月 25 日，天津水运（海港）口岸复式航道试通航启动。天津新港主航道自 1952 年再开通以来，经历 60 余年的改扩建，当年底宽 60 米的单向万吨级航道，已建设成为总宽 780 米、可以通航 30 万吨级超大型油轮的复试航道。2014 年 1 月 1 日，中国第一条人工开挖的复试航道在天津港正式通航。作为国内第一条人工开挖的复试航道，将最终实现大船、小船分流，形成“双进双出”四通道运行，占进出港船舶总量 47％的商船和大量港作船舶可以从小船航道分流。② 截至 2014 年主航道水深已达－22.0 米，30 万吨船舶可乘潮进出港。③

②港区建设。

天津南疆煤码头于 1994 年 4 月开工建设，总投资 21.5 亿元，2001 年一期工程建

① 中国口岸协会．中国口岸年鉴（2001）[M]．北京：中国海关出版社，2001：155.

② 中国口岸协会．中国口岸年鉴（2014）[M]．北京：中国海关出版社，2014：66.

③ 天津市人民政府口岸服务办公室．天津口岸简介 [EB/OL]．(2014-08-17) [2016-04-02]．http：//www.tjport.gov.cn/html/kouan/TJGJJ11073/2014-08-17/Detail_632650.htm.

成投产，[1] 2002 年 7 月完工。2001 年 4 月，15 万吨级通用散货泊位开工建设，2002 年 8 月完工。2001 年，天津港北疆港区 27、28、29 段集装箱码头改造先后完成，具备了接卸第六代集装箱的能力和 100 万标准箱的通过能力。[2] 2001 年 4 月，南疆一号靠船墩，改造为 15 万吨级的原油泊位开工建设，2002 年 10 月竣工。[3] 2004 年 1 月天津港与神华集团签署天津港南疆 13 号、14 号煤码头合作意向书。该合作项目是由双方共同投资建设和经营天津港南疆 13 号和 14 号两个煤炭专业泊位和堆场，年设计吞吐能力 3000 万吨。[4] 2004 年 3 月，天津港南疆 11 号泊位 20 万吨级矿石工程开始正式投入生产。在东疆保税港方面，2007 年年底，东疆保税港区实现了首期 4 平方千米的封关运作。[5] 2012 年东疆保税港区二期工程 600 万平方米顺利通过封关验收程序，全面实现了东疆保税 1000 万平方米的整体封关[6]。

2011 年 1 月 4 日临港经济区管委会正式挂牌成立，由原天津临港工业区和天津临港产业区整合而成的临港经济区，是滨海新区九大功能区之一[7]。根据天津口岸工作安排，在 2016 年，将推动大港港区、北塘港区和高沙岭港区口岸开放，加快推进口岸查验配套设施建设达到口岸开放标准，大港港区通过市级预验收，适时申请国家级验收，北塘港区（中心渔港）通过市级预验收，高沙岭港区达到市级预验收标准[8]。

③泊位开放。

2009 年 7 月，国务院国函〔2009〕91 号文批准天津港口岸扩大开放，开放水域面积 470 平方千米，开放岸线长 47.9 千米，批准新建并开放泊位 75 个[9]，同年申请获批 11 个码头泊位对外开放。2010 年国务院批准新建的 75 个码头泊位，已累计办理对外正式或临时开放的 34 个，到 2013 年年底，国务院批复的 75 个泊位已有 43 个泊位正式对外开放。截至 2015 年 8 月，国函〔2009〕91 号批准的 75 个泊位中已累计正式对外开放 51 个，占全港生产性泊位的 33.8%。已开放生产性岸线 16.1 千米[10]。国务院 2014 年 10 月 5 日正式批准天津港口岸的新一轮扩大对外开放计划，天津港口岸的开放水域从 470 平方千米扩大到 1590 平方千米，码头岸线总长从 78.9 千米扩大到 148 千米[11]。到 2014 年，天津港生产性泊位扩大开放到 149 个，此外开放水域面积 1590 平方

① 中国口岸协会．中国口岸年鉴（2001）［M］．北京：中国海关出版社，2001：155.

② 中国口岸协会．中国口岸年鉴（2001）［M］．北京：中国海关出版社，2001：155.

③ 中国口岸协会．中国口岸年鉴（2003）［M］．北京：中国海关出版社，2003：61.

④ 中国口岸协会．中国口岸年鉴（2005）［M］．北京：中国海关出版社，2005：66.

⑤ 中国口岸协会．中国口岸年鉴（2012）［M］．北京：中国海关出版社，2012：75.

⑥ 中国口岸协会．中国口岸年鉴（2013）［M］．北京：中国海关出版社，2013：69.

⑦ 天津市人民政府口岸服务办公室．天津口岸简介［EB/OL］．（2013-06-17）［2016-01-25］．http://www.tjport.gov.cn/html/kouan/HG13020/2013-06-17/Detail_631791.htm.

⑧ 天津市人民政府口岸服务办公室．2016 年天津口岸工作安排［EB/OL］．（2016-02-17）［2016-04-02］．http://www.tjport.gov.cn/html/kouan/GHJH13037/2016-02-17/Detail_632903.htm.

⑨ 天津市人民政府口岸服务办公室．天津口岸简介［EB/OL］．（2013-06-17）［2016-01-23］http://www.tjport.gov.cn/html/kouan/HG13020/2013-06-17/Detail_631794.htm.

⑩ 天津市人民政府口岸服务办公室．天津口岸简介［EB/OL］．（2015-08-18）［2016-01-25］．http://www.tjport.gov.cn/html/kouan/HG13020/2015-08-18/Detail_632823.htm.

⑪ 王侃．环渤海港口群成长纪实（一）［J］．港口经济，2015：52-55.

千米，国家批准对外开放海岸线长 148 千米①。

2. 秦皇岛港水运口岸

（1）发展概况。

秦皇岛港是以能源运输为主的综合性国际贸易港口，也是当今世界上最大的煤炭运输港和干散货港。秦皇岛港位于渤海辽东湾西侧，河北省滨海平原的东北侧，靠近万里长城的东端，地处山海关内外要冲，属秦皇岛市辖境。地理坐标为东经 119°36′26″，北纬 39°54′24″。秦皇岛港地理位置优越，港口背靠燕山山脉，为其提供了天然的屏障，使港口免除冰冻、回淤和风浪的困扰。相对于海上承运人而言，全天候的通航和作业条件，加之秦皇岛港的高效率，提高了船舶营运的经济性。两条主航道处于免维护状态，作业基本不受自然气候的影响。

秦皇岛市人民政府口岸办公室对该口岸实施口岸管理。秦皇岛海关、秦皇岛出入境检验检疫局、秦皇岛边防检查站、秦皇岛海事局担负口岸的检验工作。

（2）历史沿革。

秦皇岛港是一个因煤而兴、以煤炭运输为主的港口。1876 年 9 月，李鸿章派遣轮船招商局总办唐廷枢赴唐山开平一带勘测，发现当地有优质煤矿。随后，唐廷枢拟定《直隶开平矿务局章程》。1878 年 6 月 25 日开平矿务局正式成立。

经过反复勘查，清政府最终选择在秦皇岛建设港口，1896 年，秦皇岛港开始筹建，1897 年，建港并试通航。1898 年 4 月 3 日清朝光绪皇帝朱批秦皇岛，“自开口岸”，秦皇岛港开埠，以运输外运开滦煤为主。

从 1899 年开始，秦皇岛港的建设全面铺开，到 1900 年，已建成 300 米防波堤、200 米码头（木质）岸线和 3.5 英里铁路。秦皇岛港开埠后后最初的经营权由开平矿务局代管。而开平煤矿在八国联军侵华后，便被英国商会控制。因此，从 1901 年到 1932 年年底，秦皇岛港一直控制在英国人手中。

1916—1932 年，秦皇岛港的建设基本是改造旧码头。

1937 年 7 月 7 日，日本全面侵华战争爆发后，秦皇岛港彻底在日寇的控制之下运营。1946—1948 年，内战期间，秦皇岛港成为国民党运送兵员、军需物资的军港。

1948 年 11 月 27 日，秦皇岛市解放。1949 年 2 月，秦皇岛港恢复运营，并与上海市达成“以煤换面、南北通航”的协议。

新中国成立后，秦皇岛的港口建设与管理提上日程，1953 年 1 月 1 日，秦皇岛港划归交通部统一管理，并正式更名为天津区港务局秦皇岛分局。1954 年 7 月 6 日，交通部决定，成立交通部秦皇岛港务局，直属交通部管理。1955 年 5 月 1 日，秦皇岛港务局正式更名为秦皇岛港务管理局。

改革开放后秦皇岛港取得飞速的发展。2002 年按照国务院港口管理体制改革的统一部署，秦皇岛港局由原中央直管企业下放到河北省管理，并改制为秦皇岛港务有限公司。2004 年，秦皇岛港务集团有限公司由原省属国有独资公司，改制为国有有限责

① 中国口岸协会．中国口岸年鉴（2015）[M]．北京：中国海关出版社，2015：76.

任公司，分别由河北省建设投资公司、河北省燕山发展有限公司、秦皇岛市政府持有秦皇岛国有产权，形成港口产权多元化格局。经过 100 多年的发展，秦皇岛港已发展成为以能源运输为主的综合性国际贸易港口，也是当今世界最大的煤炭输出港和干散货港。

（3）基础设施。

1960 年 8 月，秦皇岛港自己建设的八号、九号码头竣工投产，这是新中国成立后港口建设的第一座煤炭码头。1983 年 7 月，与京秦铁路相配套的秦皇岛港煤码头一期工程建成投产，形成了晋煤外运、北煤南运的一条水上大通道。1985 年，建成了年吞吐量为 2000 万吨的煤二期码头。1989 年，又建成了年吞吐量为 3000 万吨的煤三期码头，使秦皇岛港一举成为世界最大的煤炭中转码头。1997 年，年吞吐量 3000 万吨的煤四期码头建成投产。2006 年 4 月，设计能力达 5000 万吨的煤五期工程顺利投产①。截至 2014 年共有岸线 11.7 千米，水域面积 10.8 平方千米。在布局上秦皇岛东港区以能源（煤炭、油品）运输为主，西港区以杂货、集装箱装卸运输为主。②

在泊位方面，截至 2013 年年底，泊位 55 个，其中生产性泊位 47 个，最大靠泊吨位 15 万吨级，煤炭泊位 21 个，杂货泊位 17 个，石油化工泊位 6 个，集装箱泊位 3 个。③

秦皇岛港对外交通发达，集疏运条件优越。有沈山、津山、京哈和大秦 4 条铁路干线直达港口。

3. 唐山港水运口岸

（1）发展概况。

唐山港口岸的范围包括京唐港区和曹妃甸两个港区。

①京唐港区。

京唐港区位于河北省唐山市东南 80 千米处的渤海湾北岸，坐标为东经 119°01′，北纬 39°13′，是北京、唐山市联合建设经营的港口。1989 年 8 月动工兴建，1992 年 7 月 18 日国内通航，1992 年 10 月被国务院批准为一类口岸④，1993 年 7 月 18 日对国际通航⑤。唐山港京唐港区运营货种涵盖煤炭、钢铁、矿石、水泥、原盐、粮食、纯碱和集装箱。

②曹妃甸港区。

曹妃甸港区东距京唐港区 33 海里，北距唐山市区 80 千米，地理坐标东经 118°30′，北纬 38°55′，是渤海沿岸唯一不需要开挖航道和港池即可建设 30 万吨级大型泊位的天然良港。曹妃甸港区于 2003 年启动开发建设，2005 年试通航，2009 年 1 月获得国务

① 秦皇岛港［EB/OL］.（2012-07-30）［2016-01-25］.http：//www.nengyuan.com/news/d_201310061111287701.html.

② 中国口岸协会.中国口岸年鉴（2015）［M］.北京：中国海关出版社，2015：93.

③ 中国口岸协会.中国口岸年鉴（2014）［M］.北京：中国海关出版社，2014：81.

④ 中国口岸协会.中国口岸年鉴（2001）［M］.北京：中国海关出版社，2001：182.

⑤ 中国口岸协会.中国口岸年鉴（2015）［M］.北京：中国海关出版社，2015：94.

院批准扩大开放为口岸，2012 年 8 月正式对外开放。依据规划，曹妃甸港区是重点建设进口矿石、原油、天然气和煤炭等的专业泊位，最终可建成生产性泊位 260 余个，形成 5 亿吨以上的综合通过能力，建成中国北方最大的能源原材料集疏港。2013 年 4 个 25 万吨级矿石泊位及 22 个 4 万～10 万吨级干散货泊位建成并投入试运营①。

唐山市人民政府口岸办公室对该口岸实施口岸管理，唐山海关、河北出入境检验检疫局京唐港办事处、唐山边防检查站、唐山海事局担负口岸的检验工作，为过往人员、货物、交通工具办理出入境手续。

（2）历史沿革。

唐山港筹建于 20 世纪 80 年代。1984 年 11 月，唐山市政府成立“港口建设筹备小组”。1988 年，将“王滩港”更名为唐山港。1992 年 7 月 18 日正式对国内通航。1992 年 10 月 16 日，国务院批准唐山港为一类对外开放口岸。1993 年 7 月 17 日，唐山市与北京市签订联合建港协议，将唐山港更名为京唐港。2002 年 9 月，成立唐山市曹妃甸实业港务有限公司。2005 年 9 月京唐港更名为唐山港京唐港区，2005 年 12 月 16 日，曹妃甸港区开港通航，两个港区均隶属新更名的唐山港。②

（3）基础设施。

唐山港已建成 1 号、2 号两个港池，3 号、4 号、5 号港池部分完工。截至 2012 年年底，京唐港区有泊位 34 个，其中生产性泊位 32 个，万吨级泊位 29 个，年吞吐能力 10975 万吨。到 2014 年，有件杂、散货、多用途等 1.5 万～2 万吨级泊位 35 个，航线通达国内 120 多个港口，与 50 多个国家和地区的港口建立了业务往来关系。③ 曹妃甸港区东距京唐港区 33 海里，北距唐山市区 80 千米，是渤海沿岸唯一不需要开挖航道和港池即可建设 30 万吨级大型泊位的天然港址。曹妃甸港区于 2003 年启动开发建设，相对京唐港区、秦皇岛港、黄骅港开发较晚，2005 年试通航，2012 年 8 月正式对外开放。开放后的曹妃甸港区迅速发展④，到 2014 年唐山港全港的吞吐量已超过 5 亿吨，其中曹妃甸港区 2.86 亿吨，京唐港区 2.15 亿吨⑤。截至 2013 年，曹妃甸港区共 4 个 25 万吨级矿石泊位、1 个 30 万吨级原油泊位、22 个 4 万～10 万吨级干散货泊位建成并投入试运营。⑥ 曹妃甸港区重点是建设进口矿石、原油、天然气和煤炭等专业泊化、大型化码头。

4. 黄骅港水运口岸

（1）概况。

黄骅水运（海港）口岸位于沧州市以东约 90 千米处，东经 117°48′，北纬

① 中国口岸协会．中国口岸年鉴（2015）[M]．北京：中国海关出版社，2015：95.
② 王侃．环渤海港口群成长纪实（九）[J]．港口经济，2015（9）：53-56
③ 中国口岸协会．中国口岸年鉴（2015）[M]．北京：中国海关出版社，2015：94.
④ 中国口岸协会．中国口岸年鉴（2015）[M]．北京：中国海关出版社，2015：95.
⑤ 王侃．环渤海港口群成长纪实（九）[J]．港口经济，2015（9）：53-56.
⑥ 中国口岸协会．中国口岸年鉴（2015）[M]．北京：中国海关出版社，2015：95.

38°17′。①始建于 1984 年，隶属于神华集团。黄骅港是我国的主要能源输出港之一。

沧州市人民政府口岸办公室对该口岸实施口岸管理，沧州海关、沧州出入境检验检疫局、黄骅边防检查站、黄骅海事局担负口岸的检验工作，现场为过境人员、货物、交通工具办理出入境手续。

（2）历史沿革。

1992 年，国务院批准在黄骅建设我国第二个大型煤炭外运码头，并建设山西朔州至黄骅港的煤炭外运铁路——朔黄铁路，是神华朔黄铁路做成的我国西煤东运第二道出海口。②

黄骅水运（海港）口岸一期的煤炭港区工程在 1997 年 11 月 25 日开工建设，2001 年年底建成并投入使用。2002 年 3 月，煤炭港区一期工程经国务院批准为黄骅水运（海港）口岸对外开放（国函〔2002〕19 号文件），2003 年 11 月，通过省级口岸开放预验收，2005 年 12 月 29 日，交通部以交函海〔2005〕270 号文件公布黄骅水运（海港）口岸于 2006 年 1 月 10 日起正式对外开放。③ 黄骅水运（海港）口岸综合港区自 2010 年 8 月 1 日起临时对外开放。

（3）基础设施。

黄骅港的煤炭港区杂货码头于 2000 年 7 月开工建设。2003 年 11 月 14 日通过预验收，2004 年 6 月投入运营，规模为 2 个 1.5 万吨级泊位，设计年吞吐量 300 万吨。到 2014 年年底，煤炭港区专业化煤炭装船泊位 12 个，杂货泊位 2 个，液体化学品泊位 1 个。航道水深已达－14.0 米，航道底宽 270 米。④ 黄骅港的综合港区起步工程于 2009 年 3 月开工建设，2010 年 8 月 1 日建成投入运营，总投资 127 亿元，共建 8 个泊位和 1 条航道。其中，4 个 10 万吨级多用途泊位，设计年通过能力 1000 万吨；1 条 44 千米 10 万吨级航道。二期工程于 2011 年 3 月 30 日开工建设，主要包括：20 万吨级航道及防波堤延长工程、4 个 15 万～20 万吨级矿石泊位、2 个 5 万～10 万吨级集装箱泊位、5 个 5 万～10 万吨级煤炭泊位、2 个 10 万吨级原油泊位及储备、2 个 5 万吨级液体化学品专业泊位、1 个 10 万吨级粮油泊位。⑤

5. 渤中水运口岸

（1）概况。

渤中原油海面交货点位于渤海南部海区，有中国海洋石油总公司渤海石油公司经营的两个原油海面交货点。BZ28－1 油田（北纬 38°18′、东经 119°38′）和 BZ34－2/4 油田（北纬 38°6′、东经 119°32′）先后于 1988 年 7 月和 1990 年 5 月经国家批准对外开放并进行商业性投产。两个油田海洋面积约为 48 平方千米，分别距塘沽 200 千米和 180 千米。油

---

① 中国口岸协会．中国口岸年鉴（2015）[M]．北京：中国海关出版社，2015：94.

② 英平．黄骅港竞争力研究 [D]．北京：北京交通大学，2012

③ 中国口岸协会．中国口岸年鉴（2015）[M]．北京：中国海关出版社，2014：81.

④ 中国口岸协会．中国口岸年鉴（2015）[M]．北京：中国海关出版社，2015：94.

⑤ 中国口岸协会．中国口岸年鉴（2015）[M]．北京：中国海关出版社，2015：94.

田主要由浮式生产储油装置、单点系泊站、井口生产平台、海底管线等组成。①

（2）历史沿革。

渤中水运口岸是中国海洋石油渤海公司海面交货点，可停靠国际航线船舶，直接出口海面交货点生产的原油。中国海洋石油渤海公司是我国最早从事海上油气田开发、生产的国有大型工业企业。该企业成立于 1966 年 1 月 7 日，是中国海洋石油总公司下属历史最长、规模最大的地区公司。该公司主要负责渤海海域石油天然气资源的勘探、开发、生产、运输与产品销售，并提供基地设施、工程技术和劳务服务。从 1980 年开始实行对外合作以来，成功地坚持合作与自营方针，建立了具有渤海特色的现代油气田的开发和生产作业。

渤中水运（海上石油交货点）口岸于 1988 年经国务院批准开放，可停靠国际航线船舶。天津渤中原油海面交货点的原油出口检查工作由天津港各查验部门负责。

2003 年渤海海面油田交货点出口石油累计 105.2 万吨。② 2005 年海面油田交货点出口原油 206.3 万吨，同比增长 145.5%。③ 2006 年渤海海面油田交货点出口原油 231.2 万吨，同比增长 12.1%。④（其他年份的资料由于中国海洋石油渤海公司海面交货点因业务变动，现无法查找相关数据。⑤）

（二）京津冀水运口岸的业务发展状况

京津冀的水运口岸是中国中部、西北、东北地区货物的重要出海口，因此，港口吞吐量与我们国家经济的发展有着密切的关系。

1. 京津冀水运口岸外贸吞吐量

2005 年，天津港、秦皇岛港、唐山港、黄骅港外贸货物吞吐量分别为 1.23 亿、0.48 亿、0.18 亿和 0.07 亿吨。多年来受国家和天津市政府在政策上的大力支持，天津港综合实力较秦皇岛港、唐山港、黄骅港强，外贸吞吐量也逐年稳定增长，即使是 2008 年爆发金融危机的情况下，外贸吞吐量依然有所增长。唐山港因曹妃甸港区于 2009 年 1 月 23 日经国务院批准实现正式对外开放，所以唐山港 2009 年的外贸吞吐量较 2008 年增长了近一倍。2010—2014 年，各港口外贸吞吐量持续稳定增长。其中天津港和唐山港并驾齐驱，两个港口的吞吐量总和占京津冀港口外贸吞吐量的 90%以上。与此同时，唐山港所占的比例也在逐年增加。在 2014 年河北省水运口岸外贸吞吐量完成 2.9 亿吨，同比增长 18.85%，占河北省水运口岸总吞吐量的 30.43%。其中秦皇岛水运口岸完成 0.15 亿吨，同比增长 7.14%；唐山水运口岸完成 2.6 亿吨，同比增长 20.37%；黄骅港水运口岸完成 0.15 亿吨，同比增长 7.14%。天津港外贸货物吞吐量完成 2.95 亿吨，同比增长 10.3%。其中进口 1.98 亿吨，同比增长 5.8%；出口 0.97

① 中国口岸协会．中国口岸年鉴（2001）[M]．北京：中国海关出版社，2001：158.
② 中国口岸协会．中国口岸年鉴（2004）[M]．北京：中国海关出版社，2004：40.
③ 中国口岸协会．中国口岸年鉴（2006）[M]．北京：中国海关出版社，2006：47.
④ 中国口岸协会．中国口岸年鉴（2007）[M]．北京：中国海关出版社，2007：76.
⑤ 中国口岸协会．中国口岸年鉴（2015）[M]．北京：中国海关出版社，2015：76.

亿吨，同比增长20.8%。2015年天津港由于受爆炸事件影响，外贸吞吐量有所降低，而唐山港的外贸吞吐量持续增长，2015年达到2.75亿吨，也首次超过天津港。如表2-11所示。

表2-11　2005—2015年京津冀水运口岸外贸吞吐量　单位：亿吨

年份	天津海港	秦皇岛港	唐山港	黄骅港
2005	1.23	0.48	0.18	0.07
2006	1.40	0.40	0.31	0.11
2007	1.68	0.36	0.40	0.14
2008	1.82	0.28	0.54	0.16
2009	1.96	0.22	1.02	0.06
2010	2.07	0.17	1.09	0.05
2011	2.23	0.12	1.43	0.08
2012	2.43	0.13	1.90	0.09
2013	2.67	0.14	2.16	0.14
2014	2.95	0.15	2.60	0.15
2015	2.42	0.14	2.75	0.22

数据来源：王侃．环渤海港口群成长纪实（一）[J]．港口经济，2015：54；中国口岸协会．中国口岸年鉴（2006—2010）[M]．北京：中国海关出版社；王侃．环渤海港口群成长纪实（四）[J]．港口经济，2015：51；2015年资料来源：河北省人民政府口岸办公室．2015年全国海运口岸运行情况统计表[Z]．2016-05-02。

2. 京津冀水运口岸集装箱运输发展状况

外贸实力的强弱是一个国际性大港的重要衡量指标，在外贸货物运输中，天津港具有较强的综合优势，且在整个津冀沿海港口中占主导地位。集装箱运输是外贸运输的主要载体，它对港口后方陆路运输成本的敏感性相对较弱，对大城市依托、综合配套服务、口岸效率、贸易条件、班轮航线、港口品牌效应等方面的要求更高。北京市和天津市是天津港最为重要的经济腹地，因此增加了天津港在这方面的竞争力。2010年天津港集装箱吞吐量为1008.6万标准箱，其中国际航线为549.4万标准箱，占比54.5%。① 到了2014年，天津港集装箱吞吐量完成1406万标准箱，占津冀沿海港口的比重为88%，其中，国际航线集装箱吞吐量占比高达99%。2005—2014年，津冀港口集装箱吞吐量净增1096万标准箱，其中天津港占比为85%。国际航线集装箱吞吐量净增389万标准箱，其中天津港占比为98%。② 2014年河北省水运口岸完成集装箱吞吐量183.70万标准箱，同比增长36.48%。其中秦皇岛水运口岸完成41.40万标准箱，同比增长6.70%；唐山水运口岸完成110.90万标准箱，同比增长52.34%；黄骅水运

① 梁楠楠．环渤海港口企业物流联盟[D]．北京：北京化工大学，2013.

② 刘长俭．共谋津冀港口发展新未来[J]．中国港口，2015（8）：13.

口岸完成 31.40 万标准箱，同比增长 171.91%。其中，秦皇岛水运口岸完成 41.40 万标准箱，也就是说，秦皇岛的集装箱运输在 2014 年全部为外贸货物，同比增长 200%。唐山港 1.67 万标准箱，同比减少 22.16%，黄骅港水运无外贸集装箱。①

3. 京津冀水运口岸贸易额与出入境船舶情况

2005 年，天津港的全年口岸进出口额为 364.47 亿美元，增长 26.76%；河北省水运口岸进出口额为 57.94 亿美元，增长 38.29%。2009 年天津港全年口岸进出口额为 545.87 亿美元，河北省水运口岸进出口额为 130.41 亿美元，到 2014 年，天津港全年进出口额增长到 938.75 亿美元，河北省口岸全年进出口额增长到 409.05 亿美元。5 年间，天津水运口岸和河北水运口岸的贸易额分别增长了 393 亿美元和 278 亿美元，增长比例分别为 72%和 213.7%。可见，河北省水运口岸进出口的贸易额虽然较少，但近几年的增速却非常快，加之河北省在硬件和自然资源上巨大的发展潜力，未来必定会取得很好的成绩。具体数据如表 2-12 所示。

表 2-12　　2009—2014 年河北省与天津市水运口岸国际贸易额

年份	河北省水运口岸		天津水运口岸	
	总计/亿美元	比上年增长/%	总计/亿美元	比上年增长/%
2009	130.14	−8.94	545.87	−9.1
2010	217.03	66.20	733.29	34.30
2011	347.18	59.27	874.87	19.25
2012	366.95	5.69	891.42	1.90
2013	383.16	4.42	917.48	2.90
2014	409.05	6.76	938.75	2.30

数据来源：中国口岸协会．中国口岸年鉴（2010—2015 年）[M]．北京：中国海关出版社；2015 年的数据为调研所得。

在出入境船舶方面，同样是天津港的总量较多，在 2015 年，天津水运口岸出入境船舶数和河北省水运口岸出入境船舶数分别为 11073 艘次和 7075 艘次，如表 2-13 所示。从中可以看出，2009—2015 年河北省的水运口岸出入境船舶数量增幅明显。

表 2-13　　2009—2015 年京津冀水运口岸出入境船舶数量

年份	河北省水运口岸		天津海港水运口岸	
	艘次	比上年增长/%	艘次	比上年增长/%
2009	4787	—	9931	—

① 中国口岸协会．中国口岸年鉴（2015）[M]．北京：中国海关出版社，2015：85.

续 表

年份	河北省水运口岸		天津海港水运口岸	
	艘次	比上年增长/%	艘次	比上年增长/%
2010	4933	3.05	10160	2.31
2011	5693	15.41	10557	3.91
2012	6133	7.73	10807	2.37
2013	6681	8.94	10812	0.05
2014	6874	2.89	11000	1.74
2015	7075	2.92	11073	0.66

数据来源：中国口岸协会．中国口岸年鉴（2010—2015 年）［M］．北京：中国海关出版社，2015；河北省人民政府口岸办公室．2015 年全国海运口岸运行情况统计表［Z］．2016－05－02。

三、京津冀陆运口岸建设状况

京冀的陆运口岸包括北京西站、平谷国际陆港、丰台货运口岸和朝阳口岸、通州（马驹桥）口岸、石家庄内陆港陆运口岸、邢台内陆港陆运口岸和保定内陆港陆运口岸。北京西站铁路口岸因基础设施陈旧和办公用地受到局限而进行大规模修缮；平谷国际陆港从运营开始，就直接面向国际市场，已成为进口肉类指定口岸和国家进口冷冻水产品指定口岸；丰台货运口岸因交通枢纽的改造，导致其近几年的业务发展严重滞后，造成了大量的客户流失，铁路专线恢复后，口岸业务量有大幅的上升；朝阳口岸因业务量的发展且地处北京交通枢纽导致巨大的交通压力而拟外迁至通州马驹桥；通州（马驹桥）口岸尚在建设过程中，由于朝阳口岸的搬迁和口岸经济区的后期建设，其总建筑面积也一再调整。石家庄内陆港陆运口岸、邢台内陆港陆运口岸和保定内陆港陆运口岸实际上属于物流园区，只是其具备口岸功能，因此，将河北省这三个内陆港中的口岸功能部分视同内陆口岸。

（一）陆运口岸的发展概述

1. 北京陆运口岸

北京陆运口岸包括北京西站铁路口岸、平谷国际陆港 2 个国家口岸和丰台货运口岸、朝阳口岸 2 个口岸功能区，以及因朝阳口岸拟搬迁至通州马驹桥，所以北京的陆运口岸发展中还应包括通州（马驹桥）口岸。

（1）北京西站铁路口岸。

①概况。

北京西站铁路口岸位于北京市丰台区西三环莲花桥以东的莲花池东路，南邻莲花池公园，北接中华世纪坛，地处北京西部的交通枢纽位置，隶属北京铁路局管辖，现为特等站。主要办理旅客乘降，行李、包裹托运，不办理货运营业。北京西站铁路口岸是国家一类口岸，也是北京唯一的铁路客运口岸。

②历史沿革。

1989 年，经过国务院的批准，由北京市政府和铁道部共同出资建设北京西站工程，是中国第八个五年计划中的一个重点工程。1991 年 3 月，国务院正式批准了北京西站的设计任务书，继而开始动工，于 1993 年开通使用，1994 年完成收尾工作。2003 年 10 月，为落实《内地与香港关于建立更紧密经贸关系的安排（CEPA）》，经国务院批准，北京西站铁路口岸临时开放。2009 年 11 月，国务院正式批复同意北京西站铁路口岸正式对外开放。目前，北京西站铁路口岸运行的京港直通车次为北京西往返九龙 T97/98 次，隔日到发各一对，全程运行近 24 小时。列车运营方为广州铁路集团广九客运段。

③基础设施。

北京西站铁路口岸设联检机构北京西站海关、出入境检验检疫局、出入境边防检查站。口岸联检大厅位于北京西站进站口西侧，建筑面积 2600 平方米。联检机构在口岸联检大厅设有查验岗台，为开往中国香港的京港直通列车及旅客办理出入境联检手续。

④周围配套交通建设。

北京西站是一个集火车站、地铁站、公共交通、邮电枢纽、商业服务、金融为一体的现代化特大型综合性立体交通枢纽、多功能综合中心。北京西站的北广场和南广场均有公交枢纽，大量公交车从此始发；地下也建设有出租车站；地铁站已于 2011 年年底投入使用，是 7 号线和 9 号线的换乘站。

⑤道路交通。

北京西站是中国两大铁路干线——京广线（经由京广铁路西长联络线连接）及京九线和一条高速铁路干线——京广高速铁路的客运列车始发站，从北京到中国的中南、华南、西南与西北等地区的旅客列车大多数都从北京西站始发的。北京西站与北京站的北京地下直径线已于 2015 年 3 月 20 日建成并通车。

（2）平谷国际陆港。

①概况。

平谷国际陆港地处北京平谷马坊物流基地。该物流基地是北京市“十一五”发展规划确定的具有口岸功能的综合性保税物流基地。2007 年 9 月 7 日，平谷区政府与中国房地产集团就马坊物流基地商务综合配套项目举行了签订仪式，标志着马坊物流园区开发建设取得重大进展。2008 年 3 月，北京海关批复同意设立平谷区马坊物流园区通关监管点，办理进出口货物海关监管手续，标志着马坊物流园区具有了直接面向国际市场的口岸功能，成为二类陆运口岸。

2014 年 9 月 16 日，国家质检总局审核验收组对平谷国际陆港申报进口肉类指定口岸工作进行了考核验收。2014 年 11 月 3 日，国家质检总局同意将北京平谷国际陆港列为进口肉类指定查验场，在北京平谷国际陆港获得对外开放口岸的相关资质后，直接列为进口肉类指定口岸。到 2015 年 1 月，平谷国际陆港又获批成为国家进口冷冻水产品指定口岸。

②历史沿革。

2008 年，北京市政府决心开辟北京地区第二条海运货物进出口通道，在平谷马坊打造一个现代化的国际内陆口岸，彻底改变北京地区报关货物争过“独木桥”的状况。北京平谷国际陆港规划占地 1000 亩，一期占地 570 亩，总投资 2 亿元。仅用一年时间，2009 年，1.8 万平方米现代化的北京海关国检联检大楼就在平谷马坊落成。与此同时，马坊物流基地保税仓库、货物监管堆场和围网等监管设施已全部到位并投入使用。

③基础设施。

北京平谷国际陆港口岸功能区总用地约 2.92 万平方米（438 亩），已完成口岸功能区与联检大楼、物流总部区、御马坊国际物流中心区、电子商务产业区的建设。目前口岸功能区已经按照海关、检验检疫的要求，完成了查验楼、仓库、堆场、H986、检疫无害化熏蒸处理中心、卡口等建设工程并已投入使用。保税物流中心（B 型）位于口岸功能区内，总占地 220 亩，现已获北京市政府批复，下一步向海关总署申报；2 万平方米联检大楼、2000 平方米查验楼、1.8 万平方米监管仓库和查验平台、5.1 万平方米的监管堆场已建成并投入运营，海关、检验检疫、船代、货代、银行已实现联合办公，为企业提供一站式服务。

北京平谷国际陆港一期物流设备基本完成，能满足海关、检验检疫等部门的监管需要。现阶段陆港一期 1.8 万吨全自动立体冷库已投入试运营。截至 2014 年 12 月，平谷国际陆港还有 14.4 万吨全自动立体冷库、5.2 万平方米展示交易中心、9 万平方米标准化仓库、5 万平方米办公设施、10 万平方米标准化仓库正在建设。

④周围配套交通建设。

北京平谷马坊物流基地占地 3 平方千米，是北京市“十一五”规划确定的具有口岸功能的综合性保税物流基地，也是北京市四大物流基地之一。该基地地处京津冀交界处，距天津新港 130 千米，距首都机场 35 千米，毗邻京平—津蓟高速公路，密三路纵贯南北，与马坊地方铁路货运站相邻，地理位置与交通条件十分优越，是北京东部发展带的重要物流节点和京津发展走廊上的重要通道。①

⑤道路交通。

平谷国际陆港以马坊铁路货运站、京平高速路为抓手，以天津港和首都国际机场为依托，与津蓟、京沈、津唐、京哈、津京、机场高速、京承高速等多条高速公路无缝相连，拥有独特的海、陆、空、铁多式联运的区位交通优势。②

（3）丰台货运口岸。

①概况。

北京丰台货运口岸位于北京丰台区卢沟桥路，北京外运陆运公司院内。北京丰台

---

① 于雷鸣．北京平谷国际陆港正式启用［J］．投资北京，2010（5）：71-72.

② 北京平谷国际陆港［J］．投资北京，2015（6）：87.

货运口岸是经北京市人民政府批准于1994年5月12日正式对外开放的内陆铁路货运口岸，为二类口岸。2010年6月10日，由于北京铁路交通枢纽丰台站的改造施工，北京丰台货运口岸铁路专用线货物运输业务全部暂停，在改造施工两年期间，对依托铁路进出口货物的运输造成了很大影响，从而导致货主改选其他口岸通关，丰台口岸货源流失严重。后经多方努力，停运3年的丰台货运口岸铁路专用线于2013年7月10日正式恢复走货。2015年，又成功恢复了停运4年的丰台货运口岸铁路专用线集装箱运输业务，实现了集装箱货物口岸内办理到发作业。①

②基础设施。

北京丰台货运口岸总占地面积36.6万平方米（549亩），口岸内硬件基础设施完备，建有4.5千米铁路专用线，拥有包括海关监管库在内的平库房29栋、楼库2栋，集装箱堆场面积2万平方米，铁路站台2座，面积1万多平方米，站台罩棚8400平方米，站台货位60个。同时拥有齐全的运输吊装设备，先进的安全监控、调湿调温、消防设备等，并设有专业消防队。先进的通信手段，可以以DDD（国内直拨长途）、IDD（国际直拨长途）方式进行国内国际各项业务联络。口岸内驻有口岸综合管理、海关、检验检疫和中国银行、报关行等行政、执法、服务机构，具备比较完善的口岸运营、查验、服务功能。

③道路交通。

丰台货运口岸地处京城西南丰台区内，东距广安门9千米，西离卢沟桥2千米，南傍京广铁路线，北邻京石高速公路，与全国最大的北京西客站距离5千米，且与全国七大零担中转货场之一的丰台火车站联通。依托便捷的国家铁路网，南运货物可经广州、深圳、珠海到达中国香港和中国澳门，北运货物可经满洲里、绥芬河、二连和阿拉山口等口岸出境。

（4）北京朝阳口岸。

①概况。

朝阳口岸位于北京东南东四环路与京津塘高速公路交会处。朝阳口岸主要承担北京市海运集装箱货物进出口通关查验及相关业务，是海关和国家质检总局批准的北京地区海运进出口货物监管通道，同时也是交通运输部批准的海运集装箱中转站，定位为天津至北京直通的二级陆运口岸，也是唯一承担北京市海运集装箱货物进出口的口岸。

②历史沿革。

朝阳口岸的前身是北京国际货物流通中心，1987年9月经北京市计委立项审批，1992年6月开工建设，1994年11月北京市人民政府以京政发〔1994〕63号文形式发出《关于建立朝阳口岸的通知》，正式批复成立朝阳口岸，专门服务于北京地区企业的海运进出口贸易。2009年，在海关总署领导下，北京海关及时推出了扩大内需促进首

---

① 北京电子口岸．北京口岸基本情况［EB/OL］．［2016-04-19］．http：//www.bjeport.gov.cn/kajj.html.

都经济增长的十项措施，国家质检总局也高度重视金融危机的应对工作，为进一步改善通关环境、减轻企业负担，以及保持北京市开放型经济平稳较快发展，2009 年 9 月，北京市政府专题会议同意朝阳口岸外移至马驹桥物流基地。

2010 年，按照北京市市委市政府将朝阳口岸平移至通州马驹桥物流基地的决策，一方面要求朝阳口岸各单位认真履行职责，确保口岸正常运营；另一方面积极协调京泰集团和通州区政府达成征地拆迁协议，加快马驹桥口岸建设步伐，推动朝阳口岸平移工作取得实质进展。2011 年 7 月 13 日，北京北建通成国际物流有限公司成立，在北京通州区马驹桥物流基地建设经营现代化陆路口岸，推动了朝阳口岸外移至通州马驹桥，整合物流资源，改善城市交通，促进北京经济技术开发区以及北京东南部的外向型经济快速发展。

③基础设施。

朝阳口岸已建成进口区、出口区、动力区、保税仓库区和管理区的海关大楼、综合业务楼。截至 2015 年年底，朝阳口岸占地 782000 平方米（1173 亩），进出口监管仓库 16936 平方米，公共保税库 3060 平方米，冷藏库 960 平方米，监管装卸平台 3600 平方米，集装箱堆场 32000 平方米，设有海关 H986 集装箱检测系统、检验检疫隔离区及熏蒸处理系统、海关电子闸口及朝阳口岸物流通关服务电子信息平台等，[①] 具备了口岸功能、物流仓储功能、管理信息应用功能、生产生活服务等功能。

④道路交通。

朝阳口岸位于北京东南东四环路与京津塘高速公路交会处，毗邻北京经济技术开发区，通过京津塘高速公路与天津港相连。

（5）通州（马驹桥）口岸。

①概况。

通州（马驹桥）口岸项目位于北京通州马驹桥物流基地内，建设面积约 60 万平方米，总投资约 40 亿元，建成后将是北方地区最大的内陆港和口岸经济。通州马驹桥将以口岸贸易为依托，提供一体化的国际货物通道，设立了口岸管理、海关监管、进出口报关、国际国内货运代理等设施，主要吸引有实力的船代、货代、国际物流公司，以及具有口岸经营资质的运营商入驻。未来的通州（马驹桥）口岸，在规划设计、设施建设、服务管理、通关速度等方面达到先进水平，建设成为国内一流的无水港口岸，将在东南六环形成区域辐射能力更强的海运进出口通道。

②历史沿革。

2004 年 7 月 21 日，就马驹桥物流基地增加口岸功能的问题，北京市发展与改革委员会进行了激烈的讨论，会后也对各项工作进行了落实，并于 2004 年 8 月 17 日北京市发改委以京发改文（〔2004〕1677 号）向北京市政府提出“关于通州物流基地口岸设施建设有关问题的意见”。2011 年，通州（马驹桥）口岸的运营主体合资成立，多方进行投资，口岸开始进行基础设施的建设。随着规划的不断调整和论证，2015 年 9 月 30

---

① 中国口岸协会．中国口岸年鉴（2015）[M]．北京：中国海关出版社，2015：60.

日，通州马驹桥口岸两块物流用地正式对外公布挂牌。

③道路交通。

通州（马驹桥）口岸地理位置有足够的便利性，位于京津唐高速公路与北京市六环路交会处，并与京沈、京哈、京开、京石等11条高速公路相连。距离北京市四环12千米、首都机场36千米、二机场32千米、六环入口1.3千米、京沪高速3.2千米、京津高速4.8千米。

2. 石家庄陆运口岸

（1）概况。

石家庄市地处华北平原，东有天津港、黄骅港，东南有青岛港，是全国25个物流枢纽中心城市之一，也是“环京津”和“环渤海”经济圈的重要节点。① 石家庄陆运口岸（以下称“石家庄内陆港”）位于石家庄国际物流园区内，距离石家庄市中心15千米，地处交通枢纽地带，京广铁路和石太、石德铁路交会于此。石家庄内陆港地处交通枢纽地带，现已具有国家二类口岸功能，充分实现了集公路、铁海、陆海、空运为一体的多式联运。② 石家庄内陆港目前提供的服务主要包括：货物整合、存储、分发，货运代理，出口报关，联运转移（铁路—公路），保税仓库。③

（2）历史沿革。

1994年5月31日，河北省石家庄陆运口岸揭牌，河北省第一条直接进出境陆运通道正式开通运营。④ 2004年，河北省口岸办大力推进石家庄国际集装箱多式联运中转站口岸查验设施的建设，使其基本达到口岸功能。2004年12月4日，石家庄国际集装箱中转站更名为石家庄内陆港，纳入石家庄陆运口岸管理范围。2004年12月4日，河北省人民政府批准石家庄内陆港建设工程开始启动，初步形成石家庄口岸“一港两库”的陆运口岸格局，为打造石家庄陆运口岸新格局迈出了重要的一步。⑤ 2005年3月9日，石家庄内陆港举行揭牌仪式。石家庄内陆港成为集港口功能、国际集装箱多式联运、中转及第三方物流功能于一体的陆运口岸，实现了沿海港口和边境口岸功能向内陆地区的延伸。⑥ 经过两年时间的准备，石家庄内陆港于2007年4月6日正式开港试运营。⑦

（3）基础设施。

石家庄内陆港工程占地面积为224001平方米（336亩），前两期占地208亩，其中一期工程是堆场道路、保税监管库，占地面积分别是30892平方米、5513.6平方米，再加办公楼和变电站等建筑1814.2平方米；二期工程中，堆场道路占地23094平方

① 中国口岸协会．中国口岸年鉴（2015）[M]．北京：中国海关出版社，2015：95.
② 梁千．石家庄内陆港功能定位及发展对策研究［J］．经济视角（下），2013（11）：8-9.
③ 孙雯静．浅谈中国内陆港发展——以石家庄内陆港为例［J］．中国储运，2014（1）：116-117.
④ 河北对外开放又一盛事石家庄陆运口岸开通［J］．乡音，1994（3）：20.
⑤ 中国口岸协会．中国口岸年鉴（2005）[M]．北京：中国海关出版社，2005：88.
⑥ 中国口岸协会．中国口岸年鉴（2006）[M]．北京：中国海关出版社，2006：79.
⑦ 中国口岸协会．中国口岸年鉴（2008）[M]．北京：中国海关出版社，2008：47.

米，集装箱拆装箱库 4753 平方米，联检办公大楼 9585 平方米，其他辅助工程建筑面积 71024.8 平方米。“十一五”规划要求，石家庄内陆港三期工程主要集中在铁路港站（专用线）、站台、堆场、物流分拨库、电子信息系统，增添机械吊装设备，并建设办公用房等辅助配套设施。① 截至 2014 年年底，三期工程已投入使用，石家庄内陆港已基本具备港口口岸功能、现代物流功能、多式联运功能、管理信息系统应用功能和生产生活服务功能，通过联检大楼一站式服务，开展报关、报检、通关、查验、仓储、堆存、订舱、配货、运输等业务。

（4）道路交通。

石家庄陆运口岸位于石家庄经济技术开发区，区位优势明显，北临石德线、307 国道和石黄高速，西临京珠高速和石环线，南临青银高速，距离石家庄机场 29 千米，毗邻石太和黄石两条高速公路和 307 国道，是天津港的一个卫星港，是基于海港建立的内陆港。

3. 邢台内陆港陆运口岸

（1）概况。

邢台内陆港即邢台内陆港有限公司成立于 2010 年 10 月 12 日，是由河北好望角物流发展有限公司投资建设和统一管理，位居邢台市经济开发区港口大街，注册资本 3000 万元，是中原经济协作区 13 市第一家、河北省第二家正式运营的内陆无水港，国家规划的口岸服务型物流园区。邢台内陆港具有为周边广大内陆地区进出口企业提供口岸服务、船货代理、仓储运输、物流服务等港口功能。主要业务包括：报关报检、货物保险、船货代理、多式联运、仓储配送、国际贸易、国际中转、保税监管、物流金融、商品展示、信息服务、餐饮商住等。

（2）基础设施。

邢台内陆港项目位于京珠高速公路西侧、二干河大街南侧、东环路东侧、好望角物流园区北侧。邢台内陆港（一期）占地 126 亩，建筑面积 23288 平方米，现已完成投资 1.2 亿元，建有联检办公大楼、海关保税监管仓库、集装箱堆场等。有专业的集装箱运输车辆以及专业化的集装箱装卸机、各种叉车、大型吊装机械。邢台内陆港将是邢台地区唯一一家内陆无水港口。

邢台内陆港陆运口岸 2012 年 12 月 25 日开港运营，结束了邢台市及晋冀鲁豫结合部内陆地区封闭发展的历史。2013 年 4 月 26 日，邢台内陆港实现区域通关。

4. 保定内陆港陆运口岸

（1）概况。

保定内陆港即保定陆港投资有限公司，位于保定国家级高新区，将打造成超大型的综合物流园区，建设成以天津港为母港的环京津第一内陆港，发展成天津港的内陆产业物流支撑区。

① 孙家庆．集装箱内陆港理论与实务［M］．北京：中国物资出版社，2011：59.

（2）基础设施。

保定内陆港口岸项目总占地800亩，总投资4亿元，一期已建成2万平方米的海关、商检、陆港综合办公大楼，内设海关、商检业务办公室以及报关报检大厅，同时建有与之配套的特别监管区和公用型保税仓库。已经具备了无水港运营所需的配套设施，将为保定及环保定周边区域的进出口企业的进出口货物提供全链条的“门到门”物流服务。

保定内陆港陆运口岸2014年开始试运营。

（二）陆运口岸发展状况分析

1. 业务发展情况分析

（1）北京与石家庄陆运口岸整体发展情况分析。

北京的陆运口岸主要包括北京西站铁路口岸的一类客运口岸，朝阳口岸、丰台货运口岸、平谷国际陆港为二类货运口岸，通州（马驹桥）口岸还处于在建过程中。

北京西站铁路口岸作为北京唯一的一类客运口岸，主要是对港澳的进出境人员进行通关检查。在整个“十二五”期间，北京西站的出入境人次出现逐年下降的趋势，2015年下降到6.7万人次。

朝阳口岸2005—2014年业务量起伏比较大，但整体上呈现增长的趋势。2014年海关监管集装箱的标准箱逐年有一定比率的下降，但是海关货物监管增长幅度稍大一点，所以海关总税收相较于2013年还增长了7.2%。

丰台货运口岸因交通枢纽的改造，使其2010—2013年的业务发展发生了很严重的滞后，造成了大量的客户流失，2014年，丰台货运口岸海关监管进出口货物达17336吨，逐步接近铁路专线关闭前的业务量。

平谷国际陆港从2010年开始运行，凭借其天然的地理优势，通关模式和两地海关给予的便捷的服务措施，促使进出口集装箱吐吞量稳步上升，进出口货物涉及食品、红酒、化妆品、汽车配件及机电设备等。自2011年平谷国际陆港正式启动运行以来，海关监管集装箱量年均增长59.7%，海关监管货物年均增长43.2%。

从北京市陆运口岸—货运口岸的海关监管货物来看北京二类口岸“十二五”期间前四年外贸发展情况，如表2-14所示。2011—2014年，北京海关货物监管量是保持持续上涨的趋势的，其中很大一部分原因来自于丰台口岸恢复了铁路专线和平谷国际陆港的口岸功能一步步落实和完善。

表2-14　　2011—2014年北京市陆运口岸—货运口岸的海关监管货物

年份	海关监管货物/吨			
	朝阳口岸	丰台口岸	平谷国际陆港	总量
2011	990825	5922	67668	1064415
2012	867860	9263	152821	1029944

续 表

年份	海关监管货物/吨			
	朝阳口岸	丰台口岸	平谷国际陆港	总量
2013	900766	17642	198261	1116669
2014	1193909	17336	198586	1409831

石家庄陆运口岸在外贸进出口方面，整体增长率逐渐递减。2014 年，石家庄陆运口岸完成货运量 135 万吨，较 2010 年年均增长 12.40%，但是外贸货运量是 57.2 万吨，较 2010 年年均递减 1.60%。①

（2）京冀两地各陆运口岸发展情况分析。

①北京西站铁路口岸业务量。

北京西站铁路口岸的业务是针对人员的出入境人次，2009 年北京西站铁路口岸正式开放。2009—2015 年北京西站铁路口岸的出入境人次与增长率，如表 2-15 所示。

表 2-15　　2009—2015 年北京西站铁路口岸的出入境人次与增长率

年份	2009	2010	2011	2012	2013	2014	2015
进出境人员/万次	9.0	11.5	13.2	11.7	9.9	9.2	6.7
增长率/%	−0.2	27.5	15.9	−12.2	−15.3	−6.8	−27.7

数据来源：北京人民政府口岸办公室．北京口岸人员（货物）进出境人员统计数据（2009—2015 年）[EB/OL]．[2016-04-15]．http：//www.bjkab.gov.cn/docc/list.asp? sortid=63.

②北京朝阳口岸业务量。

朝阳口岸和平谷国际陆港是北京一南一北的两个海运货物口岸监管点，分别通过毗邻的高速公路连接天津港和环渤海地区其他港口，采用陆海联运方式为海运进出口贸易提供服务。随着京津口岸合作不断深化，近年来，北京海运进出口货物通关模式不断优化，通关效率进一步提高，为区域开放型经济发展提供了重要支撑。随着北京朝阳口岸进出口货量大幅增长，为缓解口岸对周边交通带来的压力，将启动朝阳口岸外移至通州马驹桥。目前，通州（马驹桥）口岸建设已正式开工。朝阳口岸 2005—2014 年相关业务情况如表 2-16 所示，朝阳口岸业务量波动较大，“十二五”前 4 年，海关监管货量、海关监管集装箱量、海关征收关税及代征税年均增速分别为 8.1%、15.8%、5.3%。

① 中国口岸协会．中国口岸年鉴（2015）[M]．北京：中国海关出版社，2015：95.

表 2-16　　2005—2014 年朝阳口岸业务量

年份	项目					
	海关监管货物/吨	比上年增长/%	海关监管集装箱/标箱	比上年增长/%	关税及代征税/万元	比上年增长/%
2005	612800	—	85551	—	638800	—
2006	704600	14.98	93094	8.82	791300	23.87
2007	738500	4.81	84400	−9.30	811200	2.51
2008	723402	−2.04	52921	−37.32	774194	−4.56
2009	1839900	154.34	50454	−4.66	823200	6.33
2010	647500	−64.81	63559	25.97	1025449	24.57
2011	990825	13.2	55741	−12.3	1251048	22.0
2012	867860	−12.4	132922	138.5	1418290	13.4
2013	900766	3.8	120920	−9.0	1173486	−17.3
2014	1193909	32.5	114251	−5.5	1258514	7.2

注：2008 年数据通过 2007 年和 2009 年同比增长率计算所得；2010 年数据通过 2009 年和 2011 年同比增长率计算所得。

数据来源：中国口岸协会．中国口岸年鉴（2005—2007 年）［M］．北京：中国海关出版社；北京人民政府口岸办公室．北京口岸人员（货物）进出境人员统计数据（2009 年）［EB/OL］．［2016-04-19］．http：//www.bjkab.gov.cn/docc/list.asp? sortid=63.

③丰台货运口岸业务量。

20 世纪 90 年代初期，丰台货运口岸的通关业务量达到最大，此后因苏联解体，与中国香港进口贸易的萎缩，货量逐渐减少。2010 年，丰台货运口岸又因为交通枢纽的问题，需要关闭铁路专线，通过表 2-16 也可以看出，丰台货运口岸在铁路专线关闭的情况下，2011 年海关监管货物降到最低点，仅 5922 吨，同比下降 78.6%，主要原因是 2010 年 6 月，因丰台站的施工改造，丰台货运口岸铁路专用线（以下简称“丰台专用线”）暂停货物发到业务，丰台货运口岸利用铁路专用线便捷运输的优势丧失，通关货量大幅下降。2013 年，全年累计进出口货物 17642.0 吨，同比增长 90.5%，海关征收关税及代征税 5033.0 万元，同比增长 34%，海关监管货值 6571.0 万美元，同比增长 75.2%。2014 年，丰台货运口岸海关监管进出口货物达 17336 吨，逐步接近铁路专线关闭前的业务量。丰台货运口岸 2005—2014 年以来业务发展状况如表 2-17 所示。

表 2-17　　2005—2014 年丰台货运口岸业务量

年份	海关监管货物/吨	比上年增长/%	关税及代征税/万元	比上年增长/%
2005	26000	−34.3	4311	8.2

续 表

年份	海关监管货物/吨	比上年增长/%	关税及代征税/万元	比上年增长/%
2006	44800	72.3	4702	9.1
2007	79100	76.6	4342	−7.7
2008	75200	4.9	4487	3.3
2009	25700	−65.8	4680	4.3
2010	27700	7.8	6717	43.5
2011	5922	−78.6	3110	−53.7
2012	9263	56.4	3756	20.8
2013	17642	90.5	5033	34.0
2014	17336	−1.7	9699	92.7

注：2008 年数据通过 2007 年和 2009 年同比增长率计算所得；2010 年数据通过 2009 年和 2011 年同比增长率计算所得。

数据来源：中国口岸协会．中国口岸年鉴（2005—2007 年）[M]．北京：中国海关出版社；中国口岸协会．中国口岸年鉴（2009 年）[M]．北京：中国海关出版社．

④平谷国际陆港业务量。

平谷国际陆港天然的地理优势，通关模式和两地海关给予的便捷的服务措施促使进出口集装箱吞吐量稳步上升。2010 年 3 月 12 日，平谷国际陆港正式运行，2010 年 8 月 18 日，平谷国际陆港业务全面展开。2010 年，平谷国际陆港完成外贸集装箱货运量 1726 标准箱，进出口货值 4936.1 万美元。目前，北京平谷国际陆港已服务于北京市 14 个区县以及天津、河北、山西、内蒙古等地区，260 多家企业选择在此通关。进出口货物涉及食品、红酒、化妆品、汽车配件及机电设备等。自 2011 年平谷国际陆港正式启动运行以来，海关监管集装箱量年均增长 59.7%，海关监管货物年均增长 43.2%，2014 年分别达到 31142 标准箱、198586 吨（见表 2 - 18）。

表 2 - 18　　2011—2014 年平谷国际陆港业务量

年份	海关监管货物/吨	比上年增长/%	海关监管集装箱/标准箱	比上年增长/%	关税及代征税/万元	比上年增长/%
2011	67668	—	7649	—	77086	—
2012	152821	125.8	21260	177.9	170992	121.8
2013	198261	29.7	27316	28.5	202858	18.6
2014	198586	0.2	31142	14.0	211451	4.2

⑤石家庄、邢台、保定陆运口岸业务量。

2005 年，石家庄陆运口岸内陆港挂牌，主要是货物出入境。2007 年，石家庄陆运口岸正式运行，在内陆港受理报关单 386 票，监管集装箱 676 个，外贸货运总量 17276 吨；2008 年受理报关单 4125 票，监管集装箱 6993 个，货运量 7.8 万吨，进出口货值 3.3 亿美元。[①] 2009 年全年共受理进出口报关单 1 万余份，监管进出口货物 19 万余吨，监管集装箱 2 万余个。[②] 2011 年，石家庄内陆港完成集装箱吞吐量 2 万标准箱，同比增长 15%。[③] 2014 年，石家庄内陆港完成货运量 135 万吨，较 2010 年年均递增 12.40%，外贸货运量 57.2 万吨，较 2010 年年均递减 1.6%；邢台内陆港 2013 年开始运行，2014 年集装箱运量 1.3 万标准箱，外贸集装箱 1 万标准箱，同比分别增长 60% 和 50%；保定内陆港 2014 年试运行期间完成外贸集装箱 1962 标准箱[④]。

2. 设施规模分析

(1) 占地面积：由于陆运口岸的发展阶段不一样，口岸的占地面积也在不断地变化和调整。最少的是北京西站铁路口岸，因为其口岸功能主要是出入境人员的流动，少了很多功能区的占地面积，相对多的是办公场所的建设，“十二五”规划中，北京口岸建设的主要资金用在北京西站铁路口岸的办公基础设施上，包括口岸的改造装修施工；河北石家庄内陆港、平谷国际陆港以及丰台货运口岸的占地面积分别是 336 亩、438 亩和 549 亩，三者的占地面积在一定时间内满足了因口岸功能需要所具备的各种需求；朝阳口岸的占地面积是 1173 亩，朝阳口岸定位为天津至北京直通的二级陆运口岸，也是唯一承担北京市海运集装箱货物进出口的口岸，所以朝阳口岸的业务量相对来说更大，对占地面积的需求也更强烈，随着朝阳口岸的发展以及促进北京市东南部的外向型经济发展需要，朝阳口岸将外移至通州马驹桥，所以通州（马驹桥）口岸占地面积由 603 亩增加至 942 亩。

(2) 硬件设施：针对口岸功能的不同，石家庄陆运口岸在三期建设过程中都建立了集装箱堆场，也从侧面体现出石家庄内陆港向港口功能、国际集装箱多式联运、中转及第三方物流功能发展的一致性；北京西站铁路口岸除了最初建立的联检大厅、查验岗台，2014 年，完成了综合办公用房的施工改造，完成了工程预验收工作。随着“十二五”规划中对北京西站的进一步资金支持，北京西站的基础设施改造也在进一步完善；平谷国际陆港口岸功能区已经按照海关、检验检疫的要求，完成了查验楼、仓库、堆场等建设工程并已投入使用，随着获批为国家进口冷冻水产品指定口岸，平谷国际陆港还建设了全自动化立体冷库；北京丰台货运口岸除了拥有基本的堆场、站台，还拥有齐全的运输吊装设备，先进的安全监控、调湿调温、消防设备等，并设有专业消防队；朝阳口岸的占地面积较大部分用在堆场的建设和进出口监管仓库，另外还有冷藏库。

---

① 中华人民共和国石家庄海关．2008 年内陆港业务实现大跨越　2009 年再迎“开门红”［EB/OL］．（2009-02-06）［2016-04-30］．http：//www.customs.gov.cn/publish/portal171/tab63131/info252178.htm.

② 中华人民共和国石家庄海关．海关特色服务助石家庄内陆港进出口成倍增长［EB/OL］．（2010-02-04）［2016-04-30］．http：//www.customs.gov.cn/publish/portal171/tab63131/info251936.htm.

③ 中国口岸协会．中国口岸年鉴（2012）［M］．北京：中国海关出版社，2012：86.

④ 中国口岸协会．中国口岸年鉴（2015）［M］．北京：中国海关出版社，2015：95.

（3）软件设施：除了各陆运口岸具备基本电子信息系统之外，北京丰台陆运口岸还具有先进的通信手段，可以以 DDD、IDD 方式进行国内国际各项业务联络。另外，朝阳口岸还设有海关 H986 集装箱检测系统、检验检疫隔离区及熏蒸处理系统、海关电子闸口及朝阳口岸物流通关服务电子信息平台等。①

3. 合作模式分析

从投资主体来看，口岸经营模式分为：独立经营模式和合资经营模式。

独立经营模式存在的很大弊端是资金流不畅通。主要针对的是朝阳口岸和丰台口岸，由于这两个口岸建设和开放的时间较早，没有采取合作投资的模式，遗留了许多的问题，其中最明显的就是资金的问题。朝阳口岸在成立之初就遗留了很多体制上、股权上的问题，致使口岸运营主体未能完全按照市场化模式运营，成立以来一直处于亏损的状态，长期依靠大股东京泰集团的借款来维持口岸的正常运营。因其主要的营业收入为仓库费、物业租赁、通道费和报关费等，收入不稳定而且有下降的趋势，在一定程度上制约了口岸的发展。丰台口岸的经营主体是中国外运集团北京陆运公司，从投资主体来看，属于独立开发模式中的企业自建自营。资金问题导致基础设施的不完善，继而影响口岸提供的功能，从而制约口岸的服务扩展，结果就是业务量没有大的增长，对外贸的增长贡献就趋于饱和，严重影响了口岸的后续发展。

合资经营模式可以分为区域内合资和跨区域合资。平谷国际陆港的股东之一是天津港集团下的天津港陆海物流有限公司，属于跨区域合资。与天津港合作投资有利于协调平谷国际陆港和天津港的利益分配问题，避免了天津的地方保护主义问题。石家庄内陆港也是建立在天津港和石家庄互惠互利的基础之上的，石家庄位于环渤海经济圈之中，是环渤海经济的重要城市，具有有利的发展地理位置、较为宽松的对外开放的投资环境。而天津港作为重要的发展港口，经验丰富，管理技术与方法具有现代化的优势。两地合作建设内陆港，可以实现各自长处的发挥，一方面不仅有利于加速内陆城市石家庄经济的发展、打造城市品牌、实现港陆联动；另一方面还有利于扩大天津港口的发展空间，拓展港口业务范围。

另外，通州（马驹桥）口岸的投资主体中，没有天津港集团下的公司，只是北京的几个投资公司，这样的合作投资不利于与天津港的利益协调。投资主体没有涉及港口的企业，这是陆运口岸投资模式存在的一个问题。

北京西站铁路口岸建立之初就是站在政治的高度去看待口岸的开放的，由海关总署牵头，以 4 家名义共同向国务院报告，申请各联检单位的机构和编制，并请国家发改委就上述单位所需的各项设施拨付建设资金。

四、京津冀一体化通关发展状况

京津冀一体化通关即京津冀区域通关，即在区域范围内，以跨关区快速通关为基

① 中国口岸协会．中国口岸年鉴（2015）[M]．北京：中国海关出版社，2015：60.

础，以企业守法管理为核心，利用信息化手段，整合口岸和内地海关管理资源，倡导企业守法管理，简化海关手续，降低通关成本，提高通关效率，提升海关通关监管工作整体效能。

（一）京津冀一体化通关的背景

2013年5月，习近平总书记在天津调研时提出，要谱写新时期社会主义现代化的京津“双城记”。在此大背景下，2013年12月，海关总署召开了京津海关合作议题座谈会，明确提出“京津海关业务一体化”的改革思路和方向。在2014年全国海关关长会议上，于广洲署长明确指出，全面深化海关改革，要“以京津为突破口，推进全国海关一体化通关改革”。

2014年2月26日，习近平同志主持召开座谈会，就首都经济圈一体化发展提出要求，明确了京津冀协同发展的国家战略定位。海关作为国家进出境监督管理机关，必须服从和服务于这一重大战略，海关总署也随即将京津海关一体化通关改革的范围扩大到石家庄关区，推进京津冀一体化通关改革。

2014年7月1日，京津冀区域一体化通关改革率先在北京海关和天津海关启动；自9月22日起，石家庄关区也正式启用该方案，京津冀海关区域一体化通关全面实现。

（二）京津冀一体化通关方式

1. 主要框架

按照京津冀一体化通关方案的要求，其主要框架是：通过建设一个中心，搭建四个平台，实现京津冀海关区域通关的一体化作业。

一个中心，即区域通关中心，在现有体制不变的情况下，通过机制创新，将原先各自独立的通关管理体系，通过信息网络互联互通，形成区域联动的通关中心。

四个平台，即统一申报平台，在京津口岸通关的企业在获取仓单信息后，通过电子口岸，自主选择申报口岸向海关提交报关信息。统一风险防控平台，所有风险参数和布控，同时作用于两个海关。统一专业审单平台，京津海关开展跨关区审单作业，按照商品分工实施专业化审单，实现同一商品同一审单标准。统一现场作业平台，京津海关各业务现场根据审单的统一指令，实施接单、征税、查验和卡口核放。同时，在“一中心，四平台”框架下，京津冀海关在保税监管、打击走私、企业管理、企业稽查等相关业务领域，同步推进相关配套改革。

2. 具体做法

在京津冀口岸海关进出口的货物企业可以按照注册地或货物进出境地自主选择接单、征税现场，并据此确定申报口岸进行申报。海关审核单证后，直接下达放行指令；口岸海关收到指令后，自动对其实施放行。其间可以自行将货物运输到场，不需要再使用海关转关监管车辆。企业原来在三地间的运输及时间成本都大大降低。

为了便于企业通关，三地海关设立了一体化通关专用窗口，还成立了京津冀海关区域一体化通关应急协调中心，实现了进口直通（进口货物可以直接到达目的地实施查验）和出口直放（出口货物只要属地海关一次验放，口岸不再查验，直接装上运输工具），对进出口商品实行清单管理（将动植物、食品、化妆品等食品列入清单目录，清单内的商品须在口岸实施检验检疫），管理上执行合格假定的做法，即在风险分析和信用管理的基础上，认同产品合格，认同企业符合条件，从而把检验的重点聚焦到高风险产品上。改革后，不但首都国际机场、天津新港、曹妃甸港、京唐港、秦皇岛港等区域内重要物流枢纽的海关通关实现了无缝对接，三地海关特殊监管区域、保税监管场所之间也同步实施配套改革，不再按照转关运输办理，企业可以自行运输，实现保税货物自由流转。

(三) 京津冀一体化通关的进展

自 2014 年 7 月 1 日实施京津冀一体化通关改革以来，三地海关通力协作，推动京津冀海关区域一体化通关改革顺利启动实施并取得良好成效。

1. 加强了组织领导

成立专业工作组，发挥指导作用，三地海关根据《京津冀海关区域一体化通关改革方案》的有关内容，将区域一体化通关改革中需要协调处置的事项划分为风险管理、打私、综合业务、税收征管、审单、督审、监管、稽查企管、统计九项，在专项工作组的统一指导下推进一体化工作。

2. 建立了工作机制

天津海关协同北京海关、石家庄海关研究制定了《京津冀区域一体化通关应急中心运作机制》《京津冀区域一体化通关应急中心工作流程》等处置一体化通关业务应急工作的相关制度措施，确保一体化通关顺利运行。

3. 增强了执法统一性

通过一系列制度和机制的建立，统一三地海关的风险防控、执法标准和作业流程，实现了审单资源的优势集成和标准化作业，规范申报率由改革前的 97.1% 提高到 98%。

4. 京津冀一体化通关建设的进程

2014 年 7 月 1 日京津实现海关一体化通关，京津冀实现检验检疫一体化；9 月 22 日，京津冀实现海关一体化通关。津冀开展了船舶监管、海上搜救、污染物应急处理等方面的合作。截至 2014 年 12 月 31 日，京津冀三关共接受申报一体化报关单 232 万票，其中企业选择在天津海关申报 143 万票，占比 61.6%。区域一体化通关使天津企业通过首都机场进出口货物通关时间至少节省 8 小时，途中运费可降低 30%。北京企业通过天津海港口岸进出口货物通关时间缩短 3 个工作日，成本减少近三成。2014 年，京冀通过天津口岸进出口贸易完成 795.29 亿美元，同比增长 8.5%，高于天津口岸 2.1 个百分点。①

---

① 中国口岸协会. 中国口岸年鉴（2015）[M]. 北京：中国海关出版社，2015：72.

五、京津冀口岸一体化建设中存在的问题与建议

（一）京津冀口岸一体化建设中存在的问题

1. 空运口岸存在的问题

从国内来看，首都机场的发展已相对成熟，各项流程已相对优化，但与成为综合性国际枢纽的定位相比还存在一定距离；天津机场与石家庄机场口岸功能尚未充分发挥，与京津冀口岸一体化发展的要求相比，还存在诸多的问题。

（1）空运口岸之间缺乏有效协调和整体统筹。

首都机场口岸与其他机场口岸等未建立起完善的沟通协调机制。由于地域性的行政壁垒，各空运口岸各有自己的利益取向，各自为战。首都机场进出境旅客吞吐量已占其总运能的1/4强，天津机场却只有4.1%，石家庄机场还不足2%。虽然天津机场及石家庄机场的进出口货运量及进出境旅客吞吐量逐年增长，但与首都机场相比差距巨大，相当一部分运力闲置，原因之一是三地机场之间缺乏协调机制。如表2-19所示。

表2-19　　2015年京津冀机场口岸业务运能利用情况

机场口岸	出入境人数			进出口货运量		
	实际/万人次	设计/万人次	利用率/%	实际/万吨	设计/万吨	利用率/%
首都机场	2323.03	8200	28.33	176.71	100	176.71
天津机场	204.78	5000	4.10	12.57	100	12.57
石家庄机场	35.09	2000	1.75	0.62	25	2.48

数据来源：由表2-1、表2-4、表2-6整理得到。

（2）中转能力不足。

国际中转货物是带动京津冀空运口岸联动发展的纽带，首都机场的国际货物中转能力尚显不足，与国际航空枢纽的标准有很大差距，而天津机场与石家庄机场的货物中转中心的能力没有得到充分发挥。

（3）综合交通体系亟待完善。

京津冀是我国交通网络最密集的地区之一，但交通运输的结构、能力和效率还不能适应区域协同发展和打造世界城市群的要求。路网形态单中心，城际快速交通网相对滞后，铁路、航空客流中转和联程运输功能过于集中，交通枢纽定位和分工有待优化，各种运输方式之间换乘不便，信息服务一体化程度不高，便利化水平不高，区域综合交通运输网络亟待由以北京为核心的“单中心、放射状”向“多中心、网络状”转变。

（4）空运口岸各自功能定位尚未实现。

首都机场目前尚未形成综合性的交通枢纽；天津机场是国内首家实现客运区与货运区双区运营的机场，但天津机场的综合保障能力和运输业绩与首都机场相比差距很大，北方地区航空货运中心的地位尚不突出；石家庄机场定位于“中国航空大众化枢纽机场、华北地区航空货运及快件集散中心”，虽然低价航线已占1/3，但整体利用率低，其功能尚未得到充分发挥。

2. 水运口岸存在的问题

（1）腹地交叉严重。

津冀两地的“四港五区”地理位置相距很近，都坐落在渤海湾，经济腹地交叉重合。天津港历史悠久，是中国知名的综合性大港，多年来与“三北”地区多有合作，2012年天津口岸与西安口岸签署《合作框架协议》①，截至2015年，与天津港合作的国内无水港有大同无水港、鄂尔多斯无水港、北京朝阳陆港口岸、保定无水港、包头无水港、巴彦淖尔无水港、石家庄内陆港、唐山无水港、廊坊无水港、邢台无水港、呼和浩特无水港、太原无水港。② 此外还有张家口内陆港、银川无水港、西安无水港、衡水无水港、平谷国际陆港、惠农陆路口岸、侯马无水口岸、鹤壁无水口岸、二连浩特滨海国际陆港、都拉塔无水港、德州国际陆港。③ 唐山港的腹地范围也涵盖了中西部地区，其中有最重要的腹地唐山市和其他间接腹地如北京、天津、河北等华北地区，并辐射山西、内蒙古、陕西、甘肃、宁夏、新疆等广袤的西部地区。④ 秦皇岛港方面，2009年秦皇岛口岸与包头市签订了《关于推进地域资源共享扩大经济合作的框架协议》，⑤ 港口的煤炭运输绝大部分产自内蒙古、山西及陕西，这些煤炭通过大秦线运输至港口。⑥ 黄骅口岸的业务遍布中部、西部、东部。东部有神华天津煤炭码头公司、神华黄骅港务有限责任公司、国华电力分公司、朔黄铁路，中部有包神铁路分公司、神华鄂尔多斯煤制油分公司、神东煤炭集团公司、准格尔能源公司、神朔铁路分公司，西部有神华乌海能源公司、神华宁夏煤业集团公司。⑦ 此外，河北省口岸办与北京市发展改革委、口岸办、新机场办就起草的《冀京口岸合作框架协议》达成一致意见。⑧ 整体情况如表2-20所示。

---

① 崔金茹．天津、西安口岸签署合作框架协议［J］．港口科技，2012（8）：47.

② 天津市人民政府口岸服务办公室．天津口岸简介［EB/OL］．（2015-02-13）［2016-04-30］．http：//www.tjport.gov.cn/html/kouan/WSG13023/List/list_0.htm.

③ 天津市人民政府口岸服务办公室．天津口岸简［EB/OL］．（2015-02-13）［2016-04-30］．http：//www.tjport.gov.cn/html/kouan/WSG13023/List/list_0.htm.

④ 唐山港集团股份有限公司．集团概况［EB/OL］．［2016-04-30］．http：//www.jtport.com.cn/gaik.asp?id=311.

⑤ 中国口岸协会．中国口岸年鉴（2010）［M］．北京：中国海关出版社，2010：50.

⑥ 秦皇岛港股份有限公司．港口业务概览［EB/OL］．［2016-04-30］．http：//www.portqhd.com/s/bus_coal.php.

⑦ 神华集团．业务分部［EB/OL］．［2016-04-30］．http：//www.shenhuagroup.com.cn/cs/sh/PAGE1382682123549/ED.html.

⑧ 中国口岸协会．中国口岸年鉴（2014）［M］．北京：中国海关出版社，2014：83.

表 2-20　　京津冀水运口岸经济腹地构成情况

水运口岸	天津水运口岸	唐山水运口岸	黄骅水运口岸	秦皇岛水运口岸
经济腹地	北京、天津、河北、内蒙古、河南、山西、陕西、宁夏等地	北京、天津、河北、山西、陕西、甘肃、宁夏、新疆	北京、天津、河北、山西、陕西、内蒙古、宁夏、新疆	北京、河北、天津、内蒙古、山西、陕西

注：口岸经济腹地指的是口岸集散旅客、货物所及的范围。可以分为直接腹地和间接腹地。直接腹地指某一水运口岸独有的腹地，该区域内所需水运的货物都经由本港；间接腹地指两个或两个以上的港口共同拥有的腹地，即数个口岸吸引范围相互重叠的部分。由于各口岸竞争激烈，口岸直接腹地几乎不存在，因此，表中所列的腹地主要是指间接腹地。

(2) 各口岸的定位相似，缺乏有效的分工合作。

由于港口对于一个区域的经济发展可以起到巨大的带动作用，所以各沿海有条件的地区都试图提高本地区港口的竞争力，特别是在港口规划、建设、管理、运营等权力逐步下放到地方以后，各地建设港口的积极性被极大地调动起来。各地政府这样做也是有道理的，如 2014 年天津滨海新区的 GDP 占到了天津全市的 50%，可以看到一个有竞争力的港口对当地经济的带动作用是巨大的。这就导致了一些港口不再满足于原来支线港、喂给港的定位。实际上，早在 2008 年国务院批复的《曹妃甸循环经济示范区产业发展总体规划》中，就已对天津港、曹妃甸港之间的功能和定位进行了明确划分。其中，天津港的定位是：国际航运中心、我国北方最大的散货主干港、国际物流和资源配置的枢纽港；曹妃甸港的定位是：能源、矿石等大宗货物集疏港。① 然而包括曹妃甸港和天津港在内的津冀港口都在尽可能地发展港口的综合运输能力，不单单满足于单一货物品种的运输。如根据《河北省沿海地区总体规划（2010）》对秦皇岛港的定位是：在 10 年规划期内，优化港口布局，调整港口功能，加快实施“西港东迁”工程和山海关港区建设，逐步弱化煤炭运输功能，积极发展集装箱物流，将秦皇岛港打造成为区域性综合大港。② 根据《河北省沿海地区总体规划（2011）》，唐山提出“一核两翼”的港口布局，即以曹妃甸为核心，京唐、丰南为两翼，将唐山港打造成为国际性综合大港，服务内蒙古、三北地区新的欧亚通道。按照 2007 年 2 月河北省人民政府正式批准沧州市《黄骅港总体规划》，大力发展临港产业是黄骅港未来的一个发展重点，为临港产业配套的散货港区和综合港区，将推动黄骅港由单一煤炭输出港向综合港转变。③ 根据以上各地港口的定位可以很清楚地看到各港口职能分工不明确，各有利益取向，缺乏合理的协作，基本处于各自为战的状态。

---

① 魏丽华．津冀港口群一体化在京津冀协同发展中的定位、困境与路径选择［J］．中国流通经济，2016（4）：73-74.

② 王侃．环渤海港口群成长纪实（四）［J］．港口经济，2015（4）：53.

③ 王侃．环渤海港口群成长纪实（九）［J］．港口经济，2015（9）：53-56.

（3）管理体制落后。

河北省现行港口管理体制执行 2011 年 11 月 26 日通过的《河北省港口条例》（以下简称《条例》）。该《条例》规定河北省人民政府交通运输主管部门负责本行政区域内的港口管理工作，省港航管理机构具体实施全省的港口行政管理工作。港口所在地的市、县级人民政府设置的港口行政管理部门，具体实施对本级人民政府管理港口的行政管理工作。跨设区的市行政区域的港口，由省港口管理部门负责管理。发展和改革、财政、国土资源、海洋、住房和城乡建设、农业、水利、环境保护、公安和安全生产监督管理等有关部门以及海事、海关和检验检疫等有关机构按照各自的职责，负责港口的相关管理工作。依据《条例》规定河北省各港区分属不同的行政区域，隶属于不同的部门与企业，这种行政管理政策导致津冀地区各港口之间的激烈竞争，特别是曹妃甸港区和京唐港区，虽然同属唐山市，但由于所属区域的不同和距离相近，双方为了自己的利益，竞争已到白热化的程度。

3. 陆运口岸存在的问题

（1）口岸还处在发展建设中。

北京陆运口岸主要存在两个问题：一是各个口岸还处在发展的初期，基础设施还不完善，导致各个口岸的功能不能充分发挥出来，口岸之间不能很好地配合，影响了企业的需求；二是缺少铁路集装箱中心站，没有铁路集装箱中心站的配合，陆运口岸的业务难以向深度和广度发展。

由于通州（马驹桥）口岸处于建设中，尚未启动，朝阳口岸不能搬迁；通州（马驹桥）口岸暂时不能承担北京东南方向企业的通关业务。

平谷国际陆港投入时间短，业务量少，很多企业已经形成了在其他口岸通关的惯例，所以，一些东北方向的企业并没有选择在该口岸报关。丰台货运口岸的基础设施还存在许多不足，需要有资金的投入。

（2）物流平台不完善。

在北京三个运营的货运陆运口岸中，朝阳口岸业务量最多。从物流平台的结构体系看，该口岸满足体系中的物流设施平台和物流装备平台中的一部分，物流标准平台良好，虽然它有电子信息平台，但是不能完全满足物流信息平台的要求。丰台货运口岸是铁路口岸，有自己的专用铁路线，这是丰台货运口岸的优势，但口岸基础设施和平台的整体结构体系相比，远远达不到物流平台的要求。平谷国际陆港是北京起步最晚的一个口岸，同时，它的各种平台也最完善，将成为集货物分拨配送、保税仓储、简单加工、口岸功能等多功能为一体的综合性物流基地。由于起步较晚，业务量一直很少，虽然内部基础设施也较齐全，但物流信息平台还有待完善。

（3）缺乏多维度的信息共享。

口岸物流平台的问题是缺少统一开放的陆运口岸物流公共信息平台。基础网络和信息系统建设滞后，信息资源得不到充分的利用，业务应用系统的功能得不到有效发挥，进驻口岸的监管部门及运营单位之间各自为政，不能方便获取信息，无法实现互联互通。天津港与北京口岸监管部门之间、天津港与口岸运营单位之间、出口企业与货代之间，缺少互通业务信息的渠道，电子商务等方便快捷的信息化服务模式没有得到广泛应用，在某种程度上浪费了运输能力和行业资源，影响了口岸整体运营效率。

（4）各口岸之间需要进一步地协调。

这里所说的口岸之间的协调是指不同口岸之间的功能和利益的协调，即北京陆运口岸和天津港、京唐港之间的协调。使企业在报关报检、监管、运输、税收、通关等方面，实现资源共享，提高通关效率。总的来说，在口岸之间，一切有碍于口岸发展和通关的因素都可视为不协调问题的表现。

①北京陆运口岸与天津港之间的协调。

目前，北京除了丰台货运口岸是陆—陆运输外，其他货运口岸都要通过天津港进出口，这样就形成了北京陆运口岸高度依赖天津港的现状，北京陆运口岸的发展受天津港制约较大。同时，北京陆运口岸和天津港之间也存在不协调的问题。北京和天津之间能否在京津冀协调发展中突破行政区划概念，进一步加强合作，已成为决定北京陆运口岸发展的关键因素。

②水运口岸之间的协调问题。

尽管曹妃甸港给予北京平谷国际陆港的优惠力度要比天津港大得多，从实际情况看，双方开展外贸集装箱业务还面临着很多困难。一是运距远，平谷国际陆港至天津港的距离为180千米，而距曹妃甸港的距离为220千米。二是曹妃甸港国际集装箱班轮航线尚未开通。三是市场有待培育，天津港是天津市乃至华北、西北等地的重要港口，船公司、船代、货代、堆场等具有曹妃甸港无法比拟的优势，且大多数对外贸易在签订合同时即已指定海港口岸，给曹妃甸港开展外贸集装箱业务带来很大难度。

4. 一体化通关存在的问题

（1）转关模式有待进一步创新。

平谷口岸作为全国第一个临时对外开放的陆海联运内陆口岸，目前的转关通关模式依然与传统的海港口岸后续监管、查验场所相同，即转关货物需要额外多出码头到天津港指定堆场间的运输过程和加施海关关封手续，由此产生了不必要的时间成本和运输成本（体现在冷箱上尤为明显），“口岸直通”有待进一步实现，通关效率还具有较大的提升空间。

（2）内陆口岸需要转型升级。

在京津冀通关一体化的新形势下，为促进北京陆运口岸快速发展，平谷提出了改变过去“通道式”口岸的模式，大力发展集通关、物流、仓储、展示、商贸、金融为一体的口岸经济。为此，平谷口岸二期14.4万吨冷库、进出口商品展示交易中心和电子商务大厦等配套设施正在建设中，未来通州口岸周边也规划了大量商业、仓储设施。口岸经济区建设和发展需要将北京陆运口岸作为国际海运的“目的港”和“启运港”，并将启运港退税、天津自由贸易区相关政策向内陆延伸。

（3）信息化平台有待完善。

作为京津冀口岸一体化技术性方面的障碍首先就是信息共享。相较于珠三角和长三角的信息共享和协调机制来说，京津冀在这方面明显滞后。京津冀的发展现阶段还主要是基础设施和平台方面的建设，信息技术方面的建设普遍不高。GPS（全球定位系统）、EDI（电子数据交换）等信息技术在部分港口企业中还处于起步和学习阶段。其次是口岸物流信息标准化体系建设不完善。京津冀协同很大程度上表现在信息和资源的共享，虽然京津冀三地都在致力于构建自身的信息系统和数据库，但是系统的封闭性太高，整个京津冀的数据没有连接，因为各自开发软件的不一致性，标准的不统一性，使数据之间无法实现有效的共享。这些最基本的技术障碍对京津冀口岸一体化建设存在一定的阻碍。

（二）京津冀口岸一体化建设的建议

1. 政府主导进行顶层设计

推动京津冀一体化建设，目标在于建立健全口岸规划、建设、运营、管理、信息、政策等多项内容的一体化发展机制，这都离不开相关的顶层设计和统筹安排。因此，应以京津冀协同发展为契机，协调发展京津冀地区的政府各职能部门，进行总体规划，依照《京津冀协同发展规划纲要》《京津冀交通一体化规划》，从整体出发对津冀口岸群发展进行统筹规划、科学管理、统一制度规则、服务标准和定价方式。还要从总体上设计配套的财政、税收、金融、土地等支持政策，激励属地自觉打破“一亩三分地”的思维定式，抱成团朝着顶层设计的目标共同努力。

2. 加强口岸一体化建设的区域协作

建立合作机制，三地政府相互协商，成立合作领导小组，加强政府、海关、机场及其他口岸相关部门的合作，统一规划协调，加强顶层设计，合作编制京津冀地区海港、陆港、空港一体化的专项规划，明确各口岸的功能定位、产业分工、设施配套、综合交通体系等重大问题。

目前津冀两地港口腹地交叉重叠严重，这势必造成港口间激烈竞争，甚至是恶性竞争。因此，应考虑以港口企业的资本运作为突破口，推动区际港口资源的优化整合。可以考虑通过区际港口企业之间共建平台公司，加强股权合作，开展项目共建共营。如进行港口间的资产重组、相互交换股权、收购股权、资本嫁接、股权参与等资本运作形式，形成比较紧密的经济联合实体，还可以以股权为纽带，共同投资兴建码头、临港物流项目和开发远程腹地等彻底消除竞争形成合力。

3. 明确市场定位，合理分工

在空运口岸发展中，首都机场以发展航空客运为主导方向，定位于构筑东北亚国际航空枢纽，成为我国国际航空网络的主要枢纽和国内航线的对外出入通道。在航班时刻分配上，首都机场优先向国际航线倾斜。天津机场的定位是“客货并举、以货为重”，充分发挥国际定期航班机场的作用，建设成为我国北方地区的航空货运中心。石家庄机场将成为国内重要的货运枢纽和地区支线枢纽机场，作为航空大众化试点机场，石家庄机场应大力发展低成本航空业务，在综合交通枢纽建设、降低机场运营成本、优化机场服务流程、提高机场服务效率方面主动作为，将石家庄打造成为低成本航空的集散和中转枢纽，为京津冀地区提供大众化出行快速通道。

在水运口岸发展中，津冀四大港口各有优势劣势，具有明显的协同分工合作的前提。天津港既有区位和政策上得天独厚的优势，又有建港自然条件较差的天然劣势。而河北省的三个港口都是天然的深水良港，但集装箱业务远不如天津港，比较优势的存在为津冀两地的港口合作构筑了天然互补合作的可能，可以形成有序竞争、错位发展。可以将天津港定位为我国沿海主要港口和集装箱干线港，而能源、原材料等的运输除非是在天津港运输具有绝对优势的情况下可以在天津港运输，否则可以考虑河北各港口，如煤炭可以在秦皇岛港和黄骅港进行装卸。将秦皇岛港和黄骅港定位成能源及原材料的主要装卸港。将唐山港定位成外贸和集装箱、杂货的装卸港。各港口运输装卸货物按就近原则进行，不能只顾各自的利益而损害整体利益。

在与天津港努力做好协调的基础上，北京的口岸还应该寻求其他的出海口，如与河北省唐山港水运口岸的合作。

京唐港和曹妃甸港是唐山港水运口岸所属的两个港口。与京唐港相比，曹妃甸不但距离北京更近，而且其规划有保税港区。马驹桥口岸距离天津港的距离是 120 千米，要近于曹妃甸港和京唐港的距离，而且，从方位上看，通州（马驹桥）口岸从天津港出海比较便利。所以，通州（马驹桥）口岸主要的出海口应选择天津港。同时，为减少北京口岸对天津港的依赖，平谷国际陆港在与天津港合作的基础上，也可以选择和曹妃甸港合作。

平谷地处京津环渤海中心，距曹妃甸港约 220 千米（比京唐港近 50 千米）。平谷国际陆港目前正在积极申请保税物流中心（B）型，陆运口岸只有争取设立保税物流中心（B 型），才能将保税区的功能优势和陆港口岸的区位优势充分整合，并且能通过加强与保税港区“区港联动”功能，实现出口货物的入区退税、进口货物的入区保税，使陆运口岸更好地为北京进出口企业服务，从而也促进自身更好更快地发展。从这个角度分析，平谷国际陆港与曹妃甸港的合作空间极为广阔。

4. 要充分发挥标准化在港口信息化管理中的基础性作用

建立与国家电子口岸平台相统一的信息化数据标准体系，加快电子数据交换标准化进程，促进各口岸管理标准化和规范化，实现信息的有效录入，使各口岸物流信息系统在编码、文件格式、数据接口、电子数据交换（EDI）等方面实现标准化，消除不同港口企业间信息沟通的障碍，推动京津冀口岸间的协同发展。提升水运口岸信息化应用水平应以电子口岸平台门户网站为基础，不断完善平台基础设施建设，形成完善的技术架构、应用架构和数据架构，实现海关舱单、预配舱单等重要数据的对外交换。并在此基础上开展第四方物流平台建设，推动业务申报、作业监管、通关管理、政务公开等多方面的互联互通，最终实现包括通关政务、通关信息和口岸电子数据交换功能的口岸大通关信息平台建设的目标。

5. 落实“三互”方案，提高一体化通关水平

2014 年 12 月 26 日国务院印发《落实“三互”推进大通关建设改革方案》。该方案立足强化跨部门、跨区域的内陆沿海沿边通关协作，完善口岸工作机制，实现口岸管理相关部门信息互换、监管互认、执法互助（以下简称“三互”），提高通关效率，确

保国门安全，力争到2020年，形成既符合中国国情，又具有国际竞争力的大通关管理体制机制。京津冀地区作为大通关改革的先行先试区，“三互”方案对于三地一体化通关建设意义重大。京津冀可根据方案的要求和指导尽快提出针对本区域的“三互”方案，提高区域一体化通关水平。①

在具体落实上，天津港和平谷口岸之间应采用“落地分拨、商封直转”的口岸直通模式，即对食品类进口集装箱，根据平谷口岸相关部门的申请，在天津港码头落地后直接分拨至平谷口岸，用船公司封志代替海关封志的口岸直通模式（出口反之），在全国创新陆海联运口岸监管模式，提高通关效率，为进出口企业提供更加便利高效的通关环境，同时又能确保监管有效。

为适应京津冀通关一体化模式的转变，北京陆运口岸亟须转型升级，建设符合首都功能的高端、现代化的口岸经济区。《中国（天津）自由贸易试验区总体方案》也提出了“完善以天津港为出海口的保税物流网络，将意愿结汇等创新政策辐射延伸至京冀两地及港口腹地”。希望将天津自由贸易区优惠政策引入北京陆运口岸，实现区港联动，依托陆运口岸核心功能和电子交易手段，大力发展口岸跨境电子商务、高端食品冷链以及保税商品展销等业务，在口岸内形成进口商品交易聚集，带动口岸周边经济发展。

长期以来，在北京陆运口岸90%以上的业务是服务北京的进口商品，进出口业务不平衡，集装箱运输车辆回程空驶现象严重，造成极大浪费，也增加了运输成本。《中国（天津）自由贸易试验区总体方案》提出“在统筹评估政策成效基础上，研究实施启运港退税试点政策”，天津市也将北京平谷口岸纳入了启运港退税试点名单并上报国家相关部门。希望相关部门支持平谷口岸开展启运港退税试点工作，通过实施启运港退税政策，吸引北京周边出口企业在平谷口岸办理出口业务，使往返天津港—平谷口岸的运输车辆实现“重去重回”，达到运输资源合理配置，减少燃油消耗造成的大气污染，降低外贸企业经营成本。

① 天津市人民政府口岸服务办公室．天津口岸简介［EB/OL］．(2014-08-17)［2016-01-25］．http://www.tjport.gov.cn/html/kouan/BJTG13016/2014-08-17/Detail_632640.htm.

第三章　京津冀物流园区建设与发展情况分析

张志勇　陈标鹏　董　豪　吕洁云

北京现代物流研究基地

中国物流与采购联合会将物流园区定义为：物流园区是为满足货物转运、产业发展和居民消费等规模化物流需求，依托区位交通条件，与城市综合功能和产业体系相配套的公共性物流基础设施群；是由统一运营主体管理、众多物流业者经营的物流运作集结地；是布局集中、用地节约、企业集聚、经营集约的物流功能集聚区。本章主要以上述物流园区定义为参照，划定调研对象的范围。撰写本章内容我们共调研了 61 个物流园区（基地）。其中，北京 14 个，天津 29 个，河北 18 个。限于数据的完整性，本章只重点对其中的 28 家物流园区做了较为全面的制表总结分析。

调研过程中，我们组建的调研小组重点对典型商贸物流园区、流通加工物流园区、货运枢纽型物流园区、综合服务型物流园区等进行深入走访、调研以及网上信息搜索。对物流园区的建设发展情况进行实地调查和特征数据分析，并以京津冀地区物流园区发展的现状为基础，总结了京津冀物流园区的建设与发展总体情况、存在的主要问题，提出初步的建议，为京津冀物流业以及经济社会发展服务，为京津冀物流园区的建设与发展提供资料来源与数据支撑。

本章主要内容分为四个部分，第一部分是前言，主要介绍了本项工作的由来以及整个工作过程；第二部分是对京津冀物流园区的建设及发展情况的总结；第三部分对北京市物流中心和批发市场疏解情况进行初步总结和分析；第四部分总结分析了京津冀物流园区建设与发展中存在的问题，并提出了初步建议。考虑到本次调查的情况复杂，规模庞大，调研的过程中还存在许多不足和不完善的地方，敬请各有关方面提出宝贵的意见和建议。

一、前言

近年来，我国政府日益加强了对物流园区建设问题的关注，出台相关政策大力促进其发展。2013 年 9 月，国家发展改革委等 12 个部门出台了我国第一个物流园区专项规划——《全国物流园区发展规划》；2014 年 9 月，国务院发布《物流业发展中长期规划》，把“物流园区工程”列入其 12 项重点工程之一；2015 年 5 月，国家发展改革委、国土资源部、住房和城乡建设部联合发出《关于开展物流园区示范工作的通知》，全面部署了物流园区建设的示范工作。物流园区建设一方面对促进经济发展、整合优势资源、改善城市环境、提高运营效率等具有积极的意义，另一方面也能对社会运行发挥巨大的基础支撑作用。

关于物流园区的定义，中国物流与采购联合会的四次物流园区发展报告、中国交通运输协会常务副会长、物流研究院院长王德荣以及国家计委综合运输研究所所长汪鸣等都有各自的观点。其中，中国物流与采购联合会提出的物流园区定义是：物流园区是为满足货物转运、产业发展和居民消费等规模化物流需求，依托区位交通条件，与城市综合功能和产业体系相配套的公共性物流基础设施群，是由统一运营主体管理、众多物流业者经营的物流运作集结地，是布局集中、用地节约、企业集聚、经营集约的物流功能集聚区；中国交通运输协会王德荣常务副会长提出的物流园区定义是：物流园区是指在物流作业集中的地区，在几种运输方式衔接地，将多种物流设施和不同类型的物流企业在空间上集中布局的场所，也是一个有一定规模的和具有多种服务功能的物流企业的集结点；国家计委综合运输研究所汪鸣所长提出的物流园区的定义是：对物流组织管理节点进行相对集中建设与发展的、具有经济开发性质的城市物流功能区域。同时，也是依托相关物流服务设施降低物流成本、提高物流运作效率，改善企业服务有关的流通加工、原材料采购、便于与消费地直接联系的生产等活动、具有产业发展性质的经济功能区。按照我国区域经济发展的总体战略，京津冀的协同发展对物流园区的发展提出了新的要求。京津冀物流园区的健康发展是促进京津冀区域经济、产业、社会快速协同发展的重要前提。本章内容以中国采购联合会提出的物流园区定义为参照，划定调研对象范围，并对其建设发展情况进行实地调查、网上信息搜索和特征数据分析，以明确本地区物流园区发展的现状，总结了京津冀物流园区的建设与发展总体情况，存在的主要问题以及未来的演变趋势，为京津冀物流业以及经济社会发展服务。

为了深入了解各园区发展的现状，在调研京津冀物流园区发展现状的过程中，我们组建了调研小组，从 2015 年 11 月 20 日开始，对京津冀地区的相关产业和市场的发展现状、特点、问题和趋势进行了为期三个月的调研和分析。重点对典型商贸物流园区、流通加工物流园区、货运枢纽型物流园区、综合服务型物流园区等进行深入走访和调研，为京津冀物流园区的建设与发展提供可靠的资料来源与数据支撑。

通过实地考察调研、网上资料收集形成了初步的分析报告。本章的核心成果分为三个部分，即京津冀物流园区的建设及发展情况、北京市物流中心和批发市场疏解情况、京津冀物流园区建设与发展中存在的问题建议。

通过对京津冀物流园区建设及发展总体情况的总结分析，并与全国物流园区总体情况作了简单对比：具体包括，建设规模、投资规划、园区类型等建设情况以及业务功能、信息系统、企业入驻、发展规划等基本运营发展情况。通过网上资料收集和现场情况考察，简单汇总介绍了北京市物流中心及批发市场等非首都核心功能的疏解情况。最后以京津冀物流园区发展情况调研成果为基础，对物流园区所存在的问题进行了分析，并提出了一些意见或建议。具体问题包括：对园区定位与需求规划不明确、信息化建设不足、土地征地难、优惠政策少等几个方面的前期建设问题以及物流人才缺乏等后期运营问题。

按照调查范围及方法，本次调研的物流园区（基地）数量为61个，其中北京14个，天津29个，河北18个。限于数据的完整性，本章只重点对其中的28家物流园区做了较为全面的制表总结分析。其中，在北京重点对通州马驹桥物流基地、平谷区马坊国际物流口岸、大兴京南物流基地、北京顺义空港物流基地、房山良乡物流基地、动物园批发市场6个物流园区进行了制表总结；在天津重点对天津港散货物流中心、天津港集装箱物流中心、宝坻京津国际商贸物流港、军粮城散货物流园、天津国际金属物流园、北辰钢铁物流园等12个物流园区进行了制表总结；在河北省重点对正定商贸物流产业聚集区、秦皇岛临港物流园区、丰润区现代物流城、河北武安保税物流中心、安平县聚成国际物流园区、曹妃甸物流产业聚集区等10个产业聚集区进行了制表总结。考虑到本次调查的情况复杂，规模庞大，调研的过程中还存在许多不足和不完善的地方，敬请各有关方面提出宝贵的意见和建议。

二、京津冀物流园区的建设及发展情况

为了更好地研究京津冀地区物流园区建设及发展情况，根据中国物流与采购联合会在2015年发布的第四次全国物流园区（基地）调查报告①作为参照，从物流园区的占地规模、投资规模与强度、园区类型对京津冀物流园区建设情况进行了分析研究；对物流园区业务功能占比进行了总结，并通过例举北京平谷马坊物流基地，进而对园区的业务功能做出了概述，再从园区的信息系统开发方式、园区的入驻情况，对京津冀物流园区的运营发展情况做出了分析研究。通过网络资料收集和实地调研对京津冀地区批发市场及部分物流园区疏解情况做出了介绍，并且举例说明了功能疏解的经验及做法。

从中国物流与采购联合会发布的报告中可以看到，从区域分布来看，北部沿海经济区（北京、河北、天津、山东）物流园区数量最多，为216家，然后依次是长江中游经济区211家、黄河中游经济区175家、东部沿海经济区156家、南部沿海经济区135家、西南经济区132家、东北经济区111家、西北经济区74家。如图3-1所示。

京津冀地区拥有良好的文化优势、地理位置，是我国经济发展最具潜力的区域之一，物流业作为经济发展的“助推器”，强化发展作为物流功能载体的物流园区，势在必行。京津冀地区在北部沿海经济区不仅地理面积上占比较大，对于北部沿海经济区经济发展也起着至关重要的作用。从调研结果可知，京津冀地区物流园区运营的有36家，占比59%；规划的有7家，占比11%；建设的有14家，占比23%；尚未营业的有4家，占比7%。如图3-2所示。

① 中国物流与采购联合会，中国物流学会．全国第四次物流园区（基地）调查报告［R］．2015-07.

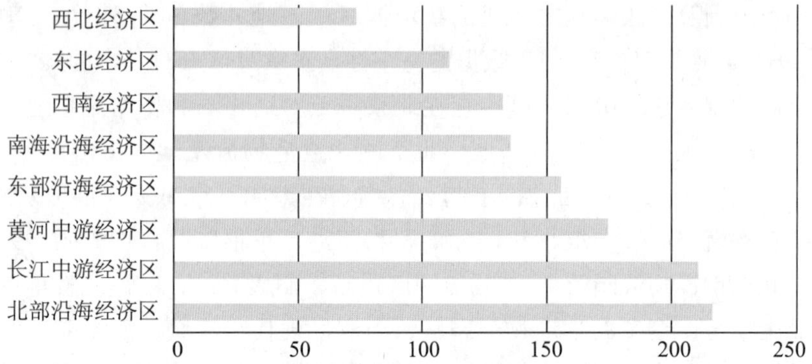

	北部沿海经济区	长江中游经济区	黄河中游经济区	东部沿海经济区	南海沿海经济区	西南经济区	东北经济区	西北经济区
园区数量	216家	211家	175家	156家	135家	132家	111家	74家

图3-1 八大经济区物流园区分布情况

资料来源：中国物流与采购联合会．物流园区运营统计分析报告（2015）[R]．2015-08.

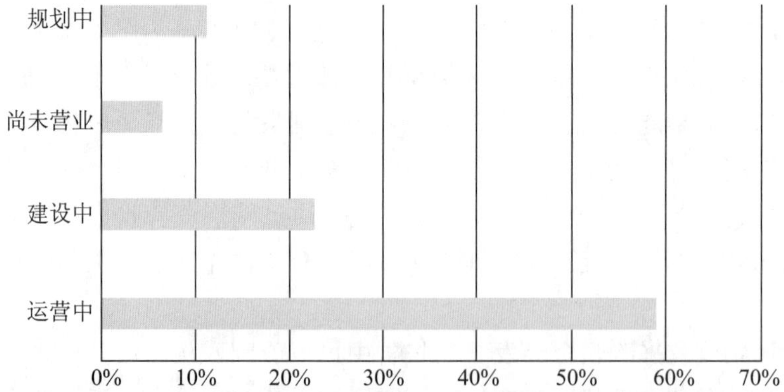

	运营中	建设中	尚未营业	规划中
建设状态占比	59%	23%	7%	11%

图3-2 京津冀物流园区建设状态占比

资料来源：中国物流与采购网．中国物流园区发展综述[EB/OL]．http：//www.chinawuliu.com.cn/wlyq/2014/05/30/290277.shtml.

参照全国物流园区运营建设状况，又得出北京、天津、河北三地建设状态的占比。根据样本进行统计，北京物流园区运营的有8家，占比57%；规划的有2家，占比11%；建设的有4家，占比23%；尚未营业的有0家。如图3-3所示。

按照样本统计，天津共29家物流园区参与调查，其中正在运营的有18家，占比62%；规划的有3家，占比10%；建设的有4家，占比14%；尚未营业的有4家，占比14%。如图3-4所示。

河北省参与调查的物流园区共18家，其中运营的有10家，所占比重最大，为

56%；规划的有 2 家，占比 11%；建设的有 6 家，占比 33%；尚未营业的有 0 家。如图 3－5 所示。

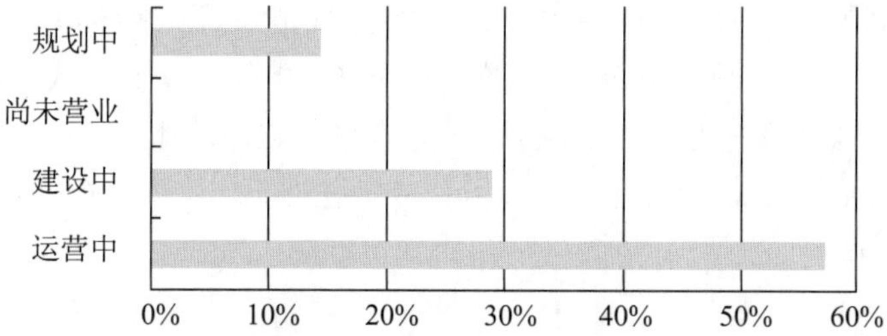

	运营中	建设中	尚未营业	规划中
北京建设状态占比	57%	29%	0%	14%

图 3－3　北京物流园区建设状态占比

资料来源：中国物流与采购网．中国物流园区发展综述［EB/OL］．http：//www.chinawuliu.com.cn/wlyq/2014/05/30/290277.shtml.

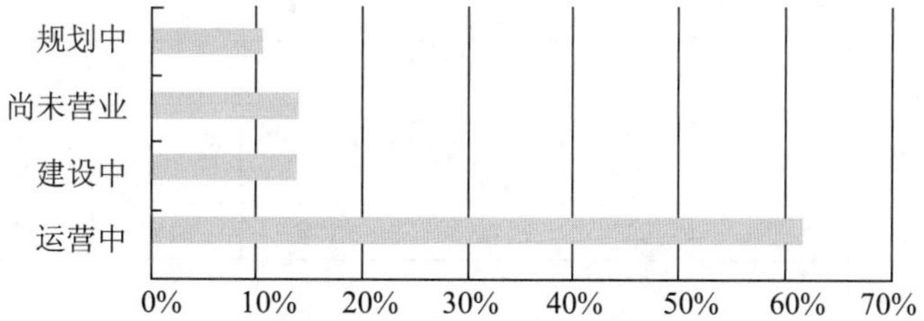

	运营中	建设中	尚未营业	规划中
天津建设状态占比	62%	14%	14%	10%

图 3－4　天津物流园区建设状态占比

资料来源：中国物流与采购网．中国物流园区发展综述［EB/OL］．http：//www.chinawuliu.com.cn/wlyq/2014/05/30/290277.shtml.

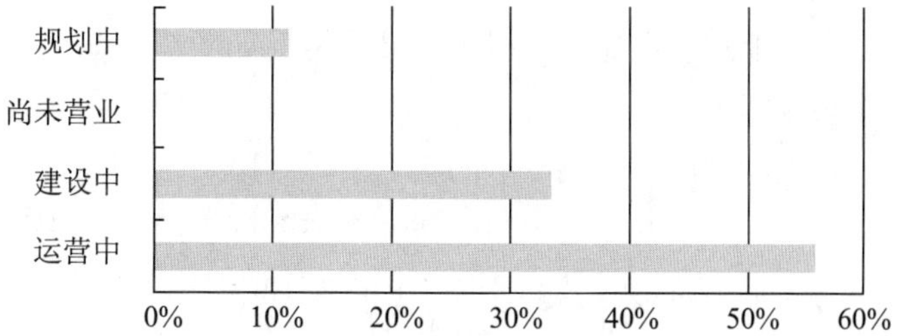

	运营中	建设中	尚未营业	规划中
河北建设状态占比	56%	33%	0%	11%

图 3－5　河北物流园区建设状态占比

资料来源：中国物流与采购网．中国物流园区发展综述［EB/OL］．http：//www.chinawuliu.com.cn/wlyq/2014/05/30/290277.shtml.

(一) 京津冀物流园区的建设情况

1. 京津冀物流园区占地规模

根据 GB/T 30334—2013《物流园区服务规范及评估指标》（以下简称《规范》），建议物流园区占地面积不小于 0.5 平方千米（750 亩）以上。从本次统计来看，300 亩以下的有 13 家，占比 21%；300～500 亩的有 7 家，占比 7%；500～800 亩的有 7 家，占比 7%；800～1500 亩的有 6 家，占比 10%；1500～3000 亩的有 15 家，占比 25%；3000 亩以上的有 13，占比 21%。如图 3-6 所示。

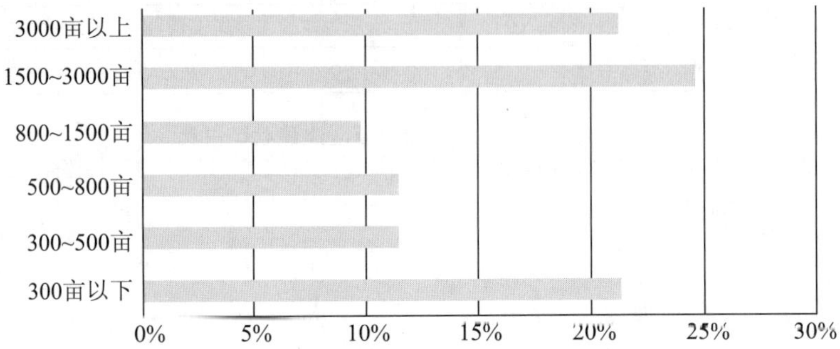

	300亩以下	300~500亩	500~800亩	800~1500亩	1500~3000亩	3000亩以上
占地规模占比	21%	11%	11%	10%	25%	21%

图 3-6 京津冀物流园区占地规模

资料来源：中商情报网.2015 年物流园区分析报告东西部差异巨大［EB/OL］.http：//www.askci.com/news/finance/2015/08/14/95551lhtg.shtml.

（1）北京物流园区。

按照统计，北京园区 300 亩以下的有 7 家，占比 50%；500～800 亩的有 1 家，占比 7%；1500～3000 亩的有 6 家，占比 43%；由于数据不足，300～500 亩以及 3000 亩以上的物流园区占地规模占比无从得出。具体情况如图 3-7 所示。

（2）天津物流园区。

按照统计，天津园区 300 亩以下的有 1 家，占比 3%；300～500 亩的有 3 家，占比 10%；500～800 亩的有 4 家，占比 14%；800～1500 亩的有 4 家，占比 14%；1500～3000 亩的有 4 家，占比 14%；3000 亩以上的有 13 家，占比 45%。具体情况如图 3-8 所示。

（3）河北物流园区。

按照统计，河北园区 300 亩以下的有 5 家，占比 28%；300～500 亩的有 4 家，占比 22%；500～800 亩的有 2 家，占比 11%；800～1500 亩的有 2 家，占比 11%；1500～3000 亩的有 5 家，占比 28%；3000 亩以上的园区占地规模占比，由于数据不足，无从得出。具体情况如图 3-9 所示。

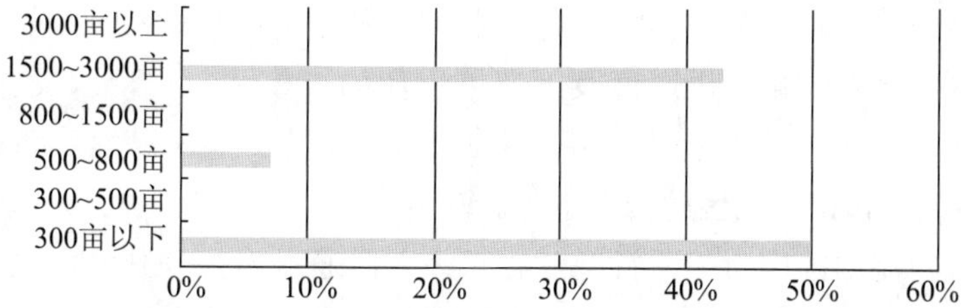

	300亩以下	300~500亩	500~800亩	800~1500亩	1500~3000亩	3000亩以上
北京占地规模占比	50%	0%	7%	0%	43%	0%

图 3-7　北京物流园区占地规模

资料来源：中商情报网 . 2015 年物流园区分析报告东西部差异巨大［EB/OL］. http：//www. askci. com/news/finance/2015/08/14/95551lhtg. shtml.

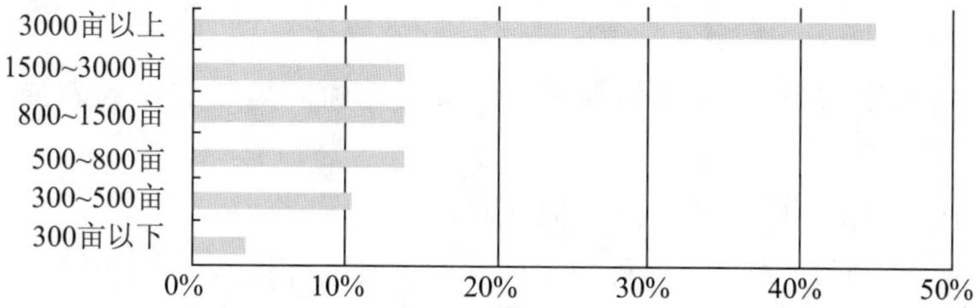

	300亩以下	300~500亩	500~800亩	800~1500亩	1500~3000亩	3000亩以上
天津占地规模占比	3%	10%	14%	14%	14%	45%

图 3-8　天津物流园区占地规模

资料来源：中商情报网 . 2015 年物流园区分析报告东西部差异巨大［EB/OL］. http：//www. askci. com/news/finance/2015/08/14/95551lhtg. shtml.

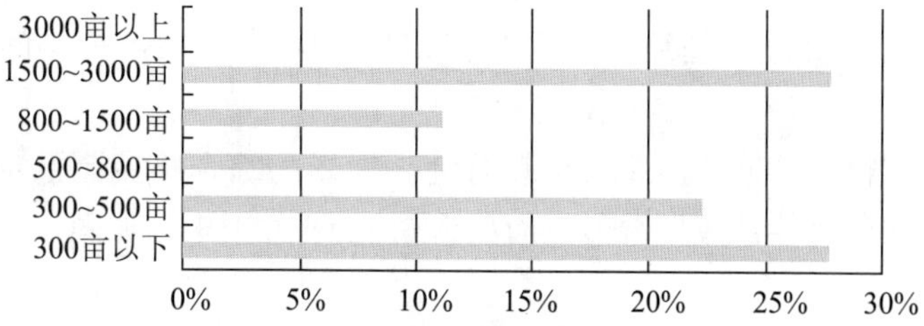

	300亩以下	300~500亩	500~800亩	800~1500亩	1500~3000亩	3000亩以上
河北占地规模占比	28%	22%	11%	11%	28%	0%

图 3-9　河北物流园区占地规模

资料来源：中商情报网 . 2015 年物流园区分析报告东西部差异巨大［EB/OL］. http：//www. askci. com/news/finance/2015/08/14/95551lhtg. shtml.

物流园区的建设规模应当定多大合适？这里不仅要考虑物流园区在整个区域中的功能地位、当地的产业布局、区域经济水平、交通区位特征，以及园区的区域辐射范围等宏观因素，还要考虑一些微观因素，如入驻企业数量及规模、产品种类及物理属性、园区物流吞吐量、供应商及下游销售商的规模和数量，以及仓库建筑物类型等。京津冀物流园区建设过程中，目前各地的占地规模差异很大，部分园区的占地达到20000亩以上，部分园区的占地不足200亩。

现代物流园区作为一种新型业态，一方面通过发挥现代物流功能，完成对生活消费服务的改进和推动；另一方面通过产业集聚效应，充分发挥生产服务功能，引导各类产业的集聚。因此，科学布局物流园区，合理规划占地规模对物流园区今后的发展尤为重要。京津冀三地要共同谋划物流园区布局的总体方案，推动物流资源共享。特别是要按照区域内一小时经济圈、两小时经济圈的需求布局，保证物流为经济服务功能的实现。在物流园区建设开发上，应综合考虑经济开发区模式、大型物流企业引导开发模式等，并加强用地保障、税收优惠等政策扶持。力争基本形成布局合理、规模适度、功能完善、集聚集约的国家级示范物流园区体系。物流园区的发展，要加强规划引导，依据城市发展基础和产业特点，科学界定，合理分工。严格执行规划，避免重复建设，少走弯路。要实施政策倾斜，支持物流园区尽快做大做强，加速对接京津，形成高效物流网络。

（4）京津冀主要物流园区的占地规模。

为了能够更好地掌握京津冀物流园区的规划面积，以下主要介绍北京空港物流基地、京南物流基地、马坊物流基地、天津保税物流园区、天津空港国际物流园区的占地规模。

北京空港物流基地是《北京城市总体规划》和《北京市“十一五”物流发展规划》确定的四大物流基地之一，位于首都机场北侧，被顺平路分为南北两区。北区规划面积1.55平方千米，发展国内航空物流以及航空指向不明显的生产性物流、商业物流和流通加工产业，以出让土地、出租设施的方式引进企业；南区规划面积约5.94平方千米，是物流基地的核心区，由海关围网监管，主要从事口岸通关和保税物流业务，建设航空货运大通关基地，实现与首都机场无缝对接，具体的功能分布，如图3－10所示。

京南物流基地是经北京市政府统一规划的综合物流园区项目，是大兴区重点建设的十大基地之一；规划占地总面积为6.71平方千米，如图3－11所示。

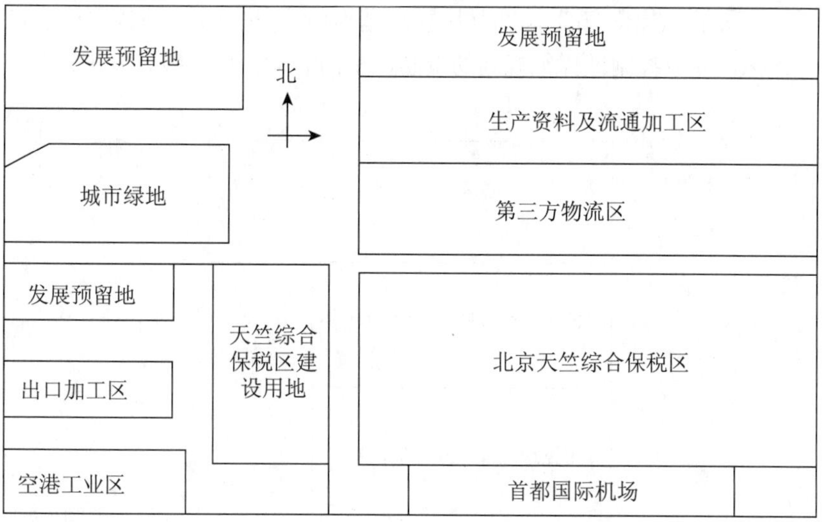

图 3-10　北京空港物流基地功能分布

资料来源：北京空港物流基地．空港物流基地功能分区图［EB/OL］．http：//bj. zhaoshang. net/yuanqu/detail/1686.

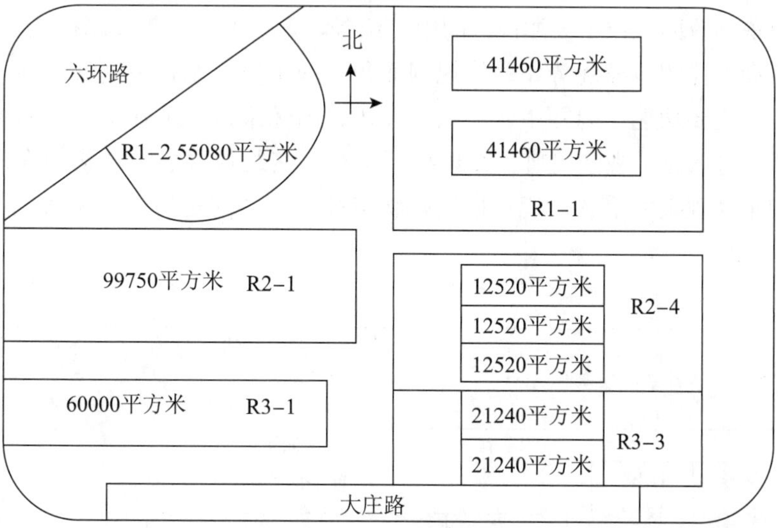

图 3-11　京南物流基地

资料来源：北京大兴信息网．京南物流基地［EB/OL］．http：//www. bjdx. gov. cn/qyjj/jdjs/jnwljd/.

按照北京市“十一五”物流发展规划，① 马坊物流基地总规划面积 3 平方千米，现已完成一期 1.3 平方千米核心区产业布局，初步形成（平谷口岸）口岸功能区、电子商务区、御马坊国际物流中心区和流通总部区的功能布局，全部产业设施均已启动并部分完成建设。二期 1.7 平方千米规划建设特色国际陆港口岸区、跨境电子商务园区与城市配送

① 北京平谷马坊物流基地．投资环境［EB/OL］．http：//www. bjmfwl. gov. cn/.

区，如图 3－12 所示。“十三五”期间马坊物流基地将全部完成一期核心区建设，力争落实二期用地指标，完成控制性详细规划的编制，全面启动土地一级开发工作。

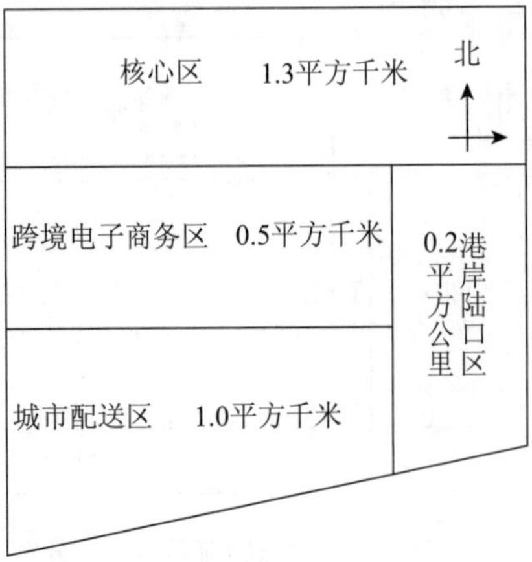

图 3－12 平谷马坊物流基地功能分布

资料来源：北京市平谷马坊物流基地．园区规划［EB/OL］．http：//www. bjmfwl. gov. cn/.

天津保税物流园区位于天津港区的中心位置，紧邻天津港集装箱码头，三面临港，具有区港联动极佳的地缘优势，总体规划面积 1.5 平方千米，一期开发面积 0.6 平方千米已完成。主要功能：国际中转、国际配送、国际采购、国际贸易。如图 3－13 所示。国内货物进入园区视同出口、办理报关手续、实行退税，园区货物内销按货物进口的有关规定办理报关手续，货物按实际状态征税，区内货物自由流通，不征增值税和消费税。

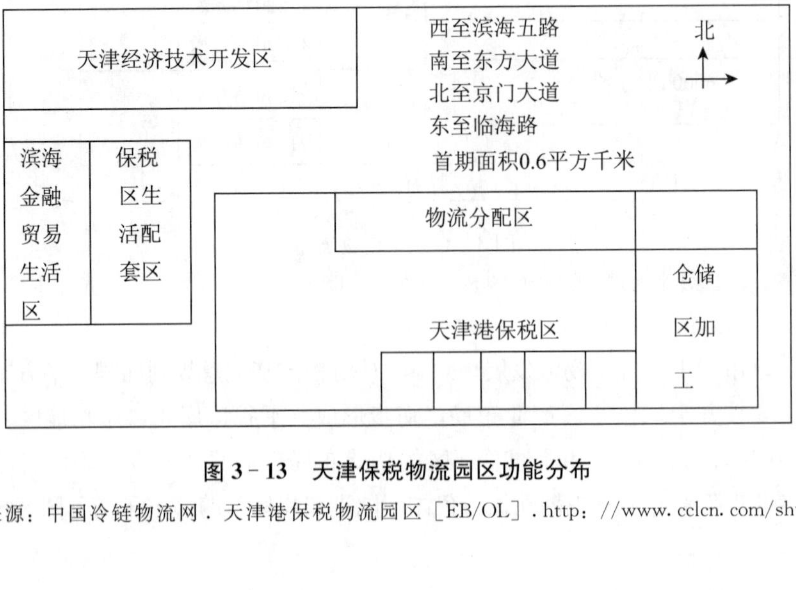

图 3－13 天津保税物流园区功能分布

资料来源：中国冷链物流网．天津港保税物流园区［EB/OL］．http：//www. cclcn. com/shtmlnewsfiles/ecomnews.

天津空港国际物流园区总占地面积 1.2 平方千米，一期 0.55 平方千米基础设施已全部完成，如图 3-14 所示。

其功能区划分为商贸展示区、仓储物流区和高新技术加工区。按照高起点规划、高水平设计、高标准建设的要求来建造各个功能区。目前，25000 平方米的海关监管库正式投入运行，38000 平方米的公共保税库、商贸展示区和 50000 平方米标准厂房正在紧张地建设。

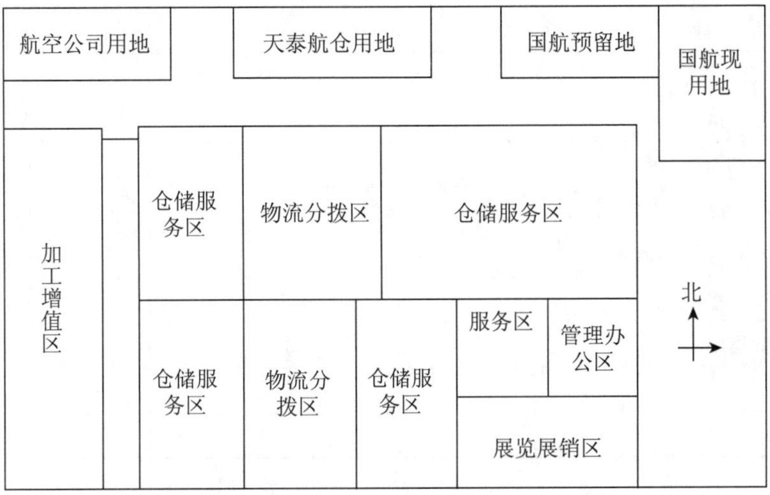

图 3-14　天津空港物流园区功能分布

资料来源：天津港保税区．区域功能［EB/OL］．http：//kggjwlglj. tjftz. gov. cn/qyfc/qygn/.

2. 京津冀物流园区规划投资规模与强度

投资规模是指一定时期内有关单位在物流园区规划建设中，投入的以货币形态表现出的总量；投资强度是指投资额与物流园区占地面积之比，分为规划投资强度和实际投资强度，其中规划投资强度是指规划投资额与园区规划占地面积之比。

为了能够方便了解京津冀物流园区的投资额度，主要通过向京津冀地区的各大中小型物流园区发放调查问卷表，然后筛选出有效的被调查的物流园区，最后整理有关资料汇总出了截至 2015 年 12 月各物流园区的实际投资额。具体情况如表 3-1 所示。

表 3-1　京津冀物流园区投资额度

园区名称	园区总投资/亿元	占地规模/平方千米
河北石家庄润丰物流园	0.40	0.32
河北石家庄深国际现代综合物流港	21.63	0.56
河北唐山北部五金机电集散中心	60.00	1.30
唐山公路港	20.00	0.62
华北现代国际物流信息园区	0.24	0.24

续 表

园区名称	园区总投资/亿元	占地规模/平方千米
天津传化公路港	16.00	0.62
天津港散货物流中心	32.00	4.80
天津港集装箱物流中心	19.15	1.07
宝坻京津国际商贸物流港	60.00	1.50
军粮城散货物流园	60.00	4.85
天津国际金属物流园	5.10	3.33
北辰钢铁物流园	22.00	3.47
天津保税物流园区	2.36	1.50
天津空港国际物流区	4.30	0.95
中国北方水产食品国际物流中心	6.00	0.34
泰达普洛斯国际保税物流园	3.00	0.90
天津市邮政物流中心	3.10	0.57
天津市物流货运中心	4.60	0.37
东疆保税港区	441.00	10.00
中储智运网络交易产业园	28.00	4.55

资料来源：中国物流与采购联合会．物流园区运营统计分析报告（2015）[R]．2015.

规划投资规模情况。从调查结果中得出，京津冀物流园区规划投资规模在1亿元以下的物流园区数量占比13%；1亿～10亿元的物流园区数量占比22%，10亿～30亿元的物流园区数量占比34%，30亿～70亿元的物流园区数量占比22%，70亿元以上的物流园区数量占比9%，其实际投资额度如图3-15所示。

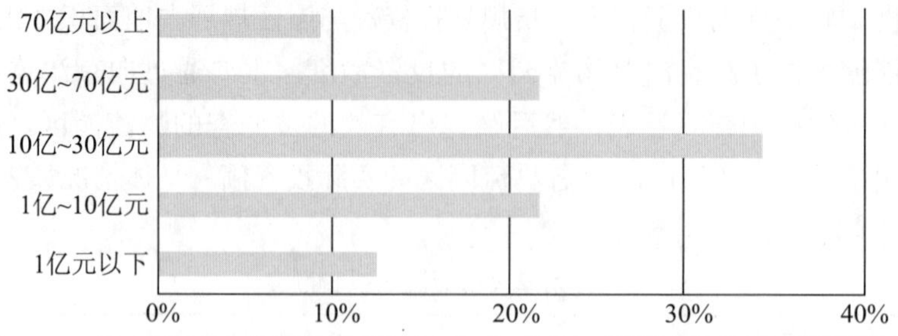

	1亿元以下	1亿~10亿元	10亿~30亿元	30亿~70亿元	70亿元以上
占比	13%	22%	34%	22%	9%

图3-15 京津冀物流园区实际投资额度

资料来源：中国物流与采购联合会．物流园区运营统计分析报告（2015）[R]．2015-08

（1）北京物流园区。

根据调研得到的数据进行统计之后得出，北京园区实际投资额度在1亿元以下的园区有1家，占比17%；1亿～10亿元的有0家，占比0%；10亿～30亿元的有3家，占比50%；30亿～70亿元的有1家，占比17%。70亿元以上的有1家，占比17%。具体情况如图3-16所示。

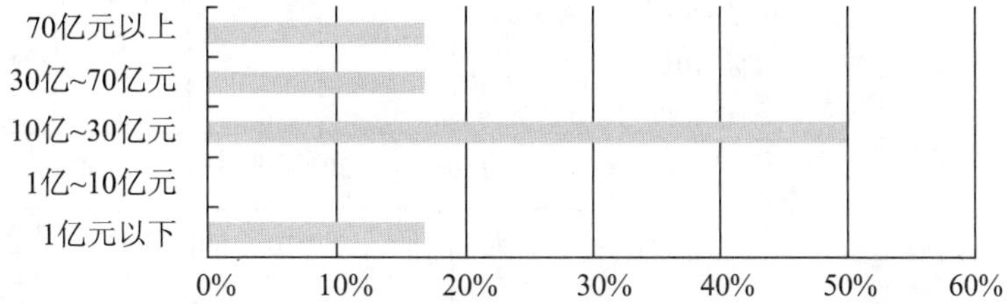

	1亿元以下	1亿~10亿元	10亿~30亿元	30亿~70亿元	70亿元以上
北京实际投资额度占比	17%	0%	50%	17%	17%

图3-16　北京物流园区实际投资额度

资料来源：中国物流与采购联合会．物流园区运营统计分析报告（2015）[R]．2015-08.

（2）天津物流园区。

按照得到的数据进行统计之后得出，天津园区实际投资额度在1亿元以下的园区有0家，占比0%；1亿～10亿元的有7家，占比44%；10亿～30亿元的有4家，占比25%；30亿～70亿元的有4家，占比25%；70亿元以上的有2家，占比13%。具体情况如图3-17所示。

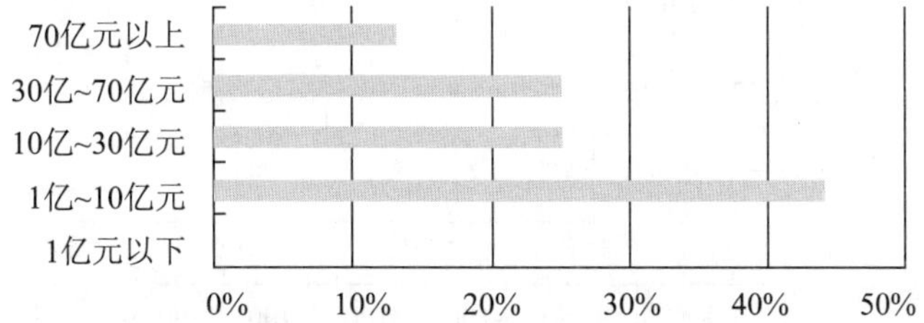

	1亿元以下	1亿~10亿元	10亿~30亿元	30亿~70亿元	70亿元以上
天津实际投资额度占比	0%	44%	25%	25%	13%

图3-17　天津物流园区实际投资额度

资料来源：中国物流与采购联合会．物流园区运营统计分析报告（2015）[R]．2015-08.

（3）河北物流园区。

根据调研得到的数据进行统计之后得出，河北园区实际投资额度在1亿元以下的园区有 3 家，占比 30%；1 亿～10 亿元的有 0 家，占比 0%；10 亿～30 亿元的有 4 家，占比 40%；30 亿～70 亿元的有 3 家，占比 30%；70 亿元以上的有 0 家，占比 0%。具体情况如图 3 - 18 所示。

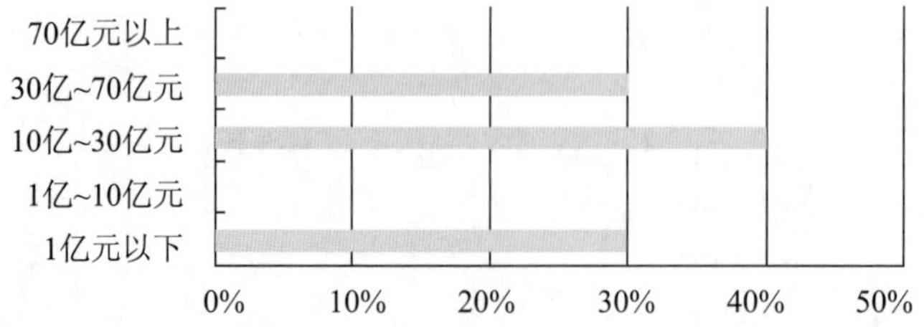

	1亿元以下	1亿~10亿元	10亿~30亿元	30亿~70亿元	70亿元以上
河北实际投资额度占比	30%	0%	40%	30%	0%

图 3 - 18　河北物流园区实际投资额度

资料来源：中国物流与采购联合会．物流园区运营统计分析报告（2015）[R]．2015 - 08.

结合各地园区投资额度，我们得到了部分园区规划投资强度情况。结果显示，京津冀物流园区平均规划投资强度为 158 万元/亩，平均实际投资强度为 164 万元/亩。其中，园区规划投资强度在 100 万～200 万元/亩的占比最高，为 36%。具体情况如图 3 - 19 所示。

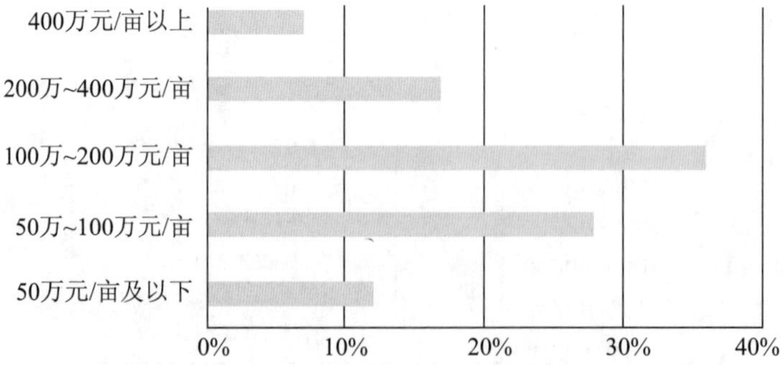

	50万元/亩及以下	50万~100万元/亩	100万~200万元/亩	200万~400万元/亩	400万元/亩以上
占比	12%	28%	36%	17%	7%

图 3 - 19　京津冀物流园区实际投资强度

资料来源：中国物流与采购联合会．物流园区运营统计分析报告（2015）[R]．2015 - 08.

由于资料收集有限，无法得出北京、天津、河北三地物流园区投资强度。

根据实地调研和文献研究可知，物流园区的投资规模主要是根据物流园区的服务功能定位、服务对象和服务范围等因素来确定的，投资建设费用主要包括土地征用费用、建设费用、运营费用和人员工资四大部分。物流园区的建设，尤其是在建设初期涉及土地征用和基础建设，需要大量的资金投入。从京津冀区域来看，物流园区在各地的投资差异很大，部分园区的投资达到 70 亿元以上，部分园区的投资不足 1 亿元。投资主体也有很大差别，有国有及国有控股企业参与投资和民营及民营控股企业参与投资两种典型投资形式。对于物流园区投资规模的确定，需要与京津冀地区实际需求相适应，规模过大，必然导致严重的资金、土地等资源的浪费。同时，也需要有一定的前瞻性，能够满足未来一定时期内经济发展的要求。在对京津冀物流园区进行投融资时，可以借鉴国外物流园区建设的经验，以政府投融资为主。在园区建设初期，政府除了进行资金投入外，还在征地、减税和贷款等方面给予物流园区政策扶持。

3. 京津冀物流园区主要类型

按照《全国物流园区发展规划（2013—2020 年）》中对物流园区的分类，在调研的过程中根据不同物流园区类型进行了调查。其中的调研结果显示，首先是综合型物流园区数量占比 39%，是物流园区类型占比最多的一种；其次是货运枢纽型物流园区占比 23%；最后依次是商贸型物流园区、农产品物流园区、仓储型物理园区、保税型物流园区，分别占比 15%、10%、7%、7%。具体情况如图 3－20 所示。

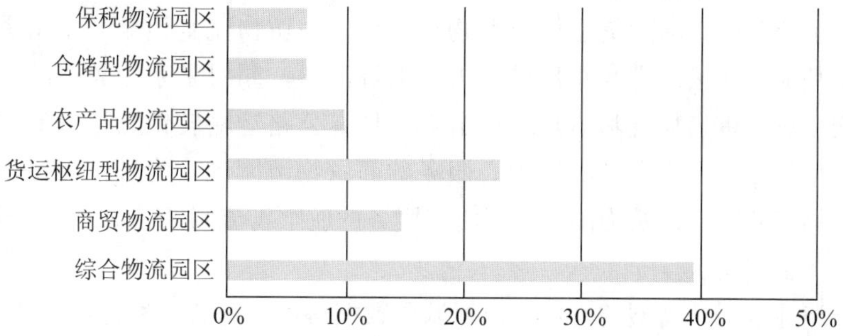

	综合物流园区	商贸物流园区	货运枢纽型物流园区	农产品物流园区	仓储型物流园区	保税物流园区
园区类型占比	39%	15%	23%	10%	7%	7%

图 3－20 京津冀物流园区类型占比

资料来源：孙前进．京津冀地区现代物流体系规划与建设［M］．北京：中国财富出版社，2013.

（1）北京物流园区。

对于北京地区园区类型的占比，根据调研数据得出，综合型物流园区 4 家，占比 29%；商贸型物流园区 0 家，占比 0%；货运枢纽型物流园区 6 家，占比 43%；农产品型物流园区 2 家，占比 14%；仓储型物流园区 1 家，占比 7%；保税型物流园区 1 家，占比 7%。具体情况如图 3－21 所示。

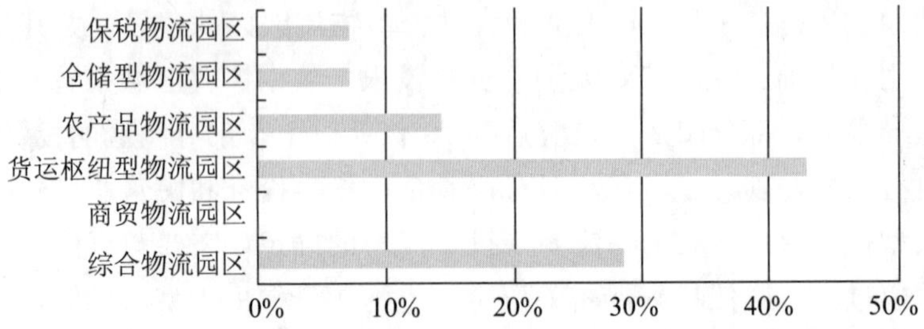

	综合物流园区	商贸物流园区	货运枢纽型物流园区	农产品物流园区	仓储型物流园区	保税物流园区
■北京园区类型占比	29%	0%	43%	14%	7%	7%

图 3－21　北京物流园区类型占比

资料来源：孙前进．京津冀地区现代物流体系规划与建设［M］．北京：中国财富出版社，2013.

从北京市现有天竺综合保税区、马驹桥物流基地、空港物流基地马坊物流基地、京南物流基地等物流园区业务功能来看，天竺综合保税区直接依托空港口岸，重点是保税物流，打造辐射东北亚的重要功能平台；马驹桥物流基地为大型厂商在全国以及环渤海地区的分销、采购和北京市进出货物的集散提供物流平台；空港物流基地是北京市唯一一个公路航空国际货运枢纽型物流基地；马坊物流基地是北京市重点发展的口岸型物流基地，连接北京与京唐港、天津港等港口，同时是京津冀海陆空铁多式联运系统的交会点；京南物流基地是北京市唯一具有公路运输转铁路运输的综合物流基地。但是北京仍然缺少为大型商贸中心服务的商贸物流园区，为城镇居民消费服务的城市配送型物流园区，以及为国际航空物流服务的航空物流园区。

（2）天津物流园区。

对于天津地区园区类型的占比，根据调研数据得出，综合型物流园区 10 家，占比 34%；商贸型物流园区 6 家，占比 21%；货运枢纽型物流园区 3 家，占比 10%；农产品型物流园区 3 家，占比 10%；仓储型物流园区 3 家，占比 10%；保税型物流园区 3 家，占比 10%。具体情况如图 3－22 所示。

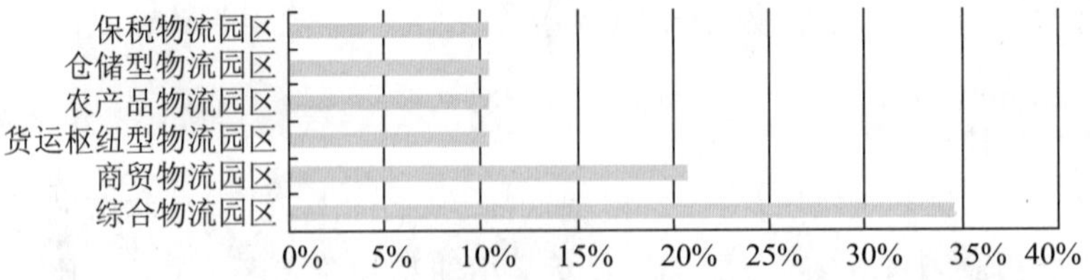

	综合物流园区	商贸物流园区	货运枢纽型物流园区	农产品物流园区	仓储型物流园区	保税物流园区
■ 天津园区类型占比	34%	21%	10%	10%	10%	10%

图 3－22　天津物流园区类型占比

资料来源：孙前进．京津冀地区现代物流体系规划与建设［M］．北京：中国财富出版社，2013.

天津市按照物流基地的空间布局将其规划为沿海物流发展带、京津物流发展带、南部物流聚集区、北部物流聚集区和西部物流聚集区。其中沿海物流发展带以天津港为起点，沿海产业带为延伸方向，聚集了一批沿海产业型物流园区、口岸型国际物流基地与功能互补的物流企业；京津物流发展带以天津港为起点，京津唐产业带为延伸方向，依托新能源新材料、生物制药、航空航天等核心产业聚集区，集聚了一些物流中心和许多大型产业物流基地；南部物流聚集区位于津南区、西青区形成的服务于新型工业产业及高端电子信息产业的物流聚集区，北部物流聚集区位于宝坻区、蓟县形成的服务于新型生态农业化及现代商贸的物流聚集区，西部物流聚集区位于西青区、静海县形成的服务于钢铁、冶金、建材及现代商贸的物流发展聚集区。但是天津仍然缺少为海洋经济服务的大型港口物流园区。

（3）河北物流园区。

对于河北地区园区类型的占比，根据调研数据得出，综合型物流园区 10 家，占比 56%；商贸型物流园区 3 家，占比 17%；货运枢纽型物流园区 5 家，占比 28%；农产品型物流园区 1 家，占比 6%；仓储型物流园区 0 家，占比 0%；保税型物流园区 0 家，占比 0%。具体情况如图 3-23 所示。

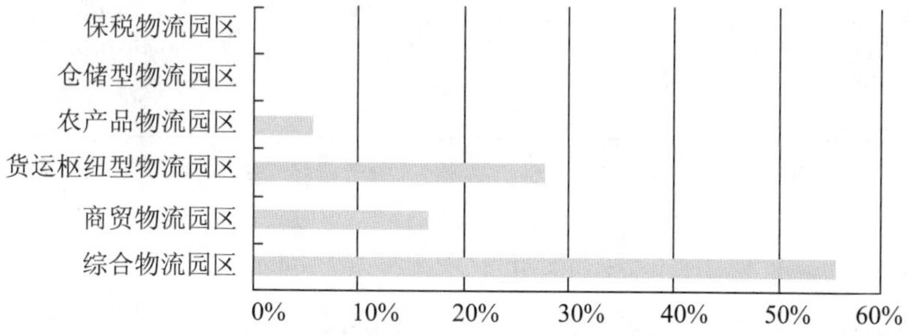

	综合物流园区	商贸物流园区	货运枢纽型物流园区	农产品物流园区	仓储型物流园区	保税物流园区
河北园区类型占比	56%	17%	28%	6%	0%	0%

图 3-23 河北物流园区类型占比

资料来源：孙前进．京津冀地区现代物流体系规划与建设［M］．北京：中国财富出版社，2013.

河北省将物流基地按区域和功能规划为全国重要的大宗商品交易中心和物流中心、首都经济圈物流服务基地及环渤海地区港口物流产业基地。其中，全国重要的大宗商品交易中心和物流中心起到了生产和集散全国铁矿石、煤炭、钢铁等大宗商品的作用，形成我国重要的生产组织中心、物流配送中心和大宗商品交易中心。但是河北省仍然缺少为工业聚集区、特色产业服务的区域性生产服务型物流园区和综合服务型物流园区。

在具体规划建设中，北京金泰港城市物流服务综合体项目规划建设一个立足北京，服务北京，辐射全国，以城市服务为核心，建成集电商总部经济、展贸交易、现代仓储、城市配送服务等功能为一体的现代城市物流服务综合体。项目位于北京市大兴区黄村镇大庄村京南物流基地内，南环路与京开高速路交会处，处于北京市规划建设的京南物流商港核心区。其中，项目规划占地面积 295.8 亩（合计 19.73 万平方米），建筑面积 27.36 万平方米。划分为 4 个功能区，即电商商务中心、电商交易中心、城市配送中心、加工检测中心，具有商务办公、展示交易、O2O 体验、城市配送、信息服务等主要功能。项目总投资预计 17.68 亿元。建设周期三年，第一期建设电商商务中心。项目全部建设完成后，预计可引进经营商户超过 2000 家，年实现交易额超过 100 亿元，新增就业人员超过 8000 人。

同时，为加快农产品的流通，天津市建立了多个农产品物流园区项目，在市场调研的过程中，主要调研的天津农产品物流园区如表 3－2 所示。

表 3－2　　天津农产品物流园区

物流园区名称	位置	选择因素
金钟农产品批发市场	外环线东半环与金钟河大街的交会处	天津市内老牌农贸市场发展而成的原始类型农产品物流集散地
海吉星（翰吉斯）农产品进出口贸易中心	静海北环工业区徐良路1号	新区政策支持，国内外品牌开发商，片区开发型城市项目，农产品物流园新产品模式、新推广运营

资料来源：黄学群．天津市武清区农产品加工物流业发展思路与重点任务［J］．天津农业科学，2013，19（2）：29－34．

其中，金钟农产品物流园区包括金钟蔬菜市场、金钟粮油批发市场、民权门综合批发交易市场，三个批发市场和天津市金钟农副产品有限公司占地面积为 400 亩。其中包括蔬菜交易区 8 万平方米、水果交易区 2 万平方米、水产品交易区 1 万平方米、粮油交易区 3.5 万平方米、副食品交易区 5 万平方米。内设商用店铺、综合办公楼、仓储库、招待所、蔬菜交易大棚、水果精品大厅、水产品交易大厅、综合零售大厅、冷藏库、果菜保鲜库、出口加工车间、计量器具等设施。市场还建立了电子交易结算中心、电子信息中心、农药残留检测中心、电视监控管理中心。

翰吉斯国际农产品物流园是天津市重大建设项目，并列入天津市“十二五规划”、国家中法合作年项目。总投资约 150 亿元，总建筑面积 360 万平方米，全部建成后预计年交易额、销售额近 1500 亿元、可容纳各类企业和商户 1 万余家。其功能定位为打造“世界一流的国际农产品物流园，规模最大的国际农产品物流园，全国乃至世界农批市场的新标杆”，集蔬菜、水果、水产冻品、粮油副食、肉类、全国名优特农产品、进口食品等批发交易、加工配送、仓储、物流运输、进出口贸易、通关、检验检疫、电子结算、标准化推广、拍卖、电子商务、金融担保、会展、品牌培育等为一体的供应链综合服务平台。

（二）京津冀物流园区的运营发展情况

物流园区的运营情况，在很大程度上反映了是否能实现持续发展，其运营情况的好坏及管理水平的高低和物流园区入驻企业数量的情况将决定物流园区的运营效率的高低。

1. 京津冀物流园区主要业务功能

一般的物流园区从业务功能来看，主要分为仓储、运输、配送、交易、货运代理、加工、金融服务以及其他的业务功能。此次京津冀物流园区调研的结果如图 3－24 所示。物流园区的仓储功能在业务板块中占的比重最大，约占 90%；其次是运输、配送、交易的业务功能；物流园区开展金融服务的业务功能占比较低，约占 11%。

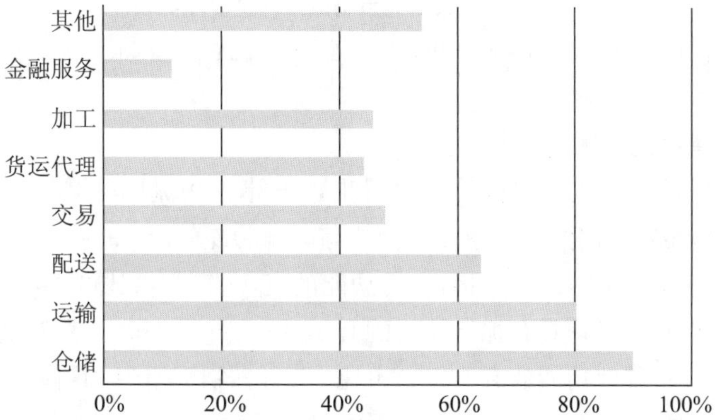

	仓储	运输	配送	交易	货运代理	加工	金融服务	其他
业务功能占比	90%	80%	64%	48%	44%	46%	11%	54%

图 3－24　京津冀物流园区主要业务功能

资料来源：中国物流学会．全国物流园区现状报告：同质化现象严重［R］．2015－08.

（1）北京物流园区。

根据调研得到的数据进行统计后得出，北京各物流园区具有的业务功能占比为：具有仓储功能的有 14 家，占比 100%；具有运输功能的有 14 家，占比 100%；具有配送功能的有 9 家，占比 64%；具有交易功能的有 4 家，占比 28%；具有货运代理功能的有 5 家，占比 35%；具有加工功能的有 5 家，占比 35%；具有金融服务功能的有 2 家，占比 14%；具有其他功能的有 12 家，占比 85%。各物流园区具体所含业务功能占比情况如图 3－25 所示。

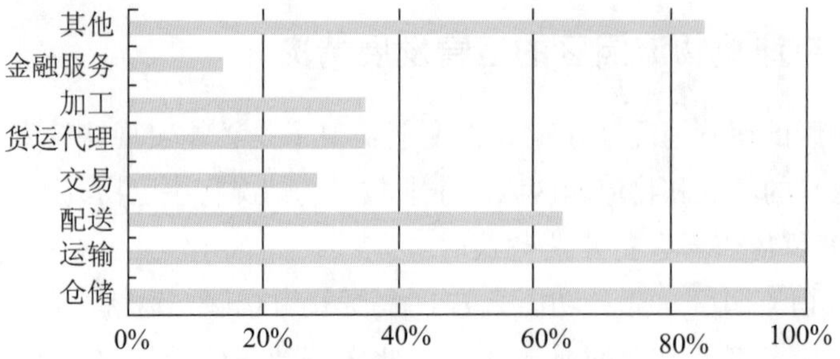

	仓储	运输	配送	交易	货运代理	加工	金融服务	其他
北京业务功能占比	100%	100%	64%	28%	35%	35%	14%	85%

图 3－25　北京物流园区主要业务功能

资料来源：中国物流学会．全国物流园区现状报告：同质化现象严重［R］．2015－08.

（2）天津物流园区。

根据调研得到的数据进行统计后得出，天津各物流园区具有的业务功能占比为：具有仓储功能的有 24 家，占比 82%；具有运输功能的有 19 家，占比 62%；具有配送功能的有 14 家，占比 48%；具有交易功能的有 11 家，占比 37%；具有货运代理功能的有 6 家，占比 20%；具有加工功能的有 12 家，占比 41%；具有金融服务功能的有 4 家，占比 13%；其他功能的有 7 家，占比 24%。各物流园区具体所含业务功能占比情况如图 3－26 所示。

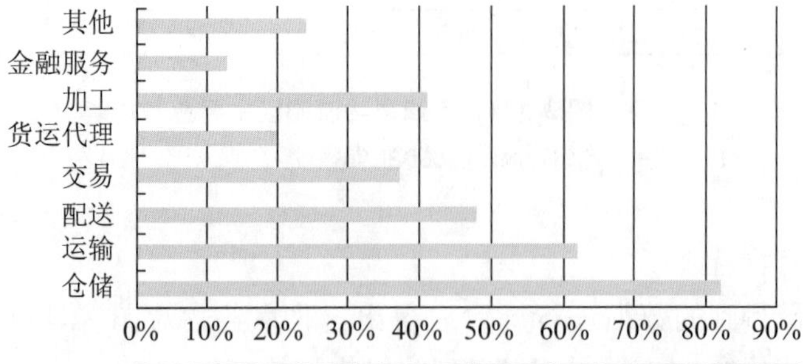

	仓储	运输	配送	交易	货运代理	加工	金融服务	其他
天津业务功能占比	82%	62%	48%	37%	20%	41%	13%	24%

图 3－26　天津物流园区业务功能占比

资料来源：中国物流学会．全国物流园区现状报告：同质化现象严重［R］．2015－08.

（3）河北省物流园区。

根据调研得到的数据进行统计后得出，河北省各物流园区具有的业务功能占比为：具有仓储功能的有 18 家，占比 100%；具有运输功能的有 18 家，占比 100%；具有配送功能的有 13 家，占比 72%；具有交易功能的有 12 家，占比 66%；具有货运代理功能的有 12 家，占比 66%；具有加工功能的有 9 家，占比 5%；具有金融服务功能的有 2 家，占比 11%；具有其他功能的有 9 家，占比 50%。各物流园区具体所含业务功能占比如图 3－27 所示。

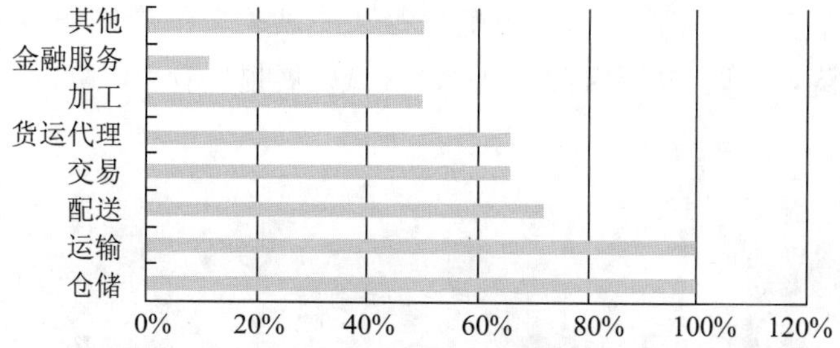

	仓储	运输	配送	交易	货运代理	加工	金融服务	其他
河北业务功能占比	100%	100%	72%	66%	66%	50%	11%	50%

图 3－27　河北物流园区主要业务功能

资料来源：中国物流学会．全国物流园区现状报告：同质化现象严重［R］．2015－08.

以下将以北京平谷马坊物流基地为例①，主要概述物流园区的主要功能业务，其功能主要划分为二期规划，如图 3－28 所示。

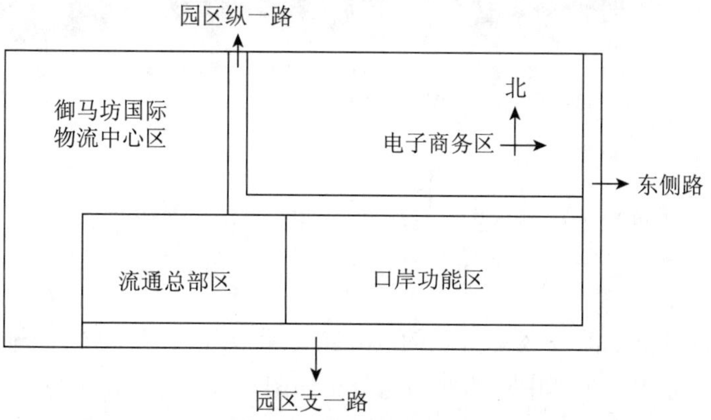

图 3－28　平谷马坊物流基地一期功能分布

资料来源：平谷政府网．马坊物流基地［EB/OL］．http：//www. bjpg. gov. cn/publish/portal0/tab73/info906. htm

①一期功能布局。

平谷口岸功能区。口岸功能区占地约 500 亩，重点建设监管区、展示交易中心、全自动立体冷库和流通加工中心。目前，1.8 万平方米监管仓库和联合查验平台、2000

① 北京平谷马坊物流基地．区域配套［EB/OL］．http：//www. bjmfwl. gov. cn/.

平方米现场查验楼、5.1万平方米监管堆场、H986海关查验设施、检疫无害化熏蒸处理中心、1.8万吨全自动立体冷库等设施均已投入使用；正在建设5.2万平方米展示交易中心、全自动立体冷库、1.5万平方米流通加工中心（含2500平方米保税仓库），具体功能如图3－29所示。为口岸进出口货物提供保税仓储、冷链物流、检测试验、保税展销、交易结算、流通加工、城市配送等“一站式”供应链服务，为打造特色口岸、发展口岸经济，建设“口岸商谷”、带动区域发展提供有力保障。

图3－29　口岸功能区

资料来源：平谷政府网．马坊物流基地［EB/OL］．http：//www.bjpg.gov.cn/publish/portal0/tab73/info906.htm.

电子商务区。电子商务区总占地约510亩，重点建设京津冀电子商务园和物联网北斗信息技术产业中心，其中具体的功能分布如图3－30所示。京津冀电子商务园占地430亩，是由普洛斯投资管理（中国）有限公司投资5亿元，建设集交易、仓储、配送、结算为一体的10.3万平方米综合型电子商务园，引进和培育电子商务企业，提升电子商务应用整体水平，加快推进产业高端化，推动传统产业向现代产业集群转型升级。目前京津冀电子商务园一期项目7.5万平方米标准化仓库已完工投入运营，二期项目2.8万平方米标准化仓库正在建设中；物联网北斗信息技术产业中心项目占地80亩，是由北京博雅英杰科技有限公司投资4亿元，以科技产业、科技投资、科技孵化为内涵，建设集物流仓储、展示销售、科技研发、生产加工、信息平台等多功能于一体的10万平方米高科技商贸物流园区。项目建成后将吸引北斗、物联网等领域高新技术企业入驻，加速科技与物流的融合，加快物联网产业创新集群的形成，助力首都

“高精尖”经济结构的构建。项目将于“十三五”前期启动并完成建设。

图 3-30 电子商务功能区

资料来源：平谷政府网．马坊物流基地［EB/OL］．http：//www. bjpg. gov. cn/publish/portal0/tab73/info906. htm.

御马坊国际物流中心区。御马坊国际物流中心区占地约 930 亩，是由中弘集团投资建设，集现代物流、电子商务、保税展销、商务休闲、生态办公、奥特莱斯等于一体，总建筑面积约 74 万平方米的综合性项目，如图 3-31 所示。该项目的建设将极大提升基地商务配套环境品质，加速商流、物流、资金流、信息流、人流向基地集聚，构筑临港新兴产业板块，完善口岸经济体系，为平谷区建设“生态绿谷”“口岸商谷”提供有力支撑。目前，该项目建筑面积约 2 万平方米的展示中心项目已竣工并投入使用，成为平谷口岸进出口商品展销会、平谷文玩大集、平谷世界休闲大会的主要承办地；现正在启动 30 万平方米办公楼、7 万平方米酒店的项目建设。全部项目将在“十三五”期间完成建设。

御马坊国际物流中心基础设施

74万平方米御马坊国际物流中心效果图

2万平方米御马坊展示中心实景图

图 3－31 御马坊国际物流中心

资料来源：平谷政府网．马坊物流基地［EB/OL］. http：//www.bjpg.gov.cn/publish/portal0/tab73/info906.htm.

流通总部区。流通总部区占地约 170 亩，重点建设平谷口岸联检业务楼、电子商务大厦和总部配套工程项目，如图 3－32 所示。其中，平谷口岸联检业务楼总建筑面积 2 万平方米，现已投入使用。海关、检验检疫、船代、货代、银行等均已入驻办公，为企业提供“一站式”服务；电子商务大厦总建筑面积 1.25 万平方米，现已有 10 多家电商企业入驻；由温州商会建设的物流基地总部配套工程（A 栋）建筑面积 1 万平方米，现已完成建设即将运营，（B 栋）将于“十三五”期间启动并完成建设。

流通总部区基础设施

2万平方米联检业务楼实景图

1.25万平方米电子商务大厦实景图

1万平方米物流基地总部配套工程效果图

图 3－32 流通总部区

资料来源：平谷政府网．马坊物流基地［EB/OL］. http：//www.bjpg.gov.cn/publish/portal0/tab73/info906.htm.

②二期功能布局。

特色国际陆港口岸区。特色国际陆港口岸区规划占地 0.2 平方千米，紧邻口岸功能区，将重点建设数字口岸，进口冷冻肉的切割、分装、换装、拆拼中心，检验检疫综合性检测实验室（食品、酒类等）、保税库、监管库等设施，完善平谷口岸功能，满足平谷口岸开放，进口肉类指定口岸、进口冷冻水产品指定口岸获批所带来的进出口业务量的增长需求。

跨境电子商务园区。为顺应国际贸易多样化、小件化与个体化发展趋势，扩大进口，保障首都居民对进口商品的消费需求；通过跨境电子商务平台，减少出口环节，促进中小企业产品出口，在基地二期用地规划建设0.5平方千米的跨境电子商务园区。该园区将利用“虚拟+实体”两大平台，通过搭建与首都跨境贸易电子商务公共服务平台相衔接的跨境电子商务“虚拟平台”，吸引从事跨境贸易的电子商务企业、第三方物流企业、快递企业、第三方支付企业投资建设保税仓库、海关围网监管快件中心、分拨配送中心等设施，搭建“实体平台”。

城市配送区。在基地二期用地内规划建设1平方千米城市配送区，吸引社会投资建设仓储、流通加工等公共物流设施，吸引商贸流通企业、专业化的第三方物流企业、冷链物流企业入驻，针对连锁商超、餐饮企业开展共同配送、中央厨房等现代流通方式，提高社会物流运行能效。发展流通加工，延长产业链条，助推产业高端化。投资建设城市供应保障型物流设施。充分利用基地拥有的平谷地方铁路资源，为进出首都的商品与物资开辟新的渠道，提升利用铁路保障城市消费需求与开展国际贸易的能力。

2. 京津冀物流园区信息系统开发方式

随着“互联网+物流”的迅速发展，其离不开物流园区的平台，并且物流信息系统已成为物流园区“互通互联”的协同发展的重要手段。在此次的调研结果中，物流园区已经开始注重物流园区信息系统的开发，其中物流园区自行开发的占比49%，委托定制开发的占比15%，购买成熟成品的占比7%，如图3-33所示。这表明物流园区信息化建设变得更加普及，同时，京津冀物流园区的信息化建设方面还有很大的提升空间。①

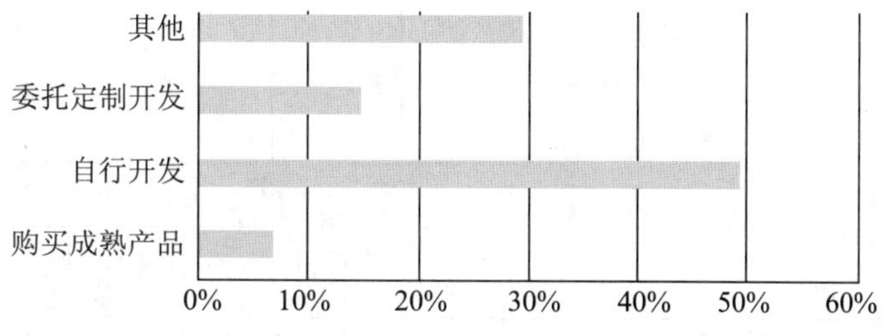

	购买成熟产品	自行开发	委托定制开发	其他
■信息系统开发情况占比	7%	49%	15%	30%

图3-33　京津冀物流园区信息系统开发方式

资料来源：中国物流学会．全国物流园区现状报告：同质化现象严重［R］．2015-08.

（1）北京物流园区。

对于北京物流园区信息系统开发情况，根据调研数据得到：园区信息系统是购买

① 梁亚晨．基于协同发展的京津冀物流中心选址问题研究［R］．大连海事大学．2015-06.

成熟产品的有 2 家，占比 14%；园区信息系统是自行开发的有 2 家，占比 14%；园区信息系统是委托定制开发的有 6 家，占比 43%；园区信息系统是通过其他方式开发的有 4 家，占比 29%。具体情况如图 3－34 所示。

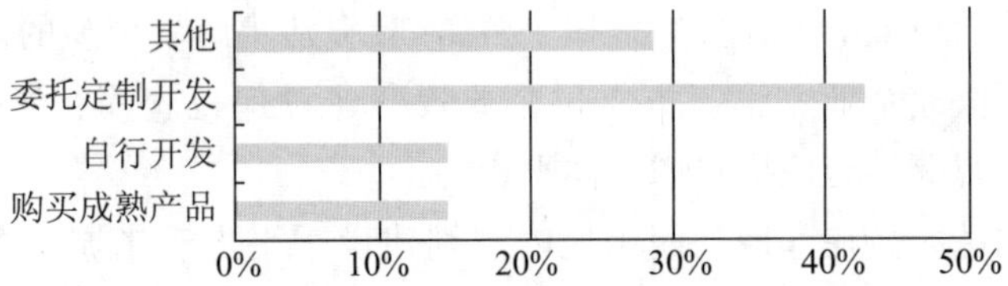

	购买成熟产品	自行开发	委托定制开发	其他
北京信息系统开发情况占比	14%	14%	43%	29%

图 3－34　北京物流园区信息系统开发方式

资料来源：中国物流学会．全国物流园区现状报告：同质化现象严重［R］．2015－08.

（2）天津物流园区。

对于大津物流园区信息系统开发情况，根据调研数据得到：园区信息系统是购买成熟产品的有 0 家，占比 0%；园区信息系统是自行开发的有 23 家，占比 79%；园区信息系统是委托定制开发的有 1 家，占比 3%；园区信息系统是通过其他方式开发的有 5 家，占比 17%。具体情况如图 3－35 所示。

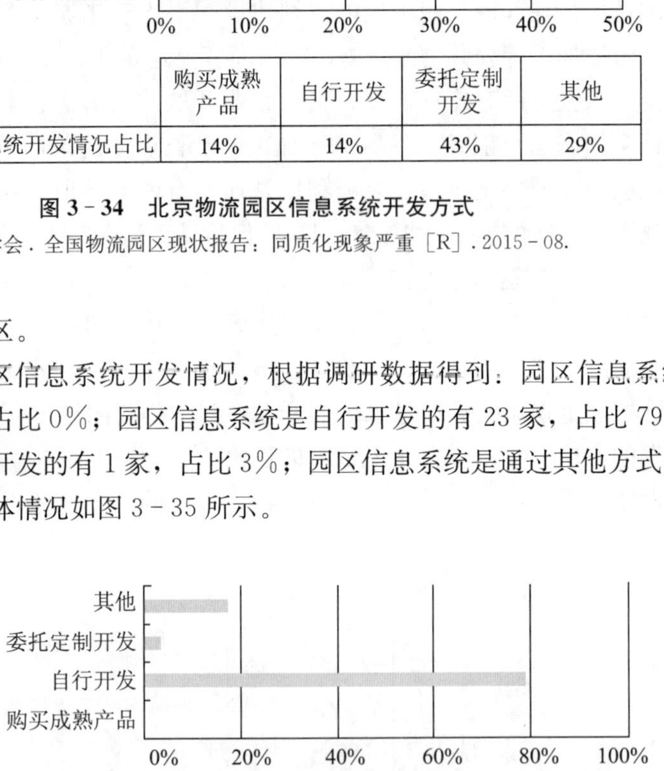

	购买成熟产品	自行开发	委托定制开发	其他
天津信息系统开发情况占比	0%	79%	3%	17%

图 3－35　天津物流园区信息系统开发方式

资料来源：中国物流学会．全国物流园区现状报告：同质化现象严重［R］．2015－08.

（3）河北物流园区。

对于河北物流园区信息系统开发情况，根据调研数据得到：园区信息系统是购买成熟产品的有 2 家，占比 11%；园区信息系统是自行开发的有 5 家，占比 28%；园区信息系统是委托定制开发的有 2 家，占比 11%；园区信息系统是通过其他方式开发的有 9 家，占比 50%，具体情况如图 3－36 所示。

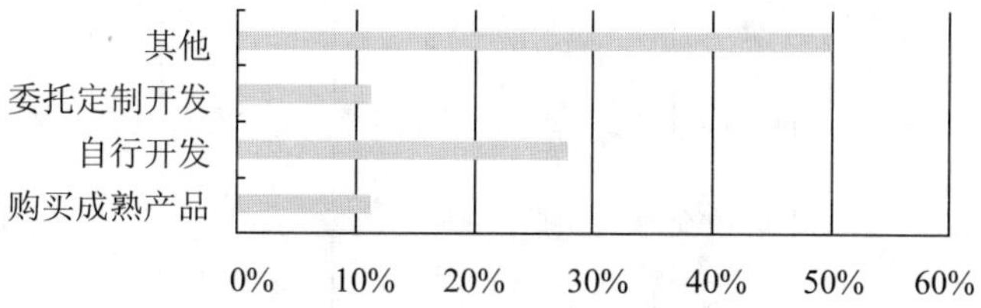

	购买成熟产品	自行开发	委托定制开发	其他
河北信息系统开发情况占比	11%	28%	11%	50%

图 3－36　河北物流园区信息系统开发方式

资料来源：中国物流学会．全国物流园区现状报告：同质化现象严重［R］．2015－08.

物流园区作为服务物流企业的平台运营商，就是通过系统地提供“资源整合、规范管理、服务提升”来创造价值，与客户共同成就事业的软硬一体化物流服务平台，服务并培育专业第三方物流企业。而软平台的核心就是信息系统，即通过系统实现平台内外高度协同互动，建立起竞争优势，通过聚集与整合平台内外的客户资源，大力拓展对外部社会资源的低成本聚集与整合经营，形成信息化赢利模式，并产生平台服务增值收益。信息发布、在线结算、货物跟踪、业务管理等功能都需要通过信息系统得以实现，开发信息系统的重大作用不言而喻。

对于物流园区或物流园区入驻企业来说，尽管通过委托制定开发、自行开发、购买成熟产品等途径可以建立起属于本物流园区或者本企业的物流信息系统，但是建立物流信息系统所耗费的资源是昂贵的、巨大的，同时由于各信息系统之间标准不统一、相互隔离等问题的存在，使京津冀所属物流园区之间不能进行有效的沟通和衔接。因此，京津冀所属物流园区迫切需要一个公共物流信息平台。通过这个平台整合京津冀物流园区已有资源，利用公共信息平台对行业资源进行共享，发挥京津冀物流园区的整体优势，将会从根本上改善物流园区运作效率。而随着互联网技术的发展和物流信息技术运用的成熟，在相关部门的倡导和组织下，物流信息平台的建设能够真正实现物流企业之间、物流园区之间、企业与客户之间的物流信息和物流功能的共享。

3. 京津冀物流园区入驻情况分析

按照统计，截至 2015 年样本中的物流园区的入驻情况，入驻率在 71%～90%的占比最高，如图 3－37 所示。

其中，调研结果显示，交通便捷仍然是物流园区吸引企业入驻的首要条件，配套设施齐全、服务质量高、园区品牌好分别排在第二、第三、第四位，如图 3－38 所示。

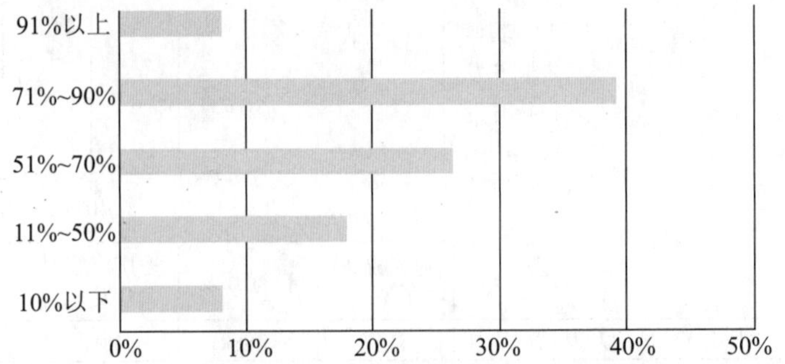

	10%以下	11%~50%	51%~70%	71%~90%	91%以上
入驻率占比	8%	18%	26%	39%	8%

图3-37　京津冀物流园区入驻率

资料来源：中国物流与采购联合会．物流园区运营统计分析报告（2015）[R]．2015-08.

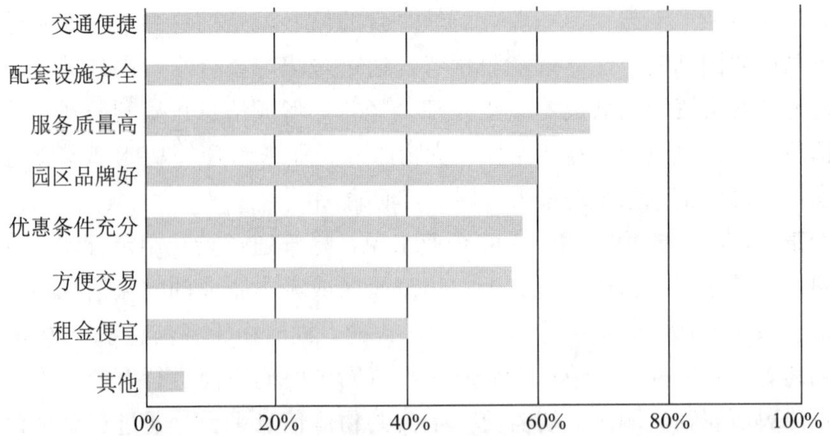

	其他	租金便宜	方便交易	优惠条件充分	园区品牌好	服务质量高	配套设施齐全	交通便捷
入驻主要原因占比	6%	40%	56%	58%	60%	68%	74%	87%

图3-38　京津冀物流园区吸引企业入驻的主要原因

资料来源：中国物流与采购联合会．物流园区运营统计分析报告（2015）[R]．2015-08.

在数据不足的情况下，根据调研得到的数据，得出了北京、天津、河北三地部分园区的入驻情况，如图3-39所示。从图中可以看出，北京物流园区企业入驻率最高，天津、河北两地相对较低。

京津冀物流园区加强入驻企业的客户开发工作是至关重要的。物流企业是物流园区的活动主体，物流企业的入驻是衡量一个园区运营状态好坏的重要指标。而物流园区的建设目的就是要通过良好的物流服务能力和水平实现园区经济和社会效益。因此，在中国物流园区的建设规划过程中，如何做好客户开发工作、吸引企业入驻、保持园区活力一直是物流园区建设开发和运营的重中之重。为了更好地吸引和留住企业客户，物流园区会综合运用政府提供的各种相关优惠政策，切实考虑入驻企业的市场需求、资金、员工等。

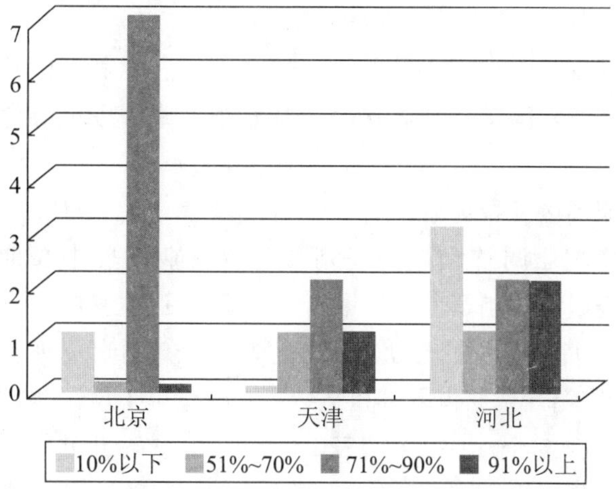

图 3－39　三地物流园区企业入驻情况对比

资料来源：中国物流与采购联合会．物流园区运营统计分析报告（2015）［R］．2015－08.

以北京空港物流基地为例，北京空港物流园区以航空物流、第三方物流、新业态物流、流通型加工企业、物流信息与咨询、物流技术支持与培训为产业导向，为入驻企业提供如下优惠政策：对使用先进物流技术的入区企业，在土地出让价格上予以10％～15％的优惠；入区企业享受特殊扶持和奖励政策，半费连通宽带接口和电信资费优惠政策；入区企业高级管理技术人员及子女入托、普教入学优惠政策；园区还制定了委托招商代理人、项目中介人的奖励政策；对于在园区投资的企业，园区协办工商注册手续；注册资本 150 万美元以上的企业，按企业上缴所得税区财政留成部分50％的额度，由区财政预算安排给予扶持和奖励；注册资本在 150 万元人民币以上的内资入区企业，在享受国家及北京市有关优惠政策的同时，按企业上缴所得税区财政留成部分 50％的额度，由区财政预算安排给予 5 年的扶持和奖励；进入工业区的科研开发机构、高新技术企业和民营科技企业自经营年度起，三年内每年按企业上缴增值税区财政留成部分 30％的同等额度，由区财政预算安排给予扶持和奖励。

4. 京津冀物流园区发展规划情况

（1）北京市物流园区发展规划。

北京市在“十三五物流规划”中重点指出对非首都功能疏解的重视，要求推动区域性物流基地、专业市场调整退出，部分教育医疗等公共服务机构、行政企事业单位有序疏解迁出①。达到全市常住人口总量控制在 2300 万人以内，城六区常住人口比2014 年下降 15％左右，“大城市病”等突出问题得到有效缓解，首都核心功能显著

① 刘东英，等．京津冀物流产业升级路径及对策研究［J］．经济与管理，2015，4（29）：18－22.

增强。

积极推动京津冀产业对接协作，认真落实京津冀产业指导目录，加强与天津、河北产业发展规划衔接，依托重点企业搭建对接协作平台，促进区域间、产业间循环式布局。

按照京津冀协同发展中部核心功能区、西北部生态涵养区的功能定位，调整各区县发展方向及重点产业，推动形成各区县主体功能清晰、发展导向明确、建设秩序规范的发展格局。

（2）天津市物流园区发展规划。

根据国务院《物流业调整和振兴规划》《物流业发展中长期规划（2014—2020年）》，天津市商务委组织编制了《天津市商贸物流业发展规划（2016—2020）》。

2014 年，天津港货物吞吐量已超过 5.4 亿吨，全球排名第四位。天津港集装箱吞吐量超过 1400 万标准箱，位居世界港口集装箱吞吐量第十位。2014 年，全市年成交额在 1 亿元以上的市场 100 个，成交额 1529.99 亿元，占全市市场成交总额的 96.4%。全年限额以上单位商品零售 124971 亿元，增长 9.8%。2014 年，全市农产品批发市场成交额为 667.94 亿元，同比增长 1.73%。全市年销售额亿元以上的农产品批发市场 22 个，农产品批发市场日均批发量达到 8200 吨。2014 年天津市有大型冷链物流企业与水产品加工企业 80 多家，大中型冷库近百座，总库容约 100 万吨，其中规模以上冷库 45 家，库容达 76 万吨。2014 年天津市电子商务交易额达到 5233.87 亿元，较 2013 年的 3145 亿元，增长 66.4%，电子商务交易额仍保持高速增长。2014 年，天津规模以上快递企业完成业务量近 1.25 亿万件，同比增长达到 42.27%；实现收入达 25.07 亿元，同比增长 41.12%，快递行业整体呈现出加速发展态势。

其中物流园区方面提到，整合现有物流基础设施，形成物流网络。加强物流园区规划布局，进一步明确功能定位，整合和规范现有园区，节约、集约用地，提高资源利用效率和管理水平。在天津市外环线和港口周围以及制造业基地周边，加强现代化配送中心规划，在城市社区和村镇布局建设共同配送末端网点，优化中心城区商业区和大型社区物流基础设施布局，形成层级合理、规模适当、需求匹配的物流仓储配送网络。发挥天津港优势，加强煤炭码头、石化码头的建设，促进大宗货物物流的发展，打造服务京津冀、辐射一带一路的重要港口平台。加快建设中心渔港冷链物流基地。推进电子商务与快递协同发展，吸引更多快递企业入驻物流园区。大力发展电商物流，开拓跨境电商物流市场。

（3）河北省物流园区发展规划。

根据《中共中央国务院关于印发〈京津冀协同发展规划纲要〉的通知》，河北省为全面贯彻落实京津冀协同发展，制定了《河北省建设全国现代商贸物流重要基地规划（2016—2020 年）》。2015 年，河北省全省物流总额达到 8.4 万亿元，同比增长 6.7%；物流业实现增加值 2613 亿元，同比增长 6.9%，成为继钢铁业、装备制造业后的第三大支柱产业。省级物流产业聚集区建设加快推进，迁安北方、安平等 7 个物流产业聚集区入选全国优秀物流园区。全省规模以上物流企业达到 417 家，冀中能源国际物流、开滦国际物流等 8 家企业步入全国物流百强行列。

同时，河北省商贸物流发展总体水平不高，发展方式比较粗放。其原因一是物流集散地发展滞后；二是产业关联度较弱；三是为京津冀服务能力不强。

展望 2030 年，计划通过产业升级和转型，在河北建立起具有国际影响力的世界级商贸物流产业集群。围绕“一环，两通道，多节点”的产业空间布局为核心进行规划。

①一环。建设北京批发市场转移承接地；建设环京津 1 小时鲜活农产品物流配送圈，依托布局在京津周边农产品物流配送基地，完善新鲜蔬菜、冷链物流体系，建设 100 个现代蔬菜产业园区；为整合仓储、分拣加工、配送等环节，依托世界商谷—廊坊国际贸易城、白沟新城、固安国际贸易城、石家庄国际贸易城等大型商贸综合体建设京津大型商贸承接地；建设区域物流承接地；建设北京新机场临空经济区；建设冀津商贸物流融合体系。

②两通道。建设东西向大宗商品物流及南北向综合物流两条通道。构建网络型物流，打造一批具有全国影响力的商业中心、集散地和会展中心。

③多节点。引进“互联网＋”、智慧物流等，建设进出口商品集散基地和区域分拨中心；建设多个重点物流产业集聚区，大力发展区域性物流；依托重大交通枢纽和承接北京市非首都核心功能转移，专业化物流支点。

三、北京市物流中心和批发市场疏解情况

随着京津冀协同发展战略日益深化，疏解非首都功能成了京津冀协同发展的关键和重中之重，批发市场和物流中心的疏解成为重中之重。通过疏解非首都功能、强化提升首都核心功能，首都功能核心区和拓展区的空间布局得到了进一步的优化，这也缩小了京津冀区域内企业的发展落差，从而推动京津冀企业的协同发展。

（一）北京非首都功能总体疏解情况

在京津冀协同发展战略中，北京市作为京津冀城市群的核心，其企业发展水平高于津冀两地。为促进京津冀发展，促进产业融合，以津冀两地为承接地，对北京的批发市场和物流中心进行了升级改造。

北京较大型的物流园区主要集中在南城，包括大红门物流基地、汉龙物流园、神龙丰物流园、巨邦物流园等，且均集中在南六环以内。园区设施落后，大量人口集中，园区位置不利于解决首都“大城市病”，也对未来物流园区发展改造造成了一定的障碍。

物流园区的外迁一定程度上改善了北京当前的物流格局，物流园区迁到外环，不但可以科学地建设新型现代化物流园区，有效地形成物流园区网络化，从一定程度上来说，也提高了物流效率。

在进行非首都功能的进程中，北京将疏解 90 家市场，推进动批、天意、大红门地区市场疏解转移，启动官园、万通、百荣世贸、雅宝路等市场调整升级，启动农产品

批发市场布局调整和升级改造。疏解商品交易市场 90 个左右，升级改造 100 个左右。

本次调研了解到的相关市场疏解情况如下：

东城区的百荣世贸商城二期。2016 年计划疏解 5 家有生产制造环节的工业企业，“十三五”末将全部完成疏解。此外，该区将推动百荣世贸商城二期等区域性专业市场的批发、物流、仓储功能疏解，以及红桥市场、永外城转型升级。

西城区的动物园服装批发市场（动批）。首个进行整体疏解的天皓成服装批发市场已经完成疏解，主要经营服装、商品类的批发和零售，市场建筑面积达 1 万平方米，营业区域分为地上三层，地下两层，摊位 500 余个。如今变为了金融创新中心，并引入高端业态。另外，动批的众合市场、天和白马、万容商城和聚龙市场被列入 2015 年的疏解任务，2016 年的疏解任务为世纪天乐市场和东鼎商城。

丰台区的大红门服装城。已经关停了 7 家市场，疏解了几千商户。2015 年 11 月，大红门疏解该地区源鑫达市场等 7 家服装辅料批发市场、近 700 家商户。疏解外迁，升级改造，大红门地区的非首都功能疏解还正在进行中，计划 2017 年完成全部 45 家市场的疏解工作。

石景山的大杂院。该区在 2015 年共梳理出 528 个低端产业聚集“大杂院”，并在当年清理整顿完毕 88 个。2016 年石景山区将继续聚焦治乱疏解，坚决预防和治理“大城市病”。区两会上政府立下军令状，年内完成 60%清理整治任务，力争完成 80%，到 2017 年全部清除。

通州的八里桥市场。其将实施有形商品市场改造提升工程，启动八里桥市场搬迁，加快推进运乔建材城、西联石材市场等商、市场的整治进度，确保完成流动人口总量减少 5%以上的目标。

顺义的服务业和低端市场。顺义在 2016 年将逐步规范整顿小商品、建材、汽配等聚集市场，加大对市场及周边地区的整顿力度并努力疏解。此外，还将开展以餐饮、美容美发、洗浴、废品回收等行业为整治重点的服务业和低端市场专项整顿行动。

昌平区的工业大院。昌平区 2016 年将启动 5 个工业大院试点改造，直至 2020 年全部 50 个老旧工业大院升级换面貌。改造有拆迁、撤并和规范升级 3 种方式。

房山区的禁止类产业。2016 年房山区将实施煤改电、煤改气 2.3 万户，完成 10 万吨减煤换煤，淘汰退出污染企业 47 家。6 月底前，将全部退出禁止类产业，年底前完成限制类产业改造升级任务。

在北京进行非首都功能疏解任务中，河北将成为北京批发市场转移承接地：

①围绕北京服装、小商品、农产品、家具、建材等区域性批发市场的调整退出，以永清、白沟为重点承接北京服装批发市场转移；

②以白沟、石家庄国际商贸城、燕郊国际贸易城为重点承接北京小商品批发市场转移；

③以高碑店、涿鹿、滦平为重点承接北京农产品批发市场转移；

④以香河、大城为重点承接北京家具批发市场转移；

⑤以香河、黄骅为重点承接北京建材批发市场转移；

⑥以三河为重点承接北京印刷包装批发市场转移。

（二）物流中心、批发市场成功疏解经验

1. 北京大红门批发市场成功疏解经验

本部分内容来自相关媒体总结性报道①。北京大红门地区共有 45 家市场（其中，国有企业占 22 家），占地 107 公顷，总建筑面积约为 161 万平方米，商铺 28436 个，直接从业人员约 8 万人。经过一年多的努力，疏解工作取得突破性进展。相关网络媒体总结其成功经验如下。

（1）有效的疏解方法。

完善疏解工作机制。一是明确疏解指挥部组织机构，成立区领导丰台区非首都功能疏解指挥部，统筹协调全区各领域功能疏解，其中大红门地区成立专项工作小组负责疏解工作；二是梳理台账，建立市场总体情况台账、市场商户档案、区属相关企业土地房屋出租台账、国有土地仓储物流企业台账、非法出租大院台账五类疏解档案；三是制订市场清退年度计划，分解目标任务，明确责任单位和完成时限；四是制定疏解中长期工作方案，明确了近 3 年（2015—2017）年度疏解任务和实施路径，确保 2017 年完成大红门地区的市场疏解。

政府搭台畅通疏解外迁对接渠道。在疏解工作中政府“突出两个‘对接’，建好三个‘平台’”，即对外埠承接地的对接和对疏解对象的对接；外埠联系平台、商市场和商户沟通对接平台和疏解指挥部各分部沟通平台。通过政府搭台对接，组织商户赴外埠承接地考察，促进了地区有序疏解。疏解启动至今已组织 760 余名商户先后赴白沟、永清、石家庄等地进行考察，为疏解外迁创造了条件。

正面宣传营造疏解氛围。一是积极组织各大主流媒体定期互通工作进展情况，加强疏解工作舆论引导，先后组织疏解新闻发布会 10 次，营造非首都功能疏解舆论导向；二是协调属地街道、乡镇通过宣传车循环播放疏解政策，很大程度上提升了疏解工作知晓率；三是建立微信公众号，加强疏解政策、外埠承接项目的宣传。

多措并举分头沟通协调推进疏解落实。以彻底关停承租金隅集团下属企业物业的方仕、鑫海两家鞋城的工作为例。一是成立工作组。大红门街道、大红门疏解办、金隅集团北京建机资产经营有限公司共同成立方仕、鑫海鞋城疏解清退工作组，确保各阶段清退工作落实。二是积极与商户沟通。张贴并逐户发放市场停租公告及招商推介材料，并与方仕、鑫海鞋城进行 4 次约谈。三是做好保障工作。停租公告发布后，及时组织开展维稳工作，设立了商户诉求接待室。消除鞋城关停期间的安全隐患，11 月 30 日起停止对两鞋城提供水、电等经营配套服务。同时，落实框架协议要求，积极组织方仕鞋城开展评估工作和鑫海鞋城的升级改造方案审核工作。

① 千龙网．13 家单位在京交流京津冀协同发展经验［EB/OL］．http：//interview.qianlong.com/2016/0125422_6.shtml.

（2）满意的疏解成效。

大红门地区共关停拆除7家市场，改造升级4家市场，叫停新增5家市场，疏解仓库大院40处，涉及商户5639户，面积32.73万平方米，从业人员约17320人。同时，方仕、鑫海两家鞋城于11月15日彻底关停。这两个鞋城的关停，对大红门地区的疏解工作具有重要意义。

疏解了市场及配套空间。一是关停了方仕、鑫海两个鞋城。两个鞋城共疏解商户840户，直接从业人员1600人，建筑面积7.2万平方米；二是完成了下属北京市木材厂南、北2个厂区的承租户的疏解清退工作，清退拆除仓库、大院、地下室共计10处，涉及面积约7.19万平方米（包括腾空库房及办公用房66726.95平方米，棚库面积1763.8平方米，拆除违建面积3390平方米），清退租户69户，疏解相关外来人员2690人；三是关停集团自有企业。柯诺木业和太尔化工有限公司按照金隅集团要求全部停产，关停面积1.4万平方米。

对后续的疏解工作产生深远的影响。一是起到示范带动作用。两鞋城的关闭，对大红门地区超过80%的倾向于原地观望的商户，以及下一步推进市属国企相关市场疏解工作都起到了良好的带头示范作用。二是完善疏解流程。制定了评估公司比选、人民调解、市场升级转型、市场关停四项工作流程，为后续市场疏解清退奠定了基础。

2. 北京新发地农产品物流园区成功疏解经验

北京新发地农产品中心批发市场成立于1988年5月16日，位于北京市南四环马家楼桥南1.2千米处，京开高速公路（106国道）新发地北桥西侧。经过近30年的建设和发展，现已成为北京市交易规模最大的农产品专业批发市场，在全国同类市场中也具有很大的影响力。市场现占地面积1520亩，总建筑面积近21万平方米，有管理人员1700多名，总资产达40.6亿元。

2010年4月7日，北京新发地与保定高碑店市人民政府签订了《北京新发地高碑店农产品物流园区项目协议书》，在此基础上注册成立了“河北新发地农副产品有限公司”，公司注册资金20000万元。北京新发地高碑店农副产业物流贸易港项目，是高碑店市对接北京、承接北京产业转移的重要项目，也是河北省“米袋子”“菜篮子”功能的体现，有利于促进当地就业以及“三农”发展，从此，拥有近28年发展历史的北京新发地老市场焕发新生机，花开北京、河北两地。

北京新发地农产品物流园区成功疏解经验如下。

（1）制定“内升外扩”发展战略。

北京新发地是北京市交易规模最大的专业农产品批发市场，经过近28年的发展，交通拥挤、用地局促，已迫使其不得不眼光向外，走内升外扩的发展道路。内升——建设地上地下各多层的复式交易大厅，增加纵向空间。立体式交易中心取代原先的露天、分散交易场所，并加快发展B2B、B2C、O2O等电商模式。露天商户进楼后，腾出的部分面积将用来绿化，北京新发地将成为一个公园式的农产品交易市场。外扩——包括新发地高碑店物流园在内，建在全国的10个分市场和200多万亩基地将承担起农产品加工、包装、储存等功能。比如山东烟台的苹果、甘肃武威的洋葱，都可在产地完成分级包装，根据北京的实际需求量运往北京新发地，做到首都农产品供应保障“关口前移”。

（2）北京新发地新老市场功能互补。

一个成为区域性“菜篮子”，一个成为全国性农副产品集散枢纽。过去，农副产品货源都是先“聚”到北京新发地，再从北京新发地“散”到北京及全国其他地方，但事实上，留在北京的大约只占三四成，更多的是走出北京。如此一来，颇费周折的大进大出带来的就是运输成本和交通压力的增加。如今“新发地”两地开花，北京新发地精简以后，将作为一个区域性市场，主要保障北京农副产品供应，而距离其最近的新发地高碑店物流园，则承接北京新发地原有的中转、物流、仓储、集散功能，成为一个面向全国的综合型农副产品集散枢纽。北京新发地新老市场分工明确，相得益彰。

（3）完善新市场内部配置，吸引企业入驻。

新发地高碑店物流园拥有国内最先进的进口冷库设备，24 小时的“贴身保姆式”综合服务中心，进门、出门、交易只需刷卡的电子结算中心，11 家银行携手入驻为商户解决资金难题的金融街，新发地高碑店物流园处处呈现出传统批发市场所没有的“新气象”，成为“新发地”品牌从传统农批市场升级为国际化交易平台的一个新坐标，更是京津冀协同发展中，河北建设全国现代商贸物流重要基地的一个里程碑。面对这样一个市场，北京新发地许多商户“一见钟情”。截至目前，新发地高碑店物流园已签约商户 8600 多户，其中 80％以上来自北京的农批市场，近 4000 户已经入驻营业。

四、京津冀物流园区建设与发展中存在的问题及建议

物流园区在规划建设的初期，一定要进行充分的调研规划，并在相应的政策支持导向下进行规划。就本次调研情况，本报告就物流园区存在的问题进行了总结。从物流园区前期建设出现的常见问题以及后期运营出现的土地、人才问题等两部分出发，分析了可能出现的原因，并给出了适当的建议。物流园区所存在的问题提醒我们对物流园区科学发展需要更加重视，具体问题总结、可能出现的原因以及本小组对相关问题所提出的建议，如表 3－3 所示。

表 3－3　　物流园区存在常见问题

常见问题	可能的原因	对策建议
功能定位不明确	1. 缺乏前期市场调研 2. 发展目标和方向不清晰	1. 做好市场调研分析工作 2. 明确园区主体功能 3. 发展创新思维，完善升级园区
规划设计不科学	1. 信息化建设落后 2. 未能很好地整合线下资源	1. 结合当地实际，合理进行产业规划和专业属性 2. 与区域内外其他物流园区加强联系 3. 提供标准化物流设施，提高产业集群运作效率 4. 提高信息化建设

续 表

常见问题	可能的原因	对策建议
土地及税收问题	1. 土地利用率低 2. 土地征地困难	1. 合理利用土地 2. 给予物流企业优惠政策，推动园区发展
运营问题	1. 经营业主职责不清晰，人才缺乏 2. 管理体制混乱 3. 资源分配不均	1. 培养专业物流理论，物流人才 2. 合理整合资源 3. 大胆创新，解放思想 4. 完善统一园区管理制度

（一）前期建设中存在的问题及建议

1. 园区规划与需求定位不够明确，加强顶层规划和设计是关键

一般来说，物流园区的合理规划，园区功能的合理定位，有利于促进城市效能的充分发挥，节约稀缺的土地资源，集约公用配套设施建设，有效促进城市和地区经济发展。但在具体实施规划过程中由于缺少京津冀物流园区统一的总体布局规划指导，区域之间缺乏统筹协同，导致京津冀地区在宏观层次上对物流园区的定位产生偏差与冲突。

（1）物流园区在前期定位与规划时出现的问题主要包括两个方面。

第一，宏观层面。

一方面京津冀作为一个跨行政区划的经济区域，受行政区划制约，当城市在空间分布上较为密集时，城市物流所服务的范围就会产生重叠，从而会出现物流服务功能类同、定位相近、单独进行大规模基础设施建设等现象，造成城市间物流业的恶性竞争、有效需求不足、基础设施利用率不高等弊端，这种现象在北京和天津之间表现得尤为突出。另一方面，目前京津冀区域对物流园区制定的规划，但并不是从整个区域或整个城市的角度来考虑城市物流的发展、设施的利用，造成物流园区建设时出现建设范围广、规模大、建设仓促等问题。

以北京市通州区马驹桥镇为例，起初北京市通州区马驹桥镇投入巨资兴建全国最大、设施最先进的物流园。这家物流园区所处的地理位置十分优越，全市 90%以上的货物运输都要通过该区域。物流园区一期建设的马驹桥物流园区一号仓库，其建筑面积 2.3 万平方米，配备了全智能仓储管理系统，投资 2.5 亿元，是目前国内仓储面积最大、技术设备最先进的。内有 2.29 万个标准货位，112 个高度密封升降门和可以任意调整高度的装卸台，60 多部各类现代化搬运机械设备及智能化的仓库管理系统。按当初规划者们估算，单单这一个 1 号仓库就有 2300 个国际标准的货物托盘，每个托盘容量是 1.44 立方米，要正常运转平均每盘货物的价格是 5000 元以上，每年在该仓库中流通的货物价值就高达 36 亿元，利润相当可观。然而，开业一年间，这家花巨资兴建的高科技仓库竟未能与外界签下一笔真正的商业合同，整个物流园区由于规划建设

漏洞已引发了运作危机。

第二，微观层面。

首先，忽视物流配套设施建设。简单地把物流基础设施建设等同于物流园区的建设，而忽视了连接节点间线路及园区配套设施的规划与建设。由于物流园区周围的配套设施未得到建设，给物流园区内开展物流活动及工作人员的生活带来了极大的不便，各园区的功能与资源未得到很好的整合。

其次，物流规划缺乏一个权威的管理机构，涉及物流的有关行业，部门自成体系，独立作为，各自根据本行业或部门的需要编制物流规划，部门分割、行业垄断、地区封锁、重复建设的现象较多。各地物流管理涉及计委、经贸委交通局、商业局等多个部门，导致物流管理效率低、效果差，对物流发展十分不利。

最后，物流用地控制较粗放，相关部门在物流项目用地审批、出让、转让时要求较模糊，如物流项目建设用地出让时大多按照仓储用地来实施，而规划部门在出具用地条件时也较粗放，没有具体的控制指标。

（2）加强顶层规划和设计时关键应做到以下几点。

第一，加强政府监督。

物流园区的建设阶段是实现物流园区规划的过程。各级政府应加强监督规划的执行情况，避免出现脱离物流园区建设轨道的事情发生；其次，物流园区建设往往投资大，单靠企业的力量很难完成，政府应在政策上给予扶持，如园区用地政策、贷款政策、税收政策等应给予园区投资者一定的便利。政府应尽可能不直接投资于物流园区的建设，但对于一些公益性物流园区或确实需要政府投资的，政府要给予资金上的支持。

以河北省为例，为了规范物流园区建设，河北省出台了多项规划立项的标准，从省标准化研究院获悉，《河北省现代物流园区标准体系及关键标准研究》已通过省科技成果转化服务中心鉴定，今后河北将新增《物流常温仓储服务规范》和《物流配送服务规范》两个地方标准。据悉，两个地方标准制定实施后，定位不明确、物流设施不配套、服务功能不健全的新建物流园区将不予规划立项。

第二，加强配套设施建设。

物流园区不等于场地与物流企业综合，所以在物流园区的建设过程中，除主体要素外还需要一系列的配套设施，如道路、物流信息化设施、绿化工程、娱乐休闲以及为物流企业提供服务的工商、海关、检疫等服务部门，因此，在物流园区建设阶段中管理部门应从城市角度考虑，指导配套设施的建设。

第三，加强物流需求的引导作用。

在大力建设京津冀物流园区时，可能着眼于物流的供给，往往认为一个地区的物流发展水平是具备多少物流供给能力，而物流发展的关键是物流需求以及对物流需求的开发。在大量物流需求的基础上才能够大力发展物流业，因此，物流园区的规划建设应该由物流需求引导。规划物流园区，需要对物流市场的发展和货物流通量等情况进行认真调查分析和预测，根据长远和近期的货物流通量，确定物流园区远期和近期的建设规模。

2. 专业性人才供给不足，应加强培养综合型物流人才

在诸多物流园区的后期运营过程中也存在一些问题。比如，商业模式不合理，缺乏物流专业人才，渠道不畅等。这些问题对运营产生了巨大影响，其中的人才短缺是影响的关键因素。调查结果[①]表明，从人才需求状况来看，仓储、特种作业与运输三类业务人才需求仅占全部人才需求的16%、13%、12%；物流信息管理、营销管理、供应链设计以及国际物流业务管理等人才需求很大，占比均在30%以上；而综合性物流管理人才的需求更是位居首位。

针对物流园区物流人才需求分析可以看出，现代物流不仅涉及多个学科的理论，而且其实践性非常强，这就要求物流人才要具有综合素质，不仅要有丰富的专业理论知识，而且要有很强的专业实操能力和知识运用能力。近年来，尽管物流高等教育取得了长足的进展，但物流人才培养的总体规模依然无法满足物流产业升级、物流业对外开放所产生的人才需求，还不可能从根本上改善现代物流业发展缺乏高素质的专业物流人才的状况。因此，必须加强物流高等教育。

第一，培养一支具有专业知识和实践能力的教师队伍。物流业兴起之后为企业带来利润，而企业也越来越认识到物流人才的重要性。市场上形成了物流人才的巨大缺口，一时间物流业成为热门，国内很多高校开设了物流专业，而这些教师往往并非物流方面的专业性人才，而是为应急，从其他专业，如交通运输等原有专业调转过来，甚至未经过专业的物流教育方面的培训就开始授课，其教学能力可见一斑。物流业实践性强的特点决定了物流教育的教师必须有一定的实践经历。

第二，加强英语及计算机教育。企业对需求量最大的运输仓储人才的英语水平要求不高，这是由于目前物流企业的服务对象仍限于国内，而在北京建设现代化国际大都市的规划下，物流业要取得长足发展，其国际化程度必须提高。作为对交际能力要求很高的行业，物流从业人员必须提高自身英语水平，以适应今后物流业务的发展要求。

第三，加强物流教育中对于实践能力的重视程度。未来物流业的发展，不仅要求从业人员具有扎实的专业知识，更要求运用知识解决企业实际问题的实践能力。企业对员工的实践能力要求是非常高的，故而在今后的物流教育中，教师应更注重学生解决实际问题能力的培养，可以进行更多的社会实践活动，使学生深入具体的物流行业运作当中，可以通过虚拟企业等更加灵活多变的形式，使学生对物流行业具体运作有更明确、更深刻的认识。

第四，加强校企合作的人才培养模式。物流行业的实践性强等特点决定了物流专业的人才培养不能仅注重理论教学，还应该通过工厂实习、企业实践等方式进行实践教学，让学生掌握相应的实践操作技能。而校企合作的人才培养模式，不仅能使学校

---

① 林安物流网．我国物流园区存在园区界定不清和人才缺乏五方面问题［EB/OL］．http：//www.0256.cn/news/6427.html.

及时了解企业对物流人才的需求，同时也能使企业接触到现代物流的理念，帮助企业提高竞争力。此外，校企合作可以使企业深入了解学生，为今后招聘员工做好准备；学生也可以提前了解企业，使理论和实践相结合，锻炼实际操作能力。

3. 土地问题亟待解决

在中国物流与采购联合会的第四次全国物流园区调查报告中，其所调查的园区中41％的物流园区表示征地困难仍然是园区发展过程中遇到的最大阻力和困难，30％及27％的物流园区还表示物流园区没有优惠政策和审批困难的问题也严重制约了物流园区的发展。如图3－40所示。

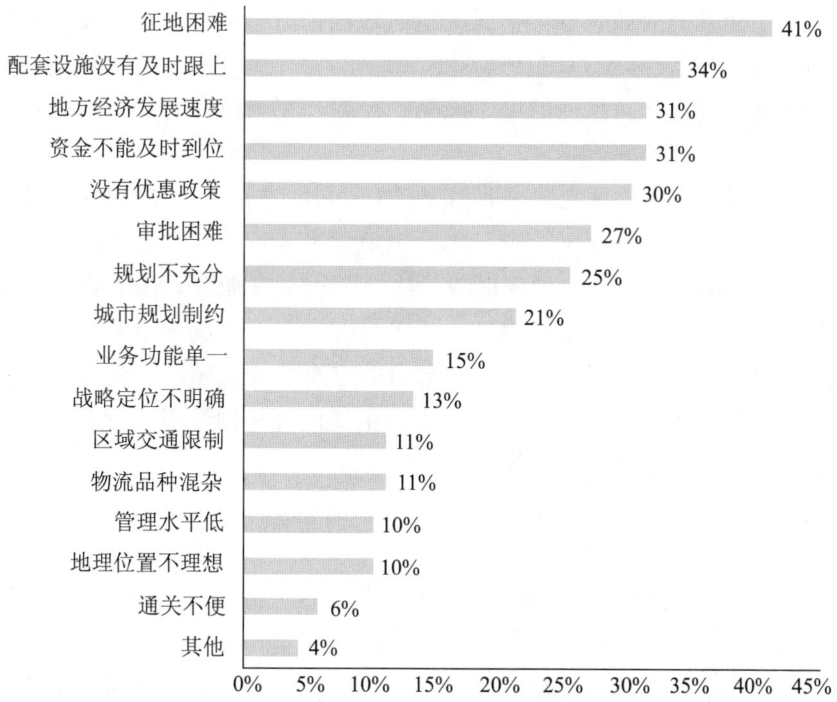

图3－40　物流园区发展过程中遇到的阻力及困难

资料来源：中国物流与采购联合会，中国物流学会．全国第四次物流园区（基地）调查报告［R］．2015－07.

为了解决土地问题，经国务院批准，财政部、国家税务总局发布《关于继续实施物流企业大宗商品仓储设施用地城镇土地使用税优惠政策的通知》，要求：

（1）自2015年1月1日起至2016年12月31日止，对物流企业自有的（包括自用和出租）大宗商品仓储设施用地，按所属土地等级适用税额标准的50％计征城镇土地使用税。

（2）本通知所称物流企业是指至少从事仓储或运输一种经营业务，为工农业生产、流通、进出口和居民生活提供仓储、配送等第三方物流服务，实行独立核算、独立承担民事责任，并在工商部门注册登记为物流、仓储或运输的专业物流企业。

（3）本通知所称大宗商品仓储设施，是指同一仓储设施占地面积在6000平方米及以上，且主要储存粮食、棉花、油料、糖料、蔬菜、水果、肉类、水产品、化肥、农药、种子、饲料等农产品和农业生产资料，煤炭、焦炭、矿砂、非金属矿产品、原油、成品油、化工原料、木材、橡胶、纸浆及纸制品、钢材、水泥、有色金属、建材、塑料、纺织原料等矿产品和工业原材料的仓储设施。

仓储设施用地，包括仓库库区内的各类仓房（含配送中心）、油罐（池）、货场、晒场（堆场）、罩棚等储存设施和铁路专用线、码头、道路、装卸搬运区域等物流作业配套设施的用地。

（4）物流企业的办公、生活区用地及其他非直接从事大宗商品仓储的用地，不属于本通知规定的优惠范围，应按规定征收城镇土地使用税。

（5）非物流企业的内部仓库，不属于本通知规定的优惠范围，应按规定征收城镇土地使用税。

（6）本通知印发之日前已征的应予减免的税款，在纳税人以后应缴税款中抵减或者予以退还。

（7）符合上述减税条件的物流企业需持相关材料向主管税务机关办理备案手续。

土地影响深远，虽然现在国家有一定的土地优惠政策，但是还不能从根本上解决土地用地难、征地难的问题。土地问题成为物流园区发展瓶颈，一方面，土地政策影响物流园区发展，征地困难成为建设阻力；另一方面，土地成本上升导致物流园区建设成本大，经营成本增高。目前，有较多数量的京津冀物流园区只注重房地产开发式的经营和管理，简单地认为建房建场地、租房租场地就是物流园区管理的方式，而忽视物流园区的功能定位和管理模式的追求。

通过总结和分析，对现有土地问题提出以下几点建议：

第一，加强立法和监督管理。

要贯彻可持续发展的思想，加强物流园区用地的立法和有效的监督管理。首先，必须规范物流园区的规划，杜绝仅凭个人经验、不从实际出发的做法。其次，根据我国土地和规划的有关法律法规，要有严格有效地监督管理，避免政府官员或者开发机构为了自身利益，违反这些规定。

第二，协调政府部门之间、政府与开发商之间的利益。

政府部门需要统一认识，并且将目光放得更为长远，以可持续发展作为制定相应政策的出发点。部门之间做好协调工作，尽可能同时考虑当前的经济发展，但也不要透支资源，加强土地集约利用的程度。政府对物流园区的规划应该根据当地经济发展的需要进行开发，避免政府和开发商为了利益，利用物流园区进行圈地的行为。

第三，严格控制新建物流园区的土地利用。

防止地方政府、企业为了经济利益，盲目跟风，规划不根据地方经济发展的实际，追求物流园区的规模，但是对物流园区缺乏全局考虑，大规模地进行物流园区的开发建设，将和物流关系不强的项目一起纳入物流园区，借物流园区之名圈地。

（二）后期运营发展中存在的问题及建议

1. 京津冀物流园区协同效应不明显，促进协同发展是努力方向

一直以来，京津冀地区各物流园区的规划与建设侧重于为本地区提供物流服务，但忽视了物流园区跨区域、网络化、协同化运营。长期以来，在“条块分割”影响下，各个地区内的物流园区不但不能形成协同发展，甚至在本地区内的物流园区之间还存在重复建设、资源空置的现象。以港口物流园区为例，有数据显示，全世界551个较大城市中，77%为港口城市，京津冀协同发展中，港口物流将扮演重要角色。但在天津、曹妃甸、秦皇岛等地港口纷纷建设的物流园区中真正实现与其他港口物流园区、与内陆物流园区联动发展的少之又少。①

当前，京津冀三地仍然缺乏地缘特性较强的现代化物流园区。在枢纽型的物流节点建设上，北京仍然缺少为大型商贸中心服务的商贸物流园区，为城镇居民消费服务的城市配送型物流园区，以及为国际航空物流服务的航空物流园区；天津仍然缺少为海洋经济服务的大型港口物流园区；河北省仍然缺少为工业聚集区、特色产业服务的区域性生产服务型物流园区和综合服务型物流园区。此外，京津冀协同发展中，北京产业转移带去的物流园区需求同样存在。在这样的背景下，河北省和天津市承接产业转移，建设相应物流园区支撑即将到来的产业集群值得关注。例如，北京动物园服装批发市场搬迁定址廊坊，相应的商贸物流园区和仓储需求就在廊坊市产生。其他类产业、人口等的转移，也将更多地催生河北省和天津市各类型物流园区的需求产生。尤其是河北省，作为承接首都相关功能的主阵地，河北省如何加强物流枢纽设施的规划与布局，为京津冀协同发展奠定良好基础值得政府相关部门思考。

解决京津冀物流园区之间协同发展的问题，首先需要相关部门制定出统一标准，以供物流园区企业执行操作。此外，各地物流相关部门相互配合、合理规划建设物流园区、加大物流园区信息化建设等也都是重要因素。可喜的是，2014年年初国家标准委批准的八项物流国家标准正式发布，其中有多项标准涉及物流园区业。如果可以依据相关标准执行物流园区的建设和运营，京津冀物流园区协同发展水平也将被提升。

2. 物流园区系统信息化建设需不断完善

目前，许多的物流园区处于“孤岛”状态，单个物流园区的发展有局限，不能突破传统的业务功能模式，物流园区的其他业务功能没有得到体现。物流园区作为服务物流企业的平台运营商，通过建设物流信息化平台整合和集聚物流资源，促进物流园区的“互通互联”的协同运作，进而形成信息化赢利模式，并产生平台服务增值服务。

（1）物流园区系统信息化建设存在的问题。

第一，信息化解决方案与实际需求不匹配。

通过调研发现，目前京津冀物流园区的信息化建设过程中偏向于求大求全，片面

---

① 天津网．天津三大物流园区服务京津冀［EB/OL］．http：//www.tianjinwe.com/tianjin/jsbb/201601/t20160128_950743.html.

追求技术的高端化，往往出现与实际需求脱节，导致适得其反的现象。不同类型入驻企业的信息化需求各异，物流园区如果无法提供契合企业未来发展需求与发展目标的信息化方案，只是一味地盲目套搬国外先进的、标准化的信息技术与设备是难以持续有效发展的，硬性的跨越式信息化建设是不可取的。

第二，资源共享的公共信息平台建设滞后。

物流园区作为供应链上的重要节点，不仅要对汇集的信息进行实时采集、存储分析，还要实现传递共享，因此搭建公共信息平台十分必要。而目前我国缺乏统一的信息标准，物流园区信息平台形式各异的接口成为制约信息化发展的瓶颈，处理不同类型的数据给园区业务带来了巨大挑战。与此同时，即便物流园区已经建成标准化的公共信息平台，在推广之初，多数入驻客户也片面地认为使用信息系统增加了企业运营成本，导致信息化普及难度较大。

第三，缺乏高素质的物流信息化复合人才。

在物流园区信息化建设过程中，专业人才对于信息化的推动起着决定性作用，没有专业人才的理念与技术，很难将高技术含量的项目合理地规划、分配和实施下去。复合型信息化管理人才在园区管理中的重要性，也能够在实践过程中得以印证。

（2）对物流园区信息化建设的建议。

用信息化整合园区资源，进而实现园区互联互通，构建高效的物流园区协同运输体系，是当前园区最想做的事情。但是，把园区经营户的交易从线下搬到线上，并不仅仅是使用习惯的调整，还存在利益博弈。

例如，传化物流找出了一条解决方案。通过自建和联盟在线下布局“公路港”网络，优化园区服务，同时推出“易配货”“易货的”等 APP 产品，培养园区经营者的线上交易习惯。

“未来是个趋势，高兴不高兴，都得进去。物流公司未来的核心竞争力是供应链能力，是否能够提供咨询服务，为生产企业降低生产成本用，优化路径。打造和形成这样的核心竞争力，唯有实现信息化。”对于信息化，作为传化的掌舵人徐冠巨有着清晰的认识。

传化本身的园区，业务模式都是相同的，所以相对来说，系统比较“单纯”，便于统一。而外部园区，业务模式多种多样，对应的信息化系统相对更“复杂”一点。这就好比原先一个单机版的游戏就必须升级为“联机”操控，因此，合作开发一个兼顾更多公共功能的“公共版”的园区通产品成为刚性需求。作为最佳中间方，基于国家平台标准国家版园区通产品，最能有效打消各个园区间的“顾虑”与“摩擦”。

为此，2015 年 1 月，国家物流平台与传化物流强强联手，以传化“公路港”模式为标本，在 4 月推出了园区通管理系统。各个物流园区既可以使用“单机版”，复制传化“公路港”成熟的管理流程，提升信息化服务；也可以使用“联网版”，通过国家平台的交换，实现园区间信息的互联互通，形成园区间货车返程配货的合作联盟。

其他问题在京津冀的物流园区运营中也比较突出。比如，天津市金钟农产品批发市场在规划中，并没有考虑当地未来物流需求的增长，缺乏专业物流人才进行规划管理，从而造成了该物流园区的发展受到限制。随着时间的推移，问题也逐渐突出。其一，交通级别不够，原有的农产品批发市场不能满足当前农产品物流的需求，大型货运厢型车无法简单快速地入场交易，同时周边交通压力较大；其二，园区规划的建筑形态设计落后。无论是冷库设计，还是整体规划、配套设施的安排都落后，无法满足当前需要。尤其是停车场管理混乱、市场内部卫生管理糟糕、卫生间垃圾箱等设施不足、地面老旧排水设计缺失等问题严重影响到农产品交易的层级。因此，金钟农产品批发市场无法成功转型为“农产品物流园区”，只能沦为周边居民采购日常用品、周边小营业主少量进货的层级，并且政府目前对其升级改造显然缺乏意向，同时面临技术条件、土地价值等多方面实际困难。

总之，通过实地调研和资料分析可以得出京津冀物流园区建设已经进入起步发展阶段，发展速度很快，对于我国经济和城市发展而言是有积极意义的。但是不可避免地，在建设和发展中也出现了一些问题。同时，区域经济一体化更是对京津冀物流园区的建设和发展提出更高的要求。要解决好这些问题，必须要认清物流园区规划的背景和宏观整体环境，一方面需要政府进行科学的统筹规划，另一方面也要注意发挥好规划、行政、市场等各种不同的手段，协调好参与物流园区建设的各方关系，注重观念更新和人才培养，这样才能保证物流园区快速、健康、可持续地发展。

第四章　京津冀现代农产品物流体系建设

王可山　刘秀东　樊奇奇　沈大千　刘彦奇　范德鹏　刘双河

农产品物流是物流业的一个分支，指的是为了满足消费者需求而进行的农产品物质实体及相关信息从生产者到消费者之间的物理性流动，通常可以泛指农产品从生产到餐桌的整个农产品流通的供应链系统。本章重点介绍京津冀畜产品、水产品和果蔬产品的物流情况。在京津冀地区，河北省是典型的农产品生产大省，而北京和天津则是现代都市农业，农产品消费需求很大。总体来看，京津冀农产品物流一体化正在推进发展之中，局部建设发展的成果已经显现。但是，京津冀农产品供需差异较大，整个区域的农产品物流体系建设仍很落后，生鲜农产品冷链物流发展缓慢，在发展政策上还应该进一步加强协同。因此，当前应着重推进京津冀农产品品牌化、标准化建设，推进京津冀农产品物流体系建设，推进生鲜农产品冷链物流发展，推进京津冀农产品物流发展政策的协同，统筹京津冀农产品物流发展目标，相互合作、相互带动、共谋发展。

本章在统计分析京津冀主要农产品供给、消费和河北省品牌农产品生产及在京津销售情况的基础上，梳理了京津市场和河北省农产品主产地的对接状况，以及京津冀农产品流通体系产销一体化建设、农产品物流通道建设和农产品批发市场建设状况，并着重对京津冀农产品冷链物流体系建设情况和京津冀农产品物流体系建设的政策措施做了总结。

一、京津冀主要农产品生产和消费情况

（一）京津冀主要农产品生产情况

1. 北京市主要农产品生产情况

2005—2015 年，北京市肉类产品、牛奶、水果、蔬菜生产总体呈下降趋势，水产品的产量变化不大，禽蛋的产量呈增长趋势，如表 4-1 所示。

表 4-1　2005—2015 年北京市主要农产品产量　　单位：万吨

年份	品类					
	肉类	牛奶	水产品	禽蛋	水果	蔬菜
2005	66.69	64.20	6.43	15.97	111.88	423.89
2006	45.24	61.93	5.39	15.18	113.38	341.20

续 表

年份	品类					
	肉类	牛奶	水产品	禽蛋	水果	蔬菜
2007	47.85	62.24	6.03	15.56	124.89	340.10
2008	45.11	66.38	6.08	15.24	118.8	321.31
2009	47.19	67.39	5.82	15.40	120.13	317.11
2010	46.27	64.08	6.34	15.14	115.17	302.98
2011	44.42	63.98	6.12	15.15	120.87	296.87
2012	43.19	65.05	6.38	15.24	113.6	279.90
2013	41.80	61.46	6.36	17.50	103.85	266.86
2014	39.30	59.46	6.82	19.50	96.45	236.16
2015	36.40	57.20	6.60	19.60	71.40	205.10

数据来源：2005—2014 年数据来自《中国统计年鉴》；2015 年数据来自《北京市 2015 年暨“十二五”时期国民经济和社会发展统计公报》。

2005—2015 年，北京市的肉类产品产量由 2005 年的 66.69 万吨下降到 2015 年的 36.4 万吨，下降了 45.42%；牛奶的产量由 2005 年的 64.2 万吨下降到 2015 年的 57.2 万吨，下降了 10.90%；水产品的产量由 2005 年的 6.43 万吨增长到 2015 年的 6.6 万吨，增长了 2.64%；禽蛋的产量由 2005 年的 15.97 万吨增长到 2015 年的 19.6 万吨，增长了 22.73%；水果的产量由 2005 年的 111.18 万吨下降到 2015 年的 71.4 万吨，下降了 35.77%；蔬菜的产量由 2005 年的 423.89 万吨下降到 2015 年的 205.1 万吨，下降了 51.61%。

2005—2015 年，北京市肉类产品、水果、蔬菜产量下降趋势明显，下降的比例较大，尤其是蔬菜的产量下降比例超过了 50%。

2. 天津市主要农产品生产情况

2005—2015 年，天津市肉类产品、蔬菜产量呈现由快速下降到缓慢上升的趋势。2007 年，天津市肉类产品和蔬菜产量分别由 2005 年的 57.78 万吨、542.74 万吨快速下降到 33.76 万吨、274.37 万吨，分别下降了 41.57%、49.45%。2008—2015 年，天津市肉类产品和蔬菜产量开始缓慢回升。2005—2015 年，天津市禽蛋、牛奶、水产品、水果产量变化不大，如表 4-2 所示。

表 4-2　　2005—2015 年天津市主要农产品产量　　单位：万吨

年份	品类					
	肉类	牛奶	水产品	禽蛋	水果	蔬菜
2005	57.78	63.41	33.81	23.47	—	542.74

续 表

年份	品类					
	肉类	牛奶	水产品	禽蛋	水果	蔬菜
2006	59.91	65.00	35.80	24.20	30.35	540.13
2007	33.76	67.21	32.50	19.40	30.20	274.37
2008	36.31	68.12	33.67	21.01	62.30	312.76
2009	39.50	66.38	34.17	19.60	67.05	373.85
2010	42.86	69.12	34.49	18.73	60.10	419.31
2011	42.98	69.09	35.21	18.65	61.58	444.23
2012	45.80	67.87	35.94	18.86	59.91	445.41
2013	46.48	68.24	39.86	18.89	54.17	455.06
2014	46.40	68.90	40.80	19.80	62.70	460.20
2015	45.70	68.00	40.12	20.20	—	441.54

数据来源：2005—2014 年数据来自天津市国民经济和社会发展统计公报；2015 年肉类、牛奶、禽蛋数据来自 2015 年天津市畜牧业综述，水产品数据来自天津市 2016 年渔业工作会议。

2005—2015 年，天津市的肉类产品产量由 2005 年的 57.78 万吨下降到 2015 年的 45.7 万吨，下降了 20.91%；牛奶的产量由 2005 年的 63.41 万吨增长到 2015 年的 68 万吨，增长了 7.24%；水产品的产量由 2005 年的 33.81 万吨增长到 2015 年的 40.12 万吨，增长了 18.66%；禽蛋的产量由 2005 年的 23.47 万吨下降到 2015 年的 20.20 万吨，下降了 13.93%；水果的产量由 2006 年的 30.35 万吨增长到 2014 年的 62.7 万吨，增长了 200%；蔬菜的产量由 2005 年的 542.74 万吨下降到 2015 年的 441.54 万吨，下降了 18.65%。

2005—2015 年，天津市肉类产品、蔬菜、禽蛋产量总体呈现下降趋势，其中肉类和蔬菜下降比例均在 20%左右，下降的比例相对较大。牛奶、水产品、水果产量均呈增长趋势。

3. 河北省主要农产品生产情况

2005—2015 年，河北省蔬菜、水果、牛奶、水产品产量均呈现上升趋势，肉类产品、禽蛋产量虽低于 2005 年的产量水平，但近五年呈现上升趋势，如表 4 - 3 所示。

表 4 - 3　　2005—2015 年河北省主要农产品产量　　单位：万吨

年份	品类					
	肉类	牛奶	水产品	禽蛋	水果	蔬菜
2005	577.60	340.30	98.90	459.00	1397.90	6467.60
2006	406.18	407.60	87.14	382.3	1453.10	6646.80

续 表

年份	品类					
	肉类	牛奶	水产品	禽蛋	水果	蔬菜
2007	396.19	489.52	90.64	396.45	1491.54	6623.90
2008	421.10	504.50	96.64	411.00	1532.89	6684.60
2009	426.60	451.50	100.40	353.21	1578.62	6742.10
2010	416.80	439.80	106.30	339.10	1612.42	7073.60
2011	418.20	458.90	106.70	339.80	1719.16	7384.30
2012	442.90	470.40	116.30	342.60	1814.90	7695.10
2013	448.80	465.70	123.10	346.10	1863.31	7902.10
2014	468.00	487.80	126.40	362.70	2018.98	8125.70
2015	462.00	473.10	129.30	373.60	—	8243.70

数据来源：2005—2014 年水果数据来自国家统计局；2005—2015 年其余产品数据来自河北省国民经济和社会发展统计公报。

2005—2015 年，河北省的肉类产品产量由 2005 年的 577.6 万吨下降到 2015 年的 462.0 万吨，下降了 20.01%；牛奶的产量由 2005 年的 340.3 万吨增长到 2015 年的 473.1 万吨，增长了 39.02%；水产品的产量由 2005 年的 98.9 万吨增长到 2015 年的 129.3 万吨，增长了 30.74%；禽蛋的产量由 2005 年的 459 万吨下降到 2015 年的 373.6 万吨，下降了 18.61%；水果的产量由 2005 年的 1397.9 万吨增长到 2014 年的 2018.98 万吨，增长了 44.43%；蔬菜的产量由 2005 年的 6467.6 万吨增长到 2015 年的 8243.7 万吨，增长了 27.46%。

2005—2015 年，河北省肉类产品、禽蛋产量相对于 2005 年呈下降趋势，但是近五年都呈上升趋势。蔬菜、水果、牛奶产量均呈现上升趋势，并且涨幅均在 30%左右。

（二）京津冀主要农产品消费情况

1. 北京市主要农产品消费情况

2005—2014 年，北京市城镇居民家庭在食物人均消费支出方面均呈现不同程度的增加，如表 4 - 4 所示。

表 4 - 4　2005—2014 年北京市城镇居民家庭人均主要食品消费支出　单位：元

年份	品类						
	肉禽蛋及水产品类	肉类	禽类	蛋类	水产品类	蔬菜类	干鲜瓜果类
2005	906	534	115	82	174	295	380
2006	891	531	100	77	183	314	447

续 表

年份	品类						
	肉禽蛋及水产品类	肉类	禽类	蛋类	水产品类	蔬菜类	干鲜瓜果类
2007	1127	669	150	99	209	366	490
2008	1295	803	167	104	221	429	496
2009	1254	745	157	106	246	441	563
2010	1281	752	158	120	251	531	646
2011	1446	874	171	147	254	537	706
2012	1528	909	176	147	296	583	773
2013	1636	—	—	—	—	638	774
2014	1722	—	—	—	—	596	864

数据来源：2005—2014 年数据来自历年《北京统计年鉴》。

2005—2014 年，北京市城镇居民家庭人均肉禽蛋及水产品类消费支出由 2005 年的 906.1 元增长到 2014 年的 1722 元，增长了 90.05%。其中，肉类人均消费支出由 2005 年的 534.1 元增长到 2012 年的 909 元，增长了 70.19%；禽类人均消费支出由 2005 年的 115.5 元增长到 2012 年的 176 元，增长了 52.38%；蛋类人均消费支出由 2005 年的 82.4 元增长到 2012 年的 147 元，增长了 78.40%；水产品人均消费支出由 2005 年的 174.1 元增长到 2012 年的 296 元，增长了 70.02%；蔬菜人均消费支出由 2005 年的 294.9 元增长到 2014 年的 596 元，增长了 102.10%；干鲜瓜果类人均消费支出由 2005 年的 380.4 元增长到 2014 年的 864 元，增长了 127.13%；糕点、奶及奶制品人均消费支出由 2005 年的 422.2 元增长到 2014 年的 757 元，增长了 79.30%。

2005—2014 年，北京市农村居民在人均食物消费量方面，蔬菜人均消费量有所下降，其余食物人均消费量均有所增长，如表 4-5 所示。

表 4-5　　2005—2014 年北京市农村居民全年人均食品消费量　　单位：千克

年份	品类							
	蔬菜	猪肉	牛羊肉	家禽	蛋类	奶及奶制品	水产品	干鲜瓜果
2005	151.1	—	—	3.0	9.4	14.5	5.0	34.4
2006	89.1	14.3	4.8	2.4	9.2	14.6	5.1	36.2
2007	91.1	12.1	4.7	2.9	9.3	14.6	5.2	37.4
2008	99.1	12.4	3.9	3.4	10.3	11.5	4.9	36.3
2009	95.6	13.9	4.6	3.4	11.0	12.7	5.7	43.5
2010	97.9	13.3	4.2	3.2	10.5	11.3	4.9	39.7
2011	109.0	15.0	4.5	4.0	10.8	11.9	5.4	44.1

续 表

年份	品类							
	蔬菜	猪肉	牛羊肉	家禽	蛋类	奶及奶制品	水产品	干鲜瓜果
2012	100.5	14.9	4.2	4.0	11.1	12.5	5.3	46.7
2013	102.8	16.2	5.1	5.2	11.7	16.8	6.9	49
2014	101.8	15.4	4.9	5.1	11.6	19.3	6.4	52.6

数据来源：2005—2014 年数据来自历年《北京统计年鉴》。

2005—2014 年，北京市农村居民全年人均蔬菜消费量由 2005 年的 151.1 千克下降到 2014 年的 101.8 千克，下降了 32.63%；猪肉人均消费量由 2006 年的 14.3 千克增加到 2014 年的 15.4 千克，增长了 7.69%；牛羊肉人均消费量由 2006 年的 4.8 千克增加到 2014 年的 4.9 千克，增长了 2.08%；家禽人均消费量由 2005 年的 3.0 千克增加到 2014 年的 5.1 千克，增长了 70.00%；蛋类人均消费量由 2005 年的 9.4 千克增加到 2014 年的 11.6 千克，增长了 23.40%；奶及奶制品人均消费量由 2005 年的 14.5 千克增加到 2014 年的 19.3 千克，增长了 33.10%；水产品人均消费量由 2005 年的 5.0 千克增加到 2014 年的 6.4 千克，增长了 28.00%；干鲜瓜果人均消费量由 2005 年的 34.3 千克增加到 2014 年的 52.6 千克，增长了 52.91%。

2. 天津市主要农产品消费情况

2007—2012 年，天津市城镇居民家庭在食物人均消费支出方面呈增加趋势，大部分食品人均消费量增长在 80%左右，如表 4 - 6 所示。

表 4 - 6　2007—2012 年天津市城镇居民家庭人均主要食品消费支出　单位：元

年份	品类							
	肉禽蛋及水产品类	肉类	禽类	蛋类	水产品类	蔬菜类	干鲜瓜果类	糕点、奶及奶制品
2007	1068.94	510.4	112.45	122.7	323.39	351.32	361.90	301.27
2008	1315.21	685.87	144.65	138.23	346.46	411.57	418.34	346.88
2009	1374.34	696.33	144.35	139.01	394.65	459.00	444.67	365.62
2010	1468.27	716.84	148.86	158.77	443.79	521.49	539.06	421.67
2011	1726.67	856.70	181.26	195.87	492.85	555.79	615.62	454.73
2012	1885.50	951.78	176.87	192.10	564.75	614.19	664.4	541.15

数据来源：2007—2012 年数据来自历年《天津统计年鉴》。

2007—2012 年，天津市城镇居民家庭人均肉禽蛋及水产品类消费支出由 2007 年的 1068.94 元增加到 2012 年的 1885.5 元，增长了 76.39%。其中，肉类人均消费支出由

2007年的510.4元增加到2012年的951.78元，增长了86.48%；禽类人均消费支出由2007年的112.45元增加到2012年的176.87元，增长了57.29%；蛋类人均消费支出由2007年的122.7元增加到2012年的192.1元，增长了56.56%；水产品人均消费支出由2007年的323.39元增加到2012年的564.75元，增长了74.63%；蔬菜人均消费支出由2007年的351.32元增加到2012年的614.19，增长了74.82%；干鲜瓜果类人均消费支出由2007年的361.9元增加到2012年的664.4元，增长了83.59%；糕点、奶及奶制品人均消费支出由2007年的301.27元增加到2012年的541.15元，增长了79.62%。

2005—2014年，天津市农村居民在人均食物消费量方面，蔬菜、蛋及制品人均消费量下降25%左右，其余食物人均消费量均有所增长，肉禽、奶及其制品的人均消费量增长超200%，如表4-7所示。

表4-7　2005—2014年天津市农村居民全年人均食品消费量　单位：千克

年份	品类							
	蔬菜及其制品	猪肉	牛羊肉	肉禽制品	蛋类及其制品	奶及其制品	水产品	水果及其制品
2005	124.7	9.8	2.2	1.8	17.4	3.4	12.8	28.8
2006	132.2	11.2	2.2	1.9	17.6	5.7	14.8	32.0
2007	134.9	8.3	2.5	2.2	17.6	6.2	16.4	32.1
2008	139.2	8.6	1.8	2.5	18.2	6.5	17.1	33.3
2009	146.6	10.3	2.4	2.7	21.3	7.7	19.1	36.5
2010	140.3	10.8	2.4	3.1	21.7	8.6	19.9	36.1
2011	83.5	12.5	2.5	5.2	11.0	7.3	9.8	38.4
2012	86.6	12.2	2.6	5.6	12.8	9.9	10.2	41.5
2013	84.3	12.5	3.1	5.8	12.5	9.9	11.7	43.0
2014	90.3	15	2.9	6.1	13.2	10.6	13.2	54.1①

注：①2014年为干鲜瓜果类的数据。

数据来源：2005—2014年数据来自历年《天津统计年鉴》。

2005—2014年，天津市农村居民全年人均蔬菜及制品消费量由2005年的124.7千克下降到2014年的90.3千克，下降了27.59%；猪肉人均消费量由2005年的9.8千克增加到2014年的15千克，增长了53.06%；牛羊肉人均消费量由2005年的2.2千克增加到2014年的2.9千克，增长了31.82%；肉禽制品人均消费量由2005年的1.8千克增加到2014年的6.1千克，增长了238.89%；蛋及其制品人均消费量由2005年的17.4千克下降到2014年的13.2千克，下降了24.14%；奶及奶制品人均消费量由2005年的3.4千克增加到2014年的10.6千克，增长了211.76%；水产品人均消费量由2005年的12.8千克增加到2014年的13.2千克，增长了3.12%；水果及制品人均消费量由2005年的28.8千克增加到2014年的54.1千克，增长了87.85%。

3. 河北省主要农产品消费情况

2005—2014年，河北省城镇居民家庭大部分食物人均消费量方面呈下降趋势，仅猪肉、家禽人均消费量分别增长1.88%、2.70%，其余食物人均消费量下降10%～35%，如表4－8所示。

表4－8　　2005—2014年河北省城镇居民家庭人均主要食品消费量　　单位：千克

年份	品类							
	鲜菜	猪肉	牛羊肉	家禽	鲜蛋	鱼虾	鲜瓜果及其制品	鲜奶
2005	133.91	13.86	5.01	4.81	15.56	7.57	63.37	23.80
2006	133.68	14.01	4.93	4.24	15.53	7.99	67.07	24.38
2007	130.82	12.48	4.41	3.19	14.99	8.44	65.47	22.29
2008	135.94	12.70	4.21	3.81	14.77	7.74	56.33	19.74
2009	128.72	13.47	4.68	3.66	14.88	8.23	55.79	17.91
2010	119.21	13.49	4.57	3.23	12.69	6.94	51.45	14.99
2011	112.42	13.48	4.51	6.18	13.14	6.57	51.62	15.46
2012	109.00	14.61	3.88	3.88	14.07	6.64	56.57	16.60
2013	97.76	14.21	2.95	2.63	13.09	7.09	50.66	21.53
2014	94.31	14.12	3.21	4.94	12.77①	7.19	52.69	21.61②

注：①2013—2014年为蛋及蛋制品数据；②2013—2014年为奶及奶制品数据。

数据来源：2005—2014年数据来自历年《河北经济年鉴》。

2005—2014年，河北省城镇居民家庭人均鲜菜消费量由2005年的133.91千克下降到2014年的94.31千克，下降了29.57%；猪肉人均消费量由2005年的13.86千克增加到2014年的14.12千克，增长了1.88%；牛羊肉人均消费量由2005年的5.01千克下降到2014年的3.21千克，下降了35.93%；家禽人均消费量由2005年的4.81千克增长到2014年的4.94千克，增长了2.70%；鲜蛋人均消费量由2005年的15.56千克下降到2014年的12.77千克，下降了17.93%；鱼虾人均消费量由2005年的7.57千克下降到2014年的7.19千克，下降了5.02%；鲜瓜果及其制品人均消费量由2005年的63.37千克下降到2014年的52.69千克，下降了16.85%；鲜奶人均消费量由2005年的23.8千克下降到2014年的21.61千克，下降了9.20%。

2005—2014年，河北省城镇居民家庭在食物人均消费量方面呈增长趋势，水产品人均消费量增长最小，是35.48%。水果及制品和家禽人均消费量增长最大，分别为221.90%、268.00%，如表4－9所示。

表 4-9　　2005—2014 年河北省农村居民全年人均消费量　　单位：千克

年份	品类								
	蔬菜	肉禽及其制品	猪肉	牛肉	羊肉	家禽	蛋及其制品	水产品	水果及其制品
2005	57.70	10.54	7.15	0.47	0.37	0.75	6.27	2.48	12.42
2006	61.61	10.73	7.58	0.40	0.42	0.56	6.97	2.55	12.99
2007	55.17	9.41	5.93	0.44	0.43	0.72	6.33	2.60	12.69
2008	59.75	9.34	5.54	0.31	0.32	1.05	7.60	2.62	13.30
2009	53.66	10.15	6.52	0.31	0.38	0.89	7.22	2.61	12.61
2010	55.38	10.95	7.12	0.34	0.38	1.02	7.26	2.52	12.41
2011	78.74	14.69	8.53	0.46	0.48	1.36	8.97	3.32	19.82
2012	71.80	15.67	9.27	0.40	0.51	1.28	10.42	3.31	23.15
2013	72.49	17.21	10.93	0.29	0.51	1.49	9.72	3.64	37.52
2014	79.80	17.89	11.49	0.32	0.55	2.76	9.20	3.36	39.98

数据来源：2005—2014 年数据来自历年《河北经济年鉴》。

2005—2014 年，河北省农村居民全年人均蔬菜消费量由 2005 年的 57.70 千克增加到 2014 年的 79.80 千克，增长了 38.30%；肉禽及制品人均消费量由 2005 年的 10.54 千克增加到 2014 年的 17.89 千克；猪肉人均消费量由 2005 年的 7.5 千克增加到 2014 年的 11.49 千克，增长了 60.70%；牛肉人均消费量由 2005 年的 0.47 千克下降到 2014 年的 0.32 千克，下降了 31.91%；羊肉人均消费量由 2005 年的 0.37 千克增加到 2014 年的 0.55 千克，增长了 48.65%；家禽人均消费量由 2005 年的 0.75 千克增加到 2014 年的 2.76 千克，增长了 268.00%；蛋及其制品人均消费量由 2005 年的 6.27 千克增加到 2014 年的 9.2 千克，增长了 46.73%；水产品人均消费量由 2005 年的 2.48 千克增加到 2014 年的 3.36 千克，增长了 35.48%；水果及其制品人均消费量由 2005 年的 12.42 千克增加到 2014 年的 39.98 千克，增长了 221.90%。

（三）京津冀主要农产品生产、消费变化趋势比较

1. 京津冀主要农产品生产变化趋势比较

（1）京津冀肉类产品生产变化趋势比较。

京津冀肉类产品生产产量都呈下降趋势。2005—2015 年，北京市的肉类产品产量一直呈下降趋势，2011 年之前年产量基本都高于天津市，2012 年开始天津市的肉类产量超过北京市。河北省作为农业大省，肉类产量远远高于北京和天津，尽管 2006 年比 2005 年下降了 29.68%，并且一直到 2011 年基本保持在 400 万～420 万吨的水平，但从 2012 年开始回升。2005 年河北省肉类产量 577.6 万吨，是北京市的 8.66 倍，天津市的 9.997 倍；2015 年河北省肉类产量 462 万吨，是北京市的 12.69 倍，是天津市的 10.13 倍，如表 4-10 所示。

表 4-10　　2005—2015 年京津冀肉类产品生产情况比较　　单位：万吨

年份	地区		
	北京	天津	河北
2005	66.69	57.78	577.60
2006	45.24	59.91	406.18
2007	47.85	33.76	396.19
2008	45.11	36.31	421.10
2009	47.19	39.50	426.60
2010	46.27	42.86	416.80
2011	44.42	42.98	418.20
2012	43.19	45.80	442.90
2013	41.80	46.48	448.80
2014	39.30	46.40	468.00
2015	36.40	45.70	462.00

（2）京津冀牛奶生产变化趋势比较。

北京和天津牛奶产量变化不大，河北增长较多。2005—2015 年，北京市的牛奶产量略有下降，2015 年比 2005 年减少 7 万吨；天津市的牛奶产量略有增长，2015 年比 2005 年增长 4.59 万吨；河北省牛奶产量呈波动增长趋势，近几年增长较快，2015 年比 2005 年增长了 39.02%。2005 年河北省牛奶产量 340.3 万吨，是北京市的 5.30 倍，天津市的 5.37 倍；2015 年河北省牛奶产量 473.1 万吨，是北京市的 8.27 倍，天津市的 6.96 倍，如表 4-11 所示。

表 4-11　　2005—2015 年京津冀牛奶生产情况比较　　单位：万吨

年份	地区		
	北京	天津	河北
2005	64.20	63.41	340.30
2006	61.93	65.00	407.60
2007	62.24	67.21	489.52
2008	66.38	68.12	504.50
2009	67.39	66.38	451.50
2010	64.08	69.12	439.80
2011	63.98	69.09	458.90
2012	65.05	67.87	470.40

续 表

年份	地区		
	北京	天津	河北
2013	61.46	68.24	465.70
2014	59.46	68.90	487.80
2015	57.20	68.00	473.10

（3）京津冀水产品生产变化趋势比较。

京津冀水产品产量整体呈增长趋势，北京和天津增长不大，河北增长较多。2005—2015 年，北京市的水产品产量略有增长，2015 年比 2005 年增长 0.17 万吨；天津市的水产品产量 2015 年比 2005 年增长 6.31 万吨；河北省水产品产量 2009 年突破 100 万吨，此后一直保持增长态势，2015 年比 2009 年增长了 28.78%，比 2005 年增长了 30.4%。2005 年河北省水产品产量 98.9 万吨，是北京市的 15.38 倍，是天津市的 2.93 倍；2015 年河北省水产品产量 129.3 万吨，是北京市的 19.59 倍，是天津市的 3.22 倍，如表 4 - 12 所示。

表 4 - 12　　2005—2015 年京津冀水产品生产情况比较　　单位：万吨

年份	地区		
	北京	天津	河北
2005	6.43	33.81	98.90
2006	5.39	35.80	87.14
2007	6.03	32.50	90.64
2008	6.08	33.67	96.64
2009	5.82	34.17	100.40
2010	6.34	34.49	106.30
2011	6.12	35.21	106.70
2012	6.38	35.94	116.30
2013	6.36	39.86	123.10
2014	6.82	40.80	126.40
2015	6.60	40.12	129.30

（4）京津冀禽蛋生产变化趋势比较。

2005—2012 年，北京市的禽蛋产量基本保持在 15 万吨左右，2013 年开始呈增长趋势，2015 年比 2012 年增长了 28.61%，比 2005 年增长了 22.73%；天津市和河北省的禽蛋产量呈下降趋势，河北下降得较多。2005—2015 年，天津市的禽蛋产量，2015

年比 2005 年下降 3.27 万吨；河北省禽蛋产量下降 85.4 万吨，河北省下降了 18.61%；2005 年河北省禽蛋产量 459 万吨，是北京市的 28.74 倍，天津市的 19.56 倍；2015 年河北省禽蛋产量 373.6 万吨，是北京市的 19.06 倍，天津市的 18.50 倍，如表 4-13 所示。

表 4-13　2005—2015 年京津冀禽蛋生产情况比较　单位：万吨

年份	地区		
	北京	天津	河北
2005	15.97	23.47	459.00
2006	15.18	24.20	382.30
2007	15.56	19.40	396.45
2008	15.24	21.01	411.00
2009	15.40	19.60	353.21
2010	15.14	18.73	339.10
2011	15.15	18.65	339.80
2012	15.24	18.86	342.60
2013	17.50	18.89	346.10
2014	19.50	19.80	362.70
2015	19.60	20.20	373.60

（5）京津冀水果生产变化趋势比较。

2005—2012 年，北京市的水果产量基本保持在 110 万吨左右，2013 年开始呈现下降趋势，2015 年比 2012 年减少了 37.15%，比 2005 年减少了 36.18%。天津市和河北省的水果产量呈增长态势。2008 年，天津市的水果产量大幅增长，比 2007 年增长了 105.27%，此后一直保持在 62 万吨左右。河北省水果产量始终保持增长态势，2014 年河北省水果产量比 2005 年增长了 44.42%。2006 年，河北省水果产量 1453.1 万吨，是北京市的 12.82 倍，是天津市的 47.88 倍；2014 年河北省水果产量 2018.98 万吨，是北京市的 20.93 倍，是天津市的 32.20 倍，如表 4-14 所示。

表 4-14　2005—2015 年京津冀水果生产情况比较　单位：万吨

年份	地区		
	北京	天津	河北
2005	111.88	—	1397.90
2006	113.38	30.35	1453.10
2007	124.89	30.20	1491.54

续 表

年份	地区		
	北京	天津	河北
2008	118.80	62.30	1532.89
2009	120.13	67.05	1578.62
2010	115.17	60.10	1612.42
2011	120.87	61.58	1719.16
2012	113.60	59.91	1814.90
2013	103.85	54.17	1863.31
2014	96.45	62.70	2018.98
2015	71.40	—	—

（6）京津冀蔬菜生产变化趋势比较。

北京和天津的蔬菜产量总体呈下降趋势，北京市蔬菜产量下降的幅度大于天津市。2005—2015 年，北京市蔬菜产量下降了 51.61%，天津市蔬菜产量下降了 18.65%；河北省蔬菜产量一直保持增长趋势，2015 年河北省蔬菜产量比 2005 年增长了 27.46%；2005 年河北省蔬菜产量 6467.6 万吨，是北京市的 15.26 倍，是天津市的 11.92 倍；2015 年河北省蔬菜产量 8243.7 万吨，是北京市的 40.19 倍，是天津市的 18.67 倍，如表 4 - 15 所示。

表 4 - 15　　2005—2015 年京津冀蔬菜生产情况比较　　单位：万吨

年份	地区		
	北京	天津	河北
2005	423.89	542.74	6467.60
2006	341.20	540.13	6646.80
2007	340.10	274.37	6623.90
2008	321.31	312.76	6684.60
2009	317.11	373.85	6742.10
2010	302.98	419.31	7073.60
2011	296.87	444.23	7384.30
2012	279.90	445.41	7695.10
2013	266.86	455.06	7902.10
2014	236.16	460.20	8125.70
2015	205.10	441.54	8243.70

2. 京津冀主要农产品消费变化趋势比较

（1）北京、天津城镇居民主要农产品（食品）消费支出变化比较。

2007 年，北京市城镇居民主要农产品（食品）家庭人均消费支出，除蛋类和水产品低于天津城镇居民外，其余均超过了天津城镇居民家庭人均消费支出水平。其中，肉类、糕点、奶及奶制品、干鲜瓜果类和水产品消费支出差异较大，分别是 158.6 元、151.73 元、128.1 元和－114.39 元。到 2012 年，北京市城镇居民主要农产品（食品）家庭人均消费支出，除干鲜瓜果类和糕点、奶及奶制品超过天津城镇居民外，其余均低于天津城镇居民家庭人均消费支出水平。其中，水产品类、糕点、奶及奶制品和干鲜瓜果类消费支出差异较大，分别是－268.75 元、137.85 元和 108.6 元。与 2007 年相比，水产品的消费支出差异进一步扩大，糕点、奶及奶制品和干鲜瓜果类消费支出差异有所缩小，如表 4－16 所示。

表 4－16　北京和天津城镇居民主要农产品（食品）消费支出变化比较　单位：元

品类	2007 年			2009 年			2012 年		
	北京	天津	差异	北京	天津	差异	北京	天津	差异
肉禽蛋及水产品类	1127.00	1068.94	58.06	1254.00	1374.34	－120.34	1528.00	1885.5	－357.50
肉类	669.00	510.40	158.60	745.00	696.33	48.67	909.00	951.78	－42.78
禽类	150.00	112.45	37.55	157.00	144.35	12.65	176.00	176.87	－0.87
蛋类	99.00	122.70	－23.70	106.00	139.01	－33.01	147.00	192.10	－45.10
水产品类	209.00	323.39	－114.39	246.00	394.65	－148.65	296.00	564.75	－268.75
蔬菜类	366.00	351.32	14.68	441.00	459.00	－18.00	583.00	614.19	－31.19
干鲜瓜果类	490.00	361.90	128.10	563.00	444.67	118.33	773.00	664.40	108.60
糕点、奶及奶制品	453.00	301.27	151.73	549.00	365.62	183.38	679.00	541.15	137.85

注："差异"指北京人均消费支出与天津人均消费支出的差额。

（2）京津冀农村居民主要农产品（食品）消费支出变化比较。

2006—2014 年，京津冀农村居民全年人均猪牛羊肉消费量均呈增长趋势，北京农村居民全年人均猪牛羊肉消费量始终高于天津和河北。相比较而言，北京的增长变化不大，天津、河北增长得较多，如表 4－17 所示。

表 4－17　2006—2014 年京津冀农村居民全年人均猪牛羊肉消费量　单位：千克

年份	地区		
	北京	天津	河北
2006	19.1	13.4	8.40
2007	16.8	10.8	6.80

续 表

年份	地区		
	北京	天津	河北
2008	16.3	10.4	6.17
2009	18.5	12.7	7.21
2010	17.5	13.2	7.84
2011	19.5	15.0	9.47
2012	19.1	14.8	10.18
2013	21.3	15.6	11.73
2014	20.3	17.9	12.36

2006—2014 年，北京市农村居民全年人均猪牛羊肉消费量由 2006 年的 19.1 千克增长到 2014 年的 20.3 千克，增长了 6.28%；天津市农村居民全年人均猪牛羊肉消费量由 2006 年的 13.4 千克增长到 2014 年的 17.9 千克，增长了 33.58%；河北省农村居民全年人均猪牛羊肉消费量由 2006 年的 8.40 千克增长到 2014 年的 12.36 千克，增长了 47.14%。2006 年，北京市农村居民全年人均猪牛羊肉消费量比天津市农村居民全年人均猪牛羊肉消费量多 42.53%，比河北多 127.38%。到 2014 年，北京市农村居民全年人均猪牛羊肉消费量比天津市农村居民全年人均猪牛羊肉消费量多 13.4%，比河北多 64.24%。可见，京津冀农村居民全年人均猪牛羊肉消费量的增长趋势，在三地之间差距逐步缩小的过程中实现。

2006—2014 年，北京和天津农村居民全年人均蔬菜消费量呈下降趋势，河北农村居民全年人均蔬菜消费量呈增长趋势。北京农村居民全年人均蔬菜消费量近年来保持在 100 千克左右，天津、河北农村居民全年人均蔬菜消费量分别在 90 千克和 80 千克左右，如表 4-18 所示。

表 4-18　　2006—2014 年京津冀农村居民全年人均蔬菜消费量　　单位：千克

年份	地区		
	北京	天津	河北
2006	151.1	132.2	61.61
2007	89.1	134.9	55.17
2008	91.1	139.2	59.75
2009	99.1	146.6	53.66
2010	95.6	140.3	55.38
2011	97.9	83.5	78.74

续 表

年份	地区		
	北京	天津	河北
2012	109	86.6	71.80
2013	100.5	84.3	72.49
2014	102.8	90.3	79.80

2006—2014 年，北京市农村居民全年人均蔬菜消费量由 2006 年的 151.1 千克下降到 2014 年的 102.8 千克，下降了 31.97%；天津市农村居民全年人均蔬菜消费量由 2006 年的 132.2 千克增长到 2014 年的 90.3 千克，下降了 31.69%；河北省农村居民全年人均蔬菜消费量由 2006 年的 61.61 千克增长到 2014 年的 79.8 千克，增长了 29.52%。2006 年，北京市农村居民全年人均蔬菜消费量比天津市农村居民全年人均蔬菜消费量多 14.30%，比河北多 145.25%。到 2014 年，北京市农村居民全年人均蔬菜消费量比天津市农村居民全年人均蔬菜消费量多 13.84%，比河北多 28.82%。总体上，京津冀农村居民全年人均蔬菜消费量有增有减，消费量差距在逐步缩小。

（四）河北省品牌农产品的宣传、保护以及在京设立直销网点状况

1. 河北省品牌农产品的宣传、保护

河北省自然资源丰富，物种多样，得天独厚的资源优势为农业发展提供了良好的条件，随着农业科技的普及和龙头企业带动作用不断增强，河北省形成了一批具有独特资源优势的农产品集中产区，如表 4－19 所示。

其中，优质梨的种植面积和年产量居全国第一位，枣树的种植面积和年产量居全国第一位，苹果的种植面积和年产量分别居全国的第三位和第四位。

“京东板栗”特指北京以东燕山山脉一带出产的板栗，这一区域早在 2000 年前后就已栽培板栗，国家质检总局批准自 2006 年 12 月 31 日起对京东板栗实施地理标志产品保护。“京东板栗”保护范围分为唐山产区、承德产区、秦皇岛产区 3 个产区，覆盖河北省迁西县、遵化市、迁安市等 11 个县、市，166 个乡镇，是河北省最大的地理标志产品保护区域，种植面积达 226.6 万多亩。河北省迁西县板栗常年产量 4.5 万吨，产值 8 亿元，出口量居全国首位，2014 年被命名为“中国京东板栗之乡”。

表 4－19　　河北省农产品集中产区

品种	产区	种植面积/万亩	年产量/万吨
梨	平原沙地优质梨产区	330	250
苹果	燕山、太行山浅山丘陵区优质苹果种植带	500	220

续 表

品种	产区	种植面积/万亩	年产量/万吨
枣	太行山低山丘陵、冀东南平原子牙河流域、冀南漳河流域、冀南滏阳河流域、冀中南滹沱河流域和燕山低山丘陵六个枣树栽培区	300	44
板栗	燕山中部浅山丘陵区京东板栗集中种植带	227	9
花生	冀东优质春花生产区、冀中南优质麦配花生产区	700	137
仁用杏	冀西北、冀北山区仁用杏产区	600	—

按照我国《地理标志产品保护规定》①，地理标志产品是指产自特定地域，所具有的质量、声誉或其他特性本质上取决于该产地的自然因素和人文因素，经审核批准以地理名称进行命名的产品。包括来自本地区的种植、养殖产品和原材料全部来自本地区或部分来自其他地区，并在本地区按照特定工艺生产和加工的产品②。农产品地理标志本身蕴含了地区农业发展中长期以来形成的历史文化遗产和地域生态优势，代表了农产品自身的高品质。获得地理标志的产品附加值会大大提高，推动了标准化、产业化发展，因此，实施农产品地理标志保护工作也是提升竞争力最为有效的方式之一③。如河北白洋淀咸鸭蛋（安新产区）、白洋淀皮蛋（安新产区）成为国家地理标志保护产品后，政府将养鸭业列为农业龙头产业加以大力扶持，走无公害养鸭及产品深加工产业发展道路，形成了“公司＋基地＋养殖户＋标准”的产业体系，2011 年全县鸭存栏 130 万只，其中蛋鸭存栏 12 万只左右，年产蛋 3 000 万枚，年创经济效益超过 10 亿元④。

河北省是农业大省，地貌特征多样，有许多具有地方特色的优质农产品，农产品地理标志资源丰富。截至 2015 年，河北省共有 54 项产品获得国家地理标志产品认证，如表 4－20 所示。

表 4－20　　河北省国家地理标志保护产品

地区	产品名称
石家庄（3 项）	赞皇大枣、晋州鸭梨、新乐西瓜
保定（11 项）	刘伶醉、顺平桃、五合窖、清苑熏香、唐县大枣、望都辣椒、容城绿芦笋、蠡县山药、涞水核桃、白洋淀鸭蛋、白洋淀皮蛋

① 根据中华人民共和国国家质量监督检验检疫总局令第 78 号，《地理标志产品保护规定》经 2005 年 5 月 16 日国家质量监督检验检疫总局局务会议审议通过，自 2005 年 7 月 15 日起施行。

② 中华人民共和国国家质量监督检验检疫总局令第 78 号，《地理标志产品保护规定》. http：//www. gov. cn/gongbao/content/2006/content _ 292138. htm.

③ 王伟，王芳 . 河北省农产品地理标志保护发展对策探讨 [J] . 安徽农业科学，2013（5）：2306－2309.

④ 王伟，王芳 . 河北省农产品地理标志保护发展对策探讨 [J] . 安徽农业科学，2013（5）：2306－2309.

续 表

地区	产品名称
邯郸（7 项）	涉县核桃、涉县花椒、魏县鸭梨、永年大蒜、武安小米、丛台酒、大名小磨香油
邢台（2 项）	宁晋鸭梨、富岗苹果
沧州（6 项）	十里香、肃宁裘皮、青县羊角脆、沧州金丝小枣、泊头鸭梨、黄骅冬枣
衡水（4 项）	饶阳甜瓜、饶阳葡萄、深州蜜桃、大营裘皮
廊坊（1 项）	大厂肥牛
承德（7 项）	山庄老酒、围场马铃薯、宽城板栗、承德国光苹果、板城烧锅酒、承德杏仁露、隆化大米
秦皇岛（3 项）	昌黎葡萄酒、卢龙粉丝、石门核桃
张家口（5 项）	沙城葡萄酒、宣化牛奶葡萄、蔚州小米、蔚州杏扁、沙城长城葡萄酒
唐山（4 项）	玉田包尖白菜、唐山骨质瓷、滦县花生、乐亭甜瓜
唐山、秦皇岛、承德（1 项）	京东板栗

2. 河北省农产品在京设立直销网点状况

（1）廊坊市安次区在北京开设蔬菜直营店。

廊坊市安次区坚持规模化种植、标准化生产，已建设了孟村、大北市、前南庄、北茨平等 12 个省级蔬菜标准园，建设面积 1.58 万亩。全区蔬菜专业合作社达 35 家，入社蔬菜种植户 1 万余户，标准园菜农入社率 90%，蔬菜产品 100%实行商品化处理，80%以上实现品牌销售①。

安次区大力发展特色高效农业，投资 600 余万元，修建棚区道路 26.66 千米，为蔬菜生产、销售提供基础保障，投入防虫网 10.704 万平方米，诱杀虫板 15 万块，新增微滴灌面积 955 亩，实现蔬菜标准园棚室防虫网配黏虫板应用全覆盖，测土配方施肥全覆盖，节水灌溉全覆盖，建立田间档案全覆盖。目前，已在北京开设蔬菜直营店 7 家，对接北京社区 30 个，有效促进了农业增产，农民增收②。

（2）河北供京蔬菜配送中心落户燕郊。

2011 年 3 月，河北省在三河市燕郊高新区建设河北供京蔬菜配送中心。该配送中心占地 3975 亩，将建设大型订单信息中心，与蔬菜专业合作社直接签订订单，实现产销有机衔接；建设大型品牌加工中心，通过工业化流水线打造河北蔬菜品牌；建设华北最大的现代化蔬菜配送中心，将蔬菜按严格标准分拣包装后配送北京中高档市场；建设定向分销中心，服务北京的国家机关、高等院校；建设单品万吨加工中心，做大做强蔬菜单品，形成强大的品牌影响力；建设国际名优农产品分销、贸易中心以及流

① 安次区在京设 7 家蔬菜直营店 . http：//hebei. hebnews. cn/2013 - 01/30/content _ 3072104. htm.

② 廊坊市安次区已在北京开设蔬菜直营店 7 家 . http：//hebei. zhaoshang. net/2013 - 01 - 14/128443. html.

通研究院、技术实验室、流通大学、博士后流动站等。项目建成后，可辐射周边200万亩区域发展蔬菜种植，满足北京40%～50%的蔬菜消费①。

（3）固安县对北京超市、餐饮公司实行直接配送。

2009年，固安县顺斋瓜菜种植专业合作社与北京京客隆商业集团生鲜配送中心签订了长达15年的订单合同，通过京客隆商业集团向北京供应25个常规品种和27个特菜品种的蔬菜，每年供菜量1.2万吨。2009年12月实现了对京客隆44家门店的直接配送，直配量达每天30多吨。2011年直接配送京客隆超市的数量增加到71家，供菜量增加了50%。

2011年，合作社又与北京呷哺呷哺餐饮管理公司签订订单合同，每天供应大白菜6～7吨，蒿子秆等叶类蔬菜5吨。

固安县顺斋瓜菜种植专业合作社注册的“普春”牌商标，2008年被确定为河北省重点扶持的八大蔬菜品牌之一，已认证无公害蔬菜产品10个、绿色蔬菜产品10个、有机蔬菜产品19个，有机产地面积1000亩②。

（4）张家口市尚义县加大对京“农超对接”，设立直销专柜。

2015年，尚义县在畅通“农超对接”直通车的同时，进一步加强与北京大型超市的“无缝对接”，依托建起的49家蔬菜专业合作社，先后有甲天下、金福鑫、鑫科等7家蔬菜专业合作社成功与北京首航、物美、超市发、京客隆等10家超市对接。2015年在华冠、华普2家设立了蔬菜直销专柜7处。蔬菜专业合作社还与5家北京蔬菜交易市场建立了稳定的供货关系，在海淀区、丰台区建立居民小区蔬菜直销点3个，并加强与北京农业公司接洽，年发展订单蔬菜2万亩，搭建起了“农市、农超、订单”3大对接平台。

为保证“京菜”质量，尚义县建成县级综合质检站1处，蔬菜质量监测站（点）18个，全县近3.8万户全部完成产地编码，实现了生产档案可查询、流向可追踪、产品可召回、责任可界定，确保蔬菜生产、流通各个环节质量安全。全县形成了以生菜、大萝卜、西芹等9大类品种为主的9个万亩以上优势蔬菜品种种植区。通过国家农业部认证的无公害蔬菜生产基地面积达到3.1万亩，通过绿色食品认证的2610亩，通过有机食品认证的1800亩③。

（5）河北八大蔬菜品牌主攻京津市场。

河北省以京津市场为重点，围绕国内大中城市中高端市场需求，筛选确定八家规模较大、基础较好、发展潜力大的蔬菜企业在政策与资金各方面进行重点支持。这八大蔬菜品牌是廊坊“绿龙”品牌、石家庄“家家缘”品牌、廊坊“翠仙”品牌、固安县“普春”品牌、唐山“升”品牌、秦皇岛“集发”品牌、青县“青青”品牌、承德“承大”品牌，河北省重点支持的八大蔬菜品牌，今后发展主攻方向各有侧重，如

① 河北供京蔬菜配送中心落户燕郊. http：//zx.lf.gov.cn/zx2010/item/Print.asp? m=1&ID=1172.

② 固安县顺斋瓜菜种植专业合作社. http：//news.010lf.com/system/2012/12/08/010301076.shtml.

③ 尚义蔬菜含“京”量不断提高. http：//www.shangyi.gov.cn/E_ReadNews.asp? NewsId=10389.

表4－21所示。

表4－21　河北省重点支持的八大蔬菜品牌在京津市场的定位

河北省重点支持品牌	市场定位
廊坊“绿龙”品牌	以国家部委、北京政府机关、首都重点高校食堂为重点
石家庄“家家缘”品牌	通过在北京开连锁店的形式，稳步开拓北京市场
廊坊“翠仙”品牌	通过租门店等形式，扩大北京三星级以上的宾馆饭店和节假日礼品菜市场
固安县“普春”品牌	以北京各大超市为重点，实现有品牌销售
唐山“升”品牌	针对京津唐高端市场，面向高收入人群，发展精品保鲜蔬菜和速冻净菜
秦皇岛“集发”品牌	利用秦皇岛的有利条件，提升国内外市场知名度
青县“青青”品牌	以京津市场为重点，加大精包装蔬菜的销售量
承德“承大”品牌	利用自身的地理和气候优势，生产高品质的品牌蔬菜

资料来源：根据河北省力挺八大蔬菜品牌做大做强［EB/OL］.（2008－12－04）［2016－02－18］.http：//news.foodqs.cn/gnspzs01/200812484014454.htm整理。

二、京津冀农产品物流一体化建设状况

（一）京津市场和河北省农产品主产地的对接状况

1. 京津市场和河北省的农产品项目对接

目前，河北省在农产品项目对接上，已经形成了长期稳定的京张合作、京承合作及京廊合作。

（1）京张合作。2014年是北京与张家口市建立以扶贫为重点对口支援关系20周年，京张合作已经从过去的对口支援，提升到了互动合作、实现共赢的层面。张家口现已基本建成京西北重要的农副产品生产基地，向北京30余家大型超市、市场直供蔬菜，其销售量已占北京蔬菜总销售量的15%。

（2）京承合作。京承农业合作始于2004年，目前已有首农集团、华都集团等100多家北京农业龙头企业进驻承德，承德已成为北京重要的产业转移基地和绿色农产品供应基地。京承农业各类合作项目已经达到100多个，总投资120多亿元，带动基地农户15万余户。承德销往北京的农产品占承德市农产品总量的比重，已由合作之初的10%提高到30%。

（3）京廊合作。廊坊市借助10个县（市、区）有6个与北京接壤的区位优势，建设农副产品进京绿色通道，实现了农业结构与北京接轨，成为北京重要的农副产品供应基地。廊坊生产的无公害蔬菜和肥牛等品牌在北京市场畅销不衰，每年供应北京市

场高档绿色蔬菜43万吨，猪、牛、羊、鸡等畜产品3.45万吨。每天都有总量达1.12万吨的30多个品种蔬菜，10多个品种肉类，供应北京160多家超市和农副产品批发市场①。

2. 京津市场和河北省的区域特色农产品对接

在京津冀一体化发展背景下，河北省加强了在农业等各产业与京津的合作与对接，许多县域特色品牌农产品的生产商与京津两地的大型商贸公司或超市建立了稳定的贸易联系，如表4-22所示。②

近年来，河北省区域特色农产品对接京津市场的规模逐年增加。县域特色品牌农产品的品种以鲜活农产品为主，特别是蔬菜，占北京市场的50%左右，天津的40%以上；常年为京津市场提供40%的果品，猪肉占15%～20%，肉禽类占10%左右，水产品占10%③。

表4-22　　河北省县域特色农产品对接京津市场情况

县名	特色品牌农产品	与京津市场的联系
定兴县	“昌利”果蔬、“昌明”蔬菜、“石象”原生态蔬菜、“玖兴”童子鸡、“精益”腐竹、“日东绿园”柴鸡蛋、“京康”中华鳖	2009年与北京农产品中央批发市场签约，实行农超对接
内邱县	“富岗”苹果	2006年，富岗苹果获得“北京奥运推荐果品”一等奖，富岗苹果专卖店遍及北京和天津的大部分农产品批发市场和超市
青县	“大司马”精品细特菜	直供人民大会堂和京津星级饭店
蠡县	蠡县麻山药	与天津的王朝集团、海河乳业公司及天津农工商销公司有稳定的合作关系
隆尧县	“华龙”方便面、“今麦郎”弹面、“小康家庭”方便面	遍及北京和天津的大部分农产品批发市场和超市

3. 京津市场和河北省的农产品品类对接

河北省是京津重要的“菜园子”，除满足省内需求外，主要销往京津等地，外销率达一半以上。河北省蔬菜占北京市场的50%左右，居外埠进京蔬菜市场份额之首，而效益大大低于山东；蔬菜种类以“张承”地区错季菜和廊坊、保定等地的大路菜为主，

① 王印华，王双进，刘妍，等．河北省鲜活农产品对接京津市场流通的问题及建议［J］．农村经济与科技，2015（4）：108-109.

② 焦伟伟，董谦，梁俊龙．河北省县域特色品牌农产品对接京津市场的策略［J］．江苏农业科学，2012（4）：412-414.

③ 董谦，刘宾，董海荣．河北省县域特色品牌农产品对接京津市场的调查分析［J］．东方企业文化，2012（11）：196-197.

精特菜和包装菜占有量较少；常年为京津市场提供40％的果品，15％～20％的猪肉，10％的肉禽类，10％的水产品。

北京批发市场来自河北省的蔬菜主要有：新发地市场的大白菜、土豆、圆白菜；大洋路市场的大白菜、洋白菜、黄瓜、番茄、茄子、小辣椒；石门市场的黄瓜、柿子椒；锦绣大地的大白菜、小辣椒、番茄；中央批发市场的西芹；八里桥市场的大白菜、土豆、番茄、萝卜；回龙观市场各类蔬菜基本上都来自山东和河北①。

（二）京津冀农产品流通体系产销一体化建设状况

京津冀农产品流通体系的产销一体化建设中很有代表性的是北京新发地农产品批发市场。北京新发地农产品批发市场成立于1988年5月，经过28年的建设和发展，目前对北京市的农产品供应量达到70％～80％。在每天蔬菜和水果供应量各占到1.6万吨以上，才能保证北京市的稳定供应的这一强需求现状下，为加快京津冀农产品产供销一体化进程，北京新发地采取了“内升外扩”的发展战略。②

一方面，从内部升级的角度，北京新发地农产品批发市场通过建设蔬菜综合交易楼、水果综合交易楼和12万吨冷库等项目“转型升级”，改善目前落后的露天交易环境，并配套现代化、高标准的产品冷链仓储系统等先进软件系统，以提升服务保障首都日常运行能力为主线，以提高市场现代化经营水平为核心，以改善市场及周边地区环境为重点，以网络化、电子化交易为手段，实现“四减六强”发展目标，把新发地市场发展成为理念先进、环境优美、服务现代的首都农产品供应保障基地，更有效地保障本市农产品供应稳定；另一方面，从外部扩充的角度，在河北高碑店等地筹建了产地分市场。其中，北京新发地高碑店产地分市场是新发地在全国投资建设十家产地分市场之一，已于2015年10月29日开始试运营，其占地2081亩，建筑面积160万平方米，设有果蔬交易大厅、大型智能冷库、干副交易中心等项目。现在已有3000多个客商入驻、经营，目前经营状况比较良好。

新发地市场作为首都的“大菜篮子”，而高碑店产地分市场作为北京新发地本部市场的供应基地，两地将形成“功能互补”。高碑店产地分市场在很大程度上增强了本部的调控功能，通过对初级农产品的整理和粗加工，确保净菜进京，减少城市的垃圾，像香蕉、苹果、葱头等农产品的分级、加工、包装、储存等放到产地分市场，根据首都的实际需求量往新发地市场内运输，从而保障首都居民农产品的稳定供应。

同时，为了更好地落实京津冀协调发展的要求，新发地市场在河北张家口、廊坊、保定、承德等地签约了十多万亩种植基地，通过设立严格的质量安全检验检测系统，层层把关，环环相扣，确保从分市场和种植基地输出并进入北京新发地本部市场的农产品都是安全的、可靠的、放心的。

---

① 王印华，王双进，刘妍，等．河北省鲜活农产品对接京津市场流通的问题及建议［J］．农村经济与科技，2015（4）：108-109.

② 新发地市场．加快京津冀农产品产供销一体化进程［EB/OL］．（2016-01-27）［2016-03-01］．htp：//zhengwu.beijing.gov.cn/zwzt/jjyxtfz/scsj/t1422554.htm.

（三）京津冀农产品物流通道建设状况

《北京市“十二五”时期物流业发展规划》对农产品物流通道建设提出：以满足农产品流通体系和生活必需品配送体系的发展要求为重点，完善物流配送重点设施布局，提高运行效率和保障能力，实现物流配送服务的“广覆盖”。并且对加强农产品批发市场物流配送中心建设提出了总体规划：改造和新建一批农产品物流配送中心，提高新发地、岳各庄、大洋路、八里桥等批发市场配送中心的功能和配送能力；鼓励中央批发市场、顺鑫石门市场、昌平水屯市场等建设物流配送中心。同时，在城区周边西郊、黄港、西毓顺、琉璃河等地新建一批农产品物流配送中心，逐步形成承接农产品向城内辐射新的物流节点。

该《规划》在发展任务和重点工程中提出，强化区域物流特别是与津冀地区的深度合作，加强北京市物流产业与周边地区联动发展，完善首都经济圈物流系统，服务区域经济一体化建设。加强区域物流合作的通道建设，依托京沪、京津等高速公路，加强京津物流主通道建设；依托京哈、京港澳、京开、京藏等高速公路，推动京冀物流合作，全面构建京津冀区域物流合作网络。调整优化首都经济圈物流产业空间布局，鼓励大型物流项目与周边地区加强衔接。

天津依托天津港，以京津唐产业带为延展方向，构建京津物流发展带。并且在“十二五”期间，建设一批区域性冷链物流配送中心，延伸冷链运输物流配送，实现冻品从出库到消费者的全程冷链无缝对接，提供京、津、唐地区 1 小时冷链配送，并在此基础上向东北、华北及西北地区延伸。

河北省则在现代物流业“十二五”规划中提出了“发挥京津城市群配套设施完善、同城效应突出的优势，围绕环首都绿色经济圈建设，着眼于建设京津冀 1 小时交通圈、1 小时经济圈、1 小时生活圈，满足城市群快速增长的物流需求，打造专业化物流服务基地”的发展思路，并且在空间布局上强调按照物流业“一带两通道”的空间布局要求，引导重大物流资源向沿海、环京津集聚，推动重大物流项目建设，强化“环京津物流产业聚集带”功能，推进京津冀交通运输体系和物流管理一体化运作，加快 7 个环首都现代物流园区建设。进一步依托环京津物流产业聚集带，建设一批面向京津市场的生鲜农副产品直供基地，配套建设冷藏、冷储、冷运物流设施，加强农产品检验检测，减少流通中转环节和运输收费，提升河北农副产品在京津市场地位和品牌优势，促进农民增产增收。

（四）京津冀农产品批发市场建设状况

农产品批发市场作为农产品流通组织形式和交易场所，在京津冀农产品物流一体化建设中有着极其重要的作用。

按照国家质量监督检验检疫总局、国家标准化委员会 2004 年 8 月 10 日发布的《农产品批发市场管理技术规范》（GB/T 19575—2004），农产品批发市场是指为买卖双方提供包括粮油、畜禽、蛋、水产、蔬菜、水果、花卉等农产品及其初加工品批发交易的场所，具备商品集散、信息公示、结算、价格形成等综合配套服务功能。该管理技术规范中对农产品批发市场经营环境、经营设施设备等做了明确的要求。如要求从事生鲜肉类交易的批发市场应有闭合的交易棚；从事粮油交易的批发市场应具备满足粮油安全保管的仓储设施；从事冷冻产品交易的批发市场应具备满足交易需要的冷冻贮藏设施；从事果品交易的批发市场应配备满足交易需要的保鲜贮藏设施等①。因此，京津冀三地大量农产品批发市场的建设，不仅完善了农产品流通体系，而且为京津冀农产品物流一体化建设积累了重要的组织条件和基础设施条件。

1. 北京市农产品批发市场建设状况

到“十一五”时期末，北京市建立了以销地农产品批发市场为核心的农产品流通体系，多种渠道、多种方式地满足了农产品流通需要和居民生活消费需求，有效保障了首都城市平稳运行和经济社会发展，是我国北方地区农产品流通网络的重要枢纽。2009 年，全市主要农产品批发市场总交易量约 2580 万吨、总交易额约 1120 亿元；扣除 25％过境集散量，供应本市的总交易量约 1935 万吨。其中 9 个大型农产品批发市场合计交易量约 2000 万吨、合计交易额约 890 亿元，分别占农产品批发市场总交易量和总交易额的 77.5％、79.5％②。9 个大型农产品批发市场有 5 个在五环路内、4 个在五环路外。各类农产品批发市场互为补充，总体格局稳定。

目前，北京市国家定点农产品批发市场达到 14 家（见表 4－23）。其中，进入 2013 年全国农产品批发市场百强的批发市场有 10 家，进入 2013 年全国农产品综合批发市场 50 强的批发市场有 9 家。

表 4－23　　北京市国家定点农产品批发市场

序号	批发市场	全国农产品批发市场百强排名	全国农产品综合批发市场 50 强排名
1	北京丰台区中央农产品批发市场	27	22
2	北京丰台区京丰岳各庄农副产品批发市场	35	28
3	北京丰台区新发地农产品批发市场	1	1
4	北京城北回龙观大钟寺农副产品批发市场	15	14
5	北京锦绣大地农副产品批发市场	11	11
6	北京朝阳区大洋路农副产品批发市场	13	13
7	北京平谷区大桃市场	—	—
8	北京通州区八里桥农产品中心批发市场	53	47
9	北京市昌平区水屯农副产品批发市场	43	39

① 农产品批发市场管理技术规范（GB/T 19575—2004）. http：//www. mofcom. gov. cn.

② http：//zhengwu. beijing. gov. cn/ghxx/sewgh/t1198586. htm.

续 表

序号	批发市场	全国农产品批发市场百强排名	全国农产品综合批发市场 50 强排名
10	北京顺义区顺鑫石门农产品批发市场	46	42
11	北京市西沙窝农副产品批发市场	—	—
12	北京日上综合商品批发市场	—	—
13	北京八达岭绿野菜蔬中心	—	—
14	北京大红门京深海鲜批发市场	23	—

2. 天津市农产品批发市场建设状况

2006 年以来，天津市加快推进大型农产品批发市场建设改造，使农产品批发市场硬件档次明显提高，配套服务功能设施逐步完善，成交规模不断扩大。在大型综合农产品批发市场建设和改造上，集中于 5 个服务城区的大型综合农产品批发市场，如塘沽区的金元宝滨海农产品交易市场、中心城区的韩家墅农产品批发市场。为增强农产品批发市场对环渤海地区的辐射服务功能，协调推进了北方国际水产、东丽水产品、金福临海产品等一批水产品批发市场项目建设。期间，出台了一系列政策措施，引导支持大型农产品批发市场提高硬件设施档次，加强仓储、信息网络、检验检测、安全监控、结算管理、加工配送等配套服务功能设施建设，不断提高农产品批发市场标准化、规范化、现代化水平①。

目前，天津市国家定点农产品批发市场达到 13 家（见表 4－24）。其中，进入 2013 年全国农产品批发市场百强的批发市场有 3 家，进入 2013 年全国农产品综合批发市场 50 强的批发市场有 2 家。

表 4－24　　天津市国家定点农产品批发市场

序号	批发市场	全国农产品批发市场百强排名	全国农产品综合批发市场 50 强排名
1	天津市津南区何庄子农产品批发市场	—	—
2	天津市东丽区金钟蔬菜市场	38	34
3	天津市武清区大沙河蔬菜批发市场	—	—
4	天津市西青区红旗农贸批发市场	25	21
5	天津市静海县独流蔬菜产地批发市场	—	—
6	天津市西青区碧城蔬菜批发市场	—	—

① 本市农产品现代流通体系初具规模［EB/OL］．（2008－08－18）［2016－01－15］．http：//www.tj.gov.cn/jmjj/cyfz/ny/200808/t20080818_69245.htm.

续 表

序号	批发市场	全国农产品批发市场百强排名	全国农产品综合批发市场50强排名
7	天津市宁河贸易开发区综合批发市场	—	—
8	天津市隆海葛沽农产品市场	—	—
9	天津市静海县范庄子蔬菜批发中心	—	—
10	天津市蓟州蔬菜批发市场	—	—
11	天津市宝粮农副产品批发市场	—	—
12	天津市曹庄花卉市场	—	—
13	天津北辰区韩家墅农产品批发市场	91	

3. 河北省农产品批发市场建设状况

河北省农产品批发市场在1991—1996年发展迅猛，1996年政府开始规范农产品批发市场的发展，增长速度趋于稳定。至2004年年底，河北省共有农产品批发市场757个，年交易额696亿元①。目前，河北省国家定点农产品批发市场达到35家②（见表4-25）。

表4-25　河北省农业部定点市场

序号	批发市场	序号	批发市场	序号	批发市场	序号	批发市场
1	河北省藁城市禽蛋市场	6	河北省石家庄桥西蔬菜中心批发市场	11	河北省乐亭县冀东果菜批发市场	16	河北省唐山市荷花坑农副产品批发市场
2	河北省永清县大辛阁蔬菜批发市场	7	河北省固安县京南刘园蔬菜果品交易市场	12	河北省邯郸市（馆陶）金凤禽蛋农贸批发市场	17	河北省秦皇岛（昌黎）农副产品批发市场
3	河北省任县蔬菜批发市场	8	河北省秦皇岛市海阳农副产品批发市场	13	河北省青县盘古蔬菜批发市场	18	河北省饶阳县瓜菜果品交易市场
4	河北省沧州市红枣批发市场	9	河北省柏乡县冀南禽蛋市场	14	河北省定州蔬菜批发市场	19	河北省邯郸（魏县）天仙果菜批发交易市场
5	河北省永年县南大堡蔬菜批发市场	10	河北省保定市工农路蔬菜果品批发市场	15	河北省大厂回族自治县夏垫镇牛羊肉交易市场	20	河北省怀来县京西果菜批发市场

① 杨蕾. 河北省农产品批发市场现代化建设研究［D］. 河北农业大学，2007.

② 农业部定点市场名单［EB/OL］.（2015-12-16）［2016-02-20］. http://wenku.baidu.com/link?url.

续　表

序号	批发市场	序号	批发市场	序号	批发市场	序号	批发市场
21	河北省三河市建兴农副产品批发市场	25	河北省邯郸市意蓝德农产品批发市场	29	河北省宣化盛发蔬菜副食市场	33	河北省唐山市路南区南新道水产品批发市场
22	河北省威县瓜菜批发市场	26	河北省黄骅市渤海贸易城批发市场	30	河北省大名县南李庄花生批发市场	34	河北省承德市隆化县张三营大牲畜交易市场
23	河北省无极县王村鲜活农产品交易市场	27	河北省新乐市花生米市场	31	河北省霸州市益津蔬菜批发市场	35	河北省高邑蔬菜批发市场
24	河北省冀州周村辣椒专业批发市场	28	河北省衡水东明蔬菜果品批发市场	32	河北省张家口市康保县杂粮市场		

此外，河北省各地典型的蔬菜、水果、禽蛋肉批发市场，如表4-26、表4-27所示。

其中，较有代表性的藁城市禽蛋市场被河北省政府评为河北省十大市场之一，是农业部定点市场，也是中国北方最大的禽蛋交易市场，位于藁城北部，市场紧临机场路和正无路，交通极为便利。同时，藁城市禽蛋市场健全了市场的配套服务设施，为了提高本身的服务功能，在市场周边兴办了饭店、旅馆、银行、兽药、运输、信息等服务体系，已经形成了多功能的大型交易市场，全年销售鸡蛋8万吨以上，年交易额达到10亿元以上。

表4-26　　石家庄市蔬菜、水果、禽蛋肉批发市场

序号	市场名称	经营品种	地区
1	范庄梨果交易批发市场	蔬菜	石家庄市
2	赵县沙河店葡萄交易市场	蔬菜	石家庄市
3	赵州梨乡商城	蔬菜	石家庄市
4	石家庄赵县宋城村无公害蔬菜批发市场	蔬菜	石家庄市
5	灵寿县食用菌交易市场	蔬菜	石家庄市
6	新乐市承安花生米批发市场	蔬菜	石家庄市
7	无极县王村无公害蔬菜交易市场	蔬菜	石家庄市
8	石家庄市桥西蔬菜中心批发市场	蔬菜	石家庄市
9	正定县西关蔬菜批发市场	蔬菜	石家庄市
10	行唐县北方蔬菜果品批发市场	水果	石家庄市

续 表

序号	市场名称	经营品种	地区
11	晋州市马于果品批发市场	水果	石家庄市
12	石家庄市裕华区佳农果品批发市场	水果	石家庄市
13	赞皇县回车青枣市场	水果	石家庄市
14	辛集市孤庄鲜桃市场	水果	石家庄市
15	藁城市禽蛋市场	禽蛋肉	石家庄市
16	正定县新安禽蛋交易市场	禽蛋肉	石家庄市

表 4-27　　河北省其他地区蔬菜、水果、禽蛋肉批发市场

序号	市场名称	经营品种	地区
1	河间市堤口农产品批发市场	蔬菜	沧州市
2	沧县崔尔庄小枣批发市场	水果	沧州市
3	永清县大辛阁蔬菜瓜果批发市场	蔬菜	廊坊市
4	香河李庄蔬菜批发市场	蔬菜	廊坊市
5	南海北国蔬菜物流广场	蔬菜	张家口市
6	河北康保县蔬菜批发市场	蔬菜	张家口市
7	乐亭县冀东果菜批发市场	蔬菜	唐山市
8	唐山市仔猪交易批发市场	禽蛋肉	唐山市
9	围场县马铃薯、淀粉、粉条专业批发市场	蔬菜	承德市
10	宽城县孟子岭水果批发市场	水果	承德市
11	南和县东南张产地蔬菜批发市场	蔬菜	邢台市
12	邢台威县瓜菜批发市场	蔬菜	邢台市
13	秦皇岛（昌黎）农副产品批发市场	蔬菜	秦皇岛市
14	徐水县白塔铺蔬菜果品批发市场	蔬菜	保定市
15	定州市蔬菜批发市场	蔬菜	保定市
16	邯郸魏县天仙蔬菜果品批发市场	蔬菜	邯郸市
17	邯郸市永年县南大堡蔬菜批发市场	蔬菜	邯郸市

三、京津冀农产品冷链物流体系建设情况

（一）京津冀冷链物流发展总体状况

1. 北京市冷链物流总体情况

冷链物流的发展，与居民生活水平的不断提高密切相关。可以说，由于居民生活水平的不断提高，社会对冷链食品产生更多的需求，进而促进了冷链物流的发展。

2011 年，北京市冷链物流农产品批发市场成交量 2345.8 万吨，其中果蔬、猪牛羊肉、水产品的成交量分别为 2254.7 万吨、56.9 万吨、96.8 万吨。2012 年北京市果蔬、肉类、水产品冷链流通率分别为 10%、30%、50%左右，冷藏运输率分别为 11%、61%、58%左右①。

2013 年，北京市城市冷链配送创造的价值达 646.8 亿元，比 2012 年创造的价值增长了 9.7%。在 2010—2013 年，北京市城市冷链配送需求规模平均每年增速达到 10.1%。具体如图 4－1 所示。

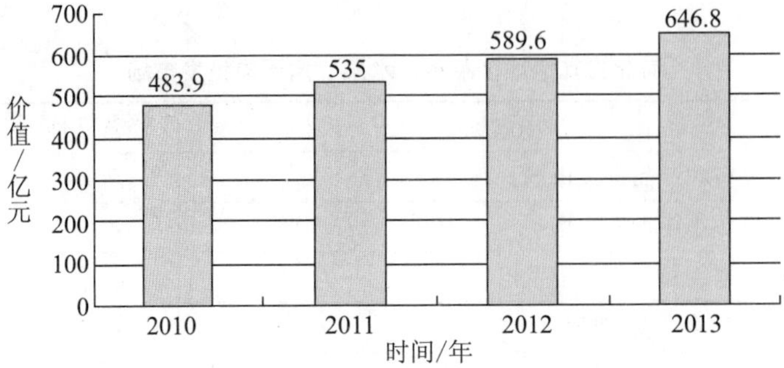

图 4－1　2010—2013 年北京市城市冷链配送需求变化趋势

数据来源：中国冷链物流发展报告（2014）。

从生鲜农产品品种的视角进行分析，2013 年，北京市肉禽及制品冷链配送需求规模最大，达到 212.3 亿元，占冷链配送需求总量的比重达到 33%；其次是干鲜瓜果类，配送规模为 151.2 亿元，占比 23%；再次是蔬菜类，配送规模为 114.2 亿元，所占市场份额是 18%；最后是奶及奶制品、水产品和蛋类配送规模分别为 82.4 亿元、58.0 亿元和 28.8 亿元，占比分别为 13%、9%和 4%。具体如图 4－2 所示。

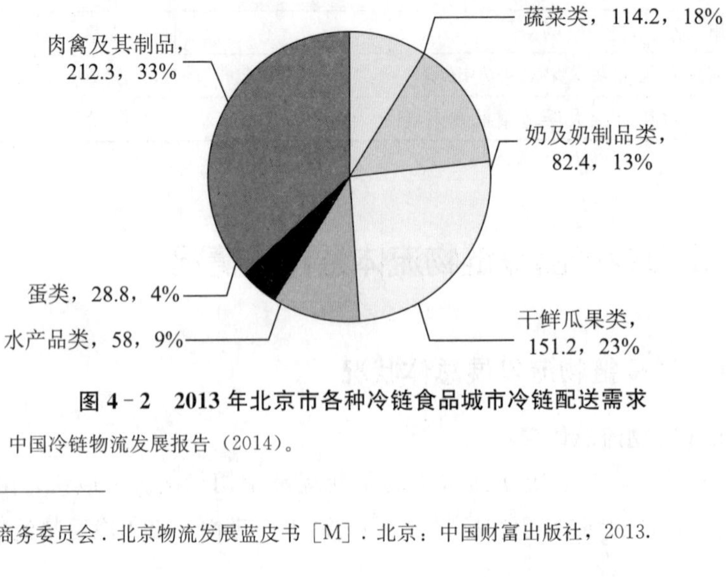

图 4－2　2013 年北京市各种冷链食品城市冷链配送需求

数据来源：中国冷链物流发展报告（2014）。

① 北京市商务委员会．北京物流发展蓝皮书［M］．北京：中国财富出版社，2013.

2013年，北京市城镇居民家庭肉禽蛋以及水产品合计的人均食品支出是1636元，蔬菜的人均支出638元，干鲜瓜果类的人均支出是774元，各产品类之间的支出比例与冷链规模的比例大致相等，就平均情况而言，每个消费者对每种产品的冷链需求是相等的，说明未来北京市的各种产品冷链市场的增长潜力是一样的。

从各区县来看，2013年朝阳区冷链配送需求规模最大，达到135.5亿元，占冷链配送需求总量的比重达到21%；其次是海淀区，配送规模为123.8亿元，占比19%；丰台区，它的配送规模为79.8亿元，所占的市场份额是12%；昌平区、西城区、大兴区、东城区、通州区、房山区和石景山区冷链配送需求规模分别为53.2亿元、46.7亿元、36.8亿元、32.9亿元、29.6亿元、24.4亿元和23.2亿元，占比分别为8%、7%、6%、5%、5%、4%和4%；平谷区、顺义区、密云区、怀柔区、门头沟区和延庆县六个地区冷链配送需求规模曲线合计只有60.9亿元，占比9%。具体如图4-3所示。

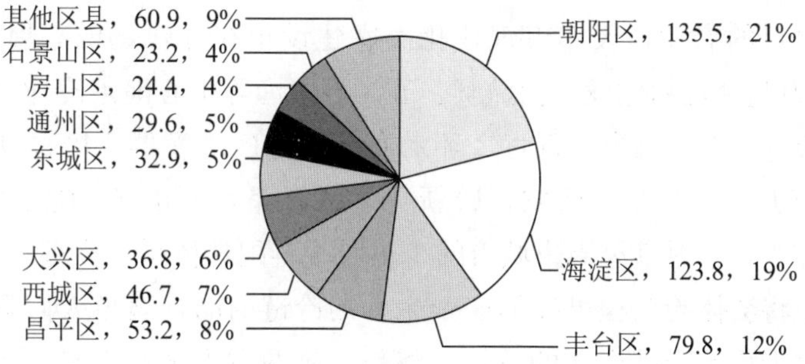

图4-3 2013年北京市各区县城市冷链配送需求

数据来源：中国冷链物流发展报告（2014）。

东城区和西城区是北京的功能核心区，因为政治原因，它的整体规划变化不大，且其冷链配送规模所占比例较小，因此对北京市未来的冷链市场影响不明显。朝阳区、海淀区、丰台区、石景山区是北京市的功能拓展区，商业发达，高校聚集，人口密度大，冷链需求大，合计占比56%，但它们的发展已经趋于饱和，北京市整体目前正在向通州区、房山区、大兴区、昌平区、顺义区发展，这五个区将会建成北京市的新城区，目前它们的合计占比小于30%，所以在未来几年它们会成为北京市冷链市场增长的新兴力量。

2. 天津市冷链物流总体情况

2008年前后，天津完整独立的食品冷链体系还未形成，90%的肉产品、80%的水产品在几乎没有冷链保障的条件下流通，初级农产品的冷链尤其缺乏。80%～90%的水果、蔬菜、禽肉、水产品大多用普通卡车运输，铁路冷藏车只占2%左右，公路冷藏保温汽车占货运汽车比例只在0.3%左右①。

① 曹卓君．天津食品冷链物流运作状况分析［J］．现代经济信息，2008（11）：99.

到2010年年底，天津市的冷库存量为65万～72万吨，到2015年年底，天津市的冷库规模超过100万吨。天津市的冷库分布，大体可以分为市区板块、滨海板块和区县板块。其中，市区板块有35万～40万吨，占全市总量的54%～56%；滨海板块大约有12万吨，占全市的17%～18%；区县板块大约有18万～20万吨，占全市的28%①。

2010年6月国家发改委出台了《农产品冷链物流发展规划》，天津开始重点扶持本地龙头冷链物流企业。“十二五”时期，天津滨海新区的经济社会总体发展目标是：中国北方对外开放的门户，现代制造和研发转化基地，北方国际航运中心和国际物流中心。2012年7月，天津被确定为“两岸食品物流产业合作试点城市”，成为天津进一步推动冷链物流发展的良好契机。

2015年7月1日开始实施的冷链物流天津地方标准是行业首个系列标准，借鉴台湾冷链物流先行经验，冷链物流地方标准规范了冷链仓储、运输、销售多环节的秩序，从而加强冷链物流食品、农产品的质量保障②。目前，随着冷链物流产业标准的推广实施、重点建设项目的启动，天津市现代化冷库建设正在加快，现有规模以上冷库43座，库容约76万吨。规划建设一洲鼎鲜、五洋、中渔等中心渔港冷库群，蓝玺、鑫汇洋等外环线周边冷库群，三惠、百肯、环渤海等武清区冷库群。培育具有冷链配送能力的运输企业有月坛、顺丰、康农、康新、中恒鼎森等十几家，配送网点650多个，形成以天津为核心，辐射京冀周边城市的1小时冷链配送体系。冷链产业的转型升级，对于消费者来说将会体验全程可控的安全生鲜的冷链商品，满足人们不断提高的物质生活需求。同时天津市冷链产业的发展，将与京冀两省市试点工作同步进行，对京津冀一体化协同发展起到示范作用③。

3. 河北省冷链物流总体情况

河北省作为全国重要的农产品产销地，标准化种植水平日益提高，无公害农产品、无公害蔬菜生产农药使用准则等60多项强制性地方标准得到推广应用，覆盖农产品产前、产中、产后各环节的标准体系逐步建立。到2009年，全省种植业无公害产地707个、畜产品产地1377个、水产品基地139个，共有231个农产品获得了绿色食品标志使用权，形成了47个无公害蔬菜品牌。农产品标准化质量安全体系的建立，为专业化、规模化和现代化的冷链物流供应提供了坚实保障④。河北省农产品商品市场体系较为发达，目前各类农副产品市场达到607个，年交易额接近1000亿元。其中，亿元以上农副产品批发市场83个，10亿元以上19个，20亿元以上9个，初步构建起辐射全

① 王侃．天津市冷链物流现状与对策［J］．天津商业大学学报，2012（3）：40-44．

② 天津促进冷链物流行业发展［EB/OL］．（2015-07-16）［2016-03-15］．http：//news.enorth.com.cn/system/2015/07/16/030380122.shtml．

③ 京津冀实施物流标准化 天津打造冷链物流大本营［EB/OL］．（2015-10-20）［2016-03-15］．http：//www.wtoutiao.com/p/Rceqr5.html．

④ 河北省农产品冷链物流“十二五”发展规划［EB/OL］．（2012-12-26）［2016-03-15］．http：//www.hbxinfadi.com/article_show.asp?article_id=114．

国各地，集收购、加工、储存保鲜、流通配送等功能为一体的农产品流通网络，农产品批发市场成为连接生产和消费的重要纽带，为建立从田间到餐桌的一体化物流体系创造了条件①。

2009年，全省规模以上冷库达到972座，容量56万吨，专业化冷藏车辆900多辆，温控加工及分拣设备2800多套。各类农产品交易市场普遍加大冷藏、冷冻、低温加工等设施建设，大型商场、连锁超市、便利店等商业企业的生鲜、冷冻食品营业面积大幅提升，大型肉制品加工企业和食品加工生产企业，普遍建立起标准化生产车间和低温运输车队，推动了水产品和反季节果蔬为代表的高附加值农产品冷链迅速兴起，集冷冻、冷藏、加工、配送、销售为一体的冷链物流体系正在形成②。

2012年1月，《河北省现代物流业"十二五"发展规划》发布，明确提出了农产品物流的发展思路，即"适应城乡消费升级和食品安全要求，围绕解决农产品物流规模小、环节多、成本高、损耗大等问题，加快建立畅通高效、安全便利的农产品物流体系。到2015年，建成一批规模化、专业化、现代化的跨区域农产品物流基地，果蔬、肉类、水产品在途腐耗率分别降至17%、8%、10%"。该《规划》同时提出了河北省农产品物流发展重点③（见表4-28）。

表4-28　"十二五"期间河北省农产品物流发展重点

发展重点	主要内容
推进大宗农产品跨区域集散	加强港口、铁路交通枢纽等接卸设施和粮食中转设施建设，大力发展海铁联运，配备散粮运输工具，推进粮食储、运、装、卸的"四散化"，畅通三纵两横及渤海湾水陆粮食物流通道
	着眼于增强粮食、棉花、食糖等大宗农产品跨区集散能力，依托石家庄城市功能，加快大宗农产品交易、集散设施建设，积极开展大宗商品期货交割、现货配送和跨区转运业务，形成南北大宗农产品物流集散基地，建设张家口、秦皇岛、廊坊、沧州、邯郸五大粮食物流中心
	鼓励和支持主要大宗农产品生产基地，加快建设农产品物流设施，开展集散配送业务

① 河北省农产品冷链物流"十二五"发展规划［EB/OL］.（2012-12-26）［2016-03-15］. http://www.hbxinfadi.com/article_show.asp?article_id=114.

② 河北省农产品冷链物流"十二五"发展规划［EB/OL］.（2012-12-26）［2016-03-15］. http://www.hbxinfadi.com/article_show.asp?article_id=114.

③ 河北省现代物流业"十二五"发展规划［EB/OL］.（2012-01-13）［2016-03-15］. http://www.sdpc.gov.cn/fzgggz/jjmy/ltyfz/201201/t20120131_459375.html.

续 表

发展重点	主要内容
加快冷链物流基地建设	依托主要农产品产业基地和大型农产品批发市场，加快冷链物流基础设施改造
	积极推广应用冷链物流技术，增强冷链运输、城乡冷链配送、跨区域中转换装等业务功能，完善质量检测和食品安全追溯体系，形成专业化冷链物流基地
	发挥环京津区位优势，依托环京津物流产业聚集带，建设一批面向京津市场的生鲜农副产品直供基地，配套建设冷藏、冷储、冷运物流设施，加强农产品检验检测，减少流通中转环节和运输收费，提升河北农副产品在京津市场地位和品牌优势，促进农民增产增收
培育品牌化农业物流企业	依托双鸽、千喜鹤等大型食品加工龙头企业，整合低温屠宰、低温冷冻、冷链运输、检验检疫、包装加工等设施资源，大力拓展增值物流业务，扩大连锁配送范围，打造安全、便捷的食品物流品牌，引进雨润、华润等战略投资者，加快落地项目建设
	鼓励支持有条件的物流企业，积极开展“农超对接”“农校对接”“农企对接”等产地到销地的直接配送业务，大力发展农产品跨区域集约配送，拓展国际农产品集装箱运输线路，融入国际冷链物流网络

（二）京津冀农产品冷链仓储与冷链运输状况

1. 北京市农产品冷链仓储与冷链运输状况

北京市的冷库水平在全国范围内处于领先地位，2011 年年底，北京市范围内用于储存低温食品的冷藏库总容量近 70 万吨①。

北京市的冷库以大型冷库企业为主，冷库容量大于 1 万吨的有 20 家大型冷库企业，其冷库容量占北京市冷藏库总容量的 65.76%。但是，北京市中、小型冷库企业数量较多。冷库容量大于 2000 吨、小于 1 万吨的中型冷库企业有 52 家，其冷库容量占北京市冷藏库总容量的 28.40%。冷库容量小于 2000 吨的小型冷库企业有 83 家，其冷库容量占北京市冷藏库总容量的 5.84%（见表 4-29）。

表 4-29　北京市冷库规模结构

冷库类型	分类标准	企业数量/个	冷库容量/万吨	比例/%
大型冷库企业	大于 1 万吨	20	45.24	65.76

① 北京市商务委员会. 北京物流发展蓝皮书［M］. 北京：中国财富出版社，2013.

续 表

冷库类型	分类标准	企业数量/个	冷库容量/万吨	比例/%
大型冷库企业	大于2000吨、小于1万吨	52	19.54	28.40
小型冷库企业	小于2000吨	83	4.02	5.84

数据来源：根据《北京物流发展蓝皮书》2013年，并计算。

北京市的冷库主要集中在丰台区、顺义区、大兴区、朝阳区，冷库容量分别为24.9317万吨、11.6766万吨、7.4984万吨、6.5260万吨（见表4-30）。

表4-30　北京市各区冷库分布情况

区	冷库容量/吨	比例/%
东城区	104	0.02
西城区	9459	1.44
朝阳区	65260	9.94
丰台区	249317	37.97
石景山区	423	0.06
海淀区	30701	4.68
房山区	10987	1.67
通州区	25568	3.89
顺义区	116766	17.78
昌平区	27422	4.18
大兴区	74984	11.42
门头沟区	41	0.01
怀柔区	11675	1.78
平谷区	15107	2.30
密云区	9285	1.41
延庆区	9459	1.44

数据来源：北京市商务委员会．北京物流发展蓝皮书［M］．北京：中国财富出版社，2013.

北京市冷藏运输的快速发展是在2008年和2009年，2009年北京市冷藏车保有量接近3000辆，分别是2006年、2007年的2.3倍和1.8倍。2014年，北京市冷藏车保有量为3600辆。目前，生产企业平均自有冷藏车数量为33.18辆，平均拥有通行证数量为15.91个；批发市场平均自有冷藏车数量为10.6辆，平均拥有通行证数量为1.6个；零售企业平均自有冷藏车数量为3.6辆，平均拥有通行证数量为3.4个。

2. 天津市农产品冷链仓储与冷链运输状况

2015 年商务部、财政部、国家标准委在天津、石家庄、唐山开展了物流标准化试点，天津冷链物流产业借此次试点契机，打造京津冀冷链物流配送新格局，助力京津冀一体化发展。天津市现代化冷库建设正在加快，现有规模以上冷库 43 座，库容约 76 万吨①。2015 年，天津市的冷库规模将超过 150 万吨，按照 2014 年全国各省、市、自治区冷库保有量统计，天津的统计排名在京津冀三地中排名第一，在全国排名第九（见表 4－31）。

表 4－31　　2014 年全国各省、市、自治区冷库保有量统计

名次	省、市、自治区	库容/万吨	库容/万立方米	建筑面积/万平方米（按 6 米高度计）
1	山东	457.90	1144.75	190.79
2	上海	230.96	577.40	96.23
3	广东	199.86	499.65	83.28
4	江苏	181.40	453.50	75.58
5	福建	169.40	423.50	70.58
6	湖北	166.90	417.25	69.54
7	辽宁	164.66	411.65	68.61
8	浙江	140.80	352.00	58.67
9	天津	130.84	327.10	54.52
10	河南	129.86	324.66	54.11
11	重庆	123.96	309.90	51.65
12	河北	104.60	261.50	43.58
13	云南	101.06	252.65	42.11
14	北京	93.91	234.78	39.13
15	湖南	84.20	210.50	35.08
16	四川	75.50	188.75	31.46
17	新疆	73.70	184.25	30.71
18	安徽	71.75	179.38	29.90
19	甘肃	67.30	168.25	28.04
20	广西	52.34	130.85	21.81

数据来源：百度文库 . http：//wenku. baidu. com/view/29494ee89b6648d7c0c74620. html? from=search.

天津市典型的冷库企业如表 4－32 所示。

① 物流标准化下的天津冷链物流［EB/OL］.（2015－09－28）［2016－03－21］. http：//www. cnlenglian. com/news/show－htm－itemid－15401. html.

表 4-32　　天津市典型的冷库企业

序号	公司名称	冷库面积/平方米	冷库容量/吨
1	王顶堤红旗农贸综合批发市场冷库	45000	50000
2	金福临冷库	68000	60000
3	天津大洋冷库	5000	30000
4	金钟冷库	2880	2500
5	天津海港城冷库	10000	30000
6	天津中心渔港万吨级示范冷库	8700	10000
7	津张清真食品冷库	10000	10000
8	天津市食品公司冷冻厂	10000	37200
9	天津老板娘国际农副水产品城	15000	80000
10	天津鑫汇洋国际物流有限公司	50000	200000
11	南开蔬菜公司冷冻厂	5000	4800
12	天津港普菲斯冷链分拨中心	20000	43000
13	泰达行冷链物流中心	51000	45000
14	东疆大洋冻品物流配送中心	14000	25000

数据来源：根据网络资料整理。

其中，王顶堤红旗农贸综合批发市场冷库是天津市最大存量的单体冷库，冷库建筑面积 4.5 万平方米，整体 7 层，局部 8 层。一层为 6 千平方米的经营用房和摊位，方便客户经营，二层至六层为冷冻库，七层为蔬菜水果冷藏库。目前，冷库的最大库容量可达 5 万吨。由于不同产品适宜的储藏温度不同，为此，王顶堤冷库分成了 24 个小冷库，采用国内先进的温度控制系统，这样就可以实现不同的功能分区存放不同的产品，通过这种方式满足多种类型农副产品的保鲜需求。此外，冷库还设立了速冻库，保证商户运来的鲜活食品在 90 分钟之内速冻成型，极大地保障了商户产品在冷藏期间的质量①。

另外，天津港普菲斯冷链分拨中心也非常具有代表性。2014 年 11 月 8 日，北美最大的冷链物流企业普菲斯公司所属普菲斯亿达冷冻仓储（天津）有限公司，与天津港国际物流公司签署冷链物流合作项目协议。普菲斯天津公司在天津港建设冷链分拨中心，布局天津口岸进口高端冷产品仓储服务。该中心将建设一座现代化单体冷藏冷冻仓库，冷库面积 20000 平方米，仓储容量 43000 吨②。

① 天津最大存量单体冷库王顶堤红旗农贸综合批发市场冷库投入使用［EB/OL］.（2015-08-14）［2016-03-21］. http：//www.shkende.com/news/2015/0814/889.html.

② 天津港普菲斯冷链完善进口高端冷产品仓储服务［EB/OL］.（2015-06-30）［2016-03-21］. http：//www.hc39.com/news/show-6304.html.

（三）京津冀冷链物流运营模式状况

1. 大型超市直采模式

大型超市一般采用连锁经营，具有规模化优势，在“农超对接”中占据主导地位。在对象选择上，大型超市以农民专业合作社或龙头企业作为合作主体，实现标准化、规模化采购。

大型超市通常按照食品卫生和质量安全标准，制定程序化的种植作业管理流程，并提供统一的种子、农药、化肥等生产资料，或组织合作社对生产资料进行统一采购。在物流配送上，大型超市对生鲜农产品的包装、运输等物流环节都有一套完整的配送标准，如包装技术、货物摆放方法等。除了拥有自己的冷链体系之外，大型超市还可以根据合作基地所在地方情况与第三方物流公司进行合作。

例如，家乐福超市就是这种模式的典型代表。从 2007 年年初开始做产地源头“农民直采”，通过各地的农民专业合作社，直接采购农民的优质农产品。目前家乐福已在全国 30 多个城市开展农超对接，有 40 多种农超对接的直采产品。在中国的农民直采产品比例平均为 15%～20%，在北京、上海的门店达到了近 30%。

2. “大型超市 + 龙头企业 + 农户”合作模式

通常由大型超市和优质农产品产地的农业龙头企业合作，组织农户种养殖，对农产品的生产、加工及市场运作等进行监管指导，并委托第三方机构对农产品质量进行检测，最后农产品由超市收购销售。

超市也可以入股农业龙头企业，或进行直接控股主导整个农超对接流程，麦德龙超市是采用这种模式的典型。2007 年年底更是在中国成立麦咨达农业信息咨询有限公司，按照全球良好的农业操作规范，与中国农产品加工龙头企业开展咨询公司＋企业＋基地的合作，为它们提供生产、加工、包装、物流及市场运作等方面的专业培训和咨询，指导它们建立从田头到餐桌的质量安全可追溯体系①。

3. “合作社/供销社 + 连锁超市”模式

由典型的农民专业合作社或供销社与连锁经营超市对接，建立稳定的供销关系，由连锁超市或农民合作组织，或者双方合作解决农产品冷链物流问题。

例如，以天津市供销合作社为代表的社区超市对接形式。天津市各区县供销合作社利用网络资源向社区和村级小型超市延伸，开设农产品直供专区和专柜，将优质品牌农产品配送至上百家社区店或村级加盟店，使居民和农民在家门口就能购买到优质价廉的农产品。

4. 农产品批发市场集散模式

以具有商品集散、价格生成、信息发布、标准化建设等功能，集电子结算、加工、配送、仓储、低温保鲜、冷链物流、信息发布、检验检测等服务于一体的新型农产品批发市场为核心，上连农产品生产基地、专业合作社和农产品经纪人等供应商，下接

---

① 麦德龙超市 and 欧尚超市详解．http：//wenku. baidu. com.

农贸市场、连锁超市、社区直销店，以及机关、学校、饭店等消费大户的产销对接模式。这是目前我国农产品流通的主要渠道，承担着90%以上鲜活农产品、95%以上蔬菜的供应。

5. 合作经济联合组织主导模式

以农民合作经济组织联合会、专业合作社联合社为主导，搭建农产品产销衔接桥梁，培育农产品品牌，发展农产品龙头企业的产销对接模式。

例如，唐山市供销合作社牵头组建的市县农合联现已培育注册农产品品牌106个，并参股35%成立农产品销售有限公司，与唐山乐亭、丰南、玉田等县区农民专业合作社建立农产品生产基地3万亩，注册“农合联”商标，将初加工后的农产品配送到唐山各大超市，并延伸到天津华润万家18家连锁店、家乐福8家连锁店，成为唐山市最大的生鲜蔬菜配送企业。

6. 电子商务营销模式

通过B2B、B2C的电子交易方式，销售来自生产基地、专业合作社的农产品，构建“线上交易、线下配送”的产销对接模式。北京市农产品电子商务渠道建设，已经出现了一批有规模、有能力的企业。2013年在北京市销售农产品规模较大的电商主要有：以销售粮油为主的中粮我买网，销售米面、粮油、肉类、水果、蔬菜、进口食品等；以销售肉类为主的顺丰优选网，销售肉类、水产、水果、酒水、进口零食等；以销售鲜活农产品为主的优鲜直达网，销售蔬菜、水果类商品；以果品销售为主的本来生活网，销售禽蛋肉、蔬菜水果、酒水茶叶等；以销售有机农产品为主的沱沱工社网，主销高端有机蔬菜、水果、肉类等。北京市农民专业合作社在网络销售上也有一定的规模。例如，2012年北菜园蔬菜产销专业合作社每天能接到网络订单近200笔，销售量约为1000千克，占合作社蔬菜日销售总量的66%。

在北京市农产品电子商务渠道建设中，农民专业合作社是一支重要的力量。截至2013年年底，北京市工商登记注册的农民专业合作社6010个，在册合作社成员总数15.4万，合作社成员出资总额达到65.4亿元，辐射带动农户46万户，占全市从事一产农户总数的3/4①，在推动农产品电子商务渠道建设中发挥了重要作用。北京市农民专业合作社通过电子商务销售农产品的方式主要有两种：

第一，通过网络沟通与消费者的联系，宣传合作社的产品，并组织消费者上门购货，或由合作社组织送货，以及消费者团购等。这一方式在合作社中比较普遍，效果明显。如有些合作社在宣传采摘活动中，采用网上团购的方式，通过打折促销吸引消费者前来采摘购买，在习惯团购的消费者群体中产生一定的影响。有些合作社通过网络宣传，沟通了与有关单位的联系，将产品成批量的销售到有关单位。

第二，合作社开设网上商铺。北京市农民专业合作社开设网上商铺有五种模式。

一是利用本地网络开设网上商铺。如密云县的淑凤自产自销合作社在县邮政局的邮政礼仪网为合作社开设了网上商铺，主营柴鸡蛋、小杂粮、杏核油等农产品。房山

① 李庆国．北京成立农民专业合作社联合会［N］．农民日报，2014-01-01.

区从2008年起，依托“房山农合网”构建了“网上联合社”，到2013年已发展137家农民专业合作社为会员，打通了合作社农产品网络流通的渠道。

二是利用区县的网络超市。如大兴区创办的“任我在线”网络超市，采取网络销售与实体网点相结合的形式，在区内建立了1家配送中心和若干家社区网络超市，在其他区县也设立了网络超市。当地社区居民既可到超市采购，也可在网上或通过电话订购，由就近的超市店员送货上门。

三是利用自建的农产品提货点建立网上商店。如北京市益农兴昌农产品产销专业合作社利用在北京17个地铁出站口和20个社区设立的网上蔬菜提货点，销售果蔬、蛋、杂粮等，到2013年已有2万多会员客户。

四是利用淘宝、京东、天猫等网络销售。北京的绿奥合作社在淘宝网建起了销售网店，以适合8～10人食用的6千克、12种蔬菜组合套餐形式销售，蔬菜套餐只配送北京地区，采取快递形式，由快递公司送货，主要产品是高档的蔬菜。

五是利用行业的网站进行宣传和销售。农产品的行业网站多数是良好的产品信息发布平台，网上可以查询到产品的价格、供求等方面的信息，消费者可以找到需要的产品，可以对供货的合作社进行比较选择。

四、京津冀农产品物流体系建设的政策措施

（一）京津冀三地农产品物流体系建设的政策措施

1. 北京市农产品物流体系建设的政策措施

（1）《北京市“十二五”农产品流通体系发展规划》。

2011年10月8日，《北京市“十二五”农产品流通体系发展规划》发布。该《规划》阐述了北京市农产品流通体系现状、发展目标、空间布局、主要任务及保障措施，对加快推进北京农产品流通体系建设，保障农产品市场供应做出了详细规划。

“十一五”期间，北京市建立了以销地农产品批发市场为核心的农产品流通体系，形成了大型农产品批发市场（经营收入20亿元以上）为主要集散中心、区域性批发市场为重要节点的批发市场格局。9个大型农产品批发市场合计建筑面积达到220万平方米，批发市场基础设施、交易设施、冷链仓储设施有了很大改善，全部建成检测检疫中心、信息中心和安全监控中心，实现了对农产品主要品种的快速检测、价格和交易信息的及时发布。在全国率先建立了蔬菜政府储备和轮换机制，保证了应急状态下的市场供应。

北京农产品自给率较低，绝大多数品种依靠外地市场供给。从农产品进京主要通道流量看，京沪高速是外埠农产品进京的主要通道，如表4－33所示。

表 4-33　　外埠农产品进京的主要通道状况　　单位：%

农产品进京通道	京沪高速	京开高速	京哈高速	京藏高速	京港澳高速	京承高速
进京农产品占全市外埠进京农产品总量的比例	42.4	15.3	13.5	11.3	10.2	7.3

北京市农产品的流通模式以运销专业户流通模式和“公司+农户”流通模式为主，约占市场交易总量的80%左右；农超对接、农餐对接流通新模式，约占市场交易总量的20%左右。同时，菜市场、生鲜连锁超市、网店等多样化的零售网络初步形成，为不同消费层次的居民提供了多元化的选择。

《北京市“十二五”农产品流通体系发展规划》中，明确了北京市“十二五”农产品流通体系发展的总体目标和发展指标，如表4-34所示。

表 4-34　　北京市“十二五”农产品流通体系发展的总体目标和发展指标

总体目标和发展指标	主要内容
“十二五”时期目标	农产品批发市场基础设施完善、功能增强
	全市大型农产品批发市场新建项目投入使用；农产品零售网络全面覆盖、分布合理；农产品物流配送渠道通畅、效率提高
	初步形成以批发市场为核心、以物流配送中心为支撑、以零售网络为保障的现代农产品流通体系
远期目标（至2020年）	构建与中国特色世界城市和国际商贸中心相适应的农产品现代流通体系，形成2～3个全市大型综合农产品批发市场，每个远郊区县保有1个区域性综合型农产品批发市场
	形成全市覆盖、连锁经营、组织化程度较高的农产品零售网络
	农产品批发市场与生产基地和零售末端紧密衔接，货源保障充足，形成布局合理、渠道通畅、安全高效、保障有力的农产品现代流通体系
发展指标	本市蔬菜自给率由不足30%提高到35%
	形成两个全市性综合农产品批发市场，承担全市80%左右的市场供应量
	新增规范化菜市场150个，形成比较完善的农产品零售网络
	构建现代化农产品物流服务体系。果蔬、水产品、肉类三类农产品冷链流通率由目前的10%、30%和50%分别提高到20%、45%和70%以上
	生活必需品政府储备能力进一步增强，应急保障体系更加完善。耐储蔬菜品种政府储备应急供应天数达到5天

（2）北京市加强农产品物流体系建设的其他政策措施。

北京市加强农产品物流体系建设的其他政策措施，如表 4－35 所示。

表 4－35　北京市加强农产品物流体系建设的其他政策措施

政策措施	文件号（发布时间）	主要内容
关于加快发展农产品加工业推进农业产业化经营的意见	京政办发〔2009〕41 号（2009 年 7 月 11 日）	以规模化生产基地、大型农产品批发市场为载体，以超市等大型连锁企业为依托，加速完善农产品物流配送中心建设。通过建立农产品物流配送中心、开设农产品专卖店等方式，增强农产品安全供应能力，提高流通效率，为消费者提供优质产品，有效推动农产品进城市、进超市。鼓励和支持龙头企业参加全国性和国际性的展览、展销会，开展营销等推介活动。清理和规范农产品生产、加工、储运和交易等环节的收费规定，改善农产品加工制品流通环境
北京“十二五”都市型现代农业服务体系总体规划	京政农函〔2011〕50 号（2011 年 8 月 15 日）	培育 10 个大型物流配送龙头企业形成联合配送网络；培育 10 个规模较大、跨区域联合、带动农户多、运行规范、农民增收效果明显的产销合作联合社；培育 5000 名农村经纪人，支持 5000 名经纪人成立各级各类农产品流通合作经济组织
		新建 150 家农产品“乡村超市”，建设和完善顺义北务、大兴西沙窝、平谷大桃和延庆八达岭等主要产地批发市场；适时建设具有一定规模和现代化水平的农产品批发市场，服务设施农业建设和打造农产品品牌；支持农产品冷链物流体系建设，鼓励配套建设冷藏保鲜和流通加工设施，实现采后快速预冷、商品化加工处理和上市旺季入库冷藏保鲜
		合力打造 10 个强势产业区域品牌，重点培育 50 个基础条件好、知名度高、产品过硬、发展潜力大的企业品牌，积极研究开发 100 个拥有自主知识产权的新产品品牌；农产品会展经济培育工程，通过政府搭台，企业、合作组织、协会等唱戏方式，鼓励区域或企业举行特色产品推荐活动，通过展览、媒体宣传，推进农产品会展经济发展，提高产品知名度

续 表

政策措施	文件号（发布时间）	主要内容
北京“十二五”都市型现代农业服务体系总体规划	京政农函〔2011〕50号（2011年8月15日）	重点扶持农产品生产基地、农户或专业协会开展与消费者直接对接活动，通过网络、会展和旅游推介等形式，推动生产基地与宾馆饭店、学校、社区及大中型企业产销对接，鼓励大中型连锁超市与农产品基地开展“农超对接”，鼓励市民进入果园、菜地进行绿色郊游和果菜采摘，鼓励农产品基地网络销售和社区居民建立稳定直供关系
		完善农产品生产和流通标准体系，实现农产品从生产到流通的供应链标准化，鼓励企业主持或参与农产品生产和流通的企业标准、地区标准及行业标准的制定，推行农产品流通市场准入制度，探索农产品生产组织和流通企业等级评审
2013年北京都市型现代农业服务体系建设折子工程	京政农函〔2013〕43号（2013年7月2日）	全年实现70家规模的京郊农业合作组织与12家超市农超对接，农产品销售量增幅15%左右；推动蔬菜流通新模式网点建设，积极引导本市和外埠蔬菜生产企业开设直营店，全市新发展直营直供、公司化经营等6类12种蔬菜流通新模式网点60个以上
北京市“十二五”时期物流业发展规划	京商务物流字〔2011〕6号（2011年11月11日）	服务城乡建设和市民生活需要，以满足农产品流通体系和生活必需品配送体系的发展要求为重点，完善物流配送重点设施布局，提高运行效率和保障能力，实现物流配送服务的“广覆盖”
		加强农产品批发市场物流配送中心建设。改造和新建一批农产品物流配送中心，提高新发地、岳各庄、大洋路、八里桥等批发市场配送中心的功能和配送能力；鼓励中央批发市场、顺鑫石门市场、昌平水屯市场等建设物流配送中心。同时，在城区周边西郊、黄港、西毓顺、琉璃河等地新建一批农产品物流配送中心，逐步形成承接农产品向城内辐射新的物流节点
		调整优化现有提供社会化服务的物流配送中心的布局和功能，支持冷链物流专用设施建设
		推动农产品物流配送体系建设。按照农产品流通体系建设要求，加快农产品配送中心建设。提高农产品检测、加工、包装、仓储、配送等设施条件和水平，试点推行农产品物流全程跟踪、监控

续 表

政策措施	文件号（发布时间）	主要内容
北京市“十二五”时期物流业发展规划	京商务物流字〔2011〕6号（2011年11月11日）	加快冷链物流发展，实施食品冷链技术应用示范工程。加强冷链基础设施建设，完善食品冷链物流体系。在试点的基础上，推动以信息技术和冷冻冷藏技术为代表的现代科技在冷链物流中的推广应用，提高冷链物流发展的整体水平

2. 天津市农产品物流体系建设的政策措施

（1）《天津市现代物流业发展“十二五”规划》。

2011年10月30日，《天津市现代物流业发展“十二五”规划》发布，规划阐明了“十二五”时期天津市物流业发展的指导思想、原则、目标、重点任务、空间布局与保障措施。其中，对构建农产品专业化物流体系、冷链物流体系建设等作了规划。

“十一五”时期，全市物流业增加值年均增长20%。2010年，物流业增加值达到798.07亿元，占地区生产总值的8.7%，占服务业增加值的18.8%；全社会物流总费用与地区生产总值的比率为18.4%，比“十五”末期下降0.6个百分点。

按照“十二五”规划，到2015年，物流业增加值达到1900亿元以上，年均增速保持在20%以上。天津港保持在我国北方港口中的领先地位，港口货物吞吐量达到5.6亿吨，集装箱吞吐量达到1800万标准箱，将天津基本建成中国北方国际航运中心和国际物流中心。

该《规划》着力打造十大专业化物流体系，其中包括构建农产品专业化物流体系（见表4-36）；着力完善五大重点物流领域，其中包括冷链物流体系建设（见表4-37）

表4-36　天津市农产品专业化物流体系建设

项目	主要内容
构建农产品专业化物流体系	依托蓟县、宝坻区、北辰区、津南区、武清区、静海县、宁河县等区县，构建安全、便捷、专业的农产品物流体系与供应链，增强集散辐射功能，实现全市农产品市场供应及时、绿色、保鲜和低运费
	以蓟县、宝坻区、北辰区、津南区、武清区、静海县、宁河县为重要节点，形成南北联动的农产品物流集聚带
	高起点建设一批专业化的集商检、包装、冷藏、初加工、深加工、运输、配送等功能为一体的农产品加工配送中心，以及产地、销地农产品批发市场，重点建设京津国际农产品物流加工中心、天津翰吉斯国际农产品物流园以及天津众品食业农牧加工基地等项目

续 表

项目	主要内容
构建农产品专业化物流体系	鼓励农业加工企业、仓储业和运输公司等不同的独立组织进行联合，形成一批以管理和信息共享为基础的农产品第三方物流服务联合体
	探索天津农产品物流发展新模式，积极推动流通企业利用现代信息技术，实现农产品生产、库存、需求、运输、到货等信息的数字化、网络化

表 4 - 37　　天津市冷链物流体系建设

项目	主要内容
构建农产品专业化物流体系	建设一批区域性冷链物流配送中心，延伸冷链运输物流配送，实现冻品从出库到消费者的全程冷链无缝对接，提供京、津、唐地区 1 小时冷链配送，并在此基础上向东北、华北及西北地区延伸
	针对肉类、农产品、水产品、果蔬、花卉及医药等产品，构建覆盖生产、储存、运输及销售整个环节的冷链，建立全程"无断链"的规模化、系统化冷链物流体系
	依托水产集团冷藏加工物流基地和滨海新区中心渔港等建设项目，整合现有的水产品、畜产品、果蔬、花卉及医药等冻品基地，建设具有自动调节温度、智能化贮藏能力的大型区域性现代智能型冷库
	加快冷链物流装备及技术升级，完善冷链物流监控追溯系统，加强温控设备及冷冻运输工具的自主研发与应用推广
	打造一批具有雄厚资源和国际竞争力的冷链物流企业

（2）天津市加强农产品物流体系建设的其他政策措施。

天津市加强农产品物流体系建设的其他政策措施，如表 4 - 38 所示。

表 4 - 38　　天津市加强农产品物流体系建设的其他政策措施

政策措施	文件号（发布时间）	主要内容
天津市现代物流业发展三年行动计划（2015—2017）	津政函〔2015〕17 号 津工信规划〔2015〕4 号（2015 年 2 月 26 日）	聚焦产业链延伸与高端增值服务，整合物流资源，创新服务模式，大力发展精益物流、冷链物流、电商及跨境电商物流等新兴物流业态。结合制造业产业链和世界级、国家级产业基地建设，积极引进和培育具备精益物流服务、供应链物流服务能力的物流企业

续 表

政策措施	文件号（发布时间）	主要内容
天津市现代物流业发展三年行动计划（2015—2017）	津政函〔2015〕17号 津工信规划〔2015〕4号（2015年2月26日）	加快“两岸冷链物流合作试点城市”“中心渔港经济区”等项目建设，使天津成为集远洋渔船进港、国内外货物进出口、水产加工、集散、冷链物流为一体的中国北方冷链与水产加工集散中心
		在大兴、武清、廊坊、北辰等京津轴线地区加快建设电子商务快递和落地配基地，发展甩挂中转、“仓配一体化”等快递运营新模式
		推动农产品流通体系建设，拓宽农产品销售渠道，创新销售模式，提高农产品流通效率。提高环渤海、翰吉斯等区域性集散市场对京津冀都市圈的服务辐射能力。大力发展农产品电子商务，培育打造电商品牌，提升冷链物流水平，推动1000家农业企业、合作社开展网上销售。鼓励农业企业、农民合作社开展直供直销、会员制等多种销售形式
天津市食品工业发展三年行动计划（2015—2017）	津政函〔2015〕17号 津工信规划〔2015〕4号（2015年2月26日）	以物联网、移动互联网等现代信息技术为支撑，组建全市统一的食品安全信息预警和发布平台，建立覆盖原料、生产、包装、物流、终端销售全产业链的产品全程可追溯体系
		加快发展冷鲜肉，特别是小包装冷链产品
		农副产品初加工和配套物流服务领域8项，项目总投资73.2亿元，达产后新增销售收入128.6亿元，将形成覆盖环渤海地区的农副产品初加工与物流体系
天津市渔业发展“十一五”规划	（2005年12月8日）	以天津航空港为依托建设国际鲜活水产品物流批发市场。充分发挥天津面向华北、西北、东北的水产品市场集散地功能，通过向货源生产领域延伸、向产品终端消费领域延伸、建立市场缓冲储备机制等多种有效途径增加市场功能，实现市场收益多元化
		以陈塘庄万吨冷库为依托建设水产冷冻品批发市场，依托天津市独特的区位优势，通过招商引资筹建环渤海地区水产品物流中心，将水产品物流中心建成辐射三北的水产品集散地，为国内具有比较优势的水产品出口提供通道，也为国外优质低价的海产品进入国内市场提供通道

续 表

政策措施	文件号（发布时间）	主要内容
天津市渔业发展“十一五”规划	（2005 年 12 月 8 日）	利用港口优势，发展水产品物流体系和加工区建设，带动相关服务业的发展
天津市商贸流通业发展“十二五”规划	津发改规划〔2011〕866 号（2011 年 8 月 1 日）	构建农副产品流通体系。新建、提升改造茶淀葡萄、武清大沙河等 30 个产地型特色市场，推动红旗农贸二期、韩家墅农产品二期等 7 个城区供应型批发市场扩建升级。推动生鲜农产品生产加工企业与农贸市场实行“场地挂钩”，促进连锁企业建立产地农产品配送分拨中心
		新建业态齐全的社区商业中心 100 个，新建和提升标准化菜市场 150 家，力争实现城镇居民出户步行 5 分钟即有一个便民店，步行 10 分钟即有一个菜市场
		加强食品流通安全治理，深入推进流通环节食品放心工程，建立集农产品生产基地、专业物流配送企业、销售企业为一体的农产品质量安全追溯体系，保证生鲜产品安全

3. 河北省农产品物流体系建设的政策措施

（1）《河北省人民政府办公厅关于加强鲜活农产品流通体系建设的实施意见》。

2012 年 7 月 23 日，为加快推进河北省鲜活农产品流通体系建设，建立产销平稳、保障供应的长效机制，《河北省人民政府办公厅关于加强鲜活农产品流通体系建设的实施意见》（冀政办〔2012〕14 号）发布。该意见对加强鲜活农产品流通体系建设，从主要目标、工作重点和保障措施三个方面做了要求。

在主要目标中，对鲜活农产品流通体系建设定位为高效、畅通、安全、有序，突出产销衔接重点，同时明确了流通基础设施建设、流通模式、组织化程度、流通链条和市场布局、流通成本等方面的内容（见表 4 - 39）。

表 4 - 39　　河北省加强鲜活农产品流通体系建设的主要目标

目标	主要内容
主要目标	围绕建立完善高效、畅通、安全、有序的鲜活农产品流通体系，以加强产销衔接为重点，加强鲜活农产品流通基础设施建设，创新鲜活农产品流通模式，提高流通组织化程度，优化流通链条和市场布局，进一步减少流通环节，降低流通成本，逐步实现农产品批发市场基础设施完善、功能完备

续 表

目标	主要内容
主要目标	农产品零售网络全面覆盖、分布合理；农产品物流配送渠道通畅、运营高效，切实保障鲜活农产品市场供应和价格稳定
	到2015年，设区市生鲜农产品经超市销售的比重达到30%；超市农产品直采比例达到50%以上。果蔬、水产品、肉类三类农产品冷链流通率分别达到20%、45%和70%以上

在工作重点中，从加强市场规划布局、培育壮大流通主体、加强流通设施建设、大力推进产销衔接、着力完善市场调控、加强质量全程监管、推广典型抓好试点七个方面做了明确要求。

其中，在市场规划布局方面，要做到因地制宜、突出特色、统筹规划，逐步形成布局合理、功能完善、竞争有序的鲜活农产品流通网络（主要内容见表4-40）。在流通主体培育方面，强调组织化、规模化程度，降低成本、提升效率等方面（主要内容见表4-41）。在流通设施建设方面，要加快推进农产品批发市场、农贸（菜）市场、农产品流通企业物流配送中心冷链系统和市场交易设施建设，不断完善产地预冷、预选分级、产地仓储、加工配送、冷藏冷冻、冷链运输、包装仓储、检验检测和电子结算等现代流通设施，着力提升鲜活农产品流通现代化水平（主要内容见表4-42）。在推进产销衔接方面，着力创新流通方式，加快推进多种形式的鲜活农产品产销对接（主要内容见表4-43）。在市场调控方面，强调多部门协作，健全覆盖生产、流通、消费的农产品信息网络，完善市场监测、预警和信息发布机制（主要内容见表4-44）。在质量监管方面，强调全程监管（主要内容见表4-45）。在推广典型抓好试点方面，提出了一系列具体内容（见表4-46）。

表4-40　　河北省加强鲜活农产品流通市场规划布局的主要内容

项目	主要内容
市场规划布局	以搞活农产品流通为主导，合理梯次布局，依托交通枢纽、城镇化建设和城市群发展，打通农产品出省、出口通道，布局跨区域大型农产品物流配送中心
	在农产品主要产区和集散地，分层次抓好一批地方性、区域性、全国性的农产品批发市场建设，打造具有较强辐射功能的专业性批发市场，改造升级传统农产品批发市场
	适应城市发展、新农村建设需要，城市要结合旧城改造和新区建设，健全和配套建设标准化菜市场、直营直供平价菜店等零售网点，扩大大型综合超市生鲜农产品销售专区经营面积，打造5分钟到便利店、10分钟到菜市场、15分钟到大型超市的便民生活圈
	农村要加快乡镇农贸市场升级改造，彻底改变农村地区农贸市场的落后面貌

续 表

项目	主要内容
市场规划布局	积极探索投资入股、产权回购回租、公建配套等多种公益性实现方式，加强公益性农产品批发市场、农贸市场和菜市场建设
	支持国有控股企业投资建设农产品批发市场、农贸（菜）市场。每个设区市每年建设和改造10个以上标准化菜市场，建立30个以上蔬菜直销网点（专区、专柜），每个县（市、区）都要提升改造1～2个高标准农贸市场

表4-41　　河北省培育壮大鲜活农产品流通主体的主要内容

项目	主要内容
培育壮大流通主体	扶持培育一批大型农产品批发企业，引导经销商实现公司化、规模化、品牌化发展，鼓励开展直销配送
	扶持培育一批大型农产品零售企业，发展连锁经营，扩大经营规模，降低经营成本
	扶持培育一批大型农产品物流配送企业，积极发展第三方物流，提供仓储、运输、包装、加工等增值服务，提高物流效率和物流服务水平
	扶持培育一批产销联营的大型鲜活农产品专业合作社及其他农业合作经济组织，大力推动产业化经营
	支持流通企业通过投资合作、兼并重组等方式做大做强，重点培育10家交易额20亿元以上的大型农产品批发市场、10家销售额20亿元以上的大型零售企业，争取10家大型零售企业进入全国零售和连锁百强
	全省重点支持500家省级农民专业合作示范社、1000家市级农民专业合作示范社

表4-42　　河北省加强流通设施建设的主要内容

项目	主要内容
流通设施建设	"十二五"期间，全省重点建设70个专业农产品物流配送中心，建立30个综合性的农产品生产、加工基地，提升农产品生产、加工和物流水平
	重点改造提升100个农产品批发市场、300个标准化菜市场建设水平
	引导各类投资主体投资建设和改造农产品批发市场和农贸市场、菜市场、社区菜店、生鲜超市、平价商店等鲜活农产品零售网点
	建设完善全省农产品网上交易平台，扩大农村商务信息化建设试点，利用商务部新农村商网、省供销社电子商务交易平台等，积极发展鲜活农产品电子商务，扩大网上交易规模
	鼓励大型农产品批发市场引入拍卖等现代交易模式，加快农产品流通科技研发和推广应用
	主动对接京津，在环京津区域加快鲜活农产品流通基础设施和物流基地建设，更好地满足京津市场鲜活农产品需求

表 4－43　　河北省大力推进产销衔接的主要内容

项目	主要内容
推进产销衔接	大力推进农超对接，鼓励超市增加对接合作社和对接品种数量，扩大对接销售规模。建立鲜活农产品直供、直销、直采长效机制，开展产销衔接活动，搭建产需对接平台
	认真举办好中国廊坊农产品交易会、全省农超对接洽谈会、河北—北京蔬菜周、全省农校对接洽谈会等示范性、跨区域的大型对接活动
	各设区市每年组织一次较大对接活动，每季度有专项对接活动，每月有一对一对接活动
	积极推进农批对接，鼓励大型农产品批发市场和经销商通过代理、投资合作等方式与主产区建立长期稳定的产销关系
	推进农产品批发市场上连生产基地、农民专业合作社，下接农贸市场、超市以及农产品消费大户的农批对接、批零直供直配模式，发挥批发市场在农产品流通中的主导性作用
	切实推进产销一体化，支持大型农产品流通企业建设产地集配中心、销地交易配送专区，参与构建全国性“南菜北运”产销链条
	探索推进直供直销，鼓励农民专业合作社到社区、农贸市场、宾馆饭店、学校企业食堂直供直销
	有条件的城市在人口集中的社区有序设立周末菜市场及早、晚市等鲜活农产品零售网点

表 4－44　　河北省着力完善市场调控的主要内容

项目	主要内容
市场调控	加强大中城市鲜活农产品市场监测预警体系建设，支持大型农产品批发市场申报国家鲜活农产品价格、供求信息采集点，使之发展成鲜活农产品价格形成中心、信息中心和物流配送中心，发挥引导生产和消费的作用
	加强农产品市场应急调控，综合运用储备调节、区域调剂、进出口及加工贮藏等手段，确保主要鲜活农产品有效供给和市场稳定
	规划建设重要农产品储备库，进一步增强储备能力。加强对中央、地方两级储备肉的管理，建立和完善冬春蔬菜储备、调运制度
	加强市场应急保障以及骨干企业队伍建设，完善应急投放网络，保障应急供给，防止价格大起大落

表 4－45　　河北省加强质量全程监管的主要内容

项目	主要内容
质量全程监管	加强对农业投入品生产、经营的管理，严禁生产、经营、使用禁用农（兽）药，加强产地环境监测，防止产地环境污染

续 表

项目	主要内容
质量全程监管	强化对农产品生产企业、农民专业合作社、农产品生产基地的鲜活农产品监督抽检，指导和督促其开展自律性检测
	加强农产品批发市场、超市、农贸市场检验检测设施建设，建立鲜活农产品经常性自检制度，实行抽检标准、程序、结果“三公开”，对不开展自律性检测的依法进行查处，对不符合质量安全标准的鲜活农产品依法进行无害化处理或者监督销毁
	加快鲜活农产品质量安全追溯体系建设，完善落实索证索票和购销台账制度，开展好鲜活农产品质量安全追溯体系建设试点
	以农产品现代流通试点地区和承办企业为重点，加强鲜活农产品流通标准的宣传，积极推进农产品质量等级化、包装规格化、标识规范化、产品品牌化

表 4-46　　河北省鲜活农产品流通推广典型抓好试点的主要内容

项目	主要内容
推广典型抓好试点	宣传推广河北惠友集团建立直采基地及自建蔬菜基地、开展农超对接的典型经验，加快推动产销一体化进程
	学习借鉴石家庄、沧州、唐山市建设标准化菜市场的经验做法，推动各设区市标准化菜市场建设
	深化石家庄、秦皇岛、承德市全国农产品现代流通综合试点，完善流通设施，创新流通模式
	在张家口市开展惠民蔬菜直销试点，在农产品批发市场、大型超市、社区等建立惠民直销专区（柜），减少农产品流通环节，降低流通成本
	在石家庄市开展惠民蔬菜零售店建设试点，由政府通过回购和新建方式，在社区建设改造惠民蔬菜零售店，建立生产基地—配送中心—惠民零售店的全封闭供应链

（2）河北省加强农产品流通体系建设的其他政策措施。

河北省加强农产品流通体系建设的其他政策措施，如表 4-47 所示。

表 4-47　　河北省加强农产品流通体系建设的其他政策措施

政策措施	文件号（发布时间）	主要内容
河北省供销合作总社关于推进鲜活农产品流通体系建设的实施意见	冀供销〔2012〕29 号 2012 年 3 月 20 日	充分发挥供销合作社的组织与经营优势，以龙头企业为带动，以专业合作经济组织为依托，以产销对接为重点，提高鲜活农产品流通的组织化程度，进一步完善经营服务功能，创新流通模式，减少流通环节，降低流通成本，与农民及相关经营主体共同建立从生产到市场终端的鲜活农产品流通体系

续 表

政策措施	文件号（发布时间）	主要内容
河北省人民政府办公厅关于推进线上线下互动加快商贸流通 创新发展转型升级的实施意见	冀政办字〔2015〕163 号 2015 年 12 月 21 日	加快实施“快递下乡”工程，支持快递服务网络向农村地区延伸，构建农产品快递网络，服务产地直销、订单生产等农业生产新模式。加快推进农产品商务信息服务公共平台建设。推动农村电子商务平台与新型农业经营主体有效对接，衔接产需信息，推动农产品线上营销与线下流通融合发展。支持新型农业经营主体和农副产品批发市场对接电子商务平台，推进“以销定产”模式发展。着手解决农副产品标准化、全流程追溯、冷链仓储建设等关键问题，促进农业生产和农产品流通现代化
河北省人民政府关于推进国内贸易流通现代化建设法治化营商环境的实施意见	冀政发〔2015〕50 号 2015 年 12 月 25 日	在秦皇岛、高碑店等地谋划建设一批农副产品、粮油和果蔬等新型大宗商品交易平台。围绕商品集散型和产地型批发市场，推动专业化提升和精细化改进，培育县域特色经济，带动产业集群发展。支持石家庄、唐山、保定、承德等市探索采用政府回购、政府股权投资、设立农产品流通产业基金等方式，建设和培育一批公益性农产品市场，完善农产品集配中心分选包装、冷链物流、检验检测、电子结算和信息发布等市场功能和手段。鼓励供销社参与公益性农产品批发市场建设试点，有条件的地区、政府控股的农产品批发市场可交由供销社建设、运营、管护。鼓励和扶持专业大户、家庭农场、农民合作社、农业服务企业和农业产业化龙头企业等新型农业经营主体向流通产业延伸，发展农产品商品化处理、冷藏保鲜、仓储配送，提高农产品连锁经营水平
河北省人民政府办公厅关于加快转变农业发展方式的实施意见	冀政办发〔2015〕47 号 2015 年 12 月 30 日	积极推行合作经营，支持建设“供京津蔬菜示范园”，推动规模化经营、设施化生产、标准化栽培、品牌化销售、质量可追溯和产销一体化发展。支持农民合作社建设农产品加工仓储冷链物流设施

续 表

政策措施	文件号（发布时间）	主要内容
河北省农业厅关于加强冬春蔬菜生产保障市场供应的意见	冀农蔬发〔2015〕6号 2015年10月22日	要立足服务京津，积极开拓市场，密切关注生产动态和市场变化，及时做出预判，制定应急销售方案，主动化解价格下跌、产品滞销和市场短缺等问题。要积极组织蔬菜合作社进驻河北（高碑店）新发地农产品批发市场、永年冀南蔬菜批发市场等集中交易地开展交易，鼓励合作社直接参与蔬菜物流，分享销售环节效益。要当好蔬菜合作社与城市超市、大型企业、政府机关、各类学校和驻军单位的桥梁，推动生产主体与集团消费单位的有效对接，增加直销数量，减少中间环节和物流损耗。要积极帮助蔬菜合作社参与销售终端环节，发展社区直营、标准化菜市场销售、周末“大篷车”进社区和电子商务，培育多元化销售业态，促进蔬菜销售。要组织蔬菜合作社积极参与城市保障行动，参加各地组织的农博会、农交会、产销对接会和博览会，开展河北蔬菜推介活动，提高河北蔬菜影响力

（二）京津冀农产品物流协同发展政策措施

1.《北京市人民政府、河北省人民政府共同推进物流业协同发展合作协议（2014—2017年）》

2014年7月31日，为贯彻落实京津冀协同发展重大国家战略，使市场在资源配置中起决定性作用和更好地发挥政府作用，本着优势互补、共建共享、互联互通、协同发展的原则，以多种合作模式加快推进京冀区域物流一体化发展，共同构建布局合理、功能完善、特色突出的京冀区域物流发展新格局，提高物流产业对京冀社会经济发展的支撑作用。北京市人民政府与河北省人民政府签订“共同推进物流业协同发展合作协议（2014—2017年）”。

在该协议中，与农产品物流与流通相关的事项包括：

（1）共同推动京冀一体化物流规划编制。依据发展战略分别编制两地“十三五”物流业发展规划，并做好衔接工作。

（2）促进区域性批发物流对接合作。以推动北京动物园服装批发市场、大红门服装批发市场及新发地农产品市场区域物流集散功能适度向河北转移为突破口，鼓励两地对口地区加强对接和合作，引导集研发、生产、仓储、批发为一体的北京相关服装、小商品、农产品、家具、建材等批发市场与河北相关产业园区对接，推动批发业区域合作；发挥比较优势，实施升级、转移和接收同步战略。

（3）推动建设现代农产品物流体系。加强首都市场和河北省农产品主产地的对接，推动农产品流通体系产销一体化建设，建立两地“农超对接”“农校对接”“农企对接”等产地到销地的冷链物流通道，增加冷链物流配送量，提高农产品冷链物流水平。共同推进若干服务首都及周边区域的农产品市场项目。推动农产品冷链物流合作，双方积极支持北京市企业在河北省蔬菜主产区推广应用冷链物流技术，配套建设冷藏、冷储、冷运物流设施。

（4）京冀双方共同研究制定物流运输等相关支持政策，畅通农产品绿色通道，降低物流企业运营成本，促进京冀物流合作。

（5）促进物流业信息化和标准化建设。发挥北京科技优势和两地物流领域的资源优势，推动建设京冀物流公共信息平台，实现物流公共信息互联互通及共享，不断提高物流业务信息利用水平。推进物流标准化进程，在京冀两地开展物流标准化器具循环共用试点示范工程，不断提高物流运行效率。

2.《关于落实京津冀共同推进市场一体化进程合作框架协议商务行动方案》

2014 年 9 月 12 日，为深入贯彻落实京津冀协同发展重大国家战略，推进京津冀区域商务协同发展，北京市商务委、天津市商务委、河北省商务厅共同研究制定并签署了《关于落实京津冀共同推进市场一体化进程合作框架协议商务行动方案》。

该方案本着优势互补、共建共享、统一开放、共赢发展的原则，确定了三省市商务部门在推进京津冀市场一体化方面的三方协同推进工作事项和双边协作推进工作事项。其中，与农产品物流与流通相关的事项包括：

（1）加强京津冀三地商贸流通发展规划的衔接（三方协同推进工作事项）。

鼓励京津冀零售业相互延伸、融合发展，为三地“老字号”企业、优势企业和特色品牌发展创造条件。发挥京津市场窗口优势，支持三地商贸企业在两市进行展示、交易，拓展市场空间。发挥各自在科技、信息、港口、物流领域的资源优势，支持建设区域公共物流信息服务平台，鼓励三地物流信息互联互通，开展物流标准化区域合作试点，共同提高物流配送效率。搭建电子商务交流平台，推进三地电子商务创新发展。探索建立京津冀三地重要商品供应应急协调机制，加强三地市场信息对接，相互支持联手稳定市场。

（2）北京市与河北省商务部门按照协议推进以下各项工作，天津市商务委将配合做好相关工作。

北京市商务部门推进工作事项：依托北京市的市场优势，推动农产品产销一体化建设，做大做强京冀农产品生产流通产业链。采取联合保供、农超对接、直营直售等方式，进一步深化与河北省供京蔬菜主产区、农业龙头企业合作。加强对河北省品牌农产品的宣传和保护，为供京蔬菜提供便利。支持河北省在京设立直销网点，确保鲜活农产品绿色通道畅通，提高流通效率。支持区域性物流中心、批发功能向河北迁移。

河北省商务部门推进工作事项：依托河北省的腹地优势，推动农产品产销一体化建设，做大做强京冀农产品生产流通产业链。鼓励产地市场预冷、仓储、加工设施建设，鼓励发展冷链运输，鼓励短链直销。支持首农集团、北京二商集团在河北省布局的食品基地建设。

京冀商务部门共同推进事项：共同推进京冀物流业协同发展。共同谋划北京新机场口岸以及配套海关特殊监管区的建设发展，充分发挥北京新机场口岸对区域发展的辐射带动作用。发挥河北省港口资源优势，推动北京内陆港、空港与之联动发展。

（3）天津市与河北省商务部门按照协议推进以下各项工作，北京市商务委将配合做好相关工作。

天津市商务部门推进的工作事项：协调天津口岸相关部门加大服务河北省开放型经济发展力度，完善服务河北重点企业工作机制。支持河北做大做强内陆无水港；支持天津港（集团）有限公司和河北港口集团有限公司建立战略合作关系，加强港口规划、市场开发、费率机制、信息沟通等方面交流。

河北商务部门推进的工作事项：根据津冀各港口功能优势，支持和鼓励河北企业利用天津口岸开展国际贸易；协调河北各港口为天津企业进出口货物提供更多便利；支持天津经济技术开发区、天津港保税区等功能区参与河北省产业园区开发建设。支持天津物产集团、一商集团等大型商贸流通企业在河北布局；鼓励更多的河北省粮油、蔬菜基地进入天津市场，联手打造津冀农副产品供应链。

津冀商务部门共同推进的工作事项：协调津冀口岸各相关部门加强协作配合，建立健全一体化通关、通检业务、联络协调机制。支持港口合资公司，加强对环渤海及其他区域新的码头及物流项目的投资建设力度。共同争取国家授予津冀重点口岸落地签证权和72小时过境免签证政策。发挥河北丰富的资源优势和天津的物流资源优势，深化农产品流通市场合作，推动两地“农超对接”，为优质农副产品进入市场提供便利条件。

五、京津冀农产品物流存在的问题及发展建议

（一）京津冀农产品物流存在的问题

1. 京津冀农产品供需差异较大

北京、天津是典型的都市型农业，产量很小，但人口众多、消费需求很大，北京、天津大多数农产品处于供不应求状态。而河北省是农业生产大省，各主要农产品的供给均大于需求。

北京、天津的农产品供应大部分来自河北省，河北是京津的“菜园子”“米袋子”“果篮子”。京津冀农产品较大的供需差异，客观上对农产品物流产生了极大需求。京津除了要求农产品在数量上得到保障，还对农产品的质量和安全有更高的要求。河北省品牌农产品的发展还有很大差距，品牌的知名度不高，对接京津的名优农产品不多，在京津市场的优势不显著。

2. 京津冀农产品物流体系建设仍很落后

尽管推动京津冀物流合作，全面构建京津冀区域物流合作网络的意愿都比较一致，但实际运作时仍有许多困难需要逐步解决。

京津市区内大中型货运汽车禁行、绕行等交通管制措施，不仅提高了流通中的交易成本，而且不利于“最后一公里”问题的解决。一体化的信息沟通平台尚未建立，产销信息对接不畅。批发市场仍然局限于现货交易、协商买卖的传统方式，批发市场的一些物流基础设施比较落后，或者建设流于形式。京津冀农产品产、供、销无缝对接渠道仍比较单一，影响了农产品及时、保质、低成本运抵京津市场。

3. 生鲜农产品冷链物流发展缓慢

生鲜农产品从采后预冷、产地冷藏、冷藏运输、销地冷藏、零售冷柜到家庭冷藏的全程冷链无缝对接体系发展缓慢，虽然有些地区的某些农产品做了尝试，但冷链成本居高不下，限制了大范围推广。

京津地区经济发达，但生鲜农产品冷链物流发展环境、冷链技术、冷链设施设备等有待改善完善。京津的大部分蔬菜水果仍以常温运输为主，有些冷链物流企业一般只提供低温运输，而全程冷链很难保证。采后预冷和低温环境下的预处理、分级、加工、包装等在大多数地区还没有实施，关键冷链物流节点的冷冻冷藏设施缺乏，全程温度自动控制技术没有普遍推广采用。

4. 京津冀农产品物流发展政策有待协同

“十二五”期间，京津冀关于农产品物流、流通发展出台了一系列政策，虽然关注了京津冀的区域发展，但本地区发展仍是首要任务。在此背景下，区域之间政策的不协调在所难免。

当前，在推进京津冀农产品物流合作、推进重点物流园区建设、搭建区域公共物流信息服务和电子商务交流平台，完善京津冀农产品物流网络、促进农产品产销有效对接、落实鲜活农产品运输“绿色通道”政策、降低农产品物流成本、加强主要农产品的仓储、运输和配送等冷链物流设施建设等方面亟待出台协同配套政策，推进京津冀农产品物流协同发展。

（二）京津冀农产品物流发展建议

1. 推进京津冀农产品品牌化、标准化建设

加强农产品生产者品牌意识的培育，加大品牌农产品的宣传力度和“三品一标”的认证力度。抓好农产品物流标准体系、农产品质量标准体系和农业标准化技术推广体系建设。

2. 推进京津冀农产品物流体系建设

加强京津冀农产品市场一体化建设，促进产销对接和配套产业链的形成。加大对批发市场在内的农产品物流主要节点的基础设施建设投入力度，搭建一体化的信息沟通平台。打造京津冀区域农产品流通“绿色通道”，降低物流成本。

3. 推进生鲜农产品冷链物流发展

引导批发市场和农业中介组织主动与第三方冷链物流企业对接，完善生鲜农产品全程冷链对接体系。鼓励扶持冷链物流企业对关键冷链物流节点的冷冻冷藏设施投资和服务延伸。探索采取设立农产品流通产业发展基金等模式，培育一批区域性生鲜农产品冷链物流企业。

4. 推进京津冀农产品物流发展政策的协同

建立高层定期协商机制，协调三方利益，做好顶层设计。建立区域问题调查研究机制，了解情况、发现问题、实时分析，做好政策的落实和执行。统筹京津冀农产品物流发展目标，相互合作、相互带动、共谋发展。

第五章　京津冀大宗商品物流发展状况

洪　岚　李亚南

大宗商品是可进入流通领域，但非零售环节，具有商品属性，用于工农业生产和消费使用的大批量买卖的物质商品①。最主要的品种有能源化工品、金属和农副产品三类，如原油、天然气、铜、铝、黄金、白银、大豆、玉米和小麦等。

大宗商品作为生产生活的基础商品，是经济增长的物质保障。但京津冀的资源分布很不平衡，主要表现在两个方面：一是京津冀虽然铁矿资源丰富，但其他大宗商品却不足甚至匮乏。如农产品中的棉花和稻谷，京津冀地区就存在一定的缺口，能源商品中煤炭、天然气则需求庞大，供给严重不足。为保障正常的生产生活就必须从其他地区调入，以满足京津冀地区的整体生产生活需求。这就形成了区外向区内的长途物流；二是京津冀内部资源分布不均且需求各异。如铁矿资源主要分布在唐山、邯郸、承德和张家口地区，石油则主要分布在冀东、天津及周边海域。而京津冀地区的需求主要集中在北京、天津和河北部分城市，这些地区也成为了区内大宗商品的重要输送地。这就形成了区内协调互补的短途物流。

为了分析京津冀地区大宗商品流通的具体情况，本部分结合京津冀地区的大宗商品供需情况，在农产品中选择了小麦、稻谷和棉花，基础原材料中选择了钢铁，能源商品中选择了煤炭、天然气和石油。通过具体商品以及具体地区的供需分析，了解京津冀地区主要大宗商品的具体供需特征，并结合商品在全国范围的供需分布特点，了解主要大宗商品的来源及去向，把握主要大宗商品的物流脉络。

一、京津冀农产品物流状况

从农产品的供需情况出发，确定主要的农产品大宗商品的分析品种——小麦、稻谷和棉花，河北是京津冀地区农产品生产的最主要地区，其中小麦产量最高，是全国小麦的主要产区之一，而稻谷和棉花则产量较少，这导致了京津冀地区小麦供应较为充足，而稻谷和棉花则存在一定缺口，需要从其他地区调入，也由此形成了大致的物流方向。从具体的物流节点来看，农产加工方面，京津冀地区主要是小麦粉加工与棉纺织业，制米业不突出。仓储设施方面，京津冀地区粮库众多，具体分为国家粮库、地方粮库和企业自建粮库。棉花储库主要是中储棉位于京津冀地区的仓储设施和棉花

---

① 国家质量监督检验检疫总局．大宗商品电子交易规范［S/OL］．（2003－07－08）［2016－06－25］．http：//www.spc.org.cn/gb168/partner/chinawuliu/online/GB%252FT%252018769－2003/?．

产销区收购或加工企业自建库。批发市场方面，京津冀地区的批发市场具体可以分为原粮竞价交易市场，成品粮交易市场和棉花批发市场。从物流通道看，京津冀地区主要形成两条通道：粮食物流通道和棉花物流通道，其中京津冀地区的大宗粮食物流，主要分为区内自身粮食物流和区外粮食供给物流；棉花物流主要分为进口棉物流通道和新疆棉物流通道。京津冀一体化下的京津冀地区农产品物流呈现以下发展趋势：粮食物流信息化，原粮物流四散化，粮食物流标准化，棉花物流信息化，棉花物流标准化，棉花运输集装箱化，棉花第三方监管网络体系化。

（一）京津冀农产品的供需情况

大宗农产品种类多样，从京津冀的产出和消费情况看，京津冀地区主要产出小麦、玉米和棉花等，需求量较大的品种有小麦、玉米、棉花和稻谷等。作为原粮的小麦和稻谷，经过加工，成为成品粮——小麦粉和大米，进入市场，或再进一步加工成各种主食或点心零食，进入市场，最终成为居民的消费食品。作为服装原料的棉花，去向也很明确，被棉纺企业制成纱，再纺成布，经染色印花，再经服装企业制作成各式成衣，最终成为百姓的穿着，只有小部分他用，如医药棉。而玉米的去向很复杂，多数玉米被用作饲料；还有相当多玉米，被深加工成玉米淀粉，或生化分解成果浆、各种食品添加剂，成为糖果食品或食品的添加剂；还有部分玉米被酿造成酒精——或食用的成为酒，或医用的成为医用酒精，或工业用的成为燃料乙醇；只有极小部分玉米，经过初加工后成为食品。由于玉米加工业太多、太杂，加之京津冀地区没有大型的饲料加工企业和玉米深加工企业，因而本文只分析小麦、稻谷和棉花的大宗农产品的消费与需求。

1. 京津冀农产品的生产情况

华北地区是我国主要的农作物产区。河北省大宗农作物主要有小麦、玉米和棉花。2014 年河北省小麦产量 1429.9 万吨，占全国产量的 11.33%，居全国第三；玉米产量 1670.7 万吨，占全国产量的 7.75%，居全国第六；棉花产量 43.1 万吨，占全国产量的 6.98%，居全国第三，如表 5－1 所示。

表 5－1　　2010—2014 年河北省大宗农产品产量

年份	小麦/万吨	玉米/万吨	棉花/万吨
2010	1230.62	1508.72	56.95
2011	1276.12	1639.64	65.34
2012	1337.74	1649.51	56.44
2013	1387.22	1703.92	45.68
2014	1429.9	1670.7	43.1

资料来源：河北经济年鉴 2015［M］. 北京：中国统计出版社，2015.

北京、天津作为北方最主要的两个大都市，近十年，其社会经济快速发展，农业生产却处于逐渐萎缩状态，在GDP中占比极低，而都市居民所需的农副产品大部分靠外埠供应。在大宗农产品生产上，天津有一亮点，即天津每年产12万吨左右的中国驰名的小站稻，2014年产量为12.14万吨①。

2. 京津冀农产品的加工情况

京津冀大宗农产品加工业，主要是小麦粉加工与棉纺织业。制米业不突出，但因京津两地的巨大市场需求，因而有古船米业这样极个别的大型粳米加工企业。

（1）小麦粉加工企业。

进入全国前五十强的面粉加工企业主要有：京粮集团旗下的北京古船食品有限公司、五得利面粉集团有限公司、今麦郎日清食品有限公司、河北金沙河面业集团有限责任公司。

北京古船食品有限公司②是由北京京粮股份有限公司投资的全资子公司，可日处理小麦3150吨，下设8个面粉厂，分布在北京、河北、山西和青岛，年产面粉能力80万吨，可生产通用粉、专用粉、营养强化面粉三大类八十余种产品，在河南、山东、河北等地拥有普通、优质小麦供应基地。古船食品在京津冀设有四个面粉厂，分别为北京市通州区的制造一部、北京海淀区的制造二部、北京市怀柔区的怀柔分公司、河北省阜城县的河北古船食品有限公司。

五得利面粉集团③是一家专业化生产面粉的民营企业。目前拥有河北大名、深州、赵县、雄县、柏乡，山东东明、禹城，河南新乡、周口、商丘，陕西咸阳，江苏宿迁、兴化，安徽亳州，6省14地14个子公司，72条现代化面粉生产线，33个大型制粉车间，日处理小麦能力达40000吨，员工近5000名的当今全国最大、世界第一的制粉企业。其在河北的五个子公司，日处理小麦能力达13850吨，占其总产能34.6%。河北大名是公司总部所在地，子公司大名公司的日加工小麦能力达到5250吨，成为目前河北省境内日处理小麦能力第一的企业。

今麦郎面品有限公司④是全国方便食品行业的龙头企业，本部位于河北省邢台市。公司现设制面、面粉、综合、挂面、面品营销五大事业部，已建有21个方便面工厂、10个面粉公司、6个相关配套生产公司，形成142条方便面生产线。年方便面生产能力120亿份，日处理小麦5500吨，年转化小麦180万吨的庞大生产规模，位居世界同行业前六名，国内入围前三强。河北省隆尧县境内的今麦郎日清食品有限公司（总部），共有方便面生产线31条，设计能力为年产300000多万份方便面；同样位于隆尧

① 天津市统计局．天津市统计年鉴2014［M］．北京：中国统计出版社，2014.

② 北京古船食品有限公司．关于古船［EB/OL］．［2016-06-17］．http：//www.guchuan.com.cn/?list-1842.html.

③ 五得利面粉集团．五得利面粉集团情况介绍［EB/OL］．［2016-06-17］．http：//www.wudeli.com/gsjj.jhtml.

④ 今麦郎面品有限公司．企业介绍［EB/OL］．［2016-06-17］．http：//www.ijml.net/t_second/index.aspx?nodeid=118.

县境内的河北华龙集团面粉有限公司，是今麦郎面粉事业部下属的最大子公司，拥有日处理小麦1000吨，年生产面粉达3.6万余吨。地处河北邯郸的今麦郎面粉（邯郸）有限公司日处理小麦能力500吨，年生产面粉能力达13.5万吨。地处河北正定的今麦郎面粉（正定）有限公司，日处理小麦500吨。地处河北徐水的今麦郎面粉（徐水）有限公司，日处理小麦700吨，拥有2.9万吨的小麦仓容量和5000吨的成品库存能力。

河北金沙河面业集团①是从事面粉和挂面生产的大型农产品加工企业。公司现拥有4个生产基地，7个制粉生产车间，日处理小麦6000吨，46条挂面生产线，日生产挂面2000吨。公司总部地处河北省邢台市，在京津冀三地，其有关面粉加工的子公司有邢台金沙河面业有限责任公司、承德金沙河面业有限责任公司、廊坊金沙河面业有限责任公司。目前在中国小麦粉加工50强企业排名中，金沙河排名第六位，中国挂面加工企业10强排名中，金沙河排名第一位。

河北凯发面业集团有限公司②位于“面粉之都”大名县，年产面粉24万吨、挂面4.5万吨。公司是以小麦为主要原料的农副产品深加工磨粉企业，其“凯发”面粉被河北省工商行政管理局认定为“河北省著名商标”。

（2）制米业。

京津冀进入全国前五十强的大米加工企业只有北京古船米业有限公司。

北京古船米业有限公司③也是北京粮食集团有限责任公司的旗下企业。目前，公司稻谷加工能力30万吨/年，贸易购销能力50万吨/年，仓储物流能力60万吨/年。企业从成立之初，逐步在吉林省榆树市、吉林市、梅河口市，黑龙江五常市、建三江地区，辽宁盘锦，宁夏石嘴山市等地建有原料供应保障基地，并在辽宁鲅鱼圈建立港口桥头堡，通过海陆联运将产品外销，逐步布局东北、华北、南方区域市场。目前“古船”牌大米在北京市场的铺市率达到90%以上，形成精制通用、精品特色、生态地域三大系列五十多个单品，满足不同层次消费者的需求。

（3）棉纺业。

京津冀地区曾是我国重要的棉纺织业基地。随着都市产业结构由制造业向服务业的转型升级，虽然京津两地的纺织业逐渐没落了，但河北省依旧有强劲的棉纺织产业基础，河北省纱产量和布产量总体仍然呈上升趋势，如表5-2所示。目前河北省的纱产量居全国第七，布产量居全国第六。在中国棉纺织行业协会在册企业会员中，京津冀地区有上百家，其中河北有85家棉纺织企业。

---

① 河北金沙河面业．公司简介［EB/OL］．［2016-06-17］．http：//www.hbjinshahe.com/content.asp?id=1.

② 河北凯发面业集团．关于我们［EB/OL］．［2016-06-17］．http：//www.hbkaifa.com/guanyuwomen/.

③ 北京古船米业有限公司．北京古船米业有限公司［EB/OL］．［2016-06-17］．http：//www.guchuan-rice.com/about/aboutus/.

表 5-2　河北省近五年的棉纱与布产量

年份 指标	2010	2011	2012	2013	2014
纱产量/万吨	123.62	147.6	188.07	198.19	—
布产量/亿米	61.69	63.18	71.05	72.45	66.09

注：2014 年河北省纱产量数据缺乏。

资料来源：河北经济年鉴 2015［M］. 北京：中国统计出版社，2015.

目前，京津冀地区进入 2014 年全国棉纺织业主营业务收入排名前百强企业有：石家庄常山纺织集团有限责任公司、河北宏润新型面料有限公司、天津天纺投资控股有限公司（棉纺产业）、河北新大东纺织有限公司、河北宁纺集团有限责任公司。

3. 京津冀农产品需求情况

（1）小麦粉需求量。

由于河北省是全国小麦的主要产区之一，本地小麦粉加工企业所产小麦粉能够满足本地全部所需之外，所余甚多，需要销往全国其他地区。根据京津冀人口规模和结构，以及 2014 年限额以上批发和零售业小麦粉销售情况，预计 2016 年北京年需求小麦粉约 160 万吨，天津年需求小麦粉约 80 万吨，河北年需求小麦粉 500 万吨①。

（2）稻米需求量。

京津冀地区的稻谷产量很低，基本上靠外埠供给。由于北方人的饮食结构以面食为主，再结合京津冀人口规模和结构，以及 2014 年限额以上批发和零售业小麦粉销售情况，预计 2016 年北京年需求大米约 120 万吨，天津年需求大米约 45 万吨，河北年需求大米 100 万吨。

（3）棉花需求量。

2013 年京津冀三地纱产量 201.67 万吨②。一斤棉花出多少纱，与棉花的质量及棉纺的工艺、支数有关，在棉纺工艺一定的情况下，棉花的质量越高，纺出的纱就多。在棉花的质量一定的情况下，纺支数高的纱，产量就少，支数低的，产量就高些，另外与是精梳还是普梳等工艺的情况也有关，同样的情况下，精梳出纱量就少，普梳出纱量就高。比如 1 千克的皮棉可以纺出 950 克气流纺粗梳纯棉 8 支棉纱线，用这 950 克棉纱线可以做 850 克机织牛仔棉布；同样 1 千克的皮棉只能纺出 640 克环锭纺精梳纯棉 40 支棉纱线，用这 640 克棉纱线只能做 500 克针织棉布。若按 1 千克皮棉纺出 640 克环锭纺精梳纯棉 40 支棉纱线计算，那么京津冀地区 2013 年 200 万吨左右产量的纱，就算 100 万吨为棉纱，约需要 120 万吨棉花，其中绝大部分为河北棉纺企业所需。而

① 天津市统计局. 天津市统计年鉴 2014［M］. 北京：中国统计出版社，2014.

② 中国产业信息. 2013 年 1-12 月中国纱产量分省市统计［EB/OL］.（2014-02-19）［2016-06-17］. http://www.chyxx.com/data/201402/229239.html.

2014年河北皮棉产量不足45万吨①，其巨大缺口主要来源于国储棉库存以及新疆新棉和进口棉。

（二）京津冀农产品物流节点与通道状况

1. 仓储设施及现代物流中心

（1）粮食仓储设施。

我国粮食仓储设施主要隶属于三大体系，一是国家粮库，二是地方粮库，三是粮食加工企业自建粮库。国家粮库，现主要划归中国储备粮管理总公司经营。京津冀地区国家粮库，现由中国储备粮管理公司北京分公司管理，有北京顺义、天津蓟县、河北石家庄、邯郸、保定、三河等几十家直属库。地方粮库，目前归地方国有粮食企业经营管理，如北京市西南郊粮食收库储、南郊粮食收储库、西北郊粮食收储库现由北京京粮股份有限公司经营。其余都是粮食加工经营企业自建库。

京津冀处于广袤的华北平原，河北是我国粮食的主要产区，而京津是粮食的主销区。经过多年发展，本地区已基本形成一个以港口库为龙头、以中转和储备库为骨干、以收纳库为基础的粮食储藏设施网络体系。因使用目的、投资额、采用技术设施的不同，粮食仓储设施水平差异悬殊。既有可实现进出粮机械化、自动化的浅圆仓（多建于港口），也有用于长期储备粮食的高大房式仓（国家粮食储备库标配），还有土堤仓、地下喇叭仓，这样一些利用当地自然地理气候条件、投资额低、储藏效果好的特殊粮仓，以及旧式的立筒仓、苏式仓，甚至简陋的露天垛等。

（2）棉花仓储设施。

棉花仓储设施主要隶属两大体系，一是中国储备棉管理公司，二是棉花产销区收购或加工企业自建库。中国储备棉管理公司在全国有16个直属库，在京津冀地区的直属库设立在天津。天津直属库也是全国最大的棉花储备库，库区面积433亩，可仓储棉花240万担，棉花储备库房有30余栋，设有防盗监控系统、防火报警系统、温湿度监测系统等现代化管理体系。

中国储备棉管理公司及其天津直属库，基于河北省既是我国棉花主产区，同时也是棉纺业集聚区之一，因而在京津冀设立几十个代储库，初步形成了本地区布局合理、设施先进、管理规范的棉花仓储体系。这些代储仓库，既有棉纺企业的自建库，如河北宏润新型面料有限公司的高阳仓库、保定银河棉业有限公司的定州库、天津宏棉股份有限公司的杨柳青库，也有委托物流公司及地方粮库的仓库。被委托企业除信用保障外，还要具备仓库防火、温湿度控制以防霉变等保障国储棉品质的管理措施。

2. 批发市场及交易中心

（1）原粮竞价交易市场。

京津冀地区有一个交易平台、三个原粮竞价交易市场。

---

① 中华人民共和国国家统计局．国家数据［EB/OL］．［2016－06－17］．http：//data. stats. gov. cn/easyquery. htm？ cn＝E0103.

国家粮食交易中心[①]是2014年经中编办批准设立的事业单位，全称国家粮食局粮食交易协调中心，隶属国家粮食局，负责搭建全国粮食统一竞价交易系统平台，承担交易系统的平台维护、运行管理、创新与推广；负责组织协调国家政策性粮食（含油）交易和出库，开展国家政策性粮食交易资金结算；指导和监督各省（区、市）联网的国家粮食交易中心按照"公开、公平、公正、诚实、守信"的原则开展粮食交易相关工作；引导地方储备粮和社会贸易粮进场交易；负责粮食市场交易信息体系建设；承担国家粮食局交办的其他工作。国家粮食局粮食交易协调中心和各省（区、市）联网的国家粮食交易中心共同组成国家粮食交易中心体系。

北京国家粮食交易中心[②]（北京粮油交易信息服务中心）是国家粮食局重点联系批发市场，2009年经国家粮食局批准成立北京国家粮食交易中心。交易中心在粮食交易中搭建了五个交易服务平台，即中央储备粮交易平台；北京市储备粮、油轮换平台；区县地储粮交易平台；军粮采购平台；客户委托交易平台。交易中心自成立以来，累计交易量达1154万吨，成交金额237亿元，交易客户千余家。目前交易中心已成为北京市政府实施粮食市场政府宏观调控的重要载体，利用竞价交易平台对储备粮进行适时轮换，确保首都粮食市场的安全与价格基本稳定。交易中心注册资金500万元，资产总额5.5亿元。拥有办公楼1450平方米，内设交易大厅300平方米，56个电子席位。

中国天津粮油批发交易市场[③]（下简称"天津市场"）是1994年由天津市人民政府和原国家粮食储备局共同主办的国家级粮油批发交易市场。自成立以来，遵循"公平、公开、公正"的原则，充分发挥粮油市场联系产销、调剂余缺的作用，成为国家粮食局首批重点联系粮食批发市场之一，同时也是天津国家粮食交易中心。天津市场集交易中心、信息中心和质检中心为一体，先后被确认为国家粮食局首批重点联系批发市场、国家发改委重点扶持农产品市场、天津国家粮油交易中心，在国家粮食宏观调控中发挥着重要作用。交易中心拥有500平方米的交易大厅，可保证320家客户同时进场交易；质检中心拥有90余台套国内先进的粮油检、化验仪器，是"两级储备"粮油质检机构，为国家专储粮竞价交易履约提供质量仲裁，为军供粮质量提供保障，同时承接社会委托的粮油检、化验工作；信息中心配备了80平方米的现代化机房，内配有十数台IBM服务器，保证了及时、准确地掌握国内外粮油信息及市场价格变化，向国家发改委、国家粮食局和天津市政府提供价格及市场信息的同时，也为市场客户提供重要的经营决策参考依据。2014年年初该市场改建了120平方米的多功能会议厅，能同时容纳60名客户进行多种形式的交易会。

---

① 国家粮食交易中心．国家粮食局粮食交易协调中心［EB/OL］．［2016-06-17］．http：//www. grainmarket. com. cn/Html/Intro.

② 北京国家粮食交易中心．北京国家粮食交易中心［EB/OL］．［2016-06-17］．http：//www. grainmarket. com. cn/Publish/Market/0100/info. html.

③ 中国天津粮油批发交易市场．天津粮油批发市场［EB/OL］．［2016-06-17］．http：//www. grainmarket. com. cn/Publish/Market/0150/info. html.

河北省粮油批发交易中心①（以下简称“交易中心”）是省政府重点扶持的综合性粮油批发市场、国家级粮食交易中心（石家庄国家粮食交易中心）、国家粮食局重点联系批发市场、省电子商务示范企业、河北省粮食行业职工培训中心和粮食行业特有工种职业技能鉴定站。交易中心以组织大宗政策性粮油竞价交易业务为主，并提供配套的结算、信息、仓储、物流、购销、培训、食宿等服务，是政府粮食宏观调控的重要载体和平台。交易中心内设办公室、交易业务部、财务结算部、期货信息部、内审控制部、培训鉴定部、业务开发部 7 个部门，下辖河北良友粮食贸易中心、河北良禾粮油购销有限公司等 5 个企业。交易中心拥有先进的交易场所和设备设施，其综合业务大楼（格瑞大厦）建筑面积 2.53 万平方米，能够提供粮食交易、交割结算、粮油信息、电子商务、培训鉴定、商务会议、住宿餐饮等综合性服务。据不完全统计，交易中心已成功举办了 800 多次各类政策性粮食集中竞价交易活动，累计成交量突破 1800 万吨。目前交易中心拥有全国一流的交易平台和配套服务设施，功能和档次得到大幅度提升。

（2）成品粮批发市场。

京津冀地区能够进入全国前 20 家粮油市场的企业，只有两家：一个是北京盛华宏林粮油批发市场，另一个是北京锦绣大地玉泉路粮油经营有限公司。北京作为首都及中国北方最大的都市，是一个主要依靠外省市粮油供应的纯消费型的大城市，虽然京津冀地区有不少农副产品批发市场在市场设有粮油交易专区，但其交易规模远小于北京这两家专业粮油批发市场，因而本文只介绍这两家市场。

北京盛华宏林粮油批发市场有限公司②，位于北京城东南，近邻连接东四环和东五环之间的京沈高速公路，处于粮油进京的最佳地段。本市场年交易额 50 亿元左右，是北京目前占地规模最大、经营品种最全、成交量最大的一级粮油批发市场，目前还承担着 4000 吨市储备粮的承储任务。目前已有来自东北、华北地区的 300 余家粮油商户及大中型粮油集团在这里经营，整个市场已经形成了以大米、杂粮、面粉、食用油、副食调料和包装食品为主要交易品种，以首都及周边各地为主要销售对象的格局，在首都粮油市场供应中占有重要份额。大米、面粉及杂粮主要来自东北三省、河南、河北、山东、山西、苏北、内蒙古、宁夏 10 余个省市地区；食用油主要来源于天津、河北和山东省。粮油销售辐射范围主要包括北京、天津、河北、内蒙古、山西、山东等地，本市销售占 85％左右，外埠销售占 15％左右。

北京锦绣大地玉泉路粮油经营有限公司③，市场占地面积约 6 万平方米，设有大米、面粉、杂粮、食用油以及办公、客户生活六大区域，600 个摊位，库容量 3.5 万

① 河北省粮油批发交易中心．河北省粮油批发交易中心［EB/OL］．［2016－06－17］．http：//www.grainmarket.com.cn/Publish/Market/070/info.html.

② 北京盛华宏林粮油批发市场．盛华宏林粮油批发市场介绍［EB/OL］．［2016－06－17］．http：//www.shenghualy.com/a/zoujinwomen/.

③ 北京锦绣大地玉泉路粮油批发市场．北京锦绣大地玉泉路粮油批发市场基本情况［EB/OL］．［2016－06－17］．http：//www.yqlly.com/info.asp？typeid=10.

吨。除供应北京市场外，还销往河北、山西、内蒙古、天津等省市，成为立足首都，辐射华北，影响全国的大型专业粮油批发市场。

（3）棉花批发市场。

全国棉花交易市场①（以下简称交易市场），1998 年经国务院批准成立，由中华全国供销总社承办，遵循“公开、公平、公正”的原则，主要功能是组织交易、发现价格、规避风险和传递信息，为涉棉企业提供交易结算、实物交收、仓储物流、贸易融资、信息咨询和人才技术培训等服务。

在中华人民共和国境内注册、具有独立法人资格的棉花经营企业、纺织企业、棉花进出口企业，以及其他具有棉花相关业务背景的企业，均可申请成为市场交易商。目前，交易市场已有交易商 4000 家。1992 年 12 月以来，交易市场接受国家有关部门委托，通过竞买交易方式累计采购和抛售国家政策性棉花 2000 万吨，成交金额近 4000 亿元。2000 年 8 月—2002 年 6 月，通过竞卖方抛售国家储备棉 230 多万吨。储备棉竞卖方式开创了我国储备物资由计划分配转向利用市场机制配置资源的先河。

在做好政策棉交易的同时，交易市场积极探索商品棉的规范交易。2002 年 12 月推出了商品棉挂牌交易，并提供资金、监管物流、信息咨询等配套服务。截至目前，商品棉累计成交 3000 多万吨，商品棉仓储业务近 400 万吨，向交易商提供资金服务近 200 亿元。商品棉挂牌交易以交易规范、交割方便、质量和履约有保证、资金安全、能够规避价格波动风险等特点受到国内涉棉企业的密切关注和积极参与，也受到国际棉花界的高度评价，其成交价格已成为反映中国棉花供求和现货价格走势的“晴雨表”，并且对国际棉花价格产生了重要影响。一个以互联网技术为基础的覆盖全国的棉花交易网络和交易体系已基本形成。

天津棉花交易市场有限公司，2003 年 10 月由骏达控股有限公司，天津投资集团公司，天津天保控股有限公司共同出资组建，注册资金 2000 万元。天津棉花交易市场本着以经营外棉为主，以建成国际化大型现货超市为发展方向的经营思路，服务国内及整个亚洲地区。市场目前与世界 30 余家棉商建立了合作关系，代理销售产地美国、澳大利亚、乌兹别克斯坦、印度、巴基斯坦、马里等地的各等级棉花。在交易品种方面，除以棉花为主业外，还经营纱线、羊毛、各种面料等。

3. 京津冀农产品物流通道现状

（1）粮食物流通道。

京津冀地区，除了河北省是粮食主产区外，北京、天津作为北方最大的两个都市，都是粮食的净消费区，严重依赖外埠粮食供给。京津冀地区的大宗粮食物流，主要分为区内自身粮食物流和区外粮食供给物流②。

区内粮食物流，主要是京津冀本地区之间，粮食产区农户至粮食收储企业（包括

① 全国棉花交易市场．全国棉花交易市场简介［EB/OL］．［2016-06-17］．http：//www. cottonchina. org/cnce _ new/info/scjj. htm.

② 洪岚．北京地区粮食供应链整合研究［M］．北京：中国农业大学出版社，2009.

国家粮食储备系统收购单位、粮食加工企业收购部门)、原粮仓库到加工企业间的原粮运输物流，以及粮食加工企业成品库到销售地的成品粮运输物流。主要依靠本区域内发达的高速公路、国道、省道等交通网络体系，以中短途公路运输方式进行。物流主要对象为小麦、玉米以及小麦粉。

区外粮食供给物流，主要是满足本区域的粮食供需缺口。河北省也有部分小麦粉、小麦、玉米通过公路运输为主的方式销售到区外，但远小于粮食流入的规模。东北到京津冀的粮食物流总量占区外粮食供给物流的70%以上。区外粮食供给物流通道主要有三条：①公路运输，主要从东北通过京哈高速（G1），以及101、102、205国道等公路网络体系，将东北优质大米运输到京津冀地区；②水路运输，从吉林丹东港、辽宁的营口、锦州、大连等渤海湾口岸，通过海运将东北的玉米、大豆、大米，运输到河北的秦皇岛、黄骅、唐山，以及天津的港口，再通过公路运输到京津冀目的地，玉米与大豆运输量最大，“四散化”方式运输占主流；③铁路运输，东北三省区域内铁路自成网络，但从东北到关内的铁路只有一条，须经山海关，因而铁路是制约东北粮食“北粮南运”的瓶颈，以包粮运输方式为主，“四散化”方式运输少，且从2013年始试运行。

（2）棉花物流通道。

虽然河北省是全国排名第三的棉花主产区，但由于河北省本地也是棉纺业集聚区，棉花需求有缺口，因而外运量较少。区外向区内棉花运输占其棉花物流量的70%以上，如图5-1所示。

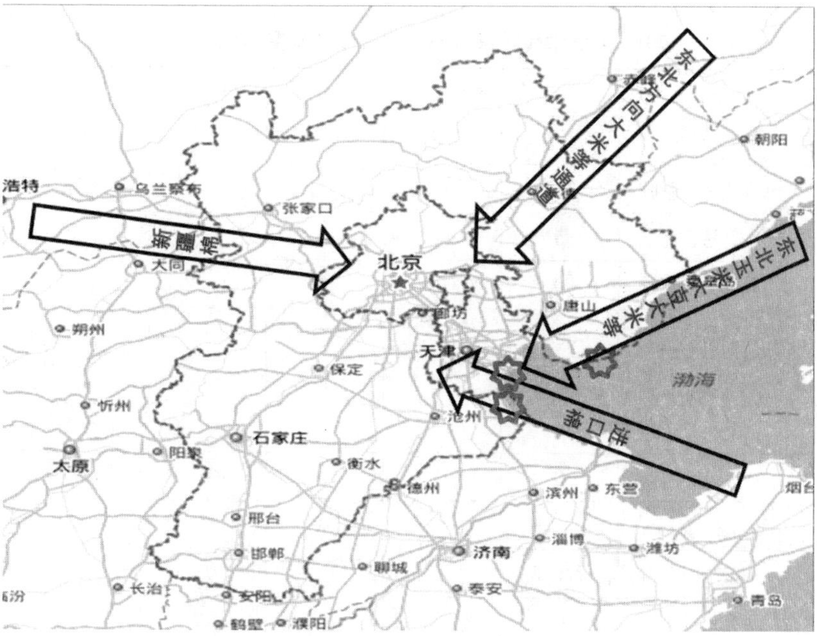

图5-1　京津冀地区主要大宗农产品物流

①进口棉物流通道，由进口企业报关，通过海运，到达天津港后，再通过公路运

输运达京津冀地区所需企业仓库。

②新疆棉物流通道，有公路和铁路两种方式。

全国棉花交易市场对于交易商存放在新疆区内参加交易市场交易交割业务的棉花、农发行委托监管的棉花，以及需要提供资金服务的棉花，交易市场新疆办事处均可协调解决出疆铁路运输问题。交易商向新疆办事处业务申报并将棉花运送至交易市场在新疆设立的监管仓库生成仓单后，由交易市场新疆办事处牵头与新疆有关单位衔接运输问题。

另外，为促进新疆棉花和纺织产业发展，新疆财政厅承担中央财政支持新疆生产棉花、棉纱、棉布运往内地销区的运输费用补贴审核和拨付工作。为确保出疆棉花数据准确，新疆财政厅委托全国棉花交易市场对出疆棉公路运输进行监管。

因此，新疆棉销往京津冀地区的棉花物流全程在全国棉花交易市场的掌握之中。

（三）京津冀农产品批发状况

1. 京津冀粮食批发状况

（1）原粮交易状况。

通过国家粮食交易中心的全国粮食统一竞价交易系统平台，北京、天津、河北三地粮食交易中心，在2015年为当地国家储备库和地方储备库共竞卖小麦80.89万吨，稻谷24.6万吨，玉米46.87万吨；同年，为本地地方储备库竞买小麦28.8万吨，玉米10万吨，如表5-3所示。

表5-3　2015年京津冀国家与地方储备粮竞价交易汇总

京津冀国家与地方储备粮竞价交易			国家储备			地方储备		
			小麦	稻谷	玉米	小麦	稻谷	玉米
北京	竞卖	成交量/万吨	2.1	0	0	15.43	24.6	16.1
		交易次数	5	0	0	9	10	8
	竞买	成交量/万吨	0	0	0	15.2	0	8
		交易次数	0	0	0	1	0	1
天津	竞卖	成交量/万吨	11.1	0	1.8	6.5	6.9	0
		交易次数	7	0	3	1	2	0
	竞买	成交量/万吨	0	0	0	13.6	0	2
		交易次数	0	0	0	2	0	1
河北	竞卖	成交量/万吨	27.75	0	20.8	18.01	0	8.17
		交易次数	17	0	16	8	0	6
	竞买	成交量/万吨	0	0	0	0	0	0

资料来源：国家粮食交易中心．交易清单［EB/OL］．［2016-06-17］．http://www.grainmarket.com.cn/.

（2）成品粮批发交易状况。

京津冀地区最大的两个专业粮油批发市场，即北京盛华宏林粮油批发市场与北京锦绣大地玉泉路粮油批发市场，其成品粮的交易数据较为准确。

北京盛华宏林粮油批发市场，据该市场高管介绍，截至2015年年底，共有大米商户186家，面粉商户17户。2015年其大米成交64.38吨，90％以上为东北粳米，剩余部分专为建筑工地供应的南方籼米；面粉交易量为16.13万吨，以五得利、古船品牌居多。

北京锦绣大地玉泉路粮油批发市场，据该市场高管介绍，截至2015年年底，共有大米商户112家，面粉商户18家。2015年其大米交易量为37万吨，主要为东北粳米；面粉交易量为10万吨，以五得利、古船等品牌为主。

这两家市场的大米交易量之和占北京限额以上批发和零售业大米销售总量的39％，面粉交易量之和占北京限额以上批发和零售业面粉销售总量的30％。

2. 京津冀棉花批发状况

目前，全国棉花交易市场在全国范围内33个城市建立了121家指定交割（监管）仓库，并在棉花出入库环节实行机械化作业和信息化管理。全国棉花交易市场受中国农业发展银行的委托，作为独立的第三方，设立了内地的指定交割仓库和新疆的监管仓库。在京津冀内地仓库设立在天津，以及河北的衡水市、保定市、廊坊市、辛集市、邢台市。

全国棉花交易市场通过商品棉挂牌交易，商品棉竞买、竞卖交易等方式，推动了棉纺企业和产区轧花企业间交易产生，并形成中国棉花价格指数。

2015年全国棉花交易市场仅商品棉挂牌成交量达到417万吨，约占2014年全国棉花产量的67.5％，如表5-4所示。

表5-4　　全国棉花交易中心2015年各类棉花成交统计

商品码	成交量	订货量	开市价	收市价	最高价	最低价	平均价
	吨		元/吨				
MA1501	13330	2600	13030	12370	13030	12240	12610
MA1502	5880	1440	12880	12575	12900	12300	12601
MA1503	9260	1160	13000	12350	13430	12350	12740
MA1504	43380	3460	13000	12220	13075	12200	12713
MA1505	118340	2520	13230	12310	13230	12055	12745
MA1506	266830	1300	13170	12110	13290	12000	12753
MA1507	239700	810	13000	11965	13365	11930	12708
MA1508	239800	1470	12950	11850	13460	11840	12639
MA1509	438290	830	13020	11800	13150	11700	12535

续 表

商品码	成交量	订货量	开市价	收市价	最高价	最低价	平均价
	吨		元/吨				
MA1510	337790	2570	12800	11780	13230	11710	12482
MA1511	400530	2170	12900	11845	13100	11580	12296
MA1512	448970	1570	12660	11845	13000	11515	12139
MA1601	480540	3400	12600	11750	12600	11370	12025
MA1602	562860	3560	12285	11785	12550	11365	11891
MA1603	401930	7110	12180	11445	12380	11255	11751
MA1604	288460	11610	11700	11360	11900	11215	11616
MA1605	133780	9410	11850	11365	11850	11125	11496
MA1606	27930	1590	11380	11300	11590	11220	11333

注：根据中国棉花信息网数据整理。

资料来源：中国棉花信息网．全国棉花交易数据［EB/OL］．［2016－06－17］．http：//www. cottonchina. org/stat/index. php。

2015 年在全国棉花交易市场推出的新疆兵团棉花 7 月 14 日—12 月 22 日竞卖交易中，京津冀地区棉纺企业就采购 4000 吨左右的棉花（总成交量为 4.52 万吨）。

（四）京津冀一体化的农产品物流发展趋势与特点

1. 粮食物流发展趋势

京津是中国北方最大也是最为集中的粮食销区，粮食需求量大，但因本地的劳动力成本高、土地租金贵等经营条件的制约，因而成品粮流入远高于原粮。另外，随着都市节奏的加快，快餐、速冻食品的需求增长迅速，因而本地区一些粮食物流中心更加注重信息化和产业化，基于供应链、产业链基础上的合作更加明显，使粮食物流中心提供的服务范围更广、层次更高。如天津市粮油集团 2013 年投入 6.77 亿元，大力推进"临港经济区利达粮油加工基地""静海二期粮食综合加工项目""放心馒头""放心面条"等民生大项目建设，通过实施"东中西部民心工程发展战略"，打造粮食全产业链，推进产业升级。

本地区粮食物流未来发展趋势主要体现在以下三个方面①：

一是粮食物流信息化。大型粮食经营企业将进行信息化改造，添置必要的软硬件设备，逐步形成信息主导型的粮食运输、调拨、加工、批发配送物流体系。

二是原粮物流四散化。即原粮的散装、散卸、散运、散存。

① 长春天利物流．我国物流中粮食储存运输现状特点［EB/OL］．［2016－06－17］．http：//www. jlwlw. com. cn/article _ content. aspx？ id=617.

三是粮食物流标准化。通过推进粮食物流标准化建设，加快实现粮食物流仓储设施、运输工具、装卸机械、信息交换、品质检测、商品编码、市场交易的标准化，提高粮食经营效益。

2. 棉花物流发展趋势

河北是我国重要的棉花产地，也是我国棉纺产业集聚区之一。天津是我国外棉进口的主要口岸之一。北京是全国棉花交易中心之所在地。另外，本地区的棉花仓库、物流企业的发展很快，机械化作业、信息化管理、标准化物流的水平都在提高。这些仓库，包括中储棉的天津直属库，中储棉在河北的多家代储库，以及全国棉花交易中心和郑州期货交易所在本区域的监管仓库，其物流设施和管理水平与十年前相比有很大的提升。但与美国、澳大利亚等发达国家相比，我国的棉花物流还存在着不小的差距。据有关统计，如果要把新疆棉运到内地的消费企业，同样的运距跟国外的运距相比，我国棉花物流的成本大概要比国外高一倍多。所以成本高、效率低的问题仍相当突出。

从国家发改委有关政策信息来看，今后棉花物流发展会有以下趋势：

一是棉花物流信息化。将北斗导航、物联网、云计算、大经济数据、移动互联、远程视频信息采集等先进信息技术在棉花物流领域的创新应用，构建棉花物流信息平台建设，以实现棉花加工企业、贸易企业、物流企业、纺织企业、政府部门间的经济数据交换和经济数据共享，提高棉花物流管理和运作效率。同时将加强企业物流信息系统的建设，鼓励仓储管理、库存控制、运输管理、交易管理、质量追溯等软件系统的开发利用，提升企业信息化管理水平。

二是棉花物流标准化。政府将鼓励行业协会带领下进一步完善棉花物流标准体系，主要将棉花加工、包装、运输、仓储、装卸、配送等环节的设施设备要求和作业要求，以及经济数据采集等信息类标准化，并鼓励企业使用标准化的物流设施、设备，信息系统和作业流程，提升棉花物流标准化水平，加强棉花核心技术和关键设备的研发，推动关键技术设备的产业化。

三是棉花运输集装箱化。政府有关部门拟通过开展棉花集装箱试点工程，提升棉花铁路集装箱办理条件，制定棉花铁路集装箱运输安全作业标准。尤其要鼓励新疆棉花铁路发运站进行集装箱收纳和基础设施改造，增加集装箱装运设备，建设从新疆到内地、存放一体的棉花集装箱运输物流体系，并同时在内地和销售区加强集装箱接卸、中转、配送能力建设，完善港口到内地的集装箱运输物流服务体系，实现海铁联运、公铁联运等。

四是棉花第三方监管网络体系化。通过构建覆盖全国的棉花第三方监管网络体系，推动落实棉花仓储制度，实现公证检验，提高棉花公证检验的公信度，减少重复检验。另外，进一步完善市场交易、监管、配送、金融、信息等供应链综合服务平台功能，发展跨境电子商务，构建服务于棉花跨境电子商务发展的物流支撑体系，以完善棉花现代物流市场体系①。

二、京津冀钢铁物流发展状况

具体来看，产区城市的钢铁物流主要有两条：一条为供给本地的区内物流，另一条是满足外埠需求的外运物流。天津市形成了从河北到天津的钢铁上游的物流链，在此基础上，形成了以公路、铁路和河道为主要运输方式的内部钢铁物流网络，同时也形成了面向华北、华东和海外的外运物流通道。北京市钢铁物流，主要是以铁路和公路等为主要运输方式，从河北至北京的物流通道。而北京市内部主要以建筑行业和汽车行业为钢铁消耗终点。

（一）京津冀钢铁的供需情况

由于目前钢铁产业产能过剩情况严重且不利于生态文明建设，河北省作为钢铁大省，已经提出明确的减产计划。可以说，钢铁产量下降将成为京津冀钢铁行业最主要的发展趋势。同时由于建筑行业对于钢铁存在巨大的需求，但从全国建筑行业的发展趋势看，房地产行业已经降温，部分三、四线城市甚至库存高企。在房地产行业的影响下，未来京津冀地区乃至全国范围的用钢需求都会走弱。

1. 河北钢铁供需情况

河北省铁矿资源丰富，在全球钢铁产量排名中，“中国第一，河北第二”。2015 年河北省铁矿石产量为 51399.4 万吨，约占全国铁矿石产量的 50%。②

《河北省 2015 年国民经济和社会发展统计公报》显示，2015 年，河北省共生产生铁 17383.3 万吨，粗钢 18833.0 万吨，钢材 25245.3 万吨，而 2015 年我国的粗钢产量为 80832.5 万吨，钢材产量为 112349.6 万吨。可见，河北省钢铁产出十分巨大，约占全国 1/5。

从河北省钢铁加工链来看，铁矿石产量与河北省内的生铁等产量的比例相吻合。可以认为，河北省铁矿石几乎全部在省内进行加工。

从钢铁产业下游来看，河北省钢铁需求主要集中在建筑业、汽车相关行业等。通过对河北省建筑业和汽车相关行业的用钢估计，可以大致了解河北的钢铁需求。

《河北省 2015 年国民经济和社会发展统计公报》显示，2015 年河北省共生产汽车 112.9 万辆。资质等级以上建筑企业房屋施工面积 35616.5 万平方米，房屋竣工面积 11613.0 万平方米。2014 年统计年鉴显示，河北省共生产摩托车 810942 辆（2015 年河北省摩托车相关统计数据缺乏，但由于河北省摩托车产量相对稳定，此处以 2013 年摩托车产量代替）。保守估计，2015 年河北省汽车行业的钢铁消耗至少为 110 万吨（据有

---

① 【2015CNCE 棉花年会】王一军：我国棉花现代物流发展战略思路［EB/OL］.（2015 - 01 - 20）［2016 - 06 - 17］. http：//www. jlwlw. com. cn/article _ content. aspx? id=617.

② 联合金属网. 2015 年 12 月全国分省市铁矿石产量统计［DB/OL］.（2016 - 01 - 28）［2016 - 03 - 10］. http：//www. tewoo. com. cn/index. php? m=content&c=index&a=show&catid=73&id=82166.

关专家估计，汽车制造业需要各类材料进行生产，其中钢铁材料在不同车型中占汽车自身质量的65%～85%，钢材则达51%～65%；轿车质量按1.1吨，SUV按1.3吨，载货汽车按4吨估算。根据中商情报网估计，在摩托车的制造原材料中，钢铁材料占摩托车总质量的60%～70%，而一辆摩托车的重量一般在100千克左右），建筑行业用钢则达到约1800万吨。可以看出，河北省钢铁供需严重失衡，钢铁产出远大于省内对钢铁的需求，钢铁需要输送到其他省市或出口，才能消化省内大量的产出剩余。从以上可以看出，建筑行业的用钢需求最为巨大。可以推测，河北省拥有众多三、四线城市，而三、四线城市目前房地产行业发展低迷，所以未来几年，河北省的建筑行业的用钢量会逐渐走低，且降幅明显。

2. 天津钢铁供需情况

天津市几乎没有铁矿资源，但是由于毗邻河北，因而仍然汇聚了众多钢铁加工企业和用钢企业，成为北方重要的钢铁加工和贸易基地。根据《2015年天津市国民经济和社会发展统计公报》，2015年，天津市生铁产量为1953.21万吨；粗钢产量为2068.91万吨；钢材产量为8186.16万吨。从以上可以看出，一方面，天津市自身并没有铁矿石产出，因而天津市存在一定的铁矿石供给缺口，需要外埠供给；另一方面，天津市的生铁和粗钢产量较低，但是钢材产量却很高，天津市产量较低的生铁和粗钢供给并不能满足下游钢铁生产的需求，存在一定的需求缺口，这个缺口需要从其他省市调入作为补充。

从钢铁需求端看，天津市的用钢企业主要有建筑业和汽车、自行车相关行业。2015年，天津市房屋建筑施工面积15644.62万平方米，竣工面积3547.24万平方米；共生产汽车53.08万辆，其中SUV 2.97万辆；生产两轮脚踏自行车2637.31万辆。可以粗略估计，天津市建筑行业的钢铁消耗约800万吨；汽车和自行车相关行业用钢至少在100万吨（按自行车行业标准大于等于610毫米（24英寸）的载重型自行车成车重量26千克；普通型自行车成车重量21千克；轻便型自行车成车重量19千克，则以普通型自行车的65%计算，则每辆自行车使用钢量为13.65千克）。

可以看出，天津市的钢铁消耗主要集中在建筑行业。而天津作为北方重要的经济中心，建筑行业虽然会有所降温，但房地产需求量仍然较高，可以推测，未来几年，天津市的用钢需求较为稳定。

由以上供需分析可以看出，天津市作为钢铁加工和贸易基地，一方面存在铁矿石、生铁和粗钢等初加工钢铁的供给缺口；另一方面，由于钢铁产出较高，用钢需求不能全部吸收自身的钢铁供给，因而存在一定的钢铁供给剩余，需要运送至其他省市进行消化。

3. 北京钢铁供需情况

在供给方面，由于钢铁行业作为高耗能、高污染的行业，与北京的经济结构和环保需求格格不入，近年来，北京市一直在压缩钢铁产能，一些钢铁企业几乎都已外迁，钢铁产量已经十分微小。2011—2014年，北京市粗钢和钢材产量呈递减趋势，且2014年粗钢产量仅为2.1万吨，钢材产量仅为195万吨，与河北和天津的产量相比，已经微乎其微，如表 5－5 所示。

表 5－5　　2011—2014 年北京市钢铁产量

年份	粗钢/万吨	钢材/万吨
2011	2.9	287.0
2012	2.6	253.8
2013	2.3	221.8
2014	2.1	195.0

资料来源：北京市统计年鉴 2015［M］．北京：中国统计出版社，2015.

需求方面，根据 2015 年统计年鉴，2014 年北京市建筑施工企业房屋建筑施工面积达 56477 万平方米，竣工面积 9275 万平方米（2015 年统计公报仅提供商品房相关数据，并显示出，2015 年房地产开发投资比上年增长 8.1%，此处简单以 2014 年数据估测）；《2015 年北京市国民经济和社会发展统计公报》显示，共生产汽车 221.9 万辆，其中，轿车 118.9 万辆，SUV 42.1 万辆。初步估计，北京市建筑行业钢铁消耗约 2800 万吨，汽车行业用钢至少为 140 万吨。

由以上可以看出，北京市的钢铁消耗主要集中在建筑行业，且需求量十分巨大。北京作为中国的政治、经济、文化中心，房地产市场的需求仍然巨大，建筑行业的钢铁需求将继续保持稳定。

通过北京市钢铁供需对比可以看出，北京市的钢铁供给与其需求相比微不足道，几乎完全依赖外部供给。

总体来看，京津冀三个地区对于钢铁的供需情况有很大不同，其中河北是钢铁大省，主要行业需求不足以消化巨大的产出，即河北省是主要的钢铁产出地和贸易加工地。而天津毗邻河北，凭借良好的交通条件，成为重要的钢铁贸易加工地；而北京的钢铁企业几乎都已外迁，钢铁产出微小，但其需求仍然巨大，是重要的钢铁需求城市，如表 5－6 所示。

表 5－6　　2015 年京津冀地区钢铁供需情况　　单位：万吨

地区	河北			天津			北京		
品种	生铁	粗钢	钢材	生铁	粗钢	钢材	生铁	粗钢	钢材
供给	17383	18833	25245	1953	2068	8186	0	2.1	195.0
需求	1900			900			2950		

续 表

地区	河北	天津	北京
供求关系	供远大于求	供大于求	供远小于求
区域特征	产出和贸易加工地	贸易加工地	需求地

注：北京地区 2015 年的最新数据缺乏，因此仍使用 2014 年数据进行预测，且北京 2014 年生铁数据缺乏。

资料来源：河北新闻网．河北省 2015 年国民经济和社会发展统计公报发布［EB/OL］．（2016－03－07）［2016－03－16］．http：//hebei. hebnews. cn/2016—03/07/content _ 5378087. htm；天津市统计局．2015 年天津市国民经济和社会发展统计公报［EB/OL］．（2016－03－1）［2016－03－16］．http：//www. stats－tj. gov. cn/Item/25858. aspx；北京市统计局．北京市 2015 年暨“十二五”时期国民经济和社会发展统计公报［EB/OL］．（20106－02－15）［2016－03－16］．http：//www. bjstats. gov. cn/tjsj/tjgb/ndgb/201603/t20160329 _ 346055. html.

（二）京津冀钢铁物流情况

通过对京津冀三地钢铁供需情况的分析可以看出，河北省作为钢铁大省，既是产地也是加工基地；天津交通便利，毗邻河北，成为重要的加工基地和贸易集散地；而由于产业升级和政策原因，北京几乎所有钢铁工厂都已外迁，但由于汽车和建筑等产业的需求，北京仍然是钢铁的重要消费地。京津冀地区供需的失衡现状促成了京津冀地区钢铁物流的形成。下面将分别分析京津冀钢铁物流的具体情况。

1. 河北省钢铁物流情况

河北省的铁矿资源主要分布在燕山和太行山地区，主要可以划分为冀东铁矿矿集区、承德铁矿矿集区、张宣铁矿矿集区和邯邢铁矿矿集区。在河北主要的铁矿矿集区，形成了唐山、邯郸、承德、张家口等重要的钢铁城市。这四个地区也成为京津冀地区钢铁物流的重要枢纽。下面从矿区和企业等角度来说明这四个地区钢铁物流的具体情况。

（1）唐山市钢铁物流概况。

唐山市钢铁产能占全国产能的 1/10，铁矿资源丰富。境内已开发矿山主要分布在迁安市和滦县。这些矿区成为唐山市钢铁物流的起点。主要矿区一般都建有铁路，并且周围公路网也较为密集，成为铁矿石出矿的主要物流通道（见图 5－2）。

依托铁矿资源优势，众多钢铁企业汇集唐山市，其中较为著名的企业有河北钢铁集团有限公司、唐山钢铁集团有限责任公司、首钢集团、河北津西钢铁集团股份有限公司、唐山瑞丰钢铁（集团）有限公司、唐山国丰钢铁有限公司等。这些公司往往都涉及钢铁产业的整个产业链，从铁矿开采到钢铁的加工、产品制造以及钢铁贸易等各个方面。密布的矿区和铁矿企业造就了唐山市发达的钢铁物流网络。2014 年年末，唐山公路通车里程 1.74 万千米。其中，高速公路 610 千米。而作为唐山市铁矿集中区，迁安市公路更为发达，公路密度位居河北省首位。这些公路、铁路网将矿区和钢铁企业连接成网，形成了具有明显钢铁产业链色彩的短途钢铁物流通道，即铁矿产区—钢铁加工厂—用钢企业—钢铁贸易公司。

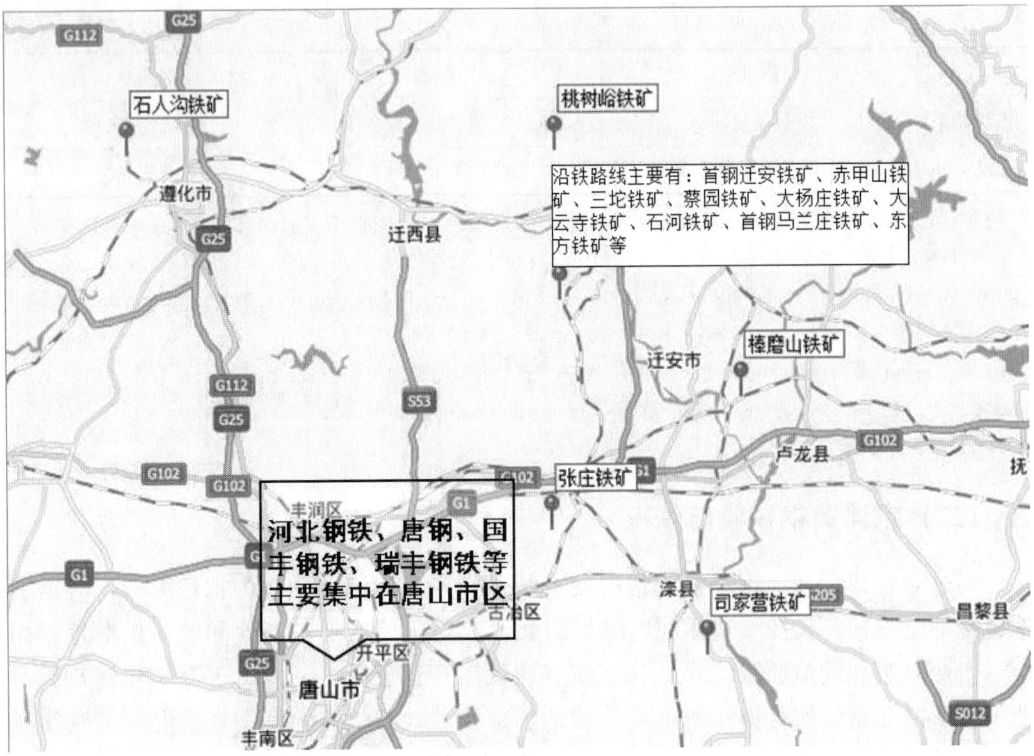

图 5-2　唐山市铁矿及企业分布情况

从京津冀乃至全国范围来看，唐山市的长途运输网络更为发达。唐山市铁路、公路、高速公路、港口相互交织。京哈、通坨、京秦、大秦四条铁路干线和京山、大秦、七滦、迁曹、滦港铁路纵横穿越全境。京沈、津唐、唐港、唐承、沿海高速公路与环城高速公路、国道相交连接，形成网络，四通八达。唐山港分为曹妃甸港区和京唐港区，有秦皇岛港、天津港环绕，是北方重要的港口之一。

良好的交通网络，使唐山的铁矿石、钢材以及其他钢铁制品能够快速输送到其他地区，满足国内外的用钢需求，在京津冀等华北地区乃至全国形成了以公路、铁路、海路交织的钢铁物流运输网络。

以首钢为例，在唐山市不仅有自己的矿区，而且有自己的钢铁加工厂、机械厂等。在首钢迁安铁矿周围，有首钢机械厂、首钢工业园、首钢设备结构有限公司和首钢重型汽车制造公司。这些公司不仅临近铁矿，而且都建立在铁路、高速公路附近，交通十分便利。同时在曹妃甸，首钢还有一个长白机械制造公司和首钢京唐公司，由于地处曹妃甸，临海靠港，交通极为便利，如图 5-3、图 5-4 所示。首钢在唐山市俨然形成了便捷高效的钢铁物流网络，不仅区内钢铁物流便捷，而且依托港口和铁路公路资源，能够有效地将钢铁制品输送到全国各地。

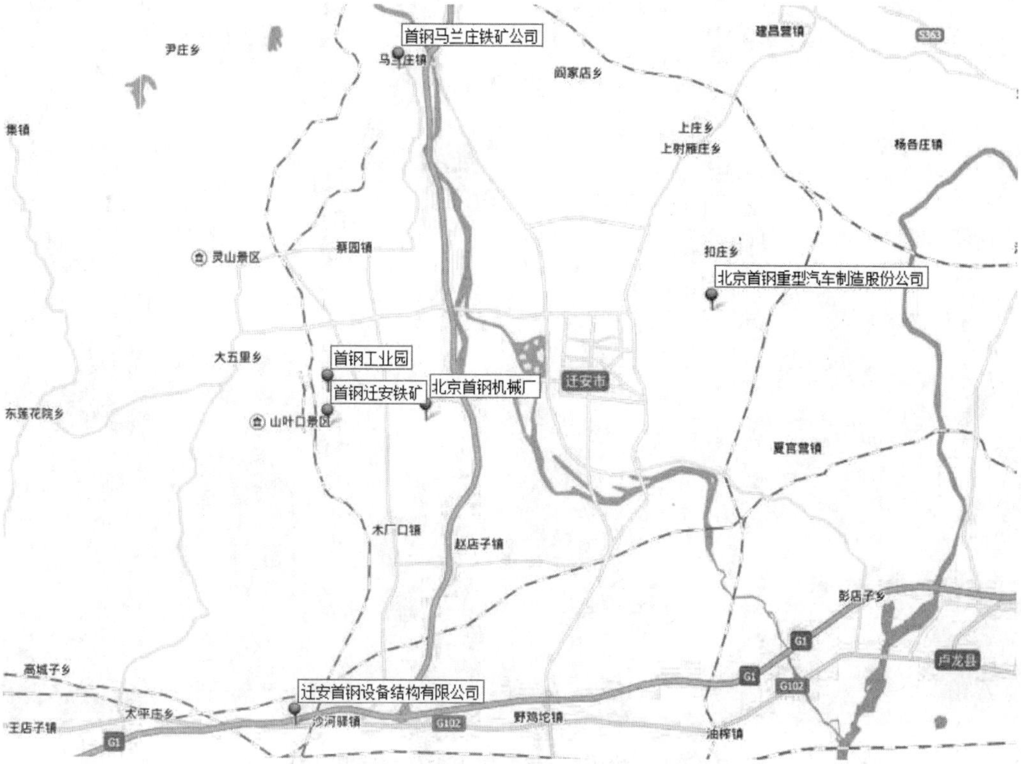

图 5-3 首钢子公司在唐山市分布情况（1）

目前，在钢铁物流方面，唐山市已经形成了几大物流园区，一方面，由于钢铁产业的资源依赖性，因而钢铁企业在空间上形成了一定的集聚，进而形成了钢铁物流产业聚集区；另一方面，由于交通运输、政策等因素，也形成了一些综合性的物流园区。主要的钢铁有迁安市北方钢铁物流产业聚集区、河北唐海临港物流产业聚集区、曹妃甸区港口物流园区、遵化现代物流区、丰南物流产业聚集区、唐山海港物流产业聚集区等。

（2）邯郸市钢铁物流发展概况。

邯郸市铁矿资源丰富，铁矿主要集中在武安市，如图 5-5 所示。武安市的铁矿主要有玉石洼铁矿、北洺河铁矿、石板坡铁矿、西石门铁矿、南洺河铁矿、凤凰山分矿等。作为铁矿集中区域，武安市具有较发达的交通网络，路网纵横交错。武安市有 5 条越境铁路，全长 141.31 千米，设有 18 个客货混用站。309 国道横穿武安市东西，邢都公路穿过南北，公路通车里程 966 千米。从图中可以看出，铁矿附近都建有铁路、公路，交通便利。以南洺河铁矿为例，在铁矿附近，邯长线与邯磁线交会于此，长邯高速、S314、S312、S211、S222 等公路纵横交织。

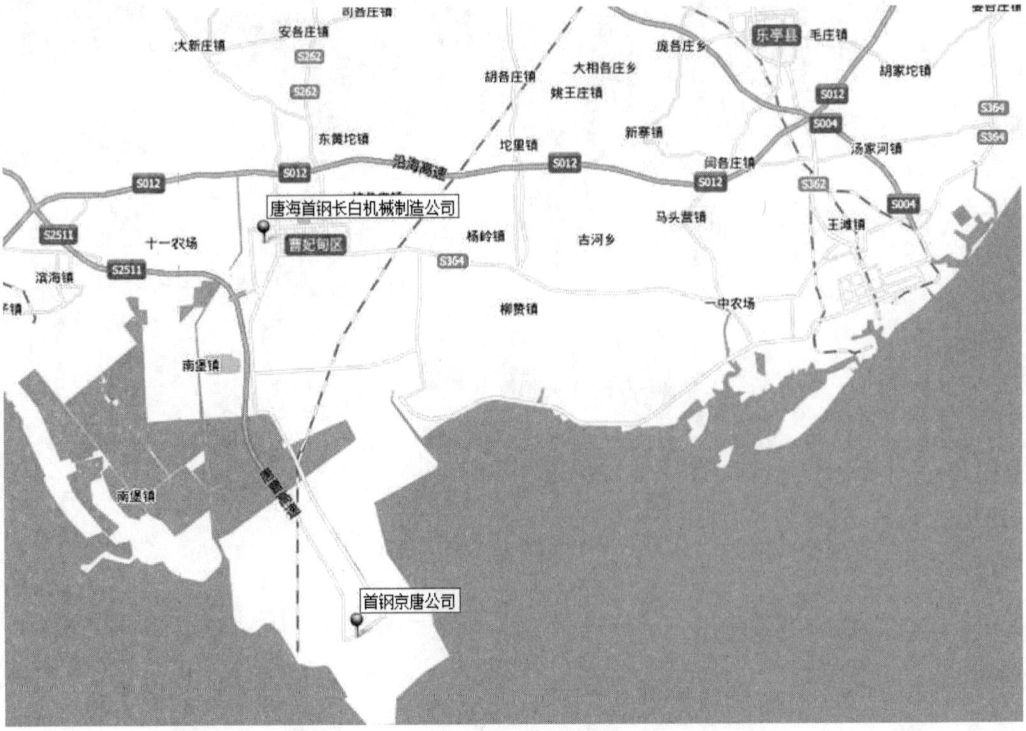

图 5－4　首钢子公司在唐山市分布情况（2）

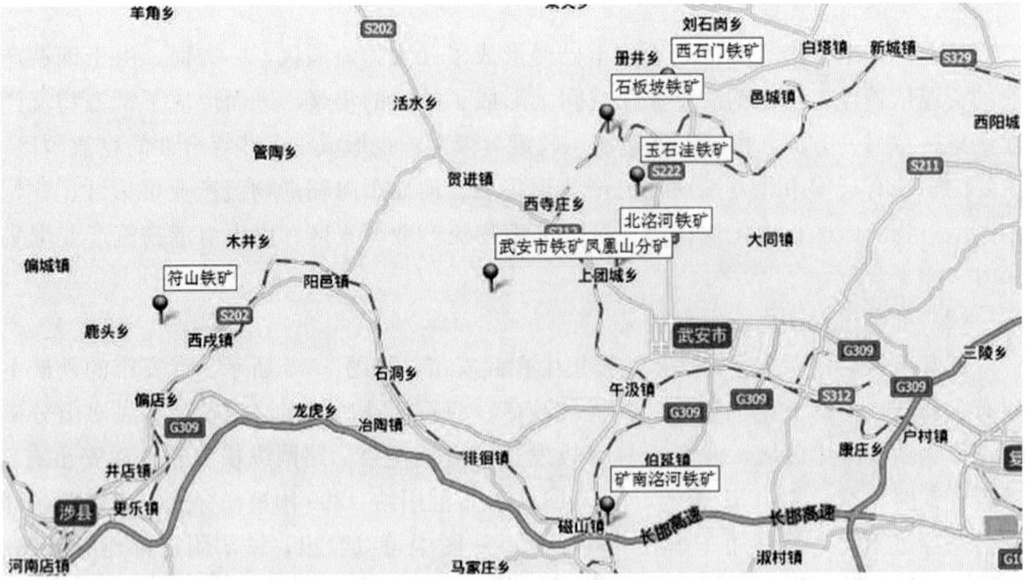

图 5－5　邯郸市铁矿分布情况

邯郸市钢铁企业众多，目前有钢铁企业 40 余家，是全国重要的钢铁基地。其中以邯钢集团、天铁和新兴铸管最为著名，企业通常拥有众多的子公司和附属公司，形成了涉及钢铁产业多个环节的生产链条。三家企业在邯郸市的分布情况如图 5－6 所示，其中邯钢集团分公司及附属企业众多，主要集中在复兴区；天铁集团分公司也较多，主要集中在公路纵横的更乐镇及附近区域。通过矿区和企业分布来看，邯郸市钢铁企业并非毗邻矿区，如邯钢集团主要集中在复兴区。这种现象与邯郸市的交通条件有密不可分的关系，可以看出，虽然企业离矿区有一定的距离，但是企业都处于邯郸市的交通节点，铁路、公路交会，与矿区之间形成快捷方便的物流通道。而且，邯郸市的钢铁企业多以企业集群的形态出现，如邯钢集团、邯钢料场、邯钢运输部、邯钢钢材现货市场、邯钢集团鑫达矿业公司、邯钢附企瑞祥特钢公司、邯钢霞光实业公司、邯钢集团公司设备制造安装分公司、邯钢附企金睿金属制品有限公司等汇集于此，形成了物流成本非常低的钢铁产业链。

图 5-6　邯郸主要钢铁企业分布情况

总体来看，邯郸市内部的钢铁物流形式主要如下：从矿区的开采和加工，通过铁路和公路，经过短暂的运输，到达各个加工企业聚集区，然后再以很低的物流成本在聚集区内完成钢铁的加工和钢铁制品的生产，而各个企业集团自身自有的钢材贸易市场以及其他钢材贸易市场也成为钢铁物流的重要节点。

邯郸市素有“钢铁之都”的称号，作为一个钢铁产地和加工基地，也为其他地区输送了大量的钢铁材料及制品。邯郸市境内京广铁路、邯济铁路、邯长铁路、邯黄铁路、京广高铁 5 条铁路纵横，邯郸国际陆港坐落在此，106 国道、107 国道、309 国道、京珠高速、青兰高速、邯大高速形成双十字交叉，邯郸国际机场坐落于冀南新区。纵横交织的陆路交通网络成为邯郸市钢铁外运的主要物流通道。便捷的交通通道连接黄骅港、京唐港，也使邯郸市的钢铁运输路线更复杂，里程更长。总体来说，公路和铁路是邯郸市钢铁外运的主要运输工具。

（3）承德市钢铁物流发展概况。

承德是我国除攀枝花外唯一的大型钒钛磁铁矿资源基地，已探明钒钛磁铁矿资源储量 3.57 亿吨，超贫钒钛磁铁矿资源量 75.59 亿吨①。

承德地处河北省东北部，处于华北和东北两个地区的连接过渡地带，地近京津，背靠蒙辽，省内与秦皇岛、唐山两个沿海城市相邻。

《承德市 2015 年国民经济和社会发展统计公报》显示，2015 年，承德市规模以上工业企业产品产量中，铁矿石原矿产量 2.2 亿吨，下降 16.3%；生铁产量 1329.1 万吨，增长 1.4%；粗钢产量 1279.6 万吨，增长 1%；钢材产量 1152.1 万吨。可见 2015 年，承德市铁矿石原矿产出十分巨大，但是由于承德市铁矿主要以超贫钒钛磁铁矿为主，超贫钒钛磁铁矿全铁品位仅为 10%～20%，磁性铁品位为 5%～6%。从承德市铁矿和生铁等产出比例看，承德市铁矿石的精选和加工主要在本地进行。因此可以说，承德市的钢铁物流主要集中在区域内部。

从承德市铁矿分布情况看，承德市与唐山和邯郸相比，铁矿资源相对较少，并且相对分散。承德市的铁矿主要分布在承德市西北方向，即滦平县与承德县交界区域。而从铁矿加工企业来看，承德市钢铁企业较唐山、邯郸等钢铁大市，钢铁企业较少，其中较大的有承德钢铁集团、承德信通首承矿业有限责任公司，如图 5－7 所示。

图 5－7　承德市主要铁矿分布情况

① 矿秘书网．河北承德市钒钛磁铁矿资源概况［EB/OL］．（2010－01－27）［2016－01－07］．http：//www.kms88.com/news/html/2010/0127/201001270012004903.shtml.

在钢铁物流通道方面，承德市矿区以及铁矿企业与唐山、邯郸等地区的矿区都具有共同的特点，就是矿区及铁矿企业多倚靠铁路或公路，具有一条或多条运输通道。这些通道一方面连接矿区及铁矿企业，形成上游物流通道；另一方面也将铁矿企业与用钢企业相连，形成下游物流通道。

具体来看，张唐铁路、京沈高铁、锦承铁路、京通铁路穿境而过。同时承德市内公路向四周辐射，基本构筑了“一环九射”的交通网，以及形成了一条市区高速环路和以京承、承唐、承秦、承朝、承津、承围、承赤、承张、承平九条公路形成放射状的综合交通网络。而由于承德市毗邻秦皇岛和唐山，承德市也具有了海运通道。便捷的物流网络提高了承德市内部钢铁运输效率，也为承德市钢材等制品供应华北、供应华东、华南等地的重要通道。

（4）张家口市钢铁物流发展概况。

张家口市铁矿分布相对较分散，在铁矿相对聚集区域，都建设了铁路或公路，为铁矿等的外运提供了良好的交通条件，如图 5－8 所示。如庞家堡镇周围分布着三个矿区，同时这三个矿区毗邻 G112 公路，为了便于运输，建设了从三个矿区出发的铁路，这样就形成了公路、铁路相结合的运输方式。

图 5－8　张家口市主要铁矿分布情况

张家口钢铁企业主要是以宣化钢铁集团有限责任公司为代表。宣化钢铁集团下辖企业主要有第一炼铁厂、第二炼铁厂、第一轧钢厂、第二轧钢厂、焦化厂等。

通过调查，发现张家口市钢铁企业主要集中在宣化地区，而且是在宣化站附近。因此，铁路成为连接矿区和钢铁企业的重要通道。这样在张家口内部就形成了从各个矿区向宣化地区集中，由宣化向其他区域散射的短途钢铁运输通道。

但是《张家口市 2015 年国民经济和社会发展统计公报》显示，张家口 2015 年铁矿石产出为 4994.43 万吨，而生铁产出为 694.07 万吨，粗钢为 672.33 万吨，钢材产量为 597.47 万吨①。可以看出，张家口有部分铁矿石直接运往外地进行加工。由于铁矿石的特点以及张家口的区位特点，铁路与公路成为张家口钢铁类的主要运输方式。穿境而过的京包铁路与京新、京藏、张石、京大、张承、首都环线等高速公路，以及其他公路形成了相辅相成的外运交通网络。

（5）河北省钢铁物流总体情况。

唐山、邯郸、张家口、承德等是河北乃至全国的重要的铁矿石产区，作为铁矿石的产地，这几个城市几乎都形成了钢铁产业链，众多企业分布在产业链的各个环节，从铁矿石的开采、冶炼到钢铁的加工、贸易。大部分的铁矿石从产地开采后，经过短时间运输至当地的冶炼和加工企业，因此，可以说在河北省钢铁产业的上游环节，其物流通道主要以短途为主，即从矿产区到当地冶炼和加工工厂的物流运输通道。而钢铁产业的下游环节，主要是钢材或零部件的形态，一部分被河北省内的下游制造企业消耗，如建筑企业和汽车制造企业等，另一部分以主要的钢铁产区城市为节点，通过省际运输通道输送到其他省、市或自治区，形成以河北省铁矿产区为节点，以主要的公路和铁路、海运为主要运输方式，供给整个华北地区的钢铁物流网络。

在交通运输方面，河北省内及钢铁上游产业链的钢铁运输由于以短途为主，因而公路运输成为主要的运输方式。在省际钢铁物流方面，唐山、邯郸、张家口、承德等城市都拥有较好的交通条件，形成了以公路、铁路和海运交叉兼用的钢铁物流网。

2. 天津市钢铁物流情况

天津市毗邻河北，交通网络发达，铁路、公路、水路四通八达，是北方重要的交通枢纽，依托良好的交通优势，成为重要的钢铁加工基地和钢铁贸易基地，同时也是北方重要的钢铁需求城市之一。

在钢铁企业方面，天津市冶金钢铁企业众多，且企业多集生产、加工、贸易为一体。其中规模较大的主要有：渤海钢铁集团（天津钢管、天津天钢、天津天铁冶金、天津市冶金）、天津荣程联合钢铁集团、天津天丰钢铁有限公司、天津友发钢管集团、天津天钢联合钢铁有限公司（天津天钢和天津达亿钢铁共同组建）。天津市钢铁企业主要集中在以下几个区域，河西区（公司总部所在地）、东丽区、北辰区、静海县和宁海县等区域。企业多倚靠铁路、公路或河道，交通较为便捷。

钢铁企业云集，使天津成为重要的钢铁加工基地，不仅催生了天津市巨大的铁矿、生铁等用钢需求，同时也造就了天津市巨大的钢材及其他钢铁制品的供给能力。天津市超过 1/3 的钢铁由自身消耗，另有约 1/3 的钢铁供给华北其他地区，还有一部分销往华东、东北、西北和海外，形成了以天津为中心，向西北、东北、西南及海外市场扩展的钢铁物流通道。

---

① 张家口市统计局．张家口市 2015 年国民经济和社会发展统计公报［EB/OL］．（2016－03－10）［2016－04－07］．http：//www.zjktj.gov.cn/news_view.asp? newsid=4233.

而良好的交通条件则使天津成为重要的钢铁贸易基地。天津公路网是以国道和部分市级干线为骨架，以放射状公路为主的网络系统，以外环线沟通各条放射公路的联系。通过天津的国道主干线有 4 条：京津塘高速公路、京福一级汽车专用公路、拉丹高速公路和拉丹高速公路津唐支线；国道 5 条：京哈、京塘、津同、津榆公路和山广公路。市级干线有：津围、津北、津沽、津岐、津汉、津静、金钟、津霸、津永、津杨、津涞、津港等公路。全市公路通车里程为 4243 千米。高速公路 143.85 千米，二级以上高等级公路 1273.8 千米。天津不仅处于京沪铁路、津山铁路两大传统铁路干线的交会处，还是京沪高速铁路、京津城际铁路、津秦客运专线、津保客运专线等高速铁路的交会处，是连接南北的重要交通枢纽。

公路和铁路网纵横交错，成为天津市钢铁物流的重要通道。而天津市的港口资源则在天津市乃至整个北方钢铁运输中发挥了重要的枢纽作用。2015 年上半年，约 30% 的钢材通过天津海关出口。截至 2015 年 8 月 7 日，天津港铁矿石库存量在 710 万吨（当时全国铁矿石港口库存为 8130 万吨），约占全国总量的 8.73%，① 天津港是北方地区主要的钢材进出口、运输港口，同时也是我国最重要的铁矿石存储流通地之一。

总体来说，天津市形成了从河北到天津的钢铁上游物流链，在此基础上，形成了以公路、铁路和河道为主要运输方式的内部钢铁物流网络。同时也形成了面向华北、华东和海外的外运物流通道。因此，天津港成为外运的重要交通节点。

3. 北京市钢铁物流情况

北京市建筑行业和汽车行业发达，对于钢铁需求十分巨大。在建筑行业，北京作为全国首善之区，对住房、交通的需求一直很大，由此也产生了巨大的用钢需求。其次，北京市汽车行业也很发达，主要有北京汽车集团有限公司（北京奔驰、北京现代和北京福田都在“北汽控股”领导下成为“北京汽车工业三大板块”，在顺义和大兴分别拥有生产基地）和其他汽车零部件制造企业。

由于政策原因，北京市的钢铁企业几乎都已外迁，根据 2014 年北京市钢铁产出可以看出，北京市的钢铁产出十分微小，目前仅有少数钢铁加工企业。因而可以说北京市是完全的钢铁输入型城市，而河北省则是北京市主要的钢铁供给地。

从北京市钢铁物流情况看，主要是以铁路和公路等为主要运输方式，从河北至北京的物流通道。而北京市内部主要以建筑行业和汽车行业为钢铁消耗终点。

总体来看，京津冀地区唐山、邯郸、承德和张家口等是典型的钢铁产区，而天津交通便利，成为重要的加工贸易基地，北京则因为钢铁行业外迁，而成为典型的钢铁需求地。京津冀地区钢铁外输方面，通过公路、铁路、海路，将钢铁运送至四面八方，如图 5 - 9 所示。

① 每日经济新闻. 爆炸事故致天津部分港区铁矿石进出受阻对钢市影响有限［EB/OL］.（2015 - 08 - 14）［2015 - 01 - 10］. http：//www.coal.org.cn/News/383813.htm.

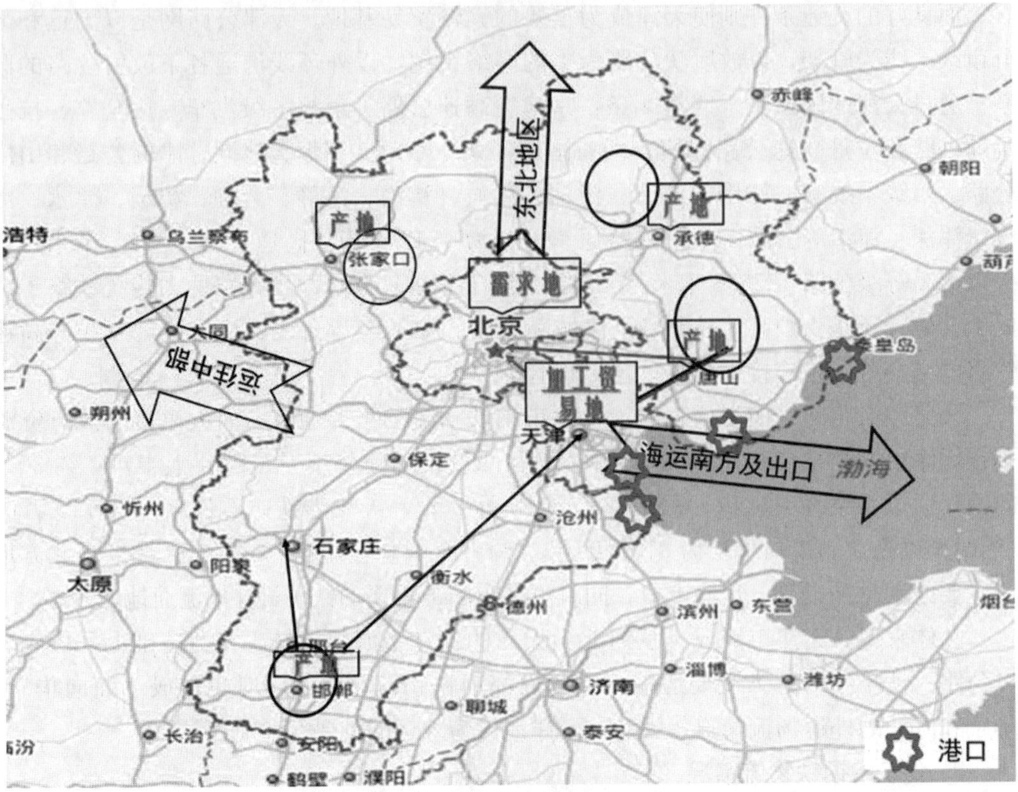

图 5-9 京津冀钢铁物流

（三）京津冀一体化下的钢铁物流发展趋势与特点

钢铁行业不仅面临供给过剩的问题，而且也面临需求疲弱的问题，形势不容乐观。河北省作为产钢大省，必须把钢铁减产作为未来几年的重要任务。

在这种背景下，京津冀钢铁物流会呈现以下趋势。

1. 钢铁物流减量化

河北省未来的钢铁产能会大幅下降，河北省两会期间指出，河北省对于钢铁产能压缩已制定方案，五年内将关停六成钢铁企业。2020 年将钢铁产能压缩至 2 亿吨以内。随着河北省大量小型钢企的关停，河北省的钢铁企业将更加集中化，钢铁产能将大大降低，钢铁物流量也随之大幅压缩。

2. 钢铁物流去库存化

在钢铁产能过剩、钢铁下游需求持续疲弱的形势下，就会导致钢铁产量和钢铁价格双双下降，因此，降库存、去库存已成为众多钢铁企业的当务之急。目前，钢铁企业去库存化已经取得了不错的效果，钢铁业产成品库存指数总体呈下降趋势，且降幅明显，但是从原材料库存指数看，去库存效果仍然不明显，甚至有上升趋势[①]。可以说，在未来几年内，去库存的总体趋势不会改变。

3. 钢铁物流节点郊区化

根据对河北省及天津主要钢铁企业的分析可以看出，钢铁企业多位于城市的核心区。这与城市的可持续发展目标相背离。可以预计，未来钢铁企业不仅会由经济较好地区向经济落后地区转移，而且还会由城市向农村或郊区转移。作为钢铁物流的重要节点，钢企的迁移将会促使对京津冀地区的钢铁物流做出新的调整。

4. 钢铁形态多样化

降低钢铁产能不是简单的压缩，而是钢铁产业链的延伸。在市场机制和政府政策的双重指导下，钢铁企业一直在探索产业升级。钢铁产业链的延伸将导致河北省的钢铁品种多样化，供给多元化，从而使物流中钢铁形态更加多样化和高端化。

三、京津冀能源商品物流发展状况

京津冀地区的能源物流研究的品种主要包括煤炭、天然气和石油。从供需分析看，京津冀地区能源商品均存在缺口，且京津冀地区内部资源不均，需要协调供应。具体来看，煤炭物流方面，河北省以秦皇岛港和黄骅港为主要中转中心，“西煤东运”和“北煤南运”通道穿境而过。既满足了河北省的煤炭需求，也实现了煤炭的自西向东、由北向南的流通。天然气物流方面，京津冀地区主供气源为中石油陕京管网天然气；部分来自大港油田及渤海油田，还有小部分来自进口液化天然气（LNG）和国产煤制天然气（SNG）。陕京一线、二线、三线以及永唐秦输气管道、唐山 LNG 外输管道等在京津冀地区纵横交错，将华北和大港两座储气库群与西气东输管道、东北管网连接，成为覆盖京津冀的天然气管网形成了京津冀天然气联合调配，一体化供应的物流形态。

（一）京津冀能源商品的供需情况

京津冀地区作为北方经济规模最大、最有活力的区域，煤炭、天然气和石油是京津冀地区正常生产生活的基础。

1. 河北能源商品供需情况

在供给方面，从总量上看，河北省能源产量波动幅度相对较大，2008—2012 年，河北省能源产量快速增加，2008 年产量为 6755.66 万吨标准煤，到 2012 年达到 9560.46 万吨标准煤，为历年最高，随后产量又快速下降到 2013 年的 6956.42 万吨标准煤，2014 年进一步下降到 6801.01 万吨标准煤。从构成上看，河北省原煤产值的比例一直很高，占到能源总产值的 80%左右，而石油和天然气的比例相对较低，但 2013 年和 2014 年原煤的比例有所下降。可见，河北省能源产量总体呈下降趋势，其中煤炭

---

① 西本新干线．钢铁行业产成品库存指数［DB/OL］．（2016－04－30）．［2016－05－18］．http：//www.96369.net/Indices/122.

产量趋于下降。2014 年，河北省原煤的产量达到 5129.32 万吨标准煤，约合原煤 7180.91 万吨；原油产量约为 592.22 万吨，天然气产量约为 19.15 亿立方米，如表 5-7 所示。

表 5-7　　河北省主要能源商品产量

年份	能源生产总量/万吨标准煤	占能源生产总量的比重/%			
		原煤	原油	天然气	一次电力
2008	6755.66	84.40	13.60	1.72	0.28
2009	6879.85	85.19	12.44	2.11	0.26
2010	8109.66	84.93	10.55	2.08	2.44
2011	8601.60	84.69	9.73	1.89	3.69
2012	9560.46	84.57	8.73	1.82	4.89
2013	6956.42	76.95	12.14	2.98	7.93
2014	6801.01	75.42	12.44	3.42	8.72

资料来源：河北经济年鉴（2015）[M]．北京：中国统计出版社，2015.

在需求方面，河北省每年消耗的能源商品主要有煤炭、石油、天然气等，如表 5-8 所示。可以看出，2008—2014 年，河北省主要能源商品的消费量十分巨大，且总体呈上升趋势，其中消费的能源主要是煤炭，虽然煤炭的消费比例一直呈下降趋势，但是比重仍然很高，大约为 90%。2014 年，煤炭的消费量约占能源消费总量的 88.46%，约 25936.66 万吨标准煤，大约为 36310.59 万吨原煤。而石油和天然气仅占 6.98%和 2.54%，分别约为 1432.56 万吨和 61.33 亿立方米。

表 5-8　　河北省主要能源商品消费量

年份	能源消费总量/万吨标准煤	占能源消费总量的比重/%			
		煤炭	石油	天然气	一次电力
2008	24321.87	92.31	6.67	0.94	0.08
2009	25418.79	92.51	6.21	1.21	0.07
2010	26201.41	89.98	7.75	1.51	0.76
2011	28075.03	89.09	8.12	1.66	1.13
2012	28762.47	88.86	7.48	2.04	1.62
2013	29664.38	88.69	7.22	2.23	1.86
2014	29320.21	88.46	6.98	2.54	2.02

资料来源：河北经济年鉴（2015）[M]．北京：中国统计出版社，2015.

通过对河北省煤炭、石油、天然气等主要能源商品的供需分析，可以看出，2008—2014年，河北省在煤炭、石油和天然气等一次能源方面一直都存在缺口，且缺口巨大，如2014年，约85%的煤炭需要外埠供给，超过3.1万吨。石油缺口超过800万吨，约60%的原油从外埠调入；天然气缺口约为42亿立方米，即大约70%的天然气需要从外埠调入。

河北省能源消耗十分巨大，虽然河北省有一定的能源产出，但与其需求相比，仍然存在很大的缺口，其中煤炭的缺口最为巨大。因此可以说，河北省是一个典型的能源大省、耗煤大省，如表5-9所示（原煤折标准煤系数：0.7143千克标准煤/千克；焦炭折标准煤系数：0.9714千克标准煤/千克；原油折标准煤系数：1.4286千克标准煤/千克；天然气折标准煤系数：12.143吨标准煤/万立方米；汽油折标准煤系数：1.4714千克标准煤/千克；煤油折标准煤系数：1.4714千克标准煤/千克；柴油折标准煤系数：1.4571千克标准煤/千克；燃料油折标准煤系数：1.4286千克标准煤/千克，下同）。

表5-9　河北省主要能源商品供需情况

	河北		
品种	原煤/万吨	原油/万吨	天然气/亿立方米
供给	7180.91	592.22	19.15
消费量	36310.59	1432.56	61.33
供需关系	供远小于求	供小于求	供小于求
区域特征	需求大省		

注：根据2015年《河北经济年鉴》的能源产出和消费数据估算得出。

资料来源：河北经济年鉴（2015）[M]．北京：中国统计出版社，2015.

2. 天津市能源商品供需情况

在供给方面，如表5-10所示，2011—2013年，天津市主要能源商品的产出虽然呈微弱的下降趋势，但并不明显。天津市2013年一次能源产出主要以石油为主，并且产出少量的天然气。天津市能源生产总量为4635.07万吨标准煤，其中原油占93.84%，天然气占5.37%；折算后，天津市的石油供给量约为3045万吨，天然气供给量超过20亿立方米。

表5-10　2011—2013年天津市主要能源商品产量

年份	能源生产总量/万吨标准煤	占能源生产总量的比重/%		
		原油	天然气	其他
2011	4833.59	94.39	5.1	0.51
2012	4709.44	93.99	5.29	0.72

续 表

年份	能源生产总量/万吨标准煤	占能源生产总量的比重/%		
		原油	天然气	其他
2013	4635.07	93.84	5.37	0.79

资料来源：天津统计年鉴（2014）[M]．北京：中国统计出版社，2014.

在需求方面，天津市对主要能源商品的消费量如表5－11所示，可以看出，2011—2013年，天津对于能源消费相对稳定。2013年，天津市能源消费总量为8823.15万吨标准煤。在具体的能源品种消费上，煤炭的消费量为5433.63万吨，焦炭的消费量为955.48万吨，原油的消费量为1759.15万吨，燃料油为111.93万吨，汽油的消费量299.44万吨，柴油的消费量为379.34万吨，天然气的消费量为37.27亿立方米。

表5－11　天津市主要能源商品消费量

年份	煤炭/万吨	焦炭/万吨	原油（原油加工）/万吨	燃料油/万吨	汽油/万吨	煤油/万吨	柴油/万吨	天然气/亿立方米
2011	5261.5	709.48	1754.02	149.96	222.57	24.53	360.66	25.52
2012	5298.12	882.72	1544.62	122.33	253.75	29.41	378.17	32.05
2013	5433.63	955.48	1759.15	111.93	299.44	56.12	379.34	37.27

资料来源：天津统计年鉴（2014）[M]．北京：中国统计出版社，2014.

从供需可以看出，天津市的煤炭几乎完全依赖外部供给；天津市由于石油产量较充足，因此可以满足石油和成品油的基本需求；天然气方面，可以看出，天津虽然有一定的供给能力，但仍然有近17亿立方米的缺口，需要外部供给以补充，如表5－12所示。

表5－12　2013年天津市主要能源商品供需情况

	天津					
品种	煤炭/万吨	原油/万吨	燃料油/万吨	汽油/万吨	柴油/万吨	天然气/亿立方米
供给	0	3045	0	0	0	20
消费量	5433.63	1759.15	111.93	299.44	379.34	37.27
供求关系	供远小于求	基本满足				存在缺口
区域特征	需求地	产地				

注：根据2014年《天津市统计年鉴》的数据估算得出。

资料来源：天津统计年鉴（2014）[M]．北京：中国统计出版社，2014.

3. 北京能源商品供给情况

在需求方面，2014 年北京市主要能源品种的消费总量如表 5-13 所示，在煤炭方面的消费量为 1736.54 万吨，汽油消费为 440.62 万吨，柴油消费为 196.46 万吨，燃料油消费为 5.63 万吨，液化石油气消费为 50.37 万吨，天然气消费为 113.70 亿立方米。与 2012 年相比，北京市煤炭的消费量大幅下降，燃料油的消费量也大幅下降，汽油、煤油、液化石油气及天然气的消费量有所上升，可见北京市对于清洁能源的需求逐步增加。

表 5-13　　北京市 2014 年主要能源商品消费量

种类 年份	煤炭/万吨	汽油/万吨	煤油/万吨	柴油/万吨	燃料油/万吨	液化石油气/万吨	天然气/亿立方米
2014	1736.54	440.62	507.58	196.46	5.63	50.37	113.7
2012	2269.89	415.9	443.33	215.82	78.16	45.67	92.07

资料来源：北京市统计年鉴（2014—2015）[M]．北京：中国统计出版社，2014.

在供给方面，北京市的能源产量相对稳定，一次能源仅有原煤产出，没有石油和天然气资源。北京市的能源商品缺口十分巨大，石油和天然气几乎没有产出，如表 5-14 所示。

表 5-14　　2012—2014 年北京市主要能源商品产量

能源商品	计量单位	2012 年	2013 年	2014 年
一次能源	万吨标准煤	501.8	541.7	514.0
原煤	万吨	493.1	500.1	457.5
二次能源	万吨标准煤	3267.2	3019	3333.2
汽油	万吨	261.9	223.9	287.4
煤油	万吨	132.9	99.4	152.3
柴油	万吨	319.1	194.7	219.8
燃料油	万吨	24.0	16.9	4.7
液化石油气	万吨	35.0	28.1	32.1

资料来源：北京市统计年鉴（2015）[M]．北京：中国统计出版社，2015.

通过对北京市能源商品的供需分析可以看出，在煤炭消耗方面，北京市消耗量较少，供给量也较少，2014 年北京市近 2/3 的煤炭从外埠调入。从油品来看，2014 年，相比北京市的消耗量来说，北京市的成品油供给缺口很大，其中，汽油产量为 287.4 万吨，存在超过 150 万吨的供给缺口；煤油产量为 152.3 万吨，与消耗量相比，存在约355万吨的供给缺口；仅有柴油供给过剩，柴油产量为219.8万吨，与消耗量相比，仍有富余。因此，北京市的成品油巨大缺口需要外埠供给。而单从一次能源来看，北京并没有石油产出，因此，成品油炼化所需的石油完全依赖外部供给。同样，北京市的天然气也完全依赖外部供给。总体来说，在能源商品方面，北京市完全依靠外埠调入，是典型的能源输入型城市。

从京津冀整体来看，京津冀地区是我国主要的能源消耗地，煤炭、石油及成品油和天然气等都存在巨大的缺口，本地供给远不能满足生产生活的能源需求，外埠能源供给成为京津冀地区正常生产生活的必要条件。供求失衡现状成为京津冀地区能源物流形成的重要原因，成为“西煤东运”和“西气东输”的重要原因之一。

（二）京津冀煤炭物流情况

1. 河北省煤炭物流情况

（1）河北省主要煤矿及企业分布情况。

唐山市、邯郸市、张家口市和邢台市为主要的产煤区。而河北省的大型产煤企业有冀中能源和开滦集团等。

冀中能源集团①在河北境内拥有峰峰集团公司、邯郸矿业集团公司、张家口矿业集团公司、井陉矿业集团公司、邢台矿业集团公司等众多子公司，分别控制峰峰、邯郸、张家口、井陉、邢台等矿区。

开滦集团②在河北地区主要立足于唐山和张家口，在唐山港和曹妃甸建有开滦业主码头（开滦集团建设并拥有的码头）、国家级数字化煤炭储配基地、煤化工产业园区，煤炭可直抵华东、华南市场，并且远销海外。

（2）河北省煤炭需求企业具体分布情况。

从煤炭的需求侧看，耗煤企业主要集中在冶金、电力、建材等行业中。而根据目前河北省的行业分布情况分析，冶金、电力、建材等成为河北省主要的耗煤行业。

①电力行业。

河北省规模较大的火电厂主要情况如表5-15所示。

---

① 冀中能源集团．集团简介［EB/OL］．［2016-01-21］．http：//www.jznyjt.com/listinfo.aspx？sysclm=jituanjianji.

② 开滦集团．开滦集团概况［EB/OL］．（2016-01-07）［2016-01-21］．http：//www.kailuan.com.cn/listlmnews.aspx？depid=1&lanmuid=1.

表 5－15　　河北省热电厂主要情况

	企业名称	所在地	电源种类	2015 年发电量/亿千瓦·时
大唐发电	陡河发电厂	唐山市	煤机	60.76
	下花园发电厂	张家口	煤机	8.70
	张家口发电厂	张家口	煤机	117.85
	河北大唐国际唐山热电有限责任公司	唐山	煤机	27.94
	河北大唐国际王滩发电有限责任公司	唐山	煤机	54.58
	河北大唐国际丰润热电有限责任公司	唐山	煤机	27.67
	河北大唐国际张家口热电有限责任公司	张家口	煤机	30.25
	迁安大唐热电有限责任公司	唐山	煤机	9.32
国电电力	河北邯郸热电股份有限公司	邯郸	煤机	22.25
	国电电力邯郸热电厂	邯郸	煤机	12.05
华能国际	华能上安电厂	石家庄	煤机	117.40
华电国际	河北华电石家庄裕华热电有限公司	石家庄	煤机	33.96
	河北华电石家庄鹿华热电有限公司	石家庄	煤机	35.33
中电投河北公司	良村热电厂	石家庄	煤电	39.10

注：由于京津冀地区的火力发电厂主要来自大唐发电、国电电力、华能国际、华电国际和中电投六大电力集团，因此本表重点统计了京津冀地区这六大电力集团的火电厂分布及发电量。

数据来源：北极星电力网．大唐发电 2015 年发电量、项目即装机情况［EB/OL］．（2016－01－22）［2016－03－20］．http：//news. bjx. com. cn/html/20160122/703648. shtml；北极星电力网．国电电力 2015 年全年发电量情况公告［EB/OL］．（2016－01－22）［2016－03－20］．http：//news. bjx. com. cn/html/20160122/703809. shtml；北极星电力网．华能国际发布 2015 年全年发电量情况公告（附公告）［EB/OL］．（2016－01－09）［2016－03－20］．http：//news. bjx. com. cn/html/20160109/699708. shtml；北极星电力网．华电国际 53 家电厂 2015 年发电量及上网电价情况（图表）［EB/OL］．（2016－01－20）［2016－03－20］．http：//news. bjx. com. cn/html/20160120/702856. shtml；良村热电．公司概况［EB/OL］．［2016－03－20］．http：//www. zdtlcrd. com/.

从以上分析可以看出，河北省燃煤电厂主要集中在唐山、张家口、石家庄和邯郸等，以上四个地区成为主要的电煤消耗地。

②钢铁业。

煤炭消耗的另一行业便是钢铁，而河北省钢铁厂则主要集中在唐山、邯郸、张家口、承德等地区，所以这四个地区是河北主要的冶金煤（炼焦煤）消耗地。

③建材业。

建材行业也是重要的用煤行业，我国重点大中型水泥厂平均煤耗约为 200 千克标准煤/吨熟料，比国际先进水平高 50％。

根据 2015 年中国水泥熟料产能百强榜数据①，2015 年河北省水泥熟料产能为 10127.7 万吨/年，2015 年 1—9 月水泥产量约为 6700 万吨；百强水泥企业在河北的产能如表 5-16 所示。

表 5-16　　河北省大型水泥厂产能及分布情况

企业	熟料年产能/万吨	分布区域
冀东水泥	2762.1	唐山、邢台为主
金隅水泥	2095.6	石家庄、张家口、邯郸
曲寨集团	651.0	石家庄
新峰水泥	403.0	邯郸武安
中联水泥	285.2	邢台

注：统计截至 2015 年 12 月 31 日已建成点火的新型干法熟料生产线产能，不统计其他窑型及粉磨站产能；年产能计算公式：日产能×310 天/10000（万吨/年）。

根据几大主要企业的分布可以看出，河北省水泥厂主要分布在唐山、石家庄、邢台、张家口、邯郸、承德、保定、秦皇岛等地。其中唐山、石家庄、邯郸企业较多，生产线规模也较大，成为重要的煤炭消耗区域。

（3）“西煤东运”“北煤南运”中转站。

河北省地处我国之咽喉要道，成为“西煤东运”“北煤南运”的重要中转站。其中秦皇岛港和黄骅港成为煤炭中转和进出口的重要物流节点，唐山港在煤炭运输过程中也发挥了重要作用。

在铁路方面，大秦、丰沙大、京原铁路承担西煤东运总运量的 55%，是山西、陕西和内蒙古地区煤炭外运的重要通道。铁路承运的煤炭一部分直接供应京津冀地区，其中以河北省为主要的消耗地。大部分在秦皇岛港通过海运实现“北煤南运”。神黄铁路由神朔铁路和朔黄铁路组成，也是陕西、山西两省煤炭外运的重要通道，神黄铁路以黄骅港为终点，成为西煤东运的第二大通道。

2015 年 12 月 30 日，蒙冀线通车，“西煤东运”第三通道蓄势待发。蒙冀线即张唐铁路，规划时又名张曹铁路（张家口—曹妃甸），未来蒙冀线将向西续建至内蒙古自治区的包头、集宁等市，全长约 1000 千米。蒙冀线的开通，将使“三西”地区煤炭路线选择更加多元化。蒙冀线投产后，计划 2016 年货运量为 2000 万吨，远期运输能力将达到 2 亿吨，根据铁路发展计划，大秦线、朔黄线和蒙冀线三大运煤铁路合计运输能力最终将达到 11 亿吨②。

① 中国水泥网．2015 中国水泥熟料产能百强榜［R/OL］．（2016-01-01）［2016-01-22］．http：//www.ccement.com/zhuanti/2015paihang/？_t_t_t=0.9323155316524208.

② 秦皇岛煤炭网．2016 年铁路和港口煤炭运力过剩加剧［EB/OL］．（2016-01-26）［2016-05-18］．http：//www.chinastock.com.cn/yhwz_about.do？methodCall=getDetailInfo&docId=5223720.

在港口方面，秦皇岛港是我国“北煤南运”大通道的主枢纽港。秦皇岛港是山西、陕西和蒙西等产煤大区的重要出海口岸，港口煤炭主要来自山西北部，内蒙古西部，宁夏、陕西北部，以及河北等地，国内中转煤炭流向上海、浙江、江苏、福建、山东、广东、广西、海南、辽宁 9 个省市；外贸煤炭出口流向日本、中国香港、东南亚和欧洲等国家和地区。

黄骅港是山西地区运距最短的出海口。朔黄铁路、邯黄铁路、黄万铁路、沧港铁路等直通港口。黄骅港拥有专门的煤炭港区，以朔黄铁路直通煤炭港区，成为山西等地“西煤东运”和“北煤南运”的重要枢纽。煤炭出海后主要运往华北、华东和华南等地区。

蒙冀线的终点即是曹妃甸港区。随着蒙冀线的投产，曹妃甸港区在“北煤南运”中会发挥越来越重要的作用。唐山港也成为“北煤南运”的重要中转枢纽。

（4）河北省煤炭物流整体概况。

结合河北省煤炭产地（唐山市、邯郸市、张家口市和邢台市）及消耗地（唐山、邯郸、石家庄、张家口、承德、邢台等地），可以明确河北省内煤炭的主要物流特点如下：

河北省内煤炭主要由省内消耗，其中唐山、邯郸、张家口、邢台等地依托本地优势，直接消耗本地产煤，但唐山、邯郸等地仍然存在很大的煤炭缺口，需要从外地调入。而石家庄、承德等地则主要通过外煤调入来实现正常的经济运行。山西、陕西、蒙西、河南等产煤地区也成为河北省煤炭的主要来源。

“西煤东运”北通道穿境而过，成为河北省煤炭外部供给的重要通道，以公路相辅，形成河北省内纵横交错的煤炭运输网络。

河北省作为北方重要的出海口，不仅是“北煤南运”的战略枢纽，也是煤炭出口的重要节点。山西、陕西、内蒙古等地区的煤炭通过铁路、公路等方式输送到河北省秦皇岛港、黄骅港和唐山港，以秦皇岛港、黄骅港和唐山港为中转基地，通过海路运往南方各省市以及海外，如图 5 - 10 所示。

2. 天津煤炭物流情况

（1）天津市用煤企业情况。

天津市煤炭消耗企业主要分布在炼钢行业、电力行业和水泥行业，下面将对天津三个行业的具体情况作简要分析。

①炼钢行业。

天津市冶金钢铁企业众多，其中规模较大的分别有渤海钢铁集团（天津钢管、天津天钢、天津天铁冶金、天津市冶金）、天津荣程联合钢铁集团、天津天丰钢铁有限公司、天津友发钢管集团、天津天钢联合钢铁有限公司（天津天钢和天津达亿钢铁共同组建）。天津市钢铁企业主要集中在以下几个区域，河西区（公司总部所在地）、东丽区、北辰区、静海县和宁河县等区域。

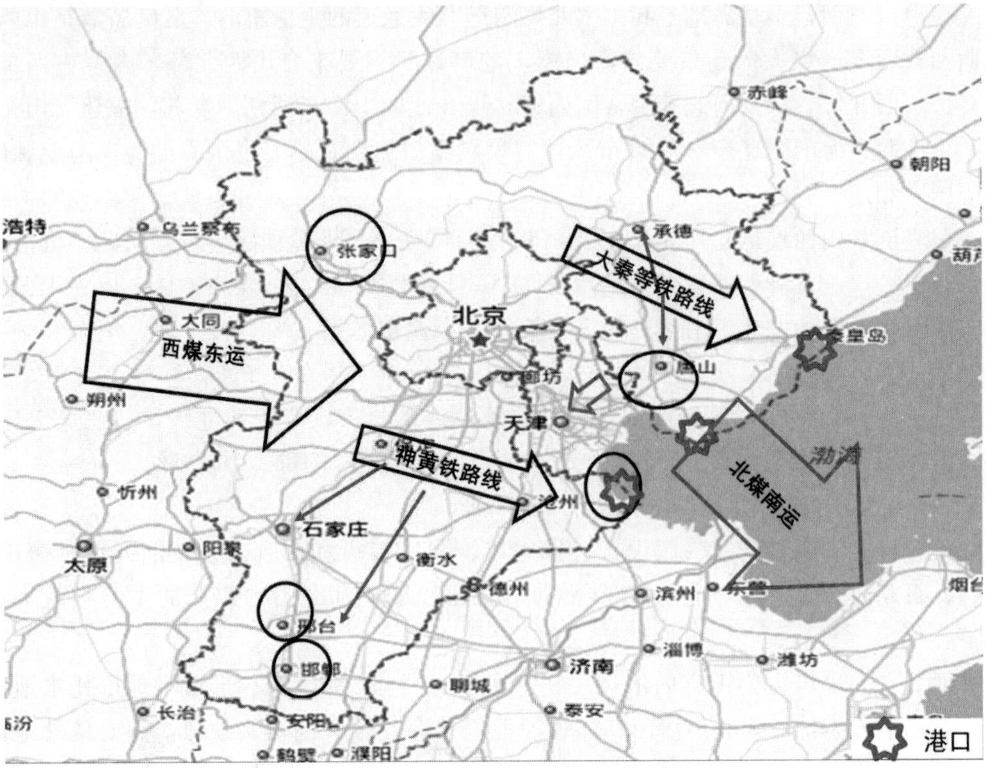

图 5-10　河北省煤炭物流

②电力行业。

根据 2014 年天津市统计年鉴数据显示，2014 年天津市共发电 624.7 亿千瓦·时。而根据对天津市的调查显示，天津市发电厂主要以火电为主，并且主要是煤机，如表 5-17 所示。从天津市煤电厂分布可以看出，天津市煤电厂主要分布在滨海新区、东丽区、蓟县、杨柳青、武清等地，如图 5-11 所示，且煤电厂多建设在铁路、公路以及港口附近，交通十分便利，有利于煤炭运输。天津市用煤主要来自河北、内蒙古等地区，主要通过铁路、海路以及公路等形式运输。

表 5-17　天津市主要电厂情况

企业名称	所在地	电源种类	2015 年发电量/亿千瓦·时
天津大唐国际盘山发电有限责任公司	天津蓟县	煤机	59.080
杨柳青	天津杨柳青	煤机	50.57
临港燃机	天津	燃机	19.19
天津华电福源热电有限公司	天津武清	煤机（部分燃机）	18.13
大港发电厂	滨海新区（大港）	煤机	50（估算）（1314 兆瓦）

续 表

企业名称	所在地	电源种类	2015 年发电量/亿千瓦·时
国投北疆电厂	滨海新区（汉沽）	煤机	110
国电北塘电厂	滨海新区	煤机	3×350
东北郊电厂	东丽区	煤机	25（估算）（2×330 兆瓦）
华电军粮城电厂	东丽区	煤机	（1000 兆瓦）
天津国华盘山发电	天津蓟县	煤机	（2×500 兆瓦）
南疆电厂	滨海新区（塘沽）	煤机	2×300 兆瓦

注：部分火电厂发电量数据缺乏，此处仅提供火电厂总装机容量。

数据来源：北极星电力网．大唐发电 2015 年发电量、项目即装机情况［EB/OL］．（2016－01－22）［2016－03－20］．http：//news. bjx. com. cn/html/20160122/703648. shtml；北极星电力网．国电电力 2015 年全年发电量情况公告［EB/OL］．（2016－01－22）［2016－03－20］．http：//news. bjx. com. cn/html/20160122/703809. shtml；北极星电力网．华能国际发布 2015 年全年发电量情况公告（附公告）［EB/OL］．（2016－01－09）［2016－03－20］．http：//news. bjx. com. cn/html/20160109/699708. shtml；北极星电力网．华电国际 53 家电厂 2015 年发电量及上网电价情况（图表）［EB/OL］．（2016－01－20）［2016－03－20］．http：//news. bjx. com. cn/html/20160120/702856. shtml；中国华电集团．天津华电南疆热电有限公司［EB/OL］．［2016－03－20］．http：//www. njrdc. com/.

图 5－11　天津市电厂分布情况

③水泥行业。

天津市水泥行业企业较多，其中较大的金隅水泥 2015 年熟料年产能为 155.0 万吨，其位于东丽区。根据智研咨询数据，天津市 2015 年 1—9 月水泥产量约为 600 万吨。与天津市电力和钢铁行业相比，耗煤较少，且较为分散。

天津市炼钢企业和电力企业等耗煤行业，区域分布整体相对分散，局部相对集中。天津市铁路、公路网密布，同时具有良好的港口资源，耗煤企业多坐落在铁路、公路和港口附近，交通便利。来自中部等地区的煤炭主要通过铁路和海路进入天津，以供耗煤企业使用，如图 5 - 12 所示。

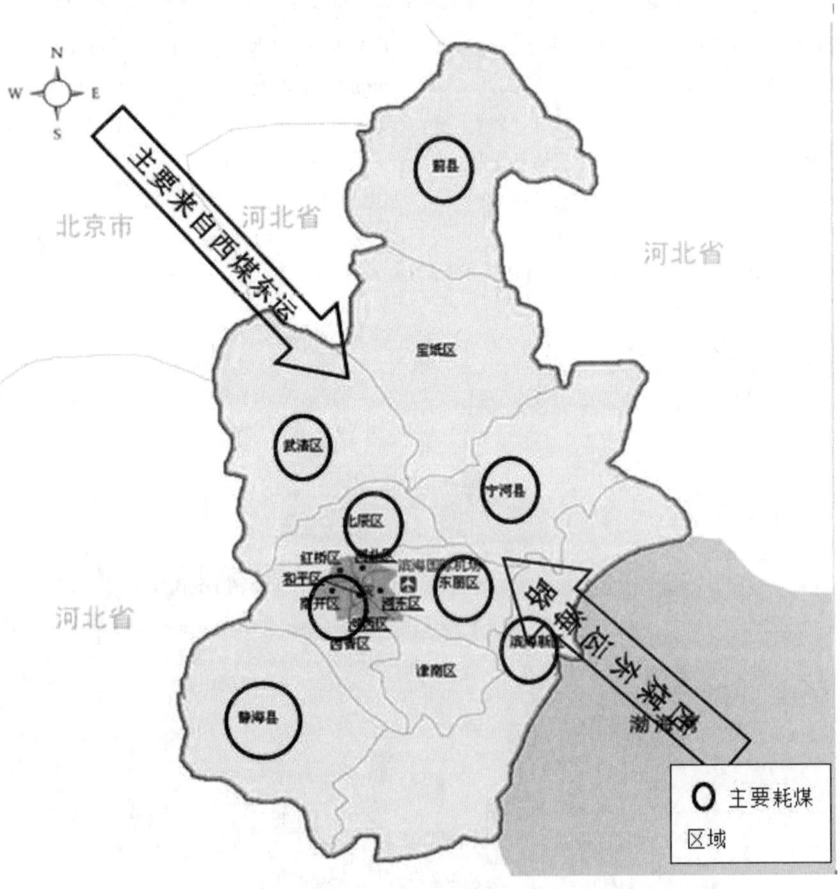

图 5 - 12　天津市煤炭物流

(2)“西煤东运”“北煤南运”中转站。

黄万铁路由河北黄骅南站至天津万家码头，南街朔黄铁路，北接天津港，是朔黄铁路的补充延长线。黄万铁路实现了神华煤炭经朔黄铁路至天津南疆港区的直达运输，有效缓解了黄骅港的运输压力，优化了“西煤东运”的运输格局。

黄万铁路将天津港与朔黄铁路相连，使天津港成为“北煤南运”的重要中转港口。

3. 北京市煤炭物流情况

北京目前的热电厂主要以燃机为主，北京市现存的煤机热电厂为华能北京热电厂，并一直进行煤机改燃机工程，2015 年华能北京热电厂煤机发电量为 34.27 亿千瓦·时①。可以说北京市大型耗煤企业都已经外迁，北京市煤炭消耗量较小，物流也较为简单，此处不作阐述。

（三）京津冀天然气物流情况

京津冀地区主供气源为中石油陕京管网天然气；部分来自大港油田及渤海油田，还有小部分来自进口液化天然气（LNG）和国产煤制天然气（SNG）。

数据显示，京津冀地区现有天然气用户约 1276 万户，主要包括居民用户、燃气电厂及其他工业用户等。2014 年京津冀地区天然气用气量约为 201.5 亿立方米，同比增长 9.2%②。

天然气作为一种气体燃料，其运输方式主要以管道为主。一般以干线进行集中运输，并辅以支线向沿途地区供给或从沿途产区注入天然气。

目前京津冀地区的天然气管道呈现一体化形态，因此，在此处将从京津冀整体角度来分析目前京津冀地区的天然气物流情况。

1. 京津冀地区天然气长输网络

陕京一线、二线、三线以及永唐秦输气管道、唐山 LNG 外输管道等在京津冀地区纵横交错，将华北和大港两座储气库群与西气东输管道、东北管网连接，成为覆盖京津冀的天然气管网，实现京津冀地区多气源联供的天然气供应格局，形成了京津冀天然气联合调配，一体化供应物流形态。京津冀地区长输网络的具体情况如下：

（1）陕京一线。

陕京一线的总投资 50 亿元，投资比例为中石油 60%，北京市 40%。一线工程管道总长 1098 千米，途经三省两市（陕、晋、冀和京津），由靖边首站至北石景山管径，设计年供气能力为 33 亿立方米。

（2）陕京二线。

陕京二线输气管道途经陕西省、内蒙古自治区、山西省、河北省，东达北京市大兴区采育镇。管线经过毛乌素沙漠东南边缘、晋陕黄土高原、吕梁山、太行山脉和华北平原，全线总长 935 千米，设计年输气量 120 亿立方米。管道于 2005 年 7 月正式通气。

（3）陕京三线。

陕京三线西起陕西省榆林首站，东止北京市昌平区西沙屯末站，途经陕西、山西、河北、北京 3 省 1 市，管道全长 896 千米，设计年输量 150 亿立方米。陕京三线于

① 华能国际. 华能国际 2015 年全年发电量完成情况公告［EB/OL］.（2016-01-09）［2016-01-23］. http://quotes.money.163.com/f10/ggmx_600011_2145319.html.

② 新华网. 监管报告披露京津冀天然气供应主要问题［EB/OL］.（2015-06-04）［2016-01-23］. http://news.xinhuanet.com/2015-06/04/c_1115517406.htm.

2011 年 1 月正式投产通气。陕京三线是向北京及环渤海地区供应天然气的又一重要通道，对于进一步满足该区域迅速增长的用气需求和提高供气可靠性具有十分重要的意义。

（4）永唐秦输气管道。

永唐秦输气管道作为陕京二线支线，起自河北省廊坊市永清县，沿线途经廊坊市安次区、天津市武清区、宝坻区、唐山市玉田县、丰润区、滦县、迁安县、卢龙县，终点位于秦皇岛市抚宁县，设计年输气量 90 亿立方米。管道沿线设永清、宝坻、唐山、迁安、秦皇岛（其中宝坻、迁安分输站为二期工程）五处分输站。管线将东北管网天然气引入华北管网，实现华北地区多气源、互补互备的联合供气方式，提高供气保障程度和供气安全，解决京津冀地区天然气短缺的问题，进一步确保首都北京获得清洁、安全能源。

（5）大唐煤制气管道。

大唐国际克旗煤制天然气管道自内蒙古克什克旗至北京。该项目分 3 期进行，一期自 2013 年年末投产。形成 13.3 亿立方米/年的产能，向京津冀地区（以北京为主）供气。二期于 2016 年上半年投产，届时，年产能将达到 26.7 亿立方米；三期建成后，将实现 40 亿立方米/年的产能，成为北京第二大气源。

（6）进口 LNG。

进口液态天然气主要通过海路运输至京津冀地区的港口，然后通过管道、公路等形式运输至各个需求地。

（7）储气库情况。

目前京津冀地区主要有两大储气库群——华北储气库群和大港储气库群。华北储气库群位于华北油田（冀中地区），大港储气库群位于大港油田。其中大港储气库日采气量最高可达 2150 万立方米，占陕京管道日进气量的 21.5%。① 两大储气库对于京津冀地区的天然气使用起到重要的调峰作用，成为京津冀地区天然气物流的重要节点。

2. 京津冀地区内部天然气运输网络

（1）河北省天然气管网。

在河北省 11 个市中，河北省用气量较多的主要有石家庄、廊坊、沧州、保定、邢台和唐山等地市，从供给侧来看，河北省的天然气供应主要以管道气为主，根据河北省天然气需求侧管理综合网的数据显示，2015 年度，河北省天然气供给主要来自中石油管道气（89.3%）、中石化管道气（0.9%）、油田气管道气（8.0%，主要来自冀东油田和大港油田）、LNG 用气（0.7%）、CNG 用气（0.9%）、其他用气（0.06%）。

可以看出，河北省的天然气主要来自中石油管道气、冀东油田和大港油田管道气。其中，中石油管道气即陕京管网，冀东油田和大港油田主要供给附近的城市，冀东油田主要供给唐山等周边城市。

---

① 中国石油新闻中心．大港华北储气库群“上紧发条”[EB/OL]．(2013-01-07)[2016-02-01]．http://news.cnpc.com.cn/system/2013/01/17/001409309.shtml.

从管网分布看，目前河北省以周边油田和陕京管网等为基础，初步建成了连接各市，覆盖主要城区的天然气物流网络。如冀中十县管网起自安平首站，途经饶阳、深州，包括1条输气干线、1条输气支线、1条联络线，设置安平首站、饶阳分输站、深州末站3座输气站场线，可完全满足周边天然气用量需求。其中，安平—饶阳段横跨河北省保定、沧州、衡水、石家庄四地市、十县区，有效解决了当地天然气供应紧张的困局。

（2）天津市天然气管网。

天津市天然气气源有中石油的大港油田、陕京线（港清线和港清复线）、永唐秦线、华北油田、中海油的渤海油田。其中陕京线为主力气源。已建成9座门站，形成了东西南北全方位供气的格局，覆盖全市。目前，天津市门站主要有：接收陕京管网天然气的永清、汪庄子、大张坨、小卞庄、西青门站，接收大港天然气的大港门站，接收渤西天然气的渤西门站（规划迁至南港），接收永唐秦线天然气的武清、宝坻门站，港清三线天然气的常流、静海及南港门站，天津港LNG的临港门站，唐山LNG的宁河、七里海门站。以门站为节点，形成多点供气的高效天然气供给网络。

（3）北京市天然气管网。

北京市是京津冀地区天然气需求量最大的城市。北京市在外输天然气管网和储气库的基础上，建设了覆盖全市的天然气管道网络。以北京五环天然气管道和北京六环天然气管道为主要的运输干线，环绕全城，将天然气运输至电厂等企业及居民区。

（四）京津冀石油物流情况

目前管道已经成为石油物流的主要运输工具，因此，本部分将主要介绍京津冀地区的石油管道运输情况。

京津冀地区主要的油田有华北油田（冀中地区）、冀东油田、大港油田和渤海油田（辽西—冀东海域、天津—黄骅海域）。

1. 河北省石油物流情况

河北省的石油物流以油田、炼油厂、油库等为主要节点，以管道、公路、铁路和海路为主要运输方式，以各加油站和化工厂为重要的需求终端。

河北省冀中和冀东地区以及附近海域皆有油田分布。这些油田成为京津冀地区重要的石油供给地之一。

（1）河北省石油炼化企业。

河北石化企业主要集中在石家庄、唐山、沧州（含华北油田），拥有石炼化、沧州石化、华北石化、中捷石化等一批大型石化企业，产能1900万吨/年。另外，河北省还有众多规模相对较小的炼油企业。① 这些石化企业所在城市成为石油物流的重要节点。

① 燕赵都市网．毕建国代表：统筹规划京津冀地区石化产业［EB/OL］．（2015-03-10）［2016-02-01］．http：//yanzhao.yzdsb.com.cn/system/2015/03/10/014124336.shtml.

其中，石炼化是指中国石化石家庄炼化分公司，位于石家庄裕华区，2015年年初，石炼化炼油部分原油一次加工能力达到500万吨/年，全流程配套能力达到420万吨。①

沧州石化指中国石油化工股份有限公司沧州分公司，位于沧州市，主要生产装置原油加工能力为350万吨/年。清洁汽油、柴油和石油焦是沧州分公司主要的大批量产品，长期供应华北及京津地区。

华北石化是指中石油华北石化分公司，位于沧州市任丘市，背倚任丘油田，石油资源丰富。目前华北石化1000万吨炼油升级项目正在积极推进。

中捷石化即中海油中捷石化有限公司，位于河北渤海新区，地处国家环渤海经济开发区和大港油田开采区，北接京津，东、南毗邻塘沽港和黄骅港及朔黄铁路，交通发达，区域条件优越。目前公司原油加工能力为250万吨/年，中海油中捷石化在渤海新区建设的200万吨的炼化一体化项目正在积极推进。

2015年年初，中石化曹妃甸千万吨级炼油项目获得国家发改委批复。曹妃甸千万吨级炼油项目由中国石化北京燕山分公司投资建设，项目规模为1200万吨/年炼油项目及100万吨/年对二甲苯化工项目（PX项目）。项目建成后，将年产国Ⅴ标准汽油301万吨、国Ⅴ标准柴油468万吨、3＃航煤128万吨、燃料油19万吨。

曹妃甸千万吨炼油项目将引领京津冀和环渤海地区炼油产业升级和结构调整，促进先进产能向曹妃甸石化产业基地聚集。按照规划，曹妃甸是国家重点建设的七大石化产业基地之一，未来将形成五千万吨级炼油、千万吨级轻烃加工以及四百万吨乙烯、五百万吨芳香烃生产能力，打造多产业集群循环发展的大型现代临港石化产业基地，环渤海区域原油、天然气储运中心，中国北方化学品贸易集散中心。② 未来曹妃甸将成为华北乃至全国的石化产业中心，石油物流的重要枢纽。

（2）河北石油物流网络。

为了实现石油以及成品油高效运输和平衡供给，河北省以油田、石化企业为重要节点，建设了串联石油产业链和供求环节的原油管道。

河北省境内原油管道主要有：霸岔线、霸雄线、沧河线、沧津线、沧任线、曹津原油管道、岔北联—霸岔线原油管道、岔南联—岔一联原油管道、岔任线、锦西—大港石化原油管道、秦京线、秦京线、任保线、任京线、石燕原油管道（铁锦线、津华线投产后，2015年下半年，秦京线、任京线和石燕线陆续封停③（津华管道2015年12月初运行，替代了秦京线和任京线的功能，同时期，秦京线和任京线已经封停）、铁秦线、津华原油管道、任马原油管道、中岔口油田—霸一联原油管道、中岔口油田—永清油田原油管道等众多原油管道。

① 石炼化．中国石化石家庄炼化分公司［EB/OL］．［2016-02-01］. http：//www.sinopecgroup.com/group/gsjs/shwq/zgshsjzlyc.shtml.

② 中国广播网．河北曹妃甸今天宣布上马大石化项目［EB/OL］．（2015-10-25）［2016-02-01］．http：//money.163.com/15/1025/07/B6OOGFIP00254TI5.html.

③ 中国石油新闻中心．为了新“八三”管道［EB/OL］．（2015-12-09）［2016-02-01］ http：//news.cnpc.com.cn/epaper/sysb/20151209/0111802004.htm.

石油管道将华北油田、冀东油田、渤海油田、大港油田以及大庆油田和俄罗斯等地的油田与河北的炼化企业所在区域乃至天津、北京以及华北、华中等地连接起来，构成石油长输网络，并且河北省借助港口资源优势——唐山港和秦皇岛港将周边油田以及东北等地区油田的石油（其中大庆油田原油为主要货源）通过海路运往华东、华南各省市。因此，两个港区也成为北方原油进出口的重要节点。铁路、公路也是石油运输网络中必不可少的组成部分。

另外，河北省还存在众多成品油管道，以便各个油田对各需求地的供给。成品油管道主要有：锦郑管道大港—任丘—保定注入支线、锦郑管道邯郸支线、锦郑管道华北石化注入支线、锦郑管道蓟县支线、锦郑管道秦皇岛支线、锦郑管道石家庄支线、锦郑管道邢台支线、南疆唐山成品油管道、石家庄—邯郸成品油管道、石家庄—太原成品油管道、石家庄炼油厂—石家庄正定国际机场航空煤油管道。

从河北省成品油管道分布看，河北省成品油物流具有以下特点：

①河北成品油通常以各个炼化企业所在城市——石家庄、沧州、唐山等为起点，通过成品油管道，将成品油运输至保定、邯郸、邢台等省内其他地区，形成了错综复杂的运输网络。

②锦郑管道作为东北油品输出的重要通道，穿境而过，并以各支线与河北省秦皇岛、石家庄、邯郸、邢台等城市相连接，成为河北省成品油供给网络的重要组成部分，方便向省内需求城市输送成品油。另外，也成为华北石化等炼化企业成品油输出的重要通道。

③河北凭借良好的港口优势，成为“北油南运”的重要节点，来自东北地区的石油及成品油通过唐山港和秦皇岛港，转为海运，输送至南方各省市。

④河北以及东北地区的成品油通过管道运输至北京、天津，在保障京津地区正常生产生活方面发挥了重要作用。

⑤河北省通过锦郑管道、石太线等为缓解中部地区油品供应紧张局面发挥了重要作用。

（3）河北省石油物流整体概况。

河北省内石油管道和成品油管道密布，以“油田—炼化企业—油库—加油站”为物流节点，向京津冀地区以及周边地区进行原油及成品油输送，并且河北省地处中国之咽喉要道，在“北油南运”中也发挥了重要的枢纽转运作用。如图 5 - 13 所示。

2. 天津石油物流情况

天津市具有良好的港口资源，毗邻北京，又有华北油田、冀东油田、大港油田、渤海油田围绕，同时还是国家战略石油储备基地。因此，天津市管网密布，油库众多，成为重要的石油物流枢纽城市。

（1）天津炼化企业。

天津拥有中石化天津石化公司、中沙（天津）石化有限公司、大港石化分公司，年产能在 1000 万吨以上。

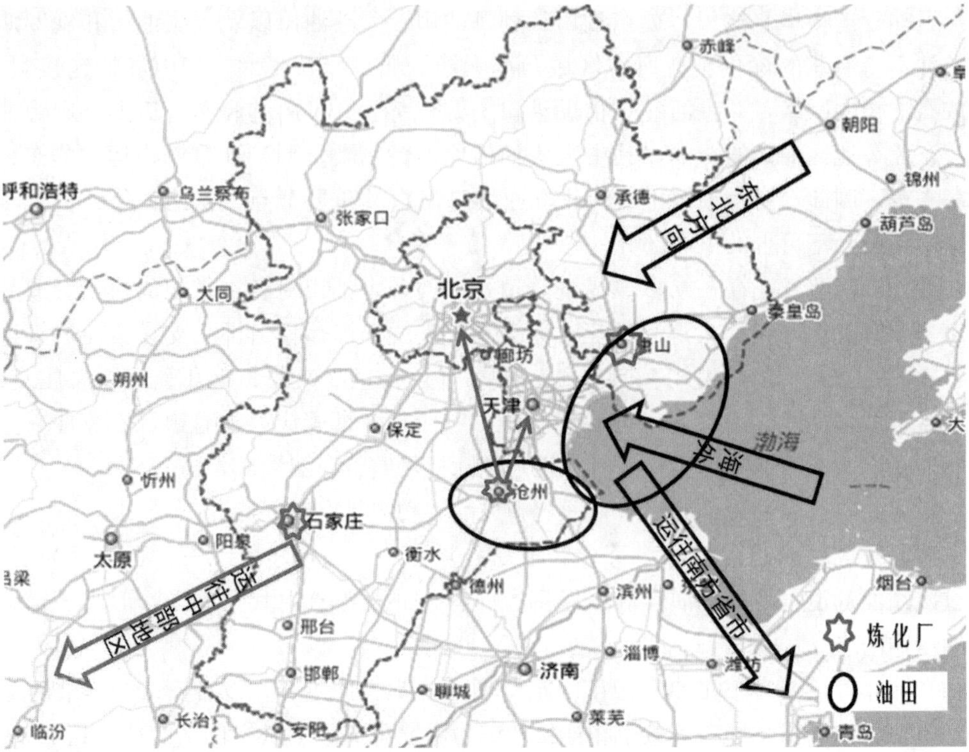

图 5-13　河北省石油物流

天津石化位于天津市滨海新区，东临渤海油田，南靠大港油田，与大港油田和天津港南疆石化码头有输油管线相连，在天津港石化码头建有原油、成品油库区和接卸设施，地理位置优越，海陆运输方便。

中沙（天津）石化有限公司，坐落于天津市滨海新区大港，地处环渤海经济圈，濒临渤海湾，距天津港 35 千米，距天津机场 40 千米，距首都北京 130 千米，交通便捷，地理位置十分优越。

两大石化企业都坐落在油田之中，一方面以石油管道与油田及港口相连，另一方面通过成品油管道将成品油输送到各大油库及天津市其他需求地。天津石化和中沙石化成为天津市石油物流的重要节点。

（2）天津市石油运输网络。

①天津市石油长输网。

目前天津市石油运输管网主要由滨海联合站—大港油田外输计量站原油管道、大港—周李庄原油管道、沧津线、曹津原油管道、东二油站—滨海联合站原油管道、锦西—大港石化原油管道、塘港线（273，426）、铁岭—大港石化原油管道、津华原油管道、津燕线和塘燕线等石油管道纵横交错，串联成网。天津市石油管道主要连接有大港油田、渤海油田部分地区和冀东油田等油田，其成为各大油田相互连接，并将石油输出至周边各大油库和炼油厂的重要物流通道。

同时天津港作为北方重要大港，具有优质的海运条件，成为原油进口的重要枢纽，来自中东等地区的原油经过海运来到天津，然后通过天津的管道和公路等运送至天津、北京、河北等地区的炼油厂进行加工。

天津已经成为渤海油田、大港油田、冀东油田等周边油田运输的重要战略枢纽，也成为海外石油进口的重要节点城市。

②天津市内部成品油管道。

天津市内部成品油管道众多，部分管网甚至连接至唐山、北京等地区。天津市成品油管道主要运输汽油、柴油和航空煤油以及石脑油，天津市主要的成品油管道如下：天津大港管道、天津南疆—唐山成品油管道、天津南疆—唐山成品油管道武清支线、千米桥油库—南疆油库柴油管道、千米桥油库—南疆油库汽油管道等。这些成品油管道配合天津市密集的公路网将天津石化、中沙石化等炼油厂与南疆油库群和大港油库群等众多油库以及各个加油站点连接起来，形成了纵横交错、点线交织的内部成品油运输网络，如图 5 - 14 所示。

图 5 - 14　天津石油物流

3. 北京石油物流情况

北京虽然对成品油有着巨大的需求，但北京的原油和部分成品油都来自外部供给。北京市目前仅有一个炼化企业——燕山石化。燕山石化坐落于北京市房山区，地处京广线旁边，具有十分便利的公路、铁路运输条件。因此，燕山石化也成为北京市石油物流网络的重要节点，一方面承接外部的石油供给，另一方面向北京各油库和加油站输送成品油等。

目前，北京原油主要由周边几个主要的油田以及俄罗斯等国家供给。主要通过管道、海运等方式进行，基本满足了北京日常需求，如图 5－15 所示。

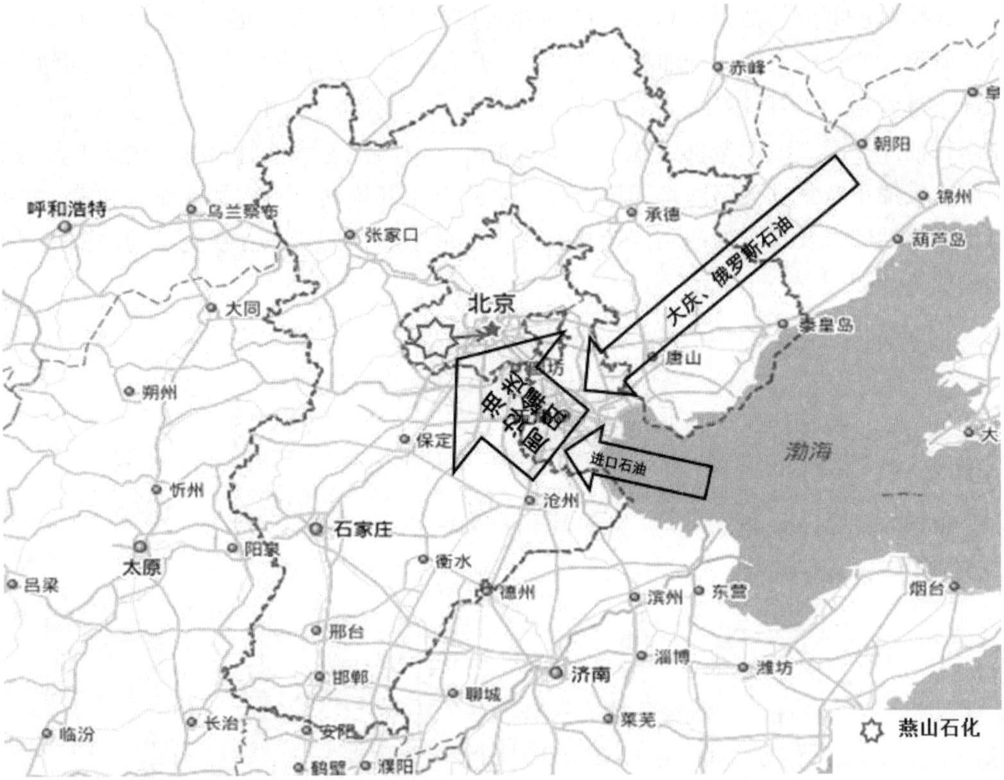

图 5－15　北京石油物流

（1）北京市外部原油输入网。

在原油输油管道方面，有津华原油管道、津燕线、塘燕线。

津华管道起点为天津港南疆港区汇鑫油库，终点为河北省任丘市，途经天津滨海新区、静海县及河北省黄骅市、青县、大城县、任丘市，全长 187 千米。设计输送量 700 万吨/年。2015 年 12 月初正式运行，津华管道运行后，除输送新增的进口的中东原油外，还会转输从曹妃甸船运的冀东油田原油。

津燕线是指从天津港南疆油库站至燕山石化的输油管道，途经天津和河北省，主干管道长 228 千米，年输送量达 2000 万吨，能够向天津石化和燕山石化各输送 1000 万吨。

塘燕线是指从天津塘沽港大港输油站，途经天津、河北至燕山石化的原油管道。该线于 2015 年 9 月底再次启输，向北京燕山石化输送进口原油。

原油管道配合海路等交通形式形成了具有稳定供应能力的原油供应网，成为北京市石油和成品油的重要供给物流通道。

（2）北京市内部成品油交通网络。

北京市成品油主要依靠管道、公路等方式进行运输，目前北京市共有以下几条成品油运输管道：北京 205 成品油管道、北京环城成品油管道、北京环城成品油管道顺义油库支线、北京环城航空煤油管道。

北京 205 成品油管道从燕山石化起步，经房山、大兴、丰台、西城到朝阳，总长 235 千米。管道年输成品油 75 万吨。管道全程还建有 5 个输油站、26 座油罐，总容量为 2.8 亿立方米。

环城、航煤管道起于中国石化燕山分公司，管道干线连接长辛店、黄村、东方、住海、昌平和首都国际机场油库。其中成品油环城管道全长 183 千米，管道年输送能力 285 万吨；航煤管道全长 133 千米，年输送航空煤油能力 120 万吨。两条管道可以将炼油厂生产的 90%以上“京标”高清洁汽油、50%以上柴油和 80%以上航空煤油输送到北京市全境的 5 大油库和首都机场油库。①

因此，北京 205 成品油管道、北京环城成品油管道、北京环城成品油管道顺义油库支线、北京环城航空煤油管道，配合公路等形成了遍布北京的成品油运输网络，通过管道、公路等方式可以将成品油运送至北京市各油库和加油站，保障北京市的正常运行。

（3）北京市石油物流整体情况。

北京目前已经形成了以燕山石化所在地——房山为重要的物流节点，以华北油田等周边油田以及俄罗斯等原油生产国为主要供给地，以津燕线、塘燕线和中俄管道和海路、公路等为主要运输方式的长输物流，以及以长辛店、黄村、通州、顺义和沙河五大油库为中心，加油站、输油管线、油库“点线结合”的石油、成品油市内物流网络。②

4. 总结

从对河北、天津和北京的具体分析来看，京津冀地区的石油物流网络相互交织，连接成网。在市场和政策的推动下，河北、天津的石油供给管道网络连接东北管网，并与京津冀的石油炼化企业以及石油和成品油油库“点线结合”，辐射京津冀。京津冀石油运输呈现出一体化趋势。

（五）京津冀一体化下能源商品的发展趋势及特点

目前，京津冀地区的能源供应呈现出一体化趋势，以天然气和石油、成品油最为明显。另外，由于京津冀地区钢铁业发达，火电厂众多，水泥产量大，使该地区对于

① 刘金海．北京的输油管道建设［J］．当代北京研究，2014（2）：11－13.

② 管集网．全长 183 公里 北京环城成品油管道年底输油［EB/OL］．（2006－06－19）［2016－01－26］．http：//www.pipe.cn/pipenews/16747.

煤炭的需求一直居高不下，不利于京津冀地区的生态环境改善。所以，未来京津冀地区的能源商品物流将继续围绕“一体化”和“调结构”两大任务展开。

1. 能源物流一体化

目前，从整体来看，京津冀地区能源供给源高度统一，但京津冀各地区的需求却存在显著差异。通过管道运输的天然气和石油、成品油，在供给京津冀过程中，通过对天然气库和油库的分流调控，力争做到有求必应，供给合理。未来，在京津冀一体化政策的指导下，京津冀地区将会从区域整体的角度进一步加强对能源商品物流的调控，使能源商品在京津冀地区的分配与调度更加高效与合理。

2. 煤炭物流减量化

近年来，依托资源优势，京津冀地区的钢铁产量十分巨大，居全国之首；同时，京津冀地区作为北方经济规模最大的地区，电力需求也十分巨大。京津冀地区发达的钢铁业、巨大的电力需求等使得其对于煤炭的需求一直居高不下。燃煤成为京津冀地区环境污染的重要因素，煤炭的高需求、高消耗严重阻碍了京津冀地区生态环境的改善。

同时随着中国产业结构的转型，以及建筑行业的降温，全国钢铁产能严重过剩。为了化解钢铁产能过剩危机和钢铁行业的转型升级，压缩钢铁产能、实现钢铁产业升级将成为河北省未来一段时期内的新常态。

在环境问题、产业升级以及产能过剩等多重压力下，在天然气改造的大趋势下，河北省对于煤炭的需求将会大幅下降，这将导致河北省内煤炭物流量的减少。

沿海等煤炭需求地在经济结构调整和节能减排、清洁能源替代等因素影响下，对于煤炭的总体需求将逐步放缓。这会使“西煤东运”和“北煤南运”的总运量呈现回落的趋势。① 而河北省作为“西煤东运”和“北煤南运”的重要中转地，过境的煤炭运量也会逐步回落。

3. 能源供应清洁化

京津冀地区的环境污染问题十分严重，根据绿色和平对 2014 年中国 190 座城市 PM2.5 浓度统计排名显示，2014 年，全国最差的 10 座城市中，京津冀地区有 8 座，分别为邢台、保定、石家庄、邯郸、衡水、廊坊、唐山和沧州。② 另外，根据绿色和平发布的 2015 年度中国 366 座城市 PM2.5 浓度排名中，全国最差的 10 座城市中，京津冀地区仍然有 3 座，分别是保定、邢台和衡水。③ 河北省俨然成为全国空气污染最严重的地区。

为了改善环境，提高生态质量，能源清洁化将成为京津冀地区的共识，在减少煤

---

① 生意社 . 2015 年大秦铁路煤炭运量同比减少 11.82% [EB/OL] . (2016-01-13) [2016-03-17] . http://finance.sina.com.cn/roll/2016-01-13/doc-ifxnkkux1227865.shtml.

② 绿色和平 . 2014 全年中国 190 座城市 PM2.5 浓度排名 [EB/OL] . (2015-08-05) [2016-01-20] . http://www.greenpeace.org.cn/work-reports-2015_1/.

③ 绿色和平 . 绿色和平发布 2015 年度中国 366 座城市 PM2.5 浓度排名 [EB/OL] . (2016-01-20) [2016-01-20] . http://www.greenpeace.org.cn/pm25-city-ranking-2015/.

炭消耗的情况下，提高煤炭产品的质量，发展清洁高效的煤炭能源，淘汰小锅炉，升级能源设备，推进煤炭的清洁高效利用。另外，京津冀地区会进一步推进天然气等清洁能源的使用，提高能源的质量标准，实现能源、设备的改造升级，改善京津冀地区的能源使用结构。

四、京津冀大宗产品物流存在的问题与建议

（一）京津冀农产品物流的问题及建议

1. 粮食物流的问题及建议

（1）粮食物流的问题。

①粮食运输铁路运力不足，公路运输依赖性强。

首先，东北地区是京津冀地区重要的粮食供给地，东北粮食运输至需求地主要依靠铁路和铁水联运两种方式。但东北至关内的铁路只有一条，铁路运力严重不足。

其次，京津冀内部的粮食运输主要以公路运输为主。由于粮食收购商、批发商及小规模零售商众多，运输量较小，而铁路运输又具有运量大的特点，因此，对铁路运输的利用率不足，而严重依赖公路运输。公路运输虽然便利，但物流成本高。

②粮食包粮运输比重高，“四散化”程度低。

目前，京津冀地区乃至全国的粮食运输仍然以包粮运输为主，包粮运输一方面对人工的依赖性较强，不利于机械化操作；另一方面，运输过程中需要多次包装和拆卸，粮食很容易撒落。因此，包粮运输不仅严重影响粮食的物流效率，而且也导致物流成本高企不下。如美国已经基本实现了“四散化”，其粮食物流成本只相当于我国的40%。

（2）粮食物流的建议。

第一，优化运输方式，按照京津冀地区的交通资源及区位条件，合理选择铁路、水路和公路等运输方式，通过多种运输方式联运，提高物流效率，降低物流成本。

第二，首先，进一步推进粮食物流“四散化”，提高粮食物流的现代化水平。在推进“四散化”的过程中，要统筹粮食企业的产销情况，以适应铁路、水路大规模运输的要求，提高铁路、水路等的装载率，实现粮食运输的规模经济。其次，推进“四散化”，就必须完善相应的基础设施，逐步提高“四散化”的运输工具和仓库等基础设施的比例，并且积极推进集装箱散粮运输，加快粮食物流“四散化”的进程。最后，要提高粮食物流的机械化、信息化和标准化建设，提高粮食物流的运输效率，降低物流成本。[①]

① 陈来柏，曹宝明，高兰．中国粮食物流发展现状及存在问题分析［J］．粮食科技与经济，2016（4）：11-14.

2. 棉花物流的问题及建议

（1）棉花物流的问题。

河北省是全国排名第三的棉花主产区，但由于河北省本地也是棉纺业集聚区，棉花需求有缺口，因而外运量较少。区外向区内棉花运输占其棉花物流量的70%以上。京津冀的棉花供应主要来自新疆，由于棉花物流专业化和信息化水平不足，棉花的物流成本高企不下，并且导致棉花生产方、加工方的信息脱节，不利于企业的市场化生产。

（2）棉花物流的建议。

我们认为，最重要的是需要提高棉花物流的专业化和信息化水平。棉花物流的专业化不仅要注重基础设施的完善和装备的现代化，而且还要推进棉花物流的标准化建设。棉花物流的信息化重点在于充分利用先进的信息技术，构建集信息采集、库存监管、物流配送、货权登记、质量追溯和诚信管理等为一体的全国棉花物流公共信息服务体系。①

（二）京津冀钢铁物流存在的问题及建议

河北省是京津冀地区乃至全国钢铁产量最大的省份，既是钢铁产区，也是钢铁加工和贸易地，同时也是需求地。天津市是重要的钢铁加工和贸易地以及需求地，北京市仅是钢铁的重要需求地。因此，河北省的钢铁物流更为复杂，物流问题也更具代表性，此处仅指出河北省存在的问题及对策建议。

1. 钢铁物流的问题

（1）钢铁物流过程繁杂。

目前，虽然京津冀地区的一些大型钢铁企业已经建立了自己的销售平台，部分钢铁销售采取直供形式，但直供比例偏低。以河北钢铁股份有限公司为例，河北钢铁在2015年6月25日披露的《投资者关系活动记录表》中表示，当时河北钢铁的直供比例大约在40%，个别高端品种的直供比例超过60%，② 可见目前钢材销售仍然是以分销模式为主，落后的销售方式形成了一大批钢贸企业，并形成了从钢铁加工企业到钢贸市场和钢贸企业，而后经过多级分销，最终到达需求企业烦琐的物流过程。这大大增加了产业链中钢铁的物流成本。

（2）钢铁物流专业化程度低。

河北省作为钢铁的主要产地，全国第一产钢大省，不仅拥有一批大型的钢铁企业，而且也汇聚了众多中小型的钢贸企业。以唐山为例，根据《现代物流报》记者2014年

---

① 中国农业新闻网．十部门发布意见：加快建立棉花现代物流服务体系［EB/OL］．（2016-03-28）［2016-05-18］. http：//www.farmer.com.cn/xwpd/btxw/201603/t20160328_1192928.htm.

② 我的钢铁网．河北钢铁：集中力量加大产品直供比例［EB/OL］．（2015-06-26）［2016-05-18］．http：//factory.mysteel.com/15/0626/11/338EAE0E1D7B591C.html.

的调研统计，小型钢贸企业是唐山钢贸行业的主力军，大概占到73%。① 这些小型钢贸企业通常缺少甚至不具备专业的运输、储存设备。

（3）钢铁库存积压严重。

在钢铁产能严重过剩的形势下，钢铁价格和钢铁产量虽然不断下降，但由于建筑行业的持续疲弱，社会钢铁库存仍然高企不下，全国的钢铁行业都将在很长一段时间内处于去库存阶段。从全国范围看，2015年12月，22个城市五大品种钢材社会库存为792万吨，虽然较往年有所下降，但仍处于高位，而由于钢铁行业的不景气，钢贸企业少量或不备货，这导致钢铁企业库存高企不下，据钢铁协会统计，截至2015年年末，其会员钢铁企业库存为1418万吨，较上年同期增加约129万吨②。钢铁的高库存率不仅导致企业仓储成本提高和产品质量下降，而且高库存率也导致全行业面临资金链断裂的风险。一些钢贸企业甚至采取虚假仓单、钢材重复质押等方式进行融资，使钢铁行业金融风险进一步恶化。

2. 钢铁物流的建议

第一，钢铁行业在未来几年内必须坚定不移地坚持减产能、提质量的战略，实现钢铁行业的转型升级，提高钢铁企业的产品竞争力。第二，在化解钢铁产能危机，实现产业升级的趋势下，运用市场机制，促进钢铁企业破产与兼并，优化钢铁贸易环境，具有优质资源的钢铁企业强化直供模式，节约社会物流资源，提高钢铁物流效率。第三，必须要借助信息和互联网技术，进一步加强钢铁信息平台建设，便于铁矿企业、钢铁加工、贸易企业和物流企业、需求企业的信息发布与共享，进一步提高钢铁相关行业的透明度，提高钢铁行业的运行效率。同时进一步推进线上交易平台建设，优化线上交易机制，推进钢铁交易的网络化。

（三）京津冀能源商品物流存在的问题及建议

1. 煤炭物流的问题及建议

（1）煤炭物流的问题——“运力过剩”。

前文中已经指出，蒙冀线投产后，2015年计划货物运量为2000万吨，远期运输能力将达到2亿吨。根据铁路发展计划，大秦线、朔黄线、蒙冀线三大运煤铁路合计运输能力最终将达到11亿吨；而目前，秦皇岛港、黄骅港、唐山港等对应的港口运输能力只有6.7亿吨。下游需求方面，由于经济结构的调整以及节能减排、清洁能源的影响，全国对于煤炭的需求强度持续减弱。总体看来，煤炭的铁路运能已经高于港口运能，港口运能又高于下游实际需求，将造成铁路和港口运力过剩问题更加突出。其中大秦线作为最大的煤炭运输通道，其运量已经连续14个月下跌，且仍将延续。未来西

---

① 中国物流产业网．苦熬“寒冬”待春来——唐山地区钢贸商生存现状调查［EB/OL］．（2014-07-31）［2016-05-18］．http：//www.xd56b.com/zhuzhan/gtzx/20140731/17229.html.

② 中商情报网．2015年中国钢铁行业运行情况分析［EB/OL］．（2016-02-01）［2016-05-18］．http：//www.askci.com/news/chanye/2016/02/01/10530hy9.shtml.

煤东运“运力过剩”现象将更为明显。①

（2）煤炭物流的建议。

煤炭运力过剩的问题是结构性的问题。目前各条铁路都采取降价的方法吸引煤炭货源。但从长期看，改变铁路的货源结构，降低煤炭比例，同时增加客运比例才是最终解决煤炭运力过剩的关键。

2. 京津冀天然气调峰能力不足及建议

（1）天然气物流的问题——调峰能力不足。

京津冀地区天然气气源统一，管网相连，供应呈现一体化趋势，但仍存在调峰能力不足的问题。目前，京津冀地区主要靠天津大港和华北永清地下储气库调峰，但该储气库调峰能力只有 23 亿立方米，无法满足京津冀地区冬季高峰时期调峰需求。主要原因在于：一方面，因天然气供应高峰期短，储气设施利用率低，运行维护成本高，一些城镇燃气经营企业自建储气设施积极性不高，已规划建设的储气项目工程进展缓慢。另一方面，由于企业间管网互不联通，一些已建成的储气设施没有得到充分利用。此外，地方出台相关政策不及时，也是天然气储气设施滞后的原因之一。②

（2）天然气物流的建议。

为解决京津冀天然气调峰能力不足的问题，京津冀地区应该统筹考虑加快储气设施建设，提高储气容量占供应总量的比重。出台企业建设储气设施的经济补偿办法或鼓励措施，引导企业参与天然气的运营和管理。

3. 京津冀石油物流存在的问题及建议

（1）石油物流的问题——“送货制”。

京津冀地区石油物流主要以送货制为主，即客户提出要货需求后，供应商按照订单要求，将油品按规定送至指定地点的一种物流模式。送货制容易产生需求信息失真，不仅会影响炼厂生产计划的制订和供货进度的安排，而且可能使供应链各个环节的库存积压，导致成本增加。

（2）石油物流的建议。

企业应该实施补货制的物流模式，即供应商在信息化手段的支持下，根据库存水平的变化情况，自主制订补货方案，并主动将商品运输至目的地，而客户不参与订货与库存管理。而要推进补货制的实施，就必须加强石油物流的专业化和信息化建设，提高石油供应链的一体化水平，推进石油供应链的整体管理，实现整个石油物流的供需均衡。③

---

① 华夏时报．从“一车难求”到“一货难求”西煤东运窘局［EB/OL］．（2015-07-25）［2016-05-18］．http：//news. hexun. com/2015-07-25/177819268. html.

② 国家能源局．保障天然气稳定供应驻点京津冀专项监管报告［EB/OL］．（2015-06-04）［2016-05-18］．http：//zfxxgk. nea. gov. cn/auto92/201506/t20150604_1933. htm.

③ 马根萍，王昭，王梦茜．中国石油成品油物流模式改革有关问题探析［J］．石油商技，2016（2）：84-89.

第六章　京津冀电子商务发展状况

周　宏

电子商务已经成为我国战略新兴产业与现代流通方式的重要组成部分，是实现科技和文化创新的重要抓手和途径；电子商务已经成为经济可持续发展，特别是扩大消费需求、汇集城市高端资源、重组产业链条和技术创新等的重要支撑；在新技术背景下，电子商务定义延伸为以互联网思维为指导，依托多样化、便利化的服务平台，利用互联网、移动终端、下一代互联网，以智能物流、计算机、大数据和云计算等技术为载体，在农产品、制造加工、商贸流通等传统领域开展的交易行为，包括教育、医疗、旅游、汽车、文化娱乐等行业和涉及 O2O（在线离线/线上到线下）、互联网金融等新兴业态的现代服务业活动。

本章主要从京津冀电子商务产业的特点、发展现状、发展基础等入手，把握电子商务产业发展的宏观环境，调研了京津冀地区电子商务产业的主要发展状况；从电子商务产业配套、商业模式、产业链等角度分析了京津冀地区的电子商务产业发展特点以及现有的产业发展情况，从产业链的上下游方面梳理了京津冀地区的电子商务企业的总体情况，总结了相关企业方面的数据；根据京津冀地区电子商务产业发展分析提出了电子商务京津冀地区的发展趋势和发展重点领域，同时提出了相关发展建议。

一、京津冀电子商务产业宏观发展环境

（一）电子商务产业宏观政策环境

1. 国际上电子商务产业发展的政策环境

目前，因政府政策、经济发展和行业规范的不同，全球主要经济体电子商务发展呈美国引领、欧盟紧跟的态势，同时，随着基础设施的不断完善和相关法律法规的持续扶持，包括中国、日本在内的亚洲相关国家成为全球电子商务快速增长地区。在全球经济一体化的大背景下，各国政府制定实施一系列促进电子商务健康有序发展的政策，美国、欧盟、日本成为国外电子商务代表性市场。

2. 国内产业政策环境

自 2013 年起，国务院、国家税务总局、发改委、商务部等各部委从电子商务的基础设施建设、信用体系建设等多方面给予了强有力的支持。北京市积极响应国家号召，

先后出台了电子商务产业相关政策①，如表 6－1 所示。

表 6－1　　电子商务产业领域系列文件

颁布机构	颁布时间	政策和规划文件名称
国务院	2013 年 2 月	国务院关于推进物联网有序健康发展的指导意见
国家税务总局	2013 年 2 月	网络发票管理办法
发改委	2013 年 4 月	关于进一步促进电子商务健康快速发展有关工作的通知
北京市	2013 年 6 月	北京市人民政府关于促进电子商务健康发展的意见
发改委	2013 年 8 月	关于开展国家下一代互联网示范城市建设工作的通知
国务院	2013 年 8 月	国务院关于促进信息消费扩大内需的若干意见
商务部	2013 年 8 月	关于实施支持跨境电子商务零售出口有关政策的意见
工信部	2013 年 10 月	信息化发展规划
商务部	2013 年 11 月	商务部关于促进电子商务应用的实施意见
国家工商总局	2014 年 2 月	网络交易管理办法
北京市	2014 年 2 月	北京市快递安全管理办法
发改委	2014 年 3 月	关于同意东莞市等 30 个城市创建国家电商示范城市通知
中国银监会和中国人民银行	2014 年 4 月	关于加强商业银行与第三方支付机构合作业务管理的通知
北京市商务委	2014 年 4 月	关于推进本市跨境电子商务发展的实施方案
国务院	2014 年 11 月	关于促进内贸流通健康发展的若干意见

3. 京津冀电子商务产业政策发展环境

2013 年 6 月，北京市政府印发了《关于促进电子商务健康发展的意见》（以下简称《意见》），明确了首都电子商务产业的发展目标，出台了一系列重大支持措施。中关村管委会紧跟《意见》出台的步伐，抓住现代服务业试点工作的机遇，通过搭建交流桥梁，促进电子商务企业间的信息交流和业务合作；实施电子商务平台培育工程，重点扶持行业企业，加快电子商务产业聚集区的建设；拓展融资渠道，鼓励园区内外企业的投资并购；落实税收支持政策；通过中关村创新平台提供多种配套服务等促进措施推动电子商务产业更好更快发展。

目前，“中关村战略性新兴产业集群创新引领工程”实施已获得阶段性成效，主要表现在推动中关村电子商务以新兴商品贸易形式为重要载体，依托强大的互联网资源、凭借丰富成熟的商务经验实现了跨越式增长，进而促进了现代服务业发展；同时，以大数据、云计算、移动互联网为代表的新一代信息和网络技术深化了电子商务在传统产业与日常生活中的渗透，开拓了传统零售业、金融支付等民生服务业的新市场，并

① 中关村产业联盟促进会．中关村产业发展白皮书汇编（2013）[M]．2013.

催生了诸多新兴商业模式共同竞争、协同发展的新局面。

2015 年 10 月，北京市大兴区与河北省廊坊市政府在“2015 中国（北京）电子商务大会”上签署战略合作协议，共建京津冀电子商务协同发展示范区，标志着京津冀协同发展战略在电子商务领域率先取得突破。

2015 年京津冀三地商务部门在天津举行了推动落实协同发展战略工作会议，本着务实合作原则，三地商务部门经协商就共同做好十项工作达成共识。十项工作包括京津冀三地共同推动北京非首都商务功能疏解；加强商务方面规划衔接和政策统筹；推进商贸物流信息共享及领域合作；推动开发区、综合保税区协同发展；促进农产品市场产销衔接和保供互助。此外，十项工作还包括京津冀共同提升会展业发展水平和服务功能；加强电子商务发展方面的互相合作；充分发挥重大开放举措区域服务作用；加强市场监管互助保持市场秩序稳定；建立多层次对接机制形成工作合力。

2014 年中国天津跨境电子商务圆桌会议在天津市中心商务区举行。会上，天津市中心商务区表示将打造国内首个跨境电子商务全供应链一体化服务平台，并表示跨境电子商务是天津市中心商务区实现区域功能定位的重要组成部分，商务区将紧抓京津冀协同发展和申报中的自贸区这两个历史性机遇，利用自身的政策、区位以及载体优势，打造北方跨境电商发展的理想之地。下一步，中心商务区将借助三大优势，根据电商企业的需求，搭建包括海关、商检、税务、外汇等在内的配套服务平台，同时还将丰富仓储物流配送、金融支持等服务配套，为电商企业培育一片发展的沃土。

天津出台多项政策扶持电子商务。天津市财政局发布《天津市推进电子商务发展三年行动计划（2014—2016）》；天津市商务委发布的《引进培育知名电商企业和普及深化电子商务应用 3 年行动方案（2014—2016）》；天津市商务委等九部门印发《天津市发展跨境电子商务扩大出口的实施方案》；天津市商务委、市财政局印发《2014 年度天津市电子商务重点支持项目申报指南》；天津市发改委出台《关于促进快递服务业发展的意见》；天津市市场监管委制定《关于促进全市电子商务健康发展的若干意见》。除此之外，天津市商务委还围绕 3 年行动方案，出台了一系列促进天津电子商务发展的配套支持政策，包括《天津市电子商务示范基地认定办法》《天津市电子商务示范企业评选办法》《万企转型升级行动计划实施细则》等。

河北省同样也出台了电子商务相关政策文件。2012 年河北省政府出台《关于进一步加快电子商务发展的实施意见》；2014 年，河北省政府办公厅印发《河北省电子商务发展 3 年推进计划（2014—2016 年）》；2015 年 4 月，河北省财政局和省商务局印发《河北省电子商务建设专项资金管理办法》；2015 年 11 月，河北省政府办公厅出台《关于促进跨境电子商务健康快速发展的实施意见》；2015 年 12 月，河北省政府办公厅发布《关于加强互联网领域侵权假冒行为治理实施意见》；2015 年 12 月，河北省发展改革委员会通知印发《河北省“十三五”电子商务发展规划》。

（二）电子商务产业整体发展概况

全球产业整体发展情况：全球电子商务依然保持快速增长。据统计，2013 年全球

B2C 电子商务市场规模超过 12484 亿美元，同比增长 18%。全球网购人数达 11.5 亿，2012 年为 9.036 亿，同比增长 27%。2013 年全球 B2C 电子商务市场规模超过 12484 亿美元，同比增长 18%。全球网购人数达 11.5 亿，2012 年为 9.036 亿，同比增长 27%①。其中，无论是 B2B 领域，还是网络零售领域，与 2014 年相比均有明显增长。全球电子商务地区差异逐步减小。

全国电子商务产业整体发展情况：据中国电子商务研究中心监测数据显示，2015 年，中国电子商务交易额达 18.3 万亿元，同比增长 36.5%，增幅上升 5.1 个百分点。电子商务市场细分行业结构中，B2B 电商交易额 13.9 万亿元，同比增长 39%②。

我国已成为世界最大的网络零售市场。2015 年，我国网络购物用户规模达到 4.6 亿人，而 2014 年为 3.8 亿，同比增长 21%。全年网络零售交易额超过 3.8 万亿元，同比增长 35.7%。预计 2016 年中国网络零售市场交易规模有望达 53261 亿元；网络零售市场交易规模占到社会消费品零售总额的 12.7%，较 2014 年的 10.6%，增长 2.1%。预计 2016 年将达 13.5%。；网络零售市场中 B2C 市场交易规模占 51.6%，C2C 市场交易规模占 48.4%。较 2014 年 54.3%，减少了 5.9%。

近期，中国互联网络信息中心（CNNIC）发布《第 37 次中国互联网络发展状况统计报告》。报告显示，截至 2015 年 12 月，我国网民使用网络购物的比例达到 60%。2015 年新增网购用户 5183 万，增长率为 14.3%。与此同时，我国手机网络购物用户规模增长迅速，达到 3.40 亿，增长率为 43.9%，手机网络购物的使用比例由 42.4%提升至 54.8%。中小企业 B2B 运营商平台营收超 200 亿元，网络购物市场交易规模 3.8 万亿元，B2C 占网络购物市场比例首度过半，移动网购市场交易规模达 2.1 万亿元，移动网购占比首度过半，本地生活服务 O2O，消费者接受程度越来越高③。

电子商务产业园具有投入少、拉动产业集群效应明显的特点。各地都将规划电子商务产业园作为推动地区电子商务发展的重要机遇。2012 年年初，全国总计 30 多家电子商务产业园，2013 年年底该数目超过 200 家。

总体来看，电子商务已经与国民经济深度融合，涉及制造业、零售业、服务业、金融业等。未来中国电子商务市场充满机遇和挑战，而政府和企业的通力合作是抓住机遇并赢得挑战的基础。在此基础上，中国电子商务市场将一步步向发达国家电子商务水平接近，在成为全球网络经济中心的道路上稳步前行。

（三）京津冀电子商务产业发展存在的问题

京津冀在电子商务产业方面都具有自身独立的特色，北京电子商务、天津电子商务和物流、河北物流都有较强的优势。京津冀电子商务产业发展缺乏足够的互动性，北京电子商务聚集国内大多数领先的电子商务企业，北京市电子商务产业以 B2C 为主，

---

① 中国电子商务研究中心．2013 年全球 B2C 市场变化情况［EB/OL］．［2014－01－05］．http：//b2b.toocle.com/detail－6146455.html.

② 曹磊．2015 年中国电子商务市场数据监测报告［M］．杭州：中国电子商务研究中心，2015－05－17.

③ 中国互联网络信息中心．中国互联网络发展状况统计报告［M］．2016－01.

天津河北对B2B电商产业的发展需求更高，因此，三地电商产业如何加强互动，融合发展是京津冀电子商务产业发展的首要问题。

另外，京津冀电子商务产业发展与其他产业关联度较低。北京电子商务企业发展更偏重于服务零售业和其他第三产业，津冀两地电子商务虽然有服务于一次产业、二次产业和物流业的趋势，但限于产业成熟度较低，服务能力偏弱。

在京津冀电子商务产业融合发展过程中，当前缺少统一协调机制。电子商务产业发展对京津冀产业结构优化具有积极的重要意义，而且随着互联网进一步深度应用的发展，对经济发展的影响将进一步加深。合理的布局、功能定位等规划，能够更好地发挥电子商务的作用，但布局和功能定位涉及各地政府政策导向、资金导向、人才及技术导向众多问题。统一、和谐的协调机制是京津冀电子商务的发展基础。虽然，各地区政府也在积极开展合作协商工作，制定政策、采取措施推进京津冀电子商务的发展，但京津冀电子商务一体化协调机制还没有建立，在未来京津冀电子商务一体化的实施过程中，还需要各级政府进一步推动和协调。

二、京津冀电子商务产业整体发展情况

（一）京津冀电子商务产业基本规模

据统计，北京目前消费率已超过62%，2014年整个经济增长部分72%来自消费，而消费增长的80%来自电子商务①。2010年，北京市网上零售额为120.1亿元，2013年增长到926.8亿元，3年时间增长了近7倍。网上零售额占全市社会消费品零售总额的比重由2010年的2%提高至2014年的13%，对于社会消费品零售总额增量的贡献度由2011年的26.7%提高至2014年的64.7%②。

数字的增长体现出北京市电子商务龙头企业的快速发展和加速聚集。中关村电子商务产业已形成了以京东、慧聪、敦煌、当当、惠买在线、小米网、国美在线、聚美优品、凡客诚品、我买网等为代表的电商示范企业，以及以去哪儿网、沱沱公社、酒仙网、美团网、易车网、好未来等为代表的电商新兴企业，广泛覆盖了人们日常生活的各个领域，极大刺激内贸经济并对互联网金融、跨境外贸和传统产业转型等方面的健康有序发展起到重要引导地位。

作为国家首批电子商务示范城市，目前北京还形成2个国家级电子商务示范基地（北京市通州商务园、北京市大兴区暨北京经济技术开发区）、4座电子商务特色楼宇（雍和大厦、启迪科技大厦、中国瑞达大厦等）。在商务部公布的187家全国电子商务

① 中国电子商务研究中心．地方数据——2014年北京消费增长80%来自电商［EB/OL］．［2015-10-13］. http：//www.100ec.cn/detail-6283632.html.

② 联商网．北京网上零售额3年增长近7倍［EB/OL］．［2014-07-10］．http：//www.ebrun.com/20140710/104102.shtml.

示范企业中，北京市共有 26 家，占全国总数的 14%①，如表 6-2 所示。

表 6-2　　北京市电子商务示范企业名单

类别	名称	类别	名称
第一批电子商务示范企业（2010）	北京京东世纪贸易有限公司（京东商城）	第二批电子商务示范企业（2013）	北京京东世纪贸易有限公司（京东商城）
	凡客诚品（北京）科技有限公司（凡客诚品）		中粮我买网有限公司（中粮我买网）
	北京当当网信息技术有限公司（当当网）		北京当当网信息技术有限公司（当当网）
	北京世纪卓越信息技术有限公司（卓越网）		北京慧聪国际资讯有限公司（慧聪网）
	北京红孩子互联科技有限公司（红孩子）		北京小米科技有限责任公司（小米网）
	北京乐友达康科技有限公司（乐友孕婴童用品网）		凡客诚品科技有限公司（凡客诚品）
	艺龙网信息技术（北京）有限公司（艺龙旅行网）		北京乐友达康科技有限公司（乐友孕婴童用品网）
	北京慧聪国际资讯有限公司（慧聪网）		国富商通信息技术发展股份有限公司（中国诚商网）
	北京敦煌禾光信息技术有限公司（敦煌网）		北京敦煌禾光信息技术有限公司（敦煌网）
	中粮我买网有限公司（中粮我买网）		国美在线电子商务有限公司（国美商城）
	北京京卫元华医药科技有限公司（药房网商城）		北京上品科技发展有限责任公司（上品折扣网）
	北京王府井百货（集团）股份有限公司（王府井百货）		中建材国际贸易有限公司（易单网）
	北京金象在线网络科技有限公司（金象大药房）		

2010 年，天津市网络零售总额不足 70 亿元，市委、市政府通过一系列的改善、推进措施，使全市的电子商务有了很大改善。从交易规模和发展速度上来看，2011 年全市网络零售总额达到 102 亿元，较 2010 年增长 59%，占全市社会零售额的比重达到了 2.97%。2012 年，网络购物零售总额达 274 亿元，较上年翻了一番有余，在社会零售额的比重提升到 6.99%。2014 年全市网络零售额已突破 800 亿元，达到 803 亿元，比上年增长 73.4%②。

从空间地域分布看，武清和滨海新区区位优势明显，配套设施较为完善、土地资

① 中关村科技园区管理委员会．中关村产业发展报告（2014）[R]．2014.

② 赵光通，张华明．对天津市电子商务发展情况的调查与思考［J］．天津商务职业学院学报，2014（1）：8-12.

源相对丰富、政策支持力度较大，所以集聚了一大批电子商务企业，其中滨海高新区集聚电商企业达 50 多家，武清区电子商务产业基地，至 2014 年年底，已引进电子商务企业 170 多家，国内知名龙头电商企业已有 20 多家入驻。除此之外，还有天津宝坻电子商务与现代物流产业基地、天津西青区中北电子商务产业园、中新天津生态城电子商务与互联网创新创意基地、泰达高端电子商务产业基地等天津市电子商务聚集区。

2013—2014 年度，天津市共有 58 家有限公司（开发区）、天津蒲尚科技有限公司（滨海高新区）、天津市广卓信息技术有限公司（西青）3 家企业被评为国家电子商务示范企业。天津港保税区、东疆保税港区、天津东丽航空商务区、天津市武清区四个区域为跨境电子商务创新试验区。天津滨海高新区国家级电子商务示范基地，2011 年被商务部认定为首批国家级电子商务示范基地。

2014 年河北省电子商务交易额达到 10833 亿元，网络零售额达到 1029 亿元，占全社会消费品零售总额比重达到 8.8%，2015 年河北省电子商务交易额 14545 亿元，同比增长 34.2%；网络零售额 1351 亿元，同比增长 31.3%。全省电子商务平台超过 2000 个，网商达到 40 余万户，大中型企业电子商务应用率达到 77%①。

有影响力的电子商务平台包括：河钢云商、秦皇岛煤炭网、河北省农产品电子交易中心等大宗商品交易平台，安平中国搜丝网、清河百绒网、白沟万户通箱包批发中心等县域特色产业交易平台，石家庄北国如意购、邢台家乐园速购、邯郸阳光天天购等网络零售平台，邯郸美食林、石家庄社区惠民网、辛集车宝 168 等社区平台，石家庄移联网信、石家庄弄团网等农村电商。

以产业园区建设为载体，电子商务集群呈现加快发展态势，河北慧聪电子商务产业园、清河羊绒电子商务产业园、白沟电子商务产业园、辛集皮革城电子商务创业基地等 12 家园区已建成并投入运营。农村电子商务也快速发展，2015 年河北省共有 10 个县市被列入电子商务进农村综合示范县，分别为：行唐县、滦平县、易县、黄骅市、永清县、肥乡县、青龙县、乐亭县、平乡县、安平县。

（二）京津冀城市群电子商务产业发展环境及特点

随着北京非首都核心区的加速疏解，北京市区域批发市场尤其是丰台的大红门、新发地等正在加速转型升级。而电子商务为传统产业转型提供一条新路径。大兴是北京传统产业经济的主阵地，伴随着新一轮的发展，传统产业“换代”是必经之路。近几年依托电子商务，传统产业的转型升级已有斩获。据统计，目前大兴规模以上工业企业电子商务应用比例已经达到 60%以上；服装行业全部实现了电子商务平台交易，利润提高了 25%，市场份额也在逐年提高。此外，在传统商贸、农业领域也都取得了一定的成果。

河北通过发力电子商务，传统产业、实体经济正加速转型升级；以廊坊市为例，电子商务产业已经成为廊坊市新的经济增长点，通过电商产业发展，初步形成以优势

① 河北省发展和改革委员会，河北省商务厅．河北省“十三五”电子商务发展规划［R］．2015.

行业交易平台为重点、特色产业交易平台为支撑、消费类交易平台为补充的多层次电商体系，形成了一批代表性企业。据统计，60%规模以上企业和45%以上中小微企业应用电子商务，初步形成以优势行业交易平台为重点、特色产业交易平台为支撑、消费类交易平台为补充的多层次电商体系，推动着三大产业全面升级。

北京、天津的电子商务企业普遍面临一个问题，受制于空间，物流仓储成为发展的最大瓶颈。京津冀协同发展，凸显出河北的成本优势和空间优势，让处于发展困境中的北京、天津电子商务企业能够打破瓶颈，更多地将电子商务产业要素布局到河北，让电子商务产业布局能够更加优化：总部、区域总部、物流仓储根据不同特质布局京津冀三地，不仅破解了北京、天津电子商务企业发展的瓶颈，也为河北带来了高端的产业要素，使整个区域的电子商务发展获得质的提升，令北京、天津与河北形成了链条完整、要素齐备的电子商务产业集群。

位于武清区崔黄口镇的京津电子商务产业园，其前身为天津地毯产业园，但其产业局限性大、产品附加值低，经济和社会效益并不明显。2012年，园区成功引进第一家电商企业——唯品会。2013年，京东商城、酒仙网、发网等知名电商企业入驻，园区逐步向发展电子商务及相关配套服务转型，发展的质量效益水平明显提升。2014年3月，园区正式更名为天津京津电子商务产业园。2014年5月，天津市武清区的天津电子商务产业园迎来了北京1006手游、北京盛世卓越、孺子牛电商、米可巴电商、北京汉瑞思、北京青春在线等20家中小型电子商务企业入园集中签约，这些新入驻的项目将在武清拓展手机游戏推广、网上销售图书、计算机软件开发等业务，实现更大发展。过去“卖地毯”，现在“搞电商”，该园区税收从2011年的5000万元，到2015年超过10亿元，同样的土地产出了不一样的效益，创造了跨越式发展的奇迹。在转型过程中，园区科学布局，规划建设了电子商务核心区，并整合划分为综合公共服务中心、电商总部基地、生活配套区、大宗商品线下交易区、发展规划区五个区域，为加快聚集电商企业打下了良好基础，短短五年实现华丽转身。目前，天津京津电子商务产业园已获批成为国家电子商务示范基地，累计引进优质企业1000余家，实现招商引资额216亿元，带动就业12000余人，成为武清区乃至全市电商产业发展的“新名片”①。

（三）京津冀电子商务产业整体发展现状及特点

1. 京津冀电子商务产业配套状况

电子商务不是一个孤立的产业或系统，而是一个产业带动性强、辐射面广的产业链，甚至需要政府、组织、社会、公众、媒体及诸多关联行业参与的庞大生态系统。由中国电子商务研究中心首创的“大电子商务产业链”理念中，融合了当今中小企业应用电子商务最广泛的几个层面，包括平台、人才、会展、搜索、物流、第三方电子商务、软件、信息化、金融、第三方诚信评估十大服务商构成。从中国电子商务产业链来看，其产业链包括产品制造商、产品供应商/代理商、电子商务厂商、物流厂商、

① 武清区电子商务产业园转型升级成效明显［N］．今晚报，2016-04-07.

支付厂商及用户六个主要部分，如下图所示。

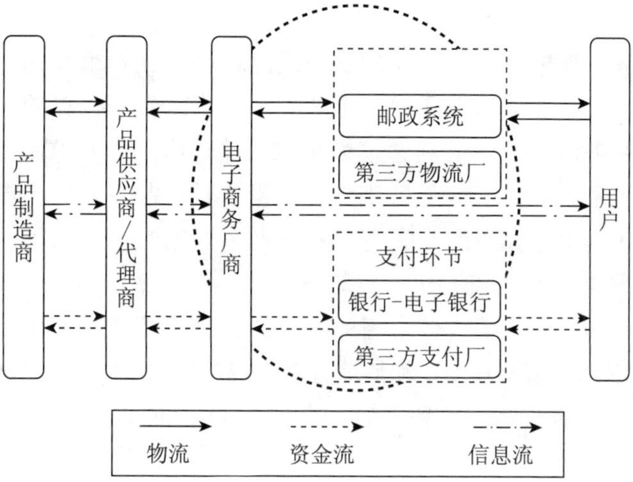

中国电子商务产业链结构

首先，对比2012年度京津冀互联网发展的几项主要指标，显示出该地区发展的不均衡程度。网民普及率京津冀对比数据为72%：59%：42%；百人网站数1.97：0.27：0.12；百人域名数6.2：0.9：0.4 。从以上数据对比情况分析，北京各项指标均显著高于河北、天津，其中，最能反映互联网与经济关系的平均域名数量和平均网站数量两项指标中，北京的首位度均达到了7左右。而同样的数据在“长三角”地区，首位城市的首位度都未超过3。这种不均衡是区域城市经济发展水平差距的一种体现。京、津两大城市相对河北省11座地级城市的城市首位度过高，即便是相对于河北省产值最大的唐山市，城市首位度也均超过了2甚至达到了3以上。城市首位度数据说明，在京津冀地区经济发展资源存在结构失衡、过度集中的态势。这种态势有利于北京、天津这种超大城市的经济发展，但也由于这种态势，使河北省的城市各方面资源相对匮乏，发展后动力不足，差距更是不断加大。

数据对比情况表明，京津冀地区电子商务产业发展处于极度不均衡状态，即北京电子商务产业成熟度极高，天津、河北电子商务产业成熟度极低。这种发展水平的极端情况出现在同一经济区域中，会引起虹吸效应，北京市会强力汲取津、冀两地电子商务产业资源，有碍津、冀的产业发展。

其次，京津冀电子商务产业发展与其他产业关联度较低。北京电子商务企业发展更偏重于服务零售业和其他第三产业，津、冀两地电子商务虽然有服务于一次产业、二次产业和物流业的趋势，但限于产业成熟度较低，服务能力仍很弱。所以，京津冀电子商务未能形成对区域内第三产业以外的其他产业的有效带动作用。尤其是北京市在获取了京津冀区域九成以上电子商务资源后，其服务的对象一直未向津、冀辐射和倾斜，出现了北京汲取津、冀，辐射全国的状况。另外，河北省制造业技术水平偏低，产品档次一直未与京、津形成有效衔接。这种现状导致河北省制造业既不能辅助京、津服务业进一步发展，又不能充分利用北京、天津两市所提供的信息、商业、金融服务等经济发展要素。

最后，京津冀三地电子商务产业发展缺乏互动性。三省市间的电子商务产业发展处于相对隔离的状态，北京的电子商务企业发展一直未对津、冀的电子商务企业形成带动作用。由于服务传统产业的理念较为相似，导致津、冀电子商务与浙江省的电子商务企业互动性更强，但限于区域差别大，也没有带动起河北、天津电子商务企业的全面发展，两省市的电子商务产业成熟度未得到较大改善。

2. 京津冀电子商务商业模式

目前，对电子商务商业模式较常用的分类方式是按照参与对象不同分为企业对企业（B2B）、企业对消费者（B2C）和消费者对消费者（C2C）等。此外，在B2B等多种电子商务商业模式日趋成熟、饱和之后，类似于O2O的现代电商模式也一步一步成长、普及起来。

作为国际化大都市，北京成为多数电商企业的根据地。据市商务委的统计，全国规模最大的9家自营B2C企业中有5家北京企业，交易规模占全国的67.1%。如此庞大的电商B2C企业体量决定了北京电商在京津冀城市群内有着较大的引导性。北京市商务委表示，将引导传统商业与电子商务龙头企业融合发展，推动传统商业转型。这意味着在北京商业内部将兴起一场结构调整业务转型的风潮，越来越多的电子商务企业将逐渐涌现①。

相对于北京商业内部的转化与革新，天津市更加注重的是对外贸易的跨境电商。依托口岸打造的天津跨境电子商务综合服务平台，与机场海关个人物品申报系统、邮政管理局的EMS（邮政特快专递）出境个人货物监管系统实现了互联互通。跨境业务试点取得突破，东疆保税港区采取B2B2C（网络购物商业模式）进口备货方式，完成了首单跨境进口业务；空港经济区完成了首票跨境电商出口报关单，并成为亚马逊、天猫国际等跨境电商平台企业认可的北方进口中心。

河北省则大力发展产业B2B（企业对企业），中国搜丝网、万户通箱包网、沙河玻璃交易网、辛集国际皮革城网、清河百绒汇等60余个县域特色电子商务交易平台。相比于发达地区，河北省电子商务起步较晚、规模较小，对推动传统产业转型升级、助力县域经济腾飞的作用还偏弱，存在产业覆盖面不足、高端人才匮乏等突出问题。因此需要借力京津资源，打造环京津电商产业服务带，充分利用好京津冀电子商务协同发展机遇，积极嫁接京津两地在人才、信息、市场、创新等方面的优质资源，加快三地电子商务实验区推进工作。与京津实现电子商务产业对接，重点发挥河北的环京津产业、空间、成本优势，在河北省形成电子商务产业带，承接京津地区的产业外溢、资本外溢、项目外溢、人才外溢和服务外溢，使三地要素资源形成多层次错位发展格局。

---

① 中关村科技园区管理委员会．中关村电子商务产业及创新发展模式研究［R］．2015.

同时，京津冀在配送服务方面主要采用的是“互联网＋物流”及O2O模式，承接物流园区共同配送业务，依托天津市共同配送服务平台，进行合理优化组单，通过一站式服务，实现配送车辆的优化配置，从根本上降低物流成本、提高配送时效。具体来讲，京津冀共同配送服务中心线上通过物流信息的网络化，使车货双方直接对接，规避冗余环节，做到实时监控，全程追溯，诚信有据。线下为用户提供包括咨询、注册、查询、业务办理、短信通知、投诉申告、意见投诉、留言处理、满意度调查、用户关系管理等服务，有效将通信系统、计算机处理系统、信息管理系统整合成统一、高效的物流服务系统。

3. 京津冀地区电子商务生态圈构建

电子商务生态圈与产业链不同，除基础的供应—交易—消费结构以外，还需为这个交易过程提供技术支撑和服务支持的第三方服务产业。电子商务服务生态圈是以电子商务平台为核心，包含围绕平台提供运营、支付、物流、市场营销和软件等第三方服务业的产业集群。此外，更外延的中介、教育、政府等机构和政策、法律、技术、舆论等环境因素也对电子商务生态圈产生影响。

近年来，京津冀电子商务生态环境日趋完善，如表6－3所示，主要表现在：

（1）京津冀城市群电子商务产业支撑体系基本形成。智能手机推广，菜鸟等知名物流企业入驻河北，大宗货运等物流网络、金融机构在线交易等功能均基本实现，电商企业信用机制初步形成。

（2）京津冀地区电子商务管促机制日趋健全，分层联动释放活力。目前已经初步构成了电子商务研究、运营、推介、融资、对接、展示等支撑单元。

（3）高端人才引进和业务培训全面展开，人才需求有望缓解。

（4）与知名电商企业合作全面深化。阿里巴巴等一批国内电商龙头企业先后进驻河北省，全面开启在电子商务产业园区、研发中心、运营中心等领域的合作。

（5）电子商务政策体系建设日趋完善，服务模式顶层创新。

表6－3　京津冀生态圈构建总体情况

城市	产业配套
北京	网上零售额近5年增长12倍，2014年北京消费增长的80％来自于电子商务。 海淀：打造良好创业孵化，公共服务，科技金融，人才等创新环境。 丰台：获批第二批国家电子商务示范区。 大兴：打造“北京电子商务中心区”。 通州：打造北京通州商务园——新一代滨水商务公园，国家电子商务示范基地等。 顺义：打造国际就业中心核心区、电子商务融合聚集地
天津	继上海、重庆、杭州、宁波、郑州、广州及深圳之后，天津获批成为第八个具备保税进口业务资格的跨境电子商务服务试点城市。 天津武清电子商务产业园，打造中国北方最大、功能最全的电子商务产业基地。 天津静海国际商贸物流园，打造中国北方地区大规模的国际商贸物流基地

续 表

城市		产业配套
河北	秦皇岛	今年初启动建设了秦皇岛市首个电子商务创业园区、秦皇岛电商物流产业园区，打造华北东北大通道最活跃的“电商物流产业园区”大市场
	廊坊	初步形成以优势行业交易平台为重点、特色产业交易平台为支撑、消费类交易平台为补充的多层次电商体系。北京大兴区与河北廊坊市共建京津冀商务协调发展示范区
	张家口	已建成较大规模的物流中心和市场200多家
	保定	出台《电子商务发展三年计划（2014—2016）》，打造以保定电商谷为主体的电子商务产业园（基地）
	石家庄	河北省规模最大、投资最多的电子商务园区——石家庄电子产业园区，预计2016年将建成
	邢台	创客空间电商孵化基地，电子商务交易、实体电商、综合服务为一体的多元创新产业园区，邢台绿旗颐高国际电子商务产业打造成河北的电子商务产业园，清河羊绒电子商务产业园打造河北省领先，国内一流的计算、大数据服务平台
	邯郸	河北网商将打造集网商办公、人才培训、企业成长孵化为一体的综合性电子商务产业园。邯郸最大的本地电商平台“聚惠买”商城是全国首家“网络电商＋实体店铺＋专业化服务”三位一体的互助营销服务平台
	承德	国家级电子商务专业技术人员继续教育基地建成
	唐山	90%以上的中型企业都有自己的营销平台，2014年度全年电子商务交易额突破2000亿元
	沧州	沧州国际电子商务产业建成河北电子商务产业的精品示范区，打造沧州西南部城市新名片、朝阳产业新平台
	衡水	衡水金街与硅谷打造高科技电商创业园，打造个性化综合型的电商创业园区

（四）京津冀电子商务发展关键影响因素

1. 我国电子商务产业总体发展还不完善

电子商务作为新兴产业对经济的发展有很大促进作用，近年来，我国电子商务呈现爆发式增长，各种电子商务平台、服务企业应运而生、快速扩张。电子商务的飞速增长在带来利好的同时也引发了国内电子商务市场较混乱的局面，相关法律制度、监管措施尚不完善，物流、电子商务服务企业发展相对滞后，电子商务的总体发展还不完善。

2. 交通基础设施一体化程度制约电商物流产业的发展空间

当前京津冀三地一体化过程中公路、铁路等交通基础设施一体化有待进一步发展。京津冀地区基本形成了集航空、铁路、港口、公路等多种方式构成的综合交通运输体系，但目前仍存在很多问题。一是交通基础设施建设差距大，交通发展不平衡，制约交通一体化的实现；二是交通运输结构不合理，运输效率难以提高，严重影响了城市间的健康发展，严重制约了区域内交通一体化的实现；三是物流快递企业总部向北京聚集，天津、河北具有带动效应的重点物流企业缺乏。京津冀电商物流配送体系中，三地车辆互联互通受阻，城市配送发展滞后，服务产业链尚未形成，物流信息缺乏有效共享等也是阻碍一体化发展步伐的重要因素。

3. 京津冀电子商务一体化发展规划还未出台

目前已出台的京津冀一体化指导文件有《京津冀协调规划纲要》《京津冀协同发展交通一体化规划》等。近年来，电子商务对推进传统产业升级、带动物流产业发展、推动经济增长有很大促进作用，京津冀地区电子商务协同发展规划尚未出台，加上三地电子商务发展基础不同，使京津冀电子商务有序化、规范化、效率化协同发展缓慢。

三、京津冀电子商务产业各领域发展情况

京津冀电子商务产业作为京津冀一体化现代服务业试点的重要组成部分，其发展具有独特优势，引领并支撑着全国电子商务产业的发展。京津冀地区发展电子商务产业具有技术、人才、资金、行业规范等优势。如北京中关村聚集了通信、软硬件开发、云计算、物联网、下一代互联网等高新技术行业的优秀企业及顶尖技术专家；继上海、重庆、杭州、宁波、郑州、广州及深圳之后，天津获批成为第八个具备保税进口业务资格的跨境电子商务服务试点城市，天津还在武清区打造出中国北方最大、功能最全的电子商务产业基地；河北省建成12家电子商务园区，电子商务集群式发展态势逐步形成。京津冀三地在“十一五”和“十二五”期间多次举办电子商务座谈会及研讨会，并为电子商务管理办法、指导意见等文件的出台提供了重要支持，形成了领先于全国的电子商务行业管理规范环境。

因此，为巩固并提高京津冀在全国电子商务产业中的地位，并有效解决京津冀电子商务产业发展面临的瓶颈问题，这里将在积极关注电子商务产业发展新动向、梳理京津冀电子商务产业链发展情况、分析产业链发展瓶颈和解决方案等方面深入开展研究工作。

（一）电子商务产业链现状

1. 产业链基本情况分析

随着网络经济、社交媒体等互联网商业形态的兴起，电子商务在扩大消费需求、提升城市现代服务业水平、提升传统民生服务业水平、聚集城市高端资源、推动产业链条重组和技术创新、降低运营成本、带动中小企业发展、改变消费习惯等方面的作用日益增强，已成为不可忽视的主流商品流通渠道；目前，京津冀电子商务产业在产业链条上下游主要经过三个部分：供应商、电子商务服务企业以及消费者。其中电子商务服务企业又可分为基础服务企业、技术服务企业和衍生服务企业，包括电子商务交易平台、运营服务、宣传媒体、物流服务、数据服务、电子支付、信用安全认证、

人才培养机构、中介机构等环节①。

电子商务产业链的流程就是在实现从供应商（产品、内容提供商）到消费者的交易过程中，利用电子商务基础服务将传统的市场调研、交易环节、顾客反馈、商圈共享等信息渠道，转变为即时直接诉求、在线支付和限时配送，并简化物流环节，缩短供求距离，最大限度节省资源、降低成本、提供便利及多元化服务；利用电子商务技术服务实施全程信息传送及网络信息、金融安全的监控，并全面把握消费者群体和个体网络行为模式，优化电子商务企业管理模式，提供智能化、精准化决策等服务；利用电子商务衍生服务丰富和完善资金流、信息流、商流，并拓展新型业态的产业集群，最后提供更多的增值服务，如互联网金融、移动电子商务、电商人才培养、传统企业转型、商务咨询等。

2. 北京市电子商务产业链布局情况

目前，北京电子商务企业已覆盖电子商务和现代物流产业链各个节点，包括电子商务交易平台、物流配送平台、支撑服务平台（数据服务、代运营、金融服务、人才培训、网络安全、软硬件等）和衍生服务平台（互联网金融、产业园区、中介组织等）。

北京市电子商务产业链中最核心的环节是交易平台和配送平台。其中交易平台主要分为自营 B2C 平台、B2B 平台、垂直电商平台、团购和 O2O 平台、生活信息服务平台、移动电子商务平台等。在自营 B2C 领域，中国规模最大的 9 家自营 B2C 企业中，5 家在北京（京东商城、亚马逊中国、当当网、国美在线、凡客诚品）；在 B2B 领域，慧聪网、敦煌网开始比肩阿里巴巴；在垂直电商领域，去哪儿网、聚美优品、美丽说、自如网等在各传统行业的电商改造升级中引领发展；在团购和 O2O 领域，美团网和糯米网领先发展，并逐步涌现出如社区 001、拉卡拉社区商城、收货宝等 O2O 领域的积极探索者；在生活信息服务领域，58 同城和赶集网占据国内 50%以上市场份额；在移动电子商务领域，口袋网、亿美软通、用友软件等为领军企业。而中关村配送平台的发展依托于北京市物流交通，其公路、铁路、航空互为补充的综合立体交通网络，形成了以一批中国百强物流企业、国际知名大型快递公司和近 360 家本土快递公司组成的物流配送服务体系。

除交易平台和物流平台之外，中关村因其在科技成果产业化，研发、技术转移，创业孵化和科技金融等领域的突出表现，也形成了有别于其他省市的，以科技含量见长和科技服务为特色的电子商务技术支撑服务类企业和衍生服务企业。如在安全认证领域，中关村拥有中国金融认证中心等 8 家获得电子认证服务许可的机构，数量位居全国第一，其中金山软件、奇虎 360 处于领先地位；在电子支付领域，拉卡拉、网银在线、钱袋网等 47 家企业获得非金融机构支付业务许可证，占全国获批企业总数的 21%，初步建立起跨行业、跨区域的电子支付体系；大数据和云计算领域，中关村聚集九次方、国双科技、博雅立方、拓尔思、永鸿科技、秒针、星图数据等一大批科技领先企业。同时，中关村还成立中关村电子商务与现代物流产业联盟等一批第三方中

① 中关村电子商务与现代物流产业联盟．2013 年电子商务与现代物流产业发展白皮书［R］．2013.

介组织和监督机构，旨在凝聚产业链上下游资源、促进电子商务与现代物流领域产学研合作、营造良好产业发展环境、促进国内电子商务及物流产业健康发展。

3. 河北省电子商务产业链发展情况

河北省的电子商务发展依托该省的钢铁、煤炭、铁矿石、纺织、农产品等特色产业，建立起了10个大宗商品电子商务交易平台。其中秦皇岛海运煤炭交易市场是我国做大的下水煤炭现货交易市场；河北钢铁电子交易中心逐步发展成具有国际影响力的钢铁电子商务平台，实现原材料、原燃料、循环物资等品种年交易近300万吨。同时，河北省还有着一批特色电子商务企业，2013年国内首家互联网药品B2C第三方平台落户河北；以安平“融贷通赢”、河北航证“月赢通”、清河“E贷365”等P2P（点对点借贷）互联网金融平台为代表的创新型电子商务为中小微企业贷款打通了一条渠道。

4. 天津市电子商务产业链发展情况

天津市电子商务企业广泛渗透到了商业经济的各个方面，包括制造业领域、服务流通领域、内贸服务领域、外贸服务领域等。从产品类型分布上看主要集中于钢材、视频、服装、3C产品（计算机、通信和消费类电子产品）、农产品等，其中以钢材交易电子商务平台中国大宗商城网为代表，月交易额近40亿元。在电子商务食品销售方面，陆续涌现出了易特商城、尚食、品乐汇、今晚网等一大批特色电子商务平台。在汽车产业领域，依托空港汽车产业园，建设了国内第一个定位于整合汽车消费全产业链的“滨海汽车商务网”，为客户提供汽车网上购买、团购、支付等一条龙服务。

京津冀跨境电商产业联盟成立大会上，选举天津一商集团成为理事长单位，京东集团、美市库、蜜淘网、寺库网、日本黑猫物流、天津邮政、资和信、易支付、中钢集团、五矿集团、荣程集团、小笨鸟12家跨境电商从业企业当选为副理事长单位，并有16家理事单位和25家会员单位，涵盖跨境电商平台、自营企业、服务商、大型商品流通企业、国际物流和第三方支付等上下游产业链①。该联盟中既有跨境电商交易平台企业，也有提供信息咨询、第三方支付和物流等各类商务服务的企业；既有广泛采用跨境电子商务模式的商品流通企业，也有处于转型升级中的传统贸易企业。大部分企业特别看中联盟里上下游企业的资源共享，这样，各种不同类型和提供不同服务的企业之间可实现共赢。

（二）电子商务服务业发展

电子商务产业链的核心是电子商务服务业，随着电子商务的兴旺和业态趋于丰富，电子商务的支撑体系和服务体系日趋完善，其中由电子商务交易平台、电子商务运营服务商、宣传媒体、导购、物流、数据技术服务、电子支付、信用安全认证、金融、咨询服务、人才培养机构、产业联盟等涉及不同环节的服务上组成。这些服务商的技术创新和电商平台业务融合也日趋紧密，逐步形成了一个基本完善的电子商务支撑体系。

① 艾瑞咨询.2014年天津市电子商务发展报告［R］.2015.

1. 电子商务交易平台

电子商务交易平台是建立在因特网（Internet）上进行商务活动的虚拟网络空间和保障商务顺利运营的管理环境；是协调、整合信息流、商流、资金流有序关联、高效流动的重要载体。企业、商家可充分利用电子商务平台提供的网络基础设施、支付平台、安全平台、管理平台等共享资源，有效地、低成本地开展自己的商业活动。电子商务平台服务企业包括 B2C 综合电商平台、B2C 垂直电商平台和自建电商平台等。

B2C 综合电商平台有京东、亚马逊（中国）、当当网、国美在线、凡客诚品等，这五家排在全国自营 B2C 企业前 9 名，交易总规模占全国自营 B2C 企业 67.1%；

B2C 垂直电商平台有我买网、聚美优品、乐蜂网、药房网、金象网、乐友达康、艺龙旅行网、千纸鹤、鲜直达、去哪儿网、本来生活网、中关村商城、酒仙网、上品折扣网、易单网、沱沱工社等，品类覆盖美妆、药品、生鲜、电子、3C、母婴、旅游、办公用品、酒饮等；

B2B 电商平台有慧聪网、敦煌网、金银岛、中国城商网等；

自建电商平台有小米网、乐视商城、新东方在线等；

传统百货企业开展电子商务平台的有翠微网上奥特莱斯、西单 igo5、银泰网、爱慕在线、汉光百货“买乐网”、北京城乡网上商城、天客隆社区商城等；

团购平台有糯米网、窝窝团、美团网、拉手网等；

返利及网购导航平台有 360 购物、美丽说和口袋购物等。

北京电子商务平台企业总体发展比较迅猛，趋势日益成熟，其中以京东、当当、亚马逊（中国）等为代表的 17 家电商企业先后荣获了由国家商务部颁布的电子商务示范企业的殊荣。从发展较好的企业可以概括出要稳固强壮地发展中关村电子商务平台应该做到：重视产业链整合，降低资源浪费；重视高新技术在平台上的转化，尤其是大数据技术、移动互联网技术、物联网技术等；重视物流体系的优化，无论是采用第三方物流还是自营物流等模式，都要实现精细化、标准化、智能化、低成本化地控制和管理；重视互联网思维，将流量竞争从价格战转到用户服务体验和产品质量上；重视京津冀一体化相关政策、做好经济外溢服务工作、带动周边区域经济发展。

阿里巴巴、58 同城、唯品会、酒仙网、当当网华北总部、亚马逊中国天津运营中心、网聚优众等一大批业内大型电子商务企业、项目落户天津，并在一定范围内聚集，产业发展的区域品牌特色和识别性逐步凸显。目前，天津市成功建设了滨海高新区国家级电子商务示范基地，以及武清、宝坻、中北、中新生态城 4 个市级电子商务示范基地，天津港保税区、东疆保税港区、东丽航空商务区、武清区 4 个市级跨境电子商务创新试验区。

河北省的交易平台建设取得重要进展，打造了一批多样化、有影响力的电子商务交易平台。河北钢铁电子交易中心、河北慧聪大宗商品交易中心等大宗商品交易平台，安平丝网、清河羊绒等县域特色产业交易平台，迁西板栗等单品电商平台，陶瓷、玻璃、耐材等行业垂直电商平台，北国如意购等网络零售平台，邯郸美食林、石家庄 36524 等社区电商平台，移联网信、农团联盟等农村电商平台，石家庄点点乐等创新型电商平台建设步伐加快，多层次、多模式、宽领域格局基本形成。

北京作为全国信息技术最发达的城市之一，汇集了多类型、大批量的电商服务平台，其中以京东、当当、亚马逊（中国）等为代表的17家电商企业先后荣获了由国家商务部颁布的电子商务示范企业的殊荣。从发展较好的企业中可以发现要健康地发展京津冀电子商务平台应该做到：重视产业链整合，降低资源浪费；重视高新技术在平台上的转化，尤其是大数据技术、移动互联网技术、物联网技术等；重视互联网思维，将流量竞争从价格转到用户服务体验和产品质量上；重视京津冀一体化相关政策、做好经济外溢服务工作。其中北京市电子商务典型创新运营模式案例如下。

案例1：京东的零售"生态圈"布局

京东生态圈由京东商城、京东云、京东物流和京东金融四大板块组成，以电子商务业务为核心，全面涵盖零售购物、生活服务、互联网金融以及云计算和大数据等IT（信息技术）服务。

京东商城和物流是京东零售"生态圈"中的有机环境，是支撑京东电子商务发展的核心参与者。2003年京东开始网上售卖现下存货；2004年京东多媒体网电子商务网站上线，京东业务重心向电商转变，开始以B2C模式在网上经营；2007年该网站正式更名为京东商城，前期商品主要集中在3C和家电产品，随着交易额不断增长（每年300%增长），于2008年开始增加类目并逐步开放平台。京东生态圈的布局开始于京东商城POP（平台开放计划）平台的建立和开放，自此第三方卖家可以进驻京东商城，获得京东商城规范的经营环境、庞大的客户资源、VIP（贵宾）推广的服务、优质的仓储和物流服务、进销存管理明细以及"京东帮"运营服务商的个性化电子商务产品及服务；消费者可以通过京东商城的开放平台购买到更加丰富的商品。POP平台开放后，陆续加入"京东团购""品牌直销""迷你挑"和"服装城"等频道，加入"虚拟产品"等分类。截至2013年年底，京东POP开放平台共吸引2万家优质商家，涉足13个大类，700万种商品，实现年交易额1100亿元。同时，京东还开展了移动电商、O2O、C2C、跨境电商等其他模式的电商业务。而在物流领域，京东已经形成北京、上海、广州三大物流体系，总物流面积超过5万平方米；京东3次升级物流配送系统，截至2013年5月，已形成211限时达、极速达、次日达、一日四送、夜间配等形式的行业标杆物流服务；同时京东正于北京、上海、广州、成都、武汉、沈阳建设6大"亚洲一号"物流中心。搭建良好的桥梁，与供应链上商家的信息系统进行对接，获得了较为理想的开放效果，为京东带来赢利的同时，使商家对京东高附加值的服务产生黏性。

京东云和京东金融是京东零售"生态圈"中的无机环境，是京东电子商务稳步、顺势发展过程中赖以生存的必要元素。京东云包含JOS（宙斯）平台、云鼎、云擎、云峰、云汇、电商云和云存储等解决方案和云平台服务。京东云为商家开放了京东广告、营销、销售、仓储、配送等各环节系统的接口和数据分析功能，为开发者提供了各种便捷的开发工具和交流平台。京东云的建立标志着京东产业链联营平台的进一步开放和成熟，加速了京东产业链管理水平的提升和规模效应的扩散，促进了整个京东生态圈的高速发展。京东金融正逐步与生态圈其他环节相融合。对于消费者而言，京东金融产品融入购物的各个环节中，既有消费金融产品“京东白条”，也有理财产品“京东小金库”；对于供应商而言，京东供应链金融平台给予了供应商便捷的投融资服务。由于京东金融服务的获取需要消费者和供应商历史数据或相关凭证进行抵押担保，使有该服务需求的商家和消费者对京东产生了高度的黏性。

综合来说，京东生态圈布局的显著特征是：通过建立电子商务、物流、金融和数据服务四大平台，吸引了大批多品类供应商、辅助产品制造商、专业化基础设施供应商、金融机构、咨询培训服务商、研究开发服务商、标准制定机构的共同参与；构建了庞大的电子商务生态群落；形成了运营成本低、用户流量高、价格控制便利、社交系统独立、资源整合丰富的综合性竞争优势；满足市场在更大范围、更宽领域、更高层次的消费要求，和商家、消费者共同维系良性稳固的长久关系。这为我国特别是中关村电子商务产业发展提供了较为成熟的电子商务生态圈模式参考。

案例 2：慧聪产业带模式引领中关村 B2B 电子商务发展

慧聪产业带项目将线上产业带与传统产业带进行了结合与创新，通过建设网上平台展示及交易中心、举办交易会和展销会、建设产业园等，实现线上线下联动，让虚拟交易和实体交易充分互补互动，打通行业中买方和卖方资源的透明度，利于双方实现对接，为 B2B 的发展提供良性可能，同时，以生态化的思路运营产业带，集聚融合产业和各种生产要素，加快产业带升级，助力特色产业带全面电商化。

以慧聪推动顺德家电产业带建设为例。广东顺德是中国家电之都，中国工业设计中心。慧聪网与顺德区人民政府本着促进家电产业转型升级，运用电子商务、工业设计等多种手段提升家电产业及产品国际竞争力的目标，于 2011 年开始就建设、运营“顺德慧聪中国家电电子商务产业园”展开磋商，即慧聪顺德家电城，并于 2012 年 6 月签订合作意向。展开的合作主要有三：一是慧聪家电产业进驻慧聪的线上产业带平台，由慧聪为顺德家电产业量身定制页面，凸显顺德家电行业的特色和优势，集中灌入站内流量，定期策划举办针对顺德家电产业带的营销专场活动；二是定期举办交易会和博览会，吸引国内外家电厂家、卖家、买家、工业设计等商家参展，通过举办大赛、讲座、论坛等联动家电上下游，加强家电交易、工业设计和电子商务领域的资源整合，形成优势互补；三是建设慧聪顺德家电城，集家电产业中心、产业综合体、国家级展会、电子商务四位一体，建立金融服务中心、通信中心、担保、法律、营销服务平台等各项配套设施，实现园区内部循环和上下游产业链无缝对接，全天候支持企业发展。目前该顺德家电产业带的建设已吸引了美的、万家乐、万和等近 1000 家家电厂家，六维设计、德国 Designaffair 设计、荷兰橙创设计等 100 多家中外知名设计机构和 100 多家电子商务企业参展，全球共有 60000 多名专业买家和观众到现场采购，成为亚洲最大的家电交易设计展。2014 年 3 月，慧聪举办的“中国顺德春季家电展暨中国慧聪家电交易会”吸引了近 1200 家家电品牌参与，展出家电新品近 24000 件，专业观众到会人次达 10 万人次，带来约 60 亿元的交易额。

综合来说，慧聪产业带项目落地到企业，符合企业先看样后决策的采购习惯，实现了较高的参与度，慧聪网产业带将实体店与电商平台充分结合，以O2O模式吸引周边产业汇集，促进优势资源互补和地区企业全面电商化，为买家提供优质货源地资源，帮助卖家提升竞争力和交易额，金融、担保、电商培训商等服务商也可以在更为广阔集中的市场繁荣发展，形成了完整的电商生态链，提升了城市产业聚集的水平，提高了区域经济示范辐射能力。

案例3：百度电子商务全产业链布局

百度在电子商务产业链布局中更倾向于做流量入口，注重专一性和连续性，从技术思维出发，以流量为中心。投资方面属于控股和全资收购型，目前，百度在PC（个人电脑）端流量方面占据主导地位。

电子商务平台：百度2004年收购hao123，逐步加入其他电商的商品信息，hao123成为电商流量入口；2013年推出B2C购物平台百度微购，以导购方式，充当B2C平台流量入口，从商品层面整合各B2C平台，为用户带来便捷购物体验；同年推出百度团购，收购糯米网，涉足团购、O2O领域；2014年8月，万达、百度、腾讯联合成立电子商务公司，万达主导，百度负责大数据，并将糯米网、百度地图与新电子商务公司连接，腾讯主推财付通支付工具，并将QQ（腾讯即时通信）等SNS（社会性网络软件）账号与电子商务公司连接。

业务领域扩展：百度2010年投资齐家网，涉足家居生活消费品导购；2011年投资去哪儿网，帮助百度涉足旅游电商领域和获得去哪儿在旅游搜索方面的优势技术；2013年12月百度收购完美世界旗下北京幻想纵横网络技术有限公司，进军文学电商领域。

移动互联网布局：百度在移动端布局了移动搜索、应用分发、地图和视频四个入口，14款移动产品，其中，搜索、分发、地图3种产品本身都具备平台属性，其布局过程中有两笔比较关键的收购，2013年5月收购PPS影音，将PPS视频业务与爱奇艺进行合并，统一整合为“爱奇艺”，对百度移动端广告和流量予以了支持，2013年8月百度收购91无线，将旗下众多应用产品导入该平台，帮助百度布局了基于搜索和应用商店的移动端复合入口，巩固了百度在移动互联网入口地位。

团购和O2O领域：2010年百度上线“百度身边”，搭建本地信息搜索和分享平台，提供便民服务和优惠信息，2012年百度将LBS（地理位置服务）事业部从百度地图部门拆分出来，加大本地生活服务布局力度，百度身边APP数据导入百度地图，并不断融入第三方网站的优惠、团购类信息，百度地图从工具性产品变为本地生活服务入口；2013年上线团购网站“百度团购”，主要经营本地生活服务类商品，2013年8月投资糯米网，百度将糯米网团购资源与现有的移动LBS、地图等业务进行了互补。

电子商务产业链其他环节：

（1）广告环节：百度2002年成立百度联盟，提供互联网流量变现业务，与网站、软件、网吧、电信运营商和终端厂商等合作，推出网盟推广合作、搜索推广合作、开放平台合作和新业务合作等多种业务模式；2007年7月百度与网盛科技合作，推出

“生意广告联盟”，该联盟覆盖中国化工网、医药网等国内千家行业网站，通过这个联盟平台可以将广告投放到各行业网站；2014 年，百度上线基于全网图片的应用平台“百度图＋”，通过“百度图＋”商家可以将自己产品或服务在网站图片中推广，消费者将鼠标移动到图片上，即可显示商家的产品或服务信息。

（2）搜索环节：百度 2000 年推出百度搜索引擎，致力于向人们提供“简单，可依赖”的信息获取方式，在技术方面拥有超链接分析专利，确保用户在百度搜索时，越受欢迎的内容排名越靠前；2003 年，首创新闻图片搜索，从每天滚动播出的新闻中即时提取图片，用户搜索过程中可直接浏览图片；2011 年投资去哪儿网，获得去哪儿在旅游搜索方面的技术；2012 年百度上线“百度识图”图片搜索引擎，用户通过该引擎可搜索具有相似人脸的图片；2014 年百度上线云端图像搜索，实现图片智能分类、自动去重等功能，并能以图搜图，在海量图片中精准定位目标，为拍照购物和图片识别购物提供了可能。

（3）支付环节：百度 2009 年推出百付宝，2014 年推出百度钱包，提供超级转账、付款缴费、充值等支付服务，以及百度理财、众筹、贷款等资产增值、个人金融服务，将百度旗下产品、商户、用户连接，提供即搜即购的一站式支付和金融服务。

（4）金融环节：2013 年 10 月，百度金融中心——理财平台上线，推出理财计划“百发”，2013 年 11 月与 91 金融超市合作，形成金融产业链上下游关系，2014 年 4 月，百度理财升级为“百度金融”，新增“贷款”和“互动金融”功能，贷款功能后端与 91 金融超市连接，由 91 金融超市负责提供贷款产品；2014 年 9 月百度与中影股份、中信信托北京德恒律师事务所联合发布国内首个电影众筹平台——“百发有戏”，实现消费者与影视业的深层融合，完善影视产业生态圈。

（5）数据服务环节：2010 年百度推出开放平台，逐步对外提供数据、云计算、存储资源，以及开发环境、应用 API（应用程序接口）接口等全方位的云平台服务，目前开放的云计算能力包括 BAE（百度应用引擎）应用引擎、存储、数据库等整合存储、大数据处理和分布式计算能力的基础云，包括云消息、云推送、LBS 等面向移动开发的能力云，包括百度移动 SEO（搜索引擎优化）、移动搜索联盟等的资源云，包括 Frontia（繁星）后端开发框架、APP builder（程序构建器）轻应用云等开发者使用的程序云，以及包括网盘、通讯录、健康等的个人云。从产品来看，百度在云计算方面，主要有针对个人用户的百度云和针对开发者的百度开放平台。百度 2014 年 4 月发布大数据引擎，将包括开放云、数据工厂、百度大脑三大组件在内的核心大数据能力开放，通过大数据向外界提供大数据存储、分析及挖掘的技术能力，以及营销、预测、统计、推荐、分析工具和行业应用等方面的服务。

（6）诚信认证环节：百度 2014 年推出“百度信誉 V”网站，针对互联网中卖假货、虚高原价、假抽奖等问题，对推广网站和自然搜索结果进行诚信认证，保障网民权益。

（7）市调咨询环节：百度 2006 年推出百度数据中心，开展网民搜索行为研究和网络舆情监测，为各行业客户提供专业的网络数据产品和咨询服务，提高客户品牌传播效果。

(8) 人才培养方面：百度2012年成立百度营销大学，构建了线上线下培训、营销能力认证、个人求职与企业招聘、社区化交流、终身学习发展管理等一系列服务环节，学员不仅可以学习互联网营销知识，还能获得个人能力证书、工作所需信息、同行指点和帮助、参加百度举办的交流活动等。

2. 电子商务运营服务商

电子商务运营服务商的经营范围，根据客户的需求和自身的专长不同会有所区别。既有负责电子商务交易全过程的代运营企业，如中国国际电子商务有限公司、兴长信达；也有承担部分业务的专业代运营企业，如侧重网络设计、营销的同创未来和东易正禾，侧重平台搭建的光蓝网络等。电子商务运营服务商能够为即将或已经投身于电商市场的供应商企业提供定制需求方案。伴随着中国电子商务产业的快速成长，未来必将有更多的电子商务运营服务企业涌现出来。我国典型电子商务运营服务企业相关情况如表6-4所示。

表6-4　　　　中国典型电子商务运营服务企业业务及服务客户

公司名	业务范围
北京兴长信达	提供电子商务渠道规划、电子商务网站建设、营销规划、数据分析、商品管理、订单处理、客户管理、仓储、物流配送服务、客户服务/呼叫中心、ERP（企业资源计划）系统集成等全程电子商务服务
瑞金麟（北京）	主要服务于在食品、服饰、快消品等领域，服务项目包括电子商务业务咨询、电子商务品牌代运营、电子商务系统软件服务等，具体包括电子商务业务规划、电子商务渠道设计、网店设计、线上业务营销策划、网店运营、整体业务仓储物流、后台系统实施
中国国际电子商务有限公司	战略规划、资本运营、投资管理、资源整合
习杲惠旭（天津）	阿里巴巴诚信通产品在天津地区的渠道推广商，阿里巴巴监督的第三方服务商，目前也是第三方银联支付业务的服务商和网络工程及信息化建设的服务提供商
天弈智讯（天津）	电子商务品牌策划及整体托管服务商。拥有人脉圈聚e堂及莲舍品牌，为数十个上市公司及中小自主品牌提供过运营托管服务
伟创网络（河北）	目前国内发展较早、规模较大、服务客户较多的一家网络服务提供商

3. 电子商务物流服务业

在激烈的竞争环境下，电商对物流的依赖和需求更为迫切与强烈。据相关数据统计，国内电子商务的年均增速是200%～300%，而物流业只有40%，物流业的发展水平远远不能满足电子商务发展的需求。为了突破物流瓶颈，电子商务企业筹划逐步自建物流和配送体系，例如，京东、当当、亚马逊（中国）等；其他传统物流、快递也在寻求技术突破。目前，我国电子商务物流服务模式主要有四种：自营物流模式、第三方物流模式、物流联盟模式和物流一体化模式，如表6-5所示。

表6-5　　电商快递物流基本模式

模式	特点	代表企业
自营物流模式	控制力强、服务性强、协调性强、专业性强	京东、当当网、凡客诚品（自建+第三方）
第三方物流模式	个性化服务、专业化的功能、系统化的管理、信息网络化、上下游关系合同化	中铁物流集团有限公司、北京宅急送快运股份有限公司、首发物流
物流联盟模式	注重长远战略，获得长久竞争优势	—
物流一体化模式	消除利益冲突、成本的交替损益、运作效率提高	京东物流（垂直一体化） 亚马逊中国物流（半一体化）

（1）普天物流技术有限公司。

普天物流技术有限公司是随着中国普天整合物流产业资源、统筹物流技术装备产业的发展而成立的，是国内最早从事物流系统规划、物流技术产品研发、设计、制造、服务及总集成的企业，旨在建立成为国内一流、国际知名的物流技术装备集团。公司提供的产品和服务主要包括：物流系统规划与设计、物流系统集成、仓储系统、分拣系统、输送系统、物流运输车、装载容器、智能搬运车（AGV）、无线POS（销售时点）、RFID（无线射频）智能卡、烟草销售终端、大屏幕显示系统、各种物流专业软件和综合信息管理平台等。

目前该公司已建成系统规划、系统项目集成、系统设计制造"三位一体"的物流发展平台，为邮政、烟草、医药、图书、民航、军队、服装、食品、制造业等各行业提供全方位、专业化的物流系统解决方案、物流技术产品和服务；已承建600多个物流园区规划设计和物流自动化系统集成项目，其中由普天承建的某航空物流中心，其大型智能仓储中心和超大规模全自动物流配送中心处理能力达每天35万件，年营业额达175亿元。

（2）北京宅急送快运股份有限公司。

北京宅急送快运股份有限公司是一家集物流、仓储、配送于一体的大型物流快递公司。该公司分别在北京、广州、无锡、沈阳、成都、武汉、西安、长沙、郑州9个地方建立了物流基地，分华北、华东、华南、华中、东北、西北、西南七大运转中心，仓储面积近25万平方米；除5000多辆运营车辆800多条班车线路之外，还同国航、南航、东航三大航空集团签署战略合作协议，并与其他11家航空公司展开合作，有780条航线，近5000个航班资源。宅急送率先搭建了"宅急送物流信息网络平台"，自主研发的BOS系统能够高效承载每天最高500万运单的开单、查询、结账等业务周转；货物条码跟踪技术和车辆全球定位系统的采用，使客户能够快速、准确地跟踪货物信息；CALL-CENTER（呼叫中心）的投入使用，使客户与公司联系更加便捷。

宅急送在2009年切入电商行业，主打cod（货到付款）业务、金融业务和传统的出产型企业往电商转型后的直销业务，于 2013 年被评选为“2013 中国电子商务服务 50 强”和“2013 中国电子商务物流诚信企业”。

（3）中铁物流集团有限公司。

该公司从单一的运输企业发展成为涵盖一体化物流、快运、仓储管理、速递、铁路运输、航空运输、定制化物流等多种业务相结合的国内知名第三方物流企业。截至 2010 年 12 月，公司拥有正式员工 51529 人，自有各种厢式货运汽车 15512 余辆，大型分拨中心 27 个，运输专线 1827 条，物流网络覆盖全国近 600 多个城市，以及遍布全国的营业网点 3240 余处，仓储面积 1096 万平方米，其中北京仓库扩建到了 40 万平方米。2014 年 4 月中铁在北京、天津、上海、郑州等 20 座城市开通了高铁快递业务（当日达、次日达和次晨达），表明铁路货运的转型升级将开辟快递行业规模化、标准化、高端服务化的发展方向。

（4）北京科捷物流有限公司。

科捷物流有限公司隶属于神州数码供应链服务本部，在 B2B、B2C 等领域为客户提供专业的、个性化的第三方物流服务。全国设有 19 个区域分拨中心、50 个终端平台及网点库房，全国总仓储面积 41 万平方米。该公司采用业内领先的 LMS 系统，将仓库管理、运输管理以及订单管理系统高度一体化整合，实现了多商家订单合并处理功能，并具有丰富的 SAP（数据处理系统应用程序和产品）、ORACLE（甲骨文）、物流宝、商派等 ERP 系统对接的成功经验，与淘宝、天猫及其他电子商务平台实现成功对接，如“双十一”创下全国日处理 18 万单记录。该公司在 2013 年成长为国内手机物流领域第一阵营的服务商，还自主研发出专业的电商仓储管理系统 KingKoo _ WMS。

（5）京东物流体系。

京东物流体系是自建全套物流体系的“垂直一体化”模式，其物流成本 2012 年降幅 46%，2013 年降幅超过 50%。目前，京东在华北、华东、华中、华南、西南、东北、西北布局 10 大物流中心，自建 2 万名配送队伍服务全国 390 个城市，拥有亚洲最先进的现代物流网络化仓储，总面积超过 300 万平方米；并于 2012 年在上海启动“亚洲一号”项目，自建亚洲范围内最大处理能力和最高处理效率的电子商务物流运营中心，该项目也陆续在北京、武汉、广州等地开展。京东自建物流体系着重两个发力点：一是技术驱动的智能物流，依托云端的供应链系统和高效的数据中心；二是打造开放化的物流供应链体系，配送物流向更多商家开放，变身社会化物流。京东优质的物流建设和管理模式为解决用户体验、成本和效率之间的平衡提供了基础保障。

（6）亚马逊中国物流体系。

亚马逊中国物流体系采用了“半一体化”模式，即自建物流中心和掌控核心区物流队伍，而将非核心区物流外包的模式。亚马逊中国旗下自有世纪卓越快递配送公司主要负责配送北京、上海、广州等一线城市的货物，二、三线城市的货物则外包给第三方。目前，亚马逊在中国北京（2 个）、苏州、广州（2 个）、成都（2 个）、武汉、沈阳、西安、厦门、上海（昆山）、天津、哈尔滨、南宁已设有 15 个运营中心，19 个城市自建配送团队，仓储物流总面积超过 70 万平方米。

（7）其他电子商务物流服务商（排名不分先后），如表 6－6 所示。

表 6－6　　其他电子商务物流服务商

企业	主营业务
当当网	自建物流中心，配送环节全外包
凡客诚品	“自建物流＋第三方物流”合作模式，并向社会化物流转型
金泰港物流	仓储、贸易等相关物流项目
京粮物流	商贸物流（主营粮食类收购、存储、加工、批发、零售）
首发物流	第三方综合物流服务商（货物代理、仓储保管、分批包装、配送服务、货物运输等）
宝龙物流	专营集铁路、公路、航空等多种物流运输及大容量货物仓储
中特物流	大件运输、危险品运输、国际航运以及仓储配送为主营业务的大型特种物流集团

4. 电子商务支付产业

电子支付是指人们利用计算机、互联网进行资金转移偿付的行为，是支付方式发展的高级阶段。目前广义的电子支付包括卡基支付、网上支付、移动支付和其他支付（电话支付、其他无卡设备等），其中第三方支付平台的快速发展为电子支付产业注入了更多的活力。随着国内电子支付市场规模的快速增长，需要注重开拓更加完善的安全认证体系和技术以保障支付安全，同时要加强监管体制和以注重移动支付措施开拓农村电子支付市场。

艾瑞咨询数据显示，2008—2014 年移动支付用户规模年均复合增长率达 500%；移动支付交易规模从 275 亿增长到 6 亿，年均复合增长率达到 391.3%，其中移动手机支付形成中国移动、中国联通和中国电信“天翼”三足鼎立形式；移动支付在移动互联网不断发展的背景下会逐步走向电子支付舞台的中心。

据央行数据显示，截至 2013 年农村地区已经开立的账户达到 23.6 亿户，银行卡共计 13.5 亿张。因此未来应鼓励探索农村电子支付与融资、信贷业务的创新，同时优先满足农民基础金融需求，其中钱袋宝在 2012 年已为河南农民工提供了“钱袋宝扩展卡”服务。随着农村手机普及率的不断提高，推广和布局农村移动电子支付业务也将成为我国电子支付的又一大市场。

（1）网上银行/手机银行。

“网上银行”系统是银行业务服务的延伸，客户可以通过互联网方便地使用商业银行核心业务的服务，完成各种非现金交易。四大国有银行以及其他商业银行等金融机构均开通“网上银行”金融服务。

“手机银行”是“网上银行”的延伸，一方面延长了银行的服务时间，扩大了银行的服务范围；另一方面无形地增加了银行经营业务虚拟网点，真正实现 24 小时全天候服务，大力拓展了银行的中间业务。

（2）拉卡拉支付有限公司。

该公司主要针对线下便利支付市场，其高度重视技术创新，研发投入逐年提升，研发收入占比达10%，并荣获2011年度中关村十大新锐品牌和新锐百强奖，成为北京市高新技术企业。目前已获得30项软件著作权及3项专利，其中可按需定制的支付终端为发明专利，手机号支付平台、支付交易系统以及账单号支付平台及支付系统为实用新型专利。拉卡拉按照国际通行的EBPP（电子账单处理及支付系统）标准搭建的电子账单支付平台，为商户提供电子账单汇集、声称、分发及支付服务；“开店宝”终端的推出将支付工具扩展为“支付＋商业渠道”，为用户提供特惠、团购、单分期等新的个性化购物服务体验。就目前发展来看，拉卡拉仍需加大扩建便利支付网点，加速完善支付业务和电商业务的整合。

（3）易宝支付。

北京通融通信息技术有限公司创建的第三方支付平台易宝支付作为互联网金融专家，年交易额达数千亿元。该公司2005年便首创了行业支付模式，陆续推出了网上在线支付、非银行卡支付、信用卡无卡支付、POS支付、基金易购通、一键支付等创新产品。合作商家超过60万，其中包括百度、京东、新浪等知名企业和机构，并长期与中国工商银行、中国农业银行、中国银行、中国建设银行、中国银联、Visa（维萨卡）、MasterCard（万事达卡）等近百家金融机构达成战略合作关系，特别是能支持招商银行信用卡还款的实时到账业务。易宝支付平台基于先进的技术环境，充分地保障了在线支付系统安全、高效地运转，为用户提供多元化金融服务。2013年7月，易宝支付针对移动领域推出创新产品“一键支付”，同年10月易宝支付获得国家外汇管理局批准的跨境支付业务许可证。

（4）联动优势科技有限公司。

联动优势由中国移动与中国银联于2003年8月联合发起成立，是目前国内领先的跨综合支付服务、智能金融信息服务、移动化的本地多应用服务三大领域的移动金融及移动电子商务产业链服务提供商，获评发改委等五部委2013—2014年度国家规划布局内重点软件企业。旗下拥有U付、U信、U慧三大业务平台以及银信宝、回款通、联盈为代表的一系列银行卡周边服务产品。截至2012年3月底，公司累计服务用户逾5亿，年处理资金近500亿元。

（5）天地融科技股份有限公司。

天地融公司一直致力于为金融行业提供专业的安全工具和安全解决方案，是网银安全产品USB Key（智能密码钥匙）最大的供应商、二代USB Key的推动者和领导者。截至2011年年底，天地融当年累计销售USB Key远超2000万支，其中二代USB Key销售超过1500万支。合作单位有上海浦发银行、深圳发展银行、中国农业银行、工商银行、建设银行等。

（6）易智付科技（北京）有限公司。

首信易支付作为具有国家资质认证、政府投资背景的中立第三方网上支付平台拥有雄厚的实力和卓越的信誉，是中国唯一架设在政府专网的支付平台。首信易业务涉及B2C与B2B、网上、电话、手机、终端机等多种在线支付服务形式并凭借独特的二次结算模式为买卖双方创造良好的、彼此信任的交易环境。

（7）其他电子商务支付平台（排名不分先后），如表 6－7 所示，其中北京获取第三方支付牌照的企业如表 6－8 所示。

表 6－7　其他电子商务支付平台

企业	主营业务
快达网络	B2B 2.0 数字交易平台，筹建 B2B 交易电子商务园区等
梅泰诺	M－Pay 多业务运营支撑系统提供发卡服务并受理持卡人的查询、消费、积分兑换、预充值等业务
钱袋宝	提供基于网络支付、手机支付等第三方支付账户管理平台等
百度钱包	提供超级转账、付款、缴费、充值等支付服务，并全面打通 O2O 生活消费领域，同时提供“百度金融”等资产增值功能
华大智宝	金融智能卡、数据安全产品、整机终端、应用解决方案产品体系等
卡联科技	线下电子金融和移动支付平台的研发和智能服务终端的网点网络的建设
资和信	预付卡发行与受理、互联网支付
易金卡	研究、开发、生产电子商务和网上支付系统的技术及其产品

表 6－8　北京获第三方支付牌照的企业

序号	企业名称
1	北京商服通网络科技有限公司
2	北京通融通信息技术有限公司
3	钱袋网（北京）信息技术有限公司
4	北京数字王府井科技有限公司
5	北京银联商务有限公司
6	网银在线（北京）科技有限公司
7	北京拉卡拉网络技术有限公司
8	开联通网络技术服务有限公司
9	裕福网络科技有限公司
10	联动优势电子商务有限公司
11	中付通信息服务股份有限公司
12	天翼电子商务有限公司
13	联通沃易付网络技术有限公司
14	国付宝信息科技有限公司
15	北京海科融通信息技术有限公司
16	易智付科技（北京）有限公司

续 表

序号	企业名称
17	北京资和信通联科技有限公司
18	北京金科信安科技有限公司
19	安易联融电子商务有限公司
20	北京爱农驿站科技服务有限公司
21	北京首采联合电子商务有限责任公司
22	北京中欣银宝通商务服务有限公司
23	北京市政交通一卡通有限公司
24	北京雅酷时空信息交换技术有限公司
25	中投科信科技股份有限公司
26	北京一九付科技有限公司
27	北京数码视讯软件技术发展有限公司
28	北京汇元网电子商务有限公司
29	北京随行付信息技术有限公司
30	普天银通信息科技有限公司
31	北京恒信通电信服务有限公司
32	北京和融通科技有限公司
33	北京商银信商业信息服务有限责任公司
34	北京市银博盛世电子商务有限公司
35	北京银通时代信息服务有限公司
36	北京交广科技发展有限公司
37	北京华瑞富达科技有限公司
38	北京高汇通商业管理有限公司
39	北京润京搜索投资有限公司
40	银信联（北京）商务服务有限公司
41	北京中诚信和商务有限公司
42	北京广聚福企业商务服务有限公司
43	北京商银科技有限公司
44	国旅（北京）信息科技有限公司
45	北京帮付宝网络科技有限公司
46	北京畅捷通支付技术有限公司
47	北京理房通支付科技有限公司
48	北海石基信息技术有限公司

5. 电子商务技术服务业

（1）软硬件服务商。

京津冀三地协同发展，在软件、集成电路、计算机、网络、通信等重点产业居于国内领先地位，这些产业在电子商务产业中具有显著的软硬件技术服务特性。同时围绕这些特色产业发展技术标准产业联盟、产业链合作产业联盟，巩固了这些支柱产业的龙头地位，提升行业的国际竞争力。

现在，随着云计算、物联网、移动互联网、大数据等新技术、新业态蓬勃发展，商业模式、服务模式创新的不断涌现，软件、硬件、内容、服务之间的边界日益模糊，以及智能终端、宽带网络的日益普及，电子商务软硬件服务商应加快向网络化、服务化、平台化、融合化方向发展；着力推进智能语音、移动智能终端等对信息消费带动性强的新兴产业，大力发展软件即服务（SaaS）、平台即服务（PaaS）、电子商务及大数据等新型服务业态；加强企业级 APP 提供商与平台商的良好生态系统建设。

（2）数据基础服务商。

电子商务的蓬勃兴起使得与电子商务交易有关的数据量和计算需求快速发展，为保证电子商务交易更好更精准地进行，须通过大数据、云计算等技术来加以处理和分析。当前大数据和云计算的应用仍处于早期阶段，除互联网行业外，金融、医疗、交通、政务等信息化基础较好、数据资源储备丰富的领域助推大数据落地应用取得突破。

（3）安全服务商。

电子商务安全服务业既包含信息安全服务业，也包含商业服务业，具有较大的交叉性，是具有巨大市场潜力的发展领域。我国电子商务安全技术主要包括三类服务商，如表 6－9 所示。

表 6－9　京津冀电子商务技术服务企业分类

软硬件服务商	北京用友软件股份有限公司、方正国际软件有限公司、神州数码（中国）有限公司、北京甲骨文软件系统有限公司、北京雷克时代科技有限公司
数据基础服务商	数据罗盘（京东）、方正集团、八百客、金山在线、永洪科技
安全服务商	360 安全、天融信、网域神州、联想、启明星辰

6. 电子商务衍生服务业

（1）人才服务。

人才服务的主要职责是为电子商务企业提供人才培养、对接和考核等一系列服务。目前电商运营人才、技术性人才需求最大，亟须为电子商务企业培养推广销售人才和供应链管理人才。同时，电子商务是信息技术、商业流程、产品服务等构成的复合体，决定了它还需要综合性的人才。在解决人才问题的渠道上，企业首先是依赖网站招聘，其次是内部培养提拔，另外还可以通过与高校建立合作关系招聘等方式。

（2）市调咨询服务商。

电子商务咨询商即具有咨询行业的基本特征，同时具有电子商务专业知识和丰富电子商务应用经验的专业人士提供的一种顾问服务，旨在帮助电子商务的管理人员辨识和解决电子商务应用中的管理和业务问题，并提供可行有效的解决方案。目前电子商务咨询服务商主要分为电子商务信息咨询、电子商务管理咨询和电子商务战略咨询三个市场。然而目前的咨询服务市场呈现出发展不均衡、服务内容单一、针对性不强等特点，因此要挖掘更大的市场潜力，市调咨询服务商（如表6-10所示）应该加强电子商务咨询人才培养，强化咨询信誉度建设。

表6-10　　市场调研咨询服务商

细分市场	典型企业
信息咨询	赛迪顾问、艾瑞咨询、易观国际、贝恩、DCCI、BDA China 等
管理咨询	埃森哲、毕博管理咨询、新华信、北大纵横、AMT 咨询等
战略咨询	各高等院校、科研院所、战略咨询机构等

（三）跨境电子商务

跨境电子商务是我国进出口贸易增长最为迅速的领域，尤其是在上海、广东、天津和福建成立自贸区后，跨境电子商务更是迎来了前所未有的机遇。近几年，我国跨境电子商务的增速保持在传统外贸增速的3倍以上，这无疑将成为中国外贸进出口新的增长点。当然，中国消费者的需求更是不容忽视，据世界贸易组织的一项预测显示，世界最大的五个跨境电子商务市场美、英、德、澳、巴西，对中国商品的网购需求到2018年将达到1440亿元。近几年来，在我国出口增速整体趋缓的形势下，跨境电子商务的业务量却出现了强劲的增长趋势。在快速发展的信息科技支持下的网络平台为走在创新改革前沿的商家提供了开展海外商务贸易的大好机会，也促进了跨境电子商务的发展。因此，尚显稚嫩的中国跨境电子商务将迎来广阔的发展前景。

天津历来是一个商贸繁荣的港口城市，外向型经济非常发达，拥有国内最大的人工深水港，以及国内最大的临港经济新区，是我国连通海上和陆上“丝绸之路”的重要节点，是连接东北亚与中西亚的纽带。按照建设北方国际航运中心和物流中心的国家定位，天津港成功实施了“三个一”通关模式，在腹地设立了5个区域营销中心、23个无水港和物流园区，形成全腹地覆盖的物流网络，这是天津发展海洋运输业最重要的战略优势①。此外，“天津贸易和投资最佳便利区”政策即将落地，为电商企业开辟了一条光明的道路。

近年来，电商企业来津投资增速明显加快，计划投资额逐年攀升。2014年年初，天津发布《推进电子商务发展三年行动计划（2014—2016年）》，提出2014—2016年电子商务发展的主要目标，并对重点任务进行分解，同时配套制定了促进快递服务业发

① 天津市人民政府．天津市推进电子商务发展三年行动计划（2014—2016年）[R]．2014.

展和促进信息消费等9个相关文件，着力推进行动计划落实。在2015年《政府工作报告》中又明确提出了要建设跨境电子商务综合服务平台。2013年以来，阿里巴巴、京东商城等12家电子商务企业在津设立了区域物流分拨和结算中心。2014年，天津东疆保税港区采取B2B2C进口备货方式，已经开展跨境进口业务；空港经济区的跨境电子商务业务也在稳步开展，并成为天猫、亚马逊等跨境电商企业的进口中心。

2011年，北京成为全国首批跨境电商示范城市。京东商城、敦煌网等12家企业被评为商务部2013—2014年度电子商务示范企业。此外，全国规模最大的9家自营B2C企业中有5家为北京企业，交易规模占全国的62.8%，可见，北京发展跨境电商潜力可期。它有着较强的贸易规模基础，2013年，北京网上零售额926.8亿元，增长44.3%，占全市社会消费品零售总额的11.1%。2013年，北京市进出口总值4291亿美元，占全国的10.3%。2013年，北京口岸共监管进出口国际邮件及包裹近亿件，其中，跨境电子商务出口货物包裹超过7000万件①。

2015年4月天津自贸区正式成立，8月天津市成为第八个跨境电商服务试点城市，2016年天津市又获批设立跨境电商综合试验区，这一系列政策利好促使天津跨境电商发展迅猛，天津跨境电商“买全球”“卖全球”的格局将加快形成。目前，全市已成功建设滨海高新区国家级电商示范基地，武清、宝坻、西青中北、中新生态城4个市级电商示范基地及天津港保税区、东疆保税港区、东丽航空商务区、武清区4个市级跨境电商创新试验区。其中，作为天津电商主要承接点的武清区，已引进22个跨境电商优质项目，目前，武清区聚集电商及相关配套企业已达300多家。

河北省人民政府办公厅也印发《关于促进跨境电子商务健康快速发展的实施意见》（简称《意见》），明确加快河北电子口岸建设，确保2016年年底上线运行。《意见》规定，实施跨境电子商务“2212工程”，到2017年，力争培育200家跨境电子商务示范企业，搭建20个跨境电子商务平台，建设10个跨境电子商务园区，建成20个跨境电子商务公共海外仓，跨境电子商务年交易额占全省外贸进出口总值的比重超过10%，各市结合本地产业特色，分别建设1～2个跨境电子商务平台。2016年和2017年，分别认定10个跨境电子商务平台。清河羊绒、辛集皮革、白沟箱包、安平丝网等一批外贸优势产业集群，利用国内外第三方跨境电子商务平台积极开展零售出口业务，21世纪中国城、冀商达等本土企业自营跨境电子商务平台和公共海外仓启动建设。

四、京津冀电子商务产业发展趋势及重点领域

（一）发展趋势

根据国家对京津冀总体发展规划及电子商务产业实际发展情况，“十三五”京津冀电子商务产业发展将呈现以下发展趋势。

---

① 工业和信息化部电子科学技术情报研究所．关于促进首都跨境电子商务发展的建议［M］．2015.

1. 大数据引领电子商务发展新局面

依托大数据分析，电商可以更准确地判断消费者需求，制定更具市场竞争力的营销方案，数据将成为企业的核心资产和核心竞争力。更多商家将利用大数据分析，将传统工厂主导、消费者挑选模式，转变为用户主导、技术驱动、反向定制模式，为目标对象量身定制精细化、个性化产品，开创中关村电子商务发展新局面。

2. 互联网思维催生电子商务发展新模式

互联网思维包含：用户思维、简约思维、极致思维、迭代思维、流量思维、社会化思维、大数据思维、平台思维、跨界思维。在互联网思维下，用户成为价值链各个环节的核心，即要充分重视用户，让用户参与到产品研发与设计当中，秉承“用户体验至上”，打造高价值服务，进而将传统商业的“价值链”，改造成了互联网时代的“价值环”。

3. 移动电子商务开拓电子商务发展新领域

随着宽带无线移动通信技术的进一步发展和Web应用技术的不断创新，移动互联网业务的发展将成为继宽带技术后互联网发展的又一推动力，并以移动应用固有的随身性、可鉴权、可身份识别等独特优势，为传统互联网业务提供新的发展空间和可持续发展的新商业模式。目前，银泰商业、大悦城、新世界、华联、王府井等零售百货集团均进驻手机淘宝平台，开始线下零售移动化销售。随着无线网络覆盖区域的扩大和网速的提升，“移动消费”将向更多行业、更多消费者提供更多的消费领域。

4. 物流产业整合加剧，平台效应初显

从电子商务市场支撑体系建设看，一方面物流公共信息平台将有巨大发展，平台信息服务能力将显著提升，另一方面更多的电子商务服务商会加入物流体系建设的行列中，物流平台会逐渐搭建，物流服务商将面临洗牌。如京东的“亚洲一号”结合大数据、云计算、GIS（地理信息系统）等技术的智慧物流将成为电商物流发展的主要模式。同时，跨界并购频率加快。2013年百世物流完成汇通快递70%股权收购，国美收购全峰快递，联想收购昊盛物流、北京飞康达、山东D速快递等。电子商务将促使物流快递行业更加平台化、专业化、高速化和智能化。

5. 京津冀一体化推动北京市电子商务产业转移与升级

京津冀一体化的核心是创新驱动发展。北京被定位为我国的政治中心、文化中心、国际交往中心和科技创新中心。相关传统商贸流通业态（如动物园批发市场、木樨园批发市场、大红门批发市场等）、区域性物流业态等“占面积、耗资源、低效益”的业态将逐渐迁离北京。相关产业转移为电子商务更大尺度融入并促进旅游、文化、科技、金融等“高价值”现代服务产业转型跨越发展提供了时间与空间。

（二）发展重点领域

依托于上述发展趋势，电子商务产业下一步发展重点将集中于以下四点。

1. 引导网络零售健康快速发展

引导网络零售企业优化供应链管理、提升客户消费体验，支持网络零售服务平台进一步拓展覆盖范围、创新服务模式；支持百货商场、连锁企业、专业市场等传统流通企业依托线下资源优势开展电子商务，实现线上线下资源互补和应用协同；组织网络零售企业及传统流通企业开展以促进网络消费为目的的各类网络购物符合市场健康竞争规律的推介活动。

2. 支持城市社区电子商务应用体系建设

支持建设城市家政服务网络公共服务平台，整合各类家政服务资源，面向社区居民提供供需对接服务；鼓励和支持服务百姓日常生活的电子商务平台建设，功能涵盖居家生活所需的各类服务，如购物、餐饮、家政、维修、中介、配送等；鼓励大型餐饮企业、住宿企业和第三方服务机构建立网上订餐、订房服务系统，完善餐饮及住宿行业服务应用体系。

3. 推动跨境电子商务创新应用

鼓励电子商务企业“走出去”。支持境内电子商务服务企业（包括第三方电子商务平台，融资担保、物流配送等各类服务企业）“走出去”，在境外设立服务机构，完善仓储物流、客户服务体系建设，与境外电子商务服务企业实现战略合作等；支持境内电子商务企业建立海外营销渠道，压缩渠道成本，创立自有品牌。

4. 鼓励中小企业电子商务应用

引导中小企业利用信息技术提高管理、营销和服务水平；鼓励中小企业利用电子商务平台开展网络营销，开拓境内外市场；鼓励中小企业在电子商务平台上开展联合采购，降低流通成本；支持第三方电子商务平台和物流共同配送体系的发展，带动中小企业电子商务应用、降低电子商务运营成本；支持电子商务领域金融服务创新，拓宽中小企业融资渠道；扶持面向中小企业的公共服务平台和服务机构，加强对小企业应用电子商务的技术支持和人才培训服务。

五、京津冀电子商务产业发展政策建议

（一）政府引导和合理布局和发展电商物流城市配送体系

政府引导和合理规划电商物流空间布局，支持结合商业中心、大型社区、产业园区等建设布局电商物流服务网点，规划建设快件自取设施，提升社区网络配送能力，解决电商物流配送“最后一公里”难题；高效的物流体系和高质的物流服务是充分发挥电子商务优势的重要支撑。目前，北京市电商物流的发展呈现民生物流需求激增、城镇化凸显物流商机、京津冀区域物流布局逐步优化、市场环境利好国际物流、电商物流跨界组合步伐加快的态势。同时，电子商务和物流企业实际业务运行普遍存在以下主要需求：降低物流运营费用、优化和扩大城市物流节点、改善车辆通行环境、突破“最后一公里”瓶颈、降低物流牌照流程成本等。

因此，为较好贯彻落实《物流业发展中长期规划（2014—2020 年）》和《北京市关于落实促进物流业健康发展政策措施的实施意见》，以末端配送体系、物流运输能力、公共物流体系、物流资格牌照为重点，可从以下五个方面完善制定相关政策。

（1）加快城市终端物流配送体系建设。

（2）进一步提升城市物流运输能力。

（3）进一步完善城市公共物流体系。

（4）提高物流资格牌照审核效率。

（5）物流配送站点办理登记注册方面。

（二）充分利用产业结构优势，进一步推动京津冀电子商务生态服务圈建设

目前，北京市电子商务整体产业链的结构总体完善，在技术、人才、资金和市场规模等方面具有比较优势，尤其在交易平台、物流配送、信息技术和金融支付四个关键节点引领全国电子商务产业的发展。推动建设电子商务生态服务圈，有利于促进推广中关村科技、商业创新成果的应用，有利于发挥市场在资源配置中的决定性作用，是产业龙头企业特别是广大中小企业的迫切需要。

目前，京东商城、顺丰优选、拉卡拉、小米科技等企业均开始整合供应链上下游资源，以自身为核心构建生态服务圈，着力提升产业实力，不断改善民生。其对社会资源优化配置的功能，既促进了电子商务产业快速良性发展，又降低了传统行业电子商务化升级改造的门槛。但仍存在各生态圈之间缺乏交集、标准化体系建设尚不完善、跨界合作和生态圈融合扩张的难度大等问题。因此借鉴《中关村国家自主创新示范区新技术新产品（服务）应用推广专项基金》《中关村现代服务业试点项目》等管理办法，可考虑执行相关专项资金和应用示范类项目支持产业链多节点合作应用示范，交叉技术研发和“一站式”解决方案；同时，利用各园区标准化工程专项资金，通过政府购买服务、资助补贴等方式，支持电商技术机构、行业协会、龙头企业研究、制定相关标准，并积极推举应用成熟的行业标准列入国家标准。

（三）电子商务产业支撑京津冀一体化协同发展，完善产业政策配套

京津冀协同发展大背景下，根据首都发展定位和产业发展实际，统筹调整对应的产业转移，为实现首都核心功能腾出发展空间。目前存在的主要问题有：北京市内新发地、动物园、木樨园等大型商贸和物流集散中心存在科技含量低，占用土地面积大，造成核心城区拥堵等问题，有向外转移的必要。同时，应避免在京民生服务的空心化。因此建议：以电子商务化升级改造的方式保留其商贸职能，有序开展商贸集散中心的物流产业向津冀转移工作。

建立统一结算中心及信息管理体系。推动批发市场内的信息化和统一管理，并逐步建设批发市场电子商务服务平台，开展管理咨询、电子商务运营代理、人才培训等服务。

推动市场内商家开展电子商务业务。对于线上交易量首次达到一定规模的企业，予以一次性的财政补贴。

推动落实京津冀三地物流园区合作协议。将原批发市场仓储物流迁入津冀两地的对口物流园区（如天津武清、滨海新区物流园区等），在原址建设电子商务特色楼宇，对先完成搬迁转移的企业予以土地租金补贴。

第七章　京津冀物流标准化状况

刘　艳　曹　伟　王玉珠　祁　薇　李冰洁

标准是为在一定范围内获得最佳秩序，对活动或其结果规定共同的和重复使用的规则、导则或特性的文件。按使用范围划分，可分为国际标准、区域标准、国家标准、专业标准、地方标准和企业标准。物流业作为融合运输、仓储、货代、信息等产业的复合型服务业，其标准的设立和体系发展成为降低物流成本、保障物流效率的关键，为我国物流业健康发展，增强区域经济实力起到了巨大的促进作用。

2014 年，我国首次提出京津冀协同发展战略，明确将物流一体化作为协同发展的重要内容，而标准化作为保障物流运作安全、高效畅通的重要手段，成为拉动京津冀区域发展，提高区域竞争力的重要研究内容。据统计，自 2005—2015 年，我国共发布现行物流标准 1444 项，其中京津冀区域实行标准 1408 项，包括国家标准 584 项、行业标准 805 项，地方标准 19 项，涵盖术语、技术、服务规范等多个方面，对京津冀区域物流一体化发展起到了显著的拉动作用。然而，我国的标准制度、组织机构、体系等仍存在较多问题，如标准组织机构冗余，标准体系不完善，标准机制不健全以及国家、行业和地方标准尚未统一等，标准化问题亟须解决。

基于上述问题，本章将分为六个部分进行研究和探讨：第一部分介绍了物流标准化组织机构及 2005—2015 年物流标准化的发展政策，从宏观上把握物流标准化工作的组织和政策情况；第二部分以物流、运输、配送、仓储、包装、装卸、搬运、条码、冷链和流通为关键词，以国家标准文献共享平台为检索依据，梳理了 2005—2015 年国家、行业和地方制定的物流标准，并将这些标准分别按标准体系、物流功能和专业领域分成三类；第三、第四和第五部分是本章的重点，分别就京津冀地区物流标准化状况、京津冀物流标准化试点建设以及典型物流标准化试点企业进行介绍。其中，第三部分主要从政策入手，整理了京津冀关于区域一体化、物流及标准化的政策，并从国家层面、区域层面和地方层面阐述了京津冀物流标准化建设状况，第四部分和第五部分就京津冀物流标准化试点建设情况和典型的物流试点企业进行了介绍；第六部分针对京津冀物流标准化发展中的问题提出了一些建议，以期给京津冀物流标准化发展提供借鉴和参考。

一、物流标准化组织机构与宏观发展政策

(一)物流标准化组织机构

1. 物流标准化主要组织机构

当前，经济全球化深入发展，新一轮供应链下的资源全球配置使得物流市场竞争日趋激烈，“互联网+”等高新技术的不断创新加快了产业融合步伐；随着改革全面深入、经济转型持续升级、产业结构的不断调整、物流市场快速发展、企业对物流标准需求日益增加。《物流业发展中长期规划（2014—2020年）》进一步明确了物流在国民经济发展中的基础性、战略性产业地位，同时对标准化工作也提出了新的要求，我国物流标准化面临新的形势：全面深化改革为物流标准化提供新动力，科技进步对物流标准化提出新要求，关注公共利益成为物流标准化新重点，统一开放市场需要物流标准化提供新支撑，经济全球化标示物流标准化新方向。

标准化是保障物流运作安全便利，高效畅通的重要手段，对于提高物流服务水平，降低物流成本，促进我国物流业健康发展、增强国际竞争力具有重要作用。在GB/T 20000.1—2014《标准化工作指南　第1部分：标准化和相关活动的通用词汇》中标准化的定义是：为了在既定范围内获得最佳秩序，促进共同效益，对现实问题或潜在问题确立条款，编制、发布和应用文件的活动①。

《现代物流标准化》一书中提出物流标准化是指物流为一个大系统，制定并实施保证系统协调、安全、高效运行的标准，推动物流业健康、有序发展的标准化活动②。

为了加强标准化的工作，我国建立了分工明确、协调有序、高效运作的物流标准化管理组织机构——国家标准化管理委员会（SAC），并设立了537个标准化技术委员会，其中，与物流标准化相关的技术委员会和技术委员分会有：物流信息管理、物流、物流作业（分会）、托盘（分会）、第三方物流服务（分会）、物流管理（分会）、冷链物流（分会）、物流仓储设备以及出版物发行，其对应的秘书处分别是中国物品编码中心、中国物流与采购联合会、中国仓储协会、中国物流与采购联合会托盘专业委员会、上海市标准化研究院、中国科学院研究生院管理学院、中国物流技术协会、北京起重运输机械研究所以及中国出版集团公司，每一秘书处担任的物流标准化工作各有侧重。如图7-1所示。

---

① 中华人民共和国国家质量监督检验检疫总局．标准化工作指南　第1部分：标准化和相关活动的通用词汇［M］．北京：中国标准出版社，2002（227）．

② 李安渝．现代物流标准化［M］．北京：中国质检出版社，中国标准出版社，2012（47）．

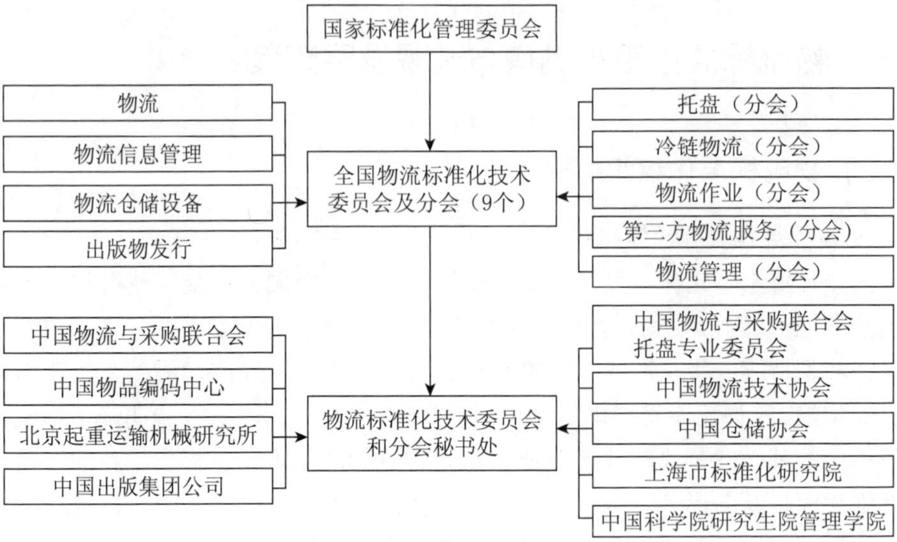

图 7－1　物流标准化组织机构

（1）国家标准化管理委员会。

国家标准化管理委员会是由国家质检总局管理的事业单位，是国务院授权的履行行政管理职能，统一管理全国标准化工作的主管机构，同时对省、自治区、直辖市质量技术监督局的标准化工作实行业务领导。

国家标准化管理委员会的具体工作包括：参与起草、修订国家标准化法律、法规的工作；拟定和贯彻执行国家标准化工作的方针、政策；拟定全国标准化管理规章，制定相关制度；组织实施标准化法律、法规和规章、制度；负责制定国家标准化事业发展规划；负责组织、协调和编制国家标准（含国家标准样品）的制定、修订计划；负责组织国家标准的制定、修订工作；负责国家标准的统一审查、批准、编号和发布等。

（2）中国物流与采购联合会。

国务院政府机构改革过程中，经国务院批准设立的中国唯一一家物流与采购行业综合性社团组织，总部设在北京。主要任务是推动中国物流业的发展，推动政府与企业采购事业的发展，推动生产资料流通领域的改革与发展，完成政府委托交办事项。

中国物流与采购联合会下设中国物流与采购联合会标准化工作部，负责组织落实物流、生产资料流通国家标准、行业标准制定和修订中的各项具体工作；组织落实物流、生产资料流通国家标准、行业标准宣贯工作；组织或参与讨论、协调物流、生产资料流通国家标准、行业标准有关问题；承担全国物流标准化技术委员会秘书处工作及承担物流企业评估工作。

（3）中国物品编码中心。

中国物品编码中心是统一组织、协调、管理我国商品条码、物品编码与自动识别技术的专门机构，隶属于国家质量监督检验检疫总局，负责推广国际通用的、开放的、跨行业的全球统一编码标识系统和供应链管理标准，向社会提供公共服务平台和标准化解决方案，并在全国设有 47 个分支机构。

中国物品编码中心下设全国物流信息管理标准化技术委员会，主要负责物流信息基础、物流信息系统、物流信息安全、物流信息管理、物流信息应用等领域的标准化工作以及组织制定物流专业的标准体系框架，组织翻译、研究和转化国际上先进的现代物流信息管理方面的相关文件、资料，组织开展物流专业国家标准的宣贯和咨询工作等。

(4) 北京起重运输机械研究所。

北京起重运输机械研究所成立于 1958 年，已从原机械部直属的国家一类科研机构发展、转制为科、工、贸一体化的高科技现代化企业，是中央企业工委直属大型企业中国机械设备（集团）公司的成员单位，具有新技术开发、产品研制和工程建设项目总承包能力，是我国起重运输机械行业的技术归口单位和本行业的技术开发中心。

北京起重运输机械研究所主要负责物流仓储设备的标准化。

(5) 中国出版集团公司。

中国出版集团公司是中国最具影响力的大众出版和专业出版集团，是集纸质出版、数字出版、版权贸易、图书进出口贸易、印刷复制、信息服务、艺术品经营、科技开发、金融投资于一体的专业化、大型出版集团，拥有各级子公司、控股公司等法人企业 96 家；拥有各级各类出版机构 40 家；拥有海外出版社、连锁书店和办事机构 28 家，海外业务遍及 130 多个国家和地区。

中国出版集团公司在物流标准化出版方面涉及了流通领域，包括出版物发行术语、发行物流技术、作业流程和作业规范、书业服务、书业管理等。

(6) 中国物流与采购联合会托盘专业委员会。

中国物流与采购联合会托盘专业委员会是目前我国托盘行业唯一的行业组织，是中国物流与采购联合会的内设机构。其宗旨是在国家有关方针政策的指导下，在中国物流与采购联合会的领导下，广泛组织和团结托盘生产和使用，组织研究托盘的企业、单位和专家学者，为提高我国托盘生产技术水平、管理水平和实现我国物流现代化服务做出卓越贡献。主要职责是向政府反映托盘行业的愿望和建议，为发展、引导我国托盘业制定方针政策提供参考。

中国物流与采购联合会托盘专业委员会主要围绕托盘事业为中心，开展理论研究、科技创新、现状调查、需求预测、市场分析、政策建议、标准修订、资格认证、国际交流、会议展览等工作。

(7) 中国物流技术协会。

中国物流技术协会是国有资产监督管理委员会和中国物流与采购联合会主管的，经国家民政部批准登记的，由冷链物流、物流技术装备和物流咨询相关的企业、科研院所、大专院校等单位或个人组成的跨行业、跨地区、跨所有制全国性社会团体。

中国物流技术协会以推动完善冷链物流相关政策和标准，强化冷链物流市场行为规范为主，并从事制定物流服务和物流管理方面的标准。

（8）中国仓储协会。

中国仓储协会是1997年在国家民政部登记注册的全国仓储行业的非营利性的社团组织，宗旨是推动中国仓储业的现代化与现代物流业的发展，工作方针是“立足仓储、完善服务、抓住重点、办出品牌”。协会目前有配送分会（全国仓储与物流联盟）、冷藏库分会、危险品仓储分会、保税仓储分会、钢材仓储分会、仓储设施与技术应用专业委员会六个分支机构，以及建有仓储业的信息平台、仓储业的资源平台、仓储业的业务合作平台、仓储业的标准化平台、仓储业的职业培训平台和仓储业的会展平台。

中国仓储协会物流标准化工作的开展主要以仓储业的标准化平台为主。该平台承担着全国物流标准化技术委员会物流作业分技术委员会秘书处的工作；在国家物流标准体系内，承担仓储业相关标准的制定、修订、宣传贯彻以及相应的考核认证工作。

（9）上海市标准化研究院。

上海市标准化研究院具有国内一流的标准馆藏资源，共有近60万条国内外标准信息，可提供世界上400余个标准化组织的标准信息，同时建有我国第一个自主开发建设的信息技术标准方面的专业数据库——《信息技术标准数据库》。内设标准化研究中心、标准文献馆、信息中心和《上海标准化》杂志编辑部等部门。

上海市标准化研究院主要从事现代物流标准化、信息分类编码与基础标准化、食品安全与标准化、WTO（世界世贸组织）技术性贸易措施、自动识别技术等方面的研究与咨询，同时，承担全国会展业标准化技术委员会、全国项目管理标准化委员会成熟度评估分技术委员会秘书处工作，且承担国内外标准资料发行、代理服务、组织机构代码与商品条码的管理及应用、标准化培训等工作。

（10）中国科学院研究生院管理学院。

中国科学院研究生院管理学院成立于2001年5月，其前身是中国科学技术大学研究生院（北京）管理学部，实行“院所结合”的办学模式，以及“院（管理学院）所（研究所）结合”的运行体制，办学目标是发挥“院所结合”优势，努力把中国科学院研究生院管理学院建设成为有国际影响的、国内领先的研究型管理学院。

中国科学院研究生院管理学院主要负责物流系统中通用性、基础性的物流管理方面的标准。

2. 物流标准化重点工程项目负责单位

近年来，我国物流行业的标准化修订工作顺利推进，物流标准体系及机制不断完善，各省市的标准化实施效果也取得了显著成效。为更好地促进物流业的健康发展，我国除依靠以上组织作为标准化实施的基础外，2015年国家标准化管理委员会联合国家发展和改革委员会、工业和信息化部等14个部门共同编制了《物流标准化中长期发展规划（2015—2020年）》。该规划是我国第一次针对物流标准化制定的宏观政策，在分析当前物流业形势和发展前景的基础上，为进一步下达物流标准年度计划、强化物流标准化管理工作等提供了依据，并确立了今后5年的发展目标及标准化修订的重点领域，并针对重点工程确立了具体负责的单位，如表7-1所示。

表 7-1　物流标准化重点工程项目及负责单位

重点工程	牵头单位	参加单位
托盘标准应用推广及循环公用体系	商务部	交通运输部、中国物流与采购联合会、中国仓储协会、中国连锁经营协会、中华全国供销合作总社、中国铁路总公司等
冷链物流标准体系建设及应用推广工程	国家发展和改革委员会	中国物流与采购联合会、商务部、交通运输部、工业和信息化部、国家质量监督检验检疫总局、海关总署等
物流信用标准体系建设工程	国家发展和改革委员会	交通运输部、商务部、国家质量监督检验检疫总局、中国铁路总公司等
物流信息标准化工程	工业和信息化部	中国物品编码中心、交通运输部、商务部、中国物流与采购联合会、国家邮政局、国家粮食局等
电子商务物流标准化工程	商务部	国家发展和改革委员会、中国电子商务协会、中国物流与采购联合会、中国铁路总公司、中国标准化研究院等
物流服务标准化综合试点工程	国家标准化管理委员会	商务部、交通运输部、国家粮食局、中国铁路总公司、中国标准化研究院、相关协会等
物流标准国际化培育工程	国家标准化管理委员会	中国标准化研究院、中国物流与采购联合会、中国铁路总公司、中国物品编码中心等

（二）物流标准化宏观发展政策

国家政策对物流标准化的推进工作具有重要意义，是促进物流标准化发展的主要推动力。笔者梳理了 2005—2015 年的物流发展政策，通过提取有关的标准化政策以指导今后的物流标准化工作的开展。

1.《全国物流标准 2005—2010 年发展规划》

为贯彻落实经国务院批准、发展改革委等九个部门联合印发的《关于促进我国现代物流业发展的意见的通知》精神，建立统一、科学、完整的物流标准体系，推动我国物流业健康发展。2005 年 9 月，国家标准管理委员会同发展改革委、商务部、铁道部、交通部、国家质检总局、民航总局、国家统计局等部门印发了《全国物流标准 2005—2010 年发展规划》。

该规划的主要措施有：执行中要紧紧依靠各部门和行业协会，充分发挥各行业标准化技术委员会在物流标准化工作中的作用，以保证该规划项目的质量和进度；加强物流标准科学研究；积极推进物流标准的实践活动；建立物流标准信息库，逐步丰富物流标准化的内容，加强物流标准体系的系统性建设。

该规划的主要内容是对物流相关标准进行修订和制定，其中修订标准项目有物流通用基础标准、物流技术标准、物流信息标准和物流管理标准，制定标准项目包括物流通用基础标准和物流技术标准。

2.《物流业调整和振兴规划》

为应对国际金融危机的影响，落实党中央、国务院保增长、扩内需、调结构的总体要求，促进物流业平稳较快发展，培育新的经济增长点。2009 年 3 月 10 日，国务院发布了《物流业调整和振兴规划》作为物流产业综合性应对措施的行动方案。

该规划的主要任务是积极扩大物流市场需求、大力推进物流服务的社会化和专业化、加快物流企业兼并重组、推动重点领域物流发展、加快国际物流和保税物流发展、优化物流业发展的区域布局、加强物流基础设施建设的衔接与协调、提高物流信息化水平、完善物流标准化体系及加强物流新技术的开发和应用。其中，完善物流标准化体系中强调要制定、修订物流通用基础类、物流技术类、物流信息类、物流管理类、物流服务类等标准，并对标准制定实施改革，加强物流标准工作的协调配合，充分发挥企业在制定物流标准中的主体作用，同时，加快物流管理、技术和服务标准的推广，鼓励企业和有关方面采用标准化的物流计量、货物分类、物品标识、物流装备设施、工具器具、信息系统和作业流程等，提高物流的标准化程度。

该规划提出的九大重点工程中涉及了物流标准和技术推广工程。具体内容是加快对现有仓储、转运设施和运输工具的标准化改造，鼓励企业采用标准化的物流设施和设备，实现物流设施、设备的标准化。推广实施托盘系列国家标准，鼓励企业采用标准化托盘，支持专业化企业在全国建设托盘共用系统，开展托盘的租赁回收业务，实现托盘标准化、社会化运作。鼓励企业采用集装单元、射频识别、货物跟踪、自动分拣、立体仓库、配送中心信息系统、冷链等物流新技术，提高物流运作管理水平。实施物流标准化服务示范工程，选择大型物流企业、物流园区开展物流标准化试点工作并逐步推广。

3.《农产品冷链物流发展规划》

为落实《物流业调整和振兴规划》，促进农产品冷链物流快速健康发展。2010 年 7 月 29 日，国家发改委发布了《农产品冷链物流发展规划》，规划期为 2010—2015 年。

该规划强调要完善冷链物流标准体系。重点制定和推广一批农产品冷链物流操作规范和技术标准，建立以 HACCP（危害分析和关键控制点）为基础的全程质量控制体系，积极推行质量安全认证和市场准入制度。一是制定各类生鲜农产品原料处理、分选加工与包装、冷却冷冻、冷库储藏、包装标识、冷藏运输、批发配送、分销零售等环节的保鲜技术和制冷保温技术标准。制定冷链各环节有关设施设备、工程设计安装标准；二是围绕生鲜农产品质量全程监控和质量追溯制度的建立和发展，制定数据采集、数据交换、信息管理等信息类标准；三是建立符合国际规范的 HACCP、GMP（良好作业规范）、GAP（良好农业规范）、ISO（国际标准化组织）等质量安全认证制度和市场准入制度；四是对于肉类、水产品等密切关系居民消费安全的产品，执行国家强制性标准。

4.《物流业发展中长期规划（2014—2020 年）》

物流业是融合运输、仓储、货代、信息等产业的复合型服务业，是支撑国民经济发展的基础性、战略性产业。加快发展现代物流业，对于促进产业结构调整、转变发展方式、提高国民经济竞争力和建设生态文明具有重要意义。为促进物流业健康发展，根据党的十八大、十八届三中全会精神和《中华人民共和国国民经济和社会发展第十二个五年规划纲要》《服务业发展“十二五”规划》等。2014 年 9 月 12 日，国务院印发了《物流业发展中长期规划（2014—2020 年）》。

该规划主要任务是大力提升物流社会化、专业化水平，进一步加强物流信息化建设，推进物流技术装备现代化，加强物流标准化建设，推进区域物流协调发展，积极推动国际物流发展，大力发展绿色物流。在加强物流标准化建设中强调要完善物流标准体系和国家物流标准体系框架，加强通用基础类、公共类、服务类及专业类物流标准的制定工作，注重物流标准与其他产业标准以及国际物流标准的衔接，科学划分推荐性和强制性物流标准，加大物流标准的实施力度，努力提升物流服务、物流枢纽、物流设施设备的标准化运作水平。调动企业在标准制（修）订工作中的积极性，推进重点物流企业参与专业领域物流技术标准和管理标准的制定和标准化试点工作，加强物流标准的培训宣传和推广应用。

该规划的重点工程中也提及大力发展物流标准化工程，具体有：大力推进物流技术、信息、服务、运输、货代、仓储、粮食等农产品及加工食品、医药、汽车、家电、电子商务、邮政（含快递）、冷链、应急等物流标准的制（修）订工作，积极着手开展钢铁、机械、煤炭、铁矿石、石油石化、建材、棉花等大宗产品物流标准的研究制定工作，支持仓储和转运设施、运输工具、停靠和卸货站点的标准化建设和改造，制定公路货运标准化电子货单，推广托盘、集装箱、集装袋等标准化设施设备，建立全国托盘共用体系，推进管理软件接口标准化，全面推广甩挂运输试点经验，开展物流服务认证试点工作，推进物流领域检验检测体系建设，支持物流企业开展质量、环境和职业健康安全管理体系认证。

5.《深化标准化工作改革方案》

为落实《中共中央关于全面深化改革若干重大问题的决定》《国务院机构改革和职能转变方案》和《国务院关于促进市场公平竞争维护市场正常秩序的若干意见》关于深化标准化工作改革、加强技术标准体系建设的有关要求。2015 年 3 月 11 日，国务院印发了《深化标准化工作改革方案》。

该方案总体目标是：建立政府主导制定的标准与市场自主制定的标准协同发展、协调配套的新型标准体系，健全统一协调、运行高效、政府与市场共治的标准化管理体制，形成政府引导、市场驱动、社会参与、协同推进的标准化工作格局，有效支撑统一市场体系建设，让标准成为对质量的“硬约束”和推动中国经济迈向中高端水平。该方案提出了六点改革措施，包括建立高效权威的标准化统筹协调机制、整合精简强制性标准、优化完善推荐性标准、培育发展团体标准、放开搞活企业标准以及提高标准国际化水平。

6.《物流标准化中长期发展规划（2015—2020 年）》

（与前面有重复）为促进我国物流标准化工作有序开展，更好地为物流业发展提供技术支撑，贯彻落实《物流业发展中长期规划（2014—2020 年）》和《深化标准化工作改革方案》的要求。2015 年 7 月 24 日，国家标准化管理委员会联合国家发展和改革委员会、工业和信息化部、公安部、交通运输部、农业部、商务部、海关总署、国家质量监督检验检疫总局、国家粮食局、国家铁路局、国家邮政局、中国物流与采购联合会、中华全国供销合作总社、中国铁路总公司等单位共同印发了《物流标准化中长期发展规划（2015—2020年）》。

该规划的主要任务是完善物流标准体系，提高物流标准制（修）订水平，加大物流标准实施监督力度，深化物流标准化试点示范，积极参与国际标准化工作以及强化物流标准基础研究，并力争到2020年能够使物流标准体系得到进一步优化，物流标准化机制更加完善，物流标准水平显著提高和物流标准实施效果显著增强。规划明确了三大重点领域，即基础类物流标准领域，通用类物流标准领域和专业类物流标准领域。

7.《国家标准化体系建设发展规划（2016—2020年）》

标准是经济活动和社会发展的技术支撑，是国家治理体系和治理能力现代化的基础性制度。改革开放特别是进入21世纪以来，我国标准化事业快速发展，标准体系初步形成，应用范围不断扩大，水平持续提升，国际影响力显著增强，全社会标准化意识普遍提高。但是，与经济社会发展需求相比，我国标准化工作还有待完善和发展。为贯彻落实《中共中央关于制定国民经济和社会发展第十三个五年规划的建议》和《国务院关于印发深化标准化工作改革方案的通知》精神，推动实施标准化战略，加快完善标准化体系，提升我国标准化水平。2015年12月17日，国务院印发了《国家标准化体系建设发展规划（2016—2020年）》。

该规划涉及了七大重点领域和十大重点工程。七大领域包括农业农村标准化建设、工业标准化、服务业标准化（涉及交通运输、商贸和物流）、社会领域标准化、生态保护与节能减排领域标准化、文化领域标准化和政府管理领域标准化。十大重点工程有农产品安全标准化工程、消费品安全标准化工程、节能减排标准化工程、基本公共服务标准化工程、新一代信息技术标准化工程、智能制造和装备升级标准化工程、新型城镇化标准化工程、现代物流标准化工程、中国标准走出去工程以及标准化基础能力提升工程。七大重点领域和十大重点工程中都涉及了物流标准化问题，由此可见物流标准化已得到了国家的重视。

二、物流领域的标准制定与发布总况

（一）现行物流标准总体发布情况（2005—2015年）

笔者以物流、运输、配送、仓储、包装、装卸、搬运、条码、冷链和流通为关键词，以国家标准文献共享平台为检索依据，共检索出2005—2015年现行物流标准1444项，具体数据如图7-2所示。

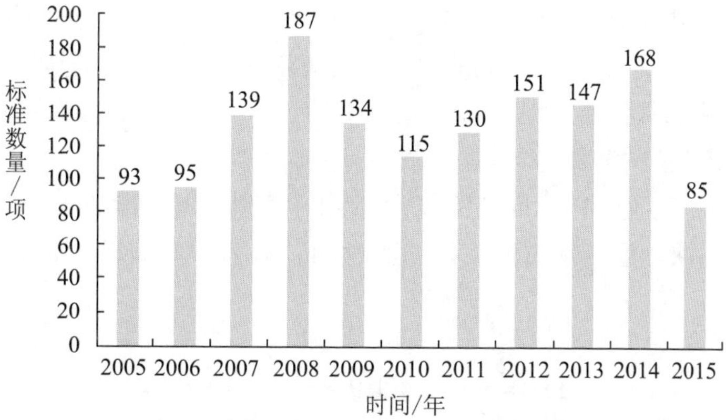

图 7－2　2005—2015 年物流标准发布数量情况

数据来源：国家质量监督检验检疫总局．标准［DB/OL］．［2015－12－31］．http：//www.cssn.net.cn/.

从图 7－2 可以看出，自 2005 年以来物流标准数量整体呈上升趋势。随着经济全球化的发展，国家间的贸易愈加频繁，物流业在国民经济中的地位也愈加重要，物流标准化越来越得到国家、地方以及各行业的重视，物流标准越来越完善；自 2008 年以来国家不断出台促进物流发展的政策，如《国务院关于印发物流业调整和振兴规划的通知》和《关于促进物流业健康发展政策措施的意见》等政策，反映出物流标准的制定和实施与国家政策的制定和实施是相适应的。

（二）现行物流标准分类发布情况

基于上述数据，将 2005—2015 年现行物流标准分成三类，即标准体系、物流功能和专业领域，相应的标准发布数量分别为 1444 项、1325 项和 420 项。

1. 基于标准体系的分类

标准体系可分为国家标准、行业标准和地方标准，截至 2015 年年底，我国现行物流标准体系共有 1444 项，其中，国家标准 584 项，行业标准 805 项，地方标准 55 项。具体数据如表 7－2 所示。

表 7－2　2005—2015 年物流标准体系发布情况　单位：项

体系	2005 年	2006 年	2007 年	2008 年	2009 年	2010 年	2011 年	2012 年	2013 年	2014 年	2015 年
国家标准	36	30	34	137	81	53	69	40	32	47	25
行业标准	51	50	93	42	53	60	61	111	114	119	51
地方标准	6	16	12	8	0	1	0	0	0	4	8

数据来源：国家标准文献共享服务平台［DB/OL］．http：//www.cssn.net.cn/.

从表 7－2 可以看出，国家标准发布数量最多的年份是 2008 年，这可能与第 29 届夏季奥运会在北京举办有关，奥运会期间对物资的需求量巨大，国内物流业难以适应大批物资的运输、仓储和配送等作业，这就要求国家制定相应的标准以适应和规范物流发展的需要；行业标准的发布数量从2008年到2014年稳步增长。随着物流业的迅猛发展，各行业对物流的重视程度也随之提高，且物流业在国民经济中的地位也在逐步提高，这使行业标准的发布数量逐年增加；2005—2015年总体上地方标准发布数量较少。

2. 基于物流功能的分类

2005—2015年物流功能标准共发布1325项，其中，配送标准48项，仓储标准30项，装卸标准46项，包装标准653项，运输标准531项以及搬运标准17项。具体数据如表7-3所示。

表7-3　**2005—2015年物流功能标准发布数量**　单位：项

年份	运输	包装	仓储	配送	装卸	搬运
2005	44	53	0	2	1	1
2006	45	35	3	2	6	1
2007	62	78	3	1	4	0
2008	61	114	2	3	7	3
2009	42	77	2	4	9	2
2010	30	61	1	3	2	0
2011	48	46	6	8	4	4
2012	59	40	1	7	3	1
2013	34	60	2	10	6	2
2014	75	57	9	6	4	1
2015	31	32	1	2	0	2

数据来源：国家标准文献共享服务平台［DB/OL］.［2015-12-31］. http：//www. cssn. net. cn.

表7-4　**2005—2015年物流各功能标准所占比重**　单位：%

功能	包装	运输	配送	装卸	仓储	搬运
占比	49	40	4	4	2	1

数据来源：国家标准文献共享服务平台［DB/OL］. http：［2015-12-31］. //www. cssn. net. cn/.

表7-4显示了2005年以来运输和包装两大功能标准的数量占比大，累计占比达89%，表明运输和包装标准与其他功能要素相比较为完善；而其余四大物流功能标准发布数量占比小，更应得到国家、行业或地方关注与重视，亟须发布相关标准对其进行规范。

从图7-3可以看出，六大功能的发布数量整体呈上升趋势且每年发布数量较多，其中，2008年发布数量最多为190项，2015年发布数量最少为68项。近年来，虽然我国的物流业取得了一定的发展，但物流成本居高不下，特别是运输成本和仓储成本，物流被称为“第三利润源”，若不降低成本，很难实现其价值，因此，物流各功能要素的协同性需进一步加强，这势必会促进物流标准的统筹制定。

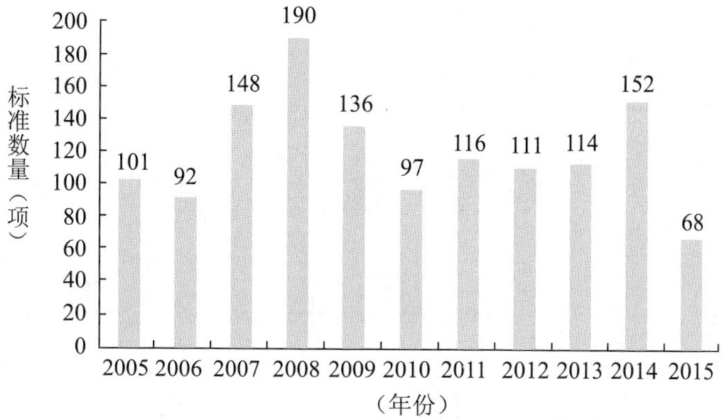

图 7-3　2005—2015 年物流各功能标准发布情况

数据来源：国家质量监督检验检疫总局．标准［DB/OL］．［2015-12-31］．http：//www. cssn. net. cn/.

3. 基于专业领域的分类

这里选取了十大重要行业并进行了物流标准统计。据统计，2005—2015 年十大行业物流标准共发布 420 项，其中，粮食物流标准发布 114 项，食品物流标准发布 96 项，进出口物流标准发布 45 项，烟草物流标准 36 项，医药物流标准 31 项，冷链物流标准发布 32 项，汽车物流标准发布 23 项，危险品物流标准发布 20 项，出版物物流标准发布 12 项以及酒类物流标准发布 11 项。

表 7-5　　主要行业物流标准所占比重　　单位：%

行业	粮食	食品	进出口	烟草	冷链	医药	汽车	危险品	医药	酒类
占比	28	23	11	8	7	7	5	5	3	3

数据来源：国家标准文献共享服务平台［DB/OL］．［2015—12—31］．http：//www. cssn. net. cn/.

表 7-5 显示了粮食和食品行业的物流标准发布数量占比大，两大行业累计占比高达 51%。近年来，粮食安全和食品安全越来越受到重视且深入人心，国家和地方也把重点工作转移到关乎国计民生的行业上，为确保从产出到最终消费者手中的粮食和食品能够保质保量，就必须增加粮食和食品行业方面的物流标准。

三、京津冀地区物流标准化状况

（一）京津冀物流标准体系

基于国家标准，这里进一步对京津冀三地的物流标准数量进行了梳理和分析，如表 7-6 所示。

表 7－6　　京津冀物流标准数量发布情况　　单位：项

年份	国标	行标	北京	天津	河北
2005	36	51	1	0	1
2006	30	50	2	0	1
2007	34	93	3	0	0
2008	137	42	1	0	1
2009	81	53	0	0	0
2010	53	60	0	0	1
2011	69	61	0	0	0
2012	40	111	0	0	0
2013	32	114	0	0	0
2014	47	119	0	0	0
2015	25	51	0	8	0
总计	584	805	7	8	4

数据来源：国家标准文献共享服务平台［DB/OL］. http：//www. cssn. net. cn.

在以物流、运输、配送、仓储、包装、装卸、搬运、条码、冷链和流通为关键词进行检索的条件下，可以进一步看到全国各地的物流地方标准情况，如图 7－4 所示，各地相关的地方标准数量较少，大都以国家标准为参考，某种程度上可以认为各地的物流标准化程度不高，物流产业水平还有待提升。随着京津冀贸易量的增加以及物流一体化程度的加深，京津冀应高度重视物流标准，完善物流标准体系，使物流活动更加规范化和标准化，进而促进京津冀物流产业的发展。

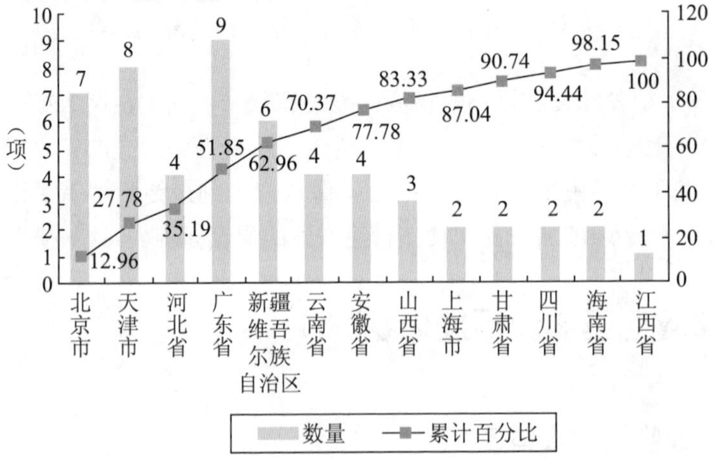

图 7－4　2005—2015 年部分地区物流标准发布数量及累计占比

数据来源：国家质量监督检验检疫总局．标准［DB/OL］．［2015－12－31］．http：//www. cssn. net. cn/.

进一步从各地的地方标准来看，北京市物流标准集中在道路运输方面，标准类型较少，且 2009—2015 年没有发布新的标准；天津市和河北省物流标准集中在冷链方面，这可能是近年来京津冀物流一体化备受关注的原因，为响应政策和满足冷链物流市场的需求，天津市和河北省加快推行冷链物流标准。此外，冷链物流标准涉及的范围较为广泛，包括果蔬类、肉类、水产品、食品和冷链设施设备等。具体标准内容如表 7-7 所示。

表 7-7　京津冀三地物流标准一览

地区	标准号	标准名称
北京	DB11/ 061—2005	危险货物道路运输车辆技术要求
	DB11/T 354—2006	生活垃圾收集运输管理规范
	DB11/T 355—2006	粪便收集运输管理规范
	DB11/ 413—2007	放射性物品公路运输风险等级和安全防范要求
	DB11/ 415—2007	道路危险货物运输安全技术要求
	DB11/T 474—2007	道路旅客运输站服务规范
	DB11/Z 445—2008	奥运会食品安全包装、贮运执行标准和适用原则
天津	DB12/T 557—2015	冷链物流　冷库技术规范
	DB12/T 558—2015	冷链物流　运输车辆设备要求
	DB12/T 559—2015	冷链物流　保温容器技术要求
	DB12/T 560—2015	冷链物流　温度检测与要求规范
	DB12/T 561—2015	果蔬冷链物流操作规程
	DB12/T 562—2015	畜禽肉冷链物流操作规程
	DB12/T 563—2015	水产品冷链物流操作规程
	DB12/T 565—2015	低温食品冷链物流履历追溯管理规范
河北	DB13/T 641—2005	果品无公害运输技术规范
	DB13/T 810—2006	动物及其产品在运输过程中的安全卫生要求
	DB13/T 1004.4—2008	动物卫生监督管理综合标准　第 4 部分：动物及动物产品运输、仓储的检疫监督管理规程
	DB13/T 1177—2010	食品冷链物流技术与管理规范

资料来源：国家质量监督检验检疫总局．标准［DB/OL］．［2015-12-31］．http：//www.cssn.net.cn/.

（二）京津冀物流标准化政策

《物流业中长期规划（2014—2020 年）》中进一步明确了物流在国民经济发展中的基础性、战略性产业地位，物流业发展对标准化工作也提出了新的要求，然而我国物流标准化工作正面临严峻的形势，这就需要国家和各地政府的政策加以引导，促进物流标准化工作稳步前进。政策因素作为推动京津冀物流标准化发展的主要动力，对于促进京津冀物流标准化的发展起到了至关重要的作用，且以政策工具来揭示现状已成为学术界研究问题的趋势。笔者以“京津冀”“物流标准化”“标准化”为关键词，以中国物流与采购联合会和商务部为平台进行检索，并将检索出的政策分为京津冀一体化政策和京津冀物流与标准化政策。

1. 京津冀一体化政策

2014年2月26日，中共中央总书记、国家主席、中央军委主席习近平在北京主持召开座谈会，专题听取京津冀协同发展工作汇报，强调实现京津冀协同发展，是面向未来打造新的首都经济圈，推进区域发展体制机制创新的需要，是实现京津冀优势互补、促进环渤海经济区发展、带动北方腹地发展的需要，是一个重大国家战略，要坚持优势互补、互利共赢、扎实推进，加快走出一条科学持续的协同发展路子来。

为落实习近平总书记提出的京津冀一体化发展，深入贯彻落实京津冀协同发展重大国家战略，加快推进京津冀联动发展，走出一条科学持续协同发展路子，国务院、交通部、京津冀三地政府等相关部门提出促进京津冀一体化发展政策，加速京津冀一体化发展步伐。

（1）《京津冀海关区域通关一体化改革方案》。

为落实京津冀区域协同发展重要国家战略，加快经济紧密联系地区，区域通关一体化改革步伐，为企业创造更加公平、公正的进出口环境，切实提高通关效率，促进贸易便利，海关总署在北京、天津、石家庄海关启动京津冀海关区域通关一体化改革。

该方案的主要框架是：通过建设一个中心，搭建四个平台，实现京津冀海关区域通关的一体化作业。一个中心，即区域通关中心，在现有体制不变的情况下，通过机制创新，将原先各自独立的通关管理体系，通过信息网络互联互通，形成区域联动的通关中心。四个平台，即统一申报平台，在京津口岸通关的企业在获取仓单信息后，通过电子口岸，自主选择申报口岸向海关提交报关信息。统一风险防控平台，所有风险参数和布控，同时作用于两个海关。统一专业审单，京津海关开展跨关区审单作业，按照商品分工实施专业化审单，实现同一商品同一审单标准。统一现场作业，京津海关各业务现场根据审单的统一指令，实施接单、征税、查验和卡口核放。同时，在“一中心，四平台”框架下，京津冀海关在保税监管、打击走私、企业管理、企业稽查等相关业务领域，同步推进相关配套改革。

京津冀海关区域通关一体化改革将会带来以下几个方面的变化：一是跨区域通关更便捷。京津冀海关实现通关一体化后，三地企业可以根据自己的需要，自主选择申报的海关，除了需要查验的货物要在实际进出境地海关办理验放手续外，可以实现跨关区的放行；二是惠及企业范围更广泛。在一体化通关模式下，京津冀地区企业都被视为一个关区的企业，都能享受一体化通关待遇；三是进出口物流更顺畅。京津冀海关实现通关一体化后，三地海关都可以放行所在地区企业在这些口岸进出境的货物，而且根据企业需要，可以不再使用转关运输等传统海关监管方式；四是海关服务更到位。一体化通关改革推出了很多服务企业的措施。

（2）《关于落实京津冀共同推进市场一体化进程合作框架协议商务行动方案》。

2014 年 9 月 14 日，为深入贯彻落实京津冀协同发展重大国家战略，天津市商务委会同北京、河北商务主管部门共同制定并签署《关于落实京津冀共同推进市场一体化进程合作框架协议商务行动方案》。

京津冀三省市人民政府关于推进市场一体化进程合作框架协议及相关协议，本着优势互补、共建共享、统一开放、共赢发展的原则，确定了三省市商务部门在推进京津冀市场一体化方面的具体工作职责和任务分工。主要有：

第一，在着力打造法制化营商环境方面。京津冀三地建立打破行政壁垒工作对接小组，定期交流信息，建立举报投诉优先处理和合作处理机制，及时交换需合作协调解决的举报投诉件，采取措施推动问题解决；第二，在建设统一开放的商贸流通市场方面。发挥京津市场窗口优势，支持三地商贸企业在两市进行展示、交易，拓展市场空间。发挥各自在科技、信息、港口、物流资源优势，支持建设区域公共物流信息服务平台，开展物流标准化区域合作试点，共同提高物流配送效率。搭建电子商务交流平台，推进三地电子商务创新发展；第三，在协调推进口岸一体化建设方面。积极协调口岸管理部门，按照海关总署和国家质检总局批准的京津冀通关一体化改革方案，协同做好业务改革、技术支持等保障工作，实现三地企业自主选择报关报检、纳税和货物验放地点，构建便利、高效、统一的商品通关业务模式；第四，在加强开放型经济合作方面。研究推动政策延伸互享机制，提高投资贸易便利化水平，打造区域开放发展整体优势。

（3）《京津冀协同发展规划纲要》。

2015 年 3 月 23 日，中央财经领导小组第九次会议审议研究了《京津冀协同发展规划纲要》，中共中央政治局于 2015 年 4 月 30 日召开会议，审议通过了《京津冀协同发展规划纲要》。

该纲要明确了三方面改革重点：一是推动要素市场一体化改革，包括推进金融市场一体化、土地要素市场一体化、技术和信息市场一体化等；二是构建协同发展的体制机制，包括建立行政管理协同机制等；三是加快公共服务一体化改革。

该纲要提出在交通一体化和生态环境一体化取得突破：在交通一体化方面，构建以轨道交通为骨干的多节点、网格状、全覆盖的交通网络。重点是建设高效密集轨道交通网，完善便捷通畅公路交通网，打通国家高速公路“断头路”，全面消除跨区域国省干线“瓶颈路段”，加快构建现代化的津冀港口群，打造国际一流的航空枢纽，加快北京新机场建设，大力发展公交优先的城市交通，提升交通智能化管理水平，提升区域一体化运输服务水平，发展安全绿色可持续交通；在生态环境保护方面，打破行政区域限制，推动能源生产和消费革命，促进绿色循环低碳发展，加强生态环境保护和治理，扩大区域生态空间。重点是联防联控环境污染，建立一体化的环境准入和退出机制，加强环境污染治理，实施清洁水行动，大力发展循环经济，推进生态保护与建设，谋划建设一批环首都国家公园和森林公园，积极应对气候变化。

该纲要明确了京津冀协同发展目标：一是到2017年，有序疏解北京非首都功能取得明显进展，在符合协同发展目标且现实急需、具备条件、取得共识的交通一体化、生态环境保护、产业升级转移等重点领域率先取得突破，深化改革、创新驱动、试点示范有序推进，协同发展取得显著成效；二是到2020年，区域一体化交通网络基本形成，生态环境质量得到有效改善，产业联动发展取得重大进展，公共服务共建共享取得积极成效，协同发展机制有效运转，区域内发展差距趋于缩小，初步形成京津冀协同发展、互利共赢新局面；三是到2030年，首都核心功能更加优化，京津冀区域一体化格局基本形成，区域经济结构更加合理，生态环境质量总体良好，公共服务水平趋于均衡，成为具有较强国际竞争力和影响力的重要区域，在引领和支撑全国经济社会发展中发挥更大作用。

（4）《关于推进国内贸易流通现代化建设法治化营商环境的意见》。

2015年8月26日，国务院为深入贯彻落实党中央的决策部署，就推进内贸流通现代化、建设法治化营商环境提出以下意见。

《意见》包括五项主要内容。第一，健全内贸流通统一开放的发展体系。包括加强全国统一市场建设，降低社会流通总成本、统筹规划全国流通网络建设，推动区域、城乡协调发展、构建开放融合的流通体系，提高利用国际国内两个市场、两种资源的能力和完善流通设施建设管理体系，加强流通领域重大基础设施建设；第二，提升内贸流通创新驱动水平。包括强化内贸流通创新的市场导向、增强内贸流通创新的支撑能力、加大内贸流通创新的保护力度；第三，增强内贸流通稳定运行的保障能力。包括完善信息服务体系、创新市场应急调控机制、构建重要商品追溯体系；第四，健全内贸流通规范有序的规制体系。包括加快推进流通立法、提升监管执法效能、加强流通标准化建设、加快流通信用体系建设；第五，健全内贸流通协调高效的管理体制。包括处理好政府与市场的关系、合理划分中央与地方政府权责、完善部门间协作机制、充分发挥行业协会商会作用。

（5）《京津冀协同发展交通一体化规划》。

2015年12月8日，国家发展改革委和交通运输部联合发布了《京津冀协同发展交通一体化规划》。该规划提出，扎实推进京津冀地区交通的网络化布局、智能化管理和一体化服务，到2020年基本形成多节点、网格状的区域交通网络。

该规划提及京津冀构建“四纵四横一环”主骨架。“四纵”即沿海通道、京沪通道、京九通道、京承—京广通道，“四横”即秦承张通道、京秦—京张通道、津保通道和石沧通道，“一环”即首都地区环线通道。目标是到2020年，形成多节点、网格状的区域交通网络，建成城际铁路主骨架，公路网络完善通畅，港口群机场群整体服务、交通智能化、运营管理力争达到国际先进水平，基本建成安全可靠、便捷高效、经济适用、绿色环保的综合交通运输体系，形成京津石中心城区与新城、卫星城之间的“1小时通勤圈”，京津保唐“1小时交通圈”，相邻城市间基本实现1.5小时通达；到2030年形成“安全、便捷、高效、绿色、经济”的一体化综合交通运输体系。

该规划明确了打造交通一体化的八大重要任务。一是建设高效密集轨道交通网；

二是完善便捷通畅公路交通网；四是打造国际一流的航空枢纽；五是发展公交优先的城市交通；六是提升交通智能化管理水平；七是实现区域一体化运输服务；八是发展安全绿色可持续交通。统一京津冀地区机动车注册登记、通行政策、排放标准、老旧车辆提前报废及黄标车限行等政策。

此外，该规划进一步强调要完善交通一体化相关政策，除新建机场外，对纳入规划的建设项目视同立项，并与铁路、公路、港口等中长期专项规划衔接后调整纳入。积极探讨建立三省市对城际铁路、城际客运等建设资金、运营补贴的分担机制；充分发挥价格杠杆作用，引导不同运输方式协调发展，形成合理运输结构；在创新投资融资模式方面，探索建立促进社会资本参与交通基础设施建设与运营的合作机制，通过投资主体一体化带动区域交通一体化。为尽快缩小河北交通运输公共服务水平与京津的差距，对河北省交通建设给予特殊政策支持。

从上述五项发展政策可以看出，自京津冀协同发展的提出至 2015 年止，京津冀一体化发展得到了国家及相关部门的高度重视，特别是 2015 年，对于促进京津冀一体化发展的政策相继出台且更为密集，京津冀一体化政策主要涉及通关一体化、交通一体化，而关于京津冀物流一体化的政策还没有颁布。物流作为国民经济的重要组成部分，对京津冀的经济发展具有重要推动作用，随着京津冀一体化程度的加强，物流一体化建设也将成为京津一体化发展的关键环节。面对物流成本居高不下、京津冀物流发展不平衡、物流基础设施不完善、物流体制不健全等问题，京津冀物流一体化政策的研究制定显得尤为重要。

2. 京津冀物流及标准化政策

自京津冀协同发展战略提出，国务院、国家发改委、京津冀三地政府针对物流、标准化方面发布相关政策，并就京津冀三地今后的物流发展及标准化工作做出专项规划，如表 7 - 8 和表 7 - 9 所示。

表 7 - 8　　京津冀物流政策汇总

政策	发布时间	发布部门	内容
《物流业调整和振兴规划》	2009/3/10	国务院	确定了今后物流发展的指导思想、原则和目标
			提出了十项主要任务和八项重点工程
			明确提出要完善物流标准化体系，重点发展物流标准和技术推广工程
			确立北京、天津为全国性物流节点城市，石家庄、唐山为区域性物流节点城市
《促进综合交通枢纽发展的指导意见》	2013/3/7	国家发展改革委	明确了发展的要求、发展原则、发展任务及保障措施
			强调要完善技术标准，协调各行业的设计标准和规范
			研究制定符合国情、经济适用的综合交通枢纽设计、建设、运营服务等标准和规范

续 表

政策	发布时间	发布部门	内容
《全国物流园区发展规划》	2013/9/30	国家发改委同国土资源部、住建部等12个部门	明确了全国物流园区的发展目标和总体布局 北京、天津等29个城市确定为一级物流园区布局城市，石家庄、邯郸等70个城市确定为二级物流园区布局城市 建立适应物流园区发展的规范和标准体系
《全国流通节点城市布局规划（2015—2020年）》	2015/5/25	商务部	明确划分了国家级、区域级和地区级流通节点城市 提出完善流通大通道基础设施、建设公益性流通设施、提升流通节点城市信息化水平、建设商贸物流园区、完善城市共同配送网络、发展国家电子商务示范基地、提升沿边节点城市口岸功能、促进城市商业适度集聚发展、强化流通领域标准实施和推广九项重点任务
《推动实施廊坊"行动方案"年度工作共识》	2015/7/24	北京市商务委员会、天津市商务委员会、河北省商务厅	提出要推动北京非首都功能疏解、加强规划衔接政策统筹、推进商贸物流领域合作、推动开发区、综合保税区协同发展、提升展会平台区域服务功能、加强电子商务合作、深化通关便利化合作、促进市场秩序稳定、建立多层次对接机制
《京津冀地区快递服务发展"十三五"规划》	2015/10/23	北京市邮政管理局	规划包括快递服务现状与问题、形势与要求、总体思路、基本原则、发展目标、重点任务、重大工程、保障措施等

资料来源：中国物流与采购联合会．政策［DB/OL］．［2015－12－31］．http：//www.chinawuliu.com.cn，中华人民共和国商务部．政策［DB/OL］．［2015－12－31］．http：//www.mofcom.gov.cn.

表7－9　　京津冀物流政策汇总

政策	发布时间	发布部门	内容
《关于加强节能标准化工作的意见》	2015/3/24	国务院	《意见》要求创新节能标准化管理机制，健全节能标准体系，强化节能标准实施与监督，有效支撑国家节能减排和产业结构升级，更好发挥标准化在生态文明建设中的基础性作用 《意见》提出探索能效标杆转化机制，将能效"领跑者"指标纳入强制性终端用能产品能效标准和行业能耗限额标准指标体系；完善标准体系，实施百项能效标准推进工程，形成覆盖工业、能源、建筑、交通、公共机构等重点领域的节能标准体系；推动节能标准国际化，扩大节能技术、产品和服务国际市场份额

续　表

政策	发布时间	发布部门	内容
《2015 年全国标准化工作要点》	2015/4/21	国家标准委	一、深化改革，狠抓各项任务落实。
			二、紧贴需求，加强重点领域标准制定。制定出台《物流标准化中长期发展规划》，继续推动商贸物流领域标准化，加大托盘、冷链物流标准制定和实施力度
			三、强化实施，提高标准化质量效益
			四、提升水平，加快标准走出去步伐
			五、夯实基础，保障标准化事业持续发展组织编制《“十三五”技术标准科技创新规划》，健全标准化与科技结合的政策和机制
《贯彻实施深化标准化工作改革方案行动计划（2015—2016）》	2015/9/10	国务院	提出了加快建立新型标准体系的主要行动：一是在强制性标准改革方面；二是推荐性标准改革方面；三是推进团体标准和企业标准改革试点方面
《贯彻实施〈深化标准化工作改革方案〉行动计划（2015—2016 年）的通知》	2015/9/18	国务院	对改革任务进行了全面部署，对强制性标准改革、推荐性标准改革、团体标准和企业标准改革试点、标准国际化和统筹协调机制建设等重大改革举措都提出了具体实施要求
			明确了各项改革任务的责任分工，标准化工作改革需要各部门、各地区分工协作、共同完成
			提出了研究制定中国标准“走出去”工作方案和标准联通“一带一路”行动计划的要求
			提出要围绕大众创业、万众创新
			提出了推进科技类学术团体开展标准制定、鼓励团体标准先行先试的措施
			提出了开展企业标准改革试点、鼓励企业进行标准自我声明公开等措施安排

资料来源：中国物流与采购联合会 . 政策［DB/OL］.［2015－12－31］. http：//www. chinawuliu. com. cn/，中华人民共和国商务部 . 政策［DB/OL］. http：//www. mofcom. gov. cn/.

从表 7－8 和表 7－9 可以看出，京津冀物流及标准化政策的发布部门主要有国务院、商务部、国家发展改革委员会、京津冀三地商务部门和国家标准化管理委员会等。整体看来，物流和标准化建设工作在 2015 年得到国家、地方和相关部门的高度重视，政策发布数量均较多。其中，在物流政策方面，2009—2015 年的政策发布数量呈增长趋势，主要涉及商贸物流、交通物流、物流园区规划和京津冀物流协同发展等；在标准化政策方面，发布数量全部集中在 2015 年，主要从国家层面对标准化工作进行规范和引导。尽管物流和标准化政策的发布数量逐年增长，但有关物流标准化的政策还较为少见，为保证物流业健康发展，国家及相关部门和京津冀三地政府应充分认识到物流标准化对于促进京津冀区域物流业发展的重要作用，积极推进物流标准化政策的颁布与实施。

（三）京津冀物流标准化建设状况

为落实《中共中央关于全面深化改革若干重大问题的决定》和《国务院关于促进市场公平竞争维护市场正常秩序的若干意见》（国发〔2014〕20号）关于深化标准化工作改革、加强技术标准体系建设的有关要求，国家、区域、京津冀三地分别对京津冀物流标准化开始新的探索。

1. 国家层面

从国家层面，国家商务部在物流标准化宣传、标准化组织创新以及协同发展等方面开展了一系列工作，具体如表7－10所示。

表7－10　　国家层面标准化探索及建设成就

探索及建设成就	具体内容
物流标准化工艺宣传片《托举未来》正式上线	从托盘标准入手，提出托盘的标准化率是物流标准化的关键，进而指出建立托盘循环共用系统是物流业发展的基础性工作
商贸物流标准化行动联盟成立	倡议成立“商贸物流标准化行动联盟”，提出“托盘互换、信息互通、信用互认、模式共推、规则共建、利益共享”的目标
城市间的标准化联盟组织成立	城市标准化创新联盟的定位是“既要立足当前，更要面向未来”的一个开放、包容、多元、融合的新型城市标准化联盟，工作方向是按照“围绕一条主线、强化两大服务、着力三个坚持”的基本要求； 以内贸流通标准化作为联盟第一项重点工作，探索制定相关领域团体标准或城市间联盟标准。联盟后续还将进一步吸纳其他城市加入，继续推进城市可持续发展等其他标准化创新工作，支撑城市可持续发展

资料来源：中国物流与采购联合会．新闻［DB/OL］．［2015－12－31］．http：//www.chinawuliu.com.cn/，中华人民共和国商务部．政策［DB/OL］．http：//www.mofcom.gov.cn.

值得一提的是，标准化联盟组织是国内第一个城市间的标准化联盟组织。该组织成立于2015年12月4日，由上海、南京、郑州、广州、成都、厦门、青岛、黄石以及义乌9个试点城市共同发起，秘书处设在上海市质监局，指导部门为国家标准化管理委员会。联盟城市按照“围绕一条主线、强化二大服务、着力三个坚持”的联盟指导思想，不断拓展城市标准化工作的功能和作用，提升合作工作的有效性和贡献率，即一要以城市经济、社会、环境、文化等可持续发展为主线；二要强化服务国家改革开放和重大战略为重点；三要坚持贯穿“创新、协调、绿色、开放、共享”的发展理念，坚持“创新、联合、协同、共赢”的工作方针，坚持“互议互谋改革发展、互建互推体制机制、互联互通资源信息、互定互认联盟标准、互利互享创新成果”的合作原则，让城市标准化工作在创新中激发活力、在联盟内凝聚合力，共同为国家改革发展和城市可持续发展做出更大的贡献。对此，京津冀也应成立区域标准化联盟或积极加入该联盟中，只有这样才能使京津冀的物流标准能够互认互定，共同推动物流标准的发展，进而促进区域物流的发展。

2. 区域层面

在京津冀三地的区域层面，各地也围绕京津冀一体化发展在共同配送、道路交通等方面出台有关政策，推进区域协同发展。具体如表 7－11 所示。

表 7－11　区域层面标准化探索及建设成就

探索及建设成就	具体内容
京津冀共同配送服务中心正式运营	京津冀共同配送服务中心项目借助互联网＋物流及 O2O 模式，承接物流园区共同配送业务，依托天津市共同配送服务平台，进行合理优化组单，通过一站式服务，实现配送车辆的优化配置，从根本上降低物流成本、提高配送时效。线上通过物流信息的网络化，使车货双方直接对接，规避冗余环节，做到实时监控，全程追溯，诚信有据；线下为用户提供包括咨询、注册、查询、业务办理、短信通知、投诉申告、意见投诉、留言处理、满意度调查、用户关系管理等服务，将通信系统、计算机处理系统、信息管理系统整合成统一、高效的物流服务系统
京津冀一卡通联网调试三地畅行	北京市交通委牵头制定了京津冀区域交通一卡通工作实施方案，开展了区域交通一卡通清算分账平台建设、业务规则制定等工作，三地交通运输主管部门正在加紧组织开展区域内部分公交线路的升级改造。北京市已完成交通一卡通卡面设计，正在开展卡片终端系统开发，天津市已完成实际加速通一卡通软硬件平台搭建和清分结算核心系统，河北省交通运输厅组织建设了升级清分结算平台
京津冀三地间 11 条省级高速命名编号将统一	京津冀三地间的省级高速路也将效仿国家高速路的模式，统一起名编号，方便更多出行者。《省（市）级高速公路网命名和编号规则》已经在编制过程中。预计 2016 年，此标准及《道路货运场站经营服务规范》《高速路公路服务区服务规范》《高速公路智能化管理系统技术规范》和《高速公路收费站服务规范》都将陆续完成，并在三地同时推广
京津冀将形成“四纵四横一环”城际铁路网络	京津冀将以“京津唐、京保石、京唐秦”三大通道为主轴，以京、津、石三大城市为核心，形成“四纵四横一环”为骨架的城际铁路网络
京津冀实现空铁联运	为首都机场分担客流，天津增开航线，为京津冀旅客提供丰富的航线资源和旅游产品。天津机场直通北京八王坟的长途客车开通，天津机场还计划在静海、武清、唐山高铁站、秦皇岛、德州再建 6 座城市候机楼或候机厅

续 表

探索及建设成就	具体内容
京津冀拟结成物流标准化工作联盟、区域内供应链企业"结对子"	2014 年选择北京作为物流标准化试点，先行探索经验，并已经初步取得了企业联盟共推、单元化物流提效等创新成果。2015 年三部门选择了天津、石家庄、唐山作为试点城市，希望能更好地发挥试点的带动辐射作用。引导京津冀地区供应链上下游企业"结对子"协同推进标准化，带动提高区域物流标准化水平；又要加强总结，发挥相关行业协会作用，积极搭建京津冀地区交流平台，推广创新的典型案例经验
京津冀商贸物流规划待出	2015 年 7 月 24 日，京津冀商务部门推动落实协同发展战略工作会议在津召开，提出要制定《京津冀商贸物流发展专项规划》，将由商务部会同京津冀三地共同组织完成规划编制工作。整合三地资源，搭建京津冀物流公共信息服务平台，推动三地标准化托盘应用及第三方循环共用网络建设。此规划将在国家京津冀协同发展总体框架下，进一步明确京津冀区域商贸物流发展的主要思路、原则、任务，重要节点、通道、重点园区、服务平台等内容，推动形成京津冀多层次、多功能、便捷高效的区域综合物流服务体系
京津冀编写交通协同发展计划	市交通委透露，三地已开始编写交通协同发展计划，到 2020 年，"一环六放射二航五港"的交通一体化体系将初步建成，绿色交通的覆盖范围进一步扩大

资料来源：中国物流与采购联合会［DB/OL］. 新闻. ［2015-12-31］. http：//www.chinawuliu.com.cn/，中华人民共和国商务部. 政策［DB/OL］. http：//www.mofcom.gov.cn.

从表 7-11 可以看出，第一，京津冀区域物流标准化建设以交通标准化建设为主，包括公路、铁路和航空。公路方面，京津冀三地间的省级高速路效仿国家高速路的模式，统一起名编号，方便了出行；铁路方面，京津冀以"京津唐、京保石、京唐秦"三大通道为主轴，以京、津、石三大城市为核心，形成"四纵四横一环"为骨架的城际铁路网络；航空方面，京津冀实现了空铁联运。第二，京津冀结成物流标准化联盟，并引导京津冀地区供应链上下游企业协同推进标准化，带动提高区域物流标准化水平。第三，京津冀共同配送服务中心正式运营，并将制定《京津冀商贸物流发展专项规划》。

3. 地方层面

北京、天津和河北三地围绕本地区的物流业发展水平，先后启动了物流标准化试点建设等工作，在托盘标准化、冷链物流等方面进行探索。如表 7-12 所示。

表 7-12　地方层面标准化探索及建设成就

省市	探索	建设成就
北京	以城市物流配送体系中标准化环境建设、标准化托盘循环共用等为工作重点，稳步推进物流标准的一贯化，促进物流配送交接模式变革，带动京津冀区域物流标准化协同发展	确定了 29 家物流标准化试点企业
	以第三方物流企业牵头形成试点联盟。以招商局物流为发起单位，8 家试点企业成立区域托盘循环共用平台联盟。联盟单位之间通过签订带托运输免检验货协议，统一仓储设施和信息系统建设标准等方式，实现货物高效流转和托盘循环共用	开展物流托盘标准化工作
	以北京试点为龙头带动集团内部在全国范围内启动物流标准化工作。针对粮、油、面、饮料等大批量商品，制定相关物流标准、进行模式测试，在全国范围内推进带托运输和托盘循环共用	
	以供应商为重点，打通上下游实现标准托盘循环共用	
	京津冀协同推动农产品物流标准化工作	
天津	推进天津市物流标准化体系，提升物流标准化水平，培育运营主体以及完善相关标准和服务规范	开展物流托盘标准化循环共用工作
	打造冷链物流大本营	加快冷库建设
	打造辐射环渤海及北方地区的电商产业城，构建支撑京津冀一体化的电商物流营地。重点发展冷链物流，建设区域性冷链物流配送中心，打造京津冀 1 小时冷链配送链	阿里与天津市政府合作的菜鸟项目
河北	推动托盘标准化和托盘共用服务体系建设、推广应用标准化的物流设施设备、加强物流标准化信息服务平台建设、加快制定和完善相关物流标准和服务规范、夯实物流标准化工作基础。推动其他物流设施设备的标准化，达到降低物流成本，提升物流效率的目的	唐山市商务局推进物流标准试点工作
	开展物流标准化研究，选择重点领域大型物流企业、配送中心、售后服务平台以及物流园区和重点区域开展标准化试点示范工作	保定市制订物流业发展三年行动计划

资料来源：中国物流与采购联合会．政策［DB/OL］．［2015-12-31］．http：//www.chinawuliu.com.cn/，中华人民共和国商务部．政策［DB/OL］．［2015-12-31］．http：//www.mofcom.gov.cn/.

四、京津冀物流标准化试点建设

为贯彻国务院《物流业发展中长期规划（2014—2020 年）》（国发〔2014〕42 号）和部分城市物流工作座谈会精神，2015 年，财政部、商务部、国家标准委联合开展了物流标准化试点工作，启动物流标准化专项行动，并发布《关于开展物流标准化试点有关问题的通知》（财办建〔2014〕64 号）、《关于做好 2015 年物流标准化试点工作的通知》（财办建〔2015〕73 号）等指导性文件，加强对物流标准化工作的指导。

2014年，财政部、商务部、国家标准委决定在北京市、上海市、广州市开展物流标准化试点，以期提高京津冀、长三角、珠三角地区乃至全国物流标准化水平提升。试点以大型龙头企业（批发、连锁零售、第三方物流、快速消费品生产企业和第三方物流标准化设备服务商）为主体，主要包括提高标准化托盘使用量、仓储配送设施设备标准化改造、提升标准化物流设备服务水平、提升物流一贯化运输水平、完善相关标准和服务规范、加强统计工作。

（一）北京市物流标准化试点建设

1. 发展目标

北京市作为全国第一批物流标准化试点城市工作，2015年确立了首批29家试点企业，并基于北京实际，逐步形成了物流标准化试点的基本思路，即立足商贸物流领域，以促进满足首都功能定位需要的城市保障性物流加快发展为目标，以不同类型企业多点支持为手段，稳步推动供应链物流标准一贯化，推动物流配送交接模式变革，加强区域和企业间合作，以期推动京津冀区域物流标准化协同发展，降低物流成本，提高物流效率，建立一个长期可持续的物流标准化运营管理体系，并明确完善了“三个体系”、推广“四种模式”的建设任务。

2. 主要任务

北京市商务委员会关于开展物流标准化2015试点项目申报工作的通知中指出工作任务：仓储配送设施设备标准化改造、提升标准化物流设备专业服务水平、推进物流一贯化运输、完善物流标准和服务规范。试点单位的确立需要通过申报审批程序，最终确定试点单位。

北京市确立了29家企业，可分为三类：

（1）承担“标准化物流装备推广应用体系”建设的试点企业。

①北京朝批商贸股份有限公司；

②北京苏宁物流有限公司；

③北京京东世纪信息技术有限公司；

④北京京客隆商业集团股份有限公司；

⑤柒一拾壹（北京）有限公司；

⑥北京华冠商业经营股份有限公司；

⑦北京鼎立三通物流有限公司（物美）；

⑧招商局物流集团北京有限公司；

⑨北京安信捷达物流有限公司；

⑩华润物流（北京）有限公司；

⑪北京青鸟物流有限公司；

⑫北京快行线食品物流有限公司；

⑬北京大荣物流有限公司；

⑭中外运久凌储运有限公司；

⑮北京世盟国际物流有限公司；

⑯北京市德利得物流有限公司；

⑰北京科捷物流有限公司；

⑱北京德邦货运代理有限公司；

⑲北京捷迅润通运输有限公司；

⑳北京首发物流枢纽有限公司；

㉑北京远成物流有限公司；

㉒美巢集团股份公司；

㉓北京可口可乐饮料有限公司。

（2）承担“标准 haunted 物流装备运营管理与服务体系”建设的试点企业。

㉔路凯物流设备租赁（北京）有限公司；

㉕中包精力托盘共用系统有限公司；

㉖中国智能物流包装公司；

㉗北京京津港国际物流有限公司；

㉘易通交通信息发展有限公司。

（3）承担“物流标准化运营标准、规范及第三方认证体系”建设的试点企业。

㉙中物动产信息服务股份有限公司。

3. 主要工作成效

北京市 29 家试点企业着力加大物流标准化建设投入，积极与上下游企业沟通协调，在全市范围内形成了物流标准化改造升级、创新发展的生动局面，试点取得了阶段性成效，主要表现为：

（1）共用标准化托盘使用量明显增加。除了 3 家信息服务商外，26 家试点企业共拥有托盘 162 万个，试点后达到 226 万，增加比例达 39.5%，有效保证了一贯化托盘作业的实施。

（2）试点企业物流效率大幅提升、成本明显降低。2015 年 1 月试点实施以来，试点企业共完成带板运输超过 100 万板次。企业货物装卸效率、货物交接效率平均提高了 2 倍左右，货物周转效率、盘点准确率、仓库空间利用率均大幅提高，货物破损率明显降低。

（3）带动缓解周边交通压力。北京市试点以来，新增免验收企业（门店）400 余个，平均免验收货运量占比达到 28%，实现终端门店收货免验货，大大提升了终端收货效率，缓解送货车辆导致城市交通拥堵。

在取得成就的同时，北京标准化试点在工作中有两方面的创新：

（1）交接货模式创新。一是突破现有零售终端交接货模式，逐步实现现场免验收；二是突破现有订货模式，逐步实现以标准化为基础的订货单元化，实现以托盘而不是以件为单位的订货单位。

（2）资金使用创新。基于京津冀一体化发展的大背景，在财政资金使用方式上积极创新，经过与商务部、财政部的沟通，突破资金使用地域范围限制，支持京津冀区域范围内投资建设项目，符合了企业运作的实际需求，取得了较好的实施效果。

(二) 天津市物流标准化试点建设

1. 发展目标

为贯彻落实《财政部办公厅、商务部办公厅、国家标准委办公室关于做好 2015 年物流标准化试点工作的通知》（财办建〔2015〕73 号）有关要求，2015 年 9 月 11 日，天津市商务委、天津市市财政局、天津市市场监管委联合召开商贸物流标准化试点工作部署会。部署标准化试点工作，要求抓好典型带动，提升示范效应，促进物流产业转型升级，促使物流标准在更广范围内实施，提高标准应用的通用性、协同性、一贯性，最大限度地发挥试点工作的带动性和辐射作用，促进提升区域标准化水平、降低物流成本、提高流通效率。

2. 主要任务

为提高试点工作针对性，取得显著的示范效果，根据《财政部办公厅商务部办公厅国家标准委办公室关于做好 2015 年物流标准化试点工作的通知》（财办建〔2015〕73 号）和《商贸物流标准化专项行动计划》（商办流通函〔2014〕752 号）精神，天津市作为第二批全国标准化试点城市在商贸连锁企业、电商物流企业、商贸批发企业、快消品生产企业、药品流通企业、农产品流通企业、第三方物流企业中，以托盘标准化及其循环共用、物流标准化公共信息平台、标准化城市物流基础设施及设备为重点，着力提升天津物流标准化综合水平。

在物流标准化试点项目申报工作通知中确定项目资金支持的主要工作、重点推进五个体系建设、抓好九项重点任务以及确立了 36 家试点企业。

（1）项目资金支持主要工作。

①支持制定物流相关服务规范体系。支持制定托盘、周转箱、笼车等相关配套设施设备和运营规范、配送流程、质量控制、配送车辆服务和农产品物流包装等服务业地方标准。

②支持与标准化托盘相关联的物流设备设施标准化升级改造。以符合国家标准（GB/T 2934—2007）要求的 1.2 米×1.0 米托盘（含周转箱、周转笼）作为循环共用标准托盘。支持探索标准托盘与供应链、共同配送、多式联运、甩挂运输相结合，整合物流供应链资源，推动托盘单元化作业和带托盘运输。

③支持建设商贸物流标准化公共信息服务平台。支持商贸物流标准搜索平台建设，整合商贸物流国家标准、行业标准、地方标准，建设统一公开的搜索服务平台，提供物流标准订阅、查询、分析解读等专业服务；支持建设具有整合省际专线及零担物流业务、同城短途货运业务和最后一公里城市配送业务服务模式，具备撮合交易、在线签约、在线支付、诚信评价、安全保障、过程管控、货物全程可追踪功能的社会化物流信息服务平台；支持托盘共用系统平台建设，围绕标准化托盘循环共用，整合托盘及包装领域供应链资源，逐步推进由静态租赁到动态循环、由区域交换到全国交换的托盘循环共用信息化平台建设。

④支持建设改造标准化城市物流基础设施。支持按照天津市冷链物流系列地方标准，新建及提升改造一批高起点、高标准的全温带冷库，对冷库建设、制冷设备、货架、叉车等设施设备、物流信息系统软硬件购置、冷库设施设备安装改造工程费用给予补助；支持商贸连锁企业、电商物流企业、商贸批发企业、快消品生产企业、药品流通企业、农产品流通企业、第三方物流企业与标准化托盘配套的通用仓库、配送中心基础设施新建及改造，对仓储、配送中心基础设施建设、月台、路基、设备设施安装改造投入的费用给予补助。

（2）五个体系。

一是建立完善的物流服务规范标准体系；二是建设标准化托盘循环共用体系；三是建设城市仓储配送设施设备标准化体系；四是建设商贸物流标准化公共信息服务平台体系；五是建设冷链物流标准化体系。

（3）九项重点工作任务。

2015 年 9 月 11 日，天津市召开物流标准化试点工作部署会，会议参加人员从不同的角度对物流标准化试点建设及项目申报工作作了部署，并对有关政策及关键性问题作了较详细的解读，确定了物流标准九项重点任务：一是制（修）订相关物流标准；二是推动重点标准研制和试点企业标准体系建设；三是培育托盘循环共用运营主体；四是提升改造物流配送中心等基础设施；五是创新城市配送货运模式；六是推动物流公共信息平台标准化建设；七是推动托盘共用系统平台建设；八是推进城市物流配送服务平台建设；九是推动新建及提升改造一批高起点、高标准的全温带冷库。

（4）天津市确立了 35 家试点企业，如表 7 - 13 所示。

表 7 - 13　　天津市 36 家试点企业情况

序号	项目名称	项目实施单位
1	标准化钢质物流托盘产业化基地升级改造	天津中集物流装备有限公司
2	年产 60 万件标准物流塑料托盘项目	天津派瑞特塑业有限公司
3	天津卫技天马公司标准化木托盘生产及检测查询系统建设	天津卫技天马除害处理技术服务有限公司
4	宽达冷链物流基础设施新建及改造提升项目	天津市宽达水产食品有限公司
5	蓝玺 G4 冷库建设项目	天津蓝玺冷链物流有限公司
6	东疆港大冷链标准化托盘升级项目	天津东疆港大冷链商品交易市场
7	百肯物流设备设施标准化升级改造项目	天津百肯食品科技有限公司
8	天津光明梦得仓储设备标准化升级改造项目	天津光明梦得乳品有限公司
9	华润万家天津配送中心标准化托盘循环共用项目	天津华润万家生活超市有限公司
10	雀巢矿泉水物流设备设施标准化升级项目	天津雀巢天然矿泉水有限公司
11	天津雀巢有限公司托盘标准化管理项目	天津雀巢有限公司

续 表

序号	项目名称	项目实施单位
12	康新物流标准化物流设施设备升级项目	康新物流（天津）有限公司
13	中粮佳悦标准化物流仓储设施升级改造	中粮佳悦（天津）有限公司
14	达能项目租赁标准托盘	招商局物流（天津）有限公司
15	苏宁天津物流中心标准化升级改造项目	天津苏宁物流有限公司
16	标准化托盘相关物流设备设施标准化升级	华润天津医药有限公司
17	易客满标准化设备升级项目	天津易客满国际物流有限公司
18	大田标准化仓库设备设施改造项目	天津大田运输服务有限公司
19	智通物流运输车辆项目	天津港保税区智通物流有限公司
20	智通联合储运运输车辆项目	天津智通联合储运有限公司
21	德邦物流标准化运输车辆项目	天津全程德邦物流有限公司
22	振华东疆运输车辆项目	振华东疆（天津）有限公司
23	日邮振华运输车辆升级改造项目	日邮振华物流（天津）有限公司
24	节资易购物流项目	天津节资易购电子商务有限公司
25	天津鲜宝冷链物流车项目	天津鲜宝冷链物流有限公司
26	城市共同配送标准化车辆管理体系建设	天津正易物通网络科技有限公司
27	都邦国际运输车辆项目	天津都邦国际贸易有限公司
28	联旺商贸运输车辆项目	天津市联旺商贸有限公司
29	天津市商贸物流标准信息服务平台项目	天津市质量技术监督信息研究所
30	伟程通车—无车承运公共信息服务平台项目	天津天华宏远物流有限公司
31	武清环渤海万吨冷库建设项目	天津正腾投资发展有限公司
32	天津招商空港 RDC 地基加固升级改造工程项目	招商局物流（天津）有限公司
33	天津市玉祥牧业有限公司冷链物流提升项目	天津市玉祥牧业有限公司
34	维益食品新建冷库项目	维益食品（天津）有限公司
35	中外运天津王稳庄物流配送中心建设及托盘标准化循环共用项目	天津中外运建合仓储服务有限公司

资料来源：天津市商务委员会［DB/OL］.（2016-02-06）［2016-04-12］. http：//www. tjcoc. gov. cn.

（三）河北省物流标准化试点建设

在第一批全国物流标准化试点的建设基础上，石家庄、唐山被确定为第二批全国物流标准化试点城市，石家庄和唐山就 2015 年开展物流标准化试点工作制定了相关的工作通知，筛选了试点企业。

1. 发展目标

为贯彻落实京津冀一体化，加速物流标准化在全国的实施，促使标准在更广范围内实施，提高标准应用的通用性、协同性、一贯性，最大限度地发挥试点工作的带动性和辐射作用，促进提升区域标准化水平、降低物流成本、提高流通效率。

2. 主要任务

2015 年 11 月，石家庄、唐山作为第二批全国物流标准试点企业展物流标准化试点申报工作，就试点重点工作做了安排，并与 2016 年 2 月，石家庄市确定 25 个试点项目。

（1）重点工作安排如下。

①支持围绕托盘标准化及其循环共用进行的相关配套设施设备升级改造。发挥托盘租赁运营企业、商贸连锁企业、快消品生产企业、托盘生产企业、第三方物流企业的主体作用，提高托盘（1.2 米×1.0 米）（含周转箱等）普及率；鼓励供应链上下游企业“结对子”协同推进托盘标准化；鼓励创新“互联网+托盘”的运营模式，探索标准托盘与供应链、共同配送、多式联运相结合的新路子，推动托盘单元化作业和带托盘运输。

②支持标准化的物流综合信息服务平台和托盘共用系统平台建设与改造，促进互联互通和资源整合。重点支持基于“互联网+”的物流综合信息服务平台按照国家标准建设改造，统一技术接口标准，通过平台联盟合作等方式建立市场化的长效机制，实现资源共享和互联互通；支持围绕提高托盘标准化水平和促进循环共用的托盘共用系统平台建设，整合托盘及包装领域供应链资源，逐步推进由静态租赁到动态循环、由区域交换到全国交换的跨越发展；支持平台拓展撮合交易、金融结算、标准化、质量认证、诚信监督、宣传培训等增值服务功能，利用大数据、供应链、众筹等手段整合线下资源，以模式创新推动智慧物流发展。

③支持建设改造标准化的城市物流基础设施。重点支持与标准托盘关联的仓库、货架、叉车、月台、配送车辆等物流设施设备标准化更新与改造，促进上下游设备的衔接；支持仓储、加工、包装、分拣、配送的流程服务标准化，实现物流设施单元化与集约化的协同；支持农产品、药品等领域冷链物流标准应用，推广温控、储能、节能等新技术标准；支持标准化物流设备服务商扩大租赁和包装循环利用等业务，创新技术与经营模式，完善公共服务体系，提高专业化服务水平。

（2）25 个试点项目及企业，如表 7－14 所示。

表 7－14　　河北省 25 家试点企业情况

序号	企业名称	项目名称
1	河北快运集团有限公司	物流服务综合标准化试点项目
2	河北泰通物流有限公司	托盘标准化应用及信息化建设项目

续 表

序号	企业名称	项目名称
3	石药集团中诚医药物流有限公司	物流标准化改造项目
4	河北恒益生物科技有限公司	自动化标准托盘物流中心项目
5	河北汉佳电子科技有限公司	标准化托盘循环共用公共服务平台项目
6	神威药业集团有限公司	神威医药物流标准化仓储及设施建设项目
7	石家庄市栾城区润丰物流有限公司	托盘标准化应用项目
8	石家庄德邦物流有限公司	标准化托盘及配套设施改造项目
9	石家庄聚和港物流园区有限公司	标准化托盘循环共用及信息化平台建设项目
10	石家庄市托特工贸有限公司	标准化托盘租赁服务项目
11	河北正时达运输有限公司	托盘标准化应用与信息化项目
12	河北省物流产业集团储运有限公司	仓储设施设备标准化改造项目
13	河北中储物流中心	供应链物流标准化改造项目
14	河北润成仓储有限公司	托盘标准化应用项目
15	石家庄军城物流有限公司	物流标准化建设项目
16	石家庄诚通联众储运有限公司	物流标准化新建项目
17	河北君乐宝君源乳业有限公司	君源奶粉智能仓储物流标准化项目
18	河北省大河物流有限公司	标准化仓储配送设施建设项目
19	石家庄金凤冷链物流园经营开发有限公司	物流园标准化设施改造项目
20	北国商城股份有限公司	生鲜果蔬一贯化运输建设项目
21	河北凤凰山薯业开发有限公司	标准托盘储藏改造通用仓库建设项目
22	石家庄唐祥模具工贸有限公司	标准化托盘生产项目
23	河北纽康恩食品有限公司	标准化托盘共用以及物流设备、设施升级改造项目
24	河北盛益饮品有限公司	托盘标准化应用改造项目
25	石家庄内陆港有限公司	仓储物流标准化设施设备改造项目

资料来源：石家庄市商务局［DB/OL］．（2016－02－02）［2016－04－12］．http：//zhaoxian. sjzmbc. gov. cn.

五、典型物流标准化试点企业

在京津冀地区选取物流标准化试点企业，发挥其带动和影响周围城市物流标准化的作用，以推动京津冀区域物流标准化协同发展，降低物流成本，提升城市间协同力，提高物流效率。实施举措有：制定物流标准和服务规范；围绕托盘标准化及其循环共用进行的相关配套设施设备升级改造；建设与改造具有标准化的物流综合信息服务平台和托盘共用系统平台；建设改造标准化的城市物流基础设施等。

（一）北京市典型物流标准化试点企业

1. 北京京津港国际物流有限公司

北京京津港国际物流有限公司是京、津两地市政府共同建设的海陆联运口岸——北京平谷国际陆港的运营主体，成立于2009年，公司注册本12885万元，是国内领先的现代物流综合服务提供商和陆路二类口岸运营商。

该公司主营业务包括：国内公路干线运输、城市配送、仓储服务及流通加工、冷链物流、国际进出口货运代理、物流信息化管理系统研发及应用、口岸物流、物流地产和物流金融等。

该公司物流资源配置合理，其中各种型号自有运输车辆400余辆，且均具有北京市通行证，能够24小时无障碍服务于北京城区配送；长期合作社会车辆达1500余辆；公司自有仓库约22000平方米，合作仓库23000平方米；口岸监管堆场总面积51000平方米；目前正在建设23000吨华北区最先进的全自动化立体冷库；公司年货运量180万吨；年车辆周转达7.2万次，服务网络遍及国内多个地区和城市，主要有华北、东北、西北、安徽及江苏等地区。

该公司拥有全自动化立体冷库2万吨，并在物流标准化方面已实现了托盘标准化（1.2米×1.0米）、装载单元标准化及信息系统标准化。

2. 中外运久凌储运有限公司

中外运久凌储运有限公司（简称中外运久凌）成立于1998年，是中国外运长航集团下属的专业子公司，是集团的陆上物流网络主体。主要从事跨区域长途运输与区域内配送业务、仓储管理业务、供应链物流服务。同时能够根据客户需要，为客户设计和提供定制化的物流解决方案，并为国内外众多知名品牌企业提供仓储管理、中转运输、区域配送、二次包装等供应链一体化物流服务。中外运久凌的物流网络与中国外运长航集团的整体服务网络相互衔接，形成了完整的中国外运长航集团陆上综合物流服务体系。

该公司目前已拥有75个分、子公司，60多个作业站点，并在全国建立了七大区域公司覆盖华北区域、华东区域、华南区域、华中区域、西北区域、东北区域、西南区域。形成了较完备的陆上物流作业网络体系。现有自有运力500辆，社会运力5000余辆，公司管理仓储资源80万平方米，员工3000余人。

该公司始终推行标准化作业，并坚持走企业发展与承担社会责任及保护环境并举的道路，先后通过了ISO 9001质量管理体系；ISO 14001环境管理体系；OHSAS 18001职业健康安全管理体系。

3. 中包精力托盘共用系统有限公司

中包精力托盘共用系统有限公司由中国包装总公司（中央企业）、北京市政府（由中关村发展集团代持股权）和江阴模塑集团公司共同投资设立，现有资产达 8000 万元。目前，公司已拥有 10 个以上的服务网点，营销及运营服务网络覆盖华东、华南、华北、华中、西南、东北等地区。

该公司从事物流包装服务，面向生产、制造、加工和流通业，提供绿色环保包装和安全高效物流的整体解决方案。致力于托盘、周转箱、专业物流设备的标准化工作以及建设和运营管理全国物流包装循环共用体系，并以大型加工制造业和商业流通服务业的供应链物流包装循环共用为重点任务。

（二）天津市典型物流标准化试点企业

1. 天津中集物流装备有限公司

天津中集物流装备有限公司是中国国际海运集装箱（集团）股份有限公司的全资子公司，注册时间是 1988 年，公司于 2000 年开始涉足物流装备和钢制包装容器等相关产品的开发、研制、生产和销售，能够根据客户的要求，设计和制作各种标准或非标准的托盘（箱、架）、仓储器具（如：仓储笼、货架、手推车、物流台车等）、物流装备、工位器具、特种集装箱、钢结构件等产品。

该公司的经营范围设计研发集装箱、托盘箱、仓储设备、物流台车等一系列物流相关设施设备。

2. 招商局物流集团（天津）有限公司

招商局物流集团（天津）有限公司成立于 2000 年，是招商局物流集团在华北区域的核心公司和总部所在地，资产规模超过 1.8 亿元，年营业额超过 5 亿元，拥有 13 万平方米大型分发中心，年集装箱代理量超过 7 万 TEU，年货物运输量超过 150 万吨，是本区域规模居前并且有较大影响的大型综合性物流公司。

该公司业务涵盖了运输、仓储、配送、增值服务、供应链管理、国际货运代理等多种物流服务形式，可以为客户提供全方位、多环节的整体物流服务，业务辐射范围包括天津、北京、河北、山东、山西、内蒙古等地区。

3. 天津大田运输服务有限公司

天津大田运输服务有限公司成立于 2002 年，为集团型公司，下属 60 多家公路运输、仓储物流及国际货运分公司，在全国范围主要城市都设有分支机构，形成了网络式的综合性供应链管理公司，并建立有 100 个营业站点及分公司，产品覆盖全国 400 多个城市，已经形成了集仓储、配送、分拨、集散、信息化查询为一体的综合性仓储服务。

该公司业务范围包括公路零担整车运输、仓库租赁、保税非保税仓储管理、进出口空海运代理、报关、配送等。

（三）河北省典型物流标准化试点企业

1. 河北邢台邢业通物流有限公司

河北邢台邢业通物流有限公司成立于 2010 年 12 月，注册资本 3000 万元。以冷链物流为主的，集货物仓储、运输、采购于一体，跨区域、网络化、信息化、智能化的综合性物流公司，主要经营范围为物流服务和仓储服务。

该公司截至目前已完成投资1亿元，建成－18℃低温冷库8个，5000平方米；恒温冷库7个，4800平方米；速冻库1个，200平方米。共计10000平方米。干鲜果品库6个，5000平方米，物流超市一座，5000平方米，可容纳120个商户经营。以上冷库、仓库、物流超市已经投入试运行。

2. 河北省物流产业集团有限公司

河北省物流产业集团有限公司是河北省政府2004年批准设立的国有企业，主要从事生产资料商贸、综合物流服务业务。现已发展成为集大宗商品贸易、现代物流、矿山开采、再生资源利用、报业、酒店于一体的大型综合性企业集团。截至2015年6月底，拥有总资产132亿元，净资产18亿元，下设15家全资子公司，年经营总量5000万吨，年加工能力100多万吨，建立起包括矿山开采、大宗物资采购、仓储、销售、报废汽车拆解、旧件再制造和逆向物流在内的钢铁供应链和综合贸易网络，在国内外拥有超过200家经营网点，拥有矿山、物流园区、剪切配送中心、矿石加工中心和绿色回收基地等有形资源。

该公司主要进行生产资料贸易、综合物流服务及相关资产经营，集贸易、矿业、餐饮、报业、仓储、加工、运输等相关物流服务业于一体，是中国国家AAAAA级物流企业。

3. 开滦集团国际物流有限责任公司

开滦集团国际物流有限责任公司是开滦集团有限责任公司所属全资子公司，是生产服务性、综合服务型物流企业，为国家5A级综合服务型物流企业。现有在岗员工1600人。下设铁路运输、港口储运、进出口等15个子（分）公司。运营网络分布于东北、华北、华南、华东、西北和中国香港等地区。

该公司的业务涵盖煤炭专业物流、物资仓储加工和逆向物流、运输服务物流、汽车物流、空港物流、钢铁物流、电子商务七大板块。

六、京津冀物流标准化发展存在的问题与建议

（一）京津冀物流标准化发展存在的问题

1. 物流标准化组织管理机构分散

物流覆盖范围较广且与不同产业间存在交叉重叠，主要表现在：第一产业涉及物流，如农产品物流；第二产业涉及物流，如制造业物流；物流业作为新兴的第三产业，独立于第一和第二产业，其自身包括运输、仓储、配送、装卸搬运、流通加工、包装和信息处理七大功能。运输又包括铁路、公路、水运、航空、管道五种方式，这些运输方式形成了不同的产业，即运输业、仓储业、装卸业、包装业、加工配送业、物流信息业等，而这些产业也分散在多个领域，如制造业、农业、流通业等。由于产业间

的交叉，导致了各产业的物流组织机构的交叉，不同产业、不同领域都设有物流组织机构及标准化管理机构，各管理机构根据自身功能与发展制定的物流领域标准，最终在企业实施层面。

2. 物流标准化体系有待完善

京津冀物流标准化体系不健全的表现主要包括：从数量上看，北京共发布 7 项物流标准，天津发布 8 项，河北发布 4 项，即物流标准数量较少；从标准内容上看，主要集中于道路交通和冷链物流领域，即标准涉及领域少；从时间上看，2011—2014 年没有发布物流标准，即标准发布不均衡；京津冀三地在制定物流标准时忽视了其区域性的特点，如天津市以港口产业为主体，但天津市对与港口物流相关的标准发布数量较少、河北省以商贸物流为主，但有关商贸物流的标准却很少。

3. 物流标准化试点建设有待拓展

2014 年，国家先后确立了北京、天津、石家庄和唐山作为物流标准化试点城市，并在这些区域确定了物流标准化试点企业，目前这些企业大多集中在第三方物流企业（仓储企业、包装企业、运输企业、物流信息企业）、食品企业、冷链企业以及物流设备制造企业，企业类型较少，试点项目主要以托盘标准化为主，还需要考虑拓宽试点项目内容。

（二）京津冀物流标准化发展建议

1. 建立京津冀物流标准化协同发展的组织机构

京津冀一体化发展背景下的物流标准化建设的一项重要任务，就是建立分工明确、协调有序、运行高效且机制统一的物流组织机构，该组织机构应独立于京津冀区域的其他物流组织机构，为京津冀物流一体化发展服务。

2. 完善京津冀物流标准体系

提高京津冀物流一体化水平，促进京津冀物流健康有序发展，物流标准的制定是必要的，而且推动区域产业的提升仅依靠国家标准是不够的，京津冀区域应围绕区域产业结构制定区域标准，推动团体标准，从而带动京津冀地区协同发展。北京市以高精尖产业为主，信息化程度高，物流业作为辅助产业扮演着重要角色。随着物流的不断发展，物流活动正逐渐渗透到各行业中，即便是高精尖产业的生产运营伴随着物流活动，因此，北京市应将物流与高精尖产业深度融合，制定适合高精尖产业发展的物流标准；天津市以港口产业为主体，港口作为天津市的支柱，发挥着不可替代的作用，故港口物流操作规程、堆场、集装箱等的标准还有待完善或增加；河北省作为天津市和北京市的农产品、原材料供应地，商贸物流对河北省的经济发展至关重要，故应围绕商贸物流标准的制定进一步完善商贸物流标准体系。

3. 推动京津冀三地物流标准互定互认

京津冀三地物流业特点及发展程度各有不同，在一体化发展背景下，三地应积极推动物流标准化的协同互动，保持政策协同、工作对接。不断推进标准化公共信息服务平台互联互通、标准化设施设备技术互认、流程规范互认、诚信体系互认、统计监测分析共享，加快推进京津冀区域物流标准化水平提升。

4. 加大京津冀物流标准化试点建设

物流活动覆盖面广泛，各类企业的生产运营离不开物流活动，尽管托盘标准化能带动整个流通链条的标准化工作，并能推动流通模式的变革，但托盘的使用以及上下游企业的物流业务衔接还包括车辆、搬运设备、信息平台等内容，在推动物流标准化建设的过程中，还应考虑其他设施设备的标准化建设。

第八章 京津冀物流信息化状况

周 丽

物流信息化是指运用现代信息技术分析、控制物流信息，以管理和控制物流、商流和资金流，提高物流运作的自动化程度和物流决策的水平，达到合理配置物流资源、降低物流成本、提高物流服务水平的目的。物流信息化是物流企业和社会物流系统核心竞争能力的重要组成部分，是现代化物流发展的关键，也是主要的发展趋势，更是京津冀物流一体化发展的必然要求。

本章主要描述与总结京津冀物流信息化状况，内容包括京津冀物流信息服务平台资源现状，京津冀跨区域、跨行业的物流公共信息平台建设状况，京津冀物流园区、物流企业信息化建设状况等方面。本章包含七个部分：第一部分，对京津冀物流信息服务资源现状进行分析，介绍物流信息平台所提供的公共服务和服务资源情况；第二部分，介绍京津冀跨行业和区域的智能物流信息化建设状况；第三部分描述口岸物流信息平台的现状；第四、第五部分，从物流行业协会和物流企业两方面，分析跨行业的物流信息化建设情况，包括现有物流行业协会信息平台，总结这些平台的功能以及对政府、企业等带来的益处；对于物流企业，按照物流企业的登记类型划分，分析物流企业信息化的建设情况，以及与国外先进物流企业的信息化进程相比的优缺点；第六部分，分析京津冀物流园区信息化建设情况，论述现有物流园区信息化建设的功能以及服务状况；第七部分，总结京津冀物流信息化建设存在的问题，并针对存在的问题提出相应的意见和建议。

一、京津冀政府物流信息平台建设状况

（一）政府物流信息平台的定义

一般认为，凡是能够支持或者进行物流服务供需信息交互或交换的网站，均可视为物流信息平台。政府作为市场经济各个市场行为人之间利害关系的合理调节与仲裁者、公共利益的维护者、宏观经济的掌握者、市场发展的调节者，需要对物流的各个环节进行管理和监督，工商、司法、海关、质检等一系列的职能部门，也需要将工作内容实时传输到各自的门户网站。在这个信息化的时代，物流信息化对于物流行业的发展起着至关重要的作用，物流信息化平台建设的作用更加关键。

政府物流信息平台主要由政府职能部门、门户网站、网站用户三部分组成。

一是政府职能部分：主要包括工商、海关、司法、税务等部门，主要履行市场的

监督与维护等职责，并将相关物流企业信息数据上传到门户网站。

二是门户网站部分：主要包括互联网络、数据库、网站等软硬件部分，承担物流企业数据信息记录和传播的载体。

三是网站用户部分：主要包含物流企业自身、行业协会、物流企业客户、物流行业竞争者等，它们是整个信息服务的主要使用者和受益者。

（二）物流信息化发展的相关政策

1. 国家出台的政策

2009 年 3 月 10 日国务院印发的《物流业调整和振兴规划》指出：积极推进企业物流管理信息化，促进信息技术的广泛应用。尽快制定物流信息技术标准和信息资源标准，建立物流信息采集、处理和服务的交换共享机制。加快行业物流公共信息平台建设，建立全国性公路运输信息网络和航空货运公共信息系统，以及其他运输与服务方式的信息网络。推动区域物流信息平台建设，鼓励城市间物流平台的信息共享。加快构建商务、金融、税务、海关、邮政、检验检疫、交通运输、铁路运输、航空运输和工商管理等政府部门的物流管理与服务公共信息平台，扶持一批物流信息服务企业成长。

2013 年 1 月 11 日，国家工信部发布了《关于推进物流信息化工作的指导意见》，要求到“十二五”末期，初步建立起与国家现代物流体系相适应和协调发展的物流信息化体系，为信息化带动物流发展奠定基础。推进工作分两个阶段实施，第一阶段主要通过试点示范引导，初步探索建设物流信息化体系的有效途径；第二阶段在总结和推广前期经验的基础上，促进先进信息技术在物流领域广泛应用，使物流信息资源得到较为充分的开发利用，物流运作和管理水平得到明显提高，物流信息服务体系基本形成。

2014 年 9 月 12 日国务院印发的《物流业发展中长期规划（2014—2020 年）》指出：加强北斗导航、物联网、云计算、大数据、移动互联等先进信息技术在物流领域的应用。加快企业物流信息系统建设，发挥核心物流企业整合能力，打通物流信息链，实现物流信息全程可追踪。加快物流公共信息平台建设，积极推进全社会物流信息资源的开发利用，支持运输配载、跟踪追溯、库存监控等有实际需求、具备可持续发展前景的物流信息平台发展，鼓励各类平台创新运营服务模式。进一步推进交通运输物流公共信息平台发展，整合铁路、公路、水路、民航、邮政、海关、检验检疫等信息资源，促进物流信息与公共服务信息有效对接，鼓励区域间和行业内的物流平台信息共享，实现互联互通。

2015 年 7 月 27 日，根据《京津冀协同发展规划纲要》精神，加强商务方面规划衔接和政策统筹。参与编制好“京津冀商贸物流发展规划”，研究建立京津冀市场一体化促进资金的可行性。推进商贸物流信息共享及领域合作。整合三地资源，搭建京津冀物流公共信息服务平台，推动三地标准化托盘应用及第三方循环共用网络建设。

2. 北京市出台的政策

2011 年 11 月，北京市政府颁布《北京市“十二五”时期物流业发展规划》，规划指出推进物流技术创新和应用，以产学研为基础，开展物流信息化等领域的科技创新与应用示范。积极推广物流标准，提升物流业标准化水平。启动物联网技术的示范试点，提高全市物流业发展的科技水平。

3. 天津市出台的政策

2012 年 1 月，天津市政府颁布了《天津市信息化发展“十二五”规划》，要求开展智能港口试点。以 RFID、传感器、遥感、GIS 及 GPS 等技术为支撑，整合集成港口基础地理信息系统、设施管理数据库系统、应急指挥系统、调度指挥系统和港口信息服务系统，构建天津港数据资源中心和云计算平台，建设电子监管通道、智能卡口、智能仓储、智能堆场、GPS 船舶定位系统，实现港口生产操作、仓储管理、物流跟踪、海关监管的智能化。

4. 河北省出台的政策

2012 年 5 月河北省人民政府办公厅出台了《关于推进信息化与工业化深度融合促进现代产业体系建设的意见》。该《意见》指出要加快传统物流企业信息化改造，构建企业、行业和区域物流信息化支撑平台，支撑全省现代物流体系建设。广泛应用条码、智能标签、RFID（无线射频识别）等技术，实现物流信息快速采集和准确识别；推广数据通信、卫星定位系统、地理信息系统等技术的集成化应用，提高物流运输效率和安全性；鼓励企业采用自动寻址、自动分拣、监控调度等技术和装备，提高仓储自动化水平；推广应用 ERP（企业资源计划）、SCM（供应链管理）等系统，引导建立集自动识别、仓储、运输、调度、管理于一体的物流信息综合管理平台，提高企业物流运作效率。交通枢纽型物流聚集区重点建设和完善公路、铁路、航空、海运等信息网络，搭建连接海港、内陆港、空港和物流聚集区的物流信息公共服务平台，促进多式联运，增强物流集疏能力；产业基地型物流聚集区重点推动生产企业与物流企业信息系统对接，建立双向信息交换机制，构建以订单为核心的物流供应链管理平台，延伸支柱产业链条；商贸集散型物流聚集区重点推进电子商务与物流服务集成应用，培育和发展一批综合性信息服务平台和专业化交易平台，促进物流产业聚集。依托石家庄、唐山、邯郸、沧州等省内重要物流节点城市，建设区域性物流信息公共服务平台，实现各类专业性物流信息聚集和共享；积极推动商务、税务、工商、海关、检验检疫、金融、邮政、气象、交通、铁路、航空、海运等部门和行业的物流信息共享，整合物流节点城市公共服务平台，构建省级物流信息公共服务平台，促进河北省现代物流服务体系的建设和完善。

（三）京津冀物流公共信息平台建设

西方主要资本发达国家的信息主管部门早在 20 世纪末期就开始进行物流管理信息化建设，并取得了良好的成绩。美国、德国等国物流产业总成本约占 GDP 的 8%，而我国目前物流产业总成本约占 GDP 的 18%①。进入 21 世纪后，我国政府也开始大力着手建设相应的物流公共信息平台，并获得迅速发展。京津冀地区物流公共信息平台调查如表 8-1 所示。

表 8-1　　京津冀物流公共信息平台调查表

地区	名称	网站
北京	中国物通网	www.chinawutong.com
	北京电子口岸	http：//www.bjeport.gov.cn/
	中国电子口岸	http：//www.chinaport.gov.cn/
	北京物流公共信息平台	http：//www.56beijing.org/
	中国物流信息公共平台	http：//www.fala56.com/
	中冷联盟公共信息平台	http：//www.lenglian.org/
	物流京津冀公共信息平台	http：//563j.com/
天津	天津电子口岸	http：//app01.tjeport.gov.cn/wuliu/
	天津物流服务平台	http：//www.tjwlgov.com/default.aspx
河北	河北电子口岸	http：//www1.chinaport.gov.cn/subeport/hebei/pub/
	河北物流网	http：//www.heb56.cn/
	河北城市共同配送公共物流信息服务平台	http：//www.56hb56.com/

注：资料来源于网络调查。

1. 北京物流公共信息平台建设

北京物流公共信息平台亦称“北京物流门户”是在北京市商务委、北京市发改委等政府相关部门的大力支持下，由北京物流协会组织建设北京首发物流枢纽有限公司主导运营的北京第一官方综合物流门户，是北京市政府“十一五”重点规划的三大平台之一。

该平台于 2009 年组织建设，2011 年 3 月正式上线运营，一直秉承“沟通协作共赢”的理念，以立足北京、覆盖环渤海、服务全国为发展目标，致力打造成中国首家物流产业链功能性的综合服务平台。

该平台自创建以来，曾多次获得交委、发改委、商委及协会等部门的肯定，在业界享有较高的知名度，还曾获得中物采颁发的 2010 年科技进步二等奖。

该平台的核心价值在于可以实现企业间的信息与业务流程的对接，从而有力地促进制造业、商贸流通业（物流需方）与物流业（物流供方）的行业融合，加强企业间的纵向（跨行业的）与横向（物流行业内的）协作，促进物流行业整合与产业升级，

① 时可．北京市物流信息平台发展现状分析［J］．物流技术，2011（6）：214-230.

达到降低成本、提高效率的目的。一个公共服务中心主要为社会用户提供物流企业官方认证、物流保险、融资贷款、行业新闻、政策法规、行业培训考试、企业征信查询、交通路况等公共服务①。

2. 天津市物流公共信息平台建设

天津市物流公共信息平台建设具有代表性的是天津电子口岸与天津物流服务平台。该平台是 2006 年 10 月开始建设的。目前，在海关总署、国家质检总局等部门的大力支持下，已完全具备开通条件。天津电子口岸与天津物流服务平台，是具有“一个门户入网”“一站式通关服务”及“统一用户管理”等特点，以口岸通关执法管理为基础，以综合物流和电子商务为主要服务内容的集通关、商贸、物流服务于一体的统一信息平台。

天津电子口岸与天津物流服务平台，覆盖电子政务、电子商务、电子物流等各个领域，客户涉及口岸执法部门、港口、外贸、仓储、代理、货运等通关领域各相关单位。信息平台一期项目，建设了政府执法服务、综合物流服务、电子商务服务三大平台、42 项功能，形成了具有先进水平的口岸大通关与商务物流综合服务信息平台。

3. 河北省物流公共信息平台建设

河北省物流公共信息平台建设具有代表性的是河北电子口岸。河北电子口岸被誉为“中国电子口岸”，它是利用现代信息技术，借助国家电信公用网，将进出口业务信息流、资金流、货物流的电子底账数据集中到一个公共数据中心，使国家行政管理部门可以跨部门、跨行业进行联网数据核查，企业可以上网办理报关、出口退税、结售汇核销等手续②。由海关总署、经贸部、公安部等 11 家部委开发的“中国电子口岸”不仅是中国电子化政府的雏形，更是公共物流信息平台建设的代表。

河北省“电子口岸”的推广应用工作于2001 年 7 月全面铺开。据 2014 年 3 月石家庄海关的工作人员统计，河北省有进出口业务的企业 1400 多家，加入电子口岸的有 1300 多家，占 95%以上，进出口物流信息化管理已经走在了全国的前列③。

（四）京津冀物流公共信息平台服务功能

此次调查研究的是京津冀地区物流公共信息平台的现状，基于此找出北京物流公共信息平台、天津电子口岸与物流信息平台和河北电子口岸 3 个为例，表 8 - 2 和表 8 - 3分别是京津冀物流公共信息平台的功能和运营模式。

---

① 周晓娟，杨蕾. 河北省“农超对接”实施路径之物流公共信息平台的建设 [J]. 物流技术，2012 (7)：372 - 374.

② 梁登攀，赵一飞. 我国口岸物流信息平台建设存在问题与发展策略 [J]. 物流技术，2006 (1)：115 - 119.

③ 河北网. 石家庄海关电子口岸入网企业突破 2 万家 [EB/OL]. (2012 - 12 - 24) [2016 - 03 - 11]. http：//www.he - bei.cn/hebei/shichang/201212/2453979.html.

表 8-2　　京津冀物流公共信息平台的功能

业务与项目		北京物流公共信息平台	天津电子口岸与物流信息平台	河北电子口岸
实施时间/年		2011	2006	2001
服务覆盖范围	贸易管理机构	√	√	√
	供应商/采购商	√	√	√
	码头	√	√	√
	承运人	√	√	√
	货代	√	√	√
	进/出口商	√	√	√
	金融机构	√	√	√
海关业务	进出口电子报关清单		√	√
	转口电子报关清单		√	√
	船只电子清单		√	√
	邮政电子清单		√	√
	危险品电子申报	√		√
	危险品监控	√	√	√
	清关状态追踪		√	√
码头作业	码头运作资源配置及优化		√	√
	在线预订码头服务		√	√
	货柜编号确认		√	√
	货柜码头与轮班整合		√	√
	货柜码头与火车运输整合		√	√
	货柜码头与内河运输整合		√	√
	货柜码头与空运整合		√	√
	货柜码头与仓库整合		√	√
	货柜位置跟踪		√	√
	在线船期信息发布		√	

续 表

业务与项目		北京物流公共信息平台	天津电子口岸与物流信息平台	河北电子口岸
承运人业务	电子船运订单		√	√
	电子提单		√	√
	在线发布船期		√	√
	空柜管理		√	√
	仓位管理	√	√	√
	船运状态追踪		√	
	货代运作	√	√	
	电子船运订单		√	√
	船运状态追踪		√	√
	仓库管理	√	√	√
结算业务	电子结算	√	√	√
	电子结算账单	√	√	√
	仓库管理	√	√	√

注：资料来源于网络调查。

由表 8－2 得知，由于北京位于内陆，没有港口，所以相较于河北和天津而言，北京物流公共信息平台并不提供码头作业业务和承运人业务。而天津电子口岸与物流信息平台和河北电子口岸则提供港口的相关业务。同时根据调查，我们发现这些港口物流公共信息平台的建立时间相对较早，适宜大批量货物进出海关；而北京的物流公共信息平台的数目多，更能满足个性化需要。京津冀各具代表性的物流公共信息平台的运营模式列于表 8－3 中。

表 8－3　　　　京津冀物流公共信息平台的运营模式

业务与模式		北京物流公共信息平台	天津电子口岸与物流信息平台	河北电子口岸
投资	政府原始投资	√	√	√
	商业机构或用户组织原始投资			
所有权	政府部分所有		√	√
	政府完全所有			
	商业机构或用户组织完全所有	√	√	√
运作主体	由政府负责运作			
	由商业机构或用户组织负责运作	√	√	√

续　表

业务与模式		北京物流公共信息平台	天津电子口岸与物流信息平台	河北电子口岸
商业模式	赢利	√		
	非赢利		√	√

注：资料来源于网络调查。

通过京津冀物流公共信息平台的运营模式在投资、所有权、运作主体、商业模式等几方面，可以发现：对比国外情况，投资并不一定来源于政府，但是运营主体却都是由商业机构或用户组织负责运作，但是政府对于物流公共信息平台的建立政府都会给予资金支持，但是具体的商业模式则主要根据各地区的实际情况来具体操作。

二、京津冀跨行业和区域的智能物流信息化建设状况

《物流业发展中长期规划（2014—2020年）》中提出，整合现有物流信息服务平台资源，形成跨行业和区域的智能物流信息公共服务平台①。建设衔接企业、消费者与政府部门的第三方公共服务平台，提供物流信息标准查询、对接服务。信息化是现代物流的核心，只有实现了信息化，才能有效地实现物流的网络化、系统化和柔性化，物流企业才能有效地提高物流效率，为客户提供优良的物流服务②。整合京津冀现有物流信息服务平台资源，建立省际和跨国合作机制，实现物流基础设施互联互通和信息资源共享，进而促进京津冀跨行业和区域的智能物流信息公共服务平台的建设。

（一）京津冀跨行业和区域的智能物流信息平台发展概况

智能物流信息平台是提供整合物流服务的协同平台，综合利用集成信息技术和智能技术，智能化地思维和解决物流中某些问题，使供应链物流一体化运作，在统一、协同的管理平台上提供高效率、标准化的综合性物流服务，从而智能物流信息平台成为能提供一体化供应链物流服务的整合运营商。智能物流信息平台能有助于解决长期存在的物流业务彼此独立运作、缺乏整合、物流业务之间难以无缝连接的问题，同时也可以规避物流业务主体自建信息化平台的重复投入问题，以高度集约化、功能耦合、以物流电子商务为核心、供应链一体化运作的整合信息平台，为物流实体经济提供有力支撑，提升物流企业、企业物流以及区域物流的综合竞争力。

---

① 佚名．国务院印发物流业发展中长期规划［J］．物流时代，2014（11）：20-20.

② 翟玮玮，邵运川，王泉．基于“互联网＋”的农产品物流信息服务平台分析［J］．南方农业，2015，9（36）：242-243.

对于京津冀跨行业和区域的智能物流信息公共服务平台，目前智能物流采用货物跟踪定位、无线射频识别、可视化技术、移动信息服务、智能交通和位置服务等关键技术，研发推广高性能货物搬运设备和快速分拣技术，加强沿海船型、商用车运输等重要运输技术的研发应用。其智能物流信息公共服务平台重点工作在于以下四个方面。

一是完善物品编码体系，推动条码和智能标签等标识技术、自动识别技术以及电子数据交换技术的广泛应用。

二是推广物流信息编码、物流信息采集、物流载体跟踪、自动化控制、管理决策支持、信息交换与共享等领域的物流信息技术。

三是鼓励新一代移动通信、道路交通信息通信系统、自动导引车辆、不停车收费系统以及托盘等集装单元化技术普及。

四是推动北斗导航、物联网、云计算、大数据、移动互联等技术在产品可追溯、在线调度管理、全自动物流配送、智能配货等领域的应用。

例如，中国物流公共信息平台依托云计算和物联网等先进技术，以整合物流信息资源为宗旨、以实现物流信息的跨区域应用为目的、以降低货运车辆空载率为导向，构建了集政府物流、园区物流、企业物流、个人物流于一体的全国性物流公共信息平台。并通过合作、加盟等方式已经或将与全国近 20 个省市形成合作，共享物流信息数据资源，从而实现在全国范围内的跨区域车货撮合信息交易服务。结合智能物流信息终端——货中宝的推广应用，中国物流信息平台更快捷高效地向政府、园区、企业和个人提供“一站式”集成化的物流信息与交易服务。同时，预留接口，方便与应急物流信息平台、商务直报平台和运政管理等专业平台的对接和功能拓展。

（二）京津冀跨行业和区域的智能物流信息平台功能

通过网络调查京津冀跨行业和区域的智能物流信息公共服务平台，并结合智能物流理念贯穿于智能物流信息平台的规划和运营，提供一体化的供应链物流服务解决方案，跨行业和区域的智能物流信息公共服务平台主要实现以下六大功能：物流服务一体化、物流过程可视化、物流交易电子化、物流资源集成化、物流运作标准化、客户服务个性化。

1. 物流服务一体化

智能物流信息平台主要是利用先进的物流信息技术实现对主要物流业务的整合，消除业务间不能无缝对接的情况，使各行各业都能加入这一平台中，实现各行业物流成本的优化，提高不同业务的协同和整合能力，提高物流服务整体效率[①]。物流是跨行业、多部门、各种运动形式交集的活动，需要物流信息平台进行信息的交换与共享，物流信息平台是物流领域的神经网络，是支持物流发展的关键基础知识。

① 李远远．智慧物流信息平台规划研究［J］．学术论坛，2013，36（5）：140－143.

2. 物流过程可视化

应用物联网技术和全球卫星定位系统（GPS）、移动位置信息服务（MPS）、地理信息系统（GIS）及无线通信等技术，使供应链物流全程透明可追溯，对运营全面管控和规范化管理，使运作过程的事故率和货损率降低。在物流的各个环节中实现物流信息的可视化。它包括物流资源信息、物流需求信息、物流过程、物流状态、物流控制和物流环境等的可视化。物流可视化针对物流信息，大大加快了数据的处理速度，使时刻都在产生的海量数据得到有效利用；它在人与数据、人与人之间实现图像通信，从而使人们能够观察到数据中隐含的现象，为发现和理解科学规律提供有力工具。

3. 物流交易电子化

智能物流信息平台的物流电子商务功能提升了物流服务交易效率，提高了客户和物流企业的互动效率，降低了物流服务的搜寻和交易成本，提高了客户满意度。

4. 物流资源集成化

智能物流信息平台通过整合各类物流资源，合理化分类管理和调度，能更有效地调度更多的社会物流资源，实现集约化利用，提升区域物流发展水平和成长空间。

5. 物流运作标准化

智能物流信息平台对物流运作方案实行全面标准化管理，实现标准化信息管理和物流业务运作，提高管理效率和防范风险能力。对京津冀跨行业和区域的智能物流信息平台而言，实现物流运作标准化功能，就是要对物流活动的细节进行明确规定。对于物流行业，需要用标准化来将供方—干线物流—配送—送达需方等物流环节有机连接起来，对物流企业而言，标准化是提高内部管理、降低成本、提高服务质量的有效措施。

6. 客户服务个性化

智能物流信息平台能为客户提供量身打造的专业、细致、个性化的供应链物流服务，提升了物流服务营销能力。此外，智能物流信息平台还能进行统一结算管理，提高资金使用效率和管控力度。

智能物流信息平台最终将成为社会化的公共物流信息平台，为众多物流企业和客户企业所用，成为一个能提供整合供应链物流服务的运营平台，改变区域的物流生态，使各个物流企业和客户企业之间建立先进的信息沟通平台和规范化、标准化、高效率的物流运作模式，降低整个物流生态圈的运营成本和提高赢利能力，同时，更有助于政府和有关部门对物流生态圈进行有效管控，制定促进物流生态圈运营发展的政策措施，与智能城市建设协调同步并为其提供支撑。

三、京津冀口岸物流信息化建设状况

（一）京津冀口岸发展现状

随着京津冀一体化改革的不断深入，近年京津冀三地口岸建设的融合度也在加快，保税区、港口、海关、空港等口岸一体化进程都在加快，京津冀三地的协同发展令各企业也享受到了通关的好处。随着贸易往来的加快，除了一些原有的口岸外，还出现了很多新建口岸，比如北京地区的朝阳口岸、丰台货运口岸、北京西站铁路口岸、北京天竺保税区、北京亦庄保税区、曹妃甸保税区、首都国际机场等；天津的天津港、天津东疆保税港区、天津滨海国际机场等；河北的石家庄海关、秦皇岛口岸、石家庄正定机场等。

自 2014 年 7 月 1 日，京津冀海关通关一体化已一年有余，一体化通关之前，当地海关“各自为政”，各业务现场只能执行本关区的通关指令，跨关区货物通关难以由一个海关办结，企业必须在不同关区间往返奔波。一体化通关之后，三地海关均可放行三地企业在三地口岸进出境的货物，可以不再使用转关运输等传统的海关监管方式，比如货物从北京或者天津进口，而石家庄海关就可以放行，极大便利了企业的通关运行，缩短了报关时间，外加无纸化办公，通关效率提高，企业可通过计算机远程“遥控”货物的进出口，这是目前口岸信息化发展带来的好处。

（二）京津冀口岸物流信息平台功能

京津冀电子口岸以信息服务平台为依托，形成了符合京津冀三地各有特色的电子口岸网站，同时搭建了统一的申报平台、风险防控平台、专业审单平台和现场作业平台，将京津冀地区企业视为同一个关区的企业，方便各家企业都能享受到一体化通关带来的便捷，如表 8－4 所示。

表 8－4　京津冀电子口岸门户网站的主要功能

京津冀电子口岸	新闻动态	通知公告	办公指南	口岸知识宣传	资料下载	常用链接	企业黄页	政务公开服务	办事执法系统
北京电子口岸	√	√	√	√	√	√		√	√
天津电子口岸	√	√	√		√	√	√		√
河北电子口岸	√	√	√		√				√

注：资料来源于网络调查。

京津冀电子口岸门户网站和口岸执法系统除了各自拥有主要相同的基本通关服务外，还有许多不同的特色功能，如表 8－5 所示。

表 8-5　　　　京津冀电子口岸服务功能汇总

电子口岸分类	电子口岸服务功能				
	北京电子口岸执法系统	关检“三个一”查验放行系统			
		展览品监管系统			
		进出口联网审核系统			
		旅行团出境预申报系统			
		高风险及疫情预警通报系统			
	北京电子口岸业务	首都之窗	检验检疫	商务	
		外汇管理	国税	旅游	
		海关	边防检查	工商	
	北京电子口岸通关服务功能	窗体顶端	国别地区	征免性质	用途代码
		关区代码 窗体底端	计量单位	企业性质 窗体底端	国内地区
		运输方式	港口航线	征免方式	成交方式
		贸易方式	商品税率	包装方式	结汇方式
天津电子口岸	天津电子口岸政府执法服务	船舶申报	检验检疫舱单申报	检验检疫集中转检	检验检疫场库放行
	天津电子口岸物流在线服务	货物在线		堆场在线	
	天津电子口岸全程信息服务	海关放行信息查询	检验检疫入境货物放行信息查询	进口仓单信息查询	
河北电子口岸	中国电子口岸执法系统				
	联审平台				
	入网状态查询				
	电子口岸业务代办				
	通关信息查询	通关状态查询	报关员计分查询	商品信息查询	归类公告查询
		仓单信息查询	企业基本信息查询	通关参数查询	海关法规查询

注：资料来源于网络调查。

(三) 京津冀口岸物流信息平台服务对象与服务能力

京津冀口岸物流信息平台采用 B2B 的商业模式，其成熟期的赢利模式为数据传输服务、信息发布、咨询服务、广告和会员制相结合。京津冀口岸物流信息平台的运营模式主要有两种①：一是由政府牵头组织的口岸物流信息中心。主要是由有关政府部

① 邓少灵．口岸物流信息平台［M］．人民交通出版社，2007：25-28.

门，如口岸委、信息委等共同发起组建的“口岸物流信息中心”，由该机构申请政府拨款，并投入建设和运营，待平台正式运行并得到市场反响后，吸引投资，并将该中心转为有限责任公司。这种运营模式容易得到中央和地方的政府资源，项目建设和运行初期政府推动的力度大，容易操作，如北京电子口岸和石家庄电子口岸；二是由政府牵头发起并组建的口岸物流信息股份公司，如天津电子口岸。

1. 北京电子口岸

北京电子口岸（门户网站 http：//www. bjeport. gov. cn/）是为了更有效地整合北京市各地方政府的口岸信息资源，为北京市各地方政府提供的口岸信息综合服务平台，使之更好地为社会、为企业服务，更有效地推动电子政务化的进程。北京电子口岸是具有北京地区特点的口岸综合信息服务及应用处理平台，以企业、社会、政府部门为服务对象，利用网上办事中的电子口岸执法系统和企业应用系统等功能，对北京地区口岸物流、相关企业及政府职能部门的信息资源整合，实现相互间的互联互通、数据交换和信息共享，提供进出口管理、口岸通关、口岸物流等方面的应用功能和信息服务，从而改善投资环境，提高通关效率，降低企业运营成本，以推动北京地区对外经济贸易发展。

北京电子口岸由中华人民共和国北京海关、北京出入境边防检查总站、国家外汇管理局网上服务平台和北京市国家税务局第三直属税务分局共建，由中国电子口岸数据中心北京分中心负责维护，北京市人民政府口岸办公室负责平台管理。

据北京电子口岸的统计数据显示①，自 2014 年 7 月 1 日起通关一体化改革后，外贸企业不仅可以自由选择三地通关，通关货量和通关效率也明显提升，2014 年北京口岸海关监管货物总量 2101.7 万吨，增长 363.1%，北京市企业通过京津冀海关报关进出口货物 1287.75 亿美元，同比增长 8.5%，占全市进出口的 31%，通关时间平均节省 20%～30%，北京企业就地报关的通关时间较 2014 年前 6 个月降低了 24 个小时，这使企业成本费用下降。例如，北京企业通过天津港进出口，在货物当天运抵、正常验放情况下，通关成本较改革前降低 1/3 左右。

同时，北京电子口岸统计数据还显示，自 2015 年 7 月至 10 月，北京企业经津、冀口岸进口，在“一体化”海关通关的平均通关时间为 51.1 小时，其中选择在北京海关（属地）申报通关的平均通关时间为 41.86 小时，选择在异地（天津、石家庄）海关申报通关的平均通关时间为 58.36 小时，北京企业就地报关的通关效率明显高于异地通关效率。同时，北京企业选择就地报关的通关时间较 2015 年前 6 个月的通关时间降低 23.01 小时，企业通关时间成本降低近一天时间。

北京电子口岸网站采用国际贸易通用蓝色为主色调，图片与文字相结合，包含通知公告、口岸业务、通关服务、旅客服务、口岸政策法规、企业办事流程、北京口岸、下载中心八大板块，栏目设置合理，使用界面友好，内容信息丰富。

---

① 海关信息网．京津冀一体化改革近五月成效凸显［EB/OL］．（2014－11－28）［2016－03－11］．http：//www. haiguan. info/files/news/11407. aspx.

简易上线口岸政策法规、企业办事流程两个模块，做到信息及时更新，并增设旅客服务专栏，对旅客通关政策、通关流程等，特别是离境退税、24 小时过境免检、72 小时过境免签等政策进行了详解，做到既有货运，又有客运。未来将重点开发一批执法应用系统，涵盖进出口企业资质办理、货物申报、旅行团出境申报、高风险疫情通报、进出口企业征信信息联网、京津冀协同监管、手机移动 APP 通关等业务办理，功能更加强大，服务更加到位，真正实现"单一窗口"。

该网站整合资源窗口，凸显了便捷性。重新规划完善了"一站式"综合门户，着眼于国际贸易"单一窗口"，集口岸各相关单位服务和信息资源，为企业用户提供统一的登录、浏览、操作等入口功能。未来通过"一站式"综合门户，企业可以快捷访问各种信息查询服务，在线办理大通关的各种服务手续，进行各类应用系统的操作。

北京电子口岸信息平台提供关检"三个一"查验放行系统、展览品监管系统、进出口联网审核系统、旅行团处境预申报系统、高风险及疫情预警通报系统。目前，关检"三个一"查验放行系统、展览品监管系统两个系统已经正式运行，进出口联网审核系统、旅行团处境预申报系统、高风险及疫情预警通报系统仍在调试建设中。

2. 天津电子口岸

天津电子口岸（http：//www. tjeport. gov. cn/），是由天津电子口岸发展有限公司承建的，该公司是在天津市政府与海关总署等有关部委的支持下创立的，注册资金 3000 万元，公司业务依托于天津市商务委、中国电子口岸数据中心、天津海关、天津出入境检验检疫局、天津港（集团）有限公司、天津海事局、天津出入境边检总站等单位的支持。主要承担"天津电子口岸"的建设和运营任务，构建了全程物流信息服务平台、政府执法服务以及全程信息服务平台，共同构筑电子政务、电子商务、电子物流三位一体的跨部门、跨行业、跨地区的口岸公共信息平台，提供口岸通关相关信息化服务。将具体实施天津市政府的"大通关"战略，推动电子口岸建设，提高口岸工作效率。

近期来看，天津电子口岸建设进一步加快，信息服务保障能力显著增强，2014 年门户网站总点击率突破 444 万，数据交换总量达 2089.59 万次，在原有口岸执法功能的基础上，拓展了国际贸易、国际航运、国际物流、口岸金融等功能，拥有 68 项在线办事、89 项信息查询功能，聚集了 2600 多家单位，成为天津口岸综合性服务平台。初步建设完成了天津跨境电子商务综合服务平台，支持了跨境电子商务发展。在京津冀一体化改革实施一年多以来，天津海关通过"中国海关网上服务大厅"和"12360"海关服务热线等电子口岸服务功能，为企业提供"通关状态查询""通关疑难咨询"等公共服务，年内已受理各类业务咨询和解决通关疑难问题 62548 人次，平均每个工作日

250 人次，均同比增长 82%①。

天津电子口岸由天津市口岸服务办公室、天津市滨海新区人民政府、中国电子口岸、天津东疆保税港区管委会、天津市商务委、中国电子口岸数据中心、天津海关、天津出入境检验检疫局、天津国际贸易与航运服务中心、天津海事局、天津出入境边检总站和中国电子口岸天津数据分中心共同建设。

天津电子口岸网站的执法系统包含了天津海关、检验检疫局、天津海事局、天津边检总站、天津港和天津电子口岸的所有执法系统，这些系统分别为天津海关的国际航行船舶集中申报系统等七个系统，检验检疫局的天津口岸卫生除害处理信息化管理系统等八个系统，天津海事局的国际航行船舶集中申报系统，天津边检总站的出入境船员及旅客申报系统，天津电子口岸应用系统主要有以下六个信息系统：国际航行船舶集中申报系统、出入境航空器集中申报系统、报关报检一次录入分别使用（一单两报系统）、国际航行船舶媒介生物监测预警系统、天津电子口岸全程物流信息服务平台、天津电子口岸物流在线平台。

3. 河北电子口岸

河北省政府于 2015 年 12 月 31 日试行了最新的电子口岸门户网站（中国电子口岸石家庄分中心 http：//www. sjzeport. cn/）。河北省电子口岸是按照国际贸易单一窗口模式和地方电子口岸建设“三统一”标准开发建设，集成口岸通关业务的咨询、数据、应用项目三大内容，分为门户首页、资讯中心、应用中心、查询中心、平台概况、客服中心六大平台服务板块。应用中心包含了“三个一”和“船舶申报”2 个应用项目以及 17 个集成应用，建立了各查验单位的网上办事大厅，实现了口岸动态信息、通关数据和政策法规实时查询，为查验单位提供便捷执法服务，为对外贸易企业加快通关速度，提供了单一平台。2016 年将开展跨境电商等执法服务项目建设，进一步改善河北通关贸易环境。目前，该平台已有 20 万条数据记录，实现了检验检疫实时数据查询②。

河北电子口岸应用项目共有九个，分别是集成通、电子账册、内销征税、电子税费支付、报关申报业务、纸质手册电子化、新舱单及运输工具、转关申报运抵报告和保证金台账联网核查。

四、京津冀物流行业协会信息化状况

物流行业协会是政府与企业的桥梁，能有效促进物流行业标准、政策以及法律法规的发布与实施等工作的推进；是物流企业的后部支撑，能为企业提供各项服务，为企业谋利益；是整个物流行业发展的平台，能提供物流人才教育和培训、物流技术交

① 天津日报．打破关区界限 惠及近 6 万家企业［EB/OL］．（2015-10-05）［2016-03-12］．http：//epaper. tianjinwe. com/tjrb/tjrb/2015-10/05/content_7358405. htm.

② 河北出入境检验检疫局．河北省电子口岸上线试运行［EB/OL］．（2013-12-31）［2016-03-18］. http://www. heciq. gov. cn/hbjyjy/xwdt2/201512/68776693ce0045af8308615c95e6e2ec. shtml.

流和信息服务、物流信息统计等服务[①]。所以，加强各级物流行业协会的建设能够促进我国物流行业的发展，从而推动我国经济健康快速发展。

党的十八大提出“走中国特色新型工业化、信息化、城镇化、农业现代化道路，推动信息化和工业化深度融合”，贯彻落实于物流业的发展，其中一个重要方面是推进物流行业协会信息化，充分发挥物流行业协会沟通物流企业与政府的关系、服务物流企业和政府服务的功能[②]。

物流行业协会信息平台主要是通过建立互联网站的方式为业内提供信息咨询的平台。通过业内专业书刊和网站等渠道收集国内外物流资讯、法律法规、资料论文以及专业书籍，整理并分析出物流行业发展的各项数据，为企业发展和壮大提供全方位和个性化的资讯服务。

（一）京津冀物流行业协会信息化发展概况

京津冀物流行业协会信息平台建设处在初级阶段，呈现出多而杂，普遍职能效用不高，对物流业提供信息咨询的支持作用不大；或是以经济区组织起来，或是以行政区组织起来，而对于整个京津冀一体化发展而言，京津冀物流行业协会面临的一个严重问题是所含行业覆盖面过窄而社会合法性不足。而社会合法性不足是物流行业大多数协会脱离于国有官办体制。其会员企业一般不超过全行业总数的 40%，大多局限在原部门系统内，而且绝大多数是国有企业。覆盖面窄，意味着协会所能掌握的企业和行业的信息不充分，难以发挥综合性的协调功能。例如，河北省的邢台市物流协会，从事物流业务的运输、仓储、配送、货贷、联运、物流信息等企业单位自愿组成的，脱离于政府部门的直接参与。

此次调查的京津冀地区物流行业相关的协会一共 92 个。由于各地区的发展状况和所处的地理位置、外部环境等不同，物流相关的行业协会在各地的发展状况参差不齐。表 8 - 6 和表 8 - 7 列示了有网站的京津冀各地区物流相关行业协会信息平台状况和无网站的京津冀各地区物流相关行业协会信息平台状况。

---

① 焦文旗．区域经济一体化下的京津冀物流协作研究［D］．河北师范大学，2008：14 - 19.

② 汪传雷，王兰，冯世朋．物流类行业协会信息化研究——以安徽省为例［J］．现代情报，2013（33）：67 -72.

表 8-6　京津冀物流相关行业协会信息平台一览(有网站)

地区	类别	协会名称(网址)	微信公众	官方微博	移动协会	一站服务	信息通关	防范风险	信息治理	地址
北京	综合类	中国物流与采购联合会(http://www.chinawuliu.com.cn/)	√	√	√	√	√	√	√	北京月坛北街26号恒华国际中心1503
		北京物流协会(http://www.bjla.org.cn/)				√	√		√	北京市西城区莲花池东路丙一号303
	港口和口岸类	中国检验检疫协会(http://www.ciq.org.cn/)	√		√	√	√	√	√	北京朝阳区华严北里甲1号健翔山庄C11座
		中国口岸协会(http://www.caop.org.cn/)				√	√		√	北京建国门内大街6号
		中国报关协会(http://chinacba.org/ccba/)				√	√	√	√	北京光华路甲10号
		北京报关协会(http://www.bjcustoms.com/bcba/)				√	√		√	北京市朝阳区东四环南路甲1号
		中国船东协会(http://www.csoa.cn/)	√		√	√	√		√	北京市东长安街6号
		中国拆船协会(http://www.cnsa.com.cn/)				√	√		√	北京市西城区月坛北街25号
	交通运输类	中国道路交通安全协会(http://www.rtsac.org/sites/MainSite/)	√		√	√	√		√	北京市西城区半步桥街甲48号华龙商务楼5楼
		中国道路运输协会(http://www.crta.org.cn/)				√	√	√	√	北京市海淀区知春路甲48号盈都大厦C座3单元15B
		北京市道路运输协会(http://www.brta.cn/)				√	√		√	北京市丰台区三路居骆驼湾甲15号
		中国公路建设行业协会(http://www.chhca.org.cn/)	√		√	√	√		√	北京市朝阳区大屯路科学园南里风林西奥中心B座14层
		中国交通运输协会(http://www.cctanet.org.cn/)				√	√	√	√	北京市西城区广安门内大街315号信息大厦B座6/7层

续 表

地区	类别	协会名称（网址）	微信公众	官方微博	移动协会	一站服务	信息通关	防范风险	信息治理	地址
北京	交通运输类	中国国际货运代理协会（http://www.cifa.org.cn/）	√	√		√	√		√	北京市朝阳区安慧里四区15号楼五矿大厦1028室
		北京市国际货运代理行业协会（http://www.biffa.org.cn/）				√	√		√	北京朝阳区亮马桥路44号海昌大厦608室
		中国交通建设监理协会（http://www.cahwec.com/）	√		√	√	√		√	北京市朝阳区安立路66号安立花园B座七层702
		中国交通企业管理协会（http://www.acclonline.com/）					√	√	√	北京市朝阳区南湖西园222号楼6层
		中国航空运输协会（http://www.cata.org.cn/）				√	√	√	√	北京市朝阳区东三环北路3号
		中国快递协会（http://www.cea.org.cn/）				√	√	√	√	北京市海淀区挂甲屯5号
		北京市快递协会（http://www.bjkdxh.com）	√		√		√		√	北京市海淀区万寿路18号
	学会类	中国物流学会（http://csl.chinawuliu.com.cn/）	√		√		√		√	北京月坛北街26号恒华国际中心1503
		中国铁道学会（http://www.crs.org.cn/crs/）				√			√	北京市海淀区复兴路10号
	物资环保类	中国物资再生协会（http://www.crra.com.cn/）		√	√	√	√		√	北京西城月坛北街25号
		中国轮胎循环利用协会（http://www.ctra.org.cn/）		√	√	√	√		√	北京市西城区月坛北街25号2号楼

续 表

地区	类别	协会名称(网址)	微信公众	官方微博	移动协会	一站服务	信息通关	防范风险	信息治理	地址
北京	仓储类	中国仓储协会(http://www.caws.org.cn/)	√		√	√	√	√	√	北京市复兴门内大街45号
		中国医药物资协会(http://www.cmpma.cn/)	√		√	√	√	√	√	北京市朝阳区北辰东路8号汇园国际公寓酒店E座2418室
		中国物资储运协会(http://www.cmst.com.cn/)	√		√			√		北京市丰台区南四环西路188号六区18号楼
	物资流通类	中国茶叶流通协会(http://www.ctma.com.cn/)	√		√	√	√		√	北京市复兴门内大街45号
		中国金属材料流通协会(http://www.cu-metal.org.cn/)	√		√	√	√		√	北京市西城区广安门外北滨河路恒物金属大厦310室
		北京市酒类流通协会(http://www.zgjlxh.org.cn/)				√	√		√	北京市西直门外大街110号中糖大厦5层
		中国化工轻工物资流通协会(http://www.cclla.org.cn/)				√	√		√	北京市海淀区三里河路9号建设部院20号楼
		中国木材与木制品流通协会(http://www.cnwood.org/)	√		√	√	√	√	√	北京市西城区月坛北街25号院
		中国水产流通与加工协会(http://www.cappma.org/)	√		√	√	√		√	北京市朝阳区麦子店街40号富丽华园A座101
		中国铁道物资流通协会(http://www.crm-ca.org.cn/)				√	√	√	√	北京市西城区华远街11号
		中国建筑材料流通协会(http://www.cbm-ta.org/)	√		√	√	√	√	√	北京市西城区月坛北街25号2421室

续 表

地区	类别	协会名称（网址）	微信公众	官方微博	移动协会	一站服务	信息通关	防范风险	信息治理	地址
北京	物资流通类	中国机械设备成套工程协会（http://www.zgct.org.cn/）					√		√	北京市海淀区恩济庄46号F区205室
		中国汽车流通协会（http://www.cada.cn/）	√		√	√	√	√	√	北京市西城区广安门外大街248号机械大厦
		中国农业生产资料流通协会（http://www.chinanzxh.com/）	√	√	√	√	√		√	北京市宣武门外大街1号环球财讯中心c座15层
		中国农业机械流通协会（http://www.camda.cn/）					√	√	√	北京市西城区月坛南街26号院5
		中国果品流通协会（http://www.china-fruit.com.cn/）	√	√	√	√	√		√	北京市复兴门内大街45号
		中国副食流通协会（http://www.cnfca.com/）	√	√	√	√	√		√	北京市西城区西直门外大街110号中糖大厦7层
		中国石油流通协会（http://www.cpca.com.cn/）	√		√	√	√		√	北京市西城区西直门外大街18号金贸大厦B座5层
		中国畜产品流通协会（http://www.cabma.com.cn/）	√		√	√	√		√	北京市复兴门内大街45号
		中国蔬菜流通协会（http://cava.org.cn/）	√		√	√	√		√	北京复兴门内大街45号院
		中国酒类流通协会（http://www.zgjlxh.org.cn/）	√		√		√		√	北京市西城区西直门外大街110号
		北京礼品流通协会（http://www.lplt.org/）	√	√	√	√				北京市朝阳区林萃桥北200米路东
		北京金属材料流通行业协会（http://www.bjmcc.org/）	√		√	√			√	北京市丰台区南四环西路188号总部基地12区48号楼5层

续 表

地区	类别	协会名称(网址)	微信公众	官方微博	移动协会	一站服务	信息通关	防范风险	信息治理	地址
北京	物资流通类	北京健身器材流通协会(http://www. bfeca. com/)	√	√	√	√	√		√	北京市石景山区实兴大街 30 号院 3 号楼 2 层 D—0050
北京	物资流通类	北京市石油成品油流通行业协会(http://www. capitalpetro. com:7001/index. do)					√		√	北京市东城区马家堡路 1 号陶然大厦 7 层 02
北京	物资流通类	中国散装水泥推广发展协会(http://www. chinabca. com/)	√		√	√	√		√	北京市西城区月坛北街 25 号
北京	其他	中国物流技术协会(http://www. clta. org. cn/)				√			√	北京市西城区月坛北街 25 号
北京	其他	北京电子商务协会(http://www. beca. org. cn/)	√		√	√	√	√	√	北京西城区莲花池东路丙 1 号 312 室
天津	综合类	天津市现代物流协会(http://www. tj56. com/)				√	√		√	天津市河西区友谊北路 29 号
天津	交通运输类	天津市交通运输协会(http://02228359977. locoso. com/)							√	天津市河西区友谊路 13 号
天津	交通运输类	天津快递协会(http://www. tjkdxh. com/)				√	√	√	√	天津市和平区解放北路 89 号
天津	交通运输类	天津市国际货运代理协会(http://www. tiffa. com. cn/)	√		√	√	√	√	√	河西区台儿庄路 118 号
天津	港口和口岸类	天津市港口协会(http://tianjin. chinaports. org/)							√	天津市滨海新区(塘沽)津港路 99 号
天津	港口和口岸类	天津报关协会(http://www. tcba. org. cn/)				√	√		√	天津市南开区城厢中路新隆轩 1 号

续 表

地区	类别	协会名称(网址)	微信公众	官方微博	移动协会	一站服务	信息通关	防范风险	信息治理	地址
天津	物资流通类	天津市宝玉石流通行业协会(http://tjbys-lt.com/)	√		√	√	√		√	天津市南开区南城街大公馆13号楼
	其他	天津市建材业协会(http://www.tjbmi.org/)				√	√		√	天津市河东区六纬路85号
		天津市东丽区物流行业协会(http://www.tjdl56isoc.net/)					√		√	天津市东丽区先锋路1号
河北	综合类	河北省现代物流协会(http://www.hebei-wl.net/)	√		√	√	√	√	√	河北省石家庄市工农路499号
		中国物流联合运输协会(http://www.e56365.com/index.php)		√	√	√	√		√	衡水市桃城区红旗大街1910附近
		邢台市物流协会(http://xt56.org/)				√	√	√	√	邢台市经济开发区港口大街1556号
		邯郸市物流信息行业协会(http://2643113.01p.com/)							√	河北省邯郸市丛台区新兴大街
		河北省现代农业物流协会(http://031185339089.loccso.com/)							√	石家庄市新华路与维明路交叉口新华路212号
		石家庄市现代物流协会(http://www.sjz56.cn/)				√	√	√	√	石家庄市新华路172号
		唐山市物流行业协会(http://tswlxh.org/)				√	√	√	√	唐山市路北区煤医道14号

续 表

地区	类别	协会名称（网址）	微信公众	官方微博	移动协会	一站服务	信息通关	防范风险	信息治理	地址
河北	交通运输类	河北省快递行业协会（http://www.hebkd.org/）				√	√	√	√	石家庄市范西路 1 号
		河北省国际货运代理协会（http://www.hebifa.com/）				√	√		√	石家庄市和平西路 589 号
	物资流通类	河北省汽车流通行业协会（http://www.hbaac.com/）	√		√	√	√		√	河北省石家庄市长安区建华北大街 86 号
		河北省金属材料流通协会（http://www.hbjscl.com/）				√	√	√	√	石家庄市长安区体育北大街 199 号
	港口和口岸类	河北报关协会（http://www.hbcba.org.cn/）				√	√		√	石家庄市裕华区槐中路 201 号宾南花园 A－1－2206

注：资料来源于网络调查。

表 8-7　　京津冀物流相关行业协会信息化一览（无网站）

地区	类别	协会名称	微信公众号	官方微博	移动协会	地址
北京	其他	北京市通州区物流协会				北京市通州区新华北街 301 号
天津	港口和口岸类	天津保税空港企业协会	√	√	√	天津市
	物资流通类	天津市茶叶流通协会	√		√	天津市和平区长春道 1 号
		天津市汽车流通行业协会	√		√	咸阳路 87 号甲 1 号
		天津市汽车轮胎流通行业协会	√		√	滨河新苑 27 号楼
河北	综合类	邯郸市物流信息行业协会				河北省邯郸市丛台区新兴大街
	交通运输类	保定市快递协会	√		√	河北省保定市
		保定市交通运输协会				河北省保定市新市区东风西路市政府大楼
		保定汽车运输行业协会				保定市蠡县紫薇路剑桥英语幼儿园
		石家庄市快递行业协会				石家庄市新华区兴凯路 219 号
		石家庄市道路运输行业协会				河北省石家庄市新华区红军大街 95 号
		石家庄市大件物流运输协会				河北省石家庄市
		秦皇岛交通物流协会				秦皇岛市海港区秦皇岛市海港区建设大街 123 号
		秦皇岛市快递行业协会				民族路 339 号环美大厦
		张家口交通运输协会				张家口市桥西区西河严明大街 103 号
	物资流通类	保定市烟草流通行业协会	√		√	河北省保定市
		邢台市物资流通协会				邢台市桥东区新华南路 408 号
		邯郸市农副产品流通协会				邯郸市邯山区邯山南大街 136 号
		石家庄市汽车流通行业协会		√	√	石家庄市友谊南大街 185 号
	港口和口岸类	河北口岸协会				石家庄市红旗大街

注：资料来源于网络调查。

北京市处于全国的政治中心，经济、地理条件都具有相对优势，物流业的发展在国内遥遥领先，物流行业协会具有数量多、规模大、作用广的特点①。北京市物流行业协会多而杂，很多外省的物流协会（如中国香港物流协会）也纷纷在北京成立，主要致力于全国物流的发展，其中比较知名的协会有中国物流与采购联合会、中国物流学会等。而天津市结合自己的港口优势，大多数是以港口海运为主的协会，比如天津市国际货运代理协会。河北省物流行业协会，呈现出地区化的特点，河北省的一些地级市大都有小型的物流协会，致力于当地的物流发展，例如，邢台市物流协会、唐山市物流协会等。京津冀三地区物流行业协会的比例如表 8－8 所示。

表 8－8　　京津冀各地区物流相关行业协会比例

地区	北京	天津	河北
数量/个	53	13	26
比例/%	57.6	14.1	28.3

注：资料来源于网络调查。

从京津冀地区 92 个物流行业协会信息化发展程度来看，北京地区的物流行业协会共有 53 个，而建有信息平台的有 52 个。按照物流行业协会的性质和信息平台所提供的服务与功能将其分为以下 8 类，分别为综合类、港口和口岸类、交通运输类、物资环保类、仓储类、物资流通类等。天津物流行业协会共有 13 个，全部都有各自的信息平台，分为综合类、交通运输类、港口类、区县类等。河北物流行业协会共有 26 个，其中信息平台的有 14 个。按照物流行业协会的性质和信息平台所提供的服务与功能分为综合类、交通运输类、市级地区类。其京津冀各地区物流行业协会分类如表 8－9 所示。

表 8－9　　京津冀各地区物流行业协会分类

功能	北京/个	比例/%	天津/个	比例/%	河北/个	比例/%
物资流通类	23	43	4	31	5	20
交通运输类	12	22	3	23	11	44
港口和口岸类	6	11	3	23	2	8
仓储类	3	6	—	—	—	—
综合类	2	4	1	8	6	24
学会类	2	4	—	—	—	—
物资环保类	2	4	—	—	—	—
其他	3	6	2	15	1	4

注：资料来源于网络调查。

① 关堂春．基于系统分析的区域物流信息平台构建思考［J］．吉林工程技术师范学院学报，2015（31）：14－17.

（二）京津冀物流行业协会信息平台功能

对京津冀各地区协会信息平台的功能进行统计分析，统计了各地区协会信息平台所发挥功能的比例情况，如下图所示。

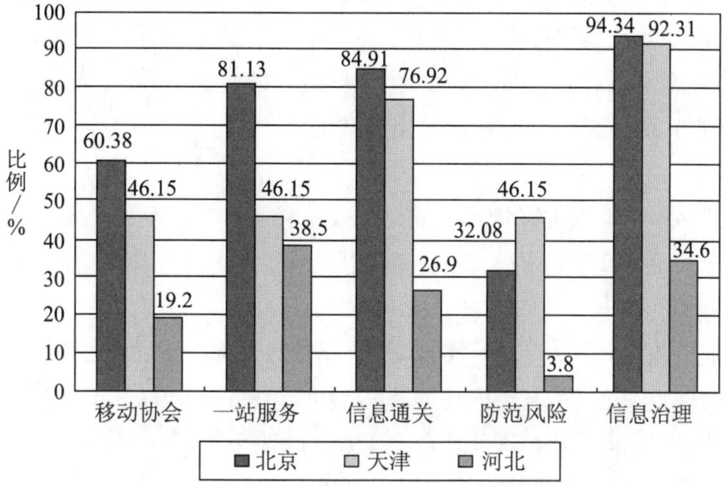

京津冀各地区物流协会信息平台功能比例

注：资料来源于各协会网站调查。

京津冀物流行业协会作为特殊的第三部门，通过应用信息技术和利用信息资源，打造综合一体化公共信息平台，建立和完善各种类型的数据库和网络，具有且能够发挥服务企业和管理企业的功能。京津冀物流行业协会作为京津冀市场经济活动中重要的中间组织，基本职能是沟通企业与政府的关系，为企业和政府服务，信息平台功能是实现物流行业协会基本职能的手段，主要表现在移动协会、一站式服务、信息通关、防范风险和信息治理五方面。

1. 移动协会

随着全球智能手机和新型网络连接设备普及率的快速提高，以及移动宽带网络和服务的拓展，移动协会无疑将在未来的信息化中发挥重要作用。京津冀地区物流类行业协会打造物流公共信息移动平台，用户通过公共信息移动平台获取信息，各用户无须购买昂贵的、用以支持信息系统的应用服务器、数据库服务器以及相关设备获取信息，只需通过移动通信技术如 PDA、移动电话和卫星通信就能获取信息和服务。同时，通过协会公共信息移动平台，所有用户遵照一套标准的业务流程，统一物流业务标准，实现用户之间高质量的信息共享。例如，中国物流联合运输协会，提供车源信息和货源信息的功能。另外，中国物流与采购联合会、中国国际货运代理等物流行业协会，都建有微信公众号和微博官方平台，这也体现出移动协会的功能。

2. 一站式服务

物流类行业协会一站式服务平台汇集京津冀地区各类大、中、小物流企业运营和设施设备信息系统，数据交互平台负责物流信息系统中公共信息的标准化和规范化定义、采集、处理、组织和存储，实现数据交换和格式转换功能，实现不同物流信息系统之间的跨平台连接和交互，促进物流系统的通畅运行，为物流类行业协会各会员提供一站式接入服务①。例如，北京地区规模比较大的、相对有影响的物流行业协会有中国物流与采购联合会，其信息平台提供的服务主要有企业评估、资讯、政策法规、物流招标、案例物流信息化、信用评级、物流标准、统计数据等，充分发挥行业协会沟通企业与政府的关系、服务企业和政府服务功能。

3. 信息通关

物流信息的顺畅流动对提高物流行业运作效率和运营效益至关重要。信息服务平台连接物流企业、上下游生产制造企业、政府部门等，形成完整的供应链系统，满足不同物流行业的信息需求和功能需求。例如，对于京津冀物流行业协会会员，提供发布和查询物流供求、物流运作成本和物流服务质量等实时信息；对于政府部门，发布法律法规政策等行业信息，查询一定时期、一定区域范围内甚至是一定功能范围内的反映物流行业活动的历史统计数据，分析物流发展动向趋势，辅助政府宏观决策。例如，天津市国际货运代理协会信息平台提供的功能信息直通车、国际货运代理企业业务备案系统等功能。

4. 防范风险

从物流行业协会会员角度看，物流行业协会作为一种第三部门组织，能在很大程度上降低行业协会会员在合约签订和履行中的交易成本。物流类行业协会通过建立物流行业内企业交易的信息库，提供查询企业历史交易信息记录，减少信息不对称，降低会员之间合作可能的风险②。从社会角度看，交易成本是获得准确市场信息所需要的费用，物流类行业协会从事历史交易信息服务活动，成本远远小于企业单独搜寻信息花费的成本，发挥规模经济效益。从风险角度来看，通过建立信用等级评估，对企业进行信用认证，这样可以提高会员企业的自律，从而控制风险。例如，中国医药物资协会信息平台提供的信用评价功能。

5. 信息治理

对于物流类行业协会，有效的监督和治理不仅仅需要第三部门的自律，同时需要政府和社会的广泛参与。为构建行业协会监督和治理的完善机制，物流类行业协会适应信息化需要，建设方便公众参与的信息监督系统，将各类监督反馈信息发布于协会网页，综合运用诚信监管等手段，依法依规对公众发现的问题进行处理，及时全面地发挥监督促进作用，最终形成物流类行业协会的自律与政府、社会的他律之间的良性互动局面。在京津冀 92 个物流行业协会中，有 71 个行业协会信息平台都建设有信息

① 姜燕宁，郝书池，林媚珍．物流行业协会发展现状与功能提升对策研究［J］．物流科技，2011（34）：45－47.

② 王兰．物流类行业协会网站评价体系研究［D］．安徽大学，2014：10－15.

监督和意见反馈链接，从而有效地促进了政府、企业、社会的互动，提高了信息治理的能力。例如，河北省现代物流协会设有网络监督专区。

（三）京津冀物流行业协会信息平台服务效益

京津冀物流行业协会的信息化平台建设主要是以官方网站的建设为主，只有发挥好网站的信息化交流平台的作用，才能吸引更多的企业会员和物流专业人士加入进来，更好地为中国物流业的发展做出贡献。京津冀物流行业协会信息平台所产生的服务效益已经逐渐凸显出来。

从北京物流协会来看，始终秉持服务的宗旨，以“小协会大作为”的发展理念，为政府抓好行业发展、企业实力增强做了大量的工作，取得了丰硕成果，也为推动北京市物流业的发展做出了积极贡献。以公共信息平台推进行业发展。在北京市商务委的支持下，2007 年，北京物流协会组织建设了“北京物流公共信息平台”。平台取得了一些相关成果，获得省部级科技进步二等奖。目前，平台已具备了一定的社会影响力，已经取得了初步的社会效应。平台在促进资源共享，提高社会物流资源利用率；实现共同配送，减少车辆空驶，从而缓解交通压力，促进低碳物流的发展；降低社会物流总成本，推动物流产业升级等方面将起到积极的促进作用。

天津市具有代表性的天津现代物流协会，成立于 2012 年，其信息化平台不仅包括一些国家物流规划、政策的发布，还有介绍一些正在开发的物流领域、先进的物流技术，挖掘和培养专业的物流人才，为天津进出口贸易的发展提供了良好的条件。

河北省地区，例如河北省现代物流协会积极响应国家政策，其信息化平台及时发布市场信息、科技信息、政务信息和公共信息等，更好地服务于河北省的物流企业。

五、京津冀物流企业信息化状况

（一）京津冀物流企业发展概况

目前，打破行政区划界限，引导物流资源跨区域整合和优化配置，实现京津冀物流业协同发展，不仅是现代物流业发展的客观需要，也是京津冀广大物流企业的共同期盼。近年来，三地经济合作不断加强，物流行业联动发展步伐不断加快，物流一体化运作正在变为现实。物流企业信息化是物流现代化运作和快速发展的基础，也是实现物流系统提高效率、降低物流成本的前提和关键环节。

京津冀区域中物流企业蓬勃发展，物流企业规模不断壮大。京津冀地区的物流企业数目增长较快，2013 年对比 2012 年，交通运输、仓储和邮政业、批发和零售业法人单位数增长迅速，其中北京市（增加了 6052 个）增长率高达 74.73%，其次是河北省（增加了 1828 个）和天津市（增加 714 个）增长率分别为 25.57%和 7.34%。与此同时，京津冀地区的物流企业的业务量总体保持平稳较快增长，业务结构优化持续升级。物流信息平台成为物流企业建设的重点和新的收入增长点。2013 年前三季度物流市场规模增速小幅回落，物流业总收入5.4万亿元，同比增长5.1%。其中，物流信息及相关服务收入和一体化物流业务收入保持高速增长，比上年分别增长94.0%和31.0%，在物流企业收入结构中，一体化物流业务收入占9.7%，信息及相关服务收入占1%，同比分别提高1.9个和0.5个百分点。2014年我国物流企业物流业务收入比上年增长6.7%，增幅同比回落5.4个百分点。这表明在京津冀协同发展战略规划支持下，物流一体化和信息化服务收入正逐步成为物流企业收入增长的亮点①。

物流企业人工成本的增加和信息化发展有着密不可分的关系，物流信息平台的建设被认为是物流企业解决逐年增大的成本压力、降低日益上涨的人工成本占比和提高物流企业效率的行业发展关键。

当前，我国企业物流信息化推进较快，取得了一定的成效。2010年中国物流与采购联合会对我国企业物流信息化水平进行了调研，从2010年3月到8月，总发放问卷1000份，得到有效问卷回执128份，形成了《2010年中国企业物流信息化调研报告》。调研结果显示：我国企业基础信息化建设取得了较大的进步。大约70.5%的企业建立了管理信息系统，其中自行开发和购买软件的企业分别占40.2%和37.6%。其次是联合开发，购买服务、长期外包的比例最低。另外，系统之间没有集成的企业占15.6%，系统之间部分集成的企业占62.5%，系统之间全部集成的企业占21.9%。目前，大多数企业都很重视新技术的应用，应用条码的占40.3%，应用GPS和GIS占31.8%，应用RFID或RF占18.6%，应用手机定位占9.3%，物流信息技术仍未在企业中普及②。

京津冀物流企业信息化整体水平不高，同国际先进水平相比，仍存在很大的差距：基础设施落后，物流专业水平低，管理体制分割，缺乏统一规划，标准不统一，"大物流"体系尚未形成，物流企业信息化水平亟待提高。因此，物流行业信息化迫在眉睫，加速物流信息化建设是物流行业体制创新、技术创新、管理创新的基础，也是增强物流企业核心竞争力的唯一选择。

现代物流对信息化的要求很高，不仅要求物流管理中各环节的智能化，还要求物流运营中各业务的信息化，比如物流采购、物流生产、物流销售、物流回收等的高效化和专业化。由于现行运营体质的限制，京津冀地区多数的物流企业信息化主要是内部组织完成，物流信息并未向专业化、规模化的方向发展。专家指出，京津冀物流信息化今后必须走信息资源共享化、信息网络一体化的发展之路。

（二）京津冀物流企业信息平台功能

物流信息化在企业业务管控中主要起到简单高效的作用和成效。物流信息平台提供了易操作的良好界面，提高作业效率，减少人工的错误率；提供了公司简介、荣誉资质、企业文化等基本功能，展现了公司的规模与服务能力；提供了新闻动态等信息

① 中国物流信息中心. 2014年全国重点企业物流统计调查报告［EB/OL］.（2013-12-31）［2016-03-11］. http://www.cbca.org.cn/news/hynews/2015-01-07/283d8d6c51169fea8988d2b9ff5c3d4a.html.

② 中国物流产品网. 2010年中国企业物流信息化调研报告［EB/OL］.（2010-09-08）［2016-03-21］. http://www.56products.com/special/201098144720/K43C2101J68JDE1.html.

展示功能，展现了物流行业的发展动态；提供了业务介绍、产品服务、运力资源等具体功能，为与客户的良好合作进行了全面的介绍，并通过“联系我们”功能模块实现客户的咨询便捷。

经过统计104家京津冀地区国家A级及A级以上物流企业建设信息平台的情况，分析公司简介、新闻动态、业务产品、车辆路线等平台功能状况分别列表，企业选取来自物流产业大数据平台①，其中国家A级物流企业的评定参照中国物流与采购联合会发布的GB/T 19680—2005《物流企业分类与评估指标》②。京津冀地区中国家A级物流企业的信息平台情况，如表8－10和表8－11所示。

表8－10　　京津冀地区中国家A级物流企业的信息平台情况（有网站）

区域等级	公司（网址）	公司简介	新闻动态	业务产品	车辆路线	联系方式	荣誉资质	企业文化
北京5A	宝供物流企业集团有限公司北京分公司（http：//www. pgl－world. com/）	√	√	√	√	√		√
	北京远成物流有限公司（http：//www. ycgwl. com/）	√		√	√	√		
	中铁现代物流科技股份有限公司北京分公司（http：//60.247.27.173：8001/CRMLWebApp/）	√	√	√	√	√		√
	北京市邮政速递物流有限公司（http：//www. bj－cnpl. com/webpage/aboutus. asp）			√	√	√		√
	中铁现代物流科技股份有限公司（http：//60.247.27.173：8001/CRMLWebApp/）	√	√	√		√		√
	五矿物流集团有限公司（http：//www. minmetals. com. cn/）	√	√		√	√	√	√
	中国兵工物资集团有限公司（http：//www. ordins. com/）	√	√	√		√		√
	中国外运长航集团有限公司（http：//www. sinotrans－csc. com/）	√	√	√	√			√
	中铁物资集团有限公司（http：//www. crmg. com. cn/）	√	√	√	√	√		
	中国远洋物流有限公司（http：//www. cosco－logistics. com. cn/）	√	√	√		√		
	中铁物流集团有限公司（http：//www. beijingztwl. com/）	√	√			√	√	

① 物流产业大数据平台［DB/OL］.（2014－06－20）［2016－03－18］. http：//www. wldl. org/.

② 中国物流与采购网. A级物流企业评估的依据、制度、办法［EB/OL］.（2012－02－20）［2016－03－15］. http：//www. chinawuliu. com. cn/pgb/201202/20/178419. shtml.

续 表

区域等级	公司（网址）	公司简介	新闻动态	业务产品	车辆路线	联系方式	荣誉资质	企业文化
北京5A	中铁集装箱运输有限责任公司（http：//www. crct. com/portal/index. jsp）	√		√	√	√		
	国药集团药业股份有限公司（http：//www. cncm. com. cn/）	√	√	√	√	√		√
	中铁快运股份有限公司（http：//www. cre. cn/jsp/index. jsp）			√	√	√		
	中国物资储运总公司（http：//www. cmst. com. cn/）		√	√	√	√		√
河北5A	河北省物流产业集团有限公司（http：//www. hebwl. cn/）	√	√	√	√	√		√
	河北好望角物流发展有限公司（http：//www. hbhwj56. com/）	√	√	√	√	√	√	√
	开滦集团国际物流有限责任公司（http：//www. kailuan. com. cn/）	√	√		√		√	√
天津5A	天津中铁快运货运运输有限公司（http：//www. sthk56. com/）	√		√		√		
	安得物流（http：//www. annto. com/）	√	√	√		√		√
	天津远东陆海船务有限公司（http：//www. fareastlandocean. com/）	√	√			√		
	中外运物流（http：//logistics. sinotrans. com/col/col1730/index. html）	√	√	√	√	√	√	√
北京4A	中国物流公司北京物流中心（http：//www. c56. cn/）	√	√	√	√	√	√	√
	北京顺丰速运有限公司（http：//www. sf-express. com/cn/sc/）	√	√	√	√	√	√	√
	北京中远物流有限公司（http：//www. cosco-logistics. bj. cn/）		√	√	√			√
	中远国际航空货运代理有限公司（http：//www. cosco-air. com. cn/）	√	√	√		√	√	√
	京铁物流有限公司（http：//www. jtbrl. com/）	√	√	√		√		
河北4A	河北之江物流有限公司（http：//www. hbzjwl. com/Html/main. asp）	√		√	√	√		√
	承德市风驰物流有限公司（http：//fcwl-cd. cn. gongchang. com/）	√	√	√	√	√	√	

续 表

区域等级	公司（网址）	公司简介	新闻动态	业务产品	车辆路线	联系方式	荣誉资质	企业文化
河北4A	秦皇岛中运物流有限公司（http：//www.zhongyun56.com/）	√	√	√	√	√	√	
	秦皇岛中首物流有限公司（http：//www.zsl.com.cn/shouye.asp）	√	√	√	√	√	√	√
	秦皇岛动力设备物流有限责任公司（http：//www.hpelc.com/）	√	√			√	√	√
	万和国际物流有限公司（http：//xiaoqianghy.chinatsi.com/info.aspx？l=1）	√	√	√	√	√	√	
	保定保运物流有限公司（http：//www.baoyunwuliu.com/honor/）	√	√			√	√	
	安平县聚成国际物流有限公司（http：//mtw356506.chinapyp.com/）	√	√	√	√	√	√	
	河北冀铁集团公司（http：//www.56products.com/site/index.asp？ID=26971）	√	√	√		√	√	
	河北快运集团有限公司（http：//www.hbexpress.cn/home.asp）	√	√	√	√	√	√	√
	河北省邮政速递物流有限公司（http：//www.ems.com.cn/）	√	√	√	√	√	√	√
	河北新武安钢铁集团物流有限公司（http：//www.wagtwl.com/work6.htm）	√	√	√	√	√		
	河北熙平物流股份有限公司（http：//www.xpwlw.com/）	√	√	√		√	√	
天津4A	天津华宇物流货运运输公司（https：//www.hoau.net/how/bse/index.action）	√	√	√		√	√	√
北京3A	北京海丰宝物流有限公司（http：//www.hfb56.com.cn/map.asp）	√	√	√		√		√
	德迅（中国）货运代理有限公司北京分公司（http：//cn.kuehne-nagel.com/zh_cn/）	√	√	√		√		√
	鸿讯物流有限公司（http：//www.hongxun.net.cn）	√	√	√		√	√	
	北京东方安通物流有限公司（http：//www.dongfangantong.com）	√	√	√	√	√	√	√
	北京佳方物流有限公司（http：//www.jf56.net/default.aspx）	√	√	√		√		√

续 表

区域等级	公司（网址）	公司简介	新闻动态	业务产品	车辆路线	联系方式	荣誉资质	企业文化
北京3A	北京春溢通物流有限公司（http://www.chunyitong.com）	√	√	√		√	√	√
	中国北京外轮代理有限公司（http://www.penavico.com.cn/penavico/）	√	√	√	√	√		√
	北京中远劳捷斯物资有限公司（http://www.autotrans.com.cn）	√	√	√		√	√	√
	北京国商物流有限公司（http://www.nbl56.com/index1.htm）	√	√	√	√	√	√	√
	北京和众奥顺达物流有限公司（http://www.hzlogistics.com）	√	√	√	√	√		
	北京京城工业物流有限公司（http://www.bj-gis.com）	√	√	√		√	√	√
	北京泛太物流有限公司（http://www.tps-logistics.com/index.asp）	√	√	√		√	√	√
	北京首发物流枢纽有限公司（http://www.cdl.net.cn）	√	√	√	√	√	√	√
河北3A	河北省邮政速递物流有限公司廊坊市分公司（http://www.ems.com.cn/）	√	√	√	√	√	√	√
	河北省邮政速递物流有限公司唐山市分公司（http://www.ems.com.cn/）	√	√	√	√	√	√	√
	秦皇岛龙腾运输集团有限公司（http://qhdlt.com.cn/）	√	√	√	√	√	√	√
	中国外运秦皇岛公司（http://qhd.sino-trans-csc.com/）	√	√	√			√	√
	中国外运河北唐山公司（http://www.sinotrans-ts.com/index.php）	√	√	√	√	√	√	√
	廊坊市东方华星化工有限公司（http://www.lfdongfanghuaxing.com/）	√	√	√	√	√	√	√
	河北中恒泰达粮油贸易有限公司（http://www.xszhixin.com）	√	√	√		√	√	√
	河北大华国际物流集团有限公司（http://www.dahuaguoji.cn）	√	√	√	√	√	√	√
	石家庄盛福源商贸有限公司（http://www.sjzsfy.cn）	√	√	√	√	√	√	√

续　表

区域等级	公司（网址）	公司简介	新闻动态	业务产品	车辆路线	联系方式	荣誉资质	企业文化
河北3A	河北顺邦物流有限公司（http：//www.hbsbjt.com/index/index.aspx）	√	√	√	√	√		√
	冀运集团股份有限公司（http：//www.hbgk.com/index.asp）	√	√	√		√		√
	河北润丰物流有限公司（http：//www.hbrunfeng.com/Index.asp）	√	√	√		√		
天津3A	天津中铁快运运输物流公司（http：//www.sthk56.com/）	√		√		√		
	天津市顶力仓储货架制造有限公司（http：//shuhuawang.diytrade.com/）	√	√	√		√		
	天津市东丽区兴远配货中心（http：//www.tjjiaxing56.com/html/index.asp）	√	√	√		√		
北京2A	北京二商集团有限责任公司西郊食品冷冻厂（http：//www.xjldc.com/xjldd/top _ utl.page _ show? p _ pk _ no=51）	√	√	√		√	√	√
	北京市东方友谊食品配送公司（http：//www.effood.net）	√	√	√		√	√	√
	北京京津港国际物流有限公司（http：//www.56sino.com.cn/website/pages/website/index.mzk）	√	√	√	√	√	√	√
	北京嘉里物流有限公司（http：//www.kerrylogistics.com/sch/main/index.jsp? FromURL=web&langc=true）	√	√	√		√	√	√
	北京大荣物流有限公司（http：//www.darong56.cn/）	√	√	√	√	√	√	√
河北2A	张家口通泰物流中心有限公司（http：//www.hbzyjt.com/xsgs/hywl/200812/163.html）	√	√	√	√	√	√	√
	安平县现代物流有限责任公司（http：//www.apwuliu.com）	√	√	√		√	√	√
	沧州稳达供物流有限公司（http：//www.wendagong.com）	√	√	√	√	√	√	√
天津1A	天津市利航物流有限公司（http：//www.lihangwuliu.com/）	√	√	√	√	√		

注：资料来源于网络调查。

部分京津冀 A 级以上物流企业依然没有设立独立的网站，而是选择在第三方平台，例如，企业黄页展示企业相关信息，如表 8－11 所示。

表 8－11　京津冀地区中国家 A 级物流企业的信息平台情况（无网站）

等级	北京	河北	天津
5A	远成集团有限公司北京仓储分公司 中铁联合物流股份有限公司 北京医药股份有限公司 北京京铁经贸发展中心	邯郸交通运输集团有限公司第一分公司 河北冀铁集团公司 冀中能源峰峰集团邯郸鼎峰物流有限公司	苏宁（天津）采购有限公司
4A	中铁联合物流股份有限公司 北京京铁实业开发总公司 北京宝龙物流有限责任公司	承德天运物流有限公司 河北尚锋物流有限公司 沧州运输集团有限公司亚飞汽车连锁店 河北邯钢附企巨恒物流有限公司	天津京铁实业发展中心
3A	万达杰诚国际物流（北京）有限公司 北京嘉和嘉事医药物流有限公司 北京西南物流中心有限公司 北京汇天力物流有限公司	秦皇岛日月星物流有限公司 石家庄远成物流有限公司 兴隆县汇丰物流配送有限公司	天津龙成物流有限公司
2A	—	黄骅市运输总公司	—
1A	—	—	天津市伟运物流中心

注：资料来源于网络调查。

综合来看，目前京津冀物流企业信息平台建设情况呈现如下特征：

（1）京津冀地区大部分物流企业意识到独立网站对物流企业的企业文化、新闻动态和联系方式等基本信息资料的宣传作用，进而建立了自己的网站，而在统计的 104 家 A 级物流企业中，有 1/4 左右的物流企业没有建立自己的网站，尽管个别企业选择将自己公司的信息资料直接交给第三方，但第三方网站无法发挥独立网站对公司信誉和企业文化的宣传作用，线上交易、客户服务等功能也难以实现。

（2）在有独立网站的物流企业中，有一部分企业网站推广工作效果不佳，尽管建立了自己的网站，但仍难以在各大搜索平台（如百度、360 搜索、搜狗搜索等）检索到企业的独立网站，起不到建立站点的作用。

（3）一些评级较高的物流企业，如秦皇岛中首物流有限公司、河北省邮政速递物流有限公司等，其信息化建设仅依靠母公司网站进行宣传和展示，失去独立性和信息完整性。

（4）在有独立网站的京津冀物流企业中，绝大多数企业对信息平台的建设以信息展示为主，在网站主要功能分析中，拥有线上交易模块（车辆、路线）和荣誉资质展示功能的网站只占到调查总数的 57%左右，由此可见，京津冀地区物流企业的信息平台建设功能不完全，还有提高的空间。

（三）京津冀大型物流企业信息化建设现状

信息化是现代物流的基本特征，是现代物流发展的一种重要趋势。京津冀地区多数物流企业在信息化建设上都已起步，但总体水平还很低，程度参差不齐。根据相关调查结果显示，作为物流信息化进程核心的物流信息系统日益成为社会物流企业的发展瓶颈。京津冀地区只有少数物流供给企业拥有物流信息系统，绝大多数物流企业尚不具备运用现代信息的能力。在拥有信息系统的物流企业中，有关客户关系管理的信息系统应用较少，且仍有将近一半的企业没有自己独立的网站；大多数的信息数据系统都是孤立和静态的，信息共享程度低，信息系统中物流信息资源的集成和整合能力有待提高，信息系统整体规划能力不足，平台数据安全性存在隐患。

1. 信息系统应用现状

在信息化水平较高的京津冀大中型物流企业中，企业网站的功能仍然以企业形象宣传等基础应用为主，作为电子商务平台的比例相对较少，大约占16.67%。同时，已建成的信息化系统主要集中在仓储管理、财务管理、运输管理和订单管理等方面，而关系到物流企业生存发展的有关客户关系管理的应用所占比例却很小，大约是23.33%。

目前，京津冀大中型物流企业中，应用的物流信息系统主要包括库存管理系统（MaxTM）、仓库管理系统（WMS）、运输管理系统（TMS）、在途管理系统（LBS）、存储管理资源系统（SRM）、商贸分销系统（DCM）等。表8-12列示京津冀地区几家大型物流企业的应用物流信息系统的情况，包括北京福田物流有限公司、北京四通纵横物流有限公司、北京长久物流股份有限公司、北京京粮物流有限公司、河北省物流产业集团有限公司、天津大田集团有限公司。这些公司分别是中国物流百强企业。

表8-12　京津冀大型物流企业的信息系统应用状况（中国物流百强企业）

区域	企业	MaxTM（库存管理系统）	WMS（仓库管理系统）	TMS（运输管理系统）	LBS（在途管理系统）	SRM（存储资源管理系统）	DCM（商贸分销系统）
北京	北京福田物流有限公司		√	√		√	
	北京四通纵横物流有限公司		√				
	北京长久物流股份有限公司			√	√		
	北京京粮物流有限公司		√	√			√
河北	河北省物流产业集团有限公司	√					
天津	天津大田集团有限公司		√				

注：资料来源于网络调查。

从表8-12中可以看出，北京较天津、河北应用的信息系统情况较好，北京成功应用信息系统的大型物流企业较多，且应用信息系统数量较多。在成功应用的信息系统中，WMS、TMS系统应用较多，WMS系统满足仓储管理的全过程，实现与客户端的无缝衔接，TMS系统为客户资产管理提供全过程的服务保障，应用有关客户关系管理的信息系统较少。

2. 信息共享程度状况

在拥有信息系统的京津冀物流企业中，大多数的信息数据系统都是孤立和静态的，信息共享程度较低。物流服务链的成员间信息不能共享，无法协同运行，制造企业、物流企业、货运代理企业、货物维修服务企业、海关、工商税务、检验检疫、政府、口岸管理部门及终端客户间系统相互独立，造成了网络资源及物流信息资源的浪费，影响到货物运输的效率和效益，导致整个物流服务链的运作效率低下。例如，天津中铁快运运输货运公司，它位于天津市河东区，提供航空货运代理产品服务，现已在全国范围内建成集公路、铁路、航空等多种运力于一体的全国性物流网络。公司与很多国际知名物流企业建立了业务合作的关系，国际业务网络覆盖世界200多个国家和地区。天津中铁快运运输货运公司虽然已经建立自己的网站，但网站信息提供极其少，公司业务和企业产品等基本信息在网站上均未显示，信息共享程度低。

3. 整体规划有待提高

京津冀大中型物流企业基本建立了自己的物流信息系统，然而缺乏覆盖整个企业的全面集成的信息系统，未能实现企业仓储、运输等物流信息系统的整合使用，信息化整体规划能力较低，对信息化的理解不深。企业对自身的信息化未来发展缺乏规划，缺乏覆盖整个企业的全面集成的信息系统。

北京福田智科物流有限公司是2002年5月成立的有限责任公司，注册资本8000万元，年营业额近20亿元，运营网络遍布全国。公司通过了国际质量管理体系ISO 90001认证，并先后被评为“中国汽车物流行业十大影响力品牌”，连续6年蝉联“全国先进物流企业”“中国物流百强企业”。2014年，公司荣升国家“5A级综合服务型物流企业”。

福田物流依托CMMP、WMS、SRM等信息系统，实现了生产订单信息、供应商供货信息及生产配送信息获取的精确化，有效保证了物流作业的成本与效率。公司信息系统建设快速发展，以业务流程为主线，充分运用现代物流技术、信息化技术等，搭建了业务操作系统，运输管理系统、车辆定位系统、仓储管理系统、普货运输管理系统、呼叫中心等；辅助管理系统，财务管理系统、人力资源管理系统、办公自动化系统，为业务的运作和管控提供了强有力的管理保障和决策支持。

该公司自身意识到缺乏办公系统与业务系统集成的信息系统，未能实现公司内部信息流、物流、资金流的完美协调。该公司下一步将着力于整合各种信息化手段和资源，借助网络技术的发展，将办公系统、业务系统等管理系统集成起来，实现信息流、物流、资金流的完美协调。

（四）京津冀物流企业信息化服务效益

京津冀物流信息化实现对商品的全程监控和追踪，能够大幅增加京津冀物流企业的响应能力，提高顾客的满意程度，对京津冀物流行业的发展有着促进作用。京津冀物流信息化目前处在迅速发展过程中，企业的信息化建设能够保证企业的供货速度和服务品质，提高京津冀物流企业的核心竞争力。除此之外，物流信息化能有效促进我国物流标准化，建立企业间统一的信息标准。2014 年，为进一步促进京津冀物流信息化发展，商务部、财政部、国家标准委三部门选择了北京作为试点通过先行探索，并紧接着在天津、石家庄、唐山进行试验，在京津冀经济区内，将三地物流信息互联互通，结成工作联盟，引导京津冀地区供应链上下游各个企业互通有无，形成标准，促进物流信息化进程，提高京津冀地区物流信息化水平，实现物流信息设备、技术、共享规范和诚信体系互认。

而在京津冀物流一体化建设中，制定作为现代物流突出特征的物流信息化标准并形成全国以及和国际接轨的体系，推动物流业的发展，信息化被放在了重要的位置。具体的做法包括：一是增加线上交易，通过在京津冀共同配送服务物流信息网络化，避免了过去繁复多余的环节，使京津冀物流企业在一体化的趋势下，可以真正做到实时监控，即流程可视化；全程追溯货品，即有据有凭。二是补充线下交易，为客户提供包括服务咨询、注册用户、查询信息、业务办理、投诉建议、满意度调查等常规服务，建立高效实用的一体化物流服务系统，为京津冀物流一体化更好、更快的发展提供信息支撑。

六、京津冀物流园区信息平台建设状况

近年来，政府重视支持物流园区发展。2013 年 9 月，国家发展改革委等 12 个部门出台我国第一个物流园区专项规划——《全国物流园区发展规划》；国务院发布的《物流业发展中长期规划（2014—2020 年）》中，把“物流园区工程”列入 12 项重点工程；2015 年 5 月，国家发展改革委、国土资源部、住房和城乡建设部联合发出《关于开展物流园区示范工作的通知》。

基于互联网的新兴技术广泛应用，推动物流园区转型升级。一些物流园区开发数字化管理系统，利用计算机、网络、通信、人工智能等技术，对运营、管理和服务过程进行量化管理，提升管理服务水平。一些园区运用云计算、物联网、GPS、通信网络技术等手段打造综合物流枢纽公共信息平台，解决信息不对称问题。信息平台型企业与物流园区所有方合作，推进“天网”与“地网”对接。园区与园区之间互联互通，向自动化、信息化、透明化和智能化方向发展。

（一）京津冀物流园区发展现状

2015 年中国物流与采购联合会组织开展的第四次全国物流园区调查中得出全国物

流园区数量稳步增加，区域分布趋于均衡。此次调查的京津冀大中型规模的物流园区共43家，分布情况受到区域的经济发展水平和人口密度的影响，同时也受到不同地域条件、面积等因素影响。经济发展水平越高，人口密度越大，地域面积越大，所需的物流园区也就越多。京津冀一体化的提出对物流园区的规划和建设起到了促进作用。

物流园区是指在物流作业集中的地区，在几种运输方式衔接地，将多种物流设施和不同类型的物流企业在空间上集中布局的场所，也是一个有一定规模的和具有多种服务功能的物流企业的集结点。通常包括8项功能：综合功能、集约功能、信息交易功能、集中仓储功能、配送加工功能、多式联运功能、辅助服务功能、停车场功能。物流园区公共信息平台能够将物流园区的各项功能串接起来，形成一个完整的流程。物流园区信息化建设犹如黏合剂将各个功能板块粘贴到一起，因此物流园区的现代化发展需要信息化的支撑，物流园区信息化水平的不断提高，可以更好地为客户和合作企业提供资源信息，加快园区内物流企业的工作流程，提高整个物流作业效率①。

（二）京津冀物流园区信息平台功能现状

1. 物流园区信息平台的概念

物流园区信息平台是指利用信息平台对物流园区内物流作业、物流过程和物流管理的相关信息进行采集、分类、筛选、储存、分析、评价、反馈、发布、管理和控制的通用信息交换平台，是使中小物流企业实现企业物流信息化的最优途径，企业只需接入到物流信息平台，就可以实现企业之间、企业与客户之间的物流信息共享，其主要的表现形式是物流园区门户网站的建设。物流园区可以看成一个系统，各物流企业就是一个个子系统，连接着这些系统的各个层次和各个方面就是物流园区信息平台，其目的就是实现不同物流企业之间的数据交换和信息共享，实现物流作业的协同作业②。

物流园区综合信息化系统建设的总体目标是形成以“安全、绿色、高效、智能”为现代物流特征，技术架构符合“全面感知、互联互通、智能处理”三层物联网特征的运行管理系统。

通过物流园区综合信息化系统的建设，有利于园区内企业之间的高效合作，在企业内部也有利于物流作业各个环节的高效运转；有利于物流园区安防信息、资产设备信息、车辆信息、人员信息、环境参数等的全面掌握、智能预警和敏捷控制；有利于构建绿色物流园区，走资源节约型环境友好型发展道路；有利于大力推进互联网、移动网、物联网“三网”融合，打造具有资源配置最优、作业效率最高、安全可靠、便捷的现代智慧物流园区。

物流不仅仅运输货物，同时也在传递信息。物流信息是物流活动中各个环节生成的信息，一般是随着从生产到消费的物流活动而产生的信息流，与物流过程中的运输、保管、装卸、包装等各种职能有机结合在一起。信息是事物内容、形式及其发展变化

① 刘兴景，戴禾，杨东援．物流信息平台发展规划框架分析［J］．物流技术，2001（1）：16－18.
② 郭玉杰．基于中原经济区发展的物流园区建设研究［J］．企业科技与发展，2014（2）：12－13.

的反映。物流信息和运输、仓储等各个环节关系密切，起着相当于人大脑的神经中枢的作用。

2. 京津冀物流园区信息平台发展现状

物流园区信息平台是利用信息技术整合物流园区内部的业务流程，构建促进高新技术产业带发展的现代物流支撑信息系统，构筑物流信息平台、现代化全程电子物流网络等，使物流园区向着规模经营、网络化运作的方向发展，从而大大提高物流运作效率。物流园区公共信息平台投入大小和物流园区网站运营效率关系到物流园区信息服务水平的高低。表 8-13 统计了京津冀大中型物流园区自建网站的搭建情况，统计得出 43 家物流园区中只有 10 家具有独立的网站，其中，北京 3 家，天津 2 家以及河北 6 家。

表 8-13　　京津冀物流园区自建网站统计

地区	物流园区	网站域名
北京	北京空港物流基地	无独立网站
	北京五环金州物流园	www. 5jinzhou. com
	京南物流基地	www. jnwljd. com
	良乡物流基地	无独立网站
	平谷马坊物流基地	www. bjmfwl. gov. cn
	通州马驹桥物流基地	无独立网站
	西南恒源物流园	无独立网站
	延庆京西北大型综合物流区	无独立网站
	北京达兴国际物流园	无独立网站
天津	北辰钢铁物流园	无独立网站
	大港煤炭物流园区	无独立网站
	天津市物流货运中心	无独立网站
	军粮城散货物流园	无独立网站
	泰达普洛斯国际保税物流园	无独立网站
	天津保税物流园区	无独立网站
	天津港集装箱物流中心	无独立网站
	天津港散货物流中心	无独立网站
	天津国际金属物流园	wwww. 865607. com
	天津空港国际物流园区	www. kggjwlglj. tjftz. gov. cn
	天津邮政物流中心	无独立网站
	中国北方水产品国际物流中心	无独立网站
	天津市南方物流园	无独立网站

续 表

地区	物流园区	网站域名
河北	熙平物流基地	无独立网站
	正定国际物流园	无独立网站
	秦皇岛临港物流园区	无独立网站
	河北冀中能源国际物流集团新铁物流园	www. jznygjwl. com. cn
	河北迁安北方钢铁物流产业聚集区	www. qabfwl. gov. cn
	河北秦皇岛临港物流园区	无独立网站
	河北省安平县聚成国际物流园区	无独立网站
	河北武安保税物流中心	www. wagtwl. com
	河北省唐山市丰润区北方现代物流城	无独立网站
	河北正定商贸物流产业聚集区	无独立网站
	霸州市胜芳国际物流园区	无独立网站
	承德三岔口钢材综合物流区	无独立网站
	唐山海港物流产业聚集区	www. tshgwl. com
	沧州渤海新区物流产业聚集区	无独立网站
	邢台好望角物流园区	无独立网站
	永清铁海物流产业聚集区	无独立网站
	保龙仓大河物流园	www. baolongcang. com
	保定白沟物流聚集区	www. tdwly. com
	肃宁县物流产业聚集区	无独立网站
	石家庄河北润丰物流中心	无独立网站
	邯郸新兴国际商贸物流中心	无独立网站

注：资料来源于网络调查。

据京津冀地区物流园区自建网站调查统计，目前我国 65%的物流园区具有独立的门户网站，而京津冀仅有 26%的物流园区具有独立网站，低于全国水平。京津冀的物流园区对自身网站建设的重视程度有待提高。

根据中国物流与采购联合会发布的《物流园区运营统计分析报告（2015）》中的问卷调查数据显示，2015 年华北物流园区信息系统的开发方式仍然以委托定制开发为主，占调查数量的 53%，与 2012 年相比有所下降①；但是物流园区自行开发信息系统的占比有所上升，同时外购成熟产品的比例明显下降。这些都表明，物流园区能够根据自

① 中国物流学会．物流园区运营统计分析报告（2015）［EB/OL］．（2015 - 08 - 11）［2016 - 05 - 11］. http://csl. chinawuliu. com. cn/html/19888327. html.

身业务模式和特点开发适合自己的信息系统①。

随着移动互联网的迅速发展，物流园区信息化发展呈现新的特点。以“卡行天下”为代表的虚拟平台发展迅速。这类平台融入第四方物流的概念，通过服务模式创新，将信息流、货物流、资金流在同一平台上实现整合，提升了物流资源的使用效率。随着其运作的不断深入，这类虚拟平台迅速落地，与物流园区实体平台的合作正在逐步展开，不仅提升了物流园区平台的信息服务能力，也进一步促进了物流园区的网络化发展。

3. 京津冀物流园区信息平台功能介绍

物流园区信息平台主要有基本功能和扩展功能两大功能，如表 8 - 14 所示。

表 8 - 14　物流园区信息平台功能

功能	具体功能	功能描述
基本功能	数据交换功能	平台核心功能，主要指电子单证的翻译、转换和通信，包括网上报关、报检、许可证申请、结算、缴（退）税和多边商务信息交换
	信息发布功能	以 Web 站点的形式发布，分为平台基本信息、行业信息、园区信息、教育咨询培训信息和各种运输信息
	会员服务功能	包括会员单证管理、会员的货物状态和位置跟踪、交易跟踪、交易统计、会员资信评估等
	在线交易功能	主要包括在线接受订货、发货业务、在线记录物流信息、记录订货信息
	系统管理功能	规定、控制用户访问和使用信息的权限，维护整个系统的正常运行，保证数据安全
扩展功能	智能配送功能	利用园区的运输资源、商家的供货信息和消费者的购物信息进行最优化配送，使配送成本最低，在用户要求的时间内将货物送达
	货物跟踪功能	采用 GPS 和 GIS 系统跟踪货物的状态和位置
	库存智能管理	在满足客户服务的条件下库存达到最低；根据订货进行预测管理；根据发货进行实际库存管理
	决策分析功能	为物流各项活动提供科学可靠的决策依据
	金融服务功能	提供保险、银行、税务、外汇等金融服务；保存大批定期订货信息、联机通信信息、银行进款信息

注：资料来源于网络调查。

京津冀三地的物流园区自建的门户网站中所具有的功能参差不齐，一些物流园区网站具有的功能比较齐全，而有的物流园区门户网站实现的功能较少。对京津冀地区

① 何黎明．物流园区发展的新趋势与新对策［J］．中国物流与采购，2015（16）：32 - 33.

物流园区自建网站功能进行汇总，按照基本功能和扩展功能进行归类，说明京津冀三地物流园区门户网站的建设有待进一步完善，如表 8－15 所示。

表 8－15　　京津冀地区物流园区自建网站功能汇总

物流园区	基本功能					扩展功能				
	数据交换	信息发布	会员服务	在线交易	系统管理	智能配送	货物跟踪	库存管理	决策分析	金融服务
北京平谷马坊物流基地	√	√								
北京五环金州物流园		√								
京南物流基地		√								
天津国际金属物流园	√	√	√	√	√				√	√
天津空港国际物流园区		√								
河北冀中能源国际物流集团新铁物流园		√		√	√					
保定白沟物流聚集区		√								
河北武安保税物流中心	√	√	√	√	√	√	√			√
唐山海港物流产业聚集区	√	√	√		√					
保龙仓大河物流园		√	√	√	√	√	√	√		
河北迁安北方钢铁物流产业聚集区	√	√	√		√					√

注：资料来源于网络调查。

北京市平谷马坊物流基地信息平台能提供的功能有园区新闻、信息通告、招商引资、服务企业、电子宣传册、在线互动、检验检疫和海关。根据物流园区信息平台功能划分的模块所示，北京市平谷马坊物流基地门户网站建设不完善，基本功能只实现了数据交换（报关、报检）和信息发布的功能。

天津国际金属物流园区含有多项信息服务功能，包括：电子商务化物流平台实现在线交易的功能、电子商务化信息平台实现信息发布功能、电子商务化金融平台实现金融功能、园区多功能网站实现会员功能、园区办公 OA 系统实现系统管理功能；在项目内容选项下的“初步效益分析”实现决策分析功能。

河北迁安市北方钢铁物流产业集聚区信息平台包括信息发布功能、与相关部门的数据交换功能、物流园区内部的系统管理功能，以及金融服务功能。

对京津冀物流园区信息平台功能的实际情况进行分析，发现京津冀物流园区的信息平台功能建设是不完善的，在各项功能中除了信息发布服务功能外虽然都具备，但其他功能都存在不同程度的缺失。同时显示出，京津冀物流园区信息平台功能建设还主要停留在基础功能的建设，扩展功能的建设缺乏。

七、京津冀物流信息化建设的问题和建议

（一）京津冀物流信息化建设存在的问题

1. 京津冀跨行业和区域的物流信息化建设缺少整合与规划

京津冀一体化的战略性位置及其发展条件为其建成跨行业和区域的智能物流信息公共服务平台奠定了有利条件。目前京津冀跨行业和区域的智能物流信息公共服务平台建设已初具成效，北京、天津、秦皇岛等地区的智能物流信息系统已建成并实施，部分大中型物流企业已开始应用 JIT（准时制生产方式）、VMI（供应商库存管理系统）、SCM（供应链管理）等管理系统来提升其专业化能力。然而，京津冀地区的物流运作较大部分仍采取单独、孤立的方式，如货代企业、运输公司、仓储公司等的各种物流业务之间缺乏整合，无法实现不同物流业务之间的无缝连接，致使整体物流运作效率偏低；物流信息系统也是自成体系、缺乏有效连通，致使部门之间、部门与企业之间信息无法及时准确地交换，存在重复采集、不匹配、更新速度慢等问题，更谈不上智能信息管理和一体化的供应链物流方案。因此，需要构建京津冀地区智能物流信息平台，以信息化建设带动整体物流运作效率提升和物流成本下降，优化整合现有物流资源，最大限度地优化物流资源存量。

2. 京津冀口岸物流信息化的协同合作机制尚未健全

京津冀口岸群在信息化建设方面虽取得了一定的进展，但从全国来看明显滞后于长三角和珠三角地区，口岸间缺乏区域信息共享和协调机制，成为京津冀口岸间、口岸与腹地间跨区域合作的重要技术障碍。首先表现在口岸企业的信息化程度普遍较低，建设重点仍集中在基础网络平台开发建设的阶段，GPS、EDI 等信息技术在部分口岸企业中还处于起步和学习阶段，其次是口岸物流信息标准化体系建设不完善。目前，京津冀各口岸之间以及口岸与相关管理机构之间还缺乏必要的公共物流信息网络交流平台。虽然各口岸都在致力于自身信息数据库的建设，但信息系统开放度不高。同时，在整个京津冀地区口岸物流领域还没有公共数据接口，开发软件系统缺乏统一标准而不具兼容性，使口岸间信息无法实现有效共享。这些问题在一定程度上成为京津冀口岸间合作的“瓶颈”。

3. 京津冀物流行业协会信息化建设的保障制度尚未健全

目前，京津冀地区存在各式各样的物流行业协会，但是能真正发挥作用的，能对行业发展和地方经济发展出谋划策的，能真正让企业满意的协会比较少。信息系统作为行业协会信息平台建设的基础部分，如果这一部分建设不好，很难发挥到本职作用，企业和会员们很难得到服务效果。从对京津冀地区物流行业协会的调查中，有一些行业协会甚至没有建成自己独立的网站，很难做到信息交流顺畅，没有很好地运用网络平台为行业企业提供服务。信息化建设从规划到基础建设、人才培养、软件开发应用、数据库管理都需要一套行之有效的制度来规范和管理，从而保障计算机及网络的正常

运行，保障电子业务的正常开展[①]。但目前这样的保障制度仍未健全。

4. 京津冀部分中小物流企业与物流园区信息化建设仍然滞后

京津冀地区部分中小型物流企业和物流园区的信息化建设尚处于起步阶段，信息化程度远低于其他发达国家物流企业和物流园区。京津冀中小物流企业和物流园区信息化建设存在的不足主要表现在三个方面，一是缺少先进的信息技术应用，部分物流企业和物流园区仍沿用人工操作模式，不仅工作效率、准确率低、管理难度大，物流企业成本压力越来越大；二是信息平台建设单一，物流企业和物流园区网站的主要功能多是用于企业宣传，网站更新速度慢，甚至不更新，对于企业业务系统应用和电子商务功能涉及较少，无法满足客户的需求；三是信息系统功能不全，京津冀众多中小物流企业和园区中应用信息系统较少甚至不应用，部分企业内部的信息平台则局限于财务管理方面，较少涉及物流运营。这些因素在很大程度上制约了物流企业和物流园区的信息化建设。

（二）京津冀物流信息化问题的对策

1. 以供应链物流服务为立足点，建设区域性智能物流服务平台

建立规范便捷的信息交互系统，与公路、铁路、机场、港口高效连接，与国家交通运输物流公共信息平台对接，与跨区域、跨行业的物流信息进行交换与共享；通过平台交易中心，客户和物流服务商可以自由交易，获得一站式供应链物流服务。京津冀智能物流信息平台应成为“国家平台”的有机组成部分，遵循统一的标准规范，成为本区域的物流信息中心和物流服务平台，提供符合本区域特色需求的区域物流信息服务及一体化供应链物流服务。

京津冀智能物流信息平台建设按照“政府引导、行业主导、社会参与；整合资源、统一规划、分步实施；机制科学、运营良性、开放兼容”的原则，在建设实施中注意以下几个关键方面：

一是整合分散的物流信息。进行信息整合和有效集成；推进信息采集的标准化、自动化、智能化；建立依托价值链、各关联主体的物流信息资源开放互联、注重标准化和安全性的物流信息链，提高物流运作效率和服务水平。

二是建立信息共享机制。在部门与企业之间建立信息互联互通的机制，协调好政府部门、物流重点行业（航空、铁路、公路、邮政等）、物流企业、企业物流之间的关系，做好信息沟通、集中管理及共享的组织与制度保障，逐步营造信息共享的良好环境。通过信息共享也能有效配置和利用运力，避免运力过剩而导致行业发展不稳定的现象发生。

三是建立良性运营模式。跨行业和区域物流信息平台向会员提供运输配送、货运代理、物流信息管理、推荐物流服务商等系列服务，实现物流过程人、车、货、客户等信息共享，并通过多重监督系统确保货物安全到达。平台有强大的汇集力、辐射力

① 陈儒郁. 加强行业协会信息化建设的若干思考［J］. 学会，2009（7）：48－49.

和影响力，可由政府、协会和企业联合起来统计和发布区域物流业的权威数据信息，为企业经营者和政府基础设施建设提供决策参考。政府在平台规划、建设、运营中发挥着重要作用，平台是公共性物流服务企业，在提供公共服务的同时也需要一定赢利来维持运作。

四是推动物流社会化运作机制。推动制造企业、流通企业将物流业务剥离，交给社会化的物流服务平台和物流企业来完成，而智能物流信息平台即可发挥这一作用，推动物流服务需求企业和物流企业之间的信息联通和联动发展，提高物流社会化水平，增强物流企业的专业化能力，提高产业链运作效率和节点企业的及时响应能力。推动智能物流信息平台与大宗商品集散市场、行业电子商务平台以及网络零售等业态的整合和一体化服务。推动智能物流信息平台成为自动识别、可视化等产品全生命周期管理的重要主体，提升重点领域（医药、农产品等）的信息管理水平和质量保障能力。推动智能物流信息平台成为行业协同、重点龙头企业、高校、科研机构进行产学研合作和协同创新的服务平台。

2. 推动京津冀口岸信息化协同发展的建议

针对京津冀口岸信息化建设存在的问题，提出以下三方面建议。

一要继续完善各地口岸物流信息平台的功能建设。信息化除了针对口岸内部，继续做好对生产和业务的技术支持外，还应为货主和船东提供高水平的信息化服务，提供口岸物流全过程动态信息服务，加强一关三检、海事、船代、银行等横向联系，推动网上报关检验“船舶联合调度”银企互联，做到资源共享，简化配合流程，方便客户，实现“大通关”。

二要充分发挥标准化在口岸信息化管理中的基础性作用。建立与国家电子口岸平台相统一的信息化数据标准体系，加快电子数据交换标准化进程，促进各口岸管理标准化和规范化，实现信息的有效录入，使各口岸物流信息系统在编码、文件格式、数据接口、EDI 等方面实现标准化，消除不同口岸企业间信息沟通的障碍，推动京津冀口岸间的协同发展。

三要提升口岸信息化应用水平。主要做法是以电子口岸平台门户网站为基础，不断完善平台基础设施建设，形成完善的技术架构、应用架构和数据架构，实现海关舱单、预配舱单等重要数据的对外交换，并在此基础上开展第四方物流平台建设，推动业务申报、作业监管、通关管理、政务公开等多方面的互联互通，最终实现包括通关政务、通关信息和口岸电子数据交换功能的口岸大通关信息平台建设的目标。

3. 加强京津冀物流行业协会信息服务效率的对策

为了提高京津冀物流行业协会信息服务的效率，首要是解决京津冀物流行业协会信息化建设的保障制度，提出以下两个方面的对策建议。

一是完善建设物流行业协会与成员企业的内部的信息管理系统，建设物流协会的专用网站，为有关企业发展提供宏观环境信息、市场信息、技术信息、产品信息等，搭建为企业信息服务的平台。以及加强对外联系和交流，及时从政府、企业、各种民间组织获取有关经济发展、科技进步及行业协会运作经验的最新信息。

二是根据物流协会运作模式，解决管理制度、保障制度落后的问题。信息化建设是一项涉及多学科、多部门、全社会共同参与的综合性和基础性的工作，行业协会应加强综合协调管理，使终端、网络、数据库既能产生出源、流、库各自的规模效益，又能发挥出完善服务的整体推动作用。要坚持法制的原则，健全制度，规范管理，依法推进；要坚持效能的原则，健全组织，强化责任，提高效率，创新机制。结合政府部门出台的新规定，物流行业协会要对新规定和制度做出及时、准确的调节，建立健全保障制度，同时，对会员企业定期调查，跟踪反馈，足够重视会员企业的意见和建议，及时改进各方面的服务工作，保障物流相关各方面的工作安定有序进行。

4. 提高京津冀物流企业和物流园区信息化程度的对策

物流信息化建设首先要利用先进的信息技术保证数据信息的采集和交换，以实现企业内部业务流程的低成本、高效率、标准化；其次是利用丰富的信息平台保证与客户信息系统对接，形成便捷高效的信息化供应链；最后是利用完善的物流信息系统实现决策制定、整合资源和优化。

一是加强先进信息技术的应用。鼓励与扶持京津冀物流企业与物流园区充分吸收先进的信息技术，包括条码技术、RFID、GPS/GIS 和 EDI 技术等，取代手工操作物流业务和管理，充分利用现代高科技手段，实现物流信息化、自动化、网络化。物流信息化表现为物流信息搜集的数据库化和代码化、物流信息处理的电子化和计算机化、物流信息传递的标准化和实时化、物流信息存储的数字化等。相应可用条码技术、数据库技术、电子数据交换技术（EDI）、企业资源计划（ERP）技术等来实现。物流信息化为物流现代化管理打下了基础，使物流管理上了一个档次。

二是物流企业和物流园区的信息化建设战略规划要长远。在企业和园区的信息化建设规划时，站在京津冀区域整体的高度来分析企业和园区信息化建设的目标和内容。不单局限于本地区、本园区来发展，而是从京津冀区域物流及相关产业发展与供应链的整合方面来考虑企业和园区的信息化建设本质与目标，对区域物流产业升级发展起到推动和促进作用而进行长远的战略规划。

三是遵循京津冀区域物流发展特色，开发实用物流信息系统。京津冀区域的物流企业与物流园区在长期以来的发展中，形成了目前的发展现状与特点。应当继续在规范流程中实现信息采集、传输、存储和共享，实现企业内部整合资源和流程，寻找流程通畅和标准化、降低成本和提高效率的信息化方法。充分考虑满足企业信息化发展初期的个性化需求的同时，为其向规范化、规模化、国际化的发展打好信息标准的基础。开发出适合区域物流发展特色的、实用的物流信息系统，只有这样，物流企业和物流园区的信息化进程才能不断加快。

第九章　京津冀物流技术应用状况

王成林

本章分析了京津冀物流技术应用的外部环境，对物流产业的技术应用进行了较为系统的了解，选取了超过 160 家物流企业进行了实际调研，掌握了企业技术应用的真实情况；同时结合行业协会、研究机构等提供的统计、咨询报告，对京津冀物流技术应用的背景、现状、特点进行了全面的梳理，对存在的问题进行了深入分析，并且有针对性地提出了解决的建议和措施。

由于物流技术内涵丰富，涵盖的技术领域较多，为了突出重点，设定了通用类技术分析模块，重点包括物流信息技术应用、配送中心技术应用、仓储技术应用、运输技术应用等部分，同时结合京津冀的实际情况和关注热点，设立了包括港口技术应用和农产品冷链技术应用等内容。

从调研的情况可以得知，目前京津冀地区物流技术应用已经取得了较大的进步，在推动京津冀的物流产业发展方面起到了良好的促进作用，但是同目前区域发展的预定目标还有较大的差距，提升的空间巨大，发展的任务还很艰巨，特别是在高新技术应用和区域发展平衡两个方面有较多的工作需要完成。在京津冀区域协同发展的大背景下，物流技术应用将面临新的机遇，服务特大消费型城市的物流系统，特别是北京市的物流系统需要重构，物流技术的作用发挥将有更加广泛的空间。

一、京津冀物流技术发展的外部环境分析

（一）重视发展物流技术已经形成广泛共识

作为推动物流产业发展的重要力量，物流技术应用在政策层面上受到了广泛的重视。2004 年国家发展和改革委员会等 9 部门印发《关于促进我国现代物流业发展的意见》中明确提出“鼓励利用国外的资金、设备和技术，参与国内物流设施的建设或经营”。文件中“加强基础性工作，为现代物流发展提供支撑和保障中”的第一项内容就是“建立和完善物流技术标准化体系”。2007 年，国务院《关于加快发展服务业的若干意见》中明确提出“坚持创新发展，扩大对外开放，吸收发达国家的先进经验、技术和管理方式，提高服务业国际竞争力，实现服务业又好又快发展”；同时“鼓励服务业企业增强自主创新能力，通过技术进步提高整体素质和竞争力，不断进行管理创新、服务创新、产品创新”。2008 年，商务部《关于加快我国流通领域现代物流发展的指导意见》中提出“推广先进适用物流技术，提升流通领域现代物流水平”，“建立物流技

术创新体制，鼓励企业技术改造和新技术研发推广，支持对重点领域关键技术的联合攻关”。2009 年，在《物流业调整和振兴规划（2009—2011 年）》中提出“以改革开放为动力，以先进技术为支撑，以物流一体化和信息化为主线，积极营造有利于物流业发展的政策环境，加快发展现代物流业，建立现代物流服务体系，以物流服务促进其他产业发展，为全面建设小康社会提供坚实的物流体系保障”。2011 年国务院召开常务会议，研究部署促进物流业健康发展工作，出台的国务院办公厅《关于促进物流业健康发展政策措施的意见》中提出“要推进物流技术创新和应用。加强物流新技术自主研发，加快先进物流设备研制，制定和推广物流标准，适时启动物联网的应用示范。推进物流信息资源开放共享”。2012 年，国务院办公厅印发的《国内贸易发展“十二五”规划》中提出“大力推进流通现代化。积极推动科技进步。加强国内贸易领域信息化、自动化、标准化技术的研发和应用，支持流通企业信息化改造和综合公共信息平台建设”。我国《服务业发展“十二五”规划》中，提出“发展服务业与促进经济结构调整、产业结构优化升级相结合。推动服务业与工业、农业深度融合，催生新技术、新工艺、新产品”。2013 年《全国物流园区发展规划（2013—2020 年）》中提出“推广甩挂运输方式、集装技术和托盘化单元装载技术。推广使用自动识别、电子数据交换、可视化、货物跟踪、智能交通、物联网等先进技术的物流设施和装备”。2014 年《物流业发展中长期规划（2014—2020 年）》提出“适应信息技术发展的新趋势，以提高物流效率、降低物流成本、减轻资源和环境压力为重点，以市场为导向，以改革开放为动力，以先进技术为支撑，积极营造有利于现代物流业发展的政策环境，着力建立和完善现代物流服务体系，加快提升物流业发展水平，促进产业结构调整和经济提质增效升级，增强国民经济竞争力，为全面建成小康社会提供物流服务保障”。

各种相关政策的不断出台说明全社会对企业为主体的物流技术应用给予了持续关注。为了更好地利用政策，需要从多个视角去理解政策要求。综合来看，首先，在时间维度上保持了良好的一贯性，说明该问题已经被广泛认知、认可和重视，物流技术的推动作用显而易见。其次，在专项技术的应用上更加有所侧重，以信息技术为代表的现代物流技术应用始终是关注的焦点，物联网、云计算、大数据等新技术带来的影响已经引起广泛的关注，希望能够以信息技术为基础和引领，实现物流技术应用突破；以信息平台建设为代表的示范性工程大量开展就是一个典型的证明。再次，政策中表现了政府对关键领域的重大关切，早期政策对农产品物流等有较多的关注，随着新兴业态的不断发展，城市配送、快递等越来越受到重视，绿色物流、智慧物流等也是政府近期关注的重点。另外，从政府的管理视角来看，推动技术创新越来越受到重视，特别是对国内企业的自主技术创新给予了更多的关注，希望能够形成国有技术研发中坚力量，同时希望能够借助对技术应用的激励，形成完整的技术创新产业链条。最后，对技术标准化的持续关注，希望能够形成规范、统一、高效的技术应用体系，形成完善的产业发展外部环境，降低物流业的运行成本，推动产业健康发展。

综上所述，京津冀地区物流产业发展正面临着政策机遇期，区域物流技术应用会受到来自政府层面的大力支持，特别是城市物流、电子商务物流、农产品物流等领域将是未来持续的热点。从目前北京市部分物流企业的发展来看，开展技术标准化试点、共同配送等都获得了政府资金支持，起到了很好的示范和引导作用。

（二）物流技术成为推动京津冀产业发展的新要素

京津冀物流产业需求不断增加，物流产业资源能力的供给侧要素也在不断发生变化，土地、人力、资金、技术几个主要要素的影响关系在不断调整。整体而言，京津两地，特别是北京的土地供给要素已经面临较大挑战，从北京市出台的产业发展指导性目录来看，土地供给将不会对传统的物流服务产业领域给予支持。从人力资源要素来看，京津两地物流人力成本较高，同时用工数量也不能得到有效保障。在资金方面，新兴业态受到追捧，特别是2015年以前，O2O领域一直是投资热点，近期受到影响较大。综合对比而言，目前京津冀技术要素作为提升物流系统能力的作用在不断强化，将成为可持续发展的重要组成部分。

在对京津冀物流技术发展调研过程中发现，企业家对新模式、新业态、新技术、新产品表现了同样的重视程度，迫切希望以技术创新推动企业能力提升，超过80%的受访对象都明确表示有提升物流技术运作水平的计划，尤其是目前京津地区劳动密集型作业特征显著的物流企业；同时有超过60%的受访对象表示在条件允许的条件下3年内有开始技术提升的计划。

（三）物流技术应用具有了良好的支撑基础

物流产业覆盖面较广，涉及大量基础技术领域的集成应用，因此，物流技术的发展将广泛地受益于目前的科学技术整体水平推动，特别是以现代信息技术、新能源技术、新材料技术等为典型代表的新技术应用影响更加突出。

以现代信息技术为例，物联网、云计算、大数据技术成为物流技术领域推广的重点，一大批依托物联网技术应用开发的物流追溯、监控、预测系统得到大量应用；以大数据技术为基础，包括中储电子商务（天津）有限公司等都开展了业务实践，推动智能决策技术等得到了广泛应用。随着储能技术的发展，新能源技术也为绿色运输等提供了较多的选择，京津冀地区开展了以物流电动车为主的城市配送试点项目，招商局物流集团有限公司在北京地区已经开始运营该项业务。随着快递业的兴起，包装的绿色化已经成为关注的话题，新材料技术也带动了绿色包装技术不断发展，京东商城等在环保包装袋的改良等方面都进行了技术改造。以自动控制技术等为代表的机器人、密集存储技术等在物流领域不断涌现，烟草行业、食品行业成为应用的重点，北京、天津两地的应用更为普遍。

（四）京津冀协同发展推动物流技术应用创新

京津冀协同发展是跨区域的创新式发展，以北京为主的特大型消费式物流需求与目前传统的物流服务体系之间的矛盾日益显现。北京、天津等城市由于历史发展等方面的原因，城市基础布局、设施、功能等都没有完全考虑现代社会生活、工作模式的需求，多层次的区域物流服务不能得到有效的供给和满足，适应特大型城市的物流系统运作模式、技术都在不断地探索之中。城市的功能、布局、设施调整也在不断进行，为现代技术应用提供了广泛的空间。以城市共同配送为例，终端配送车辆、配送技术、配送设备都面临升级，以跨区域协同为背景的配送系统需要有更多、更新的技术产品为决策者提供选择。原创性的技术进步将起到重要的推动作用，同时整个区域物流网络化的技术应用示范和普及也将是未来协同的基础。

从发展的角度来看，京津冀协同发展将为物流技术应用领域提供新的机遇，外部环境促进与内生推动双轨驱动，在物流领域的集成式创新将为推动这一国家战略的实施提供有力的支持，将会形成新的产业发展模式，提高物流系统的整体服务水平。

二、物流信息技术应用

（一）京津冀地区物流信息技术应用背景

1. 物流信息领域基础技术不断完善

信息技术已经成为推动社会经济发展的关键技术，以云计算、物联网、大数据技术等为代表的新兴技术不断发展为该类技术的应用提供了广阔的前景。在物流领域中对信息的重要性认识已经形成，对信息技术的应用越来越普遍。目前以物流信息采集技术、无线传感网络技术、物流编码技术、管理决策支持技术、信息交换与共享技术等为代表的技术应用在基础技术进步的推动下稳步发展。以 4G 技术为例，能够快速传输数据、高质量、音频、视频和图像等，为物流领域的车辆动态信息采集提供了良好的基础，形成了可视化的管理系统，为管理决策支持提供了坚实的基础。

2. 物流信息应用领域范畴不断扩展

本次调研共计统计相关企业 147 家，其中北京 84 家，天津 22 家，河北省 41 家，在统计对象中为了具有代表性，选取的企业业务类型包括医药、电子商务、食品、烟草、军事等，所调研的企业均为年主营业务收入在 500 万元及以上规模的企业，以便样本具有一定的代表性。

从调研的对象来看，物流领域的应用对象不断扩展，主要包括以下几个方面。

第一类为物流对象。物流对象是指在整个物流过程中的物资及物流单元。物资在物流活动中所处的状态包括“生产—储运—零售”几个环节，每一环节的物流对象分别划分为不同的类别。此外，由于进出口贸易涉及的国际物流有其管理的特殊性，因此，应将进出口贸易环节的物流对象作为单独的一类加以区分，以提高分类编码的实用性。在烟草等领域，物流商品标识已经形成了系统完善的体系。

第二类为物流设施设备。物流设施设备指物流运作中所要涉及的动产和不动产，其中设施一般指不动产，设备指可移动的车辆、工具等。类别的划分要按照物流的特性来确定其归属。将物流活动中涉及的设备按其功能特性划分为运输工具，储存设施、设备，装卸装备，包装容器等，目前货架、托盘、周转箱是标识最为广泛的物流设备类型。

第三类为物流作业节点和作业主体。物流作业节点指物流作业的场所和地点，它不仅是指物流节点设施的位置，还包括货物的发送地点和接受地点。物流作业主体指完成物流作业的企业、组织或部门，即物流服务的提供方和操作执行者。

第四类为物流单证。物流单证是物流信息的载体，它产生于具体的物流作业环节，因而单证的类别按照物流作业环节进行划分，包括：铁路运输、公路运输、水运运输、航空运输、管道运输、联合运输、集装箱运输、通关单证和仓储单据。在京津冀地区中超过95%以上的物流企业都使用了电子单据打单技术，并在积极推动无纸化作业。

第五类为物流信息属性。物流信息属性是指与实物相关的信息描述。如商品的产地、生产厂家、生产日期、有效期、批次、物流单元的重量、尺寸、发货地、收货地、承运商等。

物流信息分类编码技术是其他物流信息技术应用的基础，条码技术、射频识别技术都必须在信息分类编码的基础上由条码、射频标签等作为信息的载体，通过采集设备传输到计算机物流信息管理系统中，才能进行物流决策。在下面物流条码技术和射频识别技术两章中也会介绍到有关的物流信息编码技术。

3. 物流信息系统应用已经全面与企业业务对接

从调研的对象可以得出，目前已经有超过90%以上的企业具备了与企业业务结合的专用物流类信息系统，一体化应用趋势逐步加强，目前主要建立在四个功能层次上：交易、管理控制、决策分析以及制订战略计划等。从调研的情况来看，在交易系统中，应用包括记录订货内容、安排存货任务、作业程序选择、运输、配送、发货、开发票，以及客户查询等。以北京某航天类单位为例，该企业的操作可以实现全过程的记录。交易系统的特征是：格式规则化、通信交互化、交易批量化，以及作业程序化。结构上的各种过程和大批量的交易相结合主要强调了信息系统的效率。物流信息管理系统管理控制、决策分析以及战略计划制订的强化需要以强大的交易系统为基础。在管理控制层面，要求把主要精力集中在功能衡量和报告上，功能衡量对于提供有关服务水平和资源利用等的管理反馈来说是必要的，因此，管理控制涉及评价过去的功能和鉴别各种可选方案。当物流信息系统有必要报告过去的物流系统功能时，物流信息系统是否能够在其被处理的过程中鉴别出异常情况也是重要的。在决策分析层面，主要把精力集中在决策应用上，协助管理人员鉴别、评估和比较物流战略和策略上的可选方案。在制订战略计划层面，主要集中在信息支持上，以期开发和提炼物流战略。这类决策往往是决策分析层次的延伸。

4. 国家层面积极推动相关物流信息化工程建设与示范

从国家层面上已经开始重视相关领域的建设，并积极推动覆盖全国的基础平台系统，在海关等领域已经得到了较为成熟的应用。目前结合新的物流发展需要，一批新的平台在不断涌现。

国家食品安全追溯平台是国家发改委确定的重点食品质量安全追溯物联网应用示

范工程，主要面向全国生产企业，实现产品追溯、防伪及监管，由中国物品编码中心建设及运行维护，由政府、企业、消费者、第三方机构使用。国家平台接收 31 个省级平台上传的质量监管与追溯数据；完善并整合条码基础数据库、QS（企业食品生产许可）、监督抽查数据库等质检系统内部现有资源（分散存储、互联互通）；通过对食品企业质量安全数据的分析与处理，实现信息公示、公众查询、诊断预警、质量投诉等功能。

针对目前我国物联网标识技术标准不统一、缺乏物联网标识管理体系，无法实现跨系统、跨行业、跨平台的信息共享和互联互通的现状，研究并完善物联网统一标识方案，制定物联网标识管理体系及标准体，在此基础上打造逻辑集中、物理分散的物联网统一标识管理与公共服务平台。

物联网标识管理平台提供标识注册、解析与发现等物联网基础资源服务，实现各物联网应用间信息的互联互通，满足政府监管层面的需求，支持公众物联网信息查询，支撑物联网示范工程和物联网大规模产业化应用。未来平台建设将针对更宽领域、更广范围的物联网应用需求，进一步完善和加强物联网统一标识管理与公共服务平台，全面支撑跨行业、跨领域、跨平台的信息互联互通，完善国家平台和子平台的接口，加强平台主体和客体准入认证机制和信息安全，支持建立面向多行业、多领域的子平台。

（二）物流信息技术应用现状

1. 物流信息采集领域技术

目前该领域的技术应用主要包括 RFID（射频识别）技术和条码技术两种。

（1）RFID 技术应用。

RFID（Radio Frequency Identification），即射频识别技术，RFID 技术利用射频信号并且通过空间亲合来实现非接触信息的传递，并且通过其所传递的信息来实现识别的目的。

从统计的京津冀地区物流企业的应用来看，在调研的 147 个企业中共有 27 个企业应用了该项技术，其中机场、港口、烟草三个重点领域基本实现了技术应用的全覆盖，在银行等金融领域也开始了试点应用。在调研过程中该项技术应用主要包括商品标识、器具标识、存储设备标识三类，其中商品标识所占比重最大，机场货运尤为明显，港口类企业重点使用的领域是集装箱标识。目前基于该技术在烟草等行业已经出现了比较成熟的集装化作业方案，北京烟草物流中心与浙江中烟等企业合作构建了基于物联网的出入库作业系统，以托盘为对象进行出图库作业，改变了传统的以箱为单位的作业形式，提高了作业效率。

（2）条码技术应用。

在条码技术应用领域目前使用较为广泛的是 EAN 码、128 码等，以及二维 PDF417 码、Code49 码、QR 码等。由于流通的需要，目前全国有超过 20 万以上的企业商品都使用了条码标识，在服装等领域的商品标识码直接被用于进行物流作业，获得了良好的使用效果，如图 9－1 所示。

(01)06929000100012(240)22232W12ABC01

图 9－1　服装上的 UCC/EAN－128 条码

在调研的 147 个企业共有 27 个企业都以不同的方式应用该项技术，具体应用的领域包括商品信息标识、货架信息标识、器具信息标识和作业过程信息标识等，其中作业过程标识是指用于扫描各类商品、器具信息等用于识别物流状态，包括出入库、盘点等。如表 9－1 所示。

表 9－1　条码技术应用统计

技术应用领域	应用比例/%	备注
商品信息标识	100	—
货架信息标识	88.4	含区域标识
器具信息标识	96.6	含托盘、周转箱、集装箱等
作业过程识别	96.6	—

2. 无线传感网络技术应用

随着社会经济发展和人民生活水平的提高，人们对肉类、乳制品、鲜花等生鲜产品，具有特殊要求的危险品的种类和数量需求不断增加，因此，对于储存这些物品的仓储环境的要求也日趋提高。为实现对现代仓储的全面智能化监测和管理，根据仓储的特点，将无线传感器网络技术引入监测系统中，构建分布式实时仓储监测系统，对多种环境参数如温湿度、光照度、空气含量等进行分布式监控，实现对仓储的实时动态监测和全面管理，第一时间发现安全隐患及危险，及时干预，防止安全事故发生，系统依据实时监测信息实现对仓储的监测、控制、分析、综合决策及调度，完成全面的综合管理。目前，北京粮食系统已经开始引入无线传感网络技术进行应用。

3. 物流编码技术应用

物流领域应用的基础信息技术不断发展，以信息编码技术为例，是把信息用一种易于被电子计算机和人识别的符号体系表示出来的过程。对信息进行编码，实际上就是对文字信息进行符号化处理，使之成为量化信息。信息编码的直接产物为代码，它是表示特定信息的一个或一组有序排列的符号，便于人或计算机识别与处理。在现代化信息管理系统中代码是数据元的一种标准表示形式，是一种人机信息语言的表达形式。物流信息分类编码是按照物流系统的内部规律将物流系统中涉及的对象进行代码化，是物流信息管理的基本手段，是物流信息系统建设的基础。目前以线分类法和面分类法为基础，在物流领域中已经开始使用无含义码和有含义码两种方法，其中有含义码包括系列顺序码、数值化字母顺序码、层次码、特征组合码、矩阵码、复合码、镶嵌式组合码等，已经可以满足物流领域的管理需要。目前烟草、医药等领域已经形成了完整系统的商品编码体系，并且在流通中广泛地加以使用，获得了良好的实际效果。

从目前的京津冀物流技术应用的情况可以看出，物流编码技术已经成为信息化技术应用的前提和基础。目前在流通领域中，商品条码标识系统是在物流供应链中广泛应用的物品标识系统，能够实现上下游企业间信息传递的“无缝”对接。例如，箱码（Case Code）是商品外箱上使用的条码标识，企业在订货、配送、收货、库管、发货、送货及退货等物流过程中扫描箱码后，相关信息便自动记录到企业信息系统中，实现数据的自动采集与分析，从而降低物流成本，提升企业效率。系列货运包装箱代码（SSCC）是为物流单元，如托盘、集装箱等，提供的唯一标识。在物流配送过程中，企业仅需扫描SSCC，便实现对整个托盘、集装箱产品信息的采集，从而大幅提升供应链效率。

4. 管理决策支持系统的应用

管理决策支持系统主要是运用信息、多目标决策、数据库等技术，对库存管理、物流网络设计、运输系统的调度与优化等方面内容的管理，从而实现物流过程的智能化、自动化、可视化。可见，建立科学的管理决策支持系统能够实现物品流通的高效性。

管理决策支持系统是以信息为基础，实际上是管理信息系统的深化，物流管理信息系统主要是指通过物流信息、物流设备信息等信息的收集，并把它们加工处理成各种信息资料，从而辅助管理者进行决策。

对京津冀地区包括物流园区、配送中心、运输、仓储以及港口等具有不同物流功能的场所或活动的物流信息系统的应用情况进行统计，具体统计结果如表9-2所示。

表9-2　　物流信息系统应用情况

技术应用领域	总体应用	典型应用
物流园区	京津冀地区物流园区信息化程度较高，管理信息平台的建设基本达到100%	北京空港物流园区建设物流交易所，为企业提供包括货源、车源、运价指数等一系列信息
配送中心	通过对京津冀地区63家配送中心的调研情况，京津冀地区配送中心在物流信息系统方面的应用程度达到100%	高等教育出版社配送中心，通过对商品、作业区域、货位的编码实现物流系统的高效管理

续 表

技术应用领域	总体应用	典型应用
运输企业	京津冀地区运输领域对 TMS（终端远程维护管理系统）的应用程度相对较低，且主要集中在一些较大的运输企业，应用比例不超过 65%	云鸟，其作为国内领先的供应链配送服务商，打造了专属城配的 TMS，实现包括订单管理、动态排线、在途监控、牵手管理等一系列活动，提高作业效率，并通过对配送数据的分析，可实现对流程的优化，提高配送时效
仓储企业	京津冀地区仓储业务中 WMS 的应用程度较低，且同样主要集中在一些大型企业，应用比例不超过 70%	中粮世通的 WMS 解决方案可以根据客户需求实现半自动或全自动化仓库管理流程，有效提高运作效率，并有助于中粮世通更准确、灵活处理每宗订单，并增强库存可视性和准确率，让其客户可以全程跟踪食品配送流程，有利于双方共同实时监控与把关食品输送的质量和安全
港口企业	对京津冀主要港口的信息系统的应用程度较高，达到 100%	秦皇岛港煤炭网提供煤炭供求、运价指数、船舶信息等，实现煤炭供需、运输等的高效化管理

从统计表可以看出，对于物流园区、配送中心以及港口等一类综合性的物流节点，对物流信息系统的需求程度比较大，并基本都配备有现代化的物流信息管理系统，从而达到提高物流作业效率的目的；对于运输、仓储等单一的物流活动，他们在物流信息系统的应用方面还较为欠缺，这在一定程度上与企业规模存在一定的关系，需加强运输、仓储等的现代化管理。

5. 信息交换与共享技术的应用

现代物流产业的发展离不开信息的交换与共享，而信息的交换与共享的核心是消除“信息孤岛”，实现网络作业的交互、共享与协同，目前以电子数据交换（EDI）技术为代表的信息交换和共享技术应用越来越普遍。利用电子数据交换技术可以将商业或行政事务处理按照一个公认的标准，形成结构化的事务处理或报文数据格式，从计算机到计算机进行电子传输，由于其能够在很大程度上改善服务质量，提高工作效率，在国际贸易、贸易运输、通关自动化等领域具有广泛的应用。其中京津冀地区物流企业 EDI 的应用领域主要集中在国际货运领域，只占到 40%左右。中远集团是我国最早实施 EDI 的企业之一，覆盖了集团内部的各船公司、各船舶代理与货运代理及各专业公司等，是一个以北京为中心，各地区公司为分中心的分布式结构的企业网络。目前，天津港、秦皇岛港已建设有 EDI 中心，其覆盖当地各船公司、各船舶代理与货运代理、集疏运场站、监管部门、港口码头及外轮理货等单位。

电子商务领域成为该项技术应用的重点，京东商城、中国国际电子商务中心

（CIECC）等建立了EDI中心。由商务部直属的中国国际电子商务中心即国际贸易EDI服务中心，成为集外贸管理、信息、服务于一体的国家统一的外经贸专用网络，并在京津冀地区也设有办事处，其强大的网络覆盖，进一步促进了我国国际电子商务的发展；同时京东作为我国最大的电子商务平台之一，通过与供应商EDI的对接，实现货存量等信息的透明化，达到降低成本、提高作业效率的目的。

从调研的情况可以看出，未来跨区域协同需要信息技术应用能够摆脱行政区域的制约，为实现这一目标，可以充分利用现有的一些国家级信息平台服务资源，以北京国富通信息技术发展有限公司开发的面向对外贸易服务的跨区域物流协助平台为例，该平台可以实现跨境的信息交换，涵盖了物流作业领域很多的关键信息协同。如图9-2所示。

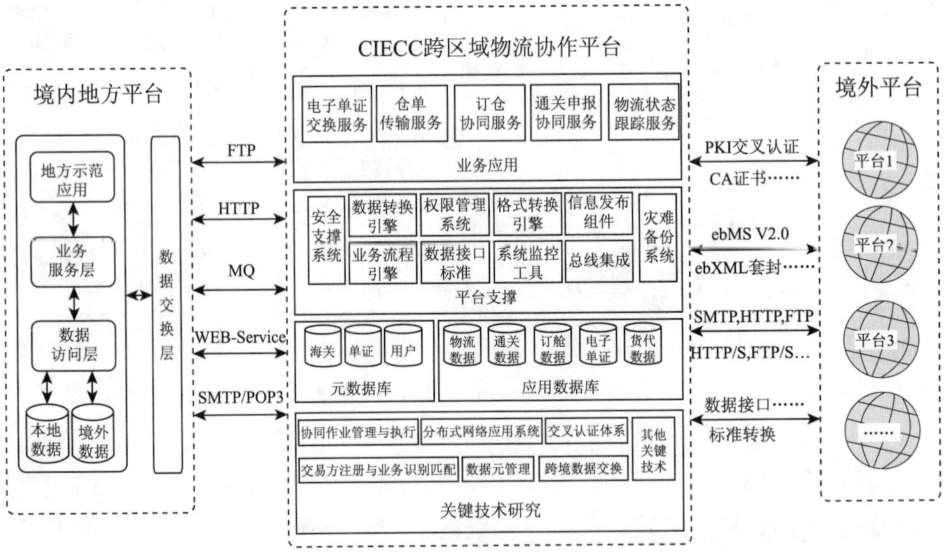

图9-2 跨区域物流协同

以此思路为借鉴，可以考虑从更高的层面对物流信息跨区域沟通进行更高层次的顶层设计，科学地规划物流信息应用战略层、战术层、操作层等多个层面的协同要求，形成跨区域的整合能力。

三、配送技术应用

（一）京津冀地区配送技术应用背景

配送中心就是从事货物配备（集货、加工、分货、拣选、配货）和组织对用户的送货，以高水平实现销售和供应服务的现代流通设施。配送中心是基于物流合理化和发展市场两个需要而发展的，是以组织配送式销售和供应，执行实物配送为主要功能的流通型物流节点。它很好地解决了用户多样化需求和厂商大批量专业化生产的矛盾，因此，配送中心逐渐成为现代化物流的标志。

1. 京津冀地区配送中心规模不断扩大

由于大型城市群的存在，目前京津冀地区拥有配送中心数量密度相对较高，以百度地图登记的数据作为参考，北京地区拥有各类配送中心数量为 520 个，天津市拥有各类配送中心数量为 196 个，河北省拥有各类配送中心数量为 483 个，从全国平均水平看处于中上水平，特别是北京市和天津市是国内配送中心分布密集度较高的区域。

目前京津冀地区的配送中心规模和数量在不断地变大，已经形成了包括北京通州区、天津武清区等在内的配送中心集聚中心。以天津武清区为例，2010 年以来，武清区充分发挥区位、交通和政策优势，把电子商务产业作为促进全区经济发展、方式转变、加快现代服务业发展的重要抓手，吸引电商企业在武清形成聚集。截至目前，已入驻武清的电商企业 260 余家。其中，国内 B2C 排名前 20 强的电商企业已有 17 家落户，如：阿里巴巴、亚马逊、京东商城、当当网、苏宁云商、国美假日货仓、唯品会、聚美优品、凡客诚品、酒仙网等，其中大部门企业都在该区域设立了配送中心。由于现代物流系统服务功能的进一步多元化，目前配送中心已经成为物流技术应用的重要载体。

从配送中心的对象来看，京津冀的配送中心主要是服务电子商务、高端制造、医药、烟草等领域。京津冀的特别是京津两地的配送中心规模均较大，在统计的样本企业中有超过 70%以上的配送中心规模均超过了 1 万平方米，而且大多是面向华北区的区域物流中心节点，当当网天津仓储基地目前投入使用的是以图书品类为主的一期，面积为 10 万平方米，以日用百货为主的二期也在规划中。

2. 配送中心成为物流技术应用的重要关注点

从调研的情况看，目前物流领域的技术应用中，配送中心在物流节点中已经成为投资额度较高、技术应用程度较强的典型代表。北京烟草物流中心负责全市 4 万个卷烟零售户的仓储、分拣和配送工作，总建筑面积 3.1 万平方米，总投资 1.98 亿元。现在投资兴建的配送中心其技术集中程度更高，单价也变得更高。该现象在国外也同样存在，亚马逊迄今对英国运营中心的投资多达 20 亿英镑，其英国履单和客服中心共有约 8000 名员工。亚马逊在英国共有 8 个履单中心，总占地面积 500 万平方英尺（46.45 万平方米），如图 9－3 所示。

图 9－3　英国亚马逊配送中心

由于配送中心设备需求量大、集成度高，因此其自动化技术水平发展得更为迅速，包括国外的德国德马泰克、日本大福等世界知名的自动化物流系统集成商都将配送中心技术作为研发的重点。

3. 新技术的应用面临着挑战

目前以无人机、可穿戴技术等为代表新型技术应用成为社会关注的热点，2015 年 2 月，淘宝官方微博发布了一条消息，"第一单，无人机已经出发啦"。这是淘宝进行的一项无人机送货的实验；顺丰速运早在 2013 年就已经开始了尝试。根据顺丰介绍，其无人机系自主研发，无人飞机下设有专门的载物区，飞行高度约 100 米。

目前，北京市有 22 家无人机公司，天津市拥有 8 家，河北省拥有 8 家。其中，不乏中国航空工业集团公司、北京航空航天大学无人驾驶飞行器设计研究所、北京科源轻型飞机实业有限公司等无人机领域的佼佼者。他们拥有多种无人机机型，能够执行不同内容的任务。大部分拥有核心技术和自主开发的主营产品，拥有自主研发并拥有知识产权的无人机系统。可满足不同行业对各种航空、航天遥感资料和数据的需求，能够提供多领域全方位的解决方案。京津冀地区拥有着强大的无人机硬件和软件的后备力量。目前国家多部门正在推进民用无人机标准制定，建立产业联盟。

（二）配送技术应用现状

配送中心是典型的复杂物流作业系统，所涉及的技术类型和内容较多，为了突出其关键技术特征，本部分重点选取了拣选技术、商品感知技术等新技术的应用作为重点分析对象。

从配送中心的主要功能视角分析，目前配送中心采用的技术主要包括物流信息类技术、存储技术、装卸搬运技术、拣选技术、分拣技术等，由于配送中心作业要求高，因此其技术应用具有典型的系统性、先进性等特征，京津两地的配送中心表现得尤为明显。

1. 配送中心技术应用日益普遍

在调研的样本数据中重点选取的是具有一定规模的、技术应用水平具有一定基础的配送中心（样本数据以作业面积超过 5000 平方米以上，作业人数超过 30 人以上作为标准），在使用的区域来看，北京地区拥有的大型配送中心数量和规模具有一定的优势，抽样的企业中，该类配送中心占到 10%以上。本次调研共涉及配送中心 63 家，其中北京 42 家，河北 15 家，天津 6 家，具体的技术应用如表 9-3 所示。

表 9-3　配送中心技术应用统计

序号	技术内容	比例/%
1	RFID 技术（包括商品标识）	23.81
2	条码技术	100
3	托盘	100

续 表

序号	技术内容	比例/%
4	叉车	100
5	物流信息系统应用	100
6	独立编码方法	100
7	自动化技术	79.37
8	AGV	4.76
9	自动分拣设备	46.03
10	机器人	7.94
11	自动传输设备	79.37
12	自动化立体仓库	39.68
13	自动化货柜	6.35
14	自动手持终端技术	74.60
15	电子标签拣选技术	50.79

从采集的样本数据可以得出，目前京津冀地区较大规模的配送中心在基础的物流技术应用领域已经基本达到了统一。配送中心全部拥有叉车，在集装化作业方面已经全面选用了托盘作为物流活动作业载体，大幅度提高了作业能力。

在信息技术领域调研的配送中心全部配置了物流信息系统，可以实现整个物流系统的高效管理，并在商品编码、货位编码、作业区域编码等领域全部实现了独立编码。

在自动化技术领域，目前配送中心越来越倾向使用该类设备，从而更好地应对客户服务需要，从调研的情况来看，应用自动化技术，配置自动化设备的配送中心占到调研总数的 79.37%，其中使用最为广泛的是自动传输设备，占到调研总数的 79.37%。在自动存储技术领域，自动化立体仓库技术已经越来越普及，有 39.68%的受访配送中心使用了该技术。

在人机协同领域，以自动手持终端技术和电子标签拣选技术应用最为广泛，特别是在拣选领域，采用传统人工拣选的企业数目在不断下降，从调研的情况可知目前作业面积、作业订单数、拣选货物 SKU（库存量单位）数量等是影响企业采用拣选技术的核心要素，特别是对于一些大型的电子商务 BTC（商业机构对消费者的电子商务）配送中心，其拣选的 SKU 数量甚至超过 100 万种，其应用自动手持终端技术的比例超过 90%以上。对于标准化程度的医药、烟草等领域，采用全自动的拣选技术已经成为最新趋势。

从行业领域分析可以看出，在医药物流领域、电子商务物流领域、烟草物流领域、航天航空物流领域、军事物流领域的配送中心明显在技术应用上更愿意投入，烟草物流领域技术应用如表 9-4 所示。

表 9-4　　京津冀烟草物流技术应用统计

序号	名称	RFID	条码	托盘	叉车	机器人	AGV（自动导引运输车）	自动化立体仓库
1	邯郸市烟草物流中心	√	√	√	√	×	×	√
2	秦皇岛市烟草物流中心	√	√	√	√	×	×	×
3	石家庄市烟草物流中心	√	√	√	√	×	×	√
4	衡水市烟草物流中心	√	√	√	√	×	×	×
5	邢台市烟草物流中心	√	√	√	√	×	×	×
6	保定市烟草物流中心	√	√	√	√	×	×	√
7	张家口市烟草物流中心	√	√	√	√	×	×	×
8	唐山市烟草物流中心	√	√	√	√	×	×	√
9	承德市烟草物流中心	√	√	√	√	×	×	×
10	廊坊市烟草物流中心	√	√	√	√	×	×	×
11	沧州市烟草物流中心	√	√	√	√	×	×	√
12	北京烟草物流中心	√	√	√	√	×	√	√
13	天津烟草物流中心	√	√	√	√	×	×	√

注：表中“√”表示有技术应用，“×”表示无技术应用。

从全行业情况来看，烟草物流类配送中心已经基本实现了信息技术、拣选技术等方面的统一，极大地提高了其作业效率，并形成了技术应用的规模优势，客户的满意度也相对较高。

在调研走访的过程中，有超过80%以上的受访对象表示愿意应用新型的物流技术改变现有运作系统，提高服务能力。

从调研的数据可以分析得知，从事第三方物流业务的配送中心对现代化物流配送中心的技术应用低于自营类物流作业的配送中心，由于对合同未来预期的不确定性有较大的疑虑，该类配送中心在技术投入领域表现出了一定的保守性，在调研过程中某一经营第三方业务的负责人明确提出，在合同期5年以上才会考虑对现有的技术进行更新，但是为了更好地与客户进行对接，配送中心在信息系统方面都会投入较多。

2. 拣选技术应用

拣选技术是配送中心最为复杂的作业，其作业量占到配送中心整体作业量的50%以上。在调研的京津冀地区63家具有配送作业功能的物流中心中，超过41家都拥有包括电子拣选标签系统、手持拣选终端等在内的专用拣选设备，超过70%，但仍有部分企业采用传统的纯人工按照纸质单据拣选。目前在该领域只有烟草、医药等行业的部分物流企业可以实现全自动化拣选作业，一些新技术的应用也在逐步展开。其中“货到人”拣选有十分明显的优势，已经开始引起了包括电子商务、医药等行业用户的重视，采用该技术后物流中心不仅每小时可以完成800～1000订单，由此可以从根本上省去复合环节，从而进一步减少作业人员。另外，还具有提高空间利用率和降低劳动强度的优点。物流追求的目标是快捷和准确，而企业关注的却是利润和成本，“货到人”技术的发展，正是体现了这一根本需求，因而其具有很强的实用性。北京地区的苏宁易购等应用该技术就使拣选作业能力大幅度提升，并降低了作业强度。

3. 存拣一体化技术应用

以多层穿梭车、卧式分拣机等技术等为代表、存储、拣选一体化作业系统不断出现，对配送中心进行作业流程重构、布局优化提出了新的契机，目前在烟草、电力等领域的配送中心已经开始应用该技术。北京烟草物流中心作为国内规模、现代化程度较高的烟草物流中心典范，在烟草行业现代物流改革的进程中具有重要的标示性作用，经过 2014 年的技术改造，目前该中心作业系统能力是：最大香烟种类：240 种；最大配送用户数量：4 万户；最大日分拣量：8000 件；最大仓储能力：20 万件；年分拣能力：70 万箱；每次最大处理订单数：9600 个；分拣差错率：低于 0.002%。该中心核心技术之一就是烟草存拣一体化技术。

4. 商品感知类技术应用

商品属性的获得，例如外形尺寸等是科学设置作业环节以及物流技术选型等的基础，目前大型配送中心都已经使用了该项技术，以苏宁易购为例，该公司对所有商品均进行扫描，特别是中小体积商品、重点是测量长宽高和体积，根据这些商品信息优化入库。如鞋服类、百货，并且与标识的条码进行一一对应，建立商品数据库，进而支撑后续的存储、分拣、拣选、包装、配载等作用，该信息可以与供应商合作伙伴进行共享。

在商品感知的技术上，一些衍生型的新型物流服务模式也在不断出现，以北京地区的瑞士柏中（BOSSARD）公司为例，为了满足 VMI 管理需要，柏中公司将物料存放在标准料盒里，通过下面的传感器记录下实际物料消耗量，在补货点自动产生电子订单，根据之前双方签署的框架协议进行补货。这种自动配货系统能够确保物料的安全使用，进而将配送中心与用户实现无缝对接。

四、运输技术应用

（一）京津冀地区运输技术应用背景分析

运输是指采用航空、铁路、公路、水路及管道等交通方式实现物品空间位置变化的活动。它具有扩大市场、稳定价格、促进社会分工及扩大流通范围等社会经济功能，与我们的生活及各行各业息息相关，是国民经济的支撑力量。

近年来，随着京津冀一体化的全面推进，运输业呈现出良好的发展局面，以道路货运业为例，据统计，从 2006 年开始，货运车辆的年均增长率维持在 5.3%左右，到 2014 年货运车辆总量达到 1453 万辆左右，数量增长显著；货运量及货运周转量也在逐年递增，从 2006 年开始，货运量及货运周转量年均增长率分别为 10.8%和 25.8%，到

2014 年，我国道路货运量和货运周转量分别达到 330 亿吨和 610 百亿吨·千米，分别约占综合运输体系的 76%和 33%。可见，道路货物运输在综合运输体系的作用日益突出①。

目前京津冀地区运输企业数量众多，业务种类及需求繁杂，对运输设备及技术提出了更为多样化的应用需求。同时，由于京津冀地区各区域定位、区位优势等的差异，各城市运输企业所提供物流服务的侧重点也有所不同，北京物流运输企业数量总体多于天津、河北，尤其在国内空运、仓储与配送领域数量巨大；而天津由于天然的港口优势，水运企业数量在国内最多。如表 9-5 所示。

表 9-5　运输企业分类数量统计　　单位：个

运输企业分类	全国	北京	天津	河北
物流服务	43783	2498	1520	360
国内陆运	792	81	28	7
国际海运	315	8	19	5
快递	1321	62	13	21
国内空运	4869	390	134	32
国际空运	3315	169	39	15
国内水运	2073	50	150	28
商检报关	221	7	10	—
仓储与配送	6692	486	203	85
特种物流	5260	312	202	41
货代	11749	502	479	77
国际陆运	7157	430	242	49

数据来源：行业黄页网．统计［EB/OL］．（2016-06-26）［2016-06-26］．http：//www.cciru.com/.

从运输设备的种类来看，不同的运输方式决定了运输设备种类的多样化，公路运输设备是按照车辆长度及重量来划分，不同类型的物流车辆，车型及其最大载货量也会有所差异。对于运输企业而言，为了尽可能削减运输成本，一般只拥有一定数量的自有货载汽车，而其他的运输设备往往利用的是社会的公用运输设备。

（二）京津冀地区主要运输技术应用现状

从京津冀地区运输企业的发展状况来看，目前企业应用比较成熟的技术有 GIS 技术、GPS 技术、ETC（不停车电子收费系统）技术等。此外，DOS（磁盘操作系统）

① 交通运输部政府信息公开．2006—2014 年交通运输行业发展统计公报［EB/OL］．（2015-05-30）［2016-06-26］．http：//www.moc.gov.cn/zfxxgk/bnssj/zhghs/201504/t20150430_1810598.html.

北斗导航、IOV 车联网技术以及绿色汽车技术等也是目前运输技术领域关注热点。

1. GPS/北斗/GIS 技术及其应用

全球定位系统具有在海、陆、空进行全方位实时三维导航与定位的能力。运输企业主要将这一技术用于汽车自定位、跟踪调度等方面。此外，导航系统中北斗导航也被广泛使用。在国际上，GPS 系统仍然是重要的导航手段，随着电子地图与消费电子技术的高度发展，以及智能型运输系统的成熟，日本成为目前全球汽车导航系统普及率与市场值最高的国家。我国在 20 世纪 80 年代引入 GPS 系统，发展得也较为成熟，目前 GPS 在我国的应用领域十分广泛，且主要集中在车辆领域。

目前，京津冀地区 GPS/北斗技术的应用已较为成熟，以北京车网互联科技有限公司 2014 年推出的产品乐乘盒子为例，其工作原理正是基于 GPS 定位技术、OBD（车载诊断系统）数据采集技术及移动通信网络，配合 OBD 业务平台与手机客户端软件使用，提供车辆定位、监控告警，车辆信息采集，故障诊断等功能。

同时，北斗导航作为我国自主发展、独立运行的定位系统，其应用也较为广泛，以北京物通时空网络科技开发有限公司旗下“中国物通网”“物通北斗车联网智能配货管控平台”“中国物通网智能配货终端”为例，它们均运用北斗导航为物流行业用户提供全方位的物流信息化服务。其中，北京物通的管控平台作为一个影响力较大的营运车辆管控平台，现已拥有注册用户已达 300 万，管控车辆共 667953 辆。其中河北地区 108820 辆，北京地区 15128 辆，天津地区 9494 辆（数量统计自 2016 年 4 月 17 日平台监控）。这说明在这一平台使用中，京津冀地区运用北斗/GPS 导航定位系统的营运车辆众多，占比约 20%。

另外，GIS 作为一种为地理研究和地理决策服务的计算机技术系统，主要是以地理空间数据为基础，采用地理模型分析方法，适时地提供多种空间的、动态的地理信息，目前也发展得较为成熟，并且实现了 GPS/GIS 车辆管理系统的集成应用，其中智慧城市中的交通系统已全部采用了该项技术。

2. ETC 技术及应用

ETC（Electronic Toll Collection）是不停车电子收费系统，ETC 专用车道是给那些装了 ETC 车载器的车辆使用的，采用电子收费方式。ETC 技术的应用对于节能减排、缓解交通压力具有重要的作用，在国际上得到了广泛的应用，美国、欧洲、日本等许多国家和地区的电子收费系统已经局部联网并形成规模效益，我国在 20 世纪 90 年代开始引入 ETC 系统，发展速度较快，到 2015 年 7 月 28 日，京津冀地区 ETC 用户可实现在全国 22 个省份使用。如图 9－4 所示。

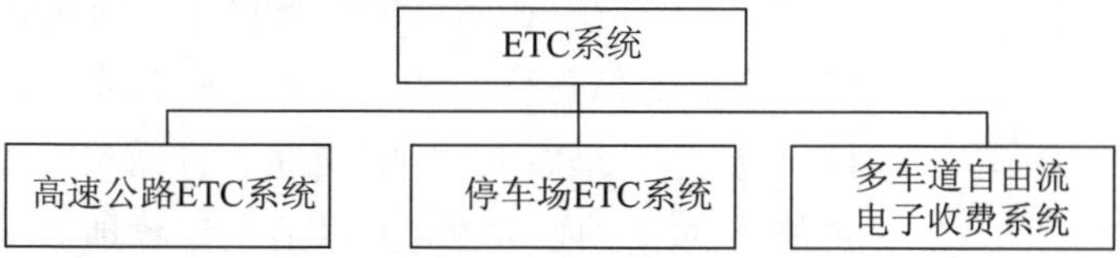

图 9－4　ETC 应用领域

目前，京津冀区域ETC系统已经稳定运行6年以上，其中2015年北京市ETC速通卡用户达到163万，高峰时段ETC车道交易占比接近45%。由于优惠政策的驱动，货车使用虽然有一些不便之处，但是安装的进度还在加快。其中北京烟草物流中心运用园区车辆与车位ETC管理、智能一卡通管理，确保园区车辆的高效出入和有序停放，其主要工作原理是工业送货车进入园区后，综合管控系统通过车牌识别功能，识别工业车辆，并通过与国家工商局协同平台对接，获取工业送货车的卷烟信息，将工业送货车卷烟信息上传北京烟草的WMS系统，通过换票室的叫号系统，调度工业车卸车月台，如图9-5所示。

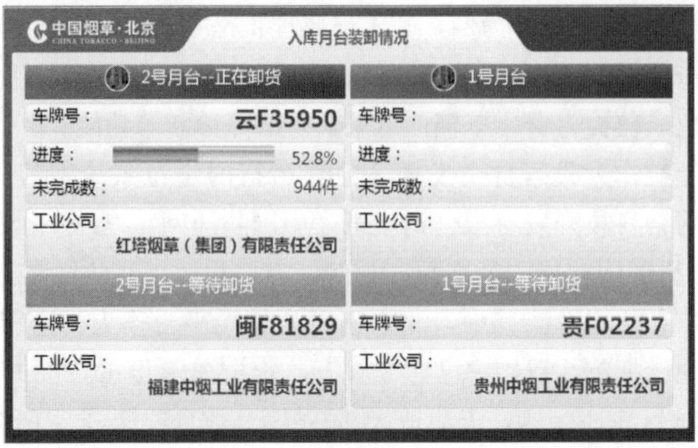

图9-5　北京烟草物流中心入库月台装卸情况

目前新一代的标准中新增网络监控功能完善测试模式、安装要求和环境适应性要求、新增停车场应用技术要求等。首都机场停车场已试行，北京五棵松体育馆也已安装相关设备。此外，新标准对车流量监控以及套牌车监控等技术也得到了提升。

3. 车联网技术及应用

车联网是以车内网、车际网和车载移动互联网为基础，按照约定的通信协议和数据交互标准，在车与车、车与路、车与行人及互联网等之间，进行无线通信和信息交换的大系统网络。车联网不仅有利于安全与节能减排；而且其驾驶辅助系统、预警系统、变道辅助系统可以帮助车辆将碰撞率降低5%～10%；另外自动刹车系统也可进一步减少20%的碰撞事故。目前，在国际上，美国、日本和欧洲在车联网领域均已处于领先地位，美国的IVHS（智能车辆公路系统）、日本的VICS（道路交通情报通信系统）等系统通过车辆和道路之间建立有效的信息通信，已经实现了智能交通的管理和信息服务；我国是全球最大的汽车市场，但在车联网领域的发展才刚刚起步，由于车联网的推进将大大提升我国汽车产品的信息化、智能化、绿色化水平，我国对车联网的重视程度也在不断增加，目前已经将车联网、智能交通、自动驾驶等列为“中国制造2025”和“互联网+”发展战略的重要内容之一。目前京津冀地区的关注热点也集中在车联网技术，2015年北京举行的车联网大会，使企业对其关注度不断提升。以北京中交兴路车联网科技有限公司为例，其运营平台结合“车联网”“驾驶分析”“RFID”“客运管理”“物流管理”等应用于一体，可广泛接入并有效管理车辆数据。截至 2015 年 12 月底，平台入网车辆超过 40 万台。

4. 多式联运、甩挂运输技术

在运输技术及运输方式方面，多式联运、甩挂运输技术等也是近年来京津冀地区关注的热点及发展方向。

一方面，为服务“一带一路”、京津冀协同发展、长江经济带国家战略，交通运输部、国家发展改革委决定开展多式联运示范工程，充分发挥不同运输方式的组合优势，实现运输资源的高效整合和运输组织的无缝衔接，为京津冀地区发展多式联运提供了支持。

其中京津冀地区继 2014 年开行京津冀货物快运列车之后，又于 2015 年推出一项助推京津冀一体化发展的海运、港口、铁路综合运输方式——天津新港至石家庄南站集装箱往返班列。此集装箱班列实行“一票核算、一站式全程服务”的便捷运输方式，进而实现“海运与铁路运输、公路与铁路运输、运输价格与市场的有效连接”。客户只需交付货款，铁路天津货运中心即可为企业办理各环节的结算业务，提供并安排全程物流服务。同时铁路天津货运中心还与中海集装箱天津有限公司建立了营销和相关业务共用、共享、合作的信息平台。

另一方面，甩挂运输技术也是京津冀地区技术关注热点。2015 年 10 月京津冀区域清洁能源运输一体化甩挂运输试点项目等 30 个主题性项目被确定为公路甩挂运输第四批试点；另外，公路甩挂运输第四批试点时间为 2016 年 9 月至 2017 年 9 月，以符合“一带一路”、京津冀协同发展、长江经济带等国家经济发展战略的主题性试点项目为重点，围绕企业间联盟合作甩挂运输、跨区域网络型甩挂运输、干线与支线衔接甩挂运输、多式联运甩挂运输等主题开展。

5. 运输车辆管理技术

京津冀地区运输企业关注的运输车辆技术管理应依靠科技进步，采取现代化管理方法，推广检测诊断、计算机应用、卫星定位系统和 ETC 等现代技术，提高车辆管理水平和技术水平。同时，道路运输车辆技术管理应通过管理的信息化、网络化，实现资源共享、提高服务效率、服务质量和应急保障能力。

另外，在技术选择方面，京津冀地区可以引进国外具有应用前景的运输技术，如无人驾驶技术，由于其在缓解交通压力、减少交通事故等方面的市场前景，可考虑发展此项技术。

6. 技术应用受到更多重视

当今，需求结构发生了新的变化，在技术+资本的双重驱动及新兴技术广泛渗透的条件下，京津冀地区运输企业面临转型升级的战略选择。近两三年，尤其是在移动互联技术发展的推动下，各路资本高度关注，京津冀地区货运物流行业风起云涌，对技术应用选择更加重视。由于运输技术主要是包括车辆技术和运输管理技术，下面主要从这两个方面进行阐述。

（1）车辆技术方面，为提高运输效率和服务质量，京津冀地区载货汽车的发展方向是大型化、专用化和集装化，需大力发展拖挂和甩挂运输车辆。在车身方面，为了装货和卸货的方便，发展低货台汽车，特别是用于配送的厢式货车，不仅装货和卸货方便，而且车辆自重大大降低，从而提高运输效率。此外，各种专用货运车辆的发展也十分迅速；如专门运油及粉状货物的罐装车、冷冻冷藏车、牲畜运输车、家具运输车、垃圾废料运输车等。

（2）运输管理技术方面，随着计算机技术以及光导纤维通信技术等的采用，运输管理向自动化管理系统发展，如 GPS（车辆跟踪定位系统）、CVPS（车辆运行线路安排系统）等，使运输管理更加自动化、科学化。近年来，京津冀地区运输企业在新能源汽车、IOT（物联网）、GNSS（北斗）＋ GPS、RFID（射频识别）等技术领域关注度也较高。

五、仓储技术应用

（一）京津冀地区仓储企业技术应用背景

仓储是集中反映物流物资活动状况的综合场所，是连接生产、供应、销售的中转站，对促进物资流通起着重要的辅助作用。仓储企业又称仓储物流企业，就是利用自建或租赁库房、场地，储存、保管、装卸搬运、配送货物的企业。传统的仓储定义是从物资储备的角度给出的。现代“仓储”不是传统意义上的“仓库”“仓库管理”，而是在经济全球化与供应链一体化背景下的仓储，是现代物流系统中的仓储。

仓储在物流系统中起着调节、平衡的作用，是物流的另一个中心环节，大量的货物在这里分类、拣选、存储、配送，成为促进各物流环节平衡运转的货物集散中心。仓储技术包括仓储设备和库存管理技术。在仓储设备方面，高层货架仓库是当前发达国家普遍采用的一种先进仓库，货架可达 30～40 米高，具有 20 万～30 万货格，大大提高了仓容利用率。在仓库管理方面，随着电子计算机的使用，仓库的许多环节都用计算机进行集中管理，控制商品入库、储存、出库配送，以及资金结算、资料积累、信息交流等，大大提高了仓库管理效率。

（二）仓储企业技术应用现状

仓储企业是典型的复杂物流作业系统，所涉及的技术类型和内容较多，为了突出其关键技术特征，本部分重点选取了高密度存储技术、现代装卸搬运技术等新技术的应用作为重点分析对象。

1. 仓储企业技术应用整体情况分析

目前在京津冀仓储企业中，企业采用的技术主要包括物流信息类技术、高密度存储技术、现代装卸搬运技术、信息技术等。京津冀地区仓储企业的数量为 2264 家，在调研的样本数据中重点选取的是具有一定规模的、技术应用水平具有一定基础的大型仓储企业（样本数据以作业面积超过 5000 平方米，作业人数超过 30 人作为标准），其中包括的行业有烟草、医药、军事、服装、图书、零售果蔬等。本次调研共涉及仓储企业 118 家，其中，北京 58 家、河北 35 家、天津 25 家。

2. 高密度技术的应用

高密度存储技术是指利用现代化的存储设备和管理信息系统，实现货物高密度存储的技术。具有自动化程度高、空间利用率高、出入库效率高等优势，高密度存储技术在仓储企业的使用可以实现企业现代化管理，提高企业的经济效益。京津冀地区各行业高密度存储技术使用情况。如表 9-6 所示。

表 9-6　京津冀地区各行业高密度存储技术使用情况

序号	行业	总体应用情况	具体应用情况
1	烟草	最成熟的应用领域，占全部市场应用约 35%	北京烟草物流中心采用现代化高架立体库存储和激光定位堆垛机入出库，满足年销量 70 万箱和平均储量 4 万箱的营销需求
2	医药	成熟的应用领域，占市场总量约 13%	北京国药物流中心立体仓库区分为毒麻库区和普通药品库区，占地 90 米×36 米（长×宽），设 8 巷道共 16 排 21/28 列 12 层货架，总库存容量 10228 货位
3	军队	京津冀地区的市场占有率逐年增加，说明了军队对此技术的重视程度与日俱增	解放军后勤物资的存储也用到了高密度存储技术，使军用物资的存放实现了自动化的管理
4	机电、汽车	所占市场的比例在逐年降低，跟不上其他行业的发展步伐	京津冀地区汽车零部件的存放较少用到高密度存储技术，与其他地区相比，有较大的应用空间
5	图书	使用率低，市场总量较低	在调研的企业中高密度存储技术的使用有较大的进步空间
6	乳品、冷冻	近年来该行业的市场总量较为稳定，一直保持良好的发展态势	伊利天津分仓仓储采用立体管理系统，占地面积 8700 平方米，拥有 8268 个高架立体货位，货架相当于两层楼房的高度，是一个集自动化于一身的高架立体仓库
7	零售、果蔬	应用较不成熟	在调研的企业中高密度存储技术的应用较少，但是也有应用情况良好的企业。以河北承德露露股份有限公司自动化立体库为例，立体库长度 156 米，宽度 68 米，净空高度 26 米立体仓库可用高度单深货架 13 层，双深 12 层，10 个巷道，28000 个货位
8	服装	不同企业技术的使用情况差异较大	以凌致时装（天津）有限公司为例，高密度存储技术应用于自动化货柜及自动化立体仓库中
9	教学	主要用于教学示范使用	相关高校建立立体仓库供教学使用，以北京物资学院、首都经济贸易大学等为例

3. 现代装卸搬运技术的应用

装卸搬运在整个物流过程中占有很重要的位置，直接影响着物流质量、物流效率、物流安全、物流成本。现代装卸搬运技术通过先进的装卸搬运设备如叉车、托盘、AGV、堆垛机、输送机等减轻了人的体力劳动。在提高物流能力与效率，降级物流成本，保证物流质量等方面有着非常重要的作用①。

仓储企业对装卸搬运这一物流环节是十分重视，都在提高其质量与效率。以北京市顺义区牛栏山酒厂为例。牛栏山作为中国白酒业的先行者，在自动化技术方面也不断追求进步。在牛栏山最新投入使用的新厂区内，其灌装车间及两座仓库均使用了大量先进的自动化技术及物流系统。通过使用叉车、堆垛机、穿梭车等先进物流设备，与牛栏山之前的装卸搬运相比，用工数量至少减少了一半，其中装卸工数量更是大幅度降低。比如，以前需要 110 个装卸工完成的工作量，现在至多需要 50 个人便可以完成。加之如今企业普遍面临装卸工人招工难、费用高等问题，人工数量的大幅度减少，可以为企业直接节省一大笔开支，这对企业整个运营成本的降低至关重要。

通过对仓储企业中现代搬运技术运用情况的调研，现对叉车技术与托盘共用技术应用状况进行分析。

（1）叉车技术。

叉车是指对成件托盘货物进行装卸、堆垛和短距离运输作业的各种轮式搬运车辆，是托盘运输、集装箱运输等运输方式必不可少的设备②。

经过大量的数据收集发现，目前企业使用的叉车种类主要有两种，分别是内燃式叉车和平衡重式电动叉车。其中内燃式叉车根据提供的动力形式的不同，又主要分为柴油叉车、汽油叉车和液化石油气叉车。通过调研统计京津冀地区不同类型的叉车使用量如表 9-7 所示。

表 9-7　　京津冀地区叉车使用量　　单位：个

年份	2015 年上半年			2014 年		
地区	北京	天津	河北	北京	天津	河北
1 类电动平衡重乘驾式叉车	761	402	373	1527	1030	1013
2 类电动乘驾式仓储车辆	233	71	47	358	175	119
3 类电动步行式仓储车辆	779	265	235	1107	642	683
4 类内燃平衡重式叉车（实心轮胎）	1	0	0	—	—	—
5 类内燃平衡重式叉车（充气轮胎）	2282	2269	5670	4355	4724	10954
1~5 类合计	4056	3007	6325	7347	6571	12769

① 丁俊发．中国物流业首先从制造业突破［J］．中国流通经济，2008（5）：7-11.

② 廖育梅．自动化技术在包装机械行业中的应用研究［J］．中国包装工业，2013，(22)：22：41.

续 表

年份	2013年上半年			2012年		
地区	北京	天津	河北	北京	天津	河北
1类电动平衡重乘驾式叉车	1054	633	791	1160	848	601
2类电动乘驾式仓储车辆	360	145	119	388	250	121
3类电动步行式仓储车辆	743	472	526	849	591	341
4类内燃平衡重式叉车（实心轮胎）	—	—	—	—	—	—
5类内燃平衡重式叉车（充气轮胎）	4408	4143	11034	4332	4780	7451
1～5类合计	6565	5393	12470	6729	6469	8514

调研企业中叉车技术的使用率是最高的，占总数的99.2%。近年来，京津冀地区内燃叉车的使用率在下滑，且未来也不会有大的增长，而电动叉车的使用率在稳步提升。根据对前沿技术的分析，未来电动叉车技术将会获得更大的突破。未来叉车的信息化水平将不断提高，以叉车调度、控制等为代表的技术应用不断普及，不仅可以解决叉车资源共享程度低、叉车调度效率低等物流问题，同时还可以提升物料转运效率①。

（2）托盘共用技术。

托盘共用技术是指通过托盘租赁、回收、维护与更新的方法，实现托盘共用②。托盘共用技术加速了托盘在生产企业、物流企业和销售企业之间循环，促进托盘联运和机械化作业，提高物流效率，缩短供应时间，降低物流成本。

托盘共用技术是为了实现高效物流和资源有效循环，在区域或全国范围保障托盘、周转箱等运输包装物循环共用的网络及运营体系。其核心包括分布于区域或全国的实体网络、计算机信息网络、庞大的托盘运营团队。托盘共用技术可以在全供应链、跨产业链实现物流、资金流和信息流的统合；结合RFID电子标签、GPS、GIS等高新技术应用③。

托盘标准化是托盘共用技术得以实现的基础，该技术在京津冀地区能否适用关键在于京津冀区域物流标准化的协同发展，托盘标准化是其中的重要内容。为提高京津冀区域物流标准化水平，商务部、财政部、国家标准委三部门选择北京作为物流标准化试点，先行探索经验，并已经初步取得了企业联盟共推、单元化物流提效等创新成果。在调研的京津冀地区仓储企业中，托盘标准化率约为58%。

目前该技术在京津冀地区仍处于试用阶段，没有规模化、系统化。以朝批等大型代理商为代表，通过自身在供应链上的影响力，积极打通上下游环节、实现标准托盘循环共用。一是与上游雀巢等重点供应商达成带托装卸运输和托盘循环使用合作，目

① 王海涛．自动化技术在包装机械行业中的应用研究［J］．中国包装业，2015（Z2）：105.

② WANGYAN，YAOYUDONG. SourcesofChina’sEconomic Growth，1952－99：IncorporatingHumanCapitalAccumulation［J］. ChinaEconomicReview，2003，14（1）：32－52.

③ 熊琦．A物流公司仓储运作流程标准化研究［D］．兰州大学，2013.

前与雀巢已完成带托货运量 190 万件，完成托盘互换 2 万余板次；二是积极向下游客户寻求合作，与京客隆、欧尚、7－11 等多家企业达成托盘互换协议并试点运作，逐步向终端门店全面推广；三是第三方物流主导模式，以第三方物流企业为核心，带动其服务的上下游企业使用标准化物流设施装备，逐步实现带托运输，例如，以招商局物流为发起单位，8 家试点企业成立了区域托盘循环共用平台联盟。联盟各单位之间通过签订带托运输免检验货协议、统一仓储设施和信息系统建设标准等方式，实现货物高效流转和托盘循环共用；四是农产品物流一贯化模式，以大型连锁超市和蔬菜基地直供直营为重点，在田间地头推广使用标准化周转箱，逐步实现从地头到零售终端的农产品物流标准化；五是区域和国际物流一贯化模式，积极推进物流的区域标准化，并做好与国际物流标准的衔接。

托盘共用技术可实现可视化物流和供应链管理，是传统物流向现代物流转变的基础平台，具有十分重要的价值和广阔的市场前景①。托盘共用系统运营公司负责保障托盘和周转箱等在制造商、批发商、零售商、承运商和用户之间共享和循环使用、自由流通，以共用的方式向社会提供标准化的联运托盘及包装周转箱，实现商品包装和物流的集装化、标准化、单元化、模块化、机械化、信息化和作业一贯化，提高全社会的物流效率和资源利用率，节约资源，降低运营成本。

4. 信息技术的应用

仓储信息技术是将现代信息技术应用于仓储企业的各个过程中，计算机网络技术的广泛应用使仓储信息技术达到了较高的应用水平，同时也是各种技术中发展最快的②。根据仓储企业的特点以及功能，其信息技术包括如网络技术、计算机技术、条码技术、电子数据交换技术、信息分类编码技术、射频识别技术、地理信息系统（GIS）、全球定位系统（GPS）等。随着信息技术的不断发展，产生了一系列先进和崭新的物流经营方式和新的物流理念，从而推进了仓储企业的变革。在供应链管理方面，通过利用信息技术大大提高了物品供应链活动的效率，使整个物品供应链的决策能力大大增强。从采集的样本数据可以得出，目前京津冀地区对条码技术的使用率超过 90%，而 RFID 技术的使用率仅占 15.5%，有较大的提升空间。RFID 技术普及率低主要原因有成本高、技术成熟度不够、技术标准不统一，随着 RFID 技术的逐渐成熟以及电子标签成本的下降，该技术的应用将会更加广泛。

六、港口技术应用

（一）京津冀港口技术应用背景

京津冀拥有丰富的港口资源，境内拥有天津港、秦皇岛港、唐山港、黄骅港四大

---

① 谢灿．浅谈第三方物流的仓储管理［J］．市场论坛，2009（9）：86－87，77.

② 高晓亮．仓储与配送管理［M］．北京：北京交通大学出版，2015：146－163.

主要港口，2014年仅河北省港口货物吞吐量已突破9亿吨①。

秦皇岛港、京唐港、曹妃甸港定位为国际性综合大港，黄骅港定位为区域性综合大港，秦皇岛港和曹妃甸的自然条件较好，黄骅港专业化方面最强，京津冀港口地理位置分布如图9-6所示。

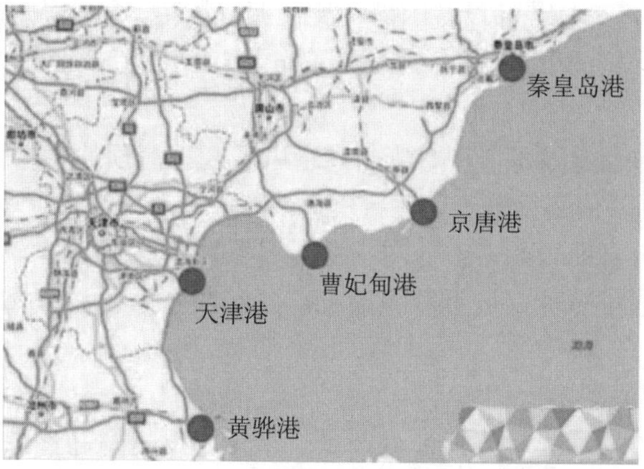

图9-6　京津冀港口地理位置分布

天津港已同世界上的160多个国家和地区的300多个港口有贸易往来，集装箱班轮航线74条，每月集装箱航班近300班②。随着港口功能向多元化与产业化方向发展，港口的物流技术与装备作为实现港口功能的重要支柱，已经发挥着越来越重要的作用。港口的基础设施通常包括：航道、码头、泊位、自动化装卸设施、仓储设施等，港口基础性设施的建设情况虽然不能够直接决定着港口的物流能力，但却代表着港口在进行作业时的最基本的物流基础。

（二）京津冀港口技术应用现状

目前港口技术主要包括装卸搬运技术、存储技术、流通加工技术以及信息技术应用等。京津冀各个港口结合自身实际情况在各个领域进行了不断探索，形成了优势特色的物流技术。

1. 秦皇岛港

秦皇岛港拥有煤炭专业泊位21个，泊位吨级已达到15万吨，煤炭设计通过能力1.93亿吨。同时拥有世界最大的港口煤炭专用堆场，面积达到249.8万平方米；万吨级以上的深水生产泊位48个，拥有世界最先进的煤炭装卸设备，可接卸2万吨超长列车③。在集装箱业务方面，重视多式联运技术应用，秦皇岛港于2015年相继开通了秦皇岛至迁安、鄂尔多斯至秦皇岛、呼和浩特至秦皇岛集装箱海铁联运班列，为打造更

① 谢文卿，赵楠．港口：仍维持小幅增长［J］．中国远洋航务，2015（2）：42-44.
② 王琪．天津港集装箱业务的环境分析与战略选择［D］．大连海事大学，2013.
③ 杨敏．秦皇岛港口煤炭运输发展研究［D］．大连海事大学，2011.

具优势的港口集疏运体系提供了新的作业模式。

自动化装卸设施对港口的工作效率和物流能力具有直接的影响，货物的装卸效率、运输速度、快速通关能力、装卸成本等都与港口自动化装卸设施存在密切的关系，港口自动化装卸设备效率越高体现港口物流能力越强。作为全国最大的自动化煤炭装卸码头，2012 年秦皇岛港有杂货泊位 17 个，生产用库场面积 220 余万平方米，杂货用库场面积 90 万平方米，杂货装卸设备国内一流，拥有散粮、散水泥筒仓系统和门机、各类起重机、牵引机、挖掘机、载货汽车等设备，有专门物流公司负责港内货物转运。

2. 唐山港

唐山港重视物流信息技术应用，唐山港京唐港区短信预约集港信息系统于 2015 年 1 月顺利运行，开创了信息化统筹集运新模式。利用该系统，集港司机使用手机短信可与公司信息平台进行自助预约，作业单位根据预约情况为集港车辆配备人力、设备等装卸资源。该港区通过多种宣传手段积极推广预约集港，预约率和预约成功率均大幅提升。

3. 黄骅港

黄骅港软硬件设施条件方面，拥有世界上一流的煤炭装卸设施设备，2014 年，黄骅港设计煤炭下水能力为 1.78 亿吨，实际能力约达 2 亿吨，共有专业化煤炭生产泊位 17 个，堆场 77.4 万平方米，3 万吨的储煤筒仓 48 个，为世界上最大的煤炭筒仓群，堆场和筒仓形成最大堆存能力约 340 万吨①。

黄骅港共有 3 个锚地，外航道导标共 3 对，三期工程建设了 4 座 5 万吨级的专业化煤炭装船泊位，码头主体结构按停靠 10 万吨级散货船设计。同期建设 2 台 O 型四翻翻车机，如图 9－61 所示，煤炭筒仓 24 个，总容量 72 万吨；卸车能力 5000 万吨/年；装船能力 5000 万吨/年②。

4. 曹妃甸港

曹妃甸港建有两个 5 万吨级通用散杂货泊位，整个杂货码头总长 525 米，水深－14米，设计年吞吐量 350 万吨，堆场面积 26 万平方米③。装卸系统配备 8 台 37～40 米门座式起重机（简称“门机”），2 台 40～43 米门机，门机均采用 PLC（可编程逻辑控制器）和变频控制技术，先进的控制技术使门机运行更平稳，顺畅的疏港通道提高了堆场的使用率。

曹妃甸港煤炭码头 2014 年共建成 15 万吨级码头 1 个、10 万吨级泊位 3 个、7 万吨级泊位 2 个、5 万吨级泊位 2 个、7 万吨级待泊泊位 1 个、15 万吨级待泊泊位 1 个，现阶段装船能力为 1 亿吨。曹妃甸煤码头二期工程已投入建设，码头年设计装船能力 5000 万吨，新建 2 个 10 万吨级、2 个 7 万吨级和 1 个 5 万吨级装船泊位，码头水工结构均按靠泊 10 万吨级散货船舶设计，2015 年年底已经投入使用，码头达到 1.5 亿吨的

① 康军．黄骅港口物流发展现状调查与对策研究［D］．西南交通大学，2014.

② 李艳明，肖扬．对黄骅港开通煤炭准班轮运输模式的探讨［J］．中国水运（下半月），2014（11）：71－72，107.

③ 钱国栋．曹妃甸港煤码头堆场作业管理及优化设计研究［D］．燕山大学，2015.

下水能力①。

曹妃甸港铁矿石码头一期工程包括两个25万吨级矿石泊位（兼顾30万吨级），设计年通过铁矿石能力为3000万吨。二期工程建设有2个25万吨级进口铁矿石泊位及相应的配套设施，设计年通过能力为3200万吨；码头总长度为766.8米，前沿设计底标高为25米，堆场面积为62.8万平方米，堆存能力为1009.5万吨②。

硬件设施条件方面，铁矿石一期码头卸船系统拥有6台桥式卸船机，每台桥式卸船机的设计能力为2500吨/小时。堆场总共建设了3条卸船皮带机输送线，用于铁矿石由码头运送到堆场；两条汽车装车线，装车能力为2500吨/小时，两条火车装车线，装车能力3600吨/小时，用于堆场进行火车、汽车装车取料作业；堆场布置有1台堆料机、2台取料机、2台堆取料机③，可同时进行卸船和装车作业流程。如图9-7所示。

图9-7 桥式卸船机

二期码头共布置了四台3200吨/小时的桥式抓斗卸船机台及两台3800吨/小时的链斗式连续卸船机。卸船机下部码头建设有两条码头皮带机输送线，单条皮带机额定通过能力为9000吨/小时。堆场配备单机额定堆料能力为9000吨/小时的堆料机3台；单机额定堆、取能力分别为9000和3600吨/小时的堆取料机1台，拥有直通首钢京唐公司堆场的皮带线两条，并且堆场留有将来建设汽车、火车装车皮带线的能力④。

5. 天津港

天津港是由海港和河港两部分组成，港区水陆域面积达200平方千米，其中现有陆域面积37平方千米，港口陆域规划面积100平方千米。新港由南、北防波堤环抱而成，航道长28千米，主航道底宽210米，水深－15米，10万吨级船舶可全天候进出

① 宋凤祥．优化曹妃甸港区船舶航路的探讨［J］．港口经济，2015（6）：56-58.
② 梅芳．曹妃甸港铁矿石物流发展战略研究［D］．燕山大学，2015.
③ 司玉军．唐山港曹妃甸港区集装箱码头发展战略研究［D］．天津大学，2010.
④ 王雪松．曹妃甸港口物流运营优化研究［D］．中国地质大学（北京），2013.

港，15 万吨级船舶可乘潮进出港。截至目前，本港拥有各类泊位 76 个，岸线总长 1.4 万米，其中万吨级以上泊位 53 个，总能力为 1.17 亿吨，其中集装箱能力为 355 万标准箱①。

天津港拥有全球最先进的连续装卸船设备及输送长廊等专业设施，设有集装箱、原油、煤炭、钢材等多种专业化泊位，建有通达国内相关口岸、内陆港及港口腹地的天津港铁路集疏运体系。

天津港装卸运输防尘抑尘，新能源利用领先全国。为了杜绝港口生产作业中的扬尘现象，天津港 2014 年改良盐碱地 31 万平方米，新增绿地面积 66 万平方米，港区绿地总面积和绿化覆盖面积分别达到 650 万平方米和 689 万平方米②；同时天津港在强化货物苫盖、货垛表面覆膜、作业全程洒水喷淋等常规措施基础上，实现了从装卸作业到水平运输的全过程防尘抑尘管理。

天津港通过引进利用新技术、新工艺、新设备、新能源在“减排”上狠下功夫。推进集装箱场桥“油改电”和港口流动机械“油改气改电”项目，大力推进船舶用岸电工程、太阳能光伏发电和地缘热设施建设，开展油气回收治理、污水处理升级③。

七、农产品冷链技术应用

冷链物流泛指冷藏冷冻类食品在生产、贮藏运输、销售，到消费前的各个环节中始终处于规定的低温环境下，以保证食品质量，减少食品损耗的一项系统工程④。它是随着科学技术的进步、制冷技术的发展而建立起来的，是以冷冻工艺学为基础、以制冷技术为手段的低温物流过程。本部分在介绍京津冀农产品目前应用背景前提下，分析京津冀农产品冷链技术现状，以及其存在的问题和相关建议。

（一）京津冀地区农产品冷链应用背景

近年来，随着人民生活水平的提高以及京津冀地区经济社会的发展，京津冀地区的农产品产量消费量迅速上升，同时人们对于新鲜农产品的品质要求也在迅速提高，对于冷链技术的要求也随之提高。

2005—2014 年农产品尤其是蔬菜产量处于明显增长状态，相应对于冷链技术需求也提高。同时，人们对于冷链产品如蔬菜、肉类、牛奶等的新鲜度等方面的要求也在提升，如图 9-8 所示。

---

① 王茂林，刘秉镰．天津港货物吞吐量与港口设施建设改进灰色综合协调度分析［J］．现代管理科学，2015（8）：64-66.

② 刘立民，邵超峰，鞠美庭，等．天津港绿色港口建设创新探索与实践［J］．港口经济，2011（1）：24-28.

③ 唐骁．国外绿色港口经验借鉴［J］．时代金融，2015（27）：153，155.

④ 李佳洁，徐然，李江华．基于模糊层次分析法的食品冷链物流发展影响因素分析——以北京市为例［J］．农产品质量与安全，2015（1）：35-40.

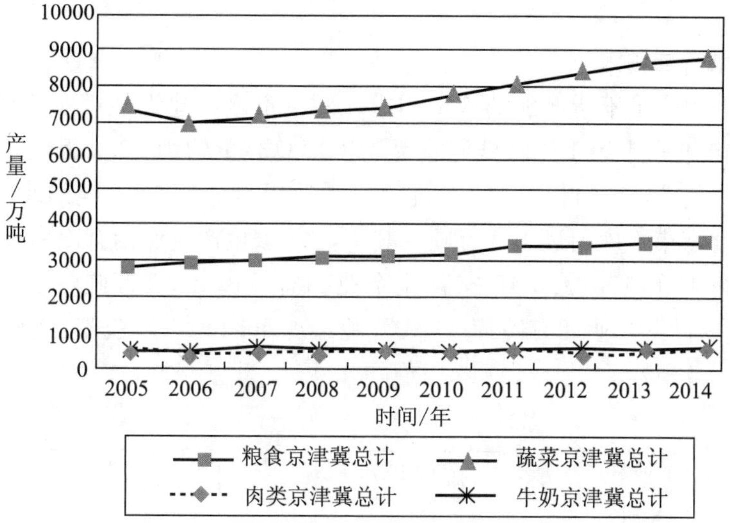

图 9-8　2005—2014 年京津冀农产品产量

数据来源：根据《2004—2015 年河北省经济年鉴》数据整理得出。

(二) 京津冀地区冷链技术现状

在冷链物流基础设施方面，截至 2014 年，我国拥有 3800 万立方米的冷库总容量①，并且这个数字还在逐年增长。但冷库所采用的大多技术落后、功能单一，仅能做鱼、肉类的冷冻贮藏，且管理理念也相对落后，导致冷库利用率并没有与仓库容积保持同步增加的趋势。有些地区冷库的储蓄量只占其库容总量的 20%～30%，有的甚至不足 20%，且当鱼、肉类产品生产淡季时，大部分冷库还会处于闲置耗能的状态②。我国冷库容量结构占比如图 9-9 所示。

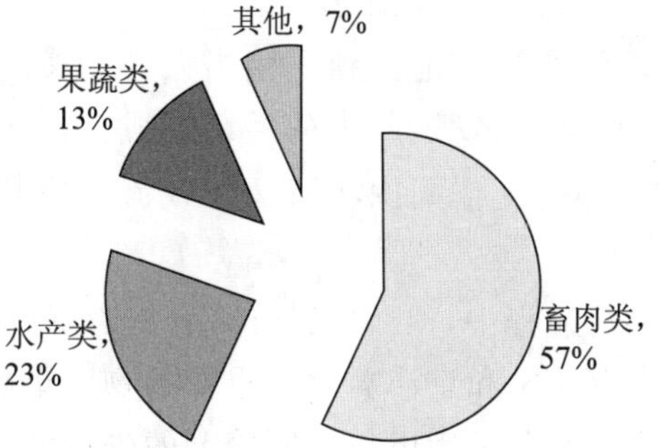

图 9-9　我国冷库容量结构占比

① 2014—2018 年中国冷库行业投资策略分析及竞争战略研究咨询报告［EB/OL］.（2014-03-24）［2016-05-10］. http：//www. askci. com/reports/201403/2492912289736. shtml.

② 论农副产品冷链物流发展政策措施［EB/OL］.（2011-07-07）［2016-05-10］. http：//www. doc88. com/p-503795683394. html.

1. 京津冀冷库技术

近年来，为满足不断增加的冷链需求，北京市冷库建设规模及建设速度在不断扩大。2011 年北京市用于储藏低温食品的冷库总容量约为 68.3 万吨，2013 年北京市冷库容量约为 89.7 万吨，2014 年北京投入使用容量为 12 万吨的北京最大冷库新发地冷库，北京市冷库超过 110 万吨。其中，48 家生产企业拥有冷库资源为 17.6 万吨，占总库容量的 19.7%，19 家物流企业拥有冷库 24.1 万吨，占总冷库容量的 26.8%，37 家批发企业拥有冷库 44.9 万吨，占 50.1%，其余零售业约占 3.4%①。具体如图 9－10 所示。

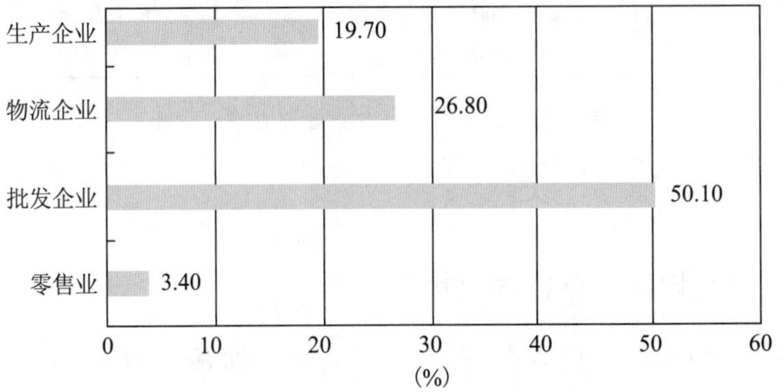

图 9－10　2014 年北京市各类企业冷库容量占比

现有冷库总容量方面，截至 2014 年，天津现代化冷库现有规模以上冷库 43 座，库容约 76 万吨。河北省达 56 万吨，并且河北省在冷库总容量上虽呈现逐年增长的态势，但是多数冷库功能较为单一，仅限于肉类、鱼类等产品，并且利用率严重不足，且随着生产淡季的到来，部分冷库存在闲置状态。

在冷库技术配备上，制冷技术也得到了相当大的发展。冷库制冷技术是为适应人们对低温条件的需要而发生和发展起来的系统组成。冷库制冷作为一门科学是指用人工的方法在一定时间和一定空间内将某物体或流体冷却，使其温度降到环境温度以下。

在京津冀企业实际调研过程中，北京马坊的制冷技术处于先进水平。作为北京东北地区的“进出口物流主枢纽”和京津冀地区重要的物流集散地，北京马坊将建成亚洲最大的立体冷库，该冷库部分采用以氨为制冷剂的先进的冷库制冷技术，主要热力性能比较参数如表 9－8 所示。

① 李佳洁．北京市冷链物流报告（2012—2013）［M］．北京：中国质检出版社，2015：15－18.

表 9-8　　制冷剂热力性能参数

项目	潜能储存系统	常规系统
蒸发温度/℃	−30	−30
冷凝温度/℃	45	45
制冷剂流量/（千克/秒）	1473	低压级 16769
		高压级 2321
制冷量/千瓦	2000	2000
COP（制热能效比）	2.91	263

2. 冷链运输技术

我国冷藏车市场处于较低的发展水平，全国平均增速约为 16%。与国际冷藏运输相比，冷藏运输是我国食品冷藏链中最薄弱的环节。目前我国冷藏汽车约有 4.5 万辆，而与我国国土面积相差不多的美国有 30 多万辆。我国国土面积是日本的 20 多倍。而日本冷藏保温车的保有量为 20 多万辆。我国冷藏保温汽车占货运汽车的比例仅为 0.35%左右，而美国为 0.8%～1%，英国为 2.5 %～2.8%，法国、德国等发达国家均为 2%～3%，其中我国的冷藏运输率（易腐食品采用冷藏运输所占比例）不到 20%，而美国、欧洲、日本等发达国家为 80%以上①。

从总体上看，我国冷藏保温汽车数量较少，冷藏保温汽车占货运汽车的比例低。我国冷藏保温汽车的品种和技术水平有待提高，特别是在设计能力、装备制造能力、技术服务能力等方面。近年来北京冷藏车速度发展较快，近几年每年的平均增长速度约为 20%，2014 年北京市冷藏车超过 6000 辆。在实际调研中，也显示了同样的增长趋势，如三新冷藏储运公司冷藏车从 42 辆增加到 48 辆，北京绿富隆从 6 辆增加到 11 辆。现有冷藏车辆方面，河北省超过 900 辆。虽近年来京津冀冷藏车增速上涨，但相比于国际还存在差距。

冷藏车技术配备上，京津冀多数企业都配备相应的温度记录仪和 GPS 卫星定位系统，实时监控监测点的温湿度变化情况，最大限度保证冷藏运输的品质。目前京津冀地区应用该技术的冷链企业有北京四通物流有限公司，北京中远物流有限公司等。

在冷藏车配备上，51.1%和 32%的生产企业冷藏车上配备了温度记录仪和 GPS 卫星定位系统，73.3%和 53.3%的物流企业冷藏车上配备了温度记录仪和车载 GPS 定位系统，相比之下批发和零售企业配备情况较差，均在 20%以下②。具体如表 9-9所示。

---

① 上海到内蒙古包头肉类冷冻运输［EB/OL］.（2015-03-19）［2016-05-10］. http://site.leshou.com/s/15157605.html.

② 杨蕾. 京津冀都市圈农产品物流系统优化研究［D］. 河北农业大学，2011.

表 9-9　冷藏车技术配备情况

分类	温度记录仪	GPS 定位
生产企业/%	51.1	32
物流企业/%	73.3	53.3
批发零售企业/%	＜20	＜20

物流企业冷藏车技术最先进，设备设施最全面完善，冷藏车内温度全部实行可视化监控与记录，控制平台对客户开放，客户可以随时查看车辆温度，对有异议的问题可以马上投诉处理，北京四通物流有限公司等还建立了包括温度合格率等符合客户需求的 KPI（关键绩效指标）指标，可以提供温度记录报告等报表数据。

3. 果蔬预冷技术

预冷是果蔬采摘后商品化处理中的关键环节，能迅速消除果蔬采摘后自身带有的田间热（又称生长热），抑制果蔬采后旺盛的呼吸，从而达到减缓新陈代谢活动，最大限度地延长果蔬生理周期，降低采后出现的失重、萎蔫、黄化等现象①。在发达国家果蔬采后预冷已成为果蔬采后流通、贮藏前必不可少。预冷后可大大延长果蔬的储存时间。京津冀相关企业积极推进相应的真空预冷技术。调研过程中，北京松冷冷链物流有限公司、天津玉才锦盛冷链物流有限公司都引进该项果蔬预冷技术。目前，相应的预冷技术主要总结，如表 9-10 所示。

表 9-10　相关预冷技术

类型	原理	优势	常见预冷品种
水预冷	蔬菜浸入冷水中或者将冷水喷洒到蔬菜表面使蔬菜温度降低	速度快，时间短，冷却均匀	白萝卜；胡萝卜；马铃薯；芦笋；甜玉米
冷库预冷	蔬菜放在冷库中利用制冷机组使蔬菜降温	适用性强，操作简单，可混合冷却	多数类蔬菜
真空预冷	蔬菜在低压环境下水分的蒸发，吸收果蔬自身热量使温度降低②	时间短，冷却均匀	单位面积大的蔬菜类，如叶菜类
差压预冷	利用差压风机箱的两侧造成压力差，使冷空气从包装箱内部通过与箱内蔬菜换热③	速度迅速，冷却均匀，提高产品品质	番茄；青椒；黄瓜 茄子；生菜；白菜 芹菜；青花菜；豌豆；菠菜等

① 付艳武，高丽朴，王清，等．蔬菜预冷技术的研究现状［J］．保鲜与加工，2015（1）：58-63.

② 冯圣洪，张国强，陈在康，等．果蔬真空预冷技术及其应用分析［J］．食品科技，2001（6）：21-22.

③ 王强，李绍许．果蔬差压通风预冷技术的应用与展望［G］//山东省制冷学会．2006 年山东省制冷空调学术年会“格力杯”优秀论文集．山东：山东省制冷学会，2006：174-180.

4. 移动冷藏箱技术

目前随着冷链的技术进步，移动式冷藏箱发展增快。由于冷藏箱本身具有保温功能，移动时对运输工具无任何要求，大大方便了冷冻物品的运输，特别是水上、无电源的野外山区等特定环境下作物品的冷藏和运输更为方便。生鲜电商一般都采用移动式冷藏技术运送产品，如京东现在配送用的冷藏箱，箱子的底部放有冰盒或者冰块，上放生鲜产品进行配送。

对于相对多量的冷链产品的配送，调研八里桥批发商市场应用了该车载型移动式冷藏箱，该冷藏车厢可自主制冷，温度可保持－5℃～5℃，便于生鲜农产品的配送运输。

5. 冷藏保温技术

在冷链运输过程中，冷藏保温材料贯穿冷藏果蔬运输始终，不同的冷藏材料具有不同的冷藏效果，对于运输的果蔬的品质具有直接相关度。冰袋＋泡沫箱降温，是一些生鲜电商冷链配送的主要模式，要求使生鲜包裹在仓库、站点、消费者的配送中，赶在冰袋保鲜失效之前，将食品送到消费者手中。目前京津冀地区农贸市场果蔬产品储藏果蔬箱，采用的就是泡沫箱＋冰袋的运输模式。

在医药冷藏方面，京津冀相关医药企业积极自主研发医药冷藏箱等设备，北京嘉事堂医药公司、北京盛世华人物流公司自主研发医药冷藏箱，如表 9－11 所示。由于“毒疫苗”问题的出现，相关医药企业也在积极研发相关的冷藏医药保温箱，使其医药运输更具安全性。

表 9－11　　医药冷藏箱相关参数

工艺		吹塑和注塑工艺
材料	外表面	HDPE
	内表面	HIPS
	中间保温层	PU 一体发泡
容积		45 升
重量		11.7 千克
尺寸	外尺寸	615 毫米×415 毫米×450 毫米
	内尺寸	510 毫米×315 毫米×355 毫米
配置		冰盒；无线温度记录仪
保冷温度		2～8℃或－24～0℃

6. 混载运输技术

在冷藏车运输过程中，京津冀地区企业积极推进新型混载模式，如多温混载配送。以往不同温度的货物采用不同的配送车辆进行配送，这样就算是同一批次的订货，也需要多次收货，但是采用共同混载配送模式后，可以将不同种类、温层的货物一次运输配送，从而减少了收货次数，也节约了企业的人力、物力等配送成本。不同的生鲜产品具有不同的储运条件，对于装车温度、储运温度都有不同的温度、湿度限制。混载多温共配模式极好地解决了该问题的存在。混载型冷藏车如图 9－11 所示，其中用隔温板将车体分隔成不同的温度模块，不同温度模块储运不同温度要求的冷藏物品。

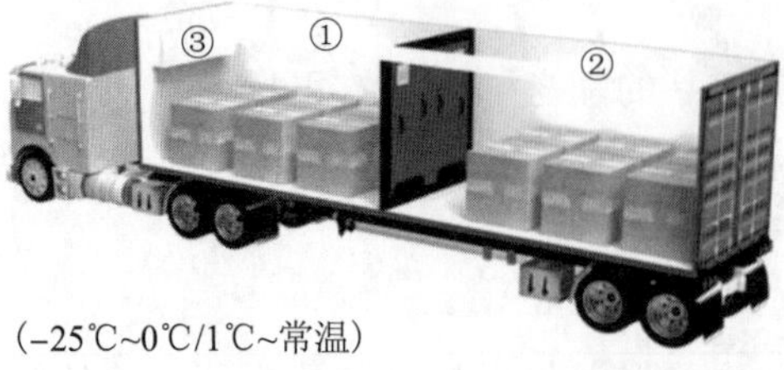

其中：①区域的温度为－25～0℃；②区域的温度为 0～5℃；③制冷空调

图 9－11　混载型冷藏车

当冷藏车厢单独使用温控型产品时，可以将车厢分隔成两个独立的区域，车厢内两个独立区域相对隔绝，但可以通过温控型隔板上附带的温控及风扇，实现温度的调控，实现冻货与低温货物的混装。冷藏车车内配有隔温板，在保证商品温度的同时，还随着货物的减少而减少制冷空间，节省耗油。

7. 新模式衍生技术

目前物流运作的新模式不断出现，试点城市的综合服务体模式未来将是以物流服务为基础，结合信息服务台，以提供 O2O 模式的商业综合服务为目标，为一定区域的中小型企业提供双向配送服务，以实现区域内部货物的高效微循环，同时为上游快递物流企业或部门提供末端配送服务，辐射区域在 3～5 千米范围之内，打造成为服务局部特定区域的综合型服务机构。具体城市综合服务体服务流程如图 9－12 所示。

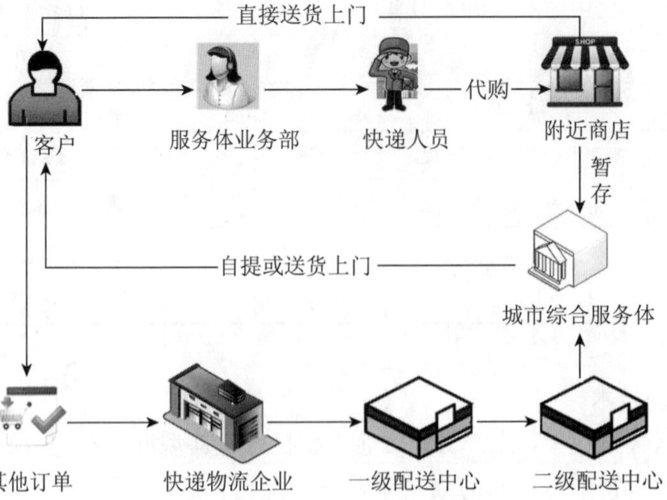

图 9－12　城市综合服务体业务流程

八、推动京津冀物流技术应用发展的问题与建议

（一）存在的问题

1. 物流技术应用程度需要进一步增强，系统性有待提升

从目前京津冀物流企业的发展来看，物流技术应用的深度和广度都需要进一步的提升。面临新的发展形势，传统的粗放式业务增长模式已经不适应，追求精益化的发展模式需要对物流技术应用有更高的认识，加强对物流技术应用的投资，并进一步形成技术应用的网络化水平整体提升，降低社会的物流运行成本。以冷链技术应用为例，京津冀都市圈农产品冷链物流基础设施落后，主要表现在冷藏运输车、冷库数量不足，冷藏设备陈旧老化，与现实的农产品运输和冷藏要求相差甚远，造成了较高的农产品捐耗。目前人均仅有 7 千克的冷库容量，与发达国家相比存在较大差距。现有冷冻冷藏设备老化现象严重，如国有冷库中使用 30 年以上的占到将近 50％。与发达国家或地区相比，我国的冷链物流行业刚刚起步，提起冷冻品运输，甚至很多人的印象都还停留在“冰块＋棉被”的阶段。目前京津冀蔬菜批发市场中，相应的设施设备也呈现落后状态。在统计的农贸市场中只有不超过 50％的市场拥有专业的冷链设施和设备。因此，目前对物流技术应用需要给予更多的关注，同时侧重系统性应用的提升。

2. 技术应用标准化水平较低，协同难度较大

物流系统构成越来越复杂，参与的主体越来越多，在供应链协同、跨区域协同、跨界协同等大背景下，对物流系统的集成要求也越来越高，从一个简单的物流功能模块集成构建跨区域的物流大系统过程中，标准化的作用显而易见。由于历史、社会、经济等多方面的原因，在技术集成方面实现无缝对接显得尤为突出。以集装技术为例，由于技术标准的前期缺失，形成了若干个碎片化的应用主体，无法实现集装一贯化；在信息技术领域，即便是企业内部，也存在一定的信息孤岛问题。标准化问题是实现跨区域协同的基础，还需要政府给予更多的关注，发挥政府资金的引导优势，特别是一贯集装化技术、物流信息技术等基础性应用领域。2014 年商务部、财政部、国家标准委三部门选择北京作为物流标准化试点，先行探索经验，并已经初步取得了企业联盟共推、单元化物流提效等创新成果，推动了该项技术的应用。2015 年三部门选择了天津、石家庄、唐山作为试点城市，希望能更好地发挥试点的带动辐射作用。目前，北京、天津、河北都在积极推动相关工作，近期拟结成物流标准化工作联盟，并重点做好四件事：一是保持政策协同、工作对接；二是力争实现标准化公共信息服务平台互联互通；三是实现标准化设施设备技术、流通规范和诚信体系互认；四是实现统计监测分析成果共享。上述措施的实施也是为了更好地推动物流标准化工作。

3. 创新技术研发重视不足，未起到应有推动作用

从目前区域物流技术应用不难看出，北京、天津等是我国技术发展的高地，技术研发产业链配套齐全，科技资源配置丰富，但是在物流领域的原创技术方面还未形成

规模和优势，也没有起到应有的推动作用。物流产业领域的技术创新一般是从单点的核心原创技术展开，具备较强的带动作用，以此为基础将形成较强的产业技术链条，并与产业应用结合形成新的业态生态圈，为用户创造新的价值，以此类推不断形成新的产业发展周期。通过技术创新降低流通的成本，提高流通的便利性，使用户消费过程变得简便。但是在本区域内尚未形成原创技术研发的策源地，不能为区域的发展形成有效的支撑。

4. 核心企业带动作用发挥不足，示范辐射能力较弱

从技术应用的生命周期可以看出，核心企业率先应用，依托强大的示范辐射作用可以直接加速技术应用的广度和深度。以信息采集技术为例，依托供应链核心企业应用可以迅速在一个产业领域实现技术应用普及。以美国沃尔玛为例，在物流技术领域方面就起到了行业的标杆引领作用，在物流信息采集技术领域也做了大量的尝试，对技术应用起到了极大的促进作用。

5. 技术应用的软环境需要进一步建设，形成系统性支撑

物流产业模式应用与技术创新不可分割，已经成为双螺旋的互动促进关系，两者之间的协同将为用户带来新的价值体验，形成物流产业发展的新业态，并构建新的产业生态模式，并成为推动物流产业发展的新引擎，两者的互动发展促进提高了整个产业领域的物流服务水平，凸显了物流产业作为现代服务业支撑的重要地位。在区域协同发展的不同阶段，两者的作用体现形式不同。在物流技术发展速度相对放缓的时候，以模式应用为主导的物流产业创新将成为主导，而在技术发生革命性创新的条件下，以新技术应用为主导将成为产业发展的新引擎，两个阶段之间存在一定的过渡时期。目前对物流技术的应用模式研究为主的软环境建设需要进一步加强，形成“技术＋模式”的双轮驱动，否则技术应用将不接地气，无法转化为有效的生产力。

（二）对策与建议

1. 以区域协同发展为契机，强化技术的系统性应用

随着生产、消费的跨区域、跨领域、跨行业的趋势不断强化，目前物流服务系统不仅仅是一个企业的内部系统，也不仅仅限于单一环节，因此，为了适应这种形势，就必须要强调建立面向物流全过程的集成系统，与之对应也会要求物流技术的应用更加重视系统性，能够以系统的整体效益最优为目标，提出相应的技术应用方法。目前以广泛关注的多式联运技术、集装化一贯技术等代表就是适应了这一趋势。

物流技术的系统应用应深入贯穿到不同的层面。第一个层面是以整个供应链全过程合作为主的宏观层面，强化多个协作主体的集成应用，形成跨企业的技术集成优化配置方案；第二个层面是独立企业内部的运作系统，应该在总体最优的前提下，实现内部运作系统的局部最优。

2. 关注技术应用的标准化，便于规范化实现跨区域系统集成

京津冀跨区域的物流系统协同作业，需要以标准化作为基础保障。物流运作系统设计到运输、仓储、装卸搬运、包装、流通加工、配送、信息服务等多项功能；从供

应链角度涉及供应商、生产商、批发商、销售商和用户等多个环节，为了便于技术应用，应高度重视技术的标准化，实现各个系统的无缝化、规范化连接，防止出现局部断点。

3. 借鉴国外先进发展经验，不断提升物流技术水平

目前，发达国家的运输业基础设施相对完善，其中包括信息技术、专业化的物流设备等应用方面，京津冀地区运输企业可以借鉴发达国家技术经验，提高相关技术在相关领域的应用率。在物流技术领域我国的原创性研发和应用偏弱，在一定程度上加速技术的引进和吸收就显得尤其重要。在重点领域，包括标识技术等，应该在引进和吸收的基础上重视研发，以便获得自主知识产权，防止受制于人。

4. 发挥京津冀地区龙头企业的技术示范和辐射作用

核心企业在技术应用领域具有典型的示范和引领作用，对于某些核心企业开展的物流技术的推广应用成果可以作为典型加以推广，特别是处于供应链核心角色的重点企业。以托盘应用为例，目前开展的集装技术就是以典型企业为试点加以普及。这一过程中要积极发挥政府的引导作用，给予政策、资金等方面的优惠，对希望引进该项技术的企业进行扶持鼓励，使技术应用变得更加便利。

5. 发挥物流产业模式应用与技术创新的互动发展作用

目前以信息技术应用为代表的高新技术创新和应用蓬勃发展，已经形成了以智慧物流为特征产业发展新动力。在技术创新形成集群优势，并能够构建完整的业务支撑链条基础之上，模式创新将获得更多的生命力，形成推动产业发展、提高服务水平的新动力。京津冀物流协同发展是一个需要探索的领域，对跨区域的物流协作模式需要进行探索，因此，需要格外重视技术和模式之间的互动作用。目前京津冀地区已经出现了很多平台型服务的物流企业，以技术应用为基础，借助“互联网＋”思维，不断地创新应用模式，形成了以全渠道流通等为代表的众多服务新产品，构建了新的服务业态，未来这种趋势还会持续相当一段时间。因此，应该对技术与模式的互动创新给予更多的关注和支持，形成具有新竞争优势的服务能力，推动物流产业的可持续发展。

第十章　京津冀物流人才状况

李广义

“物流人才”是指“获得国家认可的本科及以上文凭的人员，或者取得国家或行业认可的职业资格证书的技师、高级技师，在物流行业从事有关岗位工作的从业者。按照这一界定，为了确保调查范围和调查对象把握准确，有效实施本次京津冀物流人才状况调查，保证调查对象属于物流行业内的企业，依据国家标准 GB/T 18354—2006 中关于物流企业的概念，即物流企业是指“从事运输（含运输代理、货运快递）或仓储等业务，并能够按照客户物流需求对运输、储存、装卸、搬运、包装、流通加工、配送等进行组织和管理，具有与自身业务相适应的信息管理系统，实行独立核算、独立承担民事责任的经济组织”。因此，本次调查范围是以京津冀行政区域内从事货物运输业、仓储业、装卸搬运业、运输服务业、商业连锁配送企业和专业物流企业为随机抽样调查对象，客观地对京津冀物流人才及其相关数据进行展示和整理，同时为了进行对比，对全国、京津冀物流行业或非物流行业的人力资源数据状况进行了适当的整理分析。

本章在数据整理过程中，由于“物流行业”在国家统计局发布的数据中并不存在，同时也没有可以进行对比分析的其他公开发布“物流行业”数据，因此，为了进行对比分析，本章把中国统计年鉴和中国劳动统计年鉴可以对比的相关历年数据界定为“物流行业”数据，主要指“交通运输、仓储及邮电通信业的城镇单位”的相关数据。

本章主要从 4 个方面对京津冀物流人才状况的数据进行深入分析、调查和探讨：10 年来京津冀物流行业就业人员（含物流人才）的总体发展及变动状况；2015 年京津冀物流人才状况；京津冀物流人才的需求状况；京津冀物流人才的培养与供给情况。通过 4 个方面数据的整理，主要展示项目组对京津物流人才结构现状、发展变化及人才特征相关数据的客观描述，分析过程中还对京津冀区域数据甚至全国数据进行了对比。文中 2005—2014 年京津冀物流行业人力资源的原始数据主要来自于 2006—2015 年发布的《中国统计年鉴》和《中国劳动统计年鉴》，呈现出 10 年期间京津冀物流人才发展变动状况及趋势的基本脉络。同时，项目组还查阅收集了京津冀区域相关高等院校、职业认证等物流人才培养的现状。2015 年京津冀物流人才现状的数据来自于本项目组对京津冀区域部分物流企业问卷调查数据整理而获得，基本掌握和分析了 2015 年京津冀物流园区为主体的物流企业人才现状、需求、存在的问题等。数据分析发现，京津冀物流人才对该区域物流发展发挥了巨大作用，京津冀区域物流企业总体上表现出人力资源逐年增长与发展的趋势，但在总量、规模上三地还存在严重的不平衡，北京和天津在人才吸引方面具有城市地理位置优势，而河北省物流企业在人才吸引上严重不足，使京津冀物流人才数量及素质的配置存在巨大差异。在企业性质分布上，国有企业具有一定先天优势，私有企业多以中小规模出现，加上对人才的认识不足和无法承担具有竞争力的人才待遇费用，存在严重的人才短缺，尽管有对人才的需求和渴望，由于缺乏具有竞争力的人才薪酬优势和实力，只能望才兴叹。在物流人才变化上，北京物流企业保持了人才吸引的持续稳定性，天津发展变化较大，对物流人才在增量、素质及待遇上具有较大进步，而河北省物流企业人才有发展，但一直未形成整体重视人才的环境，全面处于落后状态，而且落后于全国平均状况等。通过数据的展示和简单分析，目的是揭示数据背后所隐藏的东西和规律，以便为政府及京津冀物流企业决策提供参考。

伴随着中国经济发展、结构调整与产业转型，消费对经济增长的促进作用越来越明显，日益显示出物流产业的蓬勃兴起与快速增长，因此，对物流人才的需求量也伴随着物流产业的快速增长而越来越大，这就要求物流人才的教育培养与物流企业发展的市场有一定的适应性，人才培养层次上具有匹配性。就目前情况而言，物流企业因规模及技术基础条件的不同，在人才配置上存在明显差异，表现为传统物流行业与现代物流行业并存，一些传统中小型物流企业对人才的需求仅仅满足于实用与对工作任务的完成上，人才配置要求就比较低，流动性较大，另一些现代型的高技术物流企业，企业初期就在战略愿景上站在更高层次，对物流人才的需求较高，更加注重人才的发展和企业愿景的结合。

2009 年 2 月 25 日，物流行业成为国务院常委会议审议并原则通过了十大产业振兴规划中的第十个产业。2015 年 4 月 30 日，中共中央政治局召开会议，审议通过了《京津冀协同发展规划纲要》，京津冀一体化作为国家整体规划的一部分，将更进一步促进京津冀物流企业整合，为相关域内物流企业带来一个巨大的发展机遇，对于京津冀一体化快速发展中的物流一体化，京津冀物流人才将具有更大的施展才华空间，物流人才也将成为京津冀物流一体化能否有效推进的必备条件，为此，本项目组查阅、收集、整理了相关近 10 年京津冀物流人力资源发展及变化的资料，了解京津冀物流人才发展动态，并展开京津冀物流企业人力资源现状调查，努力展现京津冀物流人才的总量、类别、特征等情况的相关真实数据，为京津冀物流一体化发展过程中物流人才相关政策出台以及企业决策提供支持和参考。

一、2005—2014 年京津冀物流人才发展状况

京津冀协同发展既是促进环渤海经济区发展、带动北方腹地发展的需要，也是实现京津冀优势互补、促进各产业资源优化配置的需要。但是目前该区域内部发展极不平衡，阻碍了协同发展的进程。物流业作为经济发展“加速器”的核心产业，对于实现区域经济一体化的重要作用不言而喻。同时，人才作为生产力和经济社会活动中最重要的主体和主导力量，将成为京津冀物流一体化发展的巨大推动力，因此，本项目

组为了摸清京津冀区域物流行业的发展状况，对自 2005 年以来 10 年间的物流行业人力资源状况及人才情况资料进行查阅、收集、整理和分析，为了让整理和分析的数据更具有说服力，项目组主要查阅最权威的官方数据资料为主，对 2006—2015 年发布的《中国统计年鉴》① 和《中国劳动统计年鉴》② 进行了查阅、整理、计算和分析，同时也把其他方面的相关资料作为补充进行了收集整理分析，希望通过项目组的辛勤努力，给大家展现出京津冀物流行业人才在这 10 年间的变化情况，为推动京津冀物流一体化的相关决策，提供人力资源方面的可靠数据。

（一）2005—2014 年京津冀物流行业就业总量及占比状况

1. 2005—2014 年京津冀物流行业就业人员总量

全国和京津冀就业人员情况与同区域物流行业的就业人员情况如表 10-1 所示，从数据可以看出，京津冀物流行业就业人员总量及分布状况。全国的城镇单位就业人员数量大幅度增长，从 2005 年的 11404 万人增长到了 2014 年的 18277.8 万人，其中物流行业城镇单位就业人员由 2005 年的 613.9 万人增加到了 2014 年的 861.4 万人。京津冀地区的就业人员由 2005 年的 1194.7 万人增长到了 2014 年的 1707.6 万人，京津冀物流行业就业人员增长状况基本上和全国企业就业人员增长状况呈现出同步增长，但在 2012—2013 年全国物流行业城镇单位就业人员增幅巨大，由 667.5 万人增长到了 846.2 万人，京津冀同期物流行业就业人员由 96.2 万人增长到 101.1 万人。纵观表 10-1，从总量看，北京市社会就业人员最多，其次是河北，天津市数量最少。北京市、天津市及河北省三地的物流行业就业人员基本呈平稳变化，并逐年递增。

2. 2005—2014 年京津冀物流行业就业人员所占比重情况

为了把握京津冀物流行业人才规模和在全国所处的状态，项目组对全国就业人员、全国物流行业就业人员、京津冀就业人员及京津冀物流行业就业人员等进行了资料收集整理，由表 10-1 所示数据经过计算得出全国、京津冀等地的物流行业就业人员占比情况，如表 10-2 所示。表 10-2 中主要展示了全国物流行业就业人员占比、京津冀物流行业就业人员占比、京津冀三地就业人员占比结构等情况，由表 10-2 中的京津冀物流行业就业人员占比情况就可以看出 2005—2014 年京津冀物流行业就业人员变化情况以及在全国所处的状态和水平。

① 中华人民共和国统计局．2006—2015 年中国统计年鉴［DB/OL］．［20015-10-15—2016-05-10］．http://www.stats.gov.cn/tjsj/ndsj/.

② 中国经济与社会发展统计数据库．2006—2015 年中国劳动统计年鉴［DB/OL］．［20015-10-15—2016-05-10］．http://tongji.cnki.net/kns55/Navi/HomePage.aspx?id=N2010060111&name=YZLDT&floor=1.

表 10-1　**2005—2014 年京津冀物流行业就业人员总量状况**　单位：万人

年份	全国		京津冀		北京		天津		河北	
	就业人数①	物流就业人数②	就业人数③	物流就业人数④	就业人数⑤	物流就业人数⑥	就业人数⑦	物流就业人数⑧	就业人数⑨	物流就业人数⑩
2005	11404.0	613.9	1194.7	74.5	505.6	37.1	194.1	11.8	495.0	25.6
2006	11713.2	612.7	1210.0	78.8	513.8	41.5	195.0	11.6	501.2	25.7
2007	12024.4	623.1	1243.1	83.0	544.4	45.9	200.2	12.0	498.5	25.1
2008	12192.5	627.3	1271.9	85.9	570.3	47.7	200.6	12.5	501.0	25.7
2009	12573.0	634.4	1324.1	87.9	619.3	50.1	201.7	12.3	503.1	25.5
2010	13051.5	631.1	1371.9	88.6	646.6	51.0	205.7	12.5	519.6	25.1
2011	14413.3	662.8	1509.5	93.2	685.9	57.4	268.2	11.4	555.4	24.4
2012	15235.4	667.5	1626.4	96.2	717.4	57.8	289.1	14.1	619.9	24.3
2013	18108.4	846.2	1698.1	101.1	742.3	59.2	302.4	14.3	653.4	27.6
2014	18277.8	861.4	1707.6	103.5	755.9	60.2	295.5	14.3	656.2	29.0

注：表中的全国就业人员是指全国各行业城镇单位就业人员；全国物流就业人员是指交通运输、仓储及邮电通信业的城镇单位就业人员；京津冀就业人员是指北京、天津及河北三地的城镇单位就业人员总和；京津冀物流就业人员是指北京、天津及河北三地的交通运输、仓储及邮电通信业的城镇单位就业人员总和，其他依此类推。

数据来源：本表原始数据来自 2006—2015 年发布的《中国劳动统计年鉴》，由项目组整理计算获得。

表 10－2　2005—2014 年京津冀物流行业分区域的就业人员占比情况

单位：%

年份	全国	京津冀	北京	天津	河北	北京		天津		河北	
	②/①	④/③	⑥/⑤	⑧/⑦	⑩/⑨	⑤/③	⑥/④	⑦/③	⑧/④	⑨/③	⑩/④
2005	5.38	6.24	7.34	6.08	5.17	42.32	49.80	16.25	15.84	41.43	34.36
2006	5.23	6.51	8.08	5.95	5.13	42.46	52.66	16.12	14.72	41.42	32.61
2007	5.18	6.68	8.43	5.99	5.04	43.79	55.30	16.10	14.46	40.10	30.24
2008	5.14	6.75	8.36	6.23	5.13	44.84	55.53	15.77	14.55	39.39	29.92
2009	5.05	6.64	8.09	6.10	5.07	46.77	57.00	15.23	13.99	38.00	29.01
2010	4.84	6.46	7.89	6.08	4.83	47.13	57.56	14.99	14.11	37.87	28.33
2011	4.60	6.17	8.37	4.25	4.39	45.44	61.59	17.77	12.23	36.79	26.18
2012	4.38	5.91	8.06	4.88	3.92	44.11	60.08	17.78	14.66	38.11	25.26
2013	4.67	5.95	7.98	4.73	4.22	43.71	58.56	17.81	14.14	38.48	27.30
2014	4.71	6.06	7.96	4.84	4.42	44.27	58.16	17.30	13.82	38.43	28.02

注：本表数据是根据表 10－1 中的原数据进行计算得来的，如第二列②/①是依照表 10－1 中的全国物流就业人员②占全国就业人员①的百分比计算得来的，其他数据依此类推。

观察表 10－2 所示的数据，发现 2005—2014 年，物流行业就业人员占相应区域总就业人员比例大小排序是：北京、天津、河北、全国，其中北京物流行业就业人员所占比例一直相对较高，天津从 2010 年开始这一比例突然下降，与河北和全国这一比例靠近。而全国物流行业城镇单位就业人员占全国城镇单位就业人员百分比分布在 4%～6%，全国物流行业城镇单位就业人员百分比总体呈下降趋势，但 2012—2014 年全国物流行业城镇单位就业人员百分比有所增长。2005—2014 年京津冀物流行业城镇单位就业人员占京津冀城镇单位就业人员百分比分布在 6%～7%，2005—2008 年京津冀物流行业城镇单位就业人员百分比呈上升趋势，但 2008—2012 年该比例呈下降趋势，于 2012 年开始回升。在北京、天津及河北三地中，北京的物流行业城镇单位就业人员百分比最高，而河北的百分比最低，天津的物流行业城镇单位就业人员百分比变化幅度稍大。

京津冀三地就业人员的构成在 2005—2014 年的变化情况，2005—2010 年北京城镇单位就业人员占京津冀城镇单位就业人员百分比呈增长趋势，于 2010 年开始呈下降趋势，2011 年后基本平稳；2005—2014 年河北城镇单位就业人员占京津冀城镇单位就业人员百分比总体呈下降趋势，2011 年企稳开始有所回升，之后保持基本平稳；天津这一百分比变化不大，2010 年以后有明显回升，之后保持平稳。在京津冀三地中，北京城镇单位就业人员百分比最高，河北其次，而天津这一百分比最低。

京津冀三地物流行业就业人员的构成在 2005—2014 年的变化情况，北京物流行业就业人员在京津冀物流行业中的总比例持续在增长，河北物流行业就业人员在京津冀物流行业中的百分比有所下降，天津的情况变化不大。

（二）2005—2014 年京津冀物流行业就业人员的类别构成情况

参照《中国劳动统计年鉴》中的统计数据类别，本报告物流行业就业人员主要包括铁路运输业、道路运输业、水上运输业、航空运输业、邮政业等业务类别。

在京津冀物流分行业就业人员中，管道运输业就业人员最少，且呈平稳增长，由 2005 年的 1266 人增长到了 2014 年的 7062 人，如表 10－3 所示。可以看出，在 2005—2014 年水上运输业、航空运输业、铁路运输业及装卸搬运和运输代理业增长趋势相似，幅度变化相对较小。邮政业在 2005—2010 年呈平稳增长，2010—2013 年大幅度上升，由 2010 年的 68973 人上升到了 2013 年的 123996 人。道路运输业在 2005—2011 年呈平稳增长，2011—2012 年大幅增长，增长幅度达 3 倍。观察发现，在京津冀物流行业类别中，从事铁路运输业和道路运输业的人员最多，而从事管道运输业的人员最少，和全国物流分行业就业人员趋势相似。

表 10-3　　2005—2014 年京津冀物流行业按类别就业情况　　单位：人

年份	铁路运输业	道路运输业	水上运输业	航空运输业	管道运输业	装卸搬运和运输代理业	邮政业
2005	156543	134648	50018	32740	1266	33818	51162
2006	179088	137899	48137	30891	1228	39966	56643
2007	175907	139838	48053	32526	1391	47038	61342
2008	176153	146088	46105	39693	3284	43638	55969
2009	200423	161034	50658	40327	4105	55566	69186
2010	196938	159700	50784	43120	4235	59877	68973
2011	202770	149933	49379	62806	4367	71637	91448
2012	199112	433926	51518	71568	4534	65524	102433
2013	172408	463188	47084	78195	6749	76070	123996
2014	189085	478777	46073	82280	7062	69734	118687

数据来源：本表原始数据来自于 2006—2015 年发布的《中国劳动统计年鉴》，由项目组整理计算获得。

京津冀三地物流行业按类别就业情况比较如表 10-4 所示。在铁路运输业中，北京就业人数最多，河北其次，天津最少；在道路运输业中，2005—2011 年河北的就业人数最多，但从 2011 年开始，北京的道路运输业就业人数大幅增加，超过了河北，天津就业人员数增长幅度较小，就业人员也最少；在水上运输业中，北京的水上运输业就业人员最少，河北就业人数呈递增趋势，在 2008 年超过了天津的就业人员；在航空运输业中，除了北京的就业人员相对多一些，河北及天津的就业人员都较少；在管道运输业中，北京、河北的就业人员数变化较大，北京呈递增趋势，河北呈递减趋势，天津地区相对平稳；在装卸搬运和运输代理业中，北京的就业人员最多，天津其次，河北最少，三地的就业人员变化幅度较大，但总体呈增长趋势；在邮政业中，北京就业人员最多，增长幅度较大，河北其次，但呈平稳变化，天津就业人员最少。

表 10 - 4　　2005—2014 年京津冀三地物流行业按类别就业情况比较　　单位：千人

年份	铁路运输业			道路运输业			水上运输业			航空运输业			管道运输业			装卸搬运和运输代理业			邮政业		
	北京	天津	河北	北京	天津	河北	北京	天津	河北	北京	天津	河北	北京	天津	河北	北京	天津	河北	北京	天津	河北
2005	59	19	78	29	14	92	0.9	27	23	30	2	0.8	0.1	0.1	1	16	11	7	26	5	20
2006	88	16	75	32	15	91	0.5	25	23	27	2	2	0.1	0.1	1	23	10	7	29	5	23
2007	97	16	63	35	13	92	0.4	24	24	29	2	2	0.1	0.2	1	26	13	84	33	5	24
2008	97	15	64	38	19	89	0.5	23	23	35	3	2	2	0.1	1	28	12	4	35	4	19
2009	118	19	63	50	18	92	0.1	24	27	36	3	1	2	0.1	2	30	21	4	37	4	28
2010	117	20	60	52	18	91	0.1	24	27	37	4	2	2	0.2	2	33	23	4	38	4	27
2011	124	18	61	47	18	86	0.1	22	27	58	3	2	3	0.2	2	50	18	4	64	4	24
2012	115	27	57	27	50	114	0.2	24	27	63	7	2	3	0.2	2	50	12	4	67	7	29
2013	100	21	52	27	51	138	0.3	21	26	67	8	3	6	0.2	0.6	51	13	12	82	8	33
2014	110	21	57	28	52	145	0.3	20	26	69	9	4	6	0.2	0.7	43	14	13	80	7	32

数据来源：本表原始数据来自 2006—2015 年发布的《中国劳动统计年鉴》，由项目组整理计算取整获得。

（三）2005—2014年京津冀物流人才受教育程度变化状况

由于物流行业在国家统计标准中，并没有单独列为一个行业，因此，按照物流行业受教育程度的分地区情况很难获得完整的统计数据，但一般来讲，物流行业人才受教育程度和其他行业平均受教育程度水平相比，占全体职工的比例相对会少一些。所以，项目组对全国及京津冀地区人才受教育程度的数据进行了收集，主要对《中国劳动统计年鉴》里的就业人员学历数据进行了整理，全国及京津冀地区人才受教育程度情况如表10－5所示，由此可以大致了解京津冀物流人才受教育程度情况。

表10－5数据表明，全国及京津冀的本科、研究生学历层次的就业人员比例不管是本科还是研究生学历，其大小顺序都是：北京、天津、全国和河北，且从本科到研究生，北京与全国、天津和河北的差距幅度逐渐拉大，北京有明显的高学历就业人员优势，天津近几年人才占比情况改善明显，河北省本科人才有所改善，但研究生人才变化不明显。

表10－5　全国及京津冀地区人才受教育程度占职工比例情况　单位：%

年份	大学本科				研究生			
	全国	北京	天津	河北	全国	北京	天津	河北
2005	2.1	13.6	6.0	1.7	0.18	2.84	0.50	0.07
2006	2.1	16.0	7.0	1.4	0.23	3.41	0.54	0.04
2007	2.1	16.1	7.2	1.5	0.2	3.31	0.57	0.10
2008	2.3	15.3	6.4	1.6	0.21	3.09	0.77	0.22
2009	2.5	17.4	7.4	1.9	0.23	3.38	0.49	0.30
2010	3.7	19.2	10.2	2.6	0.39	5.08	1.06	0.17
2011	4.9	25.6	12.4	4.1	0.44	6.77	1.07	0.24
2012	5.2	27.5	12.9	4.1	0.48	6.79	1.17	0.29
2013	5.5	26.0	15.3	3.9	0.51	7.09	1.21	0.26
2014	6.2	29.5	14.5	5.3	0.50	7.87	1.35	0.23

数据来源：本表原始数据来源于2006—2014年发布的《中国劳动统计年鉴》里“城镇单位就业人员”，由项目组整理计算获得。

二、2015年京津冀物流人才状况调查

（一）京津冀物流人才调查的范围确定

本次调查项目及内容的设计是根据本次调查目的来确定的，经过多次反复讨论修

改形成最终31道题目。为了确保调查范围和调查对象把握准确，本次调查范围是以京津冀行政区域内从事货物运输业、仓储业、装卸搬运业、运输服务业、商业连锁配送企业和专业物流企业为随机抽样调查对象，本次调研主要是为了了解物流企业的人才状况，但为了进行对比分析，调查过程中把物流企业全体员工作为调查对象，并对人才做了界定，本次调查中的“物流人才”是指“具有本科及以上文凭的人员，或者取得国家或行业认可的职业资格证书的技师、高级技师”。据此选取了京津冀物流园区作为主体调查范围：北京空港物流基地（顺义区）、北京通州马驹桥物流基地（通州区）、北京亿发物流园区（丰台、大兴、房山三区交界处）、北京西南良乡物流园区（房山区）、北京物流港（朝阳区）和北京其他区域的物流企业。天津空港国际物流区、天津市邮政物流中心、天津港散货物流中心、天津港集装箱物流中心、北辰钢铁物流园等。河北省的秦皇岛临港物流园区（河北）、冀中能源国际物流集团新铁物流园、唐山市丰润区北方现代物流城等优秀物流园区。针对以上物流园区，项目组进行了访谈并发放调查问卷，走访物流企业60余家，发放调查问卷600份（含电子问卷），实际获得调查问卷71份，调查问卷回收情况不是很理想，但通过访谈基本了解了物流企业人才方面的情况。

项目组实施物流企业走访和问卷调查起始于2015年11月20日，2016年1月10日调查问卷收集完成，数据的整理分析2016年2月15日完成。

（二）实施调查的京津冀物流人才调查的基本数据分布情况

项目组对京津冀600余家物流企业进行了电话调查、问卷调查和访谈，实际收到电话调查有效结果的是2份。实地走访和发放调查问卷600份（含电子问卷），回收问卷78份，有效问卷69份，电话调查和问卷调查有效总份数是71份，其中北京市物流企业23份，天津物流企业22份，河北省物流企业26份，71家被调查的物流企业整体情况分布如下。

1. 接受调查的京津冀物流企业区域分布

本次调查属于抽样调查，参与问卷调查的物流企业区域分布情况，其中北京市参与调查的物流企业有23家，占总数的32.39%，天津市参与调查的物流企业22家，占总数的30.99%，河北省参与调查的物流企业26家，占总数的36.62%，京、津、冀参与问卷调查的物流企业比例相差不大，符合抽样的要求。

2. 接受调查的京津冀物流企业成立的时间

在被调查的京津冀物流企业中，从成立时间看参与问卷调查的物流企业的成立年限情况，成立3年内的物流企业占16.90%，成立4～8年的物流企业占29.58%，成立9～15年的物流企业占29.58%，成立16年以上的物流企业占23.94%。由此可见，京津冀被调查的物流企业成立年限在8年内的占到46.48%，15年以内成立的企业占到了76.06%。这一调查结果表明，在国家大力推进物流业发展的环境下，物流产业基本上处于发展的上升期，仍然需要持续的产业政策扶持，将成为吸纳劳动力就业和保持京津冀经济持续增长的强大动力，物流人才将成为京津冀物流企业未来提升竞争力最主要的手段之一。

3. 接受调查的京津冀物流企业性质分布情况

本次调查的71家京津冀物流企业的性质分布如表10-6所示。参与问卷调查的物流企业中私营企业占74.65%，国有企业占18.31%，外资企业占7.04%，其中私营物流企业占比最高，远远超过国有企业和外资企业。私营企业所占比重很大，也许与本次现场问卷调查更多来自物流园区内过多的小型私营企业分布有关。北京的外资企业和国有企业占比最高，分别为17.39%和26.09%，而河北的私营企业占比高达92.31%。

表10-6　　2015年京津冀样本物流企业的性质分布

项目		北京	天津	河北	合计
国有企业	企业数/个	6	5	2	13
	百分比/%	26.09	22.73	7.69	18.31
集体企业	企业数/个	0	0	0	0
	百分比/%	0	0	0	0
私营企业	企业数/个	13	16	24	53
	百分比/%	56.52	72.73	92.31	74.65
外资企业	企业数/个	4	1	0	5
	百分比/%	17.39	4.55	0	7.04
合计	企业数/个	23	22	26	71
	百分比/%	32.39	30.99	36.62	100

数据来源：由项目组问卷调查的数据计算整理获得。

4. 接受调查的京津冀物流企业从事的业务分布情况

京津冀参与问卷调查的物流企业的经营业务分布情况如表10-7所示。京津冀三地参与问卷调查的物流企业经营业务分别为：铁路运输（14.08%）、公路运输（61.97%）、水路运输（16.90%）、航空运输（7.04%）、管道运输（21.13%）、装卸搬运（22.54%）、邮政业（8.45%）、仓储业（46.48%）、其他业务（14.08%）。

在北京参与问卷调查的物流企业中，经营业务占比例最多的是仓储业60.87%，公路运输业和管道运输业分别达到30.43%和26.09%；在天津参与问卷调查的物流企业中，经营业务占比重最多的是公路运输业达到63.64%，而仓储业、管道运输业、水路运输业，分别达到了50.00%、40.91%和36.36%；在河北参与问卷调查的物流企业中，经营业务占比例最多的主要从事于公路运输，达到88.46%，而装卸搬运和仓储业经营业务也分别达到了50.00%和30.77%。

京津冀三地被调查物流企业业务集中度最高的是公路运输业和仓储业，其他业务分布各有特色。

表 10－7　　2015 年京津冀物流企业经营业务分布情况　　单位：%

经营业务	北京物流企业经营业务比重	天津物流企业经营业务比重	河北物流企业经营业务比重	京津冀物流企业经营业务总比例
铁路运输业	13.04	31.82	0.00	14.08
公路运输业	30.43	63.64	88.46	61.97
水路运输业	13.04	36.36	3.85	16.90
航空运输业	0.00	22.73	0.00	7.04
管道运输业	26.09	40.91	0.00	21.13
装卸搬运和其他运输业	8.70	4.55	50.00	22.54
邮政业	8.70	18.18	0.00	8.45
仓储业	60.87	50.00	30.77	46.48
其他	26.09	9.09	7.69	14.08

数据来源：由项目组问卷调查的数据计算整理获得。

（三）2015 年京津冀物流人才结构状况调查及分析

1. 2015 年京津冀物流人才结构的数量分布情况

关于京津冀参与问卷调查的物流企业的员工数量情况，本项目组用“正式员工数量”“人才数量”“人才占总员工比例”这三个指标来分析。

从京津冀三地接受问卷调查的物流企业总和来看，参与问卷调查的物流企业正式员工数量分布为：物流企业正式员工数量为 10 人以下的占 23%，正式员工数量为 11～50 人的占 34%，正式员工数量为 51～200 人的占 16%，正式员工数量为 201～500 人的占 12%，正式员工为 501 人以上的占 15%，其中物流企业的正式员工数量为 11～50 人的比重最高，可能与物流行业最新发展起来的小型私有企业占比重较大有关。

京津冀参与问卷调查的物流企业的人才数量分布情况如图 10－1 所示。从京津冀三地接受问卷调查的物流企业总和来看，参与问卷调查的物流企业的人才数量分布为：物流企业人才数量为 10 人以下的占 52%，人才数量为 11～50 人的占 17%，人才数量为 51～200 人的占 13%，人才数量为 201～500 人的占 9%，人才数量为 501 人以上的占 9%，其中物流企业的人才数量为 10 人以下的比重最高，物流企业人才数量分布总体呈现出物流行业人才缺乏、人才分布不均等现象。

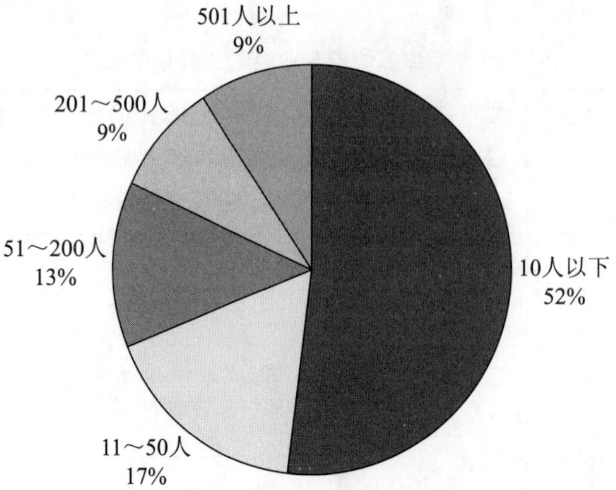

图 10-1　2015 年京津冀物流企业人才数量分布情况

京津冀参与问卷调查的物流企业人才占员工总数比例分布情况如图 10-2 所示。从京津冀三地参与问卷调查的物流企业总和来看，参与问卷调查的物流企业人才占员工总数比例分布为：物流企业人才占员工总数 10%以下的占 37%，人才占员工总数 11%～30%的占 19%，人才占员工总数为 31%～50%的占 15%，人才占员工总数 51%～80%的占 20%，人才占员工总数 81%以上的占 9%，其中物流企业人才占员工总数 10%的比重最高，可能与物流行业发展不均衡、人才缺乏以及小型私营企业占比较大等因素有关。

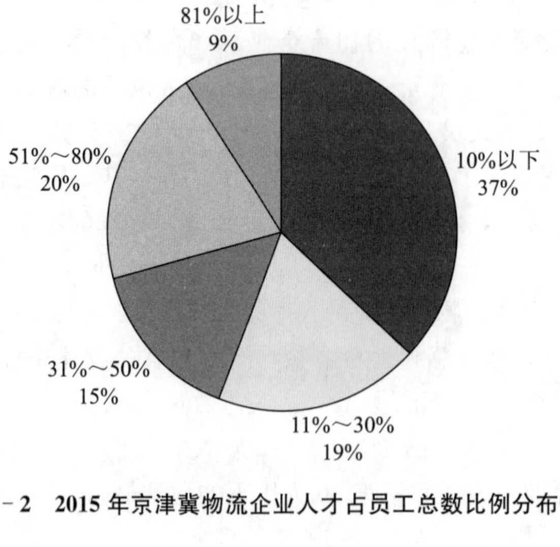

图 10-2　2015 年京津冀物流企业人才占员工总数比例分布情况

2. 2015 年京津冀物流人才结构的性别分布情况

关于京津冀三地物流企业的员工及其人才的性别构成如表 10-8 所示。关于男女比例，可以用职业性别隔离来描述，职业性别隔离是基于社会性别的概念，它是指由于社会的系统性因素，使男性和女性劳动者产生向不同行业或职位集中的社会构造现象。职业性别隔离分为水平隔离和垂直隔离。水平隔离是指女性劳动者难以进入某些所谓的“男性的工作”（如律师、司机、搬运工等）。垂直隔离则是指在同一行业中，男性劳动者在数量上统治着职位与薪资较高的工作，而女性劳动者却相对遭到排斥。

表 10－8　　京津冀物流企业员工及人才性别隔离比较

区域	物流企业员工水平隔离程度（男性/女性）	物流企业人才水平隔离程度（男性/女性）
北京	1.45	1.73
天津	3.20	2.48
河北	3.10	3.27
京津冀地区	1.62	1.85

数据来源：表中数据是项目组根据问卷调查数据整理计算得出。

京津冀物流企业员工及人才的性别构成如图 10－3 所示。从图 10－3 所示可以看出，不管是员工的性别构成，还是人才的性别构成，京津冀三地都是男性比例高于女性比例，这种性别隔离程度在河北表现得最为明显，可以说，在物流行业，男性有一定的性别优势。

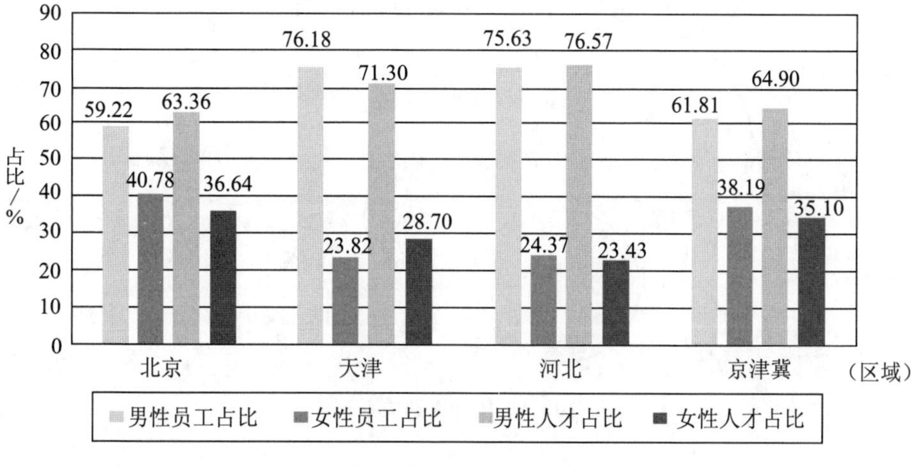

图 10－3　京津冀物流企业员工及人才的性别构成

为了解释京津冀物流企业员工及人才职业性别隔离的特征，我们参考了以下方面数据。

第一，京津冀地区物流企业经营业务分布。从数量上比较，公路运输企业是物流企业中最多的一类，具体来说，公路运输企业数量分别是铁路运输企业、航空运输企业和邮政企业的 4 倍、3 倍和 7 倍，数量占优的第二类物流企业是仓储业。

第二，京津冀地区物流企业所有制性质分布。这些物流企业中，国有企业和私营企业（包括外资企业）的数量关系是 13∶58。其中，公路运输和仓储、装卸等其他物流服务企业主要集中在私营部门。

第三，京津冀地区物流企业人才需求情况。这些物流企业中，价值较高的工作岗位和专业技能要求较高的岗位有：综合性物流管理（如项目经理、销售人员）、物流信息管理、运输管理、国际物流管理、仓储管理、单证制作等。这些岗位同时也是物流企业人才分布较为密集的岗位。

项目组尝试从社会性别制度的形成和运行系统来对物流行业表现出的职业隔离进行初步解读。社会性别制度与社会性别观念、社会和家庭角色责任分配、用于完成责任的资源分配、自然性别能力及特长发展特点、社会性别评价、社会制度决定权的分配模式及关系强化等因素彼此媾和联动，最终形成动态的社会性别制度运行系统，如图 10－4 所示。

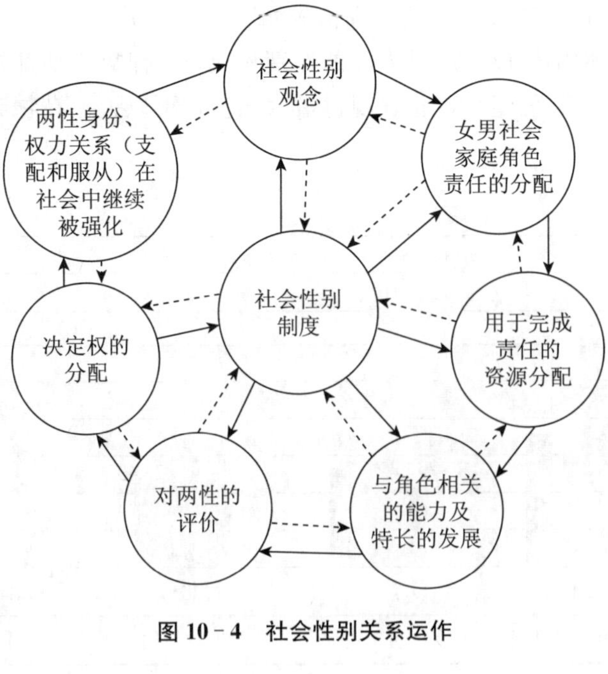

图 10－4　社会性别关系运作

本次所调查的京津冀物流企业主要集中在私营部门。私营部门在利润最大化目标指引下，多采用市场化手段来配置劳动力。访谈发现，物流企业一般对项目经理或销售人员、物流信息管理人员、运输管理人员、国际物流管理人员、仓储管理人员、制单员等有如表 10－9 所示的任职要求。

表 10－9　　物流企业部分岗位职业能力要求

一般职业能力和素质	核心职业技能
一般职业素质：诚信、奉献……	专业核心知识：物流规划与设计、采购与供应管理、采购项目管理、运输管理、仓储管理、配送管理
一般社会适应能力：沟通能力、团队合作能力、人际感知能力……	专业核心技能：物流项目管理能力、物流管理信息系统的操控能力、物流市场信息分析能力、国际贸易制单能力……

这些工作要求有很多在事实上是排斥女性的。比如，很多物流管理岗位强调对计算机软硬件的应用，而培养这类人才的专业普遍存在男性多于女性的特点。从就业意愿来看，愿意继续从事本专业的毕业生中，男性比例也高于女性。再比如，物流企业中的项目经理或销售人员，要有很强的市场开拓能力，这就要求他们要有时间、精力和能力去与客户打交道。与男性相比，女性在完成这类工作方面处于明显的劣势。并且，中国的社会性别制度也使女性投入此类工作的意愿低于男性。因此，对企业来讲，女性劳动者会带来“性别亏损”是可以预见的，企业当然会不倾向于招收和培养女性劳动者。这不仅会导致男女在性别上的水平职业隔离，还会导致垂直职业隔离。调查也显示了京津冀物流企业高效能岗位男性占绝对数量优势的现实状况。

总之，私营物流企业市场配置人力资源的行为，物流行业部分岗位的工作要求以及中国社会性别制度的运行，导致了物流行业较为明显的职业性别隔离。

3. 2015 年京津冀物流人才结构的年龄分布情况

京津冀物流企业 2015 年人才结构的年龄分布情况如图 10－5 所示。项目组就物流企业员工的年龄分布进行了调查，调查结果发现，北京物流企业员工年龄主要集中分布在 41～50 岁年龄段，其比例为 35.12%，这可能与接受问卷调查的北京 6 家国企有关，国企成立年限越长，年龄大的员工越多；天津物流企业 41.10%的员工集中分布在 30 岁及以下，走访发现，在天津调查对象中空港物流园区占比例较大，一方面需要一定计算机技能处理订单等综合素质，另一方面小公司新技术应用较多的物流公司更加青睐年轻有活力的青年人，这两个方面可能决定了 30 岁以下人员所占比例较大；河北 37.25%的员工集中分布在 31～40 岁，这与项目组实地调研结果一致，受调查的河北企业的员工主要是装卸搬运工，其年龄主要集中在 31～40 岁。

就京津冀物流企业的人才调查数据而言，天津物流企业不同年龄段的人才总和占比例最高，达到 58.29%（为 25.94%、19.31%、10.82%、2.22%之和），主要集中分布在 30 岁及以下和 31～40 岁两个年龄段，其分别占比 25.94%和 19.31%；北京物流企业不同年龄段的人才总和所占比例为 43.93%，略少于天津，31～40 岁的人才比例最高为 16.08%；河北物流企业不同年龄段的人才总和占比例偏低，员工中有 32.68%的人才，且 15.31%的人才都集中在 30 岁及以下。

从各个年龄段的员工及人才比重看，天津整体呈现年轻化的状态，这点可能与被调查对象有关，接受问卷调查的对象中，有一部分只是总公司在天津的一个分部或者分公司，其员工的特点是：高学历、年轻化、数量少；通过企业性质和企业经营范围两个指标分析发现，接受问卷调查的河北企业主要是从事公路运输、装卸搬运或者仓储的私营企业，企业的绝大部分员工是操作性的搬运工，较少的人才一般是企业会计；北京物流企业的员工主要集中在41～50岁，这极大可能与成立年限较长的国企有关，除了51岁及以上的人才比例较低之外，其他3个年龄段差别不大，相对较为均衡的人才结构符合国企的管理风格。

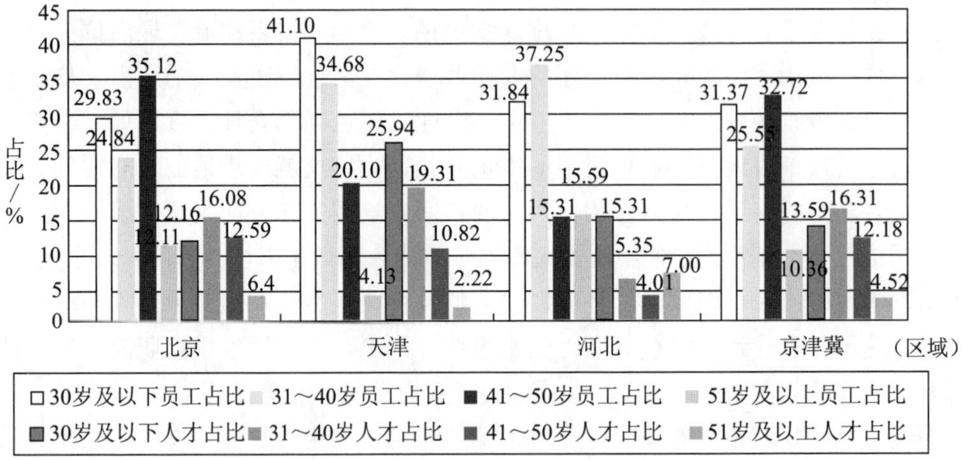

图 10-5　京津冀物流企业员工及人才各个年龄段占比

4. 2015年京津冀物流人才结构的受教育程度分布情况

京津冀物流企业人才受教育程度的调查主要围绕着"学历情况"展开的，如图10-6所示。就京津冀被调查的物流企业员工学历特征而言，北京和天津物流企业员工的学历主要集中在大专和本科，且天津物流企业员工的学历结构要优于北京，河北物流企业员工的学历主要集中在初中及以下和本科。从学历特征判定人才的角度而言，就京津冀接受调查的物流企业人才占总员工的比例指标看，天津人才占员工比例最高，为58.29%，其中，本科、研究生和博士分别占46.66%、11.5%和0.13%，这一点和年龄结构分析呈现一致性，天津物流企业员工整体学历水平较高；北京为43.69%，其中，本科、研究生和博士分别占39.67%、3.84%和0.19%；河北为32.68%，其中，本科和研究生分别占29.32%、3.36%。

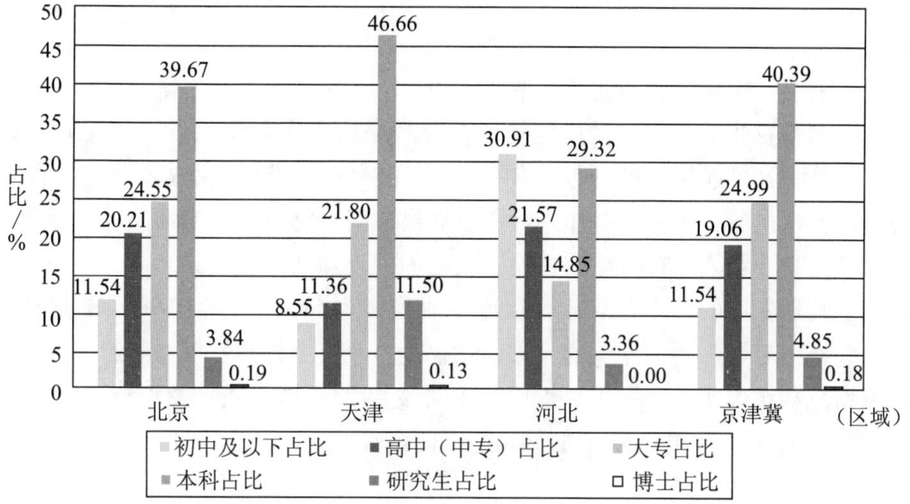

图 10－6　京津冀物流企业员工学历情况

5. 2015 年京津冀物流企业人才结构的专业分布情况

本次接受调查的京津冀物流企业中，有的物流企业由于规模过小，人员较少，从本报告的“物流人才”界定看，其拥有的人才为零，因此，没有人才的企业不参与此项的比较。京津冀物流企业人才的专业结构情况如图 10－7 所示，从整体情况来看，对于北京和天津两地接受调查的物流企业而言，绝大部分企业的人才所获的文凭是物流专业和商科专业，具体来说，北京 82.61%的物流企业人才所获文凭是物流专业，而天津市和河北省被调查物流企业人才获得物流专业文凭的比例分别是 88.89%和 45.00%，京津冀所有被调查物流企业人才获得文凭是物流专业占整个人才的比重是 72.13%。北京 73.91%的被调查物流企业人才所获文凭是商科专业，而天津市和河北省这一比例分别是 50.00%和 65.00%。

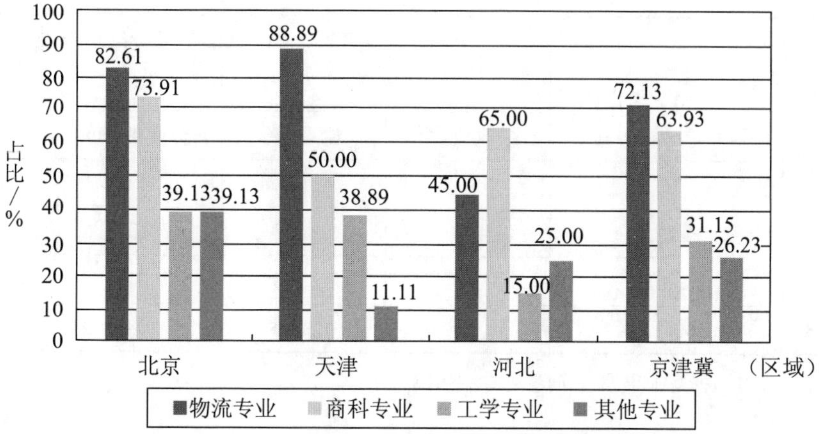

图 10－7　京津冀物流企业人才所获文凭的专业情况

注：82.61%是指物流企业人才所获文凭中，选择“物流专业”的北京物流企业占北京参与问卷调查样本企业的比例，其他数据依此类推。

根据图 10－7 展示的京津冀的各种文凭占比数据，我们有以下基本判断：

第一，京津冀物流企业的业务框架主要还是以物流专业的人才作为支撑。

第二，商科专业的人才在京津冀物流企业当中也占据重要位置。河北的数据甚至还暗含着另外一种可能性，即在较为初级的物流领域，管理专业人才、国际贸易专业人才等甚至可以主导一个物流企业，或者发展出中高端物流业态的物流服务企业。

第三，工学专业人才在京津冀物流企业当中处于辅助的位置。

第四，其他专业的人才在京津冀物流企业当中也有一定生存空间。调查中我们也探知到一些外语专业、文学专业的人才也在物流企业当中找到发挥作用的平台。

可见物流领域确实是一个需要综合性专业支持的领域。随着物流行业运行空间的不断拓展，会有更新、更高水平的物流业态出现，也会对更多的专业人才产生吸纳作用。

6. 2015 年京津冀物流人才结构的职称分布情况

职称结构是反映员工专业技术水平的重要指标，一般分为高级、中级和初级三个层次。本次调查是针对京津冀三地物流企业员工是否有职称结构，调查结果如表 10－10 所示。京津冀三地有高、中、初级职称结构分类的物流企业要少于没有分类的，且这种差距最大的是河北，差距最小的是北京，这可能和接受问卷调查的企业性质有很大关系。访谈发现，很多私营企业（包括外资企业）对员工参加职称评定持十分消极的态度，认为职称对于人才在物流企业中的发展发挥的作用并不是很重要，造成这种情况的原因可能在于职称评定制度与物流企业对专业技术水平的评价体系缺乏统一标准和难以对接有关。这次参加调查的京津冀物流企业，国有企业对职称的填写资料相对全面，而外资和私营小企业对职称问题最不关心，因此，本次调查的职称高、中、低比例结构情况就是去了解其意义和价值。

表 10－10　京津冀物流企业员工的职称结构情况

区域	企业总数/个	是否有高、中、初级的职称结构分类			
		是		否	
		企业数/个	比重/%	企业数/个	比重/%
北京	23	10	43.48	13	56.52
天津	22	7	31.82	15	68.18
河北	26	6	23.08	20	76.92
京津冀	71	23	32.39	48	67.61

数据来源：表中数据是项目组根据问卷调查数据计算得出。

（四）2015 年京津冀物流人才招聘方式的分布情况

招聘是企业招募人才的重要环节，招聘方式多种多样，根据招聘方式的适用性，本次调查选取了7种常用的招聘方式，京津冀物流企业招聘方式的具体调查结果如图10－8所示，分析发现其具有以下特点：第一，从京、津、冀三地物流企业的选择来看，这7种招聘方式的使用强度从强到弱为：人才网站、员工推荐、大专院校、主动求职者、人才交流会、职业中介机构、猎头公司；第二，京、津、冀三地一半以上的物流企业都选择了人才网站、员工推荐，而猎头公司这种招聘方式被选择的概率最低，这可能和这些物流企业招聘的员工类型有关；第三，不管是哪种招聘方式，北京市物流企业对这些招聘方式的使用频度基本都高于其他两地，即北京物流企业的招聘方式相对多元化，特别是北京有78.26％的物流企业都选择了大专院校，这可能和北京有较多数量的高校有关。

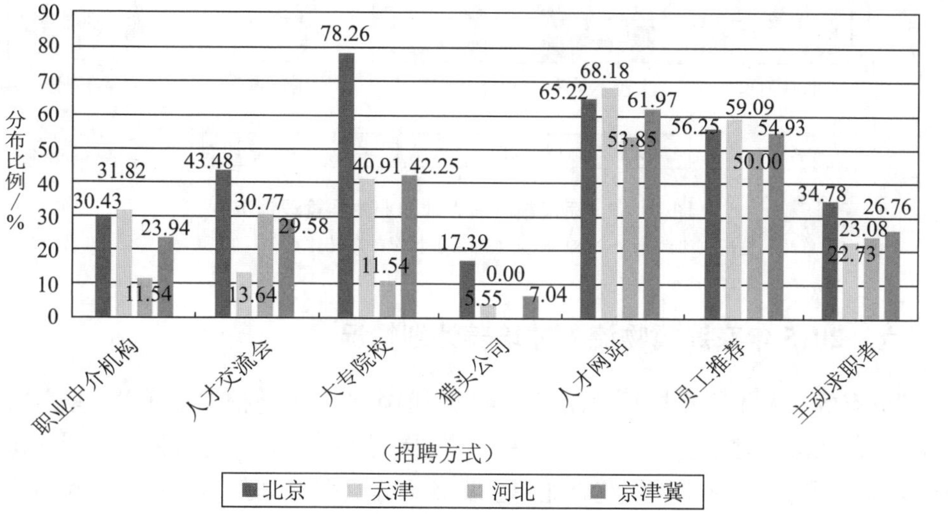

图10－8　京津冀物流企业人才招聘方式情况分布

注：30.43％是指选择采用“职业中介机构”招聘人才的北京物流企业，占北京参与问卷调查样本企业的比例，其他数据依此类推。

（五）2015年京津冀物流人才职业生涯管理情况

职业生涯管理是企业帮助员工制定职业生涯规划和帮助其职业生涯发展的一系列活动，旨在留住人才、培养人才、发展人才。本次调查对京津冀物流企业是否重视员工职业生涯管理，对如图10－9所示问题进行了提问，发现有47.83％的北京物流企业对员工的职业生涯管理是非常重视的，非常不重视（4.35％）和比较不重视（8.70％）员工职业生涯管理的北京物流企业相对比较少，在被调查的北京物流企业中，大中型物流企业较多，其可能相对比较重视人的智慧、技艺、能力的提高与全面发展。在天津的物流企业中，仅有13.64％的物流企业非常重视员工的职业生涯管理，高达18.18％的天津物流企业非常不重视员工的职业生涯管理，可能是天津的物流企业没有认识到员工职业生涯管理对人才发展的重要作用。在河北的物流企业中，有46.15％的物流企业一般重视员工的职业生涯管理，15.38%的物流企业非常重视员工的职业生涯管理，可能河北的大部分物流企业是中小型物流企业，其正在慢慢地重视员工的职业生涯管理。京津冀物流企业总体还是非常重视（25.35%）员工的职业生涯管理的，这对京津冀物流企业人才未来的发展意义重大。

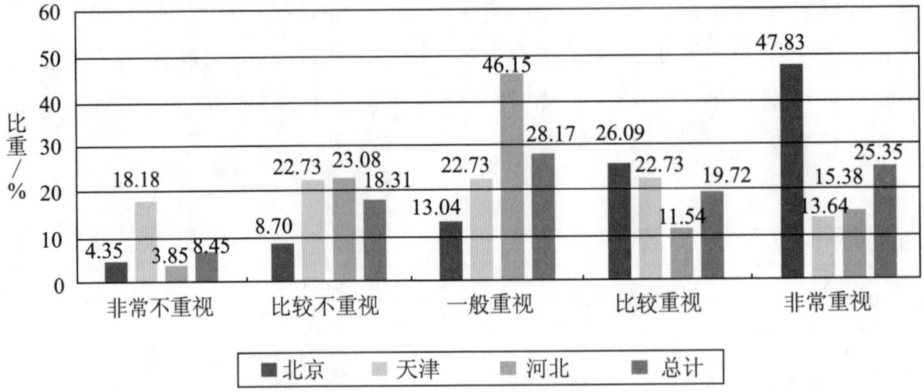

图 10-9 京津冀物流人才职业生涯管理情况

注：图中"总计"是指京津冀作为一体的职业生涯管理状况的总计比重。

（六）2015 年京津冀物流人才培养计划情况

建立有效的人才培养与开发计划，可以帮助企业合理地挖掘、开发、培养公司战略后备人才队伍，建立起适合企业发展的人才梯队，并为企业的可持续发展提供智力资本支持。项目组对京津冀物流企业建立后备人才培养计划的情况进行了调查，调查数据及结果分析如表 10-11 所示。

表 10-11 京津冀物流企业后备人才培养计划实行情况

区域	企业总数/个	是否建立了系统性的后备人才培养计划			
		是		否	
		企业数/个	比重/%	企业数/个	比重/%
北京	23	17	73.91	6	26.09
天津	22	8	36.00	14	64.00
河北	26	6	23.08	20	76.92
京津冀	71	31	43.66	40	56.34

数据来源：表中数据是项目组根据问卷调查数据计算得出。

本次调查对京津冀物流企业是否建立了系统性的后备人才培养计划进行了提问，在回答该问题的 71 家企业中，有 31 家物流企业建立了后备人才培养计划，占 43.66%，其中大多数京津冀物流企业（56.34%）没有建立系统性的后备人才培养计划。在调查过程中，项目组发现一些大中型物流企业还是相对比较重视后备人才培养计划的，他们通过建立系统性的后备人才培养计划来培养和发展人才，而一些小型物流企业可能还没意识到人才的重要作用，尚没有建立后备人才培养计划。在人才培养计划方面，被调查的北京物流企业有 73.91%有完备的培养计划，而天津这一比例是 36%，河北这一比例只有 23%。

（七）2015 年京津冀物流人才职务晋升的制度建立情况

企业职务晋升规定的规范程度在一定程度上体现了企业管理制度的完善程度。项目组对京津冀物流企业人才职务晋升情况进行了调查，如表 10－12 所示，京津冀被调查的 71 家物流企业中，有 46.48%的京津冀物流企业建立了正式的职务晋升制度，超过半数的物流企业（53.52%）尚没有建立正式的职务晋升制度，但北京的被调查物流企业有 73.91%的已经建立了正式的职务晋升制度，而天津与河北的物流企业这一比例分别是 45%和 23.08%。这一组数据也表明，京津冀物流企业对人才的重视程度以及制度化管理的现状，北京仍然处于领先，而河北相对落后。在项目组走访过程中，发现北京的物流企业相对比较重视正式职务晋升制度，他们认为职务晋升制度的完善程度直接影响人才的发展通道，特别是京津冀三地的国有物流企业这一制度相对都比较完善，而河北的物流企业对公司建立正式的职务晋升制度的认识尚不足，可能与调查样本有关，河北的物流企业大部分是中小型物流企业。

表 10－12　　京津冀物流企业建立正式的职务晋升情况

区域	企业总数/个	是否建立了正式的职务晋升制度			
		是		否	
		企业数/个	比重/%	企业数/个	比重/%
北京	23	17	73.91	6	26.09
天津	22	10	45.00	12	55.00
河北	26	6	23.08	20	76.92
京津冀	71	33	46.48	38	53.52

数据来源：表中数据是项目组根据问卷调查数据计算得出。

（八）2015 年京津冀物流人才的离职率情况

离职率是企业用以衡量内部人力资源流动状况的一个重要指标，通过对离职率的考察，可以了解企业对员工的吸引力和员工的满意度情况。离职率过高，一般表明企业的员工情绪较为波动和劳资关系存在较严重的矛盾，企业的凝聚力下降，将直接导致人力资源成本增加、组织的效率下降。但并不是说员工的离职率越低越好，在市场竞争中，保持一定的员工流动，可以使企业利用优胜劣汰的人才竞争制度，保持企业的活力和创新意识。

1. 2015 年京津冀物流人员离职率的分布情况

京津冀物流企业员工的离职率情况如图 10－10 所示。在被调查的物流企业中，北京有 61.90%的物流企业的离职率在 6%～10%，河北有 72.22%的物流企业的离职率在 5%及以下，而天津的离职率分布相对较为均匀。接受调查的京津冀三地物流企业的离职率中，只有天津 5.56%的物流企业的离职率在 41%～50%，京冀物流企业的离职率没有超过 40%，从三地综合来看，物流企业离职率主要集中在 5%及以下和 6%～10%两个比例段。

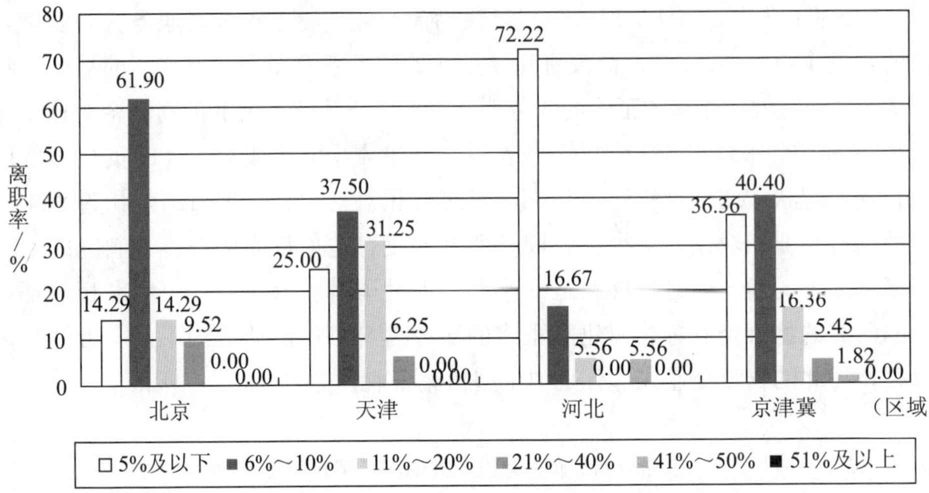

图 10－10　京津冀物流企业员工离职率情况

注：14.29%是指员工的离职率在 5%及以下的北京物流企业占北京参与问卷调查样本企业的比例，其他数据依此类推。

根据前程无忧发布的《2016 离职与调薪调研报告》① 得知，2015 年员工整体离职率为 17.7%，交通、运输、物流行业的员工整体离职率在 16.2%。两者相比较，可以说绝大部分接受调查的京津冀物流企业的离职率是低于物流行业的员工整体离职率的。

2. 2015 年京津冀物流人才离职率的分布情况

京津冀物流企业人才的离职率情况如图 10－11 所示。整体而言，人才的离职率情况和员工的离职率情况基本是一致的，只是从分布密度上，人才的离职率情况相对更为集中，尤其是河北，离职率比例集中在 5%以下和 6%～10%两个比例段，其中 83.33%的物流企业的人才离职率都在 5%以下，16.67%的物流企业的人才离职率在 6%～10%。天津虽仍是集中在 4 个比例段上，但 50%的物流企业的离职率都集中在

① 前程无忧 . 2016 离职与调薪调研报告 [EB/OL] .（2015－12－18）[2015－12－25] . http：//news.sina. com. cn/o/2015－12－18/doc－ifxmttme5765352. shtml.

6%～10%，离职率在11%～20%和21%～40%的企业均占7.14%。北京集中在3个比例段，且离职率在11%～20%的物流企业只有5.26%，42.11%的企业离职率在5%及以下，52.63%的企业离职率在6%～10%。

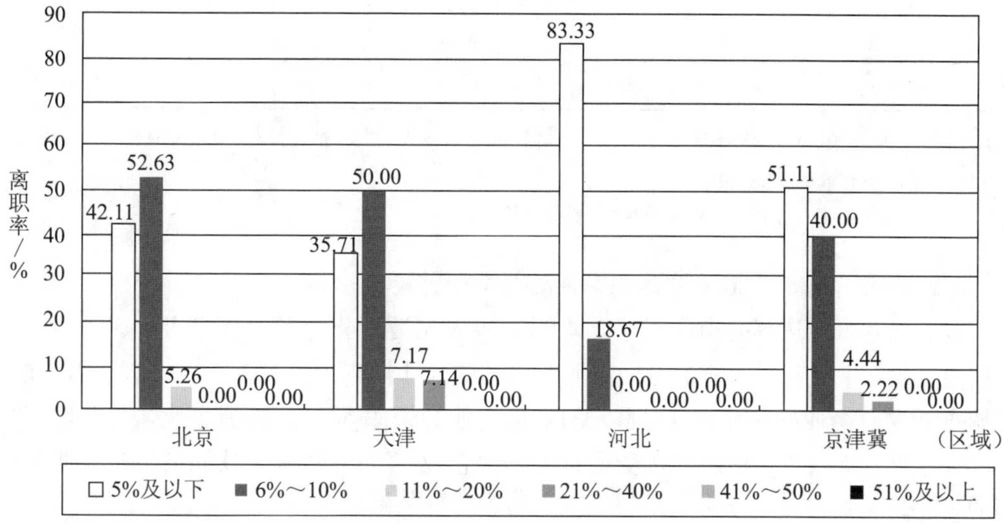

图10－11　京津冀物流人才离职率情况分析

注：42.11%是指人才的离职率在5%及以下的北京物流企业占北京参与问卷调查样本企业的比例，其他数据依此类推。

（九）2015年京津冀物流人才离职率最高的类型分布情况

1.2015年京津冀物流人员离职率最高的类型比较

依据常用的员工分类方法，本次调查将物流企业员工分为专业技术人员、管理人员、一线操作人员和其他人员，调查结果如表10－13所示。京津冀三地接受调查的一半以上的物流企业都认为离职率最高是一线操作人员，而这一比例北京是71.43%，天津是83.33%，河北是53.85%，这很可能与操作人员这一类岗位门槛低、简单而容易上手、技术水平低等工作特点有关系。北京接受调查的14.29%的物流企业选择离职率最高的是管理人员，这点要高于天津和河北，这可能与北京相对成熟的物流行业发展情况有关，管理人员的职业选择性更多。河北接受调查的30.77%的物流企业都认为离职率最高的是其他人员，这里的其他人员通常是司机等，访谈发现，河北物流企业的司机薪酬水平同比要远远高于一线操作人员，甚至高于一般管理人员，而司机的现状是供小于求，因此，司机总是在选择更好的工资待遇，由于业务不稳定，企业又常常不与司机签订长期合同，从而导致企业对司机没有制度约束力，司机低成本、简单性的离职便很难控制。

表 10－13　京津冀物流人员离职率最高的类型比较　单位：%

员工类型	北京	天津	河北	京津冀
专业技术人员	4.76	8.33	7.69	6.52
管理人员	14.29	8.33	7.69	10.87
一线操作人员	71.43	83.33	53.85	69.57
其他人员	9.52	0.00	30.77	13.04

注：4.76%指物流企业离职率最高的员工中，选择“专业技术人员”的北京物流企业占北京参与问卷调查样本企业的比例，其他数据依此类推。

数据来源：表中数据是项目组根据问卷调查数据计算得出。

2. 2015 年京津冀物流人才离职率最高的类型比较

根据人才可能从事的岗位类型，本问卷将人才类型分为专业技术人员、管理人员和技能员工，关于京津冀物流企业离职率最高的人才调查结果见表 10－14 所示。在接受调查的物流企业中，北京 44.44%的物流企业和天津 50%的物流企业认为离职率最高的人才是管理人员，而河北接受调查的物流企业有 50%的认为技能员工是离职率最高的人才。

表 10－14　京津冀物流企业离职率最高的人才分析　单位：%

人才类型	北京	天津	河北	京津冀
专业技术人员	33.33	30.00	33.33	32.35
管理人员	44.44	50.00	16.67	41.18
技能员工	22.22	20.00	50.00	26.47

注：44.44%指物流企业离职率最高的人才中，选择“管理人员”的北京物流企业占北京参与问卷调查样本企业的比例，其他数据依此类推。

数据来源：表中数据是项目组根据问卷调查数据计算得出。

三、京津冀物流人才需求状况

物流行业作为国民经济的一个新兴产业，近年来出现了快速发展的趋势，对于物流人才的需求也逐年递增。物流管理人才已被国家以及很多经济发达地区的城市列为十二类紧缺人才之首。京津冀作为我国经济发展的热点区域之一，也是交通物流网络最为密集的区域之一，物流业正处于上升的发展时期，对于物流人才的数量和质量要求正在逐步提高。

(一) 2005—2015 年京津冀物流行业人员需求变动状况分析

1. 京津冀物流行业就业人数变动分析

近年来，伴随着京津冀经济的快速发展，该地区就业的人员数呈现出稳步递增的趋势，如表 10－15 所示。由表 10－15 数据可知，2005 年京津冀三地城镇单位交通运输、仓储和邮政业就业人员数为 743871 人，2014 年这一数字则增至 1035286 人，年均增长率为 3.74%。对三省市的数据进行分别分析可知，2005 年北京市城镇单位交通运输、仓储和邮政业就业人员数为 370551，2014 年这一数字则增至 602262 人，年均增长率为 5.55%；2005 年天津市城镇单位交通运输、仓储和邮政业就业人员数为 117669，2014 年这一数字则增至 143421 人，年均增长率为 2.22%；2005 年河北省城镇单位交通运输、仓储和邮政业就业人员数为 255651，2014 年这一数字则增至 289603 人，年均增长率仅为 1.40%。以上数字表明，与北京市和天津市相比，河北省物流行业在吸纳就业方面的能力较弱。与全国的数据进行比较可知，京津冀三地城镇单位交通运输、仓储和邮政业就业人员占全国的比重有所下降，从 2005 年的 16.01%下降到 2014 年的 12.02%，下降了 3.99 个百分点。这表明，在过去的 10 年间，京津冀物流行业虽然吸纳的就业人数绝对量有所提高，但与全国其他地区相比，增幅并不是很可观。

表 10－15　2005—2014 年京津冀与全国物流行业就业人员情况

年份	北京/人	天津/人	河北/人	京津冀/人	全国/人	京津冀占全国/%
2005	370551	117669	255651	743871	4647300	16.01
2006	415019	115790	257107	787916	4633519	17.00
2007	458886	120138	250928	829952	4680648	17.73
2008	476774	124723	256907	858404	4655233	18.44
2009	500662	122863	254790	878315	5006670	17.54
2010	510042	124988	251018	886048	4937171	17.95
2011	574088	114261	243789	932138	5209714	17.89
2012	578348	140762	243019	962129	6675195	14.41
2013	592268	143455	275895	1011618	8462153	11.95
2014	602262	143421	289603	1035286	8614300	12.02

资料来源：表中原始数据来自 2006—2015 年各年发布的《中国统计年鉴》。这里的“物流行业”就业人数指统计年鉴中“城镇单位交通运输、仓储和邮政业”就业人数，项目组进行计算整理而得。

2. 京津冀物流行业人员需求变动分析

在京津冀物流行业发展的过程中，区域内用人单位对人员的需求状况呈现出了一定的波动。根据中国就业网①的统计数据，北京市 2005 年第一季度至 2015 年第一季度，交通运输、仓储和邮政业对劳动力需求的数量如表 10－16 所示。从北京市的情况来看，2005—2014的 10 年间，北京市对交通运输、仓储和邮政业劳动力需求数量波动较大，2012 年对于劳动力需求的数量最多，达到了 44323 人，之后逐步回落到 2014 年的 26455 人。

表 10－16　　2005—2015 年北京市物流行业人员需求数　　单位：人

年份	物流行业人员需求数				
	第一季度	第二季度	第三季度	第四季度	总计
2005	8856	5948	3735	5252	23791
2006	4042	7649	5389	4067	21147
2007	12806	5410	4592	7603	30411
2008	5939	12275	12559	5158	35931
2009	4814	7280	8424	6196	26714
2010	6343	9313	8746	7292	31694
2011	8921	8702	8739	7311	33673
2012	7632	11482	19574	5635	44323
2013	7416	12800	10945	6076	37237
2014	6627	5201	11130	3497	26455
2015	14243	—	—	—	—

资料来源：中国就业网（http：//www. chinajob. gov. cn）。本表中“物流行业”数据指“交通运输、仓储和邮政业”的数据，经过项目组整理获得。其中，2005 年第二季度和 2007 年第四季度统计数据缺失，笔者根据本年度其他三个季度数据的平均值计算得到该季度的数据。

2005—2012 年，天津市交通运输、仓储和邮政业对劳动力需求的数量如表 10－17 所示。从表 10－17 中的数据可知，天津市交通运输、仓储和邮政业对劳动力需求保持了稳步上升的趋势，从 2005 年的 49659 人增至 2012 年的 91227 人，年均增长率为 9.1%。

表 10－17　　2005—2012 年天津市物流行业人员需求数　　单位：人

年份	物流行业人员需求数				
	第一季度	第二季度	第三季度	第四季度	总计
2005	4422	3236	22031	19970	49659
2006	12345	10335	11535	10436	44651

① 中国就业网．北京市人力资源市场职业供求状况分析报告［EB/OL］．（2005－05－31—2015－10－12）［2015－12－25］．http：//www．chinajob．gov．cn/DataAnalysis/node＿1441．htm

续 表

年份	物流行业人员需求数				
	第一季度	第二季度	第三季度	第四季度	总计
2009	11548	12497	15254	16258	55557
2011	20433	21032	21106	21153	83724
2012	22186	22588	22941	23512	91227

资料来源：中国就业网（http：//www.chinajob.gov.cn）。本表中“物流行业”数据指“交通运输、仓储和邮政业”的数据①，经过项目组整理获得。由于河北省相关数据严重缺乏，其物流行业人员需求变动情况在此就不进行分析。

（二）2015年京津冀物流人才需求现状调查

基于本项目组2015年年底对京津冀物流人才状况的调查，对京津冀三地物流企业对物流人才需求与供给的状况进行了深入分析。

1. 2015年北京地区物流人才需求现状调查

对北京地区23家物流企业的调查表明，北京地区物流企业对物流人才的需求很旺盛。在接受调查的23家企业中，有19家企业在2016年有明确的增加人数的计划，占被调查企业总数的82.61%。19家企业计划新增员工共5846人，员工人数增幅平均将达到13.14%。对这19家物流企业拟增加员工的类别进行进一步深入分析发现，在拟新增的员工中，专业技术人员拟增加数为572人，占拟新增员工总数的比例为9.78%；管理人员拟增加数为259人，占比为4.43%；技能员工拟增加数为750人，占比为12.83%，以上三类人员占拟新增员工总数的比例共计为27.04%。而从增加人员的具体原因来看，业务扩张成为最主要的原因，有73.33%的被调查企业因业务扩张而拟增加管理人员，有64.29%的被调查企业因业务扩张而拟增加技术人员，同时有54.55%的被调查企业因业务扩张而拟增加技能员工。在北京地区物流行业不断快速发展的背景下，伴随着业务的扩张，未来该地区对物流人才的需求量还会进一步提高。

对被调查的23家北京市物流企业拟新增人才的职业分布情况进行分析，如图10-12所示，有82.61%的企业选择拟增加综合性物流管理人才，选择拟增加物流信息管理人才和运输管理人才的均超过了半数，对于库存管理和营销管理人才的需求也接近半数。由此可见，物流企业对管理和技术领域的人才有着较为迫切的需求。

对被调查的23家北京市物流企业拟新增人才的岗位分布情况进行分析，如图10-13所示，对销售人员、物流项目经理和客户服务人员三个岗位的需求意向最为强

① 中国就业网. 天津市人力资源市场职业供求状况分析报告［EB/OL］.（2005-05-31—2015-10-12）［2015-12-25］. http：//www. chinajob. gov. cn/DataAnalysis/node_1440. htm.

烈。其中，有65.22%的企业选择拟增加销售人员，有56.52%的企业选择拟增加物流项目经理，有43.48%的企业选择拟增加客户服务人员。另外，对仓储管理人员、制单人员、信息管理人员、客户服务经理岗位的人才需求也占有相当大的比例。总体来说，被调查物流企业对于基层岗位需求意向比较强烈，对于物流项目经理此类的中层管理岗位也有一定的需求意向。

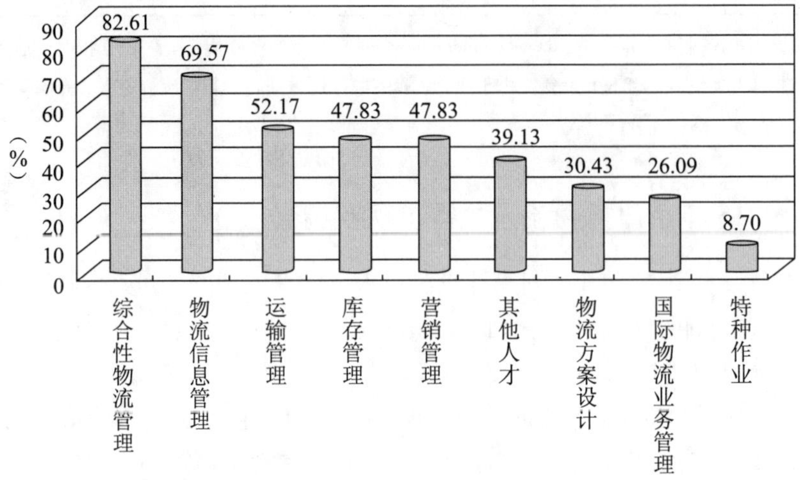

图10-12　北京市物流企业拟新增人才职业分布

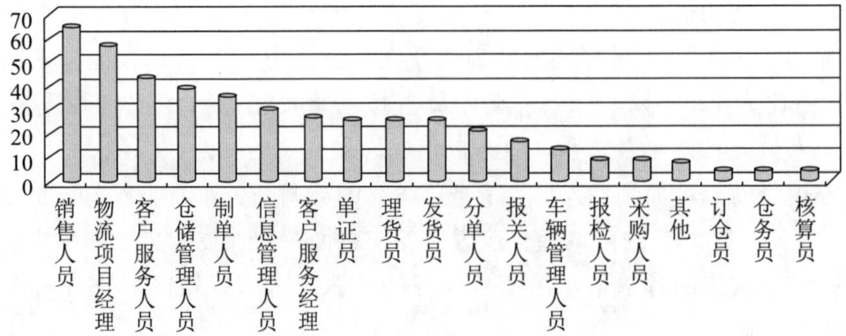

图10-13　北京市物流企业拟新增人才岗位分布

对于被调查的23家北京市物流企业较难招聘岗位的情况进行分析，如图10-14所示。企业认为招聘难度最大的岗位是物流项目经理，有47.83%的被调查企业将其列为招聘难度最大岗位。同时，有43.48%的被调查企业将销售人员列为招聘难度最大岗位。将客户服务人员和信息管理人员列为招聘难度最大岗位的企业也超过了20%。由此可知，物流项目经理既是物流企业普遍感到招聘难度较大的岗位，同时也是需求意向较大的岗位。

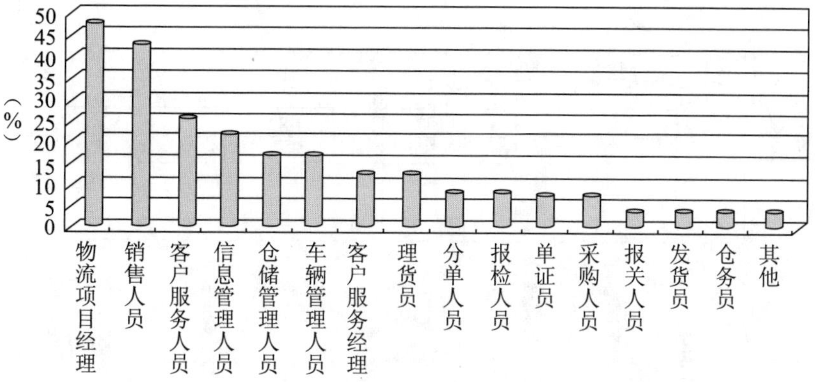

图 10-14　北京市物流企业较难招聘岗位分布

2. 2015 年天津地区物流人才需求现状调查

本项目组对天津地区 22 家物流企业的人才需求与供给现状进行了调查，情况与北京相比存在一定的差异。

在接受调查的 22 家企业中，有 11 家企业在 2016 年有明确的增加人数的计划，占被调查企业总数的 50.00%，11 家企业计划新增员工 1009 人，员工人数增幅平均将达到 14.87%。对这 11 家物流企业拟增加人才的类别进行进一步深入分析发现，在拟新增的人才中，专业技术人员拟增加数为 705 人，占拟新增员工总数的比例为 69.87%；管理人员拟增加数为 23 人，占比为 2.28%；技能员工拟增加数为 81 人，占比为 8.03%。而从增加人才的具体原因来看，业务扩张成为最主要的原因，在上述 11 家计划新增人才的企业中，有 63.64%因业务扩张而拟增加专业技术人员，有 45.45%因业务扩张而拟增加管理人员，有 54.55%因业务扩张而拟增加技能员工。人员流失也成为上述 11 家企业选择增加技能员工的重要原因之一。统计表明，有 6 家企业因人员流失而选择在 2016 年度新增技能员工，占比为 54.55%。相比而言，仅有 2 家企业选择将人员流失作为新增专业技术人员的原因，有 1 家企业选择将人员流失作为新增专业管理人员的原因。

对被调查的 22 家天津市物流企业拟新增人才的职业分布情况进行分析，如图 10-15所示，有 68.18%的企业选择拟增加综合性物流管理人才，选择拟增加运输管理人才的企业达到了 54.55%，选择增加营销管理人才的也占到了半数。由此可见，天津市物流企业对管理和营销方面的人才需求比较迫切。

对被调查的天津市 22 家物流企业拟新增人才的岗位分布情况进行分析，如图 10-16 所示，对销售人员和客户服务人员两个岗位的需求意向最为强烈。其中，有 45.45%的企业选择拟增加销售人员，有 36.36%的企业选择拟增加客户服务人员。另外，对客户服务经理、理货员、制单人员、仓储管理人员和物流项目经理岗位的人才需求也占有一定的比例。

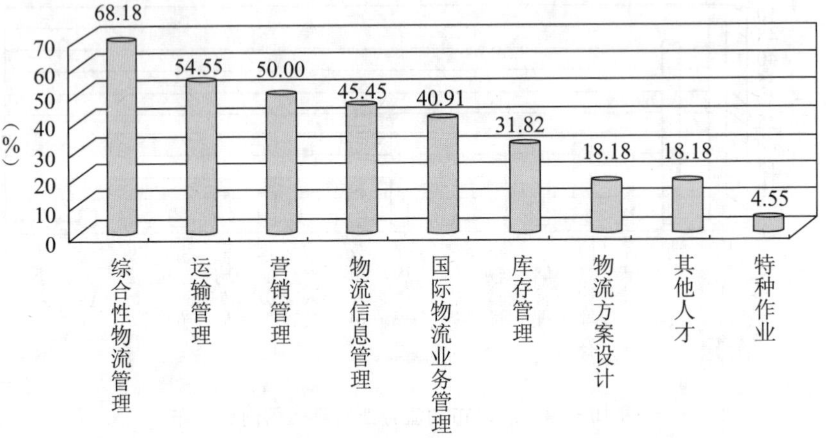

图 10－15　天津市物流企业拟新增人才职业分布

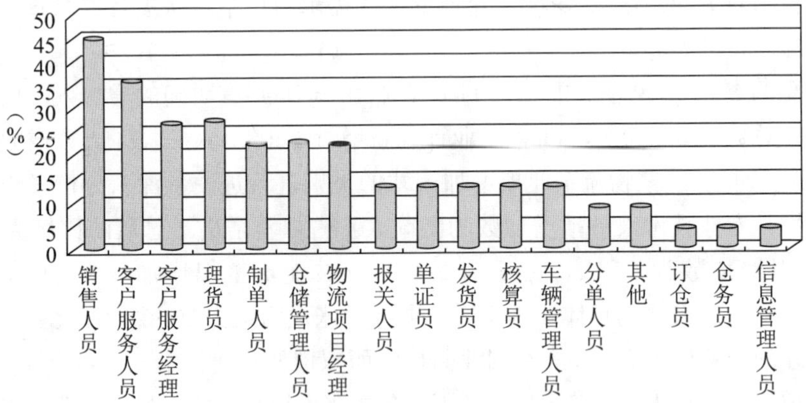

图 10－16　天津市物流企业拟新增人才岗位分布

对于被调查的天津市 22 家物流企业的较难招聘岗位的情况进行分析，如图 10－17 所示。企业感觉招聘难度最大的岗位是销售人才，有 59.09％的被调查企业将其列为招聘难度最大岗位。同时，有 45.45％的被调查企业将物流项目经理列为招聘难度最大岗位。将客户服务人员列为招聘难度最大岗位的企业也超过了 20％。由此可知，销售人员和客户服务人员此类基础岗位既是天津市物流企业需求意向较强烈的岗位，也是物流企业普遍感到招聘难度较大的岗位。物流项目经理需求意向不是很强烈，但却是招聘难度较大的岗位。

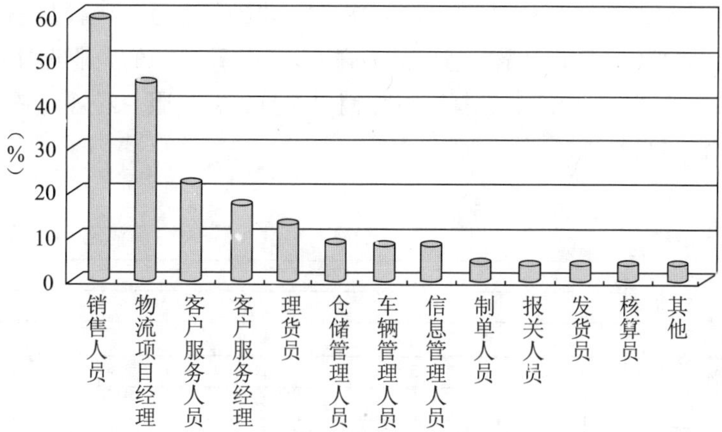

图 10-17　天津市物流企业较难招聘岗位分布

3. 2015 年河北地区物流人才需求现状调查

本项目组对河北地区 26 家物流企业的人才需求与供给现状进行了调查，对于调查结果总结如下。

在接受调查的 26 家河北省物流企业中，有 10 家企业在 2016 年有明确的增加人数的计划，占被调查企业总数的 38.46%。10 家企业计划新增员工 94 人，由于企业既有员工数量不多，仅为 426 人，员工人数增幅平均将达到 22.07%，这个比例要明显高于北京和天津。对这 10 家物流企业拟增加员工的类别进行进一步深入分析发现，在拟新增的员工中，专业技术人员拟增加数为 9 人，仅占拟新增员工总数的比例为 9.57%；管理人员拟增加数为 8 人，占比为 8.51%；技能员工拟增加数为 6 人，占比为 6.38%；其他人员的比例最高，达到了 43.62%。

对被调查的 26 家河北省物流企业拟新增人才的职业分布情况进行分析，如图 10-18 所示。在上述 26 家被调查物流企业中，有 46.15%的企业选择拟增加综合性物流管理人才，选择拟增加物流信息管理人才的企业达到了 42.31%，选择拟增加营销管理人才的也占到近 1/3。

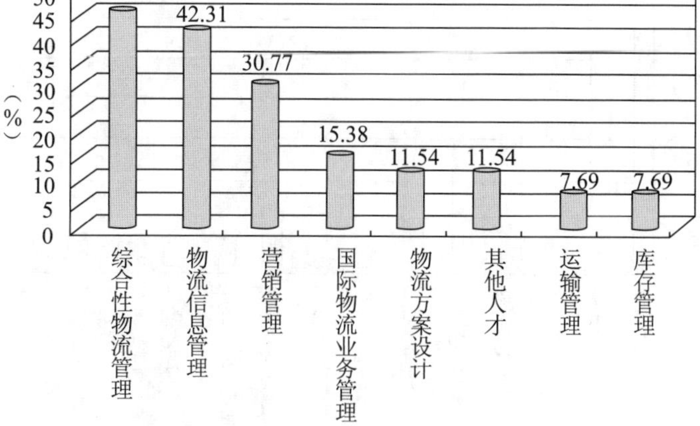

图 10-18　河北省物流企业拟新增人才职业分布

对被调查的河北省 26 家物流企业拟新增人才的岗位分布情况进行分析，如图 10-19所示，客户服务人员的需求意向最为强烈，有 42.31%的企业选择拟增加销售人员。同时分别有 23.08%的企业选择拟增加销售人员、客户服务经理、制单人员、仓储管理人员和物流项目经理。

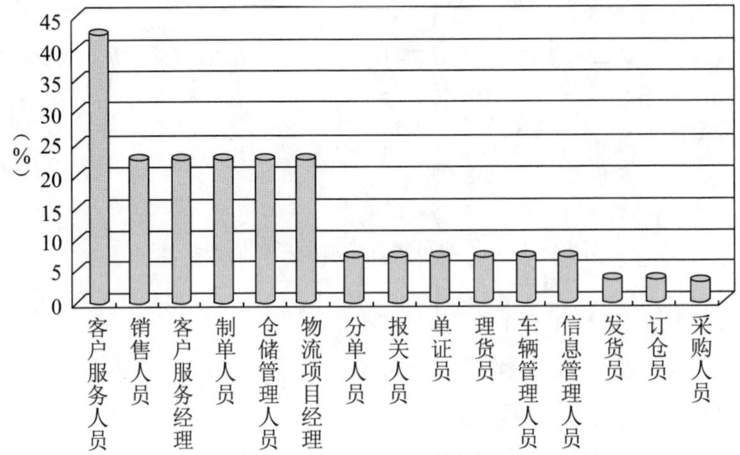

图 10-19　河北省物流企业拟新增人才岗位分布

对于被调查河北省 26 家物流企业的较难招聘岗位的情况进行分析，如图 10-20 所示。企业认为招聘难度最大的岗位是销售人员，有 34.62%的被调查企业将其列为招聘难度最大岗位。同时，有 26.92%的被调查企业将制单人员列为招聘难度最大岗位，将客户服务人员列为招聘难度最大岗位的企业为 23.08%，将物流项目经理列为招聘难度最大岗位的企业比例也接近 20%。由此可知，客户服务人员和销售人员这类基础岗位是河北省物流企业需求意向最强烈的岗位，也是物流企业普遍感到招聘难度较大的岗位。制单人员的需求意向不是很强烈，但却是招聘难度较大的岗位之一。

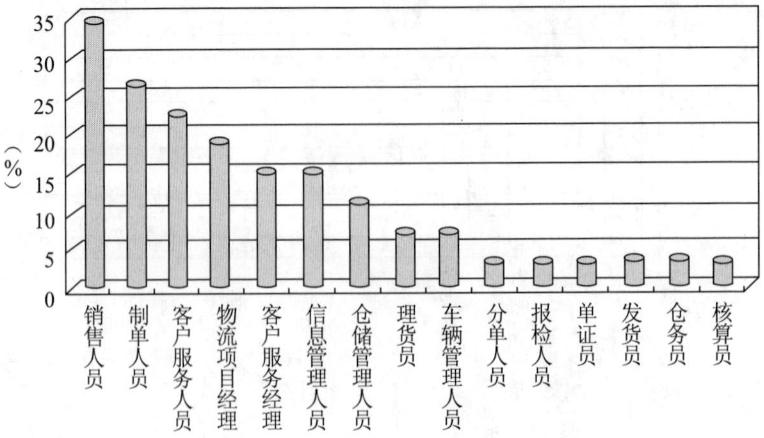

图 10-20　天津市物流企业较难招聘岗位分布

4. 2015 年京津冀物流人才需求类型情况的对比分析

（1）2015 年京津冀物流企业人才的职业需求类型比较。

本问卷对所需的人才按职业分为 9 种类型，根据被选择的概率大小选取前三名，如表 10－18 所示调查数据处理得到的结果。结果显示，京津冀三地物流企业对人才的需求基本一致，最需要的都是综合性物流管理人才，另外，还需要物流信息管理、运输管理和营销管理人才，京津冀三地对管理型人才的需求可能和物流企业的快速发展有着密切关系，这也说明了京津冀三地的物流企业都在逐渐走向规范化，尤其是河北，走访调查发现，现有的接受调查的河北企业基本都是小规模的家族式公司，没有现代化的管理模式，其要走向规范化，必然需要专业的管理人才。

表 10－18　京津冀物流企业人才的职业需求类型情况比较　单位：%

地区	京津冀物流企业对人才的职业需求情况（取前三名）					
北京	综合性物流管理	82.61	物流信息管理	69.57	运输管理	52.17
天津	综合性物流管理	83.33	运输管理	66.67	营销管理	61.11
河北	综合性物流管理	85.71	物流信息管理	78.57	营销管理	57.14
京津冀	综合性物流管理	83.64	物流信息管理	67.27	营销管理	54.55

数据来源：表中数据是项目组根据问卷调查数据计算得出。

（2）2015 年京津冀物流企业人才的岗位类型需求比较。

本问卷对所需的人才按岗位划分为 18 种，根据被选择的概率大小选取前三名，如表 10－19 所示调查数据处理得到的结果。数据显示，北京和天津所需的物流人才的前三名是一样的，都是销售人员、物流项目经理和信息管理人，而河北高达 78.57%的企业最需要的是客户服务人员，其次是销售人员和客户服务经理，可以看出，河北更需要的是基础性的服务人员，而北京和天津更需要技术型和管理型的人才，这可能和参与问卷调查的企业的特点有关系，参与问卷调查的 92.31%的河北物流企业是私营企业，且从事的都是仓储、装卸搬运之类的基础性业务，而北京和天津都有一定比例的国有企业和外资企业，这些企业可能会需要管理型的物流项目经理和技术型的信息管理人员。

表 10－19　京津冀物流企业人才的岗位类型需求情况　单位：%

区域	按岗位划分，京津冀物流企业对人才的需求情况（取前三名）					
北京	销售人员	50.00	物流项目经理	50.00	信息管理人员	45.45
天津	销售人员	58.82	物流项目经理	47.06	信息管理人员	35.29
河北	客户服务人员	78.57	销售人员	42.86	客户服务经理	42.86
京津冀	销售人员	50.94	客户服务人员	50.94	物流项目经理	41.51

数据来源：表中数据是项目组根据问卷调查数据计算得出。

（3）2015 年京津冀物流企业招聘难度最大的物流人才类型比较。

尽管了解了按岗位划分的京津冀物流企业所需要的人才类型，但人才招聘是存在难度的，因此，问卷调查了按岗位划分的京津冀物流企业招聘难度最大的物流人才调查，调查结果如表 10－20 所示，数据表明，天津和河北招聘难度最大的是销售人员，北京招聘难度最大的是物流项目经理。招聘难度最大的物流人才与物流企业人才需求情况基本一致，有可能正是因为招聘难度大才一直有需求。

表 10－20　　京津冀物流企业招聘难度最大的人才情况对比　　单位：%

区域	按岗位划分，京津冀物流企业招聘难度最大的物流人才（取前三名）					
北京	物流项目经理	52.38	销售人员	47.62	客户服务人员	28.57
天津	销售人员	76.47	物流项目经理	58.82	客户服务人员	29.41
河北	销售人员	64.29	制单人员	50.00	客户服务人员	42.86
京津冀	销售人员	61.54	物流项目经理	50.00	客户服务人员	32.69

数据来源：表中数据是项目组根据问卷调查数据计算得出。

5. 京津冀物流企业 2016 年人才增加类型情况对比分析

项目组对京津冀物流企业 2016 年人才增加计划进行了调查，调查结果如表 10－21 所示。

项目组将人才类型分为专业技术人员、管理人员和技能人员，就北京接受调查的物流企业而言，不管是哪类人才，一半以上的北京企业都需要，83.33%的北京物流企业欲增加专业技术人员，63.64%的天津物流企业欲增加专业技术人员和技能员工。访谈发现，不管是欲增加哪类人才，主要都是基于业务扩张的原因，另外也有发展新业务和解决现有人员流失导致的岗位空缺的原因。

表 10－21　　京津冀物流企业 2016 年人才增加计划情况　　单位：%

计划增加的人才类型	北京	天津	河北	京津冀
专业技术人员	83.33	63.64	30.00	64.10
管理人员	77.78	45.45	40.00	58.97
技能人员	61.11	63.64	40.00	56.41

注：83.33%指物流企业计划增加的人才类型中，选择“专业技术人员”的北京物流企业占北京参与问卷调查样本企业的比例，其他数据依此类推。

数据来源：表中数据是项目组根据问卷调查数据计算得出。

四、京津冀物流人才培养与供给状况

现代物流业作为一种先进的组织方式和管理技术，被认为是推动国民经济增长的“第三利润源泉”，已成为发达国家最具普遍影响力的经济基础和“朝阳产业”。经过 30

多年的发展，中国物流业已经成为国民经济的支柱产业和重要的现代服务业，北京、天津把物流业作为地方经济的支柱产业，河北省物流业已成为其第二大支柱产业。而人才作为经济社会发展的第一资源，在我国现代物流产业发展中起着越来越重要的作用，物流人才是物流产业发展的关键，是物流企业成长的保障和基础，物流业发展靠人才支撑。国家《物流产业调整与振兴规划》出台后，尤其是中央政治局《京津冀协同发展规划纲要》通过之后，京津冀地区物流人才的需求预计将产生跳跃增长现象。京津冀一体化下，物流人才的教育与培训情况怎样？如何通过教育与培训推动京津冀物流产业的发展是本项目组要进行梳理和关注的重点之一。

（一）京津冀物流人才学历教育状况

1. 物流人才培养发展历程

我国的物流高等教育可上溯到1946年，当时北平铁道管理学院（现在的北京交通大学）为支持抗战胜利后铁路事业的发展，设立了材料管理系。新中国成立之后，该学院的材料管理系调整为材料工程系后被并入唐山铁道学院，之后被并入北京钢铁学院（现在的北京科技大学）材料系，但培养过一批专业人才之后，囿于当时的历史背景，该系被取消，相关的专业人才培养陷入停滞阶段。直到1954年，北京铁道学院恢复材料管理专业，更名为“材料技术供应”专业，继续培养专业人才。在1993年以前，以“物流”概念设置的相关专业几乎没有，1994年，北京物资学院最早设立“物流管理”本科专业，正式开启了我国现代物流管理本科人才的培养。但1998年，国家教育部修订本科专业目录，将“物流管理”专业从目录中删去，1998年教育部又取消了本科物流管理专业，中断了物流人才的培养。直至2001年，中国经济快速发展，尤其是加入WTO后，物流业得到快速发展，对物流人才的需求增加，对人才的培养受到关注，在物流与采购联合会的促成下，经教育部批准，北京物资学院首先恢复物流管理本科专业的设置，2002年开始，中国的物流教育有了长足的发展，有相当一部分高校开始筹建和招收物流专业的学生，2003年，各高校开始进行研究生学历的物流人才培养和教育。可以说，我国物流人才的教育与培训，2000—2005年为起步阶段，2006—2012年是快速发展阶段，而从2013年开始到现在是深化内涵的发展阶段。

2. 本科物流人才培养状况

与物流人才培养相关的专业主要有物流管理、物流工程、采购管理、供应链管理，同时还有部分的交通运输、质量管理工程、港口物流设备与自动控制、物流信息技术、油气储运、工业工程、物流与供应链管理等专业。部分学校还在管理学、工学等学科下进行如运输与物流方向的人才培养。少部分高校开始按港口物流、国际物流、商贸物流、物流金融、物流供应链、冷供应链、国际物流管理、国际运输与物流等分方向细化人才培养。

根据 2015 年全国高校招生目录统计①，在 2553 所普通高等学校中，设置物流管理专业的院校数已达 1208 所，占全国高校的 47.3%，其中开设物流管理本科专业的院校为 412 所，占全国高校的 16.1%；物流管理（高职）专科层次的院校为 796 所，占全国高校的 31.2%，物流管理本专科比例约为 1∶1.9。而在京津冀，除了物流工程专业专科以外，物流管理专业本科、专科和物流工程本科专业以及采购管理专业都有开设，其中，36 所高校开设物流管理本科，物流管理专科 75 所，物流工程本科有 13 所，采购管理本科有 1 所，如表 10-22 所示。

表 10-22　京津冀开设物流类本科及专科专业的高校名单

专业	全国	地区	高校名单
物流管理本科	412	北京 10	北京化工大学、北京工商大学、北京印刷学院、北京石油化工学院、中央财经大学、对外经济贸易大学、北京物资学院、首都经济贸易大学、华北电力大学（北京）、北京吉利学院
		天津 12	南开大学、天津科技大学、中国民航大学、天津理工大学、天津农学院、天津师范大学、天津职业技术师范大学、天津商业大学、天津财经大学、天津商业大学宝德学院、南开大学滨海学院、天津理工大学中环信息学院
		河北 14	石家庄经济学院、河北农业大学、唐山师范学院、廊坊师范学院、邢台学院、石家庄铁道大学、河北科技师范学院、河北金融学院、北华航天工业学院、河北经贸大学、河北科技学院、河北经贸大学经济管理学院、燕京理工学院、北京交通大学海滨学院
物流管理（高职）专科	796	北京 11	北京农学院、首都经济贸易大学、北京信息职业技术学院、北京职业技术学院、北京城市学院、首钢工学院、北京农业职业学院、北京财贸职业学院、北京吉利学院、北京科技职业学院、北京交通运输职业学院
		天津 17	天津职业大学、天津中德职业技术学院、天津滨海职业学院、天津工程职业技术学院、天津青年职业学院、天津渤海职业技术学院、天津电子信息职业技术学院、天津机电职业技术学院、天津轻工职业技术学院、天津商务职业学院、天津交通职业学院、天津冶金职业技术学院、天津城市职业学院、天津铁道职业技术学院、天津生物工程职业技术学院、天津海运职业学院、天津市工会管理干部学院

① 中国高等教育学生信息网［EB/OL］.［2015-12-10］. http://yz.chsi.com.cn/.

续 表

专业	全国	地区	高校名单
物流管理（高职）专科	796	河北 47	石家庄经济学院、河北北方学院、保定学院、河北民族师范学院、廊坊师范学院、衡水学院、邢台学院、河北工业职业技术学院、唐山学院、邯郸职业技术学院、石家庄职业技术学院、张家口职业技术学院、邢台职业技术学院、河北软件职业技术学院、河北建材职业技术学院、河北政法职业学院、河北能源职业技术学院、石家庄铁路职业技术学院、保定职业技术学院、秦皇岛职业技术学院、石家庄工程职业学院、石家庄城市经济职业学院、唐山工业职业技术学院、河北工程技术学院、河北旅游职业学院、石家庄财经职业学院、河北交通职业技术学院、河北化工医药职业技术学院、石家庄信息工程职业学院、河北外国语职业学院、河北科技学院、河北机电职业技术学院、廊坊职业技术学院、石家庄邮电职业技术学院、石家庄工商职业学院、石家庄理工职业学院、石家庄科技信息职业学院、燕京理工学院、石家庄经济职业学院、冀中职业学院、石家庄科技工程职业学院、泊头职业学院、廊坊燕京职业技术学院、张家口学院、渤海理工职业学院、河北地质职工大学
物流工程本科	84	北京 5	北京科技大学 、北京邮电大学 、北京物资学院、北京联合大学、北京邮电大学世纪学院
		天津 3	天津大学、天津科技大学、天津大学仁爱学院
		河北 5	华北理工大学、河北科技大学、石家庄学院、邯郸学院、华北理工大学轻工学院
物流工程（高职）专科	10	—	—
采购管理本科	3	北京 1	北京物资学院

数据来源：根据中国高等教育学生信息网 http：//yz. chsi. com. cn/，由项目组对信息整理而成。

分地区来看，在北京 91 所、天津 55 所、河北 118 所的所有高校中，北京有 22 所高校开设物流管理、物流工程等物流类专业，天津有 32 所，河北有 66 所，开设物流类本科专业的高校分别占所在省市所有高校的 24.2%、58.2%和 55.9%，如表 10 - 23 所示。

表 10 - 23　　京津冀地区物流类本科专业开设情况　　单位：所

开设专业	北京	天津	河北
120601 物流管理本科	10	12	14
120601 物流管理专科	11	17	47
120602 物流工程本科	5	3	5
120603 采购管理本科	1	0	0

数据来源：根据中国高等教育学生信息网 http：//yz. chsi. com. cn/数据整理而成。

3. 研究生及以上物流人才培养情况

综合来看，全国进行硕士、博士物流高级人才培养的高校、科研院所逐渐增多。在全国856所硕士生招生单位中，共有363个物流管理、物流工程等硕士点，其中京津冀高校中有75个，如表10-24所示。

表10-24　京津冀物流类硕士点高校名单

专业	地区及高校数量/个		开设专业高校名单
0852工程［085240］物流工程	全国129	北京13	清华大学、北京交通大学、北京科技大学、北京工商大学、北京邮电大学、北京印刷学院、北京建筑大学、北京物资学院、华北电力大学、北京信息科技大学、中国矿业大学（北京）、北京航空航天大学、北京系统工程研究所
		天津7	南开大学、天津大学、天津科技大学、天津工业大学、中国民航大学、天津理工大学、军事交通学院
		河北5	河北工程大学、华北电力大学（保定）、河北科技大学、石家庄铁道大学
1201管理科学与工程［1201Z1］物流管理与工程	全国32	北京11	中央财经大学北京航空航天大学、北京外国语大学、北京交通大学、北京林业大学、北京科学院大学、北京矿业大学、首都经济贸易大学、北京信息科技大学、北京系统工程研究所
		天津4	南开大学、天津理工大学、天津科技大学、天津城建大学
1201管理科学与工程［1201Z2］物流管理与工程	全国32	北京8	中国农业大学、中央财经大学、北京外国语大学、北京交通大学、中国科学院大学、中国矿业大学、北京信息科技大学、北京系统工程研究所
		天津1	天津城建大学
		河北1	燕山大学
1201管理科学与工程［1201Z4］物流管理	全国8	北京2	北京外国语大学、北京交通大
1201管理科学与工程［1201Z5］物流与供应链管理	全国6	北京1	北京交通大学
1202工商管理［1202Z2］物流管理	全国37	北京4	北京联合大学、北京第二外国语学院、中国人民大学、中央财经大学
		天津2	南开大学、天津科技大学

续 表

专业	地区及高校数量/个		开设专业高校名单
1202 工商管理［1202Z1］营销与物流管理	全国 73	北京 7	中国人民大学、中央财经大学、林业大学、中国政法大学、北京工商大学、北京第二外国语大学、北京联合大学
		天津 4	南开大学、财经大学、天津理工大学、天津科技大学
1202 工商管理［1202Z1］采购与供应链管理	全国 1	北京 1	北京物资学院
1203 农林经济管理－［1203Z1］物流管理	全国 14	北京 3 所	中国农业大学、中国农业科学院研究生院、中国林业科学研究院

数据来源：根据中国高等教育学生信息网 http：//yz. chsi. com. cn/和中国教育在线 http：//kaoyan. eol. cn/html/ky/zyml/汇总而成。

另外一些物流类硕士点在京津冀没有开设，具体是：0871 管理科学与工程－［087102］电子商务与物流管理（全国共 2 所）、0871 管理科学与工程－［087104］物流技术与管理（全国 2 所）、1202 工商管理－［120221］营销与物流管理（全国 4 所）、0823 交通运输工程－［0823Z2］物流管理（全国 7 所）、1202 工商管理－［1202Z4］物流管理（全国 4 所）、1251 工商管理硕士－［125102］企业营销与物流管理（全国 1 所）、1201 管理科学与工程－［120105］供应链与物流管理（全国 3 所）、1202 工商管理［120206］物流与供应链管理（全国 1 所）、1202 工商管理－［1202Z9］物流与供应链管理（全国 1 所）以及 1201 管理科学与工程－［120102］现代供应链与物流工程（全国 5 所）、1201 管理科学与工程－［120124］物流与供应链管理（全国 1 所）。还有一些高校在企业管理、管理科学与工程、技术经济与管理专业下进行物流管理方向的人才培养。同时，项目管理、车辆工程、交通运输工程等进行更为具体的物流人才的培养，如全国有 131 所单位设有［080204］车辆工程专业，其中北京 13 所、天津 4 所、河北 6 所。另外，采购与供应管理专业的硕士与 EMBA（高层管理人员工商管理硕士）亦在酝酿之中。这也说明了物流类硕士培养的多样化和社会对高层次物流人才需求的旺盛。

博士点方面，全国有 64 所大学、科研院所等机构进行物流领域博士的培养和教育，其中北京 9 所、天津 2 所、河北 2 所单位培养物流类有关的博士点（方向）人才培养。在专业设置上，除了 1201Z2 物流管理与工程和 0871Z1 物流工程外，各机构多在 120100 管理科学与工程、120202 企业管理、082303 交通运输规划、081100 控制科学与工程、080202 机械电子工程、1201Z3 信息管理、020205 产业经济学、020206 国际贸易学以及 1201Z2 创新管理等专业中专门进行物流分方向的人才培养，具体的如物流与供应链管理、企业物流管理、物流管理与供应链优化、物流信息管理等，如表

10－25所示。

表 10－25　京津冀物流类博士人才培养的单位名单（含专业及方向）

分地区	高校及其物流类专业（方向）
北京 9	北京大学：120100 管理科学与工程：物流与供应链管理
	中国科学院大学：120100 管理科学与工程：金融管理/物流管理、供应链物流管理/生产运营管理/战略管理；1201Z2 创新管理：金融管理/物流管理、物流管理/可靠性优化
	北京科技大学：0871Z1 物流工程：物流系统分析与仿真、物流信息系统规划与设计、企业物流管理；120100 管理科学与工程：物流管理、绿色物流与供应链管理
	中国农业大学：083203 农产品加工及贮藏工程、农产品物流理论与技术、120100 管理科学与工程：物流管理与供应链优化
	华北电力大学（北京）：0120100 管理科学与工程：物流工程与供应链管理
	北京交通大学：1201Z2 物流管理与工程：物流与供应链管理、综合物流工程、物流信息管理；1201Z3 信息管理：物流信息化与电子商务；082303 交通运输规划与管理：运输与物流法、运输与物流理论与技术
	清华大学：120100 管理科学与工程、运筹学与物流管理
	对外经济贸易大学：020205 产业经济学：运输与物流；020206 国际贸易学：国际贸易物流
	北京邮电大学：080202 机械电子工程：监测监控与系统辨识、物流自动化技术；081100 控制科学与工程：现代控制理论及其在自动化物流系统中的应用
天津 2	南开大学：020202 区域经济学：05 物流规划与政策；120100 管理科学与工程：物流与供应链管理；120202 企业管理：物流财务管理
	天津大学：120100 管理科学与工程：物流服务运作与创新、物流工程与管理、物流系统调度、物流与供应链管理
河北 2	河北工业大学：120100 管理科学与工程：物流与供应链管理
	燕山大学：120100 管理科学与工程、计算机网络、供应链与物流管理、随机运筹学、物流与供应链管理、跨界创新管理、物流与供应链管理、创新系统管理、港口管理

数据来源：根据中国高等教育学生信息网 http：//yz. chsi. com. cn/bsmlcx/整理而成。

4. 京津冀物流人才高等教育培养体系

随着物流产业的发展和升级，基础的物流类本科、专科人才的培养已不能满足行业对高层次人才的需求，中国相关高校及科研院所开始进行物流类硕士、博士等高层次人才的培养。其中第一个“物资流通工程”硕士学位在北京交通大学开办。在短短的 10 多年间，物流本科专业从无到有，从单个本科目录外专业，发展为包含 3 个专业多个方向的一类目录专业，初步形成了物流管理与工程类的专业建设体系。逐步形成了以物流管理、物流工程、采购质量管理等专业为主体的物流本科、硕士研究生、博士研究生等多层次多类别的高等物流类专业人才培养体系，从 2000 年开始，国内开设物流本科专业，目前已经建立起了从中职到高职、本科、硕士、博士之完善的物流管理与工程类人才培养体系，如图 10－21 所示。

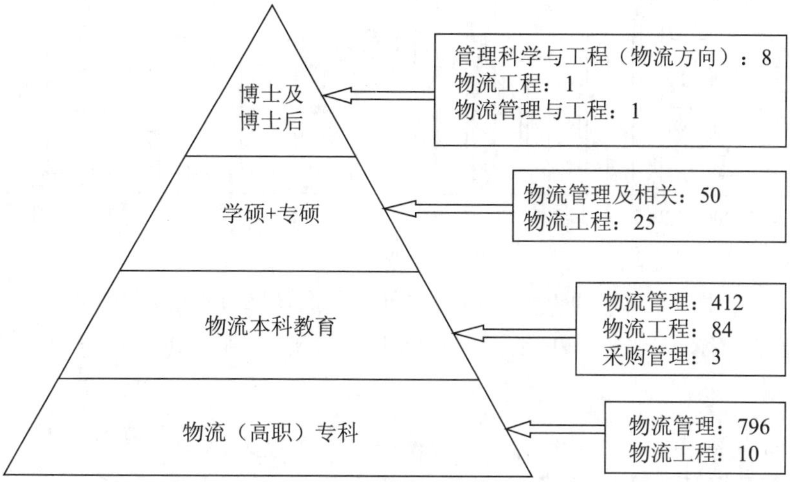

图 10－21　京津冀物流人才高等教育培养体系

注：图中“管理科学与工程（物流方向）：8”表示京津冀高校中有 8 个博士及博士后授权点，其他相应的学科专业设置情况依此类推。

5. 物流类专门人才培养规模

物流类专门人才培养数量逐渐增多。随着我国经济的发展，物流产业发展对专业物流人才需求的增加，促进各大院校纷纷开设物流管理、物流工程专业，也逐步上马物流管理、物流工程等物流类硕士点和博士点，或在相关学科、专业下增设物流培养方向，加大物流类专门人才的培养。根据教育部每年公布的《普通高等学校本科专业设置备案或审批结果的通知》①，近 15 年来，开设物流管理专业的院校数量逐年上升，其中 2001—2002 年的增速最快，2012 年新增 41 所院校开设物流管理专业，如图 10－22所示，其他的专业，包括专科、本科及研究生，有条件的各高校也是逐渐在增设专业或增加物流专门方向人才的培养。

至 2015 年，全国本科院校开设物流管理与工程类专业总计为 499 个，相比 2013 年的 475 个和 2008 年的 292 个，有大幅度提高。其中开设物流管理专业的学校最多，由 2008 年的 238 个提高到 2013 年的 393 个，又到 2015 年的 412 个，其次是物流工程专业由 2008 年 54 个提高到 2013 年的 80 个，到 2015 年的 84 个；而采购管理专业依旧最少，由 2008 年的 0 个变为 2013 年的 2 个，再到 2015 年的 3 个，如表 10－26 所示。

① 教育部网站. 普通高等学校本科专业设置备案或审批结果的通知［EB/OL］.［2015－12－10］. 2000－2015. http://www. gov. cn/xinwen/2014－03/26/content_2646166. htm.

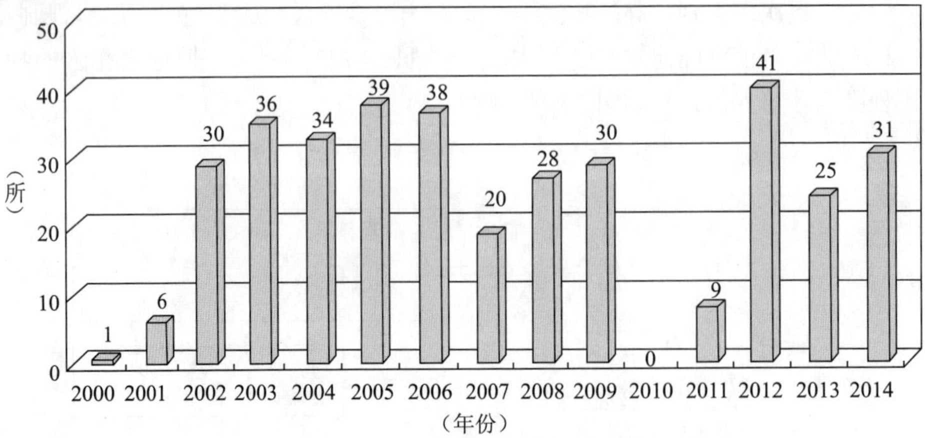

图 10－22　2000—2014 年全国开设物流管理专业新增高校情况

数据来源：根据教育部 2000—2014 年《普通高等学校本科专业设置备案或审批结果的通知》整理而成（参见尾注Ⅶ）。

表 10－26　　全国本科院校开设物流管理与工程类专业数　　单位：个

年度	物流管理	物流工程	采购管理
2008	238	54	0
2013	393	80	2
2015	412	84	3

数据来源：2008、2013 年数据来源于教育部高等学校物流管理与工程类专业教学指导委员会全国高校物流管理与工程类专业建设及学科战略发展调研报告，2013 年 12 月；2015 年数据根据中国高等教育学生信息网 http：//yz. chsi. com. cn/数据整理而成。

在全国 1219 所本科院校中，499 所开设物流管理与工程类本科专业中，其中有 43 所“211”工程大学，25 所教育部直属高等教育院校。从专业设置来看，相关高校主要将物流类专业设置在高校所属的管理学院、经济学院、商学院、信息学院或者是物流学院。尤其是近三年，虽然专业设置逐年增加，但近几年相对平稳，招生规模也相对稳定，一些高校，如北京科技大学物流工程本科生与硕士研究生比例为2∶1。

从整体上看，全国的物流管理本科毕业生约 25000 人，而物流工程毕业生规模约为 4000 人，再加上其他相关的专业以及硕士、博士毕业生，全国高等院校物流类专业毕业生每年约为 45 万。京津冀物流人才总体培养规模每年约 12000 人，总体上看，所培养的人才数量在全国来讲还相对较多，如表 10－27 所示，其中物流类本科专科培养规模每年 8000 余人，硕士研究生 3000 多人，博士研究生 300 余人。

表 10-27　京津冀物流类人才培养数量（2015 年）　单位：人

地区	本科、专科	硕士研究生	博士研究生
北京市	1258	1348	150
天津市	2899	1657	132
河北省	3939	349	25
合计	8096	3354	307

值得注意的是，尽管京津冀物流人才培养还不能完全满足该区域内对人才绝对的需求数量，但是全国高校向该地区的人才流动也是非常可观的，加上其他非物流专业毕业的高校毕业生，也是物流行业的重要人才来源，因此，单就这一点而言，对京津冀高校物流人才培养状况只能作为宏观指导参考。

（二）京津冀物流培训和物流认证状况

从 2002 年开始，中国物流与采购联合会、中国仓储协会和中国交通运输协会等全国性行业协会纷纷启动物流证书培训工程，并从美国、英国等引进物流师与采购师证书教育。2003 年，我国“物流师国家职业标准”纳入国家职业标准，包括助理物流师、物流师和高级物流师三个级别。到目前为止，我国已逐渐构建起物流职业认证体系，包括中国物流与采购协会认证的物流师考试、中国商业技师协会认证的物流管理员考试、劳动部国家职业资格物流师认证、ITC 采购与供应链管理国际认证、英国皇家物流职业资质认证以及美国运输与物流学会的“美国注册物流师 CTL 认证考试”、中国交通运输协会和全国高等教育自学考试指导委员会合作开发的、面向社会推出的一种资格认证——中国物流职业经理资格证书，物流与运输学会和中国交通运输学会联合颁发的 ILT 物流职业资格等。中物联受劳动部委托制定《国家物流师职业标准》，并启动物流师职业资格认证；中国物流与采购联合会从 2000 年启动物流人才工程战略，开展行业人才培训，举办参与企业管理培训，受政府部门委托，承担政府和援外项目的培训。

1. 中国物流与采购联合会推出的物流职业经理管理资质证书

它与相应的国际证书接轨。证书分为初级、中级、高级共三种证书，考试内容包括物流基础、企业物流、物流运作案例，主要是物流系统、流通业物流管理、制造业物流管理、第三方物流、国际物流学、供应链管理、物流经济学、物流案例分析等部分，面对的对象主要是物流和生产企业的各级物流管理人员，大、中专在校生及其他希望进行物流职业培训的人员，具有专业标准认证和权威性、注重考核从业人员的综合能力，有较系统完善的认证标准，为我国物流产业培训出了一批批实用型、技能型、职业化的人才。从 2002 年下半年至今，已举办了 10 多期考试。

2. 英国皇家物流职业资质认证

该认证由目前世界上最具权威的物流专业组织，也是国际物流与运输学会

(CILT) 最具影响力的成员——英国皇家物流与运输学会（ILT）推出的国际物流职业资格认证，是国际最具权威的物流职业资质认证体系，已获得CILT及欧洲物流认证联盟（ECBL）承认，至今已有100多年的历史，ILT是目前世界上最具有权威和影响力的物流专业组织，ILT物流证书是英国皇家物流与运输学会（ILT）基于物流专业人员所应具备的能力模型设计的，其资质证书标准和短期培训课程在很多国家中被广泛采用，包括澳大利亚、加拿大、新西兰、新加坡、印度、马来西亚、南非、中国香港特区等。2003年由物流与运输学会和中国交通运输学会联合推出的ILT物流职业资格开始在我国的北京等主要城市设立授权培训机构，以适应中国学员与国际物流认证对接的需要。它基于物流专业人员所应具备的能力模型而设计的，从一级到四级实行阶梯式的培养方式，着力于实践型物流人才的培养。许多第三方物流、公路与铁路运输、邮政、外贸、航运、快递、货代、船代、港口、仓储、配送等企业的操作、业务、策划及中高层经管人员参加了ILT的培训，有4000多人通过获得了世界通行的ILT证书。ILT物流认证分为4级：一级，物流人员基础证书（适合于一般物流管理人员）；二级，物流部门经理证书（适合于物流与运输企业部门经理）；三级，物流运营经理证书（适合于物流与运输企业营运经理）；四级，物流战略经理证书（适合于物流与运输企业总经理）。

3. 中国商业技师协会市场营销专业委员会的物流职业资格认证

从2002年开始推行的物流职业资格认证，证书级别有高级物流师（相当于国家职业资格一级）、物流师（相当于国家职业资格二级）和助理物流师（相当于国家职业资格三级），参加培训并认证的有物流及相关专业的大学毕业生，工商企业、物流企业做物流管理工作的在职人员和有志从事物流工作的人员。

4. 物流师国家职业资格认证

物流师是在生产、流通和服务领域中从事采购、储运、配送、货运代理、信息服务等操作和管理的人员。《物流师国家职业标准》是国家人力资源和社会保障部委托组织制定的，并由国家人力资源和社会保障部颁布实施。物流师国家职业标准于2003年1月23日正式颁布，国家人力资源和社会保障部决定在2006年面向全国开展物流师职业资格统一鉴定工作。从业者必须经过相应培训及全国统一考试，取得劳动部颁发的职业资格证书后方可就业上岗。国家人力资源和社会保障部认证严格实行“统一标准、统一命题、统一培训、统一考务管理、统一证书核发”的原则。考试合格后，由中华人民共和国人力资源和社会保障部统一颁发《中华人民共和国职业资格证书》，证书全国通用。本职业共设四个等级，分别为：物流员（国家职业资格四级）、助理物流师（国家职业资格三级）、物流师（国家职业资格二级）、高级物流师（国家职业资格一级）。考试内容为理论知识和技能操作两部分。

5. 美国注册物流师认证

国际权威的物流专业认证考试美国运输与物流学会AST&L成立于1946年，是世界上最早和最权威的物流专业组织之一。美国注册物流师（CTL）是由美国运输与物流学会于1948年首次推出的，是世界上最早的物流与运输认证。CTL培训认证始于1948年，是美国历史最悠久而且最受推崇的运输和物流行业认证，现已成为运输和物流管理最权威的行业标准。经过 60 年的发展，CTL 认证已得到了各国物流专家的广泛认可。CTL 认证一直受到美国政府、企业和教育机构的大力支持，并保持不断地革新。在美国和加拿大，CTL 被看作获得了物流、运输、交通、配送和物资管理方面的知识与专业技能的证明。许多跨国公司将 CTL 认证作为选择物流管理和专业人员的标准，包括美国联邦快递、卡西欧、通用电器公司、丰田汽车公司、日立电器、松下电器、IBM（国际商业机器公司）、惠普、GES 等，都将 CTL 认证作为选择物流管理人员和专业人员的标准。

6. 中英合作采购与供应管理职业资格认证

教育部考试中心、英国皇家采购与供应学会和中国交通运输协会于 2007 年在全国范围内联合推出中英合作采购与供应管理职业资格证书考试。引进国际上权威的、具有 75 年历史的英国皇家采购与供应学会 CIPS 国际职业资格认证体系，不仅完美承袭了 CIPS 的经典课程，更创造性地把中国的学历教育和国际成熟的职业教育完美融合，同时把国际行业公认的 CIPS 职业资格认证精心呈上，满足了采购专业人才全方位的需求。

7. 物流人才培养的其他认证

关于其他物流人才的认证也很多。例如，由国家发展改革委水平评价类资格“中国物流职业经理资格”和“中英合作采购与供应管理职业资格”，但目前已被取消①，国务院对职业资格考试取消的项目持续在增加。2003 年中物联受劳动部委托制定《国家物流师职业标准》，并启动物流师职业资格认证，迄今已有 40 多万人取得证书；2012 年中物联启动“中国物流行业职业标准体系建设”项目，已经形成了物流行业职业标准。除了这些正规的物流培训，社会上还有不少的物流培训项目。中国物流学会和教育部高等学校物流管理与工程类专业教学指导委员会、全国物流职业教育教学指导委员会自 2008 年启动的物流教改教研课题研究，共有 849 项课题列入“物流教改教研课题计划”。

北京、天津和河北石家庄等一些城市面向运输企业、仓储企业、配送连锁企业和第三方物流企业等在职人员开设了各种层次的培训班，如，北京清华大学与人事部国家培训网联合推出物流培训课程，北方交通大学物流科学研究所开办物流网络远程教育、物流教师进修培训、物流高级管理人员的专门培训等，取得了一些成效。同时网络物流培训与教育也已经开始，典型的如国内首家物流教育互联网平台“物留客”也已经上线。“物留客”以物流教育为主旨，将线下教育体系与移动互联应用相结合，通过在线课程、直播互动教室、成长规划、线上辅导工具、线下教育社区等，计划要打造成国内首家垂直于物流行业的互联网教育平台。而且我国的高等教育已开始与相关职业资格认证培训合作，从 2001 年开始，教育部、中国物流与采购联合会、中国电子商务协会等开始陆续举办一系列高校教师培训班和学术研讨会，加强了师资队伍建设和物流学术交流。2005 年 5 月，英国皇家物流与运输学会（ILT）与国务院学位办公室物流工程硕士教育委员会分别签署互认协议，实现 ILT 三四级课程与物流工程硕士

① 国务院. 国务院关于取消一批职业资格许可和认定事项的决定（国发〔2016〕5 号）[EB/OL]. (2016-01-22) [2016-02-06]. http://www.gov.cn/zhengce/content/2016-01/22/content_5035351.htm.

的互认与学分减免；ILT一、二级与中国教育部考试中心和中交协合作开考的中国物流职业经理证书（CPLM）、物流管理专业（专科和本科）自考实现互认和学分转化。2005年，全国认证总部与国家教委就ILT与全国物流工程硕士证书互认达成框架协议。ILT开始与全国46所院校的物流工程硕士点逐步推行课程学分互认，即取得ILT证书的学员在报考全国物流工程硕士后，相关专业课程可免修。

跟物流相关的还有国际货运代理岗位专业证书、报关员证以及单证员证。国际货运代理岗位专业证书是物流人才从事国际货运代理的职业资格证明。随着市场准入制度的规范化，国际货物运输代理公司的设立条件已经明确了必须要有5名从事国际货运代理业务3年以上的专业人员。考取这一证书是物流人才进入大型物流企业就业的必备条件之一。报关员资格证书，在我国的《海关法》以法律的形式明确了报关员资格制度，取得这一资格是对国际商贸以及国际运输知识的一次综合检验，取得这一证书十分有利于物流人才的就业。

五、问题与建议

（一）问题

1. 人才短缺与人才过剩同时存在

调查显示物流企业对高级物流人才需求旺盛，然而对物流管理等专业人才的需求在劳动力市场的反映上却不尽如人意。企业对物流人才的学历要求并不高，企业在招聘物流管理专业人才时，38%要求大专即可，甚至19%不限学历，而对本科学历的要求仅占12%，如图10-23所示。结果是物流专业毕业生需求量最多的行业以及毕业生就业的行业往往不是物流而转为了其他行业①。这说明，我们在强调本科以上文凭的同时，是否出现了本科以上人才培养的相对过剩，或者与企业发展的人才需求层次还难以吻合，这是值得深思的。

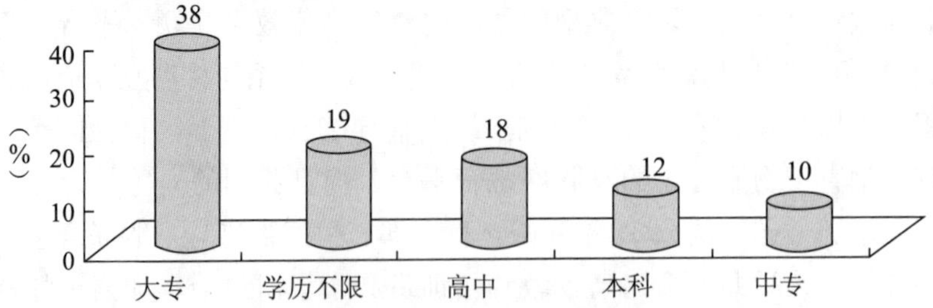

图10-23 企业对物流人才的学历要求

数据来源：物流管理专业就业形势，http://edu.jobui.com/major/wuliuguanli/，2016-02-10.

---

① 物流管理专业就业形势［EB/OL］.［2016-02-10］. http://edu.jobui.com/major/wuliuguanli/.

2. 京津冀物流人才分布不平衡

本次调查数据分析后发现，京津冀物流人才对该区域物流发展发挥了巨大作用，京津冀区域物流企业总体上都体现出人力资源总量逐年增长与发展的趋势，但在总量、规模上还存在严重的不平衡，主要表现在区域分布、企业性质分布等方面。北京和天津在人才吸引上具有城市地理位置优势，而河北省物流企业在人才吸引上严重不足，使京津冀物流人才数量及素质的配置存在巨大差异。在企业性质分布上，国有物流企业具有一定规模优势，私有物流企业多以中小规模出现，加上多数私营物流企业对人才的认识不足，以及无法承担具有竞争力的人才待遇费用，存在严重的人才短缺，尽管有对人才的需求和渴望，由于缺乏具有竞争力的人才薪酬优势和实力，只能望才兴叹。

3. 京津冀物流企业自身环境条件对人才缺乏吸引力

第一，集中于物流园区的3～20人的小企业过多，货运企业普遍规模小，运力分散，不学物流也能干，具有一定知识的专业人才，在信息传递的现代化处理手段缺乏的情况下，心理落差较大，难以安心长期坚持，因此，在园区指导下，需要集约化整合来促进其经营规模化发展来提升小企业的效率；第二，物流行业的服务质量还无法令人满意，小型企业的基层岗位和仓库工作，主观及心情往往可以决定工作的质量，主动推进标准化规范来管理的意识缺乏，需要推动物流专业化标准的出台来加以改观；第三，京津冀大多数企业自营物流比例高，物流效率低，说明物流的社会化程度远远不够，缺少应有的竞争优势；第四，物流企业所处环境一般相对比较偏僻，工作强度普遍大，工作时间较长，直接影响了对人才的吸引力，岗位设置及劳动条件的优化，这是未来很长一段时间需要努力解决的关键问题之一；第五，京津冀物流产业园中规模小的企业占比很高，他们大多数仍然以经验管理为主，缺少规范的制度化运作，影响了企业提供优秀服务质量的发展空间，从而导致物流人才缺少施展才华的平台和机会，缺乏人才和“人才无用”并存；第六，这次调查发现，所有物流企业门槛较低，留住人才的方法及手段非常有限，最终导致事实上对物流人才的不重视，很多被访谈企业仍然是停留在干好活的人才需求观念上，文凭要求普遍相对较低；第七，物流企业的薪酬普遍不是很理想，特别是物流企业的一线人才的工资普遍和岗位的脏、累、苦等要素不相匹配；第八，京津冀物流企业加班问题也是人才离职率相对较高的重要原因之一。

（二）京津冀物流人才发展建议

从京津冀物流人力资源行业的发展情况来看，京津冀物流人力资源行业最近几年发展迅速，大批的劳动力投身于物流行业，促进了物流行业的快速发展。根据项目组对物流企业的调查情况来看，京津冀物流人才呈现严重匮乏、分布不均等问题。因此，加强京津冀物流人才的联合开发与合作培养非常重要，通过实现人力资源共享，促进京津冀地区协同发展，提高京津冀地区的整体竞争力。

1. 制定京津冀地区物流人才一体化发展政策

建议三地政府指导相关部门梳理现有的物流人才政策，促进有利于物流人才一体化的政策出台，实现三地互认共享的人才环境，消除不利于京津冀三地物流人才一体化发展的"瓶颈"清规戒律，尤其是河北省应充分借助京津物流行业的优势和平台，迅速"借智引智"，服务河北。从物流人才总量需求来看，京津冀地区物流人才极其短缺，主要包括物流操作人员、高层次物流管理人才等，因此，从政府角度来看，应根据三地市场需求，有关教育部门在审批、设置物流专业时，有计划地协调高校院系专业的设置，对招收规模和层次有所限制和侧重。让京津冀协同发展首先在人才方面得到体现，使京津冀成为物流人才的自由港。

2. 建立校企合作的人才多元培养机制

企业要依靠学校来获取自己需要的物流人才，不同行业及不同个体对物流人才的需求往往是迥然不同的，企业可根据自己的需要从学校引进不同层次的专业物流人才，也可以聘请学校具有丰富理论知识和经验的教师为企业员工进行理论知识培训，双方互为依托，优势互补，各取所需，也可以根据需求，对高级别物流人才定期回到学校进行综合性培养，把继续教育和在职培训作为物流企业发展的延续和补充，大力倡导终身教育。京津冀物流企业在物流人才的培养和再发展方面，更多地思考建立适合京津冀地区物流企业发展的用人机制，使物流人才有效地促进京津冀物流企业发展。

3. 发挥薪酬和福利对人才的多元激励功能

物流企业所处环境一般都比较艰苦，员工要具有相当的心理素质和耐性，这些都需要在企业补偿机制上得到一定体现。在薪酬与福利设计上，要注意对人才的多元激励作用。薪酬对人才的吸引与激励，不仅是货币与实物上的表现，关注内在薪酬与外在薪酬的有机结合，更能发挥薪酬的功能与作用。强化针对性的福利项目会具有事半功倍的作用。设计具有竞争性的吸引人才薪酬体系，同时在政策允许的范围内，寻求福利增加带来实质性的收入增长，特定环境下在提供住宿、食堂、交通、子弟学校、幼儿园等方面，更具有对人才的吸引力和稳定效果。

第十一章　京津冀物流企业发展现状

魏国辰　李敬强　杨宝宏　闫志鑫　刘　偲　陈晓春　李　菁　张喜才

物流企业是指至少从事运输（含运输代理、货运快递）或仓储一种经营业务，并能够按照客户物流需求对运输、储存、装卸、包装、流通加工、配送等基本功能进行组织和管理，具有与自身业务相适应的信息管理系统，实行独立核算、独立承担民事责任的经济组织。根据物流企业提供物流服务功能特征，一般把物流企业分为运输型物流企业、仓储型物流企业和综合服务型物流企业三大类。京津冀协同发展已经成为国家重点发展战略之一，物流一体化作为推进京津冀协同发展的关键要素，是京津冀区域经济一体化重要的桥梁、纽带和先导，而京津冀物流企业作为推进物流一体化的主力军，需要根据城市功能的定位，优化配置物流资源，创新物流服务产品和物流服务系统，不断提升物流能力，增强核心竞争力，促进转型升级，实现可持续发展。因此，为推进物流一体化运行和全面展开，对京津冀物流企业现状进行调查，系统、客观了解京津冀物流企业发展现状，既是京津冀物流企业自身发展的迫切需要，也符合京津冀协同发展的需要。

本章所调查京津冀物流企业主要指交通运输、仓储和邮政快递企业等，采用抽样调查的形式，与中国冷链物流联盟、中国物流信息中心和中国物流与采购联合会评估办合作，运用微信平台发放调查问卷，调查时间从 2015 年 11 月到 2016 年 3 月，共回收有效问卷 54 份，从企业基本情况、服务现状、资源状况 3 个方面进行了调查，主要内容有四部分，第一部分是京津冀物流企业数量、规模及经营状况，主要从物流企业总体数量与规模、A 级物流企业数量及经营状况、物流企业基本经营状况三大方面进行了详细的分析，并通过统计局获取往年数据进行了比较。第二部分是京津冀物流企业物流服务现状，主要从物流企业服务行业类型、货物种类等基本情况，物流服务制度完善度与执行度，物流服务理念方面情况，以及物流服务质量状况等几方面进行论述；第三部分对京津冀物流企业资源状况，主要从人力资源、设备资源和信息资源三大方面进行了具体阐述。第四部分是京津冀物流企业发展问题与对策，主要在京津冀物流企业发展基本情况基础上，总结归纳京津冀地区现阶段物流企业发展现状及存在问题，并探讨京津冀地区物流企业发展对策。

一、京津冀物流企业数量、规模及经营状况

在消费需求向个性化、多样化方向发展大趋势下，京津冀物流企业面临服务市场已发生了巨大的变化。激烈的市场竞争迫使物流企业不断拓展和完善其服务内涵和外

延。经过多年的发展，京津冀地区物流企业不断开拓服务市场，积极参与供应链管理，充分利用互联网技术带来的经营模式创新机遇以及国家发展物流产业政策，不断进行服务组织、服务产品、服务市场、服务模式等创新，已经初具规模，有了比较好的发展基础，从最初的提供较单一物流服务，到社会化、专业化进程优化，再到现在综合性、全社会性的物流服务，在京津冀物流产业发展中起着重要的作用。

（一）京津冀地区物流企业总体数量与规模

京津冀地区是中国大陆经济增长得最快、最富裕和最开放的地区之一，也是最热门的外商直接投资地及最大的出口地区之一，拥有十分突出的战略地位。2011—2015年京津冀地区国内生产总值不断增长，据初步核算，2015年，京津冀三地地区生产总值合计69312.9亿元，占全国的10.2%①。由此带来该地区的区域物流迅猛发展，前景诱人。

随着2011—2015年京津冀地区国内生产总值的不断增长，京津冀地区社会物流总额也快速不断增长，物流需求旺盛，从而促进了京津冀物流企业总体数量和规模的不断发展。

据北京物流协会提供数据，京津冀物流企业总数大概4万多家。根据国家统计指标，一般统计规模以上物流企业，即物流服务营业收入1000万元及以上或年末从业人员50人及以上的物流业法人企业。截至2015年年底，京津冀地区物流业在经营主体规模、从业人员规模、业务收入等方面，均比2011年有较大发展，如表11-1所示。

表11-1　　2011—2015年京津冀物流企业总体数量和规模

年份	规模以上法人单位数/家			平均从业人员/万人			物流业务收入/亿元		
	北京市	天津市	河北省	北京市	天津市	河北省	北京市	天津市	河北省
2011	1060	772	953	50.60	30.36	20.24	1891.10	1248.06	624.06
2012	1078	790	969	51.90	31.10	22.40	2104.40	1388.94	694.45
2013	1089	802	996	51.00	32.20	22.56	2267.60	1496.61	748.11
2014	1002	776	930	50.80	31.80	22.10	2482.50	1489.50	744.75
2015	971	761	972	51.60	31.30	21.90	2635.20	1639.23	896.61
	2704			104.80			4171.04		

资料来源：北京市统计局网站［EB/OL］.（2016-03-08）［2016-05-10］.http：//www.bjstats.gov.cn；天津市统计局网站［EB/OL］.（2016-03-02）［2016-05-10］.http：//www.stats-tj.gov.cn；河北省统计局网站［EB/OL］.（2016-03-16）［2016-05-10］.http：//www.hetj.gov.cn；中国物流信息中心数据库。

2015年年末，京津冀地区规模以上物流业法人单位数为2704个，占全国规模以上

① 2015年京津冀GDP总和近7万亿　占全国一成多［EB/OL］.（2016-03-07）［2016-05-10］.http：//bj.bendibao.com/news/201637/219257.shtm.

物流业法人单位数的 11.4%；从业平均人数 104.80 万人，占全国规模以上物流业法人单位从业人员数的 9.7%。

从表 11-1 可以看出，物流业整体市场需求稳中趋缓，物流企业总体收入水平增速有所下降。北京市近 5 年物流业务收入持续提升，年平均增长率达 1.04%，2014—2015 年增速有所回落。天津市近 5 年物流业务收入年平均增长率为 1%，河北省为 0.69%。河北省企业物流业务收入增长速度较低，发展速度缓慢。5 年间京津冀地区的物流业从业人员平均人数有升有降，但都基本趋于稳定，并无较大变动。

结构方面，京津冀地区物流企业仍主要集中在运输、仓储等传统行业。2015 年年末，规模以上运输业法人单位数 1406 个，占京津冀地区规模以上物流业法人单位数的 52%；规模以上仓储业法人单位数 311 个，占京津冀地区规模以上物流业法人单位数的 11.5%。两者所占比重达到 63.5%，反映出运输、仓储等传统物流行业仍是物流业的主要组成部分，如图 11-1 所示。

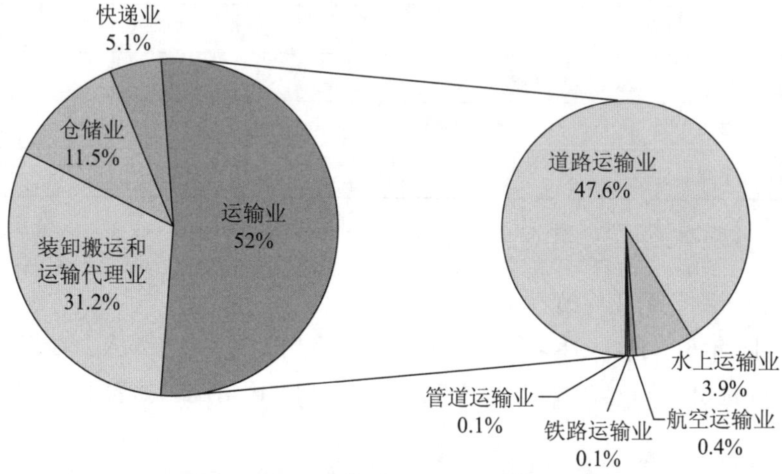

图 11-1 京津冀地区规模以上物流企业结构情况

资料来源：北京市统计局网站［EB/OL］.（2016-03-08）［2016-05-10］. http：//www. bjstats. gov. cn；天津市统计局网站［EB/OL］.（2016-03-02）［2016-05-10］. http：//www. stats-tj. gov. cn；河北省统计局网站［EB/OL］.（2016-03-16）［2016-05-10］. http：//www. hetj. gov. cn。

1. 京津冀地区物流企业数量

（1）北京市物流企业数量。据北京物流协会提供数据，截至 2015 年 12 月，北京市共有物流企业 8000 多家；北京市统计局最新数据显示，截至 2016 年 2 月，北京市共有规模以上从事交通运输、仓储和邮政快递企业 971 家。

（2）天津市物流企业数量。据有关部门统计，目前，天津市物流及相关企业总数已经达到 2 万多家，而其中较有规模的企业只有几百家[①]；天津市统计局 2015 年规模以上服务业主要指标数据显示，截至 2015 年 2 月天津市共有规模以上交通运输、仓储

① 陈昭翔．亚马逊公司物流管理经验对天津物流企业的启示［J］．中国储运，2013（4）：93-94.

和邮政快递企业761家。

（3）河北省物流企业数量。据北京物流协会提供数据，截至2015年12月，河北省共有物流企业10000多家；据河北省统计局2015年规模以上服务业主要指标数据显示，截至2015年12月，河北省共有规模以上交通运输、仓储和邮政快递企业972家。

2. 京津冀地区物流企业规模

（1）北京市物流企业规模。

截至2015年12月，北京市物流企业，从业人员平均人数51.6万人。根据北京市统计年鉴数据，总结出2010—2014年北京市物流业活动规模情况如表11－2所示。

表11－2　　2010—2014年北京市物流业活动规模情况

年份	物流业务收入/亿元	社会物流总额/亿元	物流业从业人员平均人数/万人	交通运输、邮电、快递企业数量/个
2010	1686.1	50424.7	48.6	1062
2011	1891.1	59624.5	50.6	1060
2012	2104.4	65851.1	51.9	1078
2013	2267.6	72440	51.0	1089
2014	2482.5	75923.6	50.8	1002

资料来源：北京市统计局网站［EB/OL］.［2016－05－10］. http：//old. bjstats. gov. cn/sjfb/bssj/tjnj/.

（2）天津市物流企业规模。

截至2015年12月，天津市物流业从业人员平均人数31.3万人。根据天津市统计公报数据，筛选出2011—2015年天津市物流业活动规模情况，如表11－3所示。

表11－3　　2011—2015年天津市物流业活动规模情况

年份	交通运输、仓储、邮电增加值/亿元	全年货运量/万吨	全年港口吞吐量/亿吨	全年邮电业务量/亿元	快递数量/万件
2011	698.98	44651.25	4.53	180.78	5803.03
2012	721.08	47697.8	4.77	186.74	7431.99
2013	725.05	51602.54	5.01	220.53	9418.5
2014	753.19	50947.75	5.4	243.64	12404.23
2015	764.68	53179.15	5.41	321.58	25600

资料来源：天津市统计局网站［EB/OL］.（2016－03－02）［2016－05－10］. http：//www. stats－tj. gov. cn.

（3）河北省物流企业规模。

截至2015年12月，河北省物流业从业人员平均人数21.9万人。由于河北省统计局网站最新的统计年鉴只截至2014年，且指标数据不全，因此只选取了2009—2013

年的部分物流数据作为参考，如表 11－4 所示。

表 11－4　　2009—2013 年河北省物流业活动规模情况

年份	全年货运量/万吨	全年港口吞吐量/吨	全年邮电业务量/亿元
2009	136804	50874.4	1190.7
2010	177308	60343.8	1421.1
2011	212330	71300	537.6
2012	242886	76234.1	572.7
2013	277840	88984	728.7

资料来源：河北省统计局网站［EB/OL］．［2016－05－10］．http：//www.hetj.gov.cn.

3. 京津冀地区物流企业经营状况

（1）北京市物流企业经营状况。

2015 年北京市国民经济和社会发展统计公报显示，2015 年北京市全年货运量 28765.2 万吨，比 2014 年下降 2.5%；客运量 69923.1 万人，比 2014 年下降 2.5%。另据北京市统计局最新数据显示，截至 2016 年 2 月，北京市从事交通运输、仓储和邮政快递企业月平均营业收入 304.45 亿元，同比增长 5.1%。月平均营业成本 248.9 亿元，同比增长 0.3%。月平均利润总额 33.45，同比增长 157.5%。从业人员平均人数 586275 人，同比增长－2.0%①。

2010—2014 年 5 年间，北京市物流业务收入显著提升，尤其是一体化物流业务收入这一指标，成倍增长。这表明了北京市的物流企业提供一体化服务的能力逐渐增强。社会物流总额也逐年平稳增长，但是从业人员数量较为稳定，甚至 2014 年出现了负增长。这表明北京市物流企业的发展不依赖于增加人力资源，而是通过管理与技术革新取得收入增长。

（2）天津市物流企业经营状况。

天津市统计局 2015 年服务业主要指标数据显示，截至 2015 年 2 月天津市规模以上交通运输、仓储和邮政快递企业月平均营业收入 163.6 亿元，月平均利润总额 10.98 亿元。另据 2015 年天津市国民经济和社会发展统计公报，2015 年天津市全年交通运输、仓储和邮政业增加值 764.68 亿元，增长 7.7%。交通运输稳步发展。全年货运量 53179.15 万吨，其中，公路 33724 万吨，增长 8.3%；铁路 8376.92 万吨，下降 5.6%；水运 9910.19 万吨。货物周转量 2319.77 亿吨·千米，其中，公路 379.82 亿吨·千米，增长 8.8%；铁路 225.79 亿吨·千米，下降 15.0%；水运 1707.70 亿吨·千米。客运量 1.98 亿人·次，增长 0.9%；旅客周转量 445.62 亿人·千米，增长 8.6%。港口货物吞吐量 5.41 亿吨，增长 0.1%；集装箱吞吐量 1411.10 万标准箱，增

① 北京市统计局网站［EB/OL］．（2016－03－08）［2016－05－10］．http：//www.bjstats.gov.cn.

长 0.4%。天津国际邮轮母港首次实现全年运营，接待到港邮轮 97 艘次。机场旅客吞吐量 1431.43 万人次，增长 18.6%；货邮吞吐量 21.73 万吨，下降 6.9%①。

2011—2015 年天津市各项物流指标均平稳增长，唯一增长显著的是快递数量。自 2013 年以后增速迅猛，由 2012 全年 7431.99 万件猛增到 2015 年全年 25600 万件。这表明快递业的需求是十分巨大，发展颇具潜力。

（3）河北省物流企业经营状况。

据河北省统计局 2015 年规模以上服务业主要指标数据显示，截至 2015 年 12 月，河北省交通运输、仓储和邮政快递企业，月平均营业收入 83.33 亿元，月平均利润总额 5.98 亿元。河北省国民经济和社会发展统计公报显示，2015 年河北省交通运输、仓储和邮政业实现增加值 2479.9 亿元，比 2014 年增长 6.7%。全年货物运输总量 23.1 亿吨，比 2014 年增长 9.3%。货物周转量 12936.9 亿吨·千米，比 2014 年增长 1.8%。旅客运输总量 5.7 亿人，比 2014 年下降 6.6%。旅客周转量 1206.1 亿人·千米，比 2014 年下降 5.5%。港口货物吞吐量达 9.1 亿吨，比 2014 年下降 4.0%。港口集装箱吞吐量 252.5 万标准箱，增长 37.5%。全省公路通车里程 18.5 万千米（包括村路），比 2014 年增长 3.3%。其中，新建成高速公路 445 千米，高速公路通车里程达到 6333 千米；农村公路总里程达 16.1 万千米②。

河北省的全年货运量也处于不断增长的势头当中。港口吞吐量也在逐年递增，但是河北省的三大主要港口（秦皇岛港、黄骅港、唐山港）的年吞吐量，仍远不及天津一地。2011 年邮电业务量出现骤跌，2012 年开始逐渐回升。

综上分析，将京津冀地区物流企业数量与规模进行对比，如图 11-2 所示。

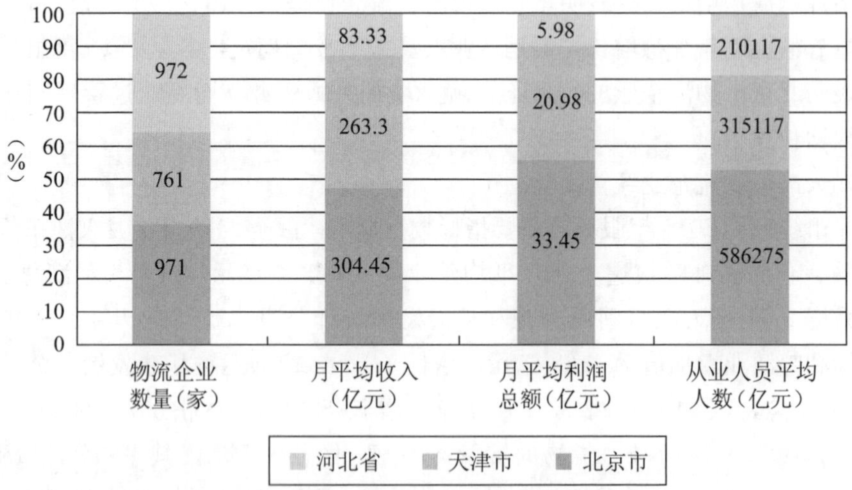

图 11-2　京津冀地区物流企业数量与规模对比

① 天津市统计局网站［EB/OL］．（2016-03-02）［2016-05-10］．http：//www. stats-tj. gov. cn.

② 河北省统计局网站［EB/OL］．（2016-03-16）［2016-05-10］http：//www. hetj. gov. cn.

从图 11－2 中不难看出在规模以上交通运输、仓储和邮政快递企业数量上京津冀三地基本持平，天津略少。但是北京、天津所辖面积远小于河北省，河北作为一个省份，企业数量上并没有明显多于京津，体现物流业的繁荣程度较弱。在月平均收入方面，依然北京的企业平均收入最高，天津其次，而河北最低，且只占北京的近 1/4。可见河北物流企业亟须提高营业能力。月平均利润方面同收入状况近似，北京天津利润高，而河北相差甚远，说明河北企业经营成本较高，产品附加值低，在赢利方面还有很大的提升空间。在从业人员数量方面，同样从多到少依次排列为北京、天津、河北。

由于各地区的政府统计网站的数据采集有所不同，因此，暂时无法做到与全国其他有代表性地区进行具体的一一横向比对。

（二）京津冀地区 A 级物流企业数量及经营状况

为了改善和提高物流企业发展环境、市场占有率、服务功能和服务水平，促进行业自律，引导行业规范发展，中国物流与采购联合会于 2005 年开始对我国物流企业进行分类评估，依据《物流企业分类与评估指标》国家标准，按照不同标准，从物流企业经营状况、资产、设备设施、管理及服务、人员素质和信息化水平等方面把物流企业分为 A、AA、AAA、AAAA、AAAAA 共五类企业。全国各地物流企业在自愿申报的基础上，经过严格的评审程序，由中国物流与采购联合会评估办向社会公布，截至 2016 年 4 月，已经公布了二十批 A 级物流企业。其中京津冀地区共有 A 级物流企业 167 家，占全国 A 级物流企业的 4.6%。具体数据如表 11－5 所示。

表 11－5　　京津冀地区 A 级物流企业数量　　单位：家

地区	AAAAA	AAAA	AAA	AA	A	合计
北京	27	25	18	3	0	73
天津	3	18	11	1	0	33
河北	10	25	23	3	0	61
合计	40	68	52	7	0	167

资料来源：中国物流与采购联合会评估办。

根据表 11－5 中数据，北京 A 级物流企业数量占京津冀地区 A 级物流企业的 43.7%，且 5A、4A 级企业占（北京 A 级企业）70%以上。河北的 A 级物流企业数量占京津冀地区 A 级物流企业数量的 36.5%，近 80%为 4A 和 3A 级物流企业。而天津 A 级物流企业数量占京津冀地区 A 级物流企业的 19.8%，近 90%为 4A 和 3A 级物流企业。三个地区的都没有 1A 级物流企业。

全国范围内（不含中国港澳台）A 级企业共有 3625 家，其中长三角物流圈（江苏省、浙江省、上海）共有 A 级物流企业 1038 家，珠三角物流圈（广东省、深圳特区）共有 A 级物流企业 209 家。川渝城市群物流圈（四川省、重庆市）共有 A 级企业 166

家。具体数据如表 11-6 所示。

表 11-6　　长三角、珠三角、川渝地区 A 级物流企业数量对比

区域物流圈	AAAAA	AAAA	AAA	AA	A	合计
长三角	44	311	489	173	21	1038
珠三角	19	96	78	13	3	209
川渝	7	27	73	59	0	166
合计	70	434	640	245	24	1413

资料来源：中国物流与采购联合会评估办，2016 年 4 月。

京津冀地区 A 级物流企业数量占全国的 4.6%，长三角物流圈 A 级物流企业数量占全国的 28.6%，珠三角物流圈 A 级物流企业数量占全国的 5.8%，川渝地区 A 级物流企业数量占全国的 4.6%。将这四个地区的 A 级物流企业数量进行对比，如图 11-3 所示。

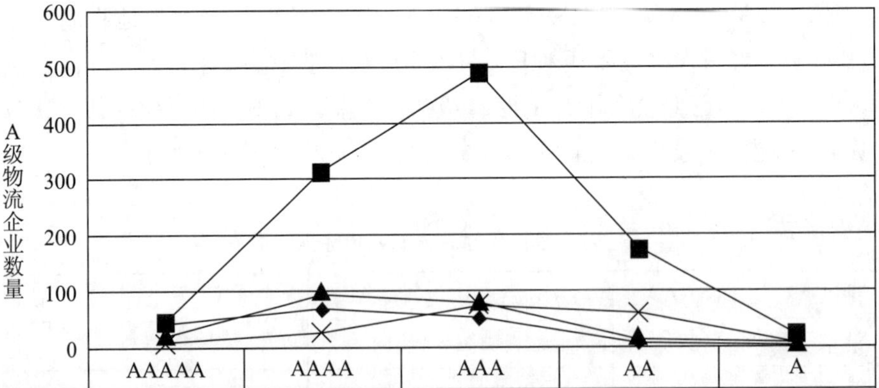

	AAAAA	AAAA	AAA	AA	A
京津冀	40	68	52	7	0
长三角	44	311	489	173	21
珠三角	19	96	78	13	3
川渝	7	27	73	59	0

图 11-3　不同地区 A 级物流企业数量对比

从图 11-3 中可以看出，长三角物流圈 A 级物流企业数量巨大，且“两端小，中间大”多为 2A、3A、4A 级物流企业，而川渝地区的“尾部”，即 2A、3A 级物流企业数量较多，只有珠三角物流圈与京津冀地区 A 级物流企业在总量以及分布上较为相似，4A、3A 级物流企业较多。可见京津冀地区 A 级物流企业总量与长三角物流圈有较大差距，但与珠三角以及川渝地区总量相仿，且分布较为合理。

（三）京津冀地区物流企业基本经营状况

在企业的基本经营情况方面，主要通过调查了解企业的所有制性质，主营业务收入，在职员工人数，企业所属类型，企业开展的主要业务，业务辐射的范围，企业业务网点数量、所在城市、建立单个网点的平均成本，以及是否参与供应链、参与的数量和信息共享程度。

1. 京津冀物流企业所有制属性

调研结果，如图 11-4 所示，发现京津冀地区物流企业以民营企业为主，在参与本次调查的企业中，国有企业占比 29.3%，民营企业占比 50%，外商独资企业、中外合资或合作企业占比 20.7%。

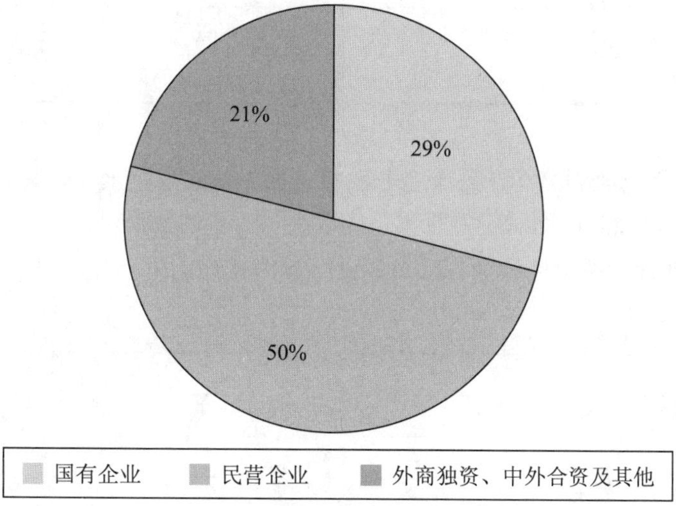

图 11-4　京津冀物流企业性质

2. 经营规模

据中国信息物流中心统计的 2015 年重点调查京津冀物流企业问卷中，根据填写主营业务年收入一栏的数据统计出京津冀物流企业收入区间，如表 11-7 所示。

表 11-7　京津冀物流企业收入区间

主营业务年收入/万元	物流企业所占比例/%	北京市所占比例/%	天津市所占比例/%	河北省所占比例/%
1000～10000	16	18.75	50	0
10000～100000	32	31.25	0	42.86
100000～1000000	36	43.75	50	14.28
1000000 以上	16	6.25	0	42.86

通过该区间表格发现，京津冀地区物流企业的主营业务收入主要集中在 10000 万～1000000 万元。大中型物流企业占 68%，小型及特大型物流企业较少。北京市的物流企业在各收入区间的物流企业数量均超过了总数的 50%以上。天津市的物流企业总体规模偏小，河北省的物流企业主营业务收入较高。

再根据京津冀 A 级物流企业的情况对比，京津冀地区 A 级物流企业经营状况如表 11－8 所示。

表 11－8　京津冀地区 A 级物流企业经营状况

A 级物流企业	平均员工数/人	平均注册资本/万元	平均年收入/万元
5A 级企业	16853	90155	1227837
4A 级企业	5348	26586	36316
3A 级企业	2900	5031	18821
2A 级企业	1113	1233	3288

表 11－8 的信息资料来源于各个企业网页，由于信息并不全面，因此只选取了可查询的企业相关信息并除以相对应的数量，所以表 11－8 的数据仅供参考。

京津冀三地的 A 级物流企业规模及经营状况对比如图 11－5 所示。

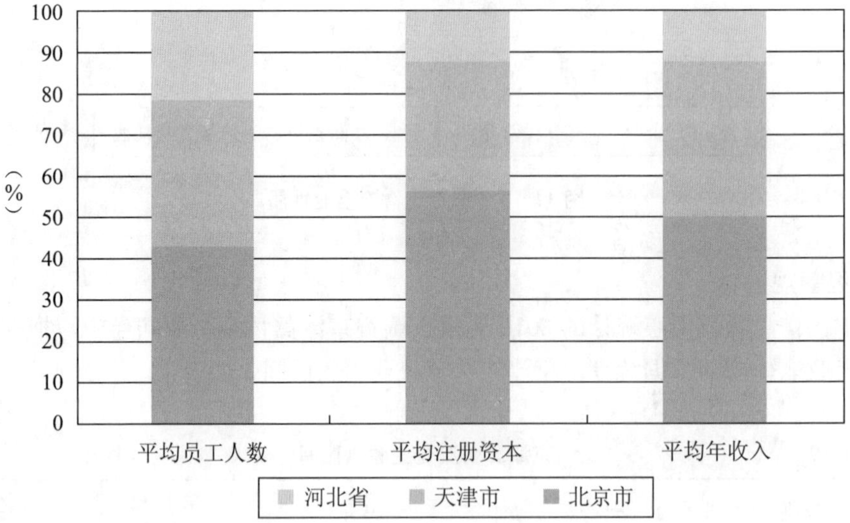

图 11－5　京津冀三地的 A 级物流企业规模及经营状况对比

京津冀地区的 A 级物流企业规模与经营状况与上文分析的各地规模以上运输仓储、邮政快递企业规模与经营状况相似，呈现出了北京最好、天津其次，旗鼓相当的局面。河北省的物流企业规模普遍偏小，平均注册资本要低于京津两地，且平均年收入低。河北省在各方面均远落后于北京、天津，这值得关注。

在京津冀的协同发展中应注重平衡发展，任何一个方面的缺失或落后将会影响甚至减慢京津冀整体的发展速度。河北省目前物流企业发展需要得到更多的支持与帮助，无论是政策上的倾斜或是信息技术方面的提升。

3. 物流企业公司类型、主营业务及业务辐射范围

在物流企业公司类型方面，问卷设置了运输型、仓储型、综合服务型以及其他共 4 个选项，调研结果如图 11－6 所示。

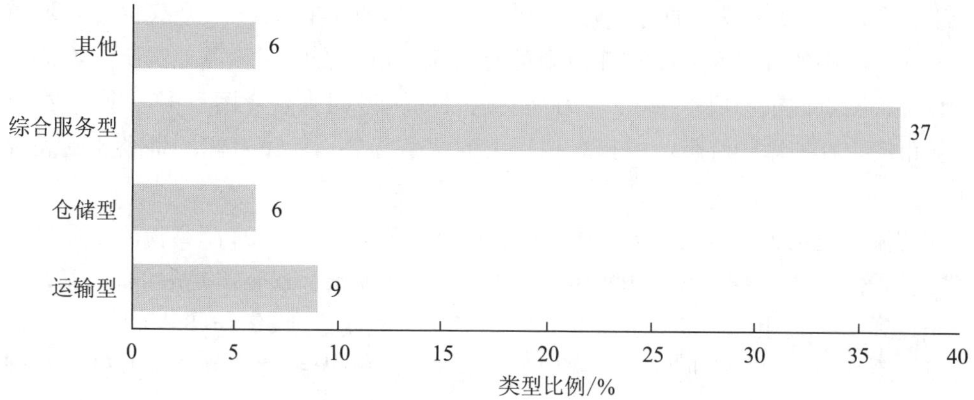

图 11－6　物流企业公司类型

从图 11－6 中可以看出，有 9 家物流企业选择了运输型，所占比例为 15%；有 6 家物流企业选择了仓储型，所占比例为 10%；有 37 家物流企业选择了综合服务型，所占比例为 65%；有 6 家物流企业选择了其他，占 10%。可见，目前京津冀地区绝大多数的物流企业为综合服务型企业，提供更广泛的物流服务有助于提高物流企业的竞争力。

现在提到第三方物流较多，由于国内外习惯的不同等原因，对于属于第几方物流的范畴有不同标准，容易混淆。其中第一至第三方物流现在已经成型，第四方物流在发展阶段，至于第五方物流目前基本还停在概念和理论阶段，对第五方物流的争论和学术探讨也一直在进行。本次调查中，参与调查企业 70%为第三方物流企业。由于概念的混同，剩余企业不便于分类。

在京津冀物流企业的主要业务上，近 80%的被调查企业主营业务涵盖仓储，涵盖运输与装卸业务的企业比例约为 95%，选择配送业务的企业比例为 80%，而开展相关物流咨询及物流系统设计业务的物流企业在被调查的企业中有效样本数量占比为 40%，提供总体供应链解决方案的物流企业有 15 家，占 25.8%。提供物流信息技术支持的物流企业有 26 家，占 44.8%。

从京津冀地区物流企业的业务辐射范围来看，9 家物流企业的业务范围集中在京津冀内及周边地区，这一比例达到 15.5%。同时在被调查有效样本企业中有 39 家的物流企业业务范围覆盖全国，占到 67.2%，表明在京津冀经济快速发展的过程中，地方物流企业与外部的联系不断加强，企业间业务往来更趋频繁。在此过程中，也促进了物

流企业不断走向成熟。另外，还有10家物流企业的业务辐射到国际范围，约占17.3%，这也是依托了区位资源等优势条件，积极开展同国际贸易有关的跨境物流业务，展开跨国运输等相关服务。

4. 服务网点建立情况及所参加供应链

在物流企业进行业务网点扩展时，需要考虑的因素众多，较为突出的因素有当地物流发展政策、物流市场需求状况、基础设施建设情况，以及所在区域的配套物流服务能力，大部分企业在业务网点选址问题上是理性的。所调查的京津冀地区物流企业的全部营业网点10个以下的有30家，10～100个网点的有12家，所设网点的城市达到100～1000座的有9家，1000座以上的有7家。所调查的京津冀地区所有物流企业每新设一个网点的平均成本为25.4万元。这说明大型国有企业网点多，建设成本低，覆盖城市广，在地区物流企业中具有相当大的竞争优势。而民营和外资企业则表现出了劣势。

在物流企业是否参与供应链方面，回答问卷该项的70%的京津冀物流企业参与了一条或多条供应链，参与10条供应链以下的企业有29家，10～100条的有9家；信息共享率达到80%以上的物流企业有35%，信息共享程度达到50%～80%的有25%。由此可见，除去部分因企业业务不适宜加入供应链的，绝大多数的物流企业已参与到供应链当中，加入供应链使物流企业信息共享程度达到一定水准，但还有一部分的提升空间。

二、京津冀物流企业物流服务现状

在对京津冀物流企业物流服务调查中，主要分析以下几方面：物流服务基本服务情况、物流服务组织制度现状、物流服务理念方面情况、物流服务质量方面现状。通过这些方面来了解京津冀物流企业在服务方面的基本现状及存在的问题。

（一）物流服务基本情况

京津冀物流企业服务基本情况的内容主要包括物流企业主要服务客户的行业、服务中主要提供的服务载体（货物）类型、物流企业提供的个性化和特色性服务、物流业务的订单接收方式、交易与服务结算方式。

1. 主要服务客户行业

我国国民经济行业分类中将所有行业分为了20类，这是一个非常详细的分类。但是针对物流行业的性质，在本次调查中，对于物流企业主要服务客户所属行业的分类主要包括：农林牧渔业，制造业，建筑业，商贸流通业，金融业，房地产业，文教传媒业，水利、环境和公共设施管理业，卫生、社会保障和社会福利业及其他（所设分类中没有时须注明）。

调查结果如图11-7所示，京津冀物流企业服务客户行业中商贸流通业最多，达到84%；其次是制造业，将近60%；接着农林牧渔业、建筑业、卫生与社保业均占

26%；地产业、文教传媒业、水利与公共设施管理及其他也都占到了16%；而最低的是金融业，只有11%。

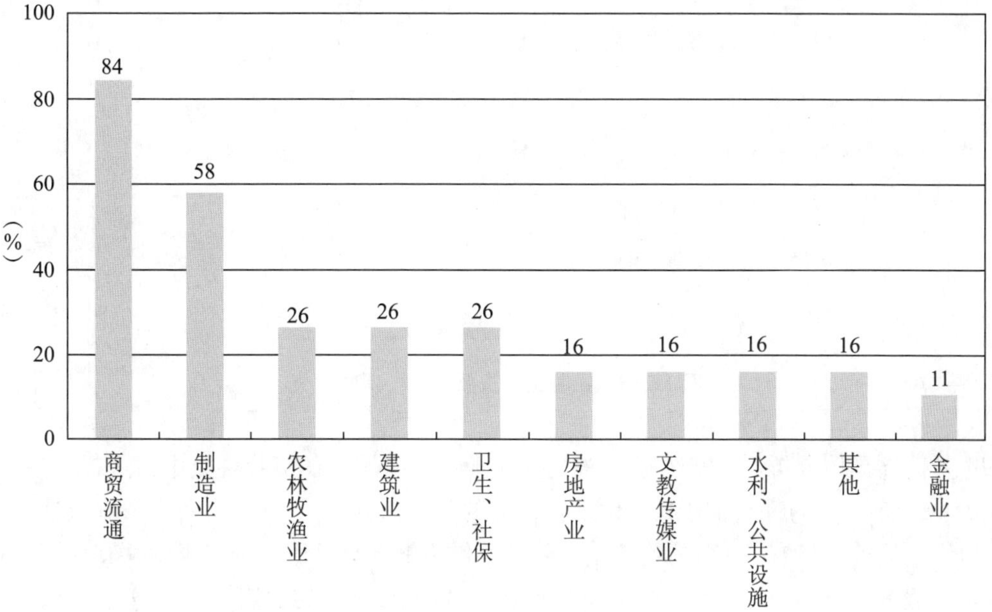

图11-7　物流企业主要服务客户所属行业

通过对所有问卷进行详细分析，发现除了约5%的企业服务客户的行业类型为制造业和其他类型行业，其他所有选择制造业的企业都同时选择了商贸流通业。其中，有15.79%的企业选择了制造业和商贸流通业。另外，所有企业中约5%的企业选择了文教传媒业，约5%的企业选择了“其他”行业，还有近16%的企业选择了商贸流通业，其余74%的企业都选择了两种及以上的主要服务的行业。

根据以上调研统计结果可知，京津冀物流企业仍主要服务于传统行业——制造业和商贸流通业，而金融业所占比例最少则与这一行业本身属性有关，即实物载体的传输与转移较少，多为金钱与信息的交易与交换。而选择“其他行业”的企业也占到了16%，据此及回收问卷具体对“其他行业”的说明——主要是食品与医疗行业，分析得到此结果的原因大致有两方面：一是企业中对于行业划分与问卷所设定行业理解有所不同，二是问卷在设计时对于物流企业对其客户行业的划分情况缺乏了解。最后，卫生、社保和文教传媒业服务的企业数量所占比例之高超乎预期。

2. 主要服务的实物载体（货物）种类

本次调查中，京津冀物流企业主要服务的实物载体（货物）种类主要包括日用消费品、食品、工业用品，以及其他货物种类等。

调查结果如图11-8所示，在京津冀物流企业中，主要服务的货物种类中日用消费品所占比例最高，达到68.42%；其次是食品大类中的生鲜类食品，有一半以上的企业在提供生鲜类食品；另外，其他类型的食品和工业用品都占到了47.37%；其他货物种类也将近 1/3。

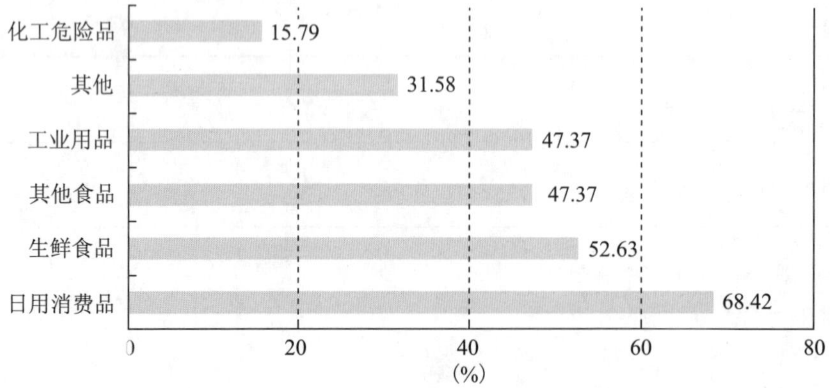

图 11－8　物流企业主要服务的货物种类

对问卷具体分析，得知约 26％的物流企业在主要服务的货物种类中只选择了一项，其中 10％多一点的物流企业只提供生鲜食品的服务，其余近 16％的物流企业只选择了“其他”。另外，还有 5％多的物流企业除了提供生鲜食品的服务，还提供“其他”货物种类的服务。其余的 68.42％的物流企业都提供日用消费品的服务，而这当中只有约 5％的物流企业只提供日用消费品服务，其他的约 63％的物流企业都提供 2～5 种货物服务种类。

对京津冀物流企业主要服务的货物种类的调查结果分析得知，大部分的物流企业提供的是满足人们日常吃喝住行的物品种类，即日用消费品和食品等；在选择其他种类的企业中，有 2/5 的物流企业注明为图书、服装、商品车，还有 2/5 的物流企业注明为食品。关于此结果，可以从另一个侧面印证绝大部分物流企业服务于商贸流通和制造业的调查结果。

但是，从提供生鲜食品的物流企业比例及近年来冷链物流的发展来看，未来以生鲜食品等货物为主的冷链物流将有很大的发展空间。

3. 提供的个性化和特色性服务

在这个技术迅速发展、信息产生大爆炸的时代，各行各业都发生着重大变化甚至变革，物流企业也不例外，或重新整合，或跨界经营，或纵向一体化，或横向一体化等。总之，这些物流企业都在寻找新的领域，以满足顾客个性化的需求。京津冀物流企业提供的个性化和特色性服务，在本次调查中，主要包括 24 小时网络、电话咨询服务，信息平台共享支持，GPS 定位系统、全程货物跟踪，门对门一条龙服务，物流金融，物流地产等。

调查结果如图 11－9 所示，在京津冀物流企业提供的个性化和特色性服务中，GPS 定位系统、全程货物跟踪所占比例最高，达到 73.68％；其次是信息平台共享支持和门对门一条龙服务，占 57.89％；还有一项服务超过了 50％，是 24 小时网络、电话咨询服务；另外，物流金融和物流地产分别占 15.79％和 10.53％；而其他方面只占5.26%。

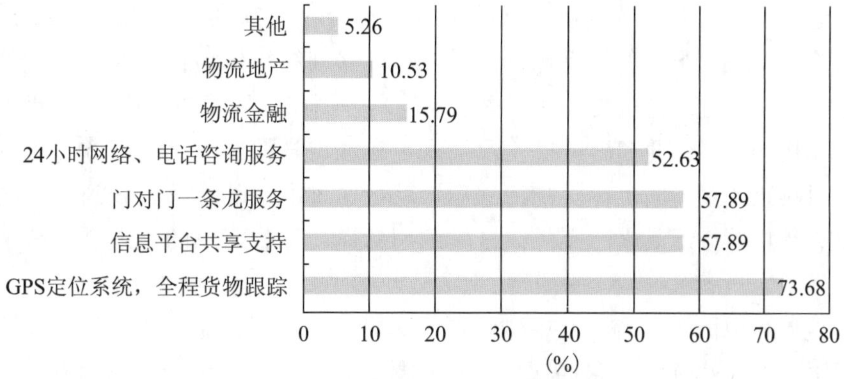

图11-9　提供的个性化和特色性服务

根据上述调查数据，可以分析得知，物流企业提供的个性化服务是与新技术高效结合的。一方面利用定位系统进行全程货物跟踪，另一方面参与或提供信息平台共享支持，这样既利用了信息与技术，又能与时代并轨前行，最重要的是提高了速度与效率，满足了顾客的需求。另外，物流金融与物流地产等个性化、特色性的服务的提供，也反映了物流正向其他行业渗透，并进行结合，为物流业及其他行业提供新的发展方向。

4. 物流业务的订单接收方式

在过去的物流业快速发展的十几年中，经济与技术的发展速度也是非常之快，信息的传播速度与途径也是令人匪夷所思。除此以外还有物流业务的订单接收方式。京津冀物流企业服务现状调查中，关于物流业务的订单接收方式主要包括网上下单（即PC端）、邮件、电话、传真、移动终端及其他方式。

调查结果如图11-10所示，在京津冀物流企业物流业务的订单接收方式中，网上下单所占比例最高，达到68%；其次邮件、电话、传真这几种传统方式仍占据着较高的比例，分别占58%、53%和47%；移动终端作为新兴的接收方式虽然所占比例最低，但也有11%；而其他方式竟也达到了16%，直接拜访和正式提单分别在其他方式中占到了1/3。

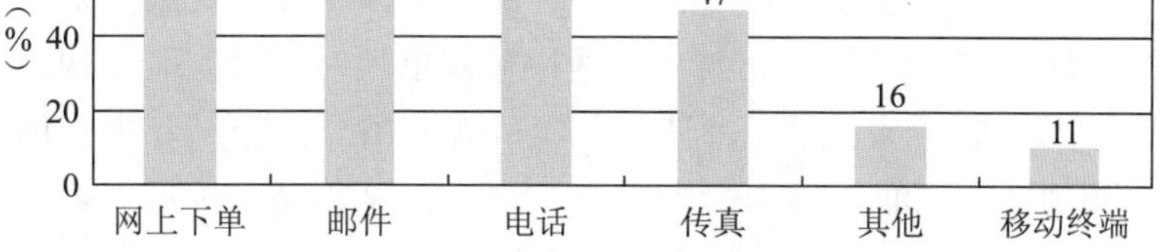

图11-10　物流业务的订单接收方式

根据以上各种订单接收方式的比例，可以看得出网上下单已经成为最主要的方式，而传统的邮件、电话、传真这几种方式仍然占据着重要位置，移动终端是最近几年来快速发展起来的，如微信或企业自己的 APP，结合企业提供个性化服务中与新技术、信息传播途径相关的服务占较高比例来看，相信移动终端作为物流业务的订单接收方式将会被物流企业越来越接受，使用率越来越高。例如，联邦快递从 2016 年 1 月 1 日起，在浦东机场口岸开通“出口报关预录入单自动发送”服务。该服务开通以后，客户在浦东机场正式报关的出口货物清关后，就会通过电子邮件及时收到一份电子的清关文件，无须再等待纸质版的文件，这样利用新途径接收订单的方式既提高了服务效率，又提升了客户满意度，一举两得。

而其他方式中仍然有选择直接拜访和正式提单的物流企业，选择直接拜访的多为 2015 年刚成立的民营企业，最高比例达到 40%；选择正式提单的多为国有企业，但在所有方式的应用中最高占 5%。

5. 交易及服务结算方式

同上述物流企业业务的订单接收方式类似，物流企业的交易及服务结算方式也受到了现代信息技术等的深刻影响。此次调查中，物流企业交易及结算方式主要包括银行汇款、网银转账、现金 POS 刷卡、第三方支付及其他方式。

调查结果如图 11-11 所示，在京津冀物流企业的交易及服务结算方式中，银行汇款以 78.95%的比例位居第一；其次，网银转账占 57.89%；现金这一传统结算方式位列第三，占 42.11%；接下来 POS 刷卡和第三方支付均占 10.53%；而选择其他方式的企业只有 5%，注明的多为支票。

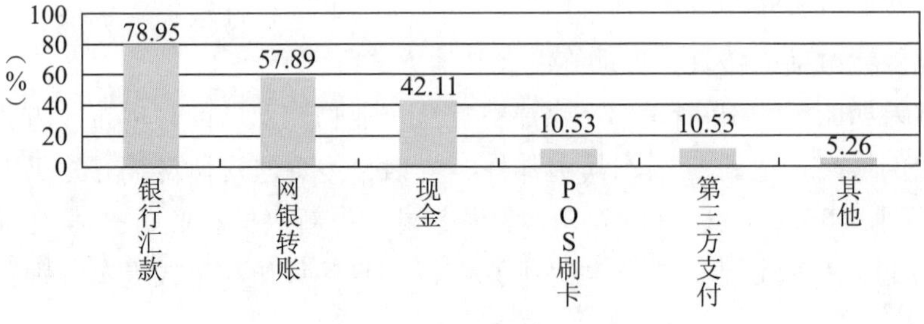

图 11-11　交易及服务结算方式

对于物流企业交易或服务结算方式的选择，银行汇款作为最安全的方式，位居第一不出所料，其中，在所调查企业中有 2/3 的企业在各种交易及服务结算方式中使用银行汇款方式的比重在 50%以上；其次，网银转账也相对比较安全和快捷，采用这一方式比重在 40%以上的企业达到 72.73%；而所有采用了现金结算方式的企业，在所有方式中，采用现金方式的比例均在 10%～30%。可见，虽然选择现金结算方式的物流企业比例较高，但采用的频率并不高。POS 刷卡在物流企业结算中应用较少，这应当与其不太便捷、成本较高有关。最后，第三方支付（如微信、支付宝等）作为最新、最便捷的结算方式，在物流企业中的使用意料之外得较少，而且使用的频率也很低，多数企业采用第三方结算占比仅5%左右，这可能与第三方支付方式较个人化、限额较低等有关。尽管如此，但是还是有越来越多的企业开始接受第三方支付方式的使用，如联邦快递从2015年10月1日起在中国接受微信支付，从2016年3月16日起在中国接受支付宝这一付款方式。

（二）物流服务组织制度现状

京津冀物流企业服务组织制度调查的内容主要包括管理制度的健全程度与实施状况、服务标准的设立及执行情况。

1. 管理制度的健全程度

关于管理制度的健全程度，在问卷中划分为1～5分五个等级，对时间管理、质量管理、流程管理、设备设施管理、安全管理、战略管理、成本管理及人力资源管理进行了调查，调查结果如图11－12所示。京津冀物流企业对自身管理制度的健全程度的评判中，除了时间管理，其他管理制度均有50%以上的企业选择了4分，即超过一半的企业认为自己企业的质量管理、流程管理、设备设施管理、安全管理、战略管理、成本管理及人力资源管理的健全程度均为较健全。而在成本管理方面，仍然有35%的企业评为3分，认为在成本管理方面处于中等水平。在时间管理方面，有41%的企业选择了5分，47%的企业选择了4分，这说明绝大部分的企业认为自身在运营过程中时间管理方面的制度是比较健全的，且时间管理在所有管理制度中获得的5分评价最多。

另外，在流程管理、设备设施管理、安全管理及人力资源管理方面，均有超过5%的企业选择了2分。但是，人力资源得到4分评价的比例最高，达到了71%，而评5分的只有6%，可见物流企业均认为人力资源管理制度的完善方面仍待加强。

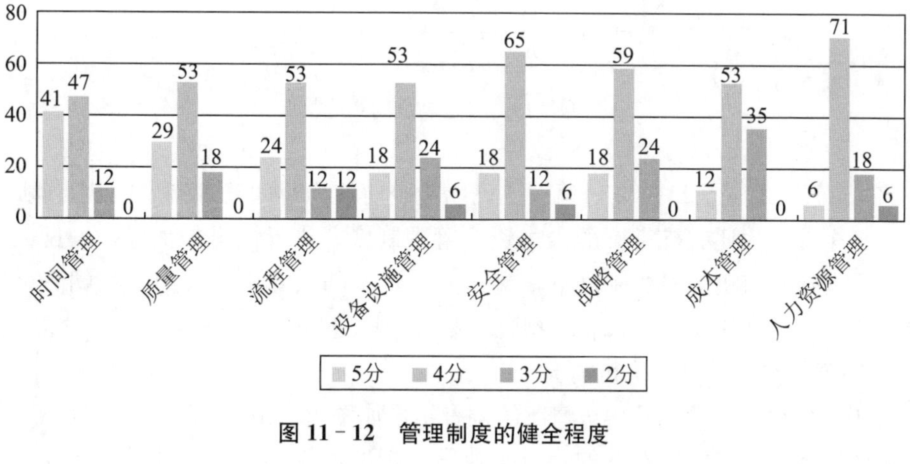

图11－12 管理制度的健全程度

整体而言，大部分物流企业认为企业的管理制度还是比较健全甚至非常健全的。但是，若将上述1～5的评分放在正态分布图中，从图11－12中明显看出峰值为4，即集中位置偏向数值大的一侧，也即负偏态分布。而在正常情况下，从行业整体来看，物流企业管理制度的健全程度应当服从正态分布，由此可以得出结论：物流企业在对企业管理制度健全程度的自我评价中评价偏高。另外，时间管理制度评分整体较高，这也说明了时间管理对于物流企业的重要性，同时物流企业对于时间管理也比较重视。

2. 管理制度的实施情况

在对管理制度的健全程度了解后，需要知道的是这些管理制度的实施情况究竟如何。调查结果如图 11－13 所示，在所有管理制度中，均有超过 40％的企业实施情况选择了 4 分，为良好，而且总体来看，70％以上物流企业的管理制度实施情况得到了 4 分或 5 分，即企业认为管理制度的执行情况均为较好和非常好，所以整体方面的管理制度实施情况还不错。在成本管理方面，有 29％的企业选择了 2 分，显然在成本管理制度的实施过程中，有一定数量的企业由于各种原因难以执行这些制度，从客观方面来看税负较高，调查中有近 30％的企业希望政府能够出台相关的税收优惠政策，这可能正是导致企业制定的成本管理制度不易执行的原因之一。

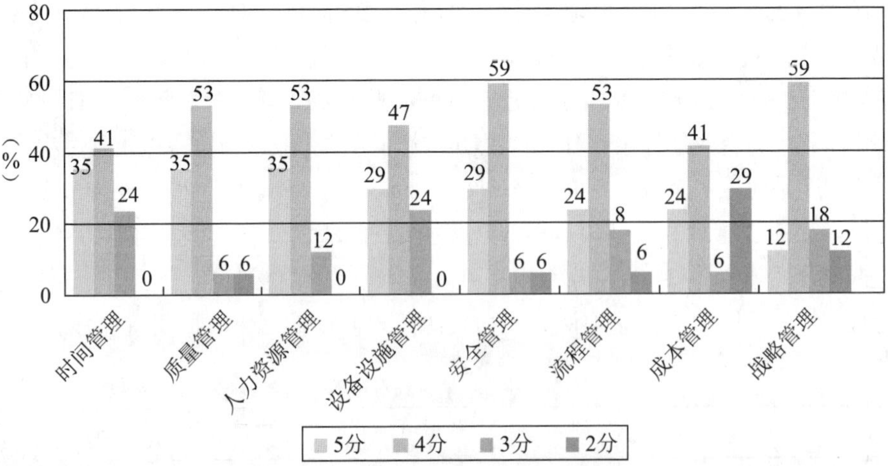

图 11－13 管理制度的实施状况

将图 11－12 与图 11－13 进行对比，物流企业认为时间管理制度的执行情况不佳，而在很多企业认为还有待完善的人力资源管理制度，执行情况却很好，可见人力资源方面在企业还未有更完善的制度下，整体人力资源和人才素质方面是在朝着好的方向发展。当然，若从正态分布来看，物流企业对于管理制度的实施情况的评价仍然偏高。

3. 服务标准的设立及执行情况

关于服务标准的设立及执行情况的调查结果如图 11－14 所示，约 79％的物流企业有完善的服务标准，21％左右的物流企业服务标准不完善，但是没有任何物流企业还未设立服务标准。在设立了完善的服务标准的物流企业中，有约 73％的企业执行较好，约 27％的企业执行不好；而在服务标准不完善的物流企业中，执行较好和执行较差的企业各占 50％。总体来看，有近 58％的物流企业既设立了完善的服务标准，又能够较好地执行。

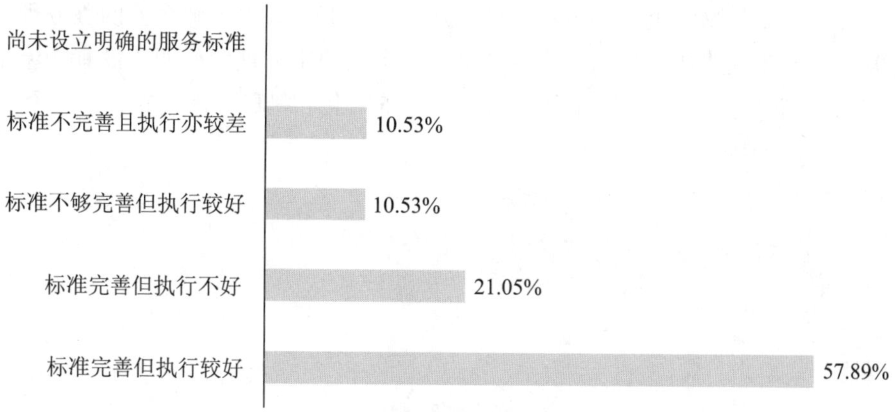

图 11－14　服务标准的设立及执行情况

综上所述，对于物流企业组织制度及服务标准的完善与执行情况，物流企业整体评价偏高，但看得出各种管理制度与服务标准都较为完善，且执行情况也较好。

（三）物流服务理念方面情况

京津冀物流企业服务组织制度调查的内容主要是物流企业服务理念及员工对企业服务理念的知晓情况。

1. 物流企业的服务理念

调查结果如图 11－15 所示，在京津冀物流企业服务理念中，真诚服务客户、以客户为中心所占比例最高，达到 58%；其次，安全快捷、准时高效和诚信为本、信誉至上位居第二，占均 53%；将真诚合作、为客户创造价值及以人为本作为服务理念的企业分别达到了 42%和 32%；最后，有 21%的企业选择了其他方面的服务理念，但从企业注明的理念来看，整体还都是用心服务客户、为客户创造价值、与客户共同成长。

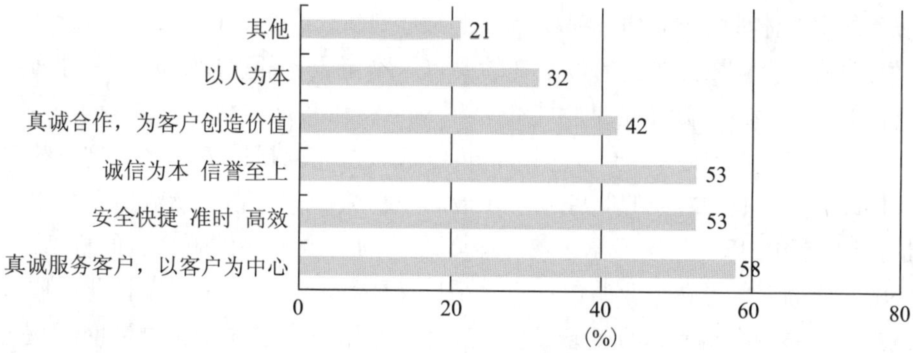

图 11－15　物流企业的服务理念

2. 员工对于企业服务理念的知晓与理解

关于员工对于企业服务理念的知晓与理解，调查结果如图 11－16 所示，此次调查中 78.95％的京津冀物流企业认为企业员工知晓并能够很好地理解企业的服务理念，另外 21.05％的物流企业认为员工知晓且理解一点企业的服务理念。而并没有物流企业选择员工“知晓却不理解”“似乎知道”或“既不知晓也不理解”企业的服务理念。

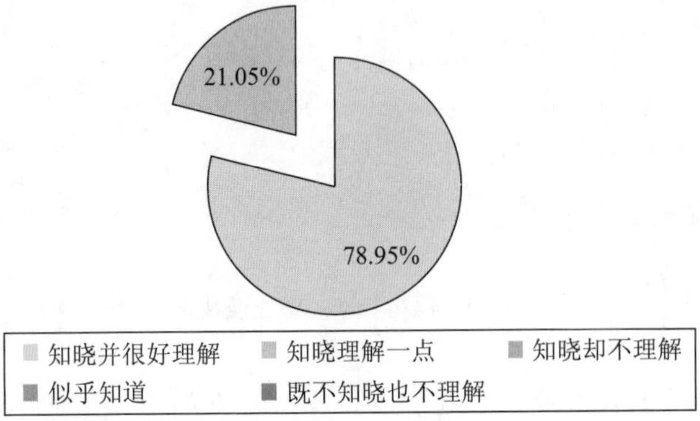

图 11－16　员工对于企业服务理念的知晓与理解

（四）物流服务质量方面现状

京津冀物流企业服务质量方面现状调查的内容主要包括物流服务的主要体现、物流服务质量状况、物流服务失误补救措施、物流服务各方面效率状况。

1. 物流服务的主要体现

在本次对京津冀物流企业发展现状调查中，对物流企业物流服务主要体现首先做了调查，这些主要体现包括物流服务价格、货物的安全性（即货损货差率低）、服务的速度和时间、服务的可靠性、服务个性化、顾客满意度、企业网络覆盖、物流信息化水平、对所服务行业的认知和了解及其他。

调查结果如图 11－17 所示，首先，认为货物的安全性、物流服务的速度和时间是物流服务的主要体现的企业均占到 80％以上，分别是 89.47％和 84.21％，货物的安全性显然是对物流企业服务质量的最基本的要求，物流服务的速度和时间一方面是这一行业属性的要求，另一方面也是物流企业顺应时代和满足客户的重要竞争力；其次，顾客满意度所占比例超过了 73％，服务的可靠性所占比例超过了 63％，这也映射着企业的“以顾客为中心”之类的服务理念；最后，物流服务价格、物流信息化水平、服务个性化均占 50％以上，这显示出物流企业在努力为顾客提供更合适的价格的同时，既要跟随时代的变化提高企业的信息化水平，又要寻求为客户提供个性化的服务，这也正是当前大部分物流企业的服务现状。选择物流服务主要体现在物流网络覆盖、对所服务行业的认知和了解的企业分别占 36.84％和 26.32％，比例虽然不高，但也足以看出物流企业对于企业内部跟随时代变化、对于全面了解所服务行业在服务过程中的重视。

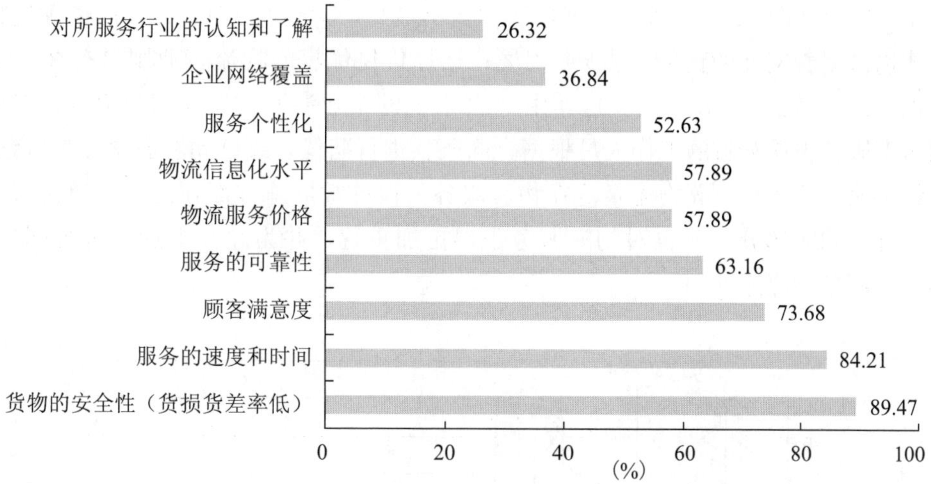

图 11－17　物流服务的主要体现

2. 物流服务质量状况

关于物流服务质量状况的调查，主要包括订单满足率（完整度）、准时到达率、货损货差率、客户投诉率、服务补救及时率、顾客满意度。

调查结果如图 11－18 所示。

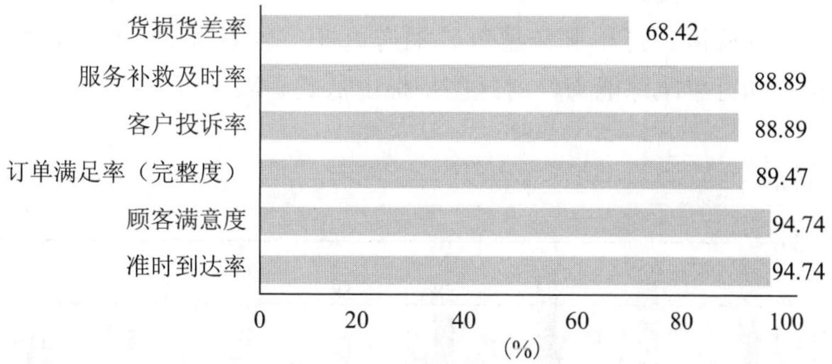

图 11－18　物流服务质量状况

顾客满意度和准时到达率超过 80％的物流企业所占比例均达到 94.74％；订单满足率和服务补救及时率超过 80％的物流企业所占比例分别为 89.47％、84.21％；客户投诉率和货损货差率低于 1％的物流企业所占比例分别为 84.21％和 68.42％。

总体来看，京津冀物流企业物流服务质量状况能够达到优良，只有货损货差率低于 1％的企业还不足七成。但从货损货差率整体情况出发，只有个别企业达到 5％和 10％，其余企业均为 2％和 3％，由此可见，企业货损货差率整体来说还可以，但仍有很大的提升空间。

3. 物流服务失误补救措施

京津冀物流企业物流服务失误补救措施主要包括道歉、价格优惠、理赔及其他。此次调查结果如图 11－19 所示，理赔所占比例最高，达到 94.74%；其次道歉这种传统方式仍占据着较高的比例，占 84.21%；选择价格优惠的物流企业则只有 26.32%；而其他方式也达到了 21.05%，这其中 80%以上的企业注明首先向客户道歉，然后由专门负责服务失误补救的工作人员根据合同条款进行赔偿，或启动客服紧急响应预案。这一结果明确显示京津冀物流企业在物流服务失误补救措施方面在法律和道德层面做得相当好，同时部分企业也对物流服务失误更加重视，并为此会更加完善合同条款、提高客户服务响应速度。

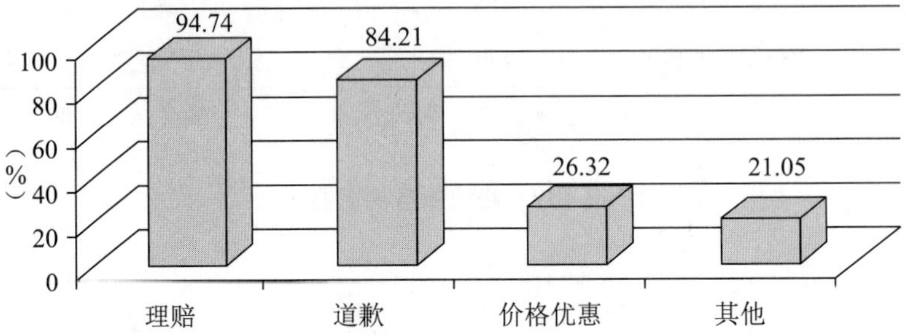

图 11－19　物流服务失误补救措施

4. 物流服务各方面效率状况

关于物流服务各方面效率状况的调查结果如图 11－20 所示，主要包括人员沟通及时性、人员沟通准确度、订单服务速度、配送速度、运输速度、物流流程合理性、对投诉的响应速度和订单跟踪能力，对这些指标由低到高以 1～5 进行评分。

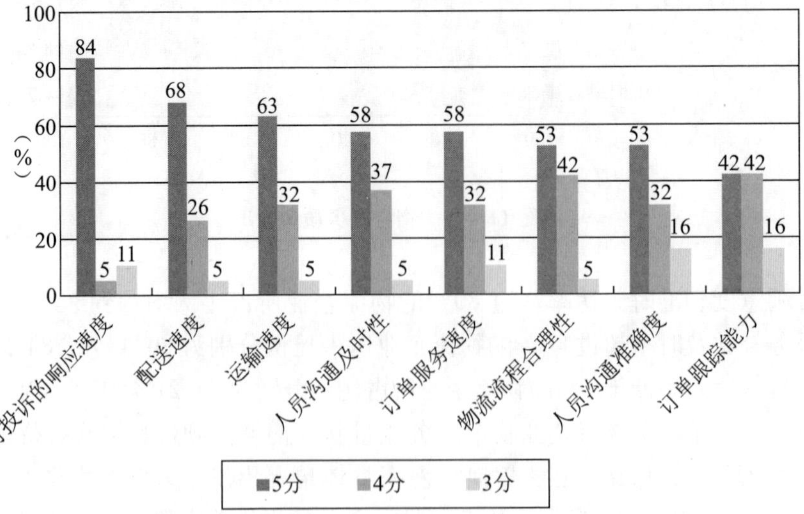

图 11－20　物流服务各方面效率状况

在各项内容评分中，所有物流企业的评分均未出现1分或2分。其中“人员沟通准确度”和“订单跟踪能力”评三分的企业比例达到了16%，给“对投诉的响应速度”和“订单服务速度”这两方面评三分的企业也有11%，给其他四项评三分的企业均为5%。同时，据调查结果所示，物流服务各方面效率状况达到优良的物流企业能占到80%以上。除上述提到的“人员沟通准确度”“订单跟踪能力”“对投诉的响应速度”和“订单服务速度”这四项还有一定的提升空间，整体来看，京津冀物流企业对于物流服务各方面的效率状况评价都很好，但整体评价仍然有主观性，所以评价偏高。

三、京津冀物流企业资源状况

（一）京津冀地区物流企业人力资源状况

通过对物流企业人力资源状况进行调查，可以反映出物流自身的管理水平高低，市场竞争能力以及企业发展潜力。在问卷设计方面，主要通过京津冀地区物流企业员工数量，管理者所占比重，业务人员数量和学历，以及本企业人员培训方式等问题进行设计。

1. 物流企业员工基本情况

物流企业员工在岗人数及比例调查结果，在岗人数100人以下占总量的25%，100～1000人的占总量的55%，1000人以上的占总量的20%，上述情况表明，京津冀物流企业人数以百人为主，20人以下的也有一定占比，规模整体上相对较小。根据仓储、运输、邮政企业划分标准，20～100人属于小型企业，20人以下属于微型企业。

在员工的学历方面，绝大多数的被调查企业的管理层拥有本科以上学历，然而仍有46%的管理层员工学历水平达不到本科，拥有硕士以上学历的只占19%。在企业业务人员当中，76%的被调查企业有50%以上的员工学历在本科以下，本科学历很少，硕士学历员工微乎其微。

2. 物流行业就业人数情况

根据2010—2014年《中国统计年鉴》数据显示，无论从全国还是京津冀地区来说，物流行业就业人员数量逐年增加，针对铁路运输行业来说，2010年年底全国就业人数为1756385人，到2014年年底上升到了1902500人。北京地区铁路运输行业就业人数也从2010年的116901人，上升到了2014年年底的110883人。天津就业人数总体较少，从2010年年底的19804人上升到了2014年年底的21202人。河北的就业人数也在不断地增加，具体的情况如图11-21所示。

另外，在京津冀物流企业人才培训方式方面，部分企业给予了回答，而部分企业对此未给予足够重视，企业内定期组织培训的比例仅为56%，比例仅占一半左右。由于本次参与调研的企业可能样本数据并不全面，但是京津冀地区物流企业人才培训值得企业关注。

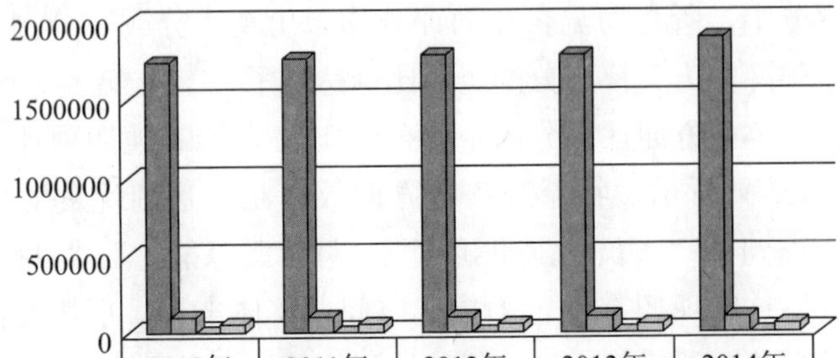

	2010年	2011年	2012年	2013年	2014年
■全国	1756385	1761542	1793267	1796382	1902500
■北京	116901	123906	114534	99577	110883
■天津	19804	18118	27381	21298	21202
■河北	60233	60746	57197	51533	57000

图 11-21　2010—2014 年铁路运输业就业人员数量变化

京津冀地区物流企业员工学历普遍较低，能够得到企业定期培训的机会也并不是很多。不过，综合考虑物流行业的特性，物流企业并不是大量高端人才的聚集地。基础操作岗位需要大量员工，在这些员工的选择方面，对经验的需求大于学历。但站在企业的战略层面，能够高屋建瓴地把握企业发展方向还是需要更多的高学历人才。然而通过本次的调查，在管理层面拥有硕士学历的员工所占比例还是很小，高学历人才的引进还有待加强。

（二）京津冀地区物流企业设备资源状况

1. 物流企业仓库能力分析

根据现有的调查问卷中的有效数据中显示，京津冀物流企业自有仓库从 2000 平方米到 1000 万平方米不等。面积在 2000 平方米以下的企业占 7.17%，其中 50000 平方米以上的居多，占到了 35.02%。除此之外，约有 62%的物流企业运用社会仓库，除了 24.32%的物流企业未作回答外，50000 平方米以上的物流企业数量较多，占可以用数据总数的 25%。企业自有仓库及使用社会仓库的情况，如图 11-22 所示。

从统计结果来看，半数物流企业的面积在 5000 平方米以下，10000～50000 平方米的占总数的 1/3。从调研情况来看，仓储面积较大的企业主要是以仓储服务为主营业务的一些企业，而面积较小的企业多是进驻一些物流园区以货物运输为主要业务的企业。

调查数据显示，94%的物流企业的仓库均有普通的平房库。有高层立体货架仓库的相对较少。对以租赁场地进行物流经营为主的中小物流企业来说，这在很大程度上降低了仓库场地的使用率。其中立体仓库平均利用率最高，达到了 96%，普通仓库平均利用率为 85%，由调查情况可知，仓库的平均利用率都挺高。调查企业仓库利用率情况，如图 11-23 所示。

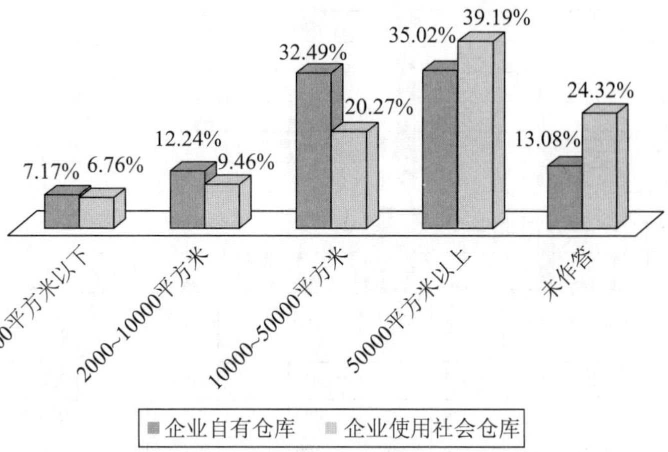

图 11-22　企业自有仓库及利用社会仓库面积情况

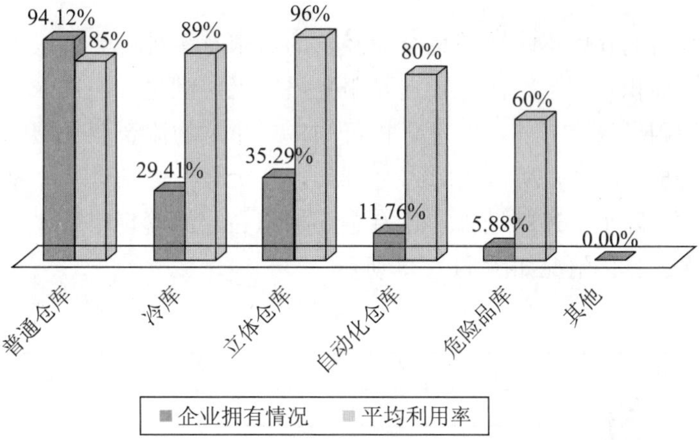

图 11-23　企业拥有仓库及平均利用率情况

根据中国冷链物流联盟对京津冀物流企业 2013 年调研数据可知，仓库按类型分为高温仓库、中温仓库、低温仓库、速冻仓库、深冷仓库、气调仓库。由调查可知，北京地区低温仓库的数量最多，占地区总仓库的 40.51%，其次是中温仓库占 29.45%，速冻仓库及深冷仓库的占有率偏低。天津地区依然是低温仓库的占有率较高，为 62.02%，其次是气调仓库，而高中温占有率偏低，基本没有深冷仓库。河北地区占有率较高的也是低温仓库，其次是中温仓库，深冷及气调仓库较少。由此可知，低温仓库在京津冀物流企业的运用较多。具体的仓库数量及占有率如图 11-24 所示。

数据显示，京津冀物流企业普遍面临一个问题，尤其是北京、天津的企业，受制于空间，物流仓储成为发展的最大瓶颈。经调查约 69%的企业拥有的仓库能满足客户的需求，26%的企业拥有的仓库不能满足客户的需求。

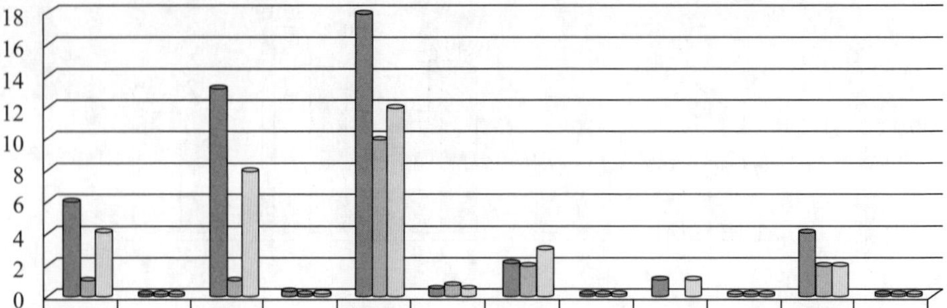

	高温仓库		中温仓库		低温仓库		速冻仓库		深冷仓库		气调仓库	
北京	6	13.64%	13	29.45%	18	40.51%	2	4.46%	1	2.23%	4	8.91%
天津	1	6.25%	1	6.23%	10	62.02%	2	11.94%		0.00%	2	11.86%
河北	4	13.33%	8	26.55%	12	39.48%	3	9.74%	1	3.24%	2	6.47%

图 11－24　不同类型仓库数量及所占比例

物流企业现有的仓库不能够满足企业经营的需求有多种因素造成的，其主要是因为仓库的数量（面积）不足、信息管理及服务质量无法满足客户需求、仓库类型不符合客户需求等原因导致。另外，经过分析可知，京津冀物流企业仓储管理中最主要的问题为仓储管理成本较高，所占比例约为 58%，其次是存货风险高，约 32%的企业都会出现这种问题。除了上述问题外，还有企业提出在仓储管理中缺少温控系统等，导致仓储管理不善。具体情况如图 11－25 所示。

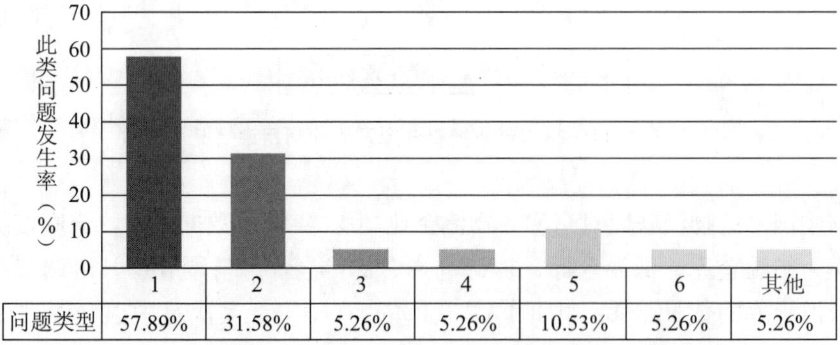

	1	2	3	4	5	6	其他
问题类型	57.89%	31.58%	5.26%	5.26%	10.53%	5.26%	5.26%

图 11－25　仓库管理中遇到的主要问题

1—仓库管理成本高；2—存货风险高；3—库区设置不合理；4—盘点工作不完整；

5—仓库管理流程及规范不适用，制度缺失；6—特殊品未隔离管理

2. 物流企业运输能力分析

由中国冷链物流联盟 2013 年对京津冀物流企业的调研数据可知，共调研了 147 家京津冀物流企业，其中北京 68 家，天津 30 家，河北 49 家。由调研有效数据可知，抽样企业自有车辆总共 3601 辆，利用社会车辆共有 3476 辆。其中北京自有车辆为 2035

台，社会车辆比自有车辆多一些，天津自有车辆 290 辆，社会车辆为 110 辆，河北自有车辆 1276 辆，社会车辆不到自有车辆的 1/2。具体的调查结果如图 11－26 所示。

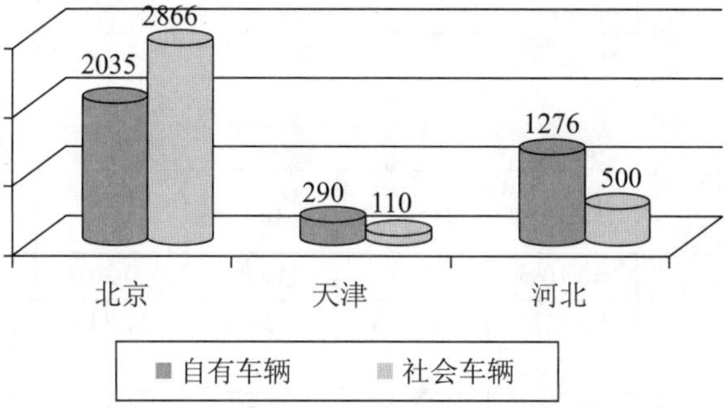

图 11－26　企业现有车辆及运用车辆的情况

由问卷结果显示，大多数物流企业的车辆为普通货车或者厢式货车，拖排半挂车、冷藏车较少，仅有限的几家，但这种情况也跟企业的经营需求有着直接的联系。企业现有车辆在 20 辆以下的占 29.41%。大多数企业采取利用社会车辆来满足企业经营的需求，调查发现，约 88%的物流企业选择使用社会车辆，其中运用社会车辆在 100 辆以上的占得比重较大。京津冀物流企业现有车辆及年利用社会车辆情况，如图11－27 所示。

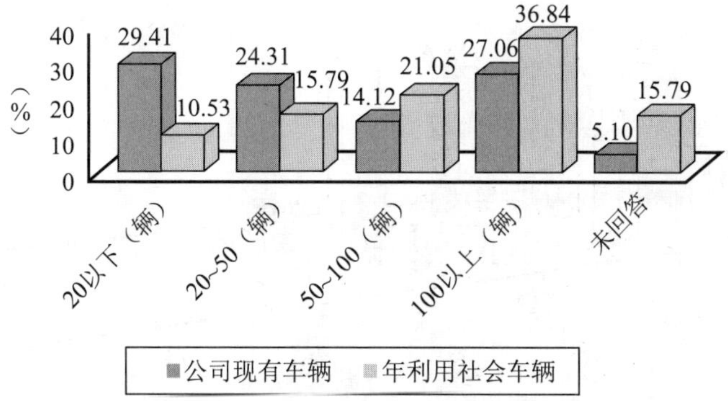

图 11－27　企业现有车辆及运用车辆的情况

针对问卷中物流企业现有车辆的类型及数量进行分析，普通货车、专用货车、冷藏车和集装箱专用车比较常见，除了未作回答的物流企业外，20 辆以下的拥有专用货车的物流企业较多，占比 42.11%，其次是普通货车比较常见。对于冷藏车来说，20 辆以下的物流企业较多，可能是由于物流企业的经营性质不同造成的。对于集装箱这种专用车来说，考虑成本因素及利用率的因素，依然是 20 辆以下的物流企业占比较大。具体的调查情况，如图 11－28 所示。

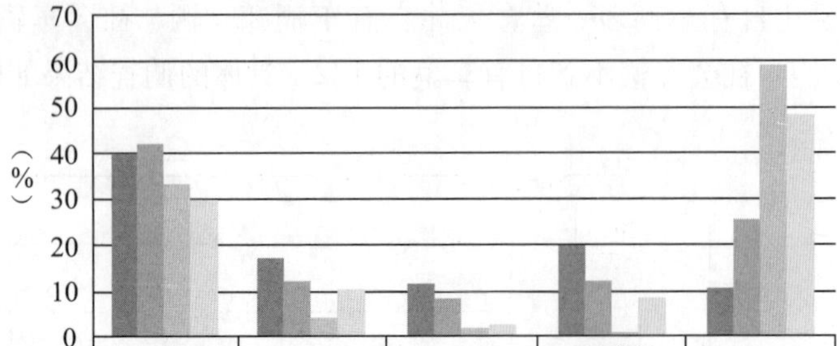

	1~20（辆）	20~50（辆）	50~100（辆）	100（辆）以上	未作答
■普通货车	40.10%	17.26%	11.68%	20.30%	10.66%
■专用货车	42.11%	11.84%	8.55%	11.84%	25.66%
■冷藏车	33.33%	4.17%	2.08%	1.04%	59.38%
■集装箱专用车	30.19%	10.38%	2.83%	8.49%	48.11%

图 11－28　企业拥有车辆类型及数量的情况

根据现有的数据进行统计分析，63％的物流企业都拥有厢式货车，47％的物流企业拥有普通货车，反而拖排半挂、专用罐车及冷藏车较少。在企业现有的车辆中，厢式货车利用率较高，53％的物流企业厢式货车的利用率达到了100％，平均利用率也达到了92％，所以说，物流企业对厢式货车的利用率是普遍较高的。普通货车的平均利用率也达到了80％以上。总体来说，物流企业的车辆利用率是相当高的。企业拥有车辆平均利用率情况，如图11－29所示。

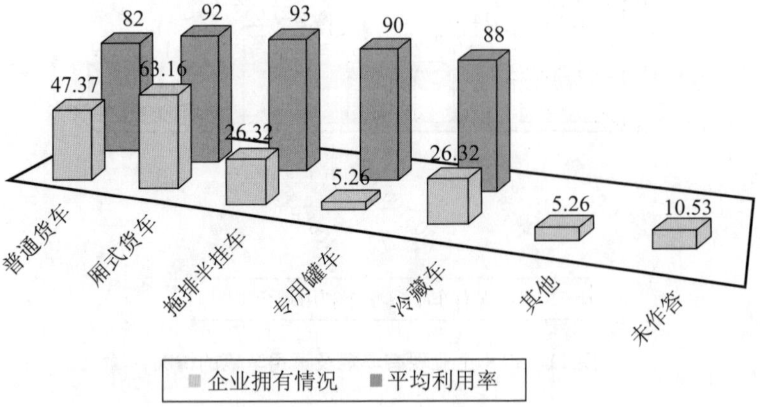

图 11－29　企业拥有车辆平均利用率情况

在调查现有的车辆能否满足物流企业的需求时，有58％的企业反映现在拥有的车辆能够满足客户需求。

问卷回收的有效数据统计显示，京津冀地区物流企业装卸设备台数最多21725台，其中装卸设备在20台以下的物流企业较多，占38.86％。其次是20～50台的物流企业占比为23.22％，50～100台，及100台以上的物流企业占总数的比例均低于20％。具体的调查情况如图 11－30 所示。

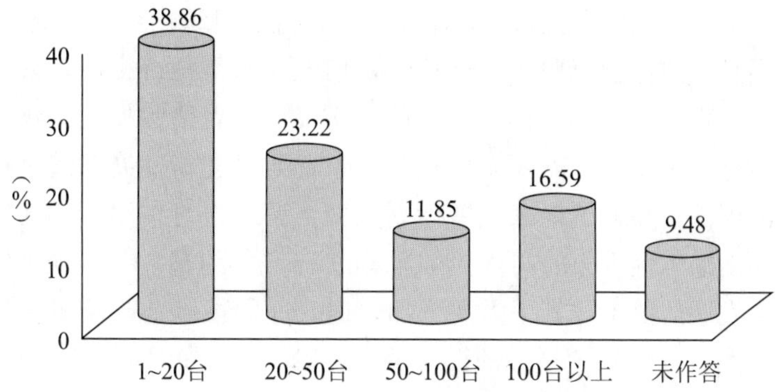

图 11－30　物流企业装卸搬运设备数量情况

根据调查问卷结果显示，物流装卸搬运设备使用比较普遍的是一般电瓶叉车、搬运车等，占样本总数的 85%以上的企业都有。然而像输送机，升降、起重设备这样的大型设备相对缺乏，只有占样本总数 25%的企业拥有输送机。当然不同性质的企业需要的装卸搬运设备不同。但整体上表明京津冀地区的物流的装卸搬运设备还处在发展阶段，还需要更长的时间来完善企业的物流装卸搬运设备，以此来提高物流运作效率。物流企业拥有装卸搬运设备及所占比例情况，如图 11－31 所示。

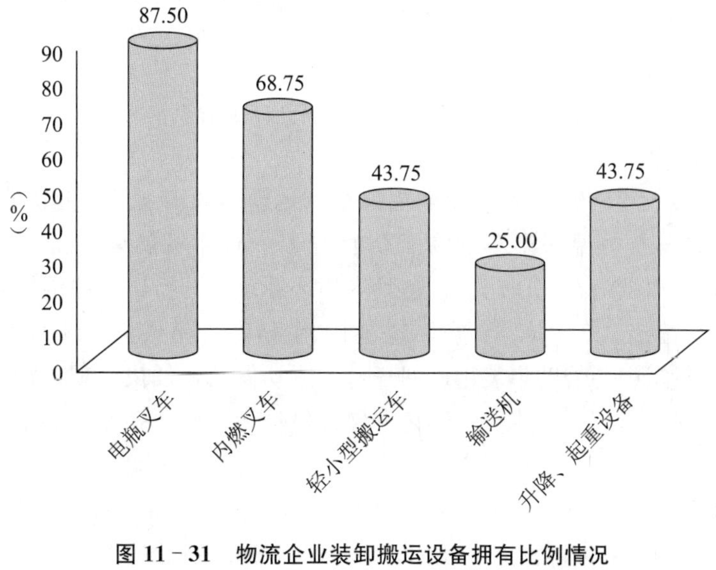

图 11－31　物流企业装卸搬运设备拥有比例情况

经调查还发现，京津冀地区基本的物流设备标准还没有统一和规范。如仓库货架、卡车、托盘、集装箱等基本物流设备都没有统一的标准。同时，物流包装与物流设备之间的标准也不统一。而物流标准不统一，不同地区的物流设备之间缺乏有效的衔接，自然很难实现物流的一体化发展。

3. 物流企业未来的发展计划分析

物流资源分散，物流成本较高。京津冀地区物流的组织化水平较低、物流社会化、专业化程度也不是很高，物流服务功能单一，信息化水平亟待提高。京津冀协同发展战略，对区域内的物流配套服务提出了新的要求。面对着诸多挑战，物流业发展要想适应京津冀一体化的步伐，就需要做出相应调整，通过创新发展来满足京津冀协同发展下的巨大物流需求。在关于未来发展计划方面，调研组对京津冀地区物流企业开展了拟添置仓库和运输车辆方面的调查。在未来的3～5年约有84%的企业需要增加仓库来满足企业快速发展的要求，其中需要增加普通仓库的物流企业较多占32%，其次是自动化仓库占18%。企业需要增加的设备设施类型比例，如图11－32所示。

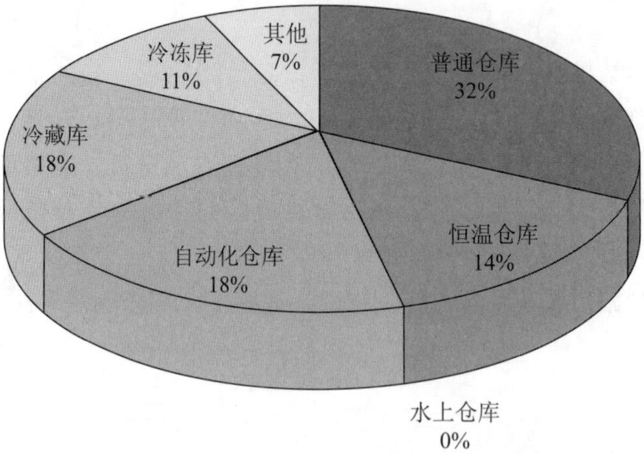

图11－32　企业需要增加的仓库设施比例情况

在未来的3～5年约有73%的企业需要增加运输车辆来满足企业快速发展的要求，其中需增加厢式车及恒温保温车的物流企业占25%，需增加集装箱车的物流企业占20%。例如，“天津港—石家庄南”首趟管内集装箱班列开行，天津港铁路集装箱运输比重大幅攀升。截至2015年10月，疏港国内集装箱完成80944标准箱，增幅达206.8%。天津货运中心借助集装箱班列开行的成功做法，加快向现代物流企业转型发展，为国家“一带一路”、京津冀一体化发展提供动力引擎。企业需要增加的运输车辆的项目情况，如图11－33所示。

由数据显示：京津冀地区3～5年内增加的车辆在20辆以下的占37.5%，20～40辆的占43.75%，40～60辆的占6.25%，60辆以下的占到了6.25%。3～5年增加的车辆数量比例，如图11－34所示。

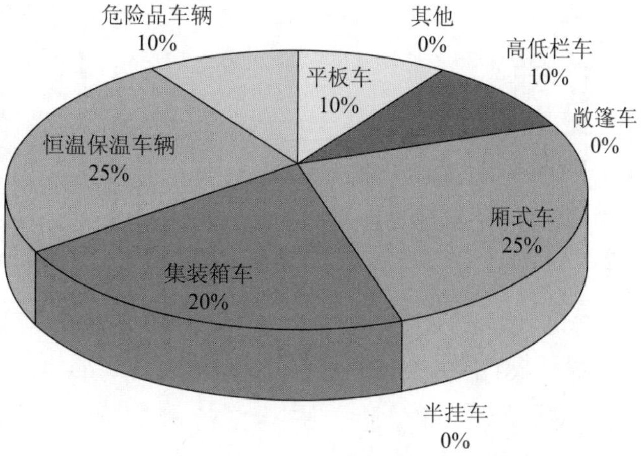

图 11－33　未来 3～5 年企业需要增加的车辆设施情况

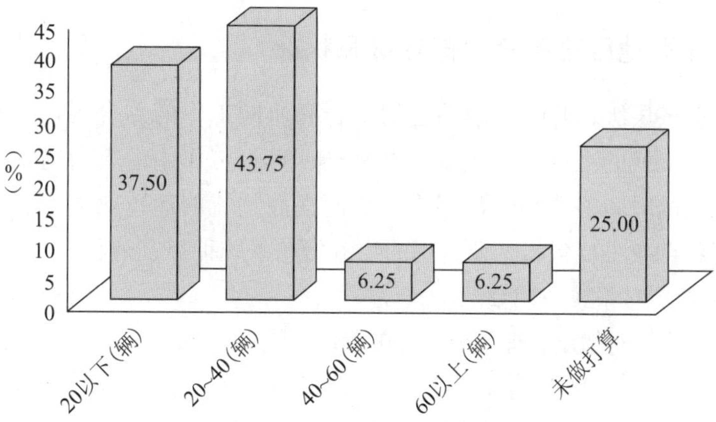

图 11－34　未来 3～5 年增加的车辆数量情况

仓库面积的增加比例如下，1 万平方米以下的占 31.25%，1 万～5 万平方米的占 12.5%，5 万～10 万平方米的占 18.75%，10 万平方米以上的占到了 18.75%，仍然有 37.5%的物流企业还未考虑增加仓储面积。未来 3～5 年增加的仓库面积比例如图 11－35所示。

京津冀未来 3～5 年，在设施设备方面，逐步提高物流设施的利用率，提升物流设施设备的专业化水平，积极发展标准化、厢式化、专业化的货运车辆，逐步淘汰栏板式货车。逐步加强物流核心技术和装备研发，推动关键技术装备产业化，鼓励物流企业采用先进适用技术和装备。

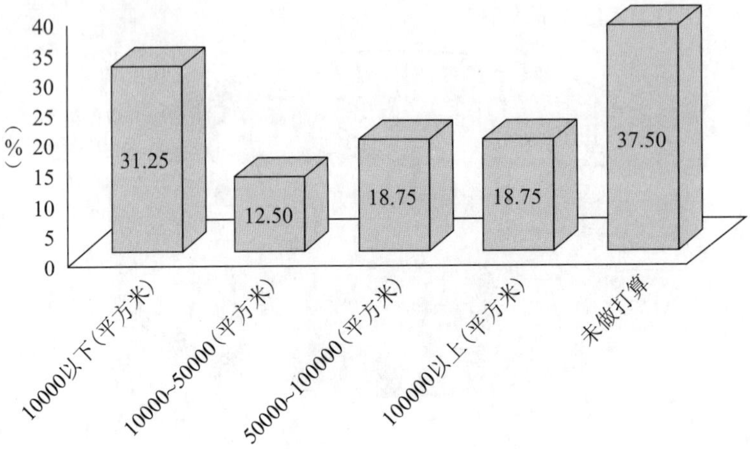

图 11-35　未来 3～5 年增加的仓库面积情况

（三）京津冀地区物流企业信息资源状况

信息是企业各层级、各企业间的密切配合和协同工作的黏合剂，它可以节省时间和提高企业信息交换的准确性，减少了在复杂、重复工作中的人为错误，因而减少了由于失误而导致的时间浪费和经济损失，从而提高物流的运行效率。京津冀物流企业信息化水平现状调查主要包括企业运用的物流信息系统种类及来源。

1. 物流企业信息系统应用情况

此次调查主要针对物流管理系统、订单管理系统（OMS）、供应链管理系统、运输管理系统（TMS）、仓库管理系统（WMS）、自动识别系统、企业资源管理系统（ERP）的应用情况。数据显示 84.3%的企业拥有物流相关信息系统，其中约 47%的物流企业拥有物流管理系统，约 58%的物流企业拥有运输管理系统，58%的物流企业拥有仓库管理系统，根据调查显示，样本中物流企业拥有的信息系统情况如图 11-36 所示。

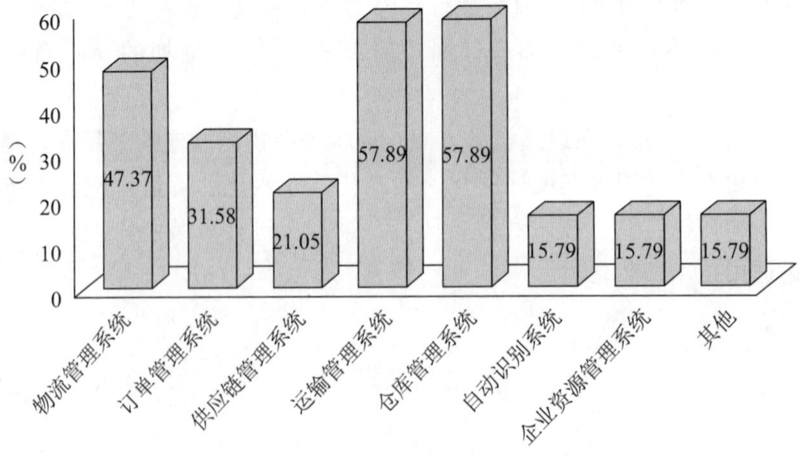

图 11-36　物流信息系统的应用情况

由调研可知，除了上述提出的管理信息系统外，约16%的企业还应用了GPS、OEMS、SAP、现场管理系统等进行现代化管理，来提升企业的运营效率。由2015年中国统计年鉴可知，2014年年底，全国、京津冀地区和交通运输、仓储和邮政业企业信息化及电子商务情况如图11－37所示。

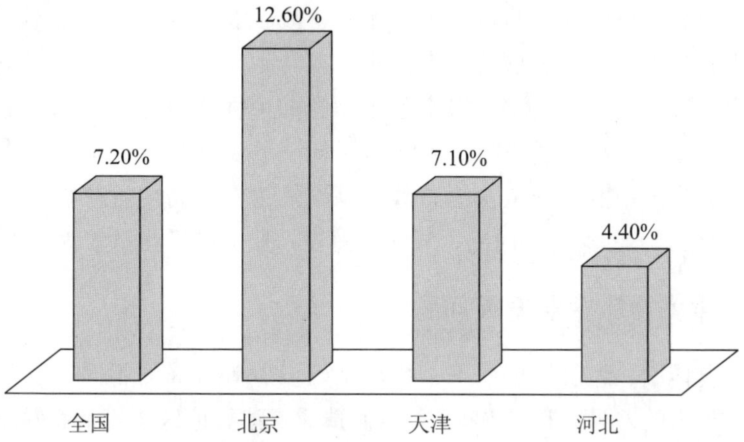

图11－37　全国和京津冀地区和交通运输、仓储、邮政业企业信息化情况

由此可知，全国有电子商务交易企业的比重占7.2%，北京占比为12.6%高于全国比重，天津占比为7.1%，与全国的电子商务交易企业比重相当，河北有电子商务交易比重为4.4%，低于全国，其中就行业来看，交通、仓储、邮政业电子商务交易比重为4%。

2. 物流企业信息系统来源情况

从调研回收的调查问卷情况来看，仅有37%的企业由自己开发软件，63%的企业物流信息软件为购买，自身缺乏开发物流信息软件的能力。调研发现，大多数企业选择使用购买的物流信息软件的原因主要有两个：一是物流企业多为中小型企业，自身不具备开发物流信息软件的实力；二是对于许多以运输或货运代理为主的小企业来讲，没有必要去开发专属自己公司的软件，使用购买的物流信息软件已经足够了。

由于京津冀地区的物流信息系统建设处于各自发展的状态，各地自建的信息系统不统一，虽然部分物流配货场所设立了网站，但由于物流业没有与其他生产、销售等领域建立物流公共信息平台，未利用电子化、信息化手段改变传统落后的操作模式，在物流信息的应用和资源整合方面，远未形成一个布局完善的物流网络体系，物流信息割裂封闭，逐渐形成信息孤岛，信息不能共享，难以实现物流信息的有效对接和物流资源的有效配置，在一定程度上影响京津冀物流的一体化发展。

四、京津冀物流企业发展问题与对策

本报告利用调查问卷，从企业基本情况、服务状况、资源状况 3 个方面对京津冀物流企业进行了调查。统计分析发现，目前京津冀地区绝大多数的物流企业为综合服务型企业，其中大部分是 4A 和 3A 级企业，A 级企业分布呈现“两头小、中间大”的态势。在京津冀经济快速发展的过程中，地方物流企业与外部的联系不断加强，企业间业务往来更趋频繁。绝大多数的物流企业已参与到至少一条供应链当中，信息共享程度达到一定水准。其次，京津冀物流企业提供的个性化服务、服务订单的接收与结算方式都在使用新技术，并紧随当前的国内外环境的发展步伐。京津冀物流企业的服务理念多为以客户为中心、安全快捷高效、以诚信为本，高度重视货物的安全性（即货损货差率低）、服务的速度和时间、顾客满意度，服务制度相对较为完善。

（一）京津冀物流企业发展问题

由于在经营体制、经济发展水平、物流基础设施等方面的不同，京津冀三地物流业发展存在着很大的差异性和不平衡①，从而造成京津冀地区物流企业发展不平衡，缺少大型龙头企业的引领。业务类型和服务功能发展不均衡，大部分物流企业仍然主要在提供运输、仓储等功能性物流服务，应朝完善各种物流服务功能、提供综合物流服务方向发展。具有相当数量的载运工具和仓储设施，但专业化、现代化设施设备不足，可通过多种途径引进短缺的设施设备。重视信息技术的应用，但各种信息技术使用并不均衡，大部分企业的物流信息软件均为需外部采购，自身缺乏开发物流信息软件的能力，应加大对信息技术的投入力度。大多数企业的管理人员文化水平都不是很高，物流相关专业毕业的运作、管理人才较少，物流管理专业出身的管理人才更是稀缺，应加强对物流人才的培育。

1. 区域发展不平衡，缺乏龙头企业引领

京津冀区域内规模较大的物流企业主要在京津布局，河北省物流企业发展层次偏低②，因此，京津冀地区物流企业发展呈现出北京最好、天津其次，旗鼓相当的局面。河北省不论在数量、规模等方面均远落后于北京天津。企业缺乏规模优势，管理的整体效益不显著，整个行业仍处于“散、弱、小”的现状，开拓市场乏力、开展业务困难、抵抗风险能力弱等。其中北京 A 级物流企业数量占京津冀地区 A 级物流企业的 43.7%，且 5A、4A 级企业占（北京 A 级企业）70%以上。在月平均收入方面，依然北京的企业平均收入最高，天津其次，而河北最次，且只占北京的近 1/4。在京津冀的协同发展中应注重平衡发展，任何一个方面的缺失或落后将会影响甚至减慢京津冀整体的发展速度。河北省目前物流企业发展需要得到更多的支持与帮助，无论是政策上

① 朱艳新，黄红梅，李美羽．京津冀物流协同发展的创新路径［J］．物流技术，2015（11）：89-91.

② 刘东英，程姿．京津冀物流产业升级路径及对策研究［J］．经济与管理，2015（4）：18-22.

的倾斜或是设备技术方面的提升。

2. 物流服务范围窄，服务水平层次较低

从调研数据看，京津冀物流服务还处于物流业发展的初级阶段，大都只能简单地提供运输和仓储等单项或分段的物流服务，而不能提供物流信息、库存管理、物流方案设计等增值服务以及完整的物流解决方案，尤其在物流方案设计以及全程物流服务等高层次的物流服务方面还没有全面展开。即大多数物流类企业主要的业务仍然局限于转型前的基础性服务，成功开展综合业务的公司并不多。在京津冀物流企业提供的个性化和特色性服务中，GPS定位系统、全程货物跟踪所占比例最高，达到73.68%；其次是信息平台共享支持和门对门一条龙服务，占57.89%；物流金融和物流地产分别占15.79%和10.53%；而其他方面只占5.26%。

3. 物流技术装备比较落后，信息化程度较低

(1) 物流技术装备比较落后。

京津冀物流企业中，现代化的厢式货柜和集装箱及特种运输车辆、现代化立体自动化仓储设施（如具有冷藏、保鲜、气调功能的仓库）拥有率比较低。由调查可知，北京地区低温仓库的数量最多，占地区总仓库的40.51%，其次是中温仓库占29.45%，速冻仓库及深冷仓库的占有率偏低。天津地区、河北地区占有率较高的也是低温仓库，其次是中温仓库，深冷及气调仓库较少。63%的物流企业都拥有厢式货车，47%的物流企业拥有普通货车，拖排半挂、专用罐车及冷藏车等专用车辆较少，且各种运输方式之间装备标准不统一，在一定程度上延缓了物流机械化和自动化水平的提高，影响了运输工具的装载率、装卸设备的荷载率，以及仓储设施的空间利用率。

(2) 物流企业信息化程度较低。

在京津冀区域内，物流企业信息化建设基础差，特别是相对落后的河北省，虽然有些企业建立了物流信息系统，但只有自己企业数据库而且并不规范①。从调研的情况来看，京津冀物流企业物流信息管理水平和技术手段比较落后，缺乏必要的公共物流信息平台，约47%的物流企业拥有物流管理系统，约58%的物流企业拥有运输管理系统，58%的物流企业拥有仓库管理系统，订单管理、货物跟踪、库存查询等物流信息服务功能较弱，制约了物流运行效率和服务质量的提高。即使个别企业采用了物流信息化管理系统，但63%的企业的物流信息软件均为购买，都不是针对自身经营特点而专门开发的，自身缺乏开发物流信息软件的能力。

4. 从业人员学历低，物流人才短缺

在所调研的京津冀物流企业中，属于物流相关专业毕业的运作、管理人才较少，大多数企业的管理人员文化水平都不是很高，物流管理专业出身的管理人才更是稀缺。特别是入驻各物流园区的小型物流类企业，许多管理人员都是个体户出身，并没有受过专门的相关教育。被调查的京津冀物流企业中46%的管理层员工学历水平达不到本科，拥有硕士以上学历的只占19%。在企业业务人员当中，76%的被调查企业有50%

① 史锦梅．京津冀物流产业系统发展思路及对策［J］．中国流通经济，2015 (11)：72-77.

以上的员工学历在本科以下，本科学历很少，硕士学历员工微乎其微。在京津冀物流企业人才培训方式方面，大部分企业对此未给予足够重视，企业内定期组织培训的比例仅为56%。

（二）京津冀物流企业发展对策

1. 统筹规划，协同发展

（1）大力培育大型龙头物流企业，扶持发展中小物流企业。

目前京津冀物流企业以传统业态和中小型企业为主，存在着规模小、效益低、竞争力弱等问题。应积极培育大型龙头物流企业，加大政策扶持，支持大型物流企业通过国有资产划拨、企业兼并、合资合作、并购或参股等形式，改造升级或兼并重组，在各行业、各物流领域和各重点物流环节重点培育一批主业突出、综合服务水平高、竞争能力强的龙头物流企业。同时扶持发展中小物流企业，通过改善金融物流服务，建立中小物流企业融资担保机构，支持现有运输、仓储、货代、联运、快递行业的中小物流企业完善功能和延伸服务。

（2）积极实现物流企业协作，实现跨区域协同发展。

通过资产重组、业务融合和流程再造，创新个性化服务模式，扩展物流服务网络，满足多样化的物流市场需要。要把培育市场主体作为一项重要任务，引导中小物流企业加快整合步伐，可以通过组建物流集团，设立物流联盟等形式，壮大市场主体规模，培育细分市场龙头企业。积极与京津冀内外、国内外知名物流企业进行合作，实行跨区域、跨行业、跨所有制运作，支持引导传统物流企业转型升级。相比于长三角、珠三角的物流市场体系，京津冀物流市场尚处于发展的初级阶段，亟待进一步加大物流企业公共信息平台建设，尽快实现政府、物流企业之间实时、可靠的信息交互，并把分散在不同区域、实力较弱的单一物流企业紧密联系在一起，从而提高物流服务能力，推动物流企业转型升级，增强企业核心竞争力，最终实现信息共享、全网联动，优化社会资源配置，加速推进现代物流体系的形成和健康发展。

（3）促进龙头企业、中小企业整合重组，实现物流企业一体化发展。

目前，京津冀大部分物流企业仍然处于粗放式发展阶段，物流企业“小、散、弱”导致的低水平、同质化竞争非常严重，先进物流组织方式难以有效推广应用。物流组织化程度和集约化水平低是制约物流产业加快发展的重要因素。所以，应发挥龙头企业的引导示范效应，促进物流资源进一步整合、重组，是提升物流服务水平的有效途径。在大型龙头骨干物流企业带动的同时，必须在兼顾各类物流企业共同发展的前提下，加快进行物流市场主体结构优化，引导物流企业由传统型物流企业向现代型物流企业转型。不仅要下大力气解决物流企业发展普遍面临的障碍，如大型物流企业设立分支机构、增设经营网点的制度壁垒和中小企业联盟发展的扶持政策落实不到位的问题，而且要结合物流体系建设、发展多式联运、信息平台建设以及农村物流、城市配送、邮政快递等重点领域的专项推进工作，有针对性地制定相应的扶持培育企业政策，实现各专项领域物流企业的快速发展壮大，并且以点带面，逐步实现全行业服务能力的提升和市场主体结构的优化。鼓励有实力的京津冀物流企业拓展服务网络，提升供应链管理水平，支持中小物流企业发展，从税收、财政支持等方面改善中小企业经营环境，促进业务流程和服务模式创新。培育物流龙头骨干企业，鼓励中小企业联盟发展，规范中介组织经营行为，提高物流发展集约化水平。对于大企业而言，应该进一步做大做强，发挥龙头企业的先导和引领作用；对中小企业而言，应通过各种形式的联盟，抱团发展，实现基础设施共用和网络化运输，提升竞争力。

例如，物流企业中的快递企业申通快递和天天快递宣布重大战略重组。此次战略重组，将全面整合两家企业在产品、运营、信息技术、快件最后一公里等领域的资源，从而加快推进物流企业的服务水平，提升物流企业的服务能力。申通快递在提供传统快递服务的同时，积极拓展新兴业务，为国内大型 C2C、B2C 企业提供第三方物流和仓储、物流配送、代收货款、贵重物品通道等服务，在国内建立的业务机构包括信息采集、市场开发、物流配送、快件收派等，同时，也积极拓展国际件服务。天天快递品牌创建于 1994 年，建立了庞大的市场采集、市场开发、物流配送、快件收派等业务机构及服务网络。根据天天官网的信息，天天快递拥有上海、杭州、北京、南京、广州等 15 家合资、全资子公司及 2000 多家加盟商。拥有网点 10000 多个，全国从业人员 7 万多人，网络遍布国内 300 多个地级市和 2800 多个县。现已实现江浙沪无盲区派送，形成了以长江三角洲、珠江三角洲、环渤海地区为重点区域的快递网络布局。这两家物流企业进行战略重组，强强联合，可以整合申通的仓储以及国际快运能力以及天天的实体网络等资源，提高竞争力。物流企业间实行兼并重组或者战略合作，相互融合、相互促进，相信定会产生像 UPS（联合包裹速递服务公司）、DHL（中外运敦豪国际航空快递有限公司）这样的物流巨头。为此，应结合京津冀一体化带来的物流企业重新布局的发展机遇，加大整合、兼并、重组力度，通过功能整合和服务延伸，形成高效的物流网络，加快向现代物流企业转型升级。

2. 优化资源配置，完善物流服务功能

（1）改变传统观念，树立全新物流服务理念。

从目前情况看，京津冀大部分物流企业仍然主要在提供运输、仓储等功能性物流服务，通过比拼功能服务价格进行市场竞争。要改变这种状况，必须树立全新的服务理念：在运输、仓储、配送等功能性服务基础上不断创新服务内容，实现由基本服务向增值服务延伸，由物流功能服务向管理服务延伸，由实物流服务向信息流、资金流服务延伸，为客户提供差异化、个性化物流服务；同时，要根据客户需求，结合物流企业自身发展战略，与客户共同寻求最佳服务方式，实现从短期交易服务到长期合同服务，从完成客户指令到实行协同运作，从提供物流服务到进行物流合作。

（2）引进先进物流服务标准，构建标准质量管理体系。

物流服务质量的提高，有赖于建立有效的质量管理体系，而 ISO 9000 质量管理体系是当今最有效、最先进、规范化的质量管理理论和方法。虽然目前京津冀许多物流企业已经建立了质量管理体系，但有些企业由于执行、监管力度不足，运行效率还不尽满意。为此，京津冀物流企业应按 ISO 9000 标准的要求服务质量管理体系，使质量管理的组织结构、过程、程序和资源构成有机整体，建立有效物流服务质量控制机制，以实施服务质量方针、实现质量目标，最大限度满足顾客的需求和期望，增强顾客的满意度。

（3）加强物流企业过程监控，优化物流服务系统设计。

应加强过程的控制，以适宜的物流成本提供最好的物流服务，进而提高物流企业整体素质。在市场营销过程中，京津冀物流企业应做好市场营销的策划工作，制定好市场营销工作程序，并通过广泛的调查与访问，收集市场信息，进而确定和提炼出顾客对物流服务的需求，不断提高市场营销的质量。对于物流服务的设计过程，京津冀物流企业应明确规定物流服务设计的职责，科学编制物流服务规范和质量控制规范，并应做好设计评审，以确保物流服务持续地满足顾客的需求和符合物流服务规范。

（4）完善物流服务质量评定环节，强化物流服务绩效评价。

对于物流服务提供过程，京津冀物流企业应做好服务质量的评定，特别应重视顾客对服务的感受，识别物流服务规范和顾客满意方面所取得的成绩和不足，分析产生不合格物流服务的根本原因，并及时采取有效措施进行纠正。对于物流服务绩效与评价过程，京津冀物流企业应建立有效的业绩评价体系，从服务水平、满足程度、交货水平等服务目标进行评价，并针对存在问题，物流企业提高物流服务质量探讨提出改进措施，层层落实质量改进的职责，确保服务质量目标的实现。

（5）引进全面质量管理思想，提升物流服务质量。

为了保证质量管理体系良性运行，京津冀物流企业引入全面质量管理的思想。全面质量管理将质量作为公司的整体要素去考虑，实施全员的质量管理、全过程质量管理、多方法质量管理，它把以顾客为中心、全员参与、持续改进等思想贯穿企业流程的管理中，通过建立可测量、可控制的服务行为质量特征和标准，提升物流企业的服务质量①。为此，京津冀物流企业应将全面质量管理思想渗透到企业的质量发展战略和质量管理体系中，合理规划资金、技术等资源，努力实现物流服务流程的制度化、规范化，不断推动和完善企业服务质量管理程序，加强企业质量文化建设，构建有统一目标、有作战能力的人才团队，使服务成为全体员工的共同价值观念、信念和行为准则，持续不断地改进服务质量和可靠性，确保物流企业不断提高服务质量。

3. 加快物流企业转型，创新物流企业赢利模式

物流企业选择适合自身发展条件的赢利模式，是企业发展战略的选择。随着京津冀一体化的不断发展，谁能持续获得比同行更高的利润，谁才是真正的赢家。京津冀物流企业要加快企业的快速转型，适应京津冀一体化的发展趋势，不断寻找新的利润区，使传统物流业务焕发新生，并逐步向现代物流企业转型，实现物流企业快速、稳定、健康发展，京津冀物流企业可以根据企业自身状况，选择以下创新型的赢利模式。

（1）物流企业联盟战略与客户解决方案赢利模式。

物流企业联盟战略是指物流企业针对行业客户提出整体物流解决方案、提供完备

---

① 魏国辰，杨宝宏．物流企业提高物流服务质量的探讨［J］．物流科技，2008（3）：45－47.

的供应链服务。这种发展战略将使物流企业在规模上得到扩大，赢利空间增大，通过利用企业自有资源，结合对采购资源（社会资源）的监控管理，实现物流企业经营赢利。客户解决方案赢利模式，是指物流企业针对客户物流需求，利用低成本优势、网络优势，以及在许多领域拥有成熟的客户关系，为客户度身定做个性化的运输、配送、库存、区域分拨、代收货款、代理结算等物流一体化解决方案，提供供应链管理服务，获取经营效益。

（2）核心业务能力战略与寻找优势市场赢利模式。

核心业务能力战略是指物流企业利用核心业务能力为多个行业提供核心物流服务。随着经济全球化和社会分工的日益细化，任何物流企业都不可能包揽所有业务，企业要想获得竞争优势，就必须拥有自己的一种或几种核心业务能力。优势市场赢利模式是指物流企业对市场进行分隔，围绕自身的核心业务能力，寻找最具优势的细分市场，提供最具竞争力的物流服务，以质取胜，从而获取较高的利润。

（3）服务经营网络战略与技术创新赢利模式。

服务经营网络战略就是鼓励企业进行横向和纵向整合，拓展自己的经营网络和服务网络，扩大物流服务覆盖领域，使其延伸到社会生活的各个方面。技术创新赢利模式是指技术创新能力高于行业对手的企业具有先行优势，通过信息化技术优势，降低企业运营成本，以具有竞争力的价格推出的新产品总能获得超额回报，企业所获得的利润率总是超过行业平均水平，企业实力始终处于行业的龙头地位。

（4）多点竞争（增值服务）战略与稀缺资源占有赢利模式。

多点竞争战略主要是指扩展服务内容，增加服务形式，对物流企业来说就是提供多种形式的物流增值服务。稀缺资源占用赢利模式是指在充分的市场竞争状态下，物流企业利用掌握的稀缺资源，为客户提供特别服务，实现占领市场、扩大地区的目标。领先赢利模式是指物流企业利用地区竞争优势，包括网络资源优势、成熟客户群体人脉关系优势、运作成本优势，抵御竞争对手对“根据地”的抢夺，实现比同行业物流企业更高的利润率。

4. 引进现代物流技术，转型现代物流设施设备

智能化、标准化、信息化、集约化是国际物流发展的大方向，物流企业应抓住京津冀一体化发展契机，广泛应用互联网技术，不断创新赢利模式，使用现代化的物流技术来提高物流效率和服务质量，加快企业转型升级，成为现代化物流技术、物流管理的先行者。

（1）加快物流设备标准化制定工作。

物流设备标准化对于提高物流运作效率起着至关重要的作用，统一的标准有利于各种设备之间的相互衔接配套，有利于物流企业之间的业务合作，从而缩短物流作业时间，提高生产效率，改善物流服务质量，进而减少物流成本在生产总成本中所占的比重。

（2）加大对物流设备的投资力度，注重多元化投资。

企业管理者应该对物流设备的实际应用情况进行调查研究，注重发展技术含量高

的物流设备，有意识地淘汰陈旧落后、效率差、安全性能低的物流设备，配置先进物流机械设施，如运输系统中的新型机车、车辆、大型汽车、特种专用车辆，仓储系统中的自动化立体仓库、高层货架，搬运系统中的起重机、叉车、集装箱搬运设备、自动分拣和监测设备等。针对一些具有特殊性的产品，比如生鲜农产品，其冷链物流企业应该加强冷链物流运作技术的升级，加强冷链物流技术的资金投入，使企业现代化技术的应用维持客户产品的需要，满足加工、储藏、运输、销售环节的低温要求，减少农产品在物流中的质量损失。

同时，大力推行和引进国内外先进信息管理系统，通过条码技术、射频识别、自动分拣、仓库智能管理、物流信息跟踪等先进技术，完成安全仓储、精准分拣、智能配货、快速运输，全面提高物流服务质量和效率，促进企业发展。

（3）构建物流信息网络平台。

现代物流的发展在很大程度上主要得益于信息技术在物流领域的广泛应用，没有信息网络的快速信息传递，物流系统是无法实现高效快捷的服务的。然而，构建符合现代物流发展需要的信息化网络体系，不仅包括企业内部的物流信息化，而且还包括上下游企业之间、供应链与供应链之间信息的互连互通和共享共用。除了涉及企业的机密外，所有的物流信息都可以在网络上向公众开放，使客户足不出户就能够找到运输企业所提供的适用于客户的个性化服务。虽然，近几年一些京津冀物流企业加快了构建信息化网络的步伐，但这些企业离先进的物流水平还有较大的差距，必须将眼光放得更远，引进关键技术和立足自主开发相结合，迅速建成企业自己的信息网络，用先进的技术和管理装备运输主业，形成完善的物流服务功能和运营实力。

5. 完善员工培训机制，培育物流专业人才

由于国内物流人才缺乏，引进国外人才又代价不菲，大多数中小物流企业难以支付昂贵的人力成本，因此，企业不可能全部通过外部引进的方式来完善企业的人才队伍。现阶段，物流企业要立足盘活企业内部人才存量，即通过完善员工培训机制，对员工不断充电，不断更新其物流知识、管理理论以及操作技术，挖掘其聪明才智，扩展其才能，实现企业人力资源的合理开发，提高物流人员综合素质、服务意识，在树立良好物流企业形象和提升零售户满意度中发挥作用，引导物流人员加强学习。京津冀一体化发展新时期，对物流企业物流人员的自身素质提出了更高要求，物流企业必须引导企业物流人员加强专业文化知识的学习，不断进取，紧跟企业发展的步伐。物流企业必须要多渠道对物流人员进行教育培训，提高物流人员的综合素质和专业理论水平，增强服务意识。并且，从物流企业的规章制度入手，树立物流人员严谨的工作作风，从思想上、观念上出效益，以提升物流企业服务意识，培育适应京津冀物流发展新趋势的物流专业人才。

（1）深化内部培训。

京津冀物流企业应该建立以企业内部培训为主、外部培训为辅的双层培训体系。对企业内中、低层物流从业人员采用内部培训，为企业培训更加符合京津冀一体化发展的能直接从事具体物流活动的操作人员或管理人员，对富有实践经验的高级管理优

秀人员，通过脱产或半脱产的学习形式，进行物流理论研究、物流应用分析、物流专题讨论、物流项目策划和物流论文写作等较高层次的培训为企业加速培养一批知识、能力和素质优秀的高级物流管理人才。根据企业自身情况，建立不同的内外结合的双层培训体系，将快速有效地促进企业的管理水平和竞争能力。

（2）加强行业培训。

积极发挥相关行业协会的作用，物流企业毕竟是具体的实业单位，企业本身往往无法实时地全局把握整个行业的发展动向，从而出现短时盲目，这就必然会影响到其人员培训。同时，为了自身利益，个别物流企业很可能进行一些违规操作而不顾及员工乃至行业的整体利益。为了解决上述问题，需要积极发挥物流行业协会的指导和协调作用，定期或不定期召开行业发展论坛、项目洽谈、产学研对接、信息技术和管理经验交流等，为物流企业发展提供全方位指导。

（3）促进物流企业与高校对接。

京津冀物流企业可与大学城各高校建立良好的校企合作关系，发挥高校物流专业教育、科研集聚优势，为物流企业培养、输送物流人才，同时促进高校物流相关教育机构确立为物流企业服务的理念，了解物流企业人才需求，适应物流实践需求开展教学改革。

专题一：京津冀协同发展社会物流成本比较研究

汪芸芳　张旭凤

摘要：社会物流成本与国民生产总值（GDP）的比率是衡量一个国家物流发展水平的重要指标之一。首先，本文从中国社会物流成本的核算方法着手，对比了中美等国家的社会物流成本核算方法，并对中美社会物流成本构成因素进行了分析，认为不考虑不同国家地区社会物流成本多样化的核算方式，而单一对社会物流成本与GDP的比率进行比较是不合适的。其次，本文研究了社会物流成本对京津冀地区物流业及宏观经济的影响，对京津冀物流成本管理现状进行了分析，对京津冀地区物流成本管理、核算和控制进行思考。建议京津冀地区结合宏观经济发展和产业结构转型的现状，通过与京津冀地区周边发达城市群物流业的取长补短，达到促进物流业地区合作推进经济协同发展的目标。再次，通过Vague集理论建立了社会物流环境影响因素评价体系，得出物流环境综合评价体系对世界上其他国家都市圈物流环境比较的研究结果。最后，对京津冀地区社会物流环境可改进的方向提出了参考性的意见，我们应紧密结合宏观物流环境和物流转型升级历程，准确把握物流成本的变化规律。

关键词：社会物流；统计核算；物流指标比较；地区物流环境综合比较；Vague集

一、引言

随着我国经济的发展、产业结构调整、产业升级的需要，物流业将在我国国民经济中占有重要地位。我国改革开放前30年经济飞速发展，但同时物流业也伴随着管理方式粗放、物流运输集约化程度不高的特点。随着我国经济进入“新常态”，物流业发展同样面临新的机遇和挑战。如何在“互联网＋”时代，京津冀协同发展的背景下，依托大数据（Big Data）、云计算（Cloud Computing）在物流、流通领域的广泛应用，使中国从物流大国走向物流强国是我们要解决的问题。

2014年9月12日，国务院印发《物流业发展中长期规划（2014—2020年）》（国发〔2014〕42号）。该规划指出，到2020年，基本建立布局合理、技术先进、便捷高效、绿色环保、安全有序的现代物流服务体系①。物流成本占GDP的比重已经成为衡量一个国家地区物流业发展水平的重要指标。但由于各国物流成本核算方法不同，很难单纯地从各国发布的物流成本占GDP的比重来衡量和比较各国物流业发展水平的差

① 中华人民共和国国务院，物流业发展中长期规划（2014—2020年）［M］．2014：1-13.

异，因为影响物流成本因素不仅包括物流管理水平，还包括产业结构的原因，核算数据及方法的原因等。

近些年来，我国物流成本管理研究与实践取得了一定的成绩，但是与发达国家物流成本管理、核算和控制相比，还存在很大的差距。因此，从多角度探究京津冀地区物流成本发展与世界其他主要国家都市圈物流发展的差距就显得格外重要。

二、理论依据

（一）社会物流成本核算方法

我国2006年12月22日发布的《中华人民共和国国家标准·物流术语》（GB/T 18354—2006）修订版中将物流成本定义为："物流活动中所消耗的物化劳动和活劳动的货币表现"，即产品在实物运动过程中，如包装、运输、储存、流通加工、物流信息等各个环节所支出的人力、物力和财力的总和就是物流成本①。

根据拟定中的社会物流成本统计标准文件《社会物流统计指标体系及方法》及2014年国家发展与改革委员会、中国物流与采购联合会、国家统计局联合发布的《社会物流统计核算与报表制度》，中国社会物流成本的统计算式为②：

社会物流总成本＝运输成本＋保管成本＋管理成本

其中，运输成本＝运费（公路、铁路、水运、航运、管道）＋装卸搬运等辅助费＋运输附加费

保管成本＝利息成本＋仓储成本＋保险成本＋货物损耗成本＋
信息及相关服务成本＋配送成本＋流通加工成本＋包装成本＋其他保管成本

管理成本＝社会物流总额×社会物流平均管理成本率

与美国、日本等国家相比，我国对社会物流成本核算的研究较为迟缓，直到2004年国家发展改革委员会、国家统计局发布了《社会物流统计制度及核算表式（试行）》的通知后，相对完善的社会物流成本统计计算体系才面世。

根据国家发展改革委员会、国家统计局关于组织实施《社会物流统计制度及核算表式（试行）》的通知以及中国物流与采购联合会关于组织实施《社会物流统计制度及核算表式（试行）》的补充通知，我国的社会物流总成本是指一定时期内，国民经济各方面用于社会物流活动的各项成本支出。其内容包括：支付给运输、储存、装卸搬运、包装、流通加工、配送、信息处理等各个物流环节的成本，应承担的物品在物流期间发生的损耗；社会物流活动中因资金占用而应承担的利息支出；社会物流活动中发生的管理成本等。具体包括运输成本、保管成本和管理成本三部分内容。

① 中国物流与采购联合会、中国物流技术协会、中国物品编码中心等：《GB/T 18354—2006 物流术语》[M]．中国标准出版社，2007：5-34.

② 国家发展与改革委员会，中国物流与采购联合会．社会物流统计核算与报表制度 [M]．2014：17-22.

（二）社会物流成本核算方法比较

以中国及美国社会物流成本核算体系为例，我们对不同国家社会物流成本核算体系下的运输成本、保管成本及管理成本影响指标分别进行了比较。

表1为中美交通运输成本构成指标比较，我们可以看出中国和美国的交通运输核算指标体系中，核算均包括公路运输、铁路运输、水路运输（内河及海运）、航空运输、管道运输等指标。而不完全一致的核算指标中，中国为装卸搬运费及其他运输辅助成本，美国为货运代理成本。但是依据美国社会物流成本核算体系指标说明，美国货运代理成本包括运输部门运作及装卸成本，所以中国装卸搬运成本及其他运输辅助成本与美国的货运代理成本有重叠的地方。

表1　　中美交通运输成本指标比较

中国	美国
公路运输	公路运输
铁路运输	铁路运输
水路运输（内河及海运）	水路运输（内河及海运）
油管运输	油管运输
航空运输	航空运输
装卸搬运费及其他运输辅助成本	货运代理成本

注：美国货运代理成本包括运输部门运作及装卸成本①，所以中国装卸搬运成本及其他运输辅助成本与美国的货运代理成本有重叠的地方。

表2为中美仓储保管成本构成指标比较，我们可以看出中国和美国的仓储保管核算指标体系中，核算均包括仓储成本、存货利息、保险等指标。美国物流仓储保管成本中包含物流税的成本，中国的物流仓储成本则无此项，物流税产生的费用没有单独列出。而不完全一致的核算指标中，中国为物流配送费及货物损耗成本，美国为搬运费及货物贬值、过时成本。

表2　　中美保管仓储成本比较

中国	美国
仓储成本	仓储成本
存货利息	存货利息
保险	保险

① 美国供应链管理专业协会（CSCMP）. 美国物流年度报告［R］. 2015：11－46.

续 表

中国	美国
无直接指标	税收
配送	搬运
货物损耗	货物贬值
	货物过时
信息相关服务费	中国信息相关服务费与美国管理成本中订单处理及 IT 成本有重叠
流通加工、包装	无直接指标
其他保管成本	无直接指标

表 3 为中美物流管理成本，在核算指标体系中，中美所包含的指标单项有所不同，美国为市场预测、计划制订及相关财务人员发生的管理成本，订单处理及 IT 成本。中国为物流管理人员报酬、其他管理成本。依据美国社会物流成本核算体系指标说明，美国信息服务成本包含在美国管理成本中订单处理及 IT 成本中，所以中国信息相关服务费与美国管理成本中订单处理及 IT 成本有重叠。

表 3　　中美物流管理成本比较

中国	美国
物流管理人员报酬	市场预测、计划制订及相关财务人员发生的管理成本
其他管理成本	
中国信息相关服务费与美国管理成本中订单处理及 IT 成本有重叠	订单处理及 IT 成本

注：中国物流管理人员报酬与美国相关财务人员发生管理成本有重叠。

从表 1、表 2 和表 3 可以看出，中美社会物流核算方法所覆盖的核算范围大部分保持一致，小部分核算指标有所区别。此外，中国核算与美国核算基于的会计核算体系不同，所以中国的社会物流核算方法与美国社会物流核算方法所核算出来的结果不适合直接比较。

三、京津冀地区产业结构比较

依据之前学者的研究成果①，我们可以认为影响地区社会物流成本与 GDP 比率的重要因素，有地区产业结构、地区货运周转量等指标。从表 4 中我们可以看出北京、天津和河北地区从 2005—2014 年的各产业增加值。

① 汪芸芳，陈丽华．社会物流成本核算［M］．北京：中国财富出版社，2016：50 - 76.

表 4　　2005—2014 年京津冀地区历年一产、二产、三产增加值　　单位：亿元

年份	北京				天津				河北省			
	总值	一产	二产	三产	总值	一产	二产	三产	总值	一产	二产	三产
2005	6969	88	2026	4854	3905	112	2135	1658	10012	1400	5271	3340
2006	8117	88	2191	5837	4462	103	2457	1902	11467	1461	6110	3895
2007	9846	101	2509	7236	5252	110	2892	2250	13607	1804	7201	4600
2008	11115	112	2626	8375	6719	122	3709	2886	16011	2034	8701	5276
2009	12153	118	2855	9179	7521	128	3987	3405	17235	2207	8959	6068
2010	14113	124	3388	10600	9224	145	4840	4238	20394	2562	10707	7123
2011	16251	136	3752	12363	11307	159	5928	5219	24515	2905	13126	8483
2012	17879	150	4059	13669	12893	171	6663	6058	26575	3186	14003	9384
2013	19800	159	4292	15348	14442	186	7275	6979	28442	3381	14781	10279
2014	21330	158	4544	16627	15726	199	7731	7795	29421	3447	15012	10960

资料来源：中国国家统计局［DB/OL］.（2015-12-19）［2016-04-15］. http：//www. stats. gov. cn/.

表 5 是京津冀地区历年一产、二产、三产在地区总增加值中所占的比率。因为农业增加值每 GDP 的社会物流需求系数近似为 0.056，工业增加值每 GDP 的社会物流需求系数近似为 3.046，服务业增加值每 GDP 的社会物流需求系数近似为 0.256，所以该地区的工业所占百分比对社会物流需求总额影响最大。

表 5　　2005—2014 年京津冀地区一产、二产、三产比率　　单位：%

年份	北京			天津			河北省		
	一产	二产	三产	一产	二产	三产	一产	二产	三产
2005	1.27	29.08	69.65	2.88	54.67	42.46	13.98	52.65	33.37
2006	1.09	26.99	71.91	2.32	55.06	42.63	12.75	53.28	33.97
2007	1.02	25.48	73.49	2.10	55.07	42.84	13.26	52.93	33.81
2008	1.02	23.63	75.36	1.82	55.21	42.96	12.71	54.34	32.95
2009	0.97	23.50	75.53	1.71	53.02	45.27	12.81	51.98	35.21
2010	0.88	24.01	75.11	1.58	52.47	45.95	12.57	52.50	34.93
2011	0.84	23.10	76.07	1.41	52.43	46.16	11.85	53.54	34.60
2012	0.84	22.70	76.46	1.34	51.68	46.99	11.99	52.69	35.31
2013	0.81	21.68	77.52	1.29	50.38	48.33	11.89	51.97	36.14
2014	0.75	21.31	77.95	1.27	49.16	49.57	11.72	51.03	37.26

资料来源：中国国家统计局［DB/OL］.（2015-12-19）［2016-04-15］. http：//www. stats. gov. cn/.

从表6及表7中可以看出，北京地区的产业结构最接近于世界上发达国家、地区的产业结构，因此可以推算出北京地区社会物流成本与GDP的比率相应较低。天津地区的产业结构正在向世界上发达国家、地区的产业结构接近，天津地区物流成本与GDP的比率相对还处在高位，但是社会物流成本与GDP的比率持续下降当中。河北地区的经济近年来快速发展，而河北地区的产业结构还处于发展中国家、地区的产业结构模式。河北地区物流成本与GDP的比率接下来在较长一段会持续处在高位。

表6　2009—2013年世界各国一产、二产、三产增加值百分比的平均值　单位：%

国家	农业增加值占GDP	工业增加值占GDP	服务业增加值占GDP
意大利	2.11	23.93	73.96
俄罗斯	4.16	35.78	60.06
巴西	5.48	26.69	67.83
中国	10.11	45.73	44.12
南非	2.58	29.36	68.07
印度	17.91	26.62	55.47
加拿大	1.55	27.03	71.43
法国	1.73	19.85	78.42
德国	0.81	29.90	69.29
日本	1.18	26.33	72.49
英国	0.64	20.64	78.72
美国	1.22	20.59	78.19

资料来源：世界银行［DB/OL］.（2015-04-15）［2015-12-15］. http://data.worldbank.org/products/wdi.

表7　2005—2014年京津冀地区一产、二产、三产近似百分比　单位：%

年份	北京			天津			河北		
	一产	二产	三产	一产	二产	三产	一产	二产	三产
2005	1	29	70	3	55	42	14	53	33
2006	1	27	72	2	55	43	13	53	34
2007	1	25	73	2	55	43	13	53	34
2008	1	24	75	2	55	43	13	54	33
2009	1	23	76	2	53	45	13	52	35
2010	1	24	75	2	52	46	13	53	35
2011	1	23	76	1	52	46	12	54	35
2012	1	23	76	1	52	47	12	53	35
2013	1	22	78	1	50	48	12	52	36
2014	1	21	78	1	49	50	12	51	37

资料来源：中国国家统计局［DB/OL］.（2015-12-19）［2016-04-15］. http://www.stats.gov.cn/.

表 8　　2005—2014 年京津冀地区货运周转量　　单位：亿吨·千米

年份	北京	天津	河北
2005	582.10	12593.00	5068.10
2006	653.20	12240.80	5556.60
2007	724.80	15289.00	6006.40
2008	758.89	2703.44	5925.48
2009	731.59	9606.61	6405.15
2010	876.93	10065.05	8071.11
2011	999.60	10337.29	9630.43
2012	1001.13	7844.06	10604.96
2013	1051.14	3097.39	11674.06
2014	1036.71	3602.38	12684.47

资料来源：中国国家统计局［DB/OL］.（2015-12-19）［2016-04-15］. http：//www. stats. gov. cn/.

从表 8 中我们可以看出，北京、天津和河北省三地近 10 年来的货运周转量变化趋势，北京地区的货运周转量近年来稳步增加，相比北京地区的产业增加值（GDP）来说，地区增加值增速较快。因此可以反映出北京地区的社会物流成本比北京地区增加值（GDP）的比率，相对来说呈现缓慢下降的趋势。这与北京地区的社会物流环境较好，产业构成合理是分不开的。天津地区物流货运周转量是受港口水运周转量影响较大的地区，因此 2008 年和 2014 年天津地区的货运周转量较低。河北省工业增加值在河北地区增加值（GDP）所占比重较高，所以河北省的货运周转量与河北地区增加值（GDP）相比北京、天津地区比率较高。这与河北省的产业构成是分不开的，我们不应以社会物流成本与地区 GDP 的比率作为衡量一地物流发展水平的唯一因素，地区物流业的发展是经济发展的有利支撑产业。京津冀协同发展物流一体化建设能带来地区物流业整合协作，使物流业与地区经济互相促进，对区域整体经济发展起到促进作用。

四、物流环境中采用的物流成本方法

（一）基于 Vague 集的社会物流成本核算

世界各国的社会物流成本核算体系各不相同，社会物流成本与 GDP 的比率直接进行比较得出的结果用来直接衡量各国各地区的社会物流环境并不准确。

因此，本文运用 Vague 集的方法，对世界各国的物流成本与物流环境进行核算，找出京津冀地区与发达国家地区物流方面存在的差距，满足中国经济与产业转型期日益增长的物流与供应链需求规模。

1965 年，美国学者控制论专家 Zadeh（查德）首次提出了模糊集的概念，给出了模糊子集的定义①：

定义 4.1 设 $\widetilde{A}$ 是论域 U 上的一个模糊集，对任意 $x \in U$，都对应 $u_A(x) \in [0,1]$ 的一个数值，称之为元素 x 对 $\widetilde{A}$ 的隶属度。而实值函数：

$$\mu_A: U \to [0,1], x \to \mu_A(x)$$

称为 $\widetilde{A}$ 的隶属函数。模糊集 $\widetilde{A}$ 可用二元组 $\{< x, \mu_A(x) > | x \in U\}$ 来表示。

模糊子集由隶属函数 μ_A 描述，论域 U 中元素 x 与 $\widetilde{A}$ 的关系由隶属度 $u_A(x)$ 给出。

1986 年，Atanassov（阿塔纳斯沃）给出直觉模糊集的概念如下②：

定义 4.2 设 U 是一个论域，它的元素用 x 表示，U 上形如 $\{< x, t_A(x), f_A(x) > | x \in U\}$ 的三元组称为 U 上的一个直觉模糊集 A，其中函数 t_A 和 f_A 满足

$$t_A: U \to [0,1], f_A: U \to [0,1],$$

t_A 和 f_A 分别表示 U 上元素 x 属于 A 的隶属度和非隶属度，且满足 $0 \leqslant t_A + f_A \leqslant 1$。

1993 年，Gau（高斯）和 Buehrer（比勒）提出了 Vague 集的概念，给出了 Vague 集的定义和基本运算规则③。

定义 4.3 设 U 是一个论域，它的元素用 x 表示。U 上的一个 Vague 集 A 是指 U 上的一对隶属函数 t_A 和 f_A，即

$$t_A: U \to [0,1], f_A: U \to [0,1],$$

满足 $0 \leqslant t_A + f_A \leqslant 1$，其中 $t_A(x)$ 称为 Vague 集 A 的真隶属函数，表示支持 $x \in A$ 的证据的隶属度下界；$f_A(x)$ 称为 Vague 集 A 的假隶属函数，表示反对 $x \in A$ 的证据的隶属度下界；称 $\pi_A(x) = 1 - t_A(x) - f_A(x)$ 为 x 相对于 A 的犹豫度，$\pi_A(x)$ 值越大，说明 x 相对于 A 的未知信息越多。本文将 A 记为 $< t_A(x), 1 - f_A(x) >$ 或 $< x, t_A(x), f_A(x) >$。

从上述 Vague 集和模糊集（Fuzzy set）的定义我们可以看出，Vague 集的运算规则同时包含真假隶属度相对更加全面，对于某些不确定性的研究问题，可运用 Vague 集的方法对指标因素进行甄别、选择和确定。

（二）物流成本核算关键指标体系的建立

完备指标体系共 45 项指标表示物流环境影响因素。在进行多地区物流成本的比较研究时，需从中选取对物流成本影响因素较大的关键性指标。从决策理论来看，当专家选取指标超过 5～9 个时④，专家的选择有可能会因为认知能力的局限性不能有效反

① ZADEH L A. Fuzzy Sets [J] . Information and Control，1965（8）：338－353.

② ATANASSOV K. Intuitionistic fuzzy sets [J] . Fuzzy Sets and Systems，1986（20）：87－96.

③ GAU W L，BUEHRER D J. Vague sets [J] . IEEE Transaction on Systems，Man，and Cybernetics，1993（23）：610－614.

④ 周晓光，谭春桥，张强．基于 Vague 集的决策理论与方法 [M] . 北京：科学出版社，2009（1）：174－189.

映真实偏好，因此我们通过 Vague 集的理论，对关键指标选取提供辅助性决策方法①。

针对物流环境中物流成本的关键性指标，需要既能满足指标独立性又能避免累计误差。

假设：评价者为多位对社会物流成本有长期研究的专家。

具体的方法步骤如下：

（1）请 N 位对物流成本有长期研究的专家，对表中的 45 个指标体系在物流环境中的重要性表态，认为重要的写“5”，认为不重要的写“1”，认为中立不好判断或说不清楚的写“3”。

（2）依据专家意见确定每个指标对物流环境分析所产生影响的重要性程度，用 Vague 集表示。

通过 Vague 集定义完备指标集 A 到关键指标集 I 的关系 $R(A \rightarrow I)$，具体指标 $a_i(i=1,2,3,\cdots,m)$ 的重要程度表示为 $(t_i(a_i),1-f_i(a_i))$，其中，$t_i(a_i)$ 表示对物流成本产生重要影响的程度；$f_i(a_i)$ 表示对物流成本不会产生影响的程度。$t_i(a_i)$ 和 $f_i(a_i)$ 定义为：

$t_i(a_i)=$ 认为第 i 个指标 a_i 重要的专家 / 专家总数 n；

$f_i(a_i)=$ 认为第 i 个指标 a_i 不重要的专家 / 专家总数 n；

并且，$t_i(a_i)$ 和 $f_i(a_i)$ 均大于等于 0，且 $0 \leqslant t_i(a_i)+f_i(a_i) \leqslant 1$。

（3）计算排序函数 $s_i(a_i)$，同时确定重要性标准 $\beta(0<\beta<1)$，当 $s_i(a_i) \geqslant \beta$ 时，指标被确定为对社会物流成本影响较大。

排序指标函数：

$$s_i(a_i)=t_i(a_i)-f_i(a_i),i=1,2,3,\cdots,m。 \tag{1}$$

在本问题中，当 $s_i(a_i)$ 数值越大，被认为该指标对社会物流影响越大，表示支持该指标的人数多于反对该指标人数的具体比例。

（4）在选择表示各国物流成本的问题中，共 N 个专家，每个专家的权重分别为 w_N，$n=1,2,\cdots,N$；方案集 A_i 中有 m 个指标，$i=1,2,\cdots,m$；指标的权重 w_j，$j=1,2,\cdots,J$。专家对各指标的权重意见汇总 w_j^n，用表 6-1 中的汇总得分表示，并根据下式进行汇总：

$$w_N=\frac{1}{N}(w_j^1+w_j^2+\cdots+w_j^N),n=1,2,\cdots,N \tag{2}$$

（5）对被评价国家，已知他们各个具体指标 $I_j(1 \leqslant j \leqslant m)$ 的排序分数 p_{jk}，然后按照加权求和的方法：

$$p_k=p_{jk} \times w_N \tag{3}$$

得到物流成本指数的综合分数排序。

（三）各国物流环境模拟算例

表 9 中有 6 位是对社会物流成本具有长期研究的专家，对 45 个物流相关指标中物流成本影响因素重要性的评价结果。

---

① 郝奕，张强．基于 Vague 集和属性综合评价的股票投资价值分析方法［J］．中国管理科学，2005，13（2）：15-21.

表 9　物流成本关键影响指标专家评价意见

序号	专家	专家 1	专家 2	专家 3	专家 4	专家 5	专家 6	汇总得分
	指标	$w_1=35\%$	$w_2=25\%$	$w_3=10\%$	$w_4=10\%$	$w_5=10\%$	$w_5=10\%$	w_j
1	公路里程/千千米	5	5	5	2	5	4	4.6
2	铁路里程/千千米	5	5	5	2	5	4	4.6
3	航空运输，货运/万吨·千米	4	5	5	4	5	3	4.35
4	港口运输集装箱/20 英尺当量	4	4	3	4	4	3	3.8
5	铁路货物运量/百万吨·公里	4	5	5	5	4	3	4.35
6	科技期刊书籍	3	1	3	1	2	1	2
7	人均 GDP/当年	3	4	3	4	4	4	3.55
8	服务业增加值占 GDP	5	3	4	4	3	3	3.9
9	总消费比 GDP	4	3	3	4	4	3	3.55
10	人均 GNI(国民收入)/美元	3	3	3	4	3	2	3
11	GNI 增速	3	3	3	4	3	4	3.2
12	海关程序效率/世界经济论坛，1 最低，7 最高	5	4	5	4	2	2	4.05
13	高科技出口占货物出口/%	4	1	3	4	3	2	2.85
14	ICT(信息通信技术)产品出口占货物出口/%	4	1	2	4	3	1	2.65
15	每百人上网数	4	2	2	3	2	1	2.7
16	每百人手机	4	2	2	3	1	3	2.8
17	每千人机动车辆	4	1	2	3	3	4	2.85
18	港口基础设施的质量(1～7)	5	5	5	4	4	5	4.8

续 表

序号	专家	专家 1	专家 2	专家 3	专家 4	专家 5	专家 6	汇总得分
	指标	w_1 =35%	w_2 =25%	w_3 =10%	w_4 =10%	w_5 =10%	w_5 =10%	w_j
19	道路密度，每百平方千米路长/千米	5	5	3	4	4	5	4.6
20	铺设路面所占比例	5	5	3	4	4	5	4.6
21	运输服务占服务出口	3	4	2	3	4	3	3.25
22	研发成本占 GDP/%	3	2	4	4	3	1	2.75
23	从事研发的研究人员/每百万人口	3	1	4	4	3	1	2.5
24	公路货物运量/百万吨·公里	4	5	5	4	5	4	4.45
25	人均 GDP 增速	3	2	4	5	3	3	3.05
26	农业增加值占 GDP/%	4	2	3	4	4	2	3.2
27	制造业增加值占 GDP/%	4	4	3	4	5	2	3.8
28	工业增加值占 GDP/%	4	4	3	4	5	2	3.8
29	税收比 GDP	3	4	3	4	3	2	3.25
30	颗粒物排放损害比 GNI	2	3	1	2	1	1	1.95
31	货物服务出口比 GDP	3	4	1	2	3	2	2.85
32	每集装箱出口成本/美元	4	3	1	4	4	1	3.15
33	每集装箱进口成本/美元	4	3	1	4	4	1	3.15
34	公路每千米车辆	4	4	2	3	4	2	3.5
35	总税负比商业利润	3	5	2	4	4	3	3.6
36	柴油价格/美元每升	4	5	2	5	4	5	4.25

续 表

序号	专家	专家 1	专家 2	专家 3	专家 4	专家 5	专家 6	汇总得分
	指标	$w_1=35\%$	$w_2=25\%$	$w_3=10\%$	$w_4=10\%$	$w_5=10\%$	$w_5=10\%$	w_j
37	汽油价格/美元每升	4	5	2	5	4	5	4.25
38	煤电所占比例	3	2	1	2	2	2	2.25
39	能源进口比能源消耗	2	2	1	3	2	4	2.2
40	1000 美元 GDP 耗能/千克	2	1	1	2	2	3	1.75
41	公路部门能耗占总能耗/%	4	2	1	3	3	4	3
42	交通运输 CO_2 排放量占总量/%	2	1	1	2	3	3	1.85
43	国际贸易比 GDP	2	4	1	2	4	4	2.8
44	见税务官要送礼的企业占比	4	3	2	4	4	1	3.25
45	给官员非正当支付的企业占比	4	3	2	4	4	1	3.25

N 位专家填写了对社会物流成本的评价意见，专家的评价权重根据表 9 的权重 w_N 表示，入选的指标根据表 10 中 Vague 集的选择结果得出。专家对各指标的权重意见汇总 w_j^n，用表 10 中的汇总得分表示，并根据下式进行汇总：

$$w_N = \frac{1}{N}(w_j^1 + w_j^2 + \cdots + w_j^N), n = 1, 2, \cdots, N \tag{4}$$

表 10　　物流成本关键影响指标重要性评价结果

序号	物流指标	$t_i(a_i)$	$f_i(a_i)$	$s_i(a_i)$	选择结果
1	公路里程/千千米	0.9	0.1	0.8	√
2	铁路里程/千千米	0.9	0.1	0.8	√
3	航空运输，货运/万吨·公里	0.9	0	0.9	√
4	港口运输集装箱/20 英尺当量	0.8	0	0.8	√
5	铁路货物运量/百万吨·公里	0.9	0	0.9	√
6	科技期刊书籍	0	0.55	−0.55	
7	人均 GDP/当年美元	0.55	0	0.55	√
8	服务业增加值占 GDP/%	0.55	0	0.55	√
9	总消费比 GDP	0.55	0	0.55	√
10	人均 GNI/美元	0.1	0.1	0	
11	GNI 增速	0.2	0	0.2	
12	海关程序效率/世界经济论坛，1 最低，7 最高	0.8	0.2	0.6	√
13	高科技出口占货物出口/%	0.45	0.35	0.1	
14	ICT 产品出口占货物出口/%	0.45	0.45	0	
15	每百人上网数	0.35	0.55	−0.2	
16	每百人手机	0.3	0.45	−0.15	
17	每千人机动车辆	0.45	0.35	0.1	
18	港口基础设施的质量（1～7）	1	0	1	√
19	道路密度，每百平方千米路长/千米	0.9	0	0.9	√
20	铺设路面所占比例	0.9	0	0.9	√
21	运输服务占服务出口/%	0.35	0.1	0.25	
22	研发成本占 GDP/%	0.2	0.35	−0.15	
23	从事研发的研究人员/每百万人口	0.2	0.35	−0.15	
24	公路货物运量/百万吨·公里	1	0	1	√
25	人均 GDP 增速	0.2	0.25	−0.05	

续　表

序号	物流指标	$t_i(a_i)$	$f_i(a_i)$	$s_i(a_i)$	选择结果
26	农业增加值占 GDP/%	0.55	0.35	0.2	
27	制造业增加值占 GDP/%	0.8	0.1	0.7	√
28	工业增加值占 GDP/%	0.8	0.1	0.7	√
29	税收比 GDP	0.35	0.1	0.25	
30	颗粒物排放损害比 GNI	0	0.75	−0.75	
31	货物服务出口比 GDP	0.25	0.3	−0.05	
32	每集装箱出口成本/美元	0.55	0.2	0.35	√
33	每集装箱进口成本/美元	0.55	0.2	0.35	√
34	公路每千米车辆	0.55	0.2	0.35	√
35	总税负比商业利润	0.55	0.1	0.45	√
36	柴油价格/美元每升	0.9	0.1	0.8	√
37	汽油价格/美元每升	0.9	0.1	0.8	√
38	煤电所占比例	0	0.65	−0.65	
39	能源进口比能源消耗	0.1	0.8	−0.7	
40	1000 美元 GDP 耗能/kg	0	0.9	−0.9	
41	公路部门能耗占总能耗/%	0.45	0.35	0.1	
42	交通运输 CO_2 排放量占总量/%	0	0.8	−0.8	
43	国际贸易比 GDP	0.4	0.55	−0.15	
44	见税务官要送礼的企业占比	0.55	0.2	0.35	√
45	给官员非正当支付的企业占比	0.55	0.2	0.35	√

从 45 个物流环境相关指标中选择 23 个表示宏观社会物流成本的指标及专家评价得出的权重，依据世界银行 23 个单指标数据①，通过 Vague 集社会物流环境评价方法计算出各都市圈指标得分，最终可得出中国、美国、日本、俄罗斯四个国家都市圈多年物流环境综合得分，如表 11 所示。

表 11　　　　2014 年世界各国都市圈社会物流环境综合得分

国家都市圈	综合得分	排名
美国纽约都市圈	76.37	1
日本东京都市圈	73.92	2

① 世界银行［DB/OL］.（2015-04-15）［2015-12-15］. http://data.worldbank.org/products/wdi.

续　表

国家都市圈	综合得分	排名
中国京津冀都市圈	68.36	3
俄罗斯莫斯科都市圈	63.53	4

从表 11 中我们可以看出，2014 年美国产业结构与物流结构在世界上处于领先地位，是我们学习的对象，日本地区社会物流环境高于我国，但是与我国之间的差距并不是不可逾越的。因此，同为亚洲城市群，日本东京都市圈的物流业现状与物流技术运用是京津冀物流都市圈可以首先供参考借鉴和学习的。同时我们要避免俄罗斯城市圈物流环境的不足之处。河北部分地区的物流业还较为落后，物流企业小、散、弱的情况较为明显，所以我们需要结合宏观经济发展和产业结构转型的现状，通过与京津冀地区周边发达城市群物流业的取长补短，达到促进物流业地区合作推进经济协同发展的目标。

五、研究结论

（一）数据分析结果

京津冀地区物流产业的发展，需要在 21 世纪大数据时代背景下，逐渐完善企业物流与社会物流成本核算体系，在此基础上依据上述分析：

首先，从产业结构来讲，河北省的工业占 GDP 百分比与河北省的工业物流需求系数造成了河北省现阶段社会物流总额与货运周转量明显高于较发达的北京地区。从社会物流核算体系角度来看，造成了河北省社会物流成本占 GDP 百分比较高。京津冀地区产业构成的变化不是短期实现的，并且不以产业构成对标国外发达地区产业构成为目的，产业构成是多种因素决定的，因此，在我国物流成本核算方法下，京津冀地区适当的物流成本与 GDP 比率可以反映物流业的健康良性发展，该比率并非越低越好。

其次，从上述数据可以看出，河北省因为物流业管理水平与物流仓储保管水平不足而造成的物流管理成本与仓储成本高于世界上其他物流业发展较好的国家。京津冀地区物流管理、物流仓储园区的发展存在较大的提升空间。发展多式联运、冷链物流改善京津冀地区及我国其他地区物流业管理仓储水平是必要的措施。

最后，京津冀地区的公路、铁路、水运等基础建设水平近年来发展较快，航空与油管运输也在稳定发展，因此地区运输成本主要受高货运周转量的影响保持在较高水平，单位运价低于物流业发达地区如美国纽约都市圈和日本东京都市圈。从京津冀地区的基础设施如公路、铁路、水运、航空及油管运输来看，与美国纽约都市圈及日本东京都市圈基础设施相比还有继续提升的空间。

（二）降低我国物流成本的对策建议

（1）转变政府职能，加快行政审批制度改革，取消不必要的行政审批项目，精简审批手续，简化审批程序，提高行政效率。改进政府服务方式，完善服务内容，对投资项目的申办、建设、运行实行部门受理、内部衔接、首问负责、全程服务的服务模式。通过政策驱动行业整合与合作，引导企业改善技术装备，提高管理水平，实现降低物流企业的运作成本。

（2）继续加强我国物流业的信息化建设，推广农村电商、线上线下融合及跨境电商等方面创新流通方式。发展信息技术的目标是实现物流的信息化、自动化和智能化。物流的信息化是指商品代码和数据的建立、运输网络合理化、销售网络合理化、电子商务和物流条码技术应用等。物流的信息化可实现信息共享，使信息的传递更加方便、快捷、准确，提高整个物流系统的效率，进而最大限度地减少物流成本。

（3）鼓励物流企业创新。物流管理创新的领域和方法很多，物流企业应从实现战略目标、降低物流成本的要求出发，选择合适的管理创新方式。企业要积极推行作业成本法，拓展物流成本的范围，全面掌握物流成本开支情况，为物流成本管理和控制提供可靠依据。同时，行业协会及相关职能部门应该积极推行物流标准化，按国际惯例和国家通行标准制定物流计算标准、物流设施标准等，规范物流成本的构成和计算，对物流的每个环节都实行统一的技术标准和管理规范。企业和政府都应该正确树立供应链思维，从供应链的视角实施物流成本管理，将供应链中的各个节点看作一个整体，将流通活动的各个环节结合起来，各个企业之间通过竞争与合作的管理降低社会物流成本，提高物流服务水平。

（4）构建基于高新技术的物流公共服务平台。物流与供应链公共服务平台是为了物流业的发展，针对公共需求，通过组织整合、集成优化各类资源，提供可共享共用的基础设施、设备和信息资源共享的各类渠道，为用户群体的公共需求提供统一的辅助解决方案，达到减少重复投入、提高资源效率、加强信息共享的目的。

（三）物流业与经济发展的对策建议

（1）伴随产业结构调整优化制造业与物流业并行。把“制造业与物流业”协同发展，纳入京津冀地区政府经济中长期规划。制造业是国民经济的支撑性产业，物流业是支撑制造业发展支撑国民经济发展的基础性、战略性产业。在京津冀协同发展背景下，可以鼓励制造企业分离外包服务业务，促进企业内部物流需求社会化。优化制造业、商贸业物流资源配置，提供社会物流服务。

（2）在全球经济温和增长且不均衡的环境下，无论是发达经济体还是发展中的新兴经济体，都需要提高产出，加快物流与供应链的体系建设①。在世界物流业稳定增

---

① 中国物流与采购联合会．中国物流年鉴（2015）［M］//王文博，杨思瞳，曹璐．物流综合：2014 年全球物流发展动态［M］．北京：中国财富出版社，2015：570－650.

长，全球物流中心逐渐由欧美向亚太地区转移的前提条件下，京津冀部分地区需进一步加强物流基础设施建设，继续进行产业转型升级，促进科技与商业模式创新，增强区域流通能力，降低物流与供应链运营成本，以承接日益增长的物流与供应链需求规模。

（3）京津冀地区经济发展定位不同，在京津冀地区协同发展的背景下，如果京津冀地区的物流业能够有效整合，协同发展，京津冀地区的运输水平、管理水平、仓储水平同时提升到物流业发达国家的水平，并且服务业占较大比重时，考虑我国总体单位运价仍保持较低时，社会物流成本将于世界上发达地区现有物流成本与GDP比值接近。我们应紧密结合宏观物流环境和物流转型升级历程，准确把握物流成本的变化规律。

专题二：京津冀物流产业经济关联度投入产出分析

吴海建　韩　嵩　邢　晓　刘　娜

摘要：本文基于京津冀2012年投入产出表，根据国内外物流业产业影响相关研究成果，将国民经济42部门合并为物流业等7个产业部门，并完成了投入产出分析主要系数的测算分析；结合三地具体情况和统计观察结果，得到京津冀物流业的发展还处于扩大规模的阶段、产业需求和中间需求的地域差异显著、其增加值系数总体不高但产业波及效果较高等几点思考。

关键词：京津冀物流产业；投入产出；关联效应；波及效应

一、问题的提出

随着社会经济分工的发展，物流业正逐步成为拉动国民经济增长的关键性产业之一。由于物流业的产业链内容纷繁复杂，如何有效地实现物流相关产业联动和可持续发展，实现物流业的振兴再发展，就迫切需要开展物流产业经济技术联系问题研究。

物流业作为一项基础性的复合型产业，它在消耗其他产业所生产的产品和服务的同时，也为其他产业提供产品和服务，物流业与国民经济其他行业之间，存在着紧密的经济技术联系。

1. 物流业在国民经济发展中扮演着重要的角色

首先，物流业具有一定的经济总量并且增长较快。据中国物流与采购联合会会长何黎明在2016年1月11日中国仓储指数发布会上介绍说，2015年，我国社会物流总额达到220万亿元，与五年前相比增长了70%。按可比价格计算，同比增长7.5%，年均增长约8.7%，社会物流总费用与GDP的比率约为18%。

其次，物流业是国民经济的重要产业和新的增长点。物流业作为一项综合性产业，涉及国民经济的诸多行业和部门，具有典型的关联度高，辐射带动能力强的特点。同时，物流业又与交通运输业、金融业、信息业及商贸业并列为五大生产性服务业，在国际上物流业一直被认为是国民经济的动脉系统、都市经济发展的“炉火”和加速器。

2. 物流业的发展存在许多瓶颈

（1）物流企业呈现多、小、散、弱的现状。第三次全国经济普查数据显示，我国物流企业中90%的经营主体是中小型企业，承担了90%以上的公路货物运输业务，且经营模式多为传统的单车货物运输，管理手段简单，货源组织能力差，很难形成规模化发展，资源浪费现象严重。

（2）物流业与相关产业缺乏有效联动。物流业的发展程度依赖于电商发展，而与其他相关行业如制造业、农业、商贸等则缺乏紧密联系，发展模式单一、陈旧，社会物流成本居高不下、快递不快、物流难流等问题，已经成为制约物流业乃至其他行业降本增效的瓶颈。

（3）社会物流成本居高不下。我国现处于工业化中期的重化工业阶段，经济运作粗放。我国社会物流总费用占 GDP 的比率常年徘徊在 18%左右，比全球平均水平高 6.5 个百分点，不仅高于美、日、德等发达国家，而且也高于经济发展水平基本相当的其他金砖国家。

3. 物流业再发展需借力于产业关联关系

推动京津冀协同发展，是实现可持续发展、解决北京“大城市病”难题的必由之路，也是提高发展质量和效益前所未有的历史性机遇。“十三五”规划中明确提出京津冀一体化发展，而此利国利民的战略决策将是一个漫长的、各方利益博弈的过程。如何明确三地发展定位、功能布局、产业协作、政策配套等问题，是实现协同发展的关键。

物流业作为复合型服务业、国民经济基础性和战略性的枢纽产业，在区域经济一体化进程中，物流业需要借力于与其他产业的关联而发展；而厘清物流业与其他产业的经济关联、加强产业关联分析研究，则不仅能够很好地帮助物流业振兴，而且将最终促进区域经济的健康发展。

二、文献综述

利用投入产出技术进行物流产业经济关联研究，国内外学者的研究角度和内容，略有不同。国外，较多的是产业关联理论方面的研究；国内，更多地集中于产业影响、产业结构和区域发展等的应用研究。

（一）国外物流业投入产出研究综述

物流产业具有很强的产业关联度，分析物流产业经济关联度，将有助于完善一个国家整个经济关联关系研究。

Ming - Chi Tsai（蔡明智）、Chieh - Hua Wen（文杰华，2007），通过对物流业和高科技产业间的产业关联的研究，提出物流业的发展能够提高高科技产业的服务能力①。Markus Hessen（马库斯·黑森，2004），以通过国家政策和相关市场计划对柏林布兰登堡区域物流发展进行干预为例，发现对因经济发展变化而出现交通货运等物流问题进行战略性调整，能够提高经济发展水平②。

① MING - CHI TSAI、CHIEH - HUAWEN，CHIANG - SHIN CHEN. Demand choices of high - tech industry for logistics service providers—an empirical case of an offshore science park in Taiwan [J] Industrial Marketing-Management，2007 (7)：617 - 626.

② MARKUS HESSE. The transport geography of logistics and freight distribution [J] . Journal of Transport Geography ，2004 (9)：171 - 184.

目前在国际上，物流业已成为能够与高科技产业、金融业等并驾齐驱的朝阳产业，受到各国政府重视，探究物流业产业关联，发现产业间的相互依存关系，成为促进经济发展的有效手段。

（二）国内物流业投入产出研究综述

（1）产业影响研究。盛晏①基于我国历年的投入产出流量表，分析了我国物流产业的经济效应，研究结果表明，我国物流业对其他产业的支撑作用大于带动作用；张艳等②研究得出的结论，我国处于工业化中期，物流业的发展对制造业具有较强的中间依赖，物流业与其他服务业的融合对产业价值创造贡献更大，影响产业发展的因素中，产业自身的作用均占据主导地位，我国物流业与制造业之间的互动效应也较大。

（2）产业结构研究。高晓红等③基于浙江省的数据运用投入产出技术发现：物流业具有生产者服务业和消费者服务业的双重属性，物流业与生产者的联动发展水平较低；物流业对生产者具有重要的经济意义；物流业资本密集型特征明显；物流业对整个国民经济的供给推动作用高于其他产业，具有典型的瓶颈特征。黄先军等④研究认为，伴随着安徽省物流业的规模日益扩张，物流业已经成为其重要的主导产业和基础产业，其在整体产业结构中的调节和推动作用日益明显。吴海建⑤通过分析北京物流产业特征，发现北京物流业具有“低附加值、高带动力”的特点，并对上游产业具有很强的带动力。

（3）区域发展研究。韩嵩⑥利用 2005 年投入产出延长表进行各种投入产出指标的计算，分析得出，加快形成统一的物流产业发展政策体系，加快实施统一的总体规划、合理布局，促进我国物流产业快速发展显得尤为重要，与我们目前的京津冀一体化战略一致。黄胜潮等⑦研究结果表明，京津冀三地的物流业受其他产业的影响较大，但对其他产业的带动作用不明显，京津冀应加大对物流业的投入，并整合资源、统筹规划物流基础设施，实现优势互补，以高效的物流业促进区域内产业的优化升级和经济的均衡发展。物流产业的整体规划布局，将有利于资源的优化配置和经济的再发展。

三、经济关联度投入产出分析理论与方法

在国民经济运行过程中，一个产业在消耗其他产业的产品和服务的同时，也为其他产业提供产品和服务，这种“供给—需求”的关联关系构成了各产业部门间相互影

① 盛晏．中国物流业的经济效应及其变动分析——基于历次投入产出表视［J］．工业技术经济，2012.
② 张艳，苏秦．中美物流业的产业关联效应动态比较分析［J］．经济地理，2011（11）：98－103.
③ 高晓红，骆琳娜．物流业的产业特性与产业关联分析［J］．科技与管理，2015（1）：91－95.
④ 黄先军，李亦亮，李伟．安徽省物流业与其他产业之间联动发展的效应、问题与对策［J］．滁州学院学报，2014（6）：11－14.
⑤ 吴海建．北京市物流产业特征及产业关联统计分析［J］．中国流通经济，2011（9）：40－44.
⑥ 韩嵩．我国现代物流业的产业关联研究［J］．数据，2010（1）：63－65.
⑦ 黄胜潮，张斐斐．京津冀物流业的投入产出分析［J］．中国集体经济，2013（1）：108－110.

响的基础。投入产出技术则通过计算直接消耗系数、完全消耗系数、中间需求率、最初投入系数、影响力系数和感应度系数，从数量关系方面阐述整个经济体系的内部构造，并测算分析国民经济的产业关联。

（一）产业后向关联和产业前向关联

产业关联是指在经济活动中，各产业之间存在的广泛的、复杂的和密切的技术经济联系。根据产业间供给与需求联系，产业关联表现为后向关联和前向关联。下面以物流业为例考察其具体的经济关联。

后向关联是通过需求联系，考察物流业为了进行生产，从各产业部门（包括本产业）购进中间产品及使用生产要素所支付费用多少的问题。后向关联以中间产品的投入形式，反映物流业与各产业部门之间的生产技术联系和产业结构变动，并用物流业对其他产业部门的直接消耗系数和完全消耗系数加以衡量。通过这些消耗系数，不仅可以看出物流业对其他产业的需求状况，而且能够了解物流业对其他产业的带动作用。

前向关联是通过供给联系，考察产品或服务的分配（销售）去向问题。前向关联反映了国民经济各行业对物流业产品的需求情况，同时也反映了物流业对其他行业的影响能力。前向关联通过感应度系数，一方面可以了解物流业产品的流向及其比重，另一方面可以测算物流业的发展受其他产业影响和制约的程度。

（二）主要投入产出分析系数

投入产出分析技术应用的前提和核心是投入产出表。投入产出表是反映一定时期各部门间相互联系和平衡比例关系的一种平衡表，可以全面系统地反映国民经济各部门之间的投入产出关系，解释生产过程中各部门之间相互依存和相互制约的经济技术联系。

投入产出分析方法主要是依据投入产出表计算一系列的投入产出系数，并依此进行经济关联度分析。主要投入产出系数包括直接消耗系数、完全消耗系数、中间需求率、最初投入系数、影响力系数和感应度系数等。

1. 直接消耗系数

直接消耗系数是指某一产品部门（如 j 部门）在生产单位总产出时对其他各产品部门（包括本部门）产品或服务的直接消耗数量。直接消耗系数的大小，代表了各部门之间的技术经济联系的紧密程度，即部门之间相互依存和相互制约关系的强弱。

直接消耗系数是依据投入产出表的数据，用 j 产品部门的总投入（X_j）去除该部门生产经营中所直接消耗的第 i 产品部门的产品或服务的数量（X_{ij}），即

$$a_{ij} = \frac{X_{ij}}{X_j}, (i, j = 1, 2, \cdots, n)$$

由直接消耗系数 a_{ij} 构成的 $n \times n$ 的矩阵 $\mathbf{A}$，称为直接消耗系数矩阵。

2. 完全消耗系数

完全消耗系数是指某产品 j 生产单位最终产品对另一产品 i 的完全消耗量，记为

b_{ij}。完全消耗系数是直接消耗系数与全部间接消耗系数的和，其数值的大小反映了国民经济各部门之间直接和间接的技术经济联系程度强弱，并通过线性关系，将国民经济各部门的总产出与最终使用联系在一起。

完全消耗系数是依据投入产出表数据，单位矩阵减去直接消耗系数的逆矩阵再减去单位矩阵，即

$$\boldsymbol{B} = (I - \boldsymbol{A})^{-1} - I$$

由间接消耗系数 b_{ij} 构成的 $n \times n$ 的矩阵 $\boldsymbol{B}$，称为完全消耗系数矩阵。

3. 中间需求率

中间需求率是指各产业对某产业产品的中间需求之和，与整个国民经济对该部门产品的总需求之比。中间需求率的大小反映了各产业部门的总产品中作为中间产品的多少。中间需求率越高，表明该产业部门的原材料产业性质越强。依据中间需求率，可以比较精确地计算出各产业部门产品用于生产资料和消费资料的比例，从而能比较准确地把握各产业部门在国民经济中的地位与作用。

中间需求率是根据投入产出表数据，用中间投入数据除以中间投入和最终需求数据的和，即

$$G_i = \frac{\sum_{i=1}^{n} x_{ij}}{\sum_{i=1}^{n} x_{ij} + Y_i} (i, j = 1, 2, \cdots, n)$$

式中，$\sum_{i=1}^{n} x_{ij}$ 是第 i 部门的中间需求数量，Y_i 表示第 i 产品部门的最终需求数量。

4. 最初投入系数

最初投入系数是表示 j 部门生产单位总产出所需要的各种最初投入，剔除了部门规模的影响，较为直接地反映出了由于经济技术因素决定的部门投入产出结构。

将各部门国民收入初次分配各要素及其合计的增加值，分别计算其占总产出的比例，就可以得到固定资产折旧系数 a_{dj}，劳动者报酬系数 a_{lj}，生产税净额系数 a_{tj}，营业盈余系数 a_{mj} 和增加值系数 a_{vj} 等最初投入系数，即：

$$a_{dj} = \frac{D_j}{X_j} (j = 1, 2, \cdots, n); a_{lj} = \frac{L_j}{X_j} (j = 1, 2, \cdots, n);$$

$$a_{tj} = \frac{T_j}{X_j} (j = 1, 2, \cdots, n); a_{mj} = \frac{M_j}{X_j} (j = 1, 2, \cdots, n);$$

$$a_{vj} = \frac{V_j}{X_j} (j = 1, 2, \cdots, n)$$

式中，D_j 是指第 j 部门的固定资产折旧额；L_j 表示 j 部门的劳动者报酬总额；T_j 表示 j 部门生产税净额；M_j 表示 j 部门的营业盈余；V_j 表示 j 部门的增加值总额。

5. 影响力系数

影响力系数是指国民经济某一个产品部门增加一个单位最终产品时，对国民经济各部门所产生的生产需求波及程度。影响力系数的大小反映了该部门对其他部门拉动

作用的强弱。

通常，某一产业的影响力系数大于 1，说明该产业的影响力大于全部产业的平均水平，是国民经济发展的关键；反之，则表明该产业对国民经济其他产业的依赖性比较小，产业发展具有相对独立性，其对社会经济的拉动作用低于全部产业的平均水平。

影响力系数是依据投入产出表数据，由完全需要系数矩阵的列和除以完全需要系数各列和的平均值得到，即

$$E_i = \frac{\sum_{j=1}^{n} \overline{b_{ij}}}{\frac{1}{n}\sum_{i=1}^{n}\sum_{j=1}^{n} \overline{b_{ij}}}, (i, j = 1, 2, \cdots, n)$$

式中，$\overline{b_{ij}}$ 代表完全需要系数矩阵的每一个元素。

6. 感应度系数

感应度系数是指国民经济各部门每增加一个单位最终使用时，某一部门由此而受到的需求感应程度，也就是需要该部门为其他部门生产而提供的产出量。

通常，感应度系数的大小，说明该部门对经济发展的需求感应程度强弱。某产业的感应力系数大于 1，说明该产业感应力系数大于全部产业的平均水平，该产业受国民经济发展的拉动作用较大。

感应度系数是依据投入产出表数据，由完全需要系数矩阵的行和除以完全需要系数各行和的平均值得到，即

$$F_j = \frac{\sum_{i=1}^{n} \overline{b_{ij}}}{\frac{1}{n}\sum_{i=1}^{n}\sum_{j=1}^{n} \overline{b_{ij}}}, (i, j = 1, 2, \cdots, n)$$

式中，$\overline{b_{ij}}$ 代表完全需要系数矩阵的每一个元素。

四、投入产出分析产业部门的合并与数据处理

本文所用数据来源于北京市、天津市和河北省的 2012 年 42 部门投入产出表①。为了有效地分析物流业的经济关联度，文中对产业部门进行了合并整理，得到了物流业等 7 部门的投入产出表，并完成相应的数据测算。

（一）产业部门合并整理

为了对物流业进行产业关联分析，需要对已有的 42 部门投入产出表进行重新整理。依据我国产业部门的实际情况和国民经济行业分类标准，本文将 42 部门整理合并为农林牧渔业、采掘业、制造业、电气水、建筑业、物流业和服务业 7 部门的投入产出表。

① 国家统计局．统计数据［EB/OL］．（2016－04－20）［2016－07－17］．http：//www. stats. gov. cn/tjsj/.

具体合并思想及步骤如下：

（1）农林牧渔业。第一产业中的农林牧渔等各行业，由于其内部所含部门不是很多，且其部门之间的经济关系联系密切，再分可能影响产业部门的整体性，故分析中将其作为一个整体。

（2）采掘业、制造业、电气水和建筑业。第二产业在我国产业结构中占据主体地位，每一个行业都对国民经济发展具有较大的影响，所以，为了更清楚地考察各行业与物流业的经济关联，将其分解为四个产业部门。

（3）物流业。目前我国国民经济行业分类中还没有单列物流业，其他包括最具创新的北美产业分类体系中也都还没有独立的物流产业分类，因此本文根据物流的实质和数据的可获取性，将现有行业分类中的批发和零售、交通运输、仓储和邮政产业，合并定义为物流业。

（4）服务业。此处服务业或称其他服务业，是第三产业中除上述物流业以外的其他第三产业。这些部门进一步细分较为困难，且其行业性质相对类似，故合并为一类，并称为服务业。

（二）投入产出主要系数测算说明

1. 数据预处理

由于42产业部门合并为7部门后，各部门所含原产业部门的数量有明显差异，新的部门间产业关联分析受其所含原部门数量多少的影响，随着包含原部门数量的增多，与其他产业部门间的关联关系很可能也越强，产业间关联关系失去可比性。

本文采用的方法将剔除合并过程中因产业部门数量不同所引起的偏差，目的是增强产业间的可比性。具体方法：对42部门投入产出表中第Ⅰ象限的数据根据7部门分块求和并求平均，以服务业为例，将除物流业以外的服务业的12个剩余部门分块求和，再除以144得到除物流业的单位服务业单个产业与其他部门平均单个产业间的中间投入/中间使用流量关系，用同样的方法处理第Ⅱ、第Ⅲ象限的数据，得到7部门单位产业投入产出表。

2. 测算过程说明

根据数据预处理后所得的投入产出表，依据前述“主要投入产出分析系数”所列示的计算公式，利用Excel的“数据”和“公式”进行系数数值计算，具体包括直接消耗系数（见表1）、完全消耗系数（见表2）、中间需求率（见表3）、最初投入系数（见表4）、影响力系数（见表5）和感应度系数（见表6）。

五、京津冀物流产业经济关联统计观察

根据上述计算所得数据，可以从不同的方面和角度，对京津冀物流产业经济关联度进行考察分析。

（一）京津冀物流业对各产业的直接消耗

利用直接消耗系数表（表1）的计算数据，可对京津冀物流业做如下判断。

表1　　京津冀直接消耗系数

		农林牧渔业	采掘业	制造业	电气水	建筑业	物流业	服务业
农林牧渔业	北京市	0.202606	0.000037	0.020508	0.000020	0.005929	0.000105	0.007976
	天津市	0.104354	0.000009	0.029502	0.000014	0.001009	0.000385	0.022312
	河北省	0.148298	0.000241	0.054316	0.000020	0.003646	0.000049	0.016450
采掘业	北京市	0.001618	0.161963	0.011338	0.015767	0.008254	0.000078	0.000200
	天津市	0.006565	0.078253	0.014988	0.042621	0.014524	0.000036	0.000651
	河北省	0.000078	0.072084	0.040674	0.063119	0.005914	0.000117	0.000422
制造业	北京市	0.012661	0.004767	0.030847	0.002475	0.032096	0.007587	0.009356
	天津市	0.014094	0.010234	0.029697	0.011718	0.031164	0.006414	0.009425
	河北省	0.010862	0.008825	0.023178	0.007419	0.031144	0.008917	0.007801
电气水	北京市	0.010614	0.003762	0.285619	0.223531	0.002288	0.005742	0.006065
	天津市	0.016060	0.004225	0.495884	0.117879	0.001363	0.004092	0.009103
	河北省	0.005872	0.018219	0.714488	0.109625	0.004508	0.008074	0.010307
建筑业	北京市	0.000000	0.000559	0.002083	0.003251	0.016176	0.003221	0.010491
	天津市	0.001737	0.000598	0.000426	0.000508	0.007258	0.003073	0.009054
	河北省	0.000015	0.000856	0.000234	0.000065	0.025565	0.002481	0.002389
物流业	北京市	0.064530	0.074249	0.101655	0.014074	0.077567	0.201753	0.052726
	天津市	0.079256	0.040403	0.068155	0.019771	0.062374	0.257747	0.041138
	河北省	0.025775	0.040792	0.049216	0.038036	0.043167	0.108527	0.032916
服务业	北京市	0.006205	0.002073	0.003731	0.004856	0.005551	0.017171	0.020538
	天津市	0.001299	0.001392	0.002392	0.003322	0.008171	0.010995	0.016593
	河北省	0.000406	0.003063	0.002605	0.006212	0.002559	0.009636	0.017450

北京市主要依靠自身，但制造业、建筑业和采掘业的需求也相对较高。物流业快速发展，不断增加了对厂房、公路、铁路、管道等需求，并且间接增加了建筑业需求，同时运输业的发展必然增加煤、石油等采掘业的需求量。而对服务业的需求较小，反映出可能是北京市物流业务的附加值低，增值服务业务太少，导致了物流活动还处于低水平、粗放的阶段。

天津市除了依靠自身外，对农林牧渔业、制造业和建筑业的需求较大。天津市农林牧渔业的直接消耗系数较大，可能是天津环渤海的地理位置，加大了物流业对渔业服务业的需求，这种需求很可能来自其对海上运输服务的需求。同时，天津市作为先进制造业和研发转化基地，其物流业对制造业，包括建筑业和服务业的依赖是正常的需求。

河北省的直接消耗特点显著，物流业对其他各行业的消耗相当。河北省物流业发展消耗最大的是其自身，直接消耗系数为0.108527，虽然与京津的数值较大，但就其自身而言，已较为突出。其他各行业的直接消耗系数数值差别不大，集中在0.02～0.05。

京津冀三地物流业对自身依赖都较大。由表1中数据可知，三地物流业的直接消耗系数都是最大，说明其自身依赖程度较高。同时，三地物流业都对电气水行业的需求较小，并且对服务业的直接消耗也都较低。

京津冀物流业直接消耗差异的三点突出表现。一是北京物流业各行业直接消耗都较高。不仅是首都的特殊城市属性，而且也反映出北京第三产业发达、物流业务增值服务需求大、总体上对服务业的需求比津冀更高。二是北京与天津的相似度远高于河北。这与三省市的社会经济发展水平和产业格局等有关，河北省物流业整体实力与京津还不属同一层级。三是河北物流业发展对其他产业的需求整体上较为均衡。可能情况是其物流企业大多处于个体小规模经营状态，其发展多是在个体经营上的改造，还没有通过规模化、一体化的改造将其地广物博的优势发挥出来。

（二）京津冀物流业的间接消耗分析

观察某产业对其他产业产品和服务的消耗，只有从直接和间接两方面观察，才可能全面地掌握其对全社会品的消耗需求。完全消耗系数包括了直接和间接消耗，可以满足这样的分析要求。根据完全消耗系数表（表2）的数据，可以得到如下结果。

表2　京津冀完全消耗系数

		农林牧渔业	采掘业	制造业	电气水	建筑业	物流业	服务业
农林牧渔业	北京市	0.254651	0.000301	0.026754	0.000238	0.008551	0.000683	0.010602
	天津市	0.117225	0.000493	0.034452	0.000627	0.002517	0.001272	0.025761
	河北省	0.175008	0.001065	0.066097	0.000836	0.006616	0.000970	0.020254
采掘业	北京市	0.003135	0.193553	0.021294	0.024365	0.010832	0.000555	0.000770
	天津市	0.009718	0.085683	0.044265	0.053082	0.017425	0.000835	0.002050
	河北省	0.001992	0.080276	0.101905	0.077528	0.010270	0.001916	0.002208
制造业	北京市	0.017406	0.006861	0.034599	0.003838	0.034794	0.010240	0.010973
	天津市	0.017621	0.012059	0.039523	0.014664	0.033529	0.009379	0.011208
	河北省	0.013565	0.010546	0.032709	0.009872	0.033660	0.010612	0.008971

续 表

		农林牧渔业	采掘业	制造业	电气水	建筑业	物流业	服务业
电气水	北京市	0.024426	0.009182	0.382180	0.289677	0.016809	0.013255	0.012731
	天津市	0.030896	0.012295	0.585815	0.142349	0.021051	0.011725	0.017582
	河北省	0.019012	0.031095	0.832239	0.133208	0.032990	0.018897	0.019539
建筑业	北京市	0.000570	0.001140	0.004028	0.004444	0.017008	0.004415	0.011202
	天津市	0.002391	0.000875	0.001250	0.000772	0.007718	0.004330	0.009533
	河北省	0.000118	0.001095	0.000670	0.000300	0.026400	0.002894	0.002603
物流业	北京市	0.105079	0.112491	0.143595	0.026403	0.105774	0.256282	0.071175
	天津市	0.122633	0.060785	0.117577	0.035038	0.090068	0.349810	0.061569
	河北省	0.035667	0.051576	0.099472	0.052774	0.053758	0.123800	0.039741
服务业	北京市	0.009987	0.004579	0.008591	0.006950	0.007911	0.022160	0.022453
	天津市	0.003027	0.002296	0.005940	0.004368	0.009561	0.015192	0.017765
	河北省	0.000998	0.004102	0.009322	0.007951	0.003533	0.011183	0.018319

北京物流业对除自身外的制造业和采掘业的完全消耗最大。物流作为生产与销售之间的流通环节，其产业特征决定了对实质性生产性产业具有较大的间接消耗，而对电力水消耗最小。

天津市物流业主要依赖于自身，三个层次分明。天津物流业对自身的间接消耗仍然最大，形成第一个较高层次；中间层次为农林牧渔业和制造业，建筑业也大致属于此范围；其余各产业构成消耗相对较小的第三层次，且这些产业之间差别不大，间接消耗最小的也是电力水。

河北省的情况与天津市较类似。河北物流业的直接消耗和间接消耗，情况基本一致。总体情况类似于天津，也可以分为几个层次，但各层次差别不显著是河北省最主要的特点。

京津冀三地完全消耗系数的差异表现。第一，京津冀完全消耗系数的数值分地区排序，与直接消耗系数类似，而地区间数值差别较大。这反映了三地物流业发展水平的差异，说明河北的物流业发展程度相对较低。第二，京津对电力水的完全消耗都是最小的，而河北则是农林牧渔业。第三，直接消耗系数和完全消耗系数的数值统计分析。通过标准差和变异系数计算可知，直接消耗系数和完全消耗系数的差别水平都是天津最大、河北最小；相对差别（变异系数）程度，天津都是最大，而京冀两地相当，但河北偏小。

（三）中间需求率和物流业最初投入分析

中间需求率的数据（表3）显示，各产业部门对物流业的需求有较大差异，京津冀三地电气水对物流业的需求相对较高，建筑业对物流的需求最低。值得一提的是，河北省采掘业对物流业的需求最高，河北省的煤石油等矿产资源丰富，采掘业的发展对物流业的依赖程度较高。

表 3　　京津冀中间需求率

省市	农林牧渔业	采掘业	制造业	电气水	建筑业	物流业	服务业
北京市	0.311932	0.112917	0.281162	0.580380	0.086597	0.331319	0.317480
天津市	0.729128	0.646690	0.563935	0.886204	0.016852	0.585668	0.322854
河北省	0.503541	0.934816	0.580647	0.902437	0.017282	0.466780	0.407153

通过最初投入系数表（表 4）可以得出如下结论，京津冀三地的劳动者报酬在最初投入中都较高；京津的生产税净额投入也较高，而河北却明显低于京津，但河北的营业盈余则相对较高。从增加值系数观察，河北高于北京和天津，北京的增加值系数最小。

表 4　　京津冀物流业最初投入系数

省市	劳动者报酬系数	生产税净额系数	固定资产折旧系数	营业盈余系数	增加值系数
北京市	0.185895	0.117524	0.056610	0.067154	0.427183
天津市	0.144701	0.150892	0.033096	0.143879	0.472568
河北省	0.318713	0.084444	0.041511	0.134517	0.579186

（四）京津冀物流产业的影响力和感应度

影响力系数和感应度系数的大小，分别反映了某部门对其他部门拉动作用的强弱和为其他部门的生产需提供多少产出量。根据京津冀影响力系数表（表 5）和感应度系数表（表 6）的数据，可得如下观察结论。

表 5　　京津冀影响力系数

省市	农林牧渔业	采掘业	制造业	电气水	建筑业	物流业	服务业
北京市	1.057345	0.992237	1.211089	1.013011	0.897781	0.976907	0.851630
天津市	0.983507	0.886157	1.379857	0.943810	0.891727	1.050681	0.864261
河北省	0.938107	0.887975	1.612546	0.965285	0.878545	0.880838	0.836704

表 6　　京津冀感应度系数

省市	农林牧渔业	采掘业	制造业	电气水	建筑业	物流业	服务业
北京市	0.972568	0.937247	0.835795	1.306135	0.779087	1.360329	0.808840
天津市	0.892087	0.915259	0.858613	1.374493	0.774778	1.386390	0.798380
河北省	0.956537	0.960489	0.842951	1.570822	0.778328	1.096492	0.794381

1. 京津冀三地的物流业影响力大小存在一定差别

以京冀比较，7 部门影响力系数的排序不同，但物流业的产业影响存在较大的差异。北京物流业的产业影响力低于制造业、电气水、农林牧渔以及采掘业，排第五位；天津的物流业产业影响力仅低于制造业，排第二位；河北省物流业的影响低于制造业、电气水、农林牧渔业和采掘业，也排在第五位，但是与北京各产业具体影响排名不同。

2. 京津冀三地物流业影响力大小相当，河北略低

从数值上看，北京和天津物流业影响力系数 0.97 以上，而河北省略低。京津同为直辖市，但城市职能不同；河北省物流业对其他产业的带动作用不足，也可从另一方面观察，就是河北省物流业还具有较大的发展空间，如果河北加强物流资源整合及与其他产业的联系，则有望使物流业成为突破经济发展瓶颈的重要产业。

3. 京冀物流业影响力系数都低于社会平均水平

京冀两地物流业的影响力系数均小于 1，低于社会平均水平。这表明物流业在京冀经济发展中的拉动作用还较弱，而天津市影响力系数大于 1，高于社会平均水平，说明天津市物流业在经济发展中对其他产业拉动作用明显。

感应度系数的大小，说明该部门对经济发展的需求感应程度的强弱，它反映产业的前身联系程度，在经济快速增长时，感应度系数较高的产业其发展速度一般都比较快。

4. 京津冀物流业感应度系数的排名都较高

这表明物流业作为新兴产业，发展时间较短，作为生产与销售之间的中间环节，受其他产业影响较大。

5. 京津冀物流业感应程度大于全社会平均水平

说明京津冀经济发展对物流业的需求程度较高，京津冀经济发展对物流业的带动作用较明显。

六、发展京津冀物流业的几点思考

京津冀物流业有自身的发展特征，随着国民经济的快速发展，物流需求规模将在一段时间内持续增长。如何更好地促进京津冀物流业的发展，结合对测算数据的分析，可得出以下结论和思考。

（一）京津冀物流业的发展还处于扩大规模的阶段

京津冀物流业在总体上对第二产业的直接消耗较大，而对第三产业则较小。从对各产业的直接消耗占所有产业的百分比来看，京津冀对第二产业中的制造业、建筑业、采掘业的直接消耗所占百分比大多超过了10%，其中北京市物流业对制造业消耗的百分比达到17.33%，是继物流业自身之后所占比例最大的产业；对第三产业（不包括物流业）直接消耗系数所占百分比均不足10%。由此可见，京津冀物流业的发展还处于扩大规模的阶段。

既然物流业发展存在产业间差异，相应地要实现该产业成熟化发展需要加强与其他产业的联系。从我国各产业发展的历程来看，第二产业是我国国民经济的主导产业，其发展相对成熟，而且从影响力系数与感应度系数来看，分离出来的第二产业的几个部门与其他各个产业部门之间的联系紧密。依据第二产业发展经验来看，实现物流产业成熟化发展，需要借助大数据、云计算等新技术，加强与其他产业部门的经济技术联系，实现产业自身发展的同时带动其他产业发展。

（二）京津冀物流业对各产业的需求存在显著地域差异

首先，天津市物流业对农林牧渔业的需求较其他两地高（河北仅占7.62%，天津高达13.93%），对采掘业的需求较其他两地低（北京和河北均占12%左右，天津仅占7.1%），这可能与天津市独有的临海特征有关，海上运输极大地缓解了交通运输的压力，减少了对燃料的需求，增大了对渔业服务业的需求；其次，河北省物流业对电气水产业的需求较其他两地显著提高，北京仅为2.40%，天津是3.48%，河北为11.24%，具体原因将有待于其他领域的研究分析。

物流业发展存在区域差异，那么要实现产业优化发展需要充分利用各地区的区位优势，削弱地区差异。北京高校云集有知识与技术创新优势、天津临海港口优势明显、河北省矿产资源丰富，京津冀一体化发展政策背景下，促进京津冀三地在技术、信息、人才、资源和市场等方面的流动与配置，发挥各自区位优势，削弱物流业发展在地区间的差别，实现区域间产业一体化发展。

（三）京津冀三地物流业对各产业的中间需求差异较大

京津冀三地7部门的中间需求率，北京市从最低的0.07到最高的0.57，天津市在0.27～0.82的范围内，河北省从0.26到0.87，产业发展的中间需求差别较大。三地产业发展对物流业的需求，北京排第三，天津排第六，河北排第四位。

经济一体化背景下，地区分工日益重要，物流业作为中间的流通环节，在经济发展中将发挥重大作用。如何增加物流业的中间需求，是未来经济发展过程中必须考虑的问题。

（四）物流业的增加值系数总体不高

增加值系数最高的河北省，也只有约 0.58，北京的数值最低，只有约 0.43，相差约 0.15；其余的最初投入各项，天津市的生产税净额比重明显高于其他两地，而劳动者报酬，河北的非常明显地高于京津。

因地制宜，借助各地区位优势，减少物流业发展的最初投入，降低成本，增加产业利润。北京市应该着力提高物流业增加值，提高物流业带来的收益；天津市在物流业未来发展中，重点要考虑如何降低最初投入中的生产税净额；河北省主要需考虑如何降低人力成本，节省产业投入成本。

（五）京津冀物流业波及效果较高

京津冀物流业的感应度系数大于 1，说明其物流业受其他产业影响较大，高于社会平均水平；除天津外，京冀的影响力系数小于 1，说明其物流业对其他产业的拉动作用不太明显。河北省物流业则感应度系数大于影响力系数，但均低于京津，可以从中认为河北省物流业的发展水平低于北京和天津，且处于相对独立的阶段。

扩人物流企业规模的同时提高物流业服务质量，调整产业结构，转变经济增长方式，应该作为未来物流业发展的方向。物流业作为一项新兴产业，在商品交换日益频繁的今天，集采购、运输、仓储、代理、配送等为一身的物流业的发展与国民经济各行业的联系势必会越来越紧密，可能成为未来的发展方向。